Hadoop
The Definitive Guide

하둡 완벽 가이드 4판

| 표지 설명 |

이 책의 표지에 그려진 동물은 아프리카 코끼리다. 아프리카 코끼리는 지구에서 가장 큰 육지 동물이고(사촌격인 아시아 코끼리보다도 조금 더 크다), 아시아 대륙의 코끼리와도 약간 닮았는데, 귀를 통해 구별할 수 있다. 수컷은 키가 어깨까지 12피트고 무게는 12,000파운드에서 15,000파운드에 달한다. 반면에 암컷은 키가 10피트고 무게는 8,000파운드에서 11,000파운드에 달한다.

하둡 완벽 가이드(4판)

데이터의 숨겨진 힘을 끌어내는 최고의 클라우드 컴퓨팅 기술

초판 1쇄 발행 2017년 3월 1일
초판 7쇄 발행 2023년 4월 28일

지은이 톰 화이트 / **옮긴이** 장형석, 장정호, 임상배, 김훈동 / **펴낸이** 김태헌
펴낸곳 한빛미디어(주) / **주소** 서울시 서대문구 연희로2길 62 한빛미디어(주) IT출판2부
전화 02-325-5544 / **팩스** 02-336-7124
등록 1999년 6월 24일 제25100-2017-000058호 / **ISBN** 978-89-6848-459-9   93000

총괄 송경석 / **책임편집** 박민아 / **기획** 최현우 / **교정** 김철수 / **진행** 김민경
디자인 표지 김연정 내지 여동일 / **전산편집** 이경숙
영업 김형진, 장경환, 조유미 / **마케팅** 박상용, 한종진, 이행은, 고광일, 성화정, 김선아, 김한솔 / **제작** 박성우, 김정우

이 책에 대한 의견이나 오탈자 및 잘못된 내용에 대한 수정 정보는 한빛미디어(주)의 홈페이지나 아래 이메일로
알려주십시오. 잘못된 책은 구입하신 서점에서 교환해드립니다. 책값은 뒤표지에 표시되어 있습니다.
한빛미디어 홈페이지 www.hanbit.co.kr / 이메일 ask@hanbit.co.kr

지금 하지 않으면 할 수 없는 일이 있습니다.
책으로 펴내고 싶은 아이디어나 원고를 메일(writer@hanbit.co.kr)로 보내주세요.
한빛미디어(주)는 여러분의 소중한 경험과 지식을 기다리고 있습니다.

Hadoop
The Definitive Guide

하둡 완벽 가이드 4판

O'REILLY®   한빛미디어
Hanbit Media, Inc.

지은이 · 옮긴이 소개

지은이 **톰 화이트** Tom White

2007년 2월부터 아파치 하둡 커미터가 되었고, 이후 아파치 소프트웨어 재단의 일원이 되었다. 현재 하둡에 대한 지원과 트레이닝을 제공하는 회사인 클라우데라에서 일하고 있다. 그전에는 독립적인 하둡 고문으로서 하둡을 설치, 사용, 확장하려는 회사와 일했다. 그는 oreilly.com, java.net, IBM developerWorks에 수많은 글을 썼으며 몇몇 컨퍼런스에서 하둡에 관해 연설했다. 톰은 케임브리지 대학교에서 수학 학사학위를 취득하고, 영국 리즈^{Leeds} 대학교에서 과학 철학 석사학위를 취득하였다.

옮긴이 **장형석** chjang1204@nate.com

국민대학교 빅데이터경영MBA 과정 겸임교수. 1996년 공군사관학교에서 기상예보장교로 실무를 시작했다. 전역 후 닷컴솔루션이란 회사를 창업하고 자연어 처리, 검색 엔진, 그룹웨어, ERP 솔루션을 개발했다. 2012년부터는 회사를 정리하고 국내 1호 빅데이터 대학원인 충북대학교 비즈니스데이터융합학과의 교수로 부임하여 분산 병렬 처리(하둡), 데이터 마이닝과 머신러닝(스파크), 시각화 과목을 맡고 있다. 현재 국민대학교 빅데이터경영MBA 과정 겸임교수와 연세대학교 데이터사이언스 과정 외래교수를 맡고 있으며 숙명여대, 한국생산성본부, 삼성SDS 등 다수의 대학교 및 기업에 출강하고 있다.

옮긴이 **장정호** egnarzhome@gmail.com

네이버 검색 소프트웨어 엔지니어. 2006년에 티맥스에서 애플리케이션/시스템 간 데이터 전송 시스템 개발을 시작으로 다음 커뮤니케이션에서 데이터 마이닝 업무를 했고, SAP에서 칼럼 기반의 인메모리 RDBMS인 HANA 개발에 동참했으며, 그 후 빅데이터 저장/분석 시스템 영역에 관한 연구를 통해 네이버에서 데이터 분석 시스템 개발을 담당하고 있다.

옮긴이 **임상배**　itwizard1@gmail.com

Principal Sales Consultant. 한국오라클 Core Tech 본부 빅데이터 팀에서 빅데이터 솔루션 컨설팅 업무를 하고 있으며 하둡, 스파크, R 기반의 오픈 소스 기술을 활용한 솔루션과 데이터 가상화 솔루션을 담당하고 있다. 빅데이터 처리 및 분석을 주제로 대학, 협회, 기업 등에서 강의를 하고 있다. 오라클에 입사하기 전에는 한국사이베이스에서 금융, 통신, 제조, 공공 등 다양한 분야에서 데이터 웨어하우스, 복합 이벤트 처리, 엔터프라이즈 아키텍처 모델링 솔루션 컨설팅 업무를 했고, 현대정보기술에서는 정보계 시스템 구축 프로젝트를 수행했으며, 비트컴퓨터에서는 분석 플랫폼 개발을 했다.

옮긴이 **김훈동**　hoondongkim@gmail.com

신세계 SSG.COM 빅데이터 팀 리더. 연세대학교에서 컴퓨터공학을 전공하고, 빅데이터 및 NoSQL로 석사학위를 받았다. 21살이었던 대학교 3학년 때 처음으로 벤처기업을 창업했다. 총 두 번의 벤처기업을 창업했으며, 두 번째 회사는 챗봇 관련 대화 에이전트 회사였다.

석사과정 중 빅데이터 세계에 입문한 이후 커다란 데이터를 찾아 현재의 신세계그룹에 입사했고 이마트 및 신세계백화점의 온오프 유통 데이터를 수집, 분석하고 기계학습을 적용하는 업무를 리딩하고 있다. 한국 스파크 사용자 모임과 하둡, 스파크, 머신러닝 분야의 한국 마이크로소프트 MVP로 활동하고 있다. 최근에는 딥러닝 NLP 분야의 오픈 소스 연구에 참여하고 있다.

하둡은 오픈 소스 검색 엔진인 너치^{Nutch}에서 시작되었다. 오픈 소스 웹 검색 엔진을 구축하려고 노력했던 우리는 소수의 컴퓨터에서 연산을 실행할 때조차 문제가 생겨 어려움을 겪었다. 하지만 구글이 GFS와 맵리듀스 논문을 발표했고, 우리는 그 논문에서 해결책을 찾을 수 있었다. 구글은 너치가 가진 문제를 명확히 해결할 수 있는 시스템들을 새로 고안해냈다. 그래서 우리 중 두 명은 이들 시스템을 너치의 일부로 다시 구성하기 시작했다.

우리는 20대의 컴퓨터로 너치의 문제를 어느 정도 해결해나갔다. 하지만 엄청난 규모의 웹 데이터를 처리하기 위해서는 수천 대의 컴퓨터가 필요하다는 것을 곧 깨닫게 되었다. 게다가 비전업 개발자 두 명이 이러한 일을 처리하는 것은 거의 불가능했다.

그 무렵 야후는 이 문제에 대해 관심을 가지고 되었고, 내가 속한 팀을 재빨리 합류시켰다. 우리는 하둡이라 불리는 너치의 분산 컴퓨팅 팀으로 분리되었다. 야후의 도움으로 하둡은 엄청난 규모의 웹을 처리하는 기술로 빠르게 성장할 수 있었다.

2006년에 톰 화이트가 하둡에 공헌하기 시작했다. 나는 그가 너치에 대해 쓴 훌륭한 기사를 이미 읽어봤기 때문에 복잡한 아이디어를 명확하게 해결해줄 수 있을 것으로 여겼다. 톰이 그가 쓴 기사만큼 훌륭한 소프트웨어를 머지않아 개발할 것으로 기대했다.

사용자와 프로젝트에 대한 톰의 관심은 시작부터 남달랐고 하둡의 발전에 큰 기여를 했다. 다른 오픈 소스 개발자와 달리 톰은 자신이 원하는 시스템을 만드는 것이 아니라 다른 사람이 쉽게 사용할 수 있는 시스템을 만드는 데 중점을 두었다.

초기에 톰은 아마존의 EC2와 S3 서비스에서도 제대로 동작하는 하둡을 만드는 전문적인 기술을 가지고 있었다. 그 후 맵리듀스 API의 개선, 웹사이트 강화, 객체 직렬화 프레임워크의 고안과 같은 다양한 주제의 문제를 해결하기 위해 노력했다. 그는 모든 면에서 자신의 생각을 구체적으로 표현했다. 그는 하둡 커미터의 역할을 맡게 되었고, 얼마 지나지 않아 하둡 프로젝트 관리 위원회의 위원이 되었다.

톰은 현재 존경받는 하둡 개발자 커뮤니티의 회원이다. 프로젝트의 다양한 기술 분야에서 전문가로서, 특히 쉽게 사용하고 이해할 수 있는 하둡을 만들기 위해 노력하고 있다.

이런 점 때문에 나는 톰이 하둡에 관한 책을 쓴다고 했을 때 매우 기뻤다. 그보다 더 적합한 사람은 없다. 여러분은 진정한 고수에게서 하둡의 기술적인 측면뿐만 아니라 상식적이고 일반적인 개발 방법까지도 배울 기회를 얻었다.

_더그 커팅

2009년 4월, 캘리포니아의 마당에 있는 창고에서

옮긴이의 말

대륙간탄도미사일인 ICBM으로 불리기도 하는 사물인터넷, 클라우드, 빅데이터, 모바일은 최신 IT 트렌드를 대표하는 용어다. 2010년부터 2014년까지 5년간 IT의 핫이슈였던 빅데이터는 이제 사물인터넷, 인공지능, 무인자동차, 4차 산업혁명 등 새로운 트렌드의 등장으로 대중의 열렬한 관심에서 점차 멀어지는 듯 보인다. 하지만 빅데이터 분야는 수집, 저장, 처리, 분석, 시각화, 서비스까지 일련의 단계를 모두 거쳐야 빅데이터의 목적인 새로운 가치를 창출할 수 있다. 이 과정에서 데이터를 생성하는 사물인터넷, 데이터를 저장하는 클라우드, 데이터를 처리하고 분석하는 빅데이터, 분석한 결과를 서비스하는 모바일까지 ICBM의 네 분야를 서로 융합하지 않으면 아무런 가치도 발생하지 않는다.

2005년 더그 커팅이 오픈 소스로 공개한 하둡은 분산 저장 파일시스템인 HDFS와 분산 병렬 처리를 담당하는 맵리듀스로 구성되어 있다. 하둡이 나온 후 이를 기반으로 피그, 하이브, HBase, 스쿱, 플룸 등의 오픈 소스 기술이 등장했고, 이들을 모두 결합한 빅데이터 기술을 통칭하여 하둡 에코시스템이라고 부르게 되었다. 최근에는 스파크의 등장으로 대용량 데이터를 저장하고 일괄 처리하는 수준에서 벗어나 머신러닝과 실시간 분석까지 아우르게 되었다.

『하둡 완벽 가이드』는 '빅데이터 기술의 바이블'이라 불리는 책이다. 이 책을 통해 빅데이터를 처음 배우는 사람들은 운이 좋은 것이다. 이 책을 저술한 톰 화이트는 2007년부터 아파치 하둡의 커미터로 활동했고 클라우데라에서 일하고 있다. 개별 기술을 아는 사람은 많지만 수많은 기술을 하나로 묶을 수 있는 전문가는 많지 않다. 하둡만을 다루는 책은 많지만 『하둡 완벽 가이드』와 같이 하둡 에코시스템 전체를 다루는 책은 거의 없다. 숲을 먼저 보고 나무를 보자. 『하둡 완벽 가이드』는 각 기술을 완벽하게 설명하지는 않는다. 그렇다고 대충 설명하는 것도 아니다. 톰 화이트는 이 책을 통해 각 기술의 핵심을 설명했고, 다른 기술과의 관계도 친절하게 설명하고 있다.

이제 직접 번역한 좋은 책이 하나 더 생겼다. 자랑스럽게 추천할 책이 있다는 것은 학자로서 큰 기쁨이다. 빅데이터를 배우려고 찾아왔던 많은 학생이 생각나는 하루다. 제자들과 앞으로 만나게 될 인연 그 사이에 이 책이 있었으면 좋겠다. 빅데이터 대한 열정과 희망을 가진 모든 분께 감사드린다. 함께 한 시간과 함께 할 수 있는 시간에 감사드린다. 마지막으로, 지칠 만하면 더욱 열심히 공부하라고 지켜보는 따뜻한 눈길에 항상 감사드린다.

_장형석

눈이 내리는 추운 겨울 어느 날 구로의 한 PC방에서...

하둡 0.1.0 버전이 2006년에 릴리즈되고, 이제 10년이 넘어가면서 기술적으로 더욱 성숙해지고 안정된 것을 느낀다.

하둡은 거대한 데이터를 분산시켜 저장할 수 있는 HDFS와 이렇게 저장된 데이터를 분석할 수 있는 맵리듀스라는 핵심 컴포넌트로 구성되어 있다. 이제는 이 기술들이 하둡에만 머무는 것이 아니라 맵리듀스의 분산 처리 개념을 근간으로 하는 스파크와 같은 분산 데이터 처리 기술을 통해 HDFS에 존재하는 데이터 분석이 가능해졌으며, 계속해서 새로운 데이터 처리 기법과 시스템들이 파생되고 있다. 이렇게 다양한 시스템이 등장하면서 데이터의 특성이나 분석 기법에 적합한 여러 시스템이 공존하게 되었고 전반적인 시스템의 복잡도가 증가했지만 분산 데이터의 저장과 처리의 뿌리는 하둡임을 알고 하둡에 대한 완벽한 이해를 바탕으로 한다면 아무리 복잡한 시스템이더라도 어렵지 않게 활용할 수 있으리라 믿는다.

빅데이터 초창기에는 '하둡을 통해 데이터 저장만 하면 무슨 의미가 있나? 이러한 빅데이터에서 가치를 찾아내는 것이 더 중요하다. 그리고 데이터에서 통찰력을 얻고 가치를 뽑아내는 것은 기존의 스몰데이터로도 충분하다'는 얘기도 있었다.

저장하더라도 어떻게 분석해야 할지 몰라서 데이터를 모으는 것조차 망설였던 회사들이 많았다. 하지만 지금은 하둡을 이용해서 빅데이터를 저장하는 데 동참하지 않은 회사들이 뒤늦게 이에 대한 가치를 깨닫고 합류하고 있다. 특히 알파고의 등장으로 전 세계에서 인공지능과 딥러닝에 대한 관심이 높아지면서 학습할 데이터를 미리 구축하지 않은 회사들은 땅을 치고 후회하고 있다.

인공지능에서 경쟁우위를 차지하려면 학습에 필요한 양질의 데이터를 얼마나 많이 보유하고 있느냐가 중요하기 때문이다. 앞으로 하둡은 이러한 분석 기술들의 발전과 함께 더더욱 중요한 역할을 할 것이며, 따라서 이 책은 훌륭한 분석 결과나 서비스를 얻으려고 하는 누구나 기본적으로 알아야 할 하둡을 이해하기에 매우 적합하다는 생각이 든다.

끝으로 이 책을 번역하면서 옆에서 함께 여러모로 고생해준 사랑하는 아내와 딸 세아에게 고마움을 전한다.

_장정호

2년마다 데이터 크기가 두 배로 증가하면서 많은 기업이 대규모의 정형 및 비정형 데이터를 관리 및 분석해야 하는 상황에 처해 있다. 관계형 테이블 내에서 모델링하고 저장할 수 있는 기존 기업 데이터와 달리 오늘날의 데이터는 웹 페이지, 소셜 미디어 사이트, 이메일 교환, 검색 인덱스, 클릭 스트림, 장비 센서, 그리고 오디오, 비디오 및 사진을 포함한 모든 유형의 멀티미디어 파일 등 다양한 형태로 나타나고 있다. 이러한 대량의 데이터로부터 안정적으로 수집, 저장 및 처리하고 분석 기술을 사용해서 숨겨진 패턴을 밝혀내고, 전략적 통찰력을 얻고, 가치를 창출하는 것은 기업의 발전을 좌우할 당면 과제다.

이를 해결하기 위한 방안으로 빅데이터 기술이 IT의 큰 화두가 되었다. 국내에는 2012년 하반기를 시작으로 빅데이터에 대한 관심이 높아졌고 많은 프로젝트에서 빅데이터 표준 플랫폼으로 하둡을 선택했다. 또한 다양한 하둡 기반 생태계의 기능이 실제 업무에 도입되고 있다. IT 분야에서 데이터를 다루는 업무를 수행하고 있는 17년 동안 하둡처럼 엔터프라이즈 환경에 빠르게 융합되는 플랫폼은 없었다. 요즘 IT분야에서 사용되는 기술을 살펴보면 개방형 개발 및 진화의 특성을 지닌 오픈 소스 소프트웨어와 전통적인 기존 벤더의 소프트웨어가 상호 간에 좋은 영향을 주며 서로의 장점을 적극적으로 수용하는 구조로 발전하고 있으며, 앞으로의 발전에 더 큰 기대를 하게 된다.

최근 스파크에 대한 관심이 높아지면서 이 분야를 처음 시작하는 분들이 '하둡을 공부해야 하나' 라는 질문을 많이 한다. 하둡은 이미 특정 요소 기술이 아닌 데이터 플랫폼으로 인정되어 다양한 분야의 기업현장에서 사용하고 있다. 엔터프라이즈급의 안정적인 분산 파일시스템과 클러스터 관리자의 역할 및 이를 지원하는 다양한 생태계 시스템은 하둡이 가지고 있는 큰 가치다. 하둡과 스파크는 상호 보완하는 관계로, 빅데이터 관련 IT 개발/운영 및 기획에 관심이 있다면 하둡에 대한 지식을 쌓는 것은 많은 도움이 되리라 생각한다.

주말마다 카페에 나가 번역 작업을 해서 아이들 돌보느라 고생을 한 아내 임진우에게 정말 고맙고 사랑한다는 말을 전한다. 그리고 그동안 잘 놀아주지도 못했는데 항상 아빠를 이해해주는 세상에서 가장 예쁜 두 딸 도연, 서현에게 고마움을 전한다. 그동안 많은 어려움에도 이 책이 나오도록 아낌없는 노력을 해주신 한빛미디어의 최현우 차장님께도 감사의 말씀을 드린다. 마지막으로 오라클에서 '빅데이터'를 할 수 있도록 운명과 같은 기회를 주신 양수환 전무님, 회사에서 항상 든든한 지원과 자기 개발의 기회를 주시는 한국오라클 장성우 전무님께 깊은 감사의 말씀을 드린다.

_임상배

데이터 기반 시스템의 비상을 바라며

이 책에 대하여

수학 및 과학 분야의 작가인 마틴 가드너^{Martin Gardner}는 인터뷰에서 다음과 같이 말했다.

> 미적분학으로 넘어가면 뭐가 뭔지 모르겠다. 이것이 바로 내 칼럼이 성공한 비결이다. 대
> 부분의 독자들이 쉽게 이해할 수 있는 글을 쓰는 방법을 알면서 글을 쓰고 있었다는 사실
> 을 이해하는 데까지 오랜 시간이 걸렸다.[1]

여러 면에서 이 글은 하둡에 대한 나의 느낌을 잘 설명해준다. 하둡의 내부 작동 방식은 매우 복
잡하다. 그 이유는 분산 시스템 이론, 응용 공학, 상식이 혼합되어 있기 때문이다. 초보자에게 하
둡은 괴물처럼 보일 것이다.

그러나 하둡은 이러한 것을 이해할 필요가 없다. 핵심을 알고 나면 빅데이터를 처리하기 위해 하
둡이 제공하는 도구들이 단순해진다. 공통된 주제가 있다면 그것은 시간과 기술이 없고 인프라
를 구축할 수 있는 분산 시스템 전문가가 될 의향이 없는 프로그래머가 대용량 데이터를 저장하
고 분석할 수 있는 구성요소를 생성할 수 있도록 추상화 수준을 높이는 방법과 관련된 것이다.

내가 하둡을 처음 사용했을 때는 비교적 단순하고 일반적으로 적용할 수 있는 특성이 보였기 때
문에 하둡이 널리 활용될 것으로 확신할 수 있었다. 하지만 2006년 초에는 설치, 설정, 하둡을
이용한 프로그램의 작성이 거의 예술 수준이었다. 그 후 엄청난 발전이 있었다. 문서화가 이루어
지고 예제도 많아졌고 질문에 답을 주는 메일링 리스트도 활발해졌다. 하지만 아직까지도 입문
자는 이 기술로 할 수 있는 것과 최적의 활용 분야와 사용 방법을 이해하는 데 큰 어려움을 겪고
있다. 이것이 바로 내가 이 책을 쓴 동기다.

아파치 하둡 커뮤니티는 지금까지 많은 진전을 이루었다. 이 책의 초판을 발행한 이후에도 많은
하둡 프로젝트가 생겨났다. '빅데이터'는 누구나 아는 용어가 되었다.[2] 현재 이 소프트웨어는 채
택 가능성, 성능, 신뢰성, 확장성, 관리성이 크게 향상되었다. 하둡 플랫폼에서 구현되고 실행되

---

1 알렉스 벨로스(Alex Bellos)의 「즐거운 과학(The science of fun)」(http://bit.ly/science_of_fun)(가디언, 2008년 5월 31일)
2 2013년 옥스퍼드 영어 사전(http://bit.ly/6_13_oed_update)에 빅데이터가 추가되었다.

는 소프트웨어 개수는 비약적으로 증가했다. 사실 하둡은 한 사람이 모두 따라가기 힘들다. 하둡이 더 널리 퍼지기 위해서는 지금보다 더 사용하기 쉬워져야 한다고 생각한다. 더 많은 도구, 더 많은 시스템과의 통합, 새롭고 개선된 API 작성이 필요하다. 나는 이 일의 일부를 맡고자 한다. 그리고 나는 이 책이 이러한 일을 하는 다른 사람들에게 도움이 되길 바란다.

소스 코드

이 책에서 특정 자바 클래스는 복잡성을 줄이기 위해 패키지 이름을 생략했다. 해당 클래스가 포함된 패키지는 아파치 하둡 홈페이지[3]에 링크된 하둡용 자바 API 문서나 관련 프로젝트에서 쉽게 찾을 수 있다.

일반적인 규칙에서는 벗어나지만 동일한 패키지에서 여러 클래스를 임포트하는 프로그램은 별 (*) 문자를 사용하여 코드를 줄였다(예를 들면 import org.apache.hadoop.io.*).

이 책의 예제 프로그램은 이 책의 홈페이지와 깃허브, 한빛미디어 웹페이지에서 내려받을 수 있다.

- http://hadoopbook.com/
- https://github.com/tomwhite/hadoop-book/
- http://www.hanbit.co.kr/src/2459

홈페이지에서는 이 책의 예제에서 사용된 데이터셋을 얻는 방법과 책에 있는 프로그램을 실행하기 위한 주의사항 및 변경 내역, 추가 자료, 개인 블로그의 링크도 찾을 수 있다.

---

3 http://hadoop.apache.org/

4판의 새로운 내용

4판은 하둡 2 버전만 다룬다. 하둡 2 버전은 현재 가장 활발히 개선되고 있으며 가장 안정된 버전이다.

YARN(4장), 파케이(13장), 플룸(14장), 크런치(18장), 스파크(19장)를 다루는 새로운 장이 추가되었다. 독자들이 이 책을 읽는 다양한 순서를 알려주는 절도 포함되었다.

또한 새로운 두 가지 사례 연구를 포함한다. 헬스케어 시스템의 하둡 사용법은 22장, 유전체 데이터를 처리하기 위한 하둡 기술은 23장에서 다룬다. 이전 판에서 소개했던 사례 연구는 웹사이트[4]에서 확인할 수 있다.

하둡의 최신 버전과 관련 프로젝트에 대한 내용을 반영하기 위해 기존에 있었던 장의 내용도 많이 고쳐지고 변경되고 개선되었다.

3판의 새로운 내용

3판은 아파치 하둡의 새로운 버전인 0.22와 2.x(이전에는 0.23)뿐만 아니라 1.x(이전에는 0.20)도 다룬다. 이 책의 예제는 일부 예외(별도로 표시)를 제외하면 모든 버전에서 작동한다.

3판의 예제에서는 주로 새로운 맵리듀스 API를 사용한다. 하지만 예전 API도 여전히 널리 활용되고 있기 때문에 새로운 API를 설명할 때 함께 언급한다. 또한 예전 API를 사용한 코드도 이 책의 웹사이트에서 제공한다.

하둡 2.0의 가장 큰 변화는 새로운 분산 자원 관리 시스템인 YARN 위에서 구현되는 새로운 맵리듀스(맵리듀스 2) 실행 엔진이다. 3판은 YARN 기반의 맵리듀스를 다루는 새로운 장을 포함하고 있다. 작동 방식은 7장, 실행 방식은 10장에서 다룬다.

....

4 http://bit.ly/hadoop_tdg_prev

맵리듀스와 관련된 내용도 더 많아졌다. 메이븐으로 맵리듀스 잡을 패키징, 사용자의 자바 클래스 경로 설정, MRUnit으로 테스트 코드 작성은 5장에서 다룬다. 추가로 출력 커미터와 분산 캐시(9장), 태스크 메모리 모터터링(10장)과 같은 깊이 있는 특징도 포함했다. 에이브로 데이터를 처리하는 맵리듀스 잡을 작성하는 새로운 절(12장)과 오지에서 맵리듀스 워크플로를 실행하는 절(6장)도 추가되었다.

HDFS를 다루는 3장에는 고가용성, 페더레이션, WebHDFS와 HttpFS 파일시스템에 대한 설명이 추가되었다.

피그, 하이브, 스쿱, 주키퍼를 다루는 장은 새로운 특징과 최근 버전의 변화를 반영했다.

이와 더불어 책 전반에 걸쳐 정정과 개선이 많이 이루어졌다.

2판의 새로운 내용

2판에서는 스쿱(15장)과 하이브(17장)에 대한 장이 추가되었고, 에이브로를 다루는 새로운 절(12장), 하둡의 새로운 보안 속성 소개(10장), 하둡을 이용해서 대규모 네트워크 그래프를 분석하는 사례 연구가 추가되었다.

2판은 (글을 쓰는 시점에 가장 최신의 안정 버전인) 아파치 하둡 0.20을 중심으로 설명했다. 이후 버전의 새로운 특징도 가끔 나오는데, 이 경우 처음 도입된 버전을 명시했다.

감사의 글

이 책을 쓰는 데 직간접적으로 많은 사람에게 도움을 받았다. 많은 것을 배울 수 있었고, 배움을 계속하는 데 크게 도움을 준 하둡 커뮤니티에 감사의 말을 전한다.

특히 HBase에 대한 장을 써준 조나단 그레이Jonathan Gray와 마이클 스택Michael Stack에게 감사드린다. 또한 사례 연구에 도움을 준 아드리안 우드헤드Adrian Woodhead, 마크 드 패롤Marc de Palol, 조이딥 센 사르마Joydeep Sen Sarma, 아쉬시 투수Ashish Thusoo, 안드르제이 비아레키Andrzej Białecki, 스투 후드Stu Hood, 크리스 웬셀Chris K. Wensel, 오웬 오말리Owen O'Malley에게 감사드린다.

원고를 검토하고 좋은 제안과 개선을 해준 라구 안가디Raghu Angadi 외 많은 리뷰어에게 감사드린다. 이 책의 예제로 사용된 NCDC 기상 데이터셋은 필립 크로머Philip Kromer가 도움을 주었다. 맵리듀스 셔플의 복잡성을 잘 설명해준 오웬 오말리와 아룬 머시Arun C. Murthy에게 특별히 감사드린다는 말을 전한다. 물론 남아 있는 오류는 모두 내 책임이다.

2판을 낼 때 자세한 검토와 피드백을 해준 제프 빈Jeff Bean, 더그 커팅Doug Cutting, 글린 더햄Glynn Durham, 앨런 게이츠Alan Gates, 제프 해머배처Jeff Hammerbacher, 알렉스 코즐로프Alex Kozlov, 켄 크러글러Ken Krugler, 지미 린Jimmy Lin, 토드 립콘Jimmy Lin, 사라 스프로인리Sarah Sproehnle, 비니쓰라 바라드하라잔Vinithra Varadharajan, 이안 리글리Ian Wrigley와 초판의 오자를 지적해준 모든 독자에게 감사드린다. 또한 스쿱에 관한 장에 도움을 준 아론 킴볼Aaron Kimball과 그래프 처리에 대한 사례 연구에 도움을 준 필립 크로머Philip Kromer에게 감사드린다.

3판을 낼 때 좋은 피드백과 제안을 해준 알레잔드로 아브델누르Alejandro Abdelnur, 에바 앤드리아손Eva Andreasson, 엘리 콜린스Eli Collins, 더그 커팅, 패트릭 헌트Patrick Hunt, 아론 킴볼, 아론 메이어스Aaron T. Myers, 브룩 놀랜드Brock Noland, 알빈드 프래바하커Arvind Prabhakar, 아흐메드 라드완Ahmed Radwan, 톰 휠러Tom Wheeler에게 감사드린다. 랍 웰트먼Rob Weltman은 책 전체에 걸쳐 상세한 피드백을 주었고 최종 조판에도 큰 도움을 주었다. 또한 3판의 오자를 지적해준 모든 독자에게 감사드린다.

4판을 낼 때 엄청난 피드백을 해준 요독 배트로그^{Jodok Batlogg}, 메간 블랑셰트^{Meghan Blanchette}, 리안 블루^{Ryan Blue}, 예렉 예섹 세초^{Jarek Jarcec Cecho}, 쥘 담지^{Jules Damji}, 데니스 도슨^{Dennis Dawson}, 매튜 가스트^{Matthew Gast}, 카르딕 캠배틀라^{Karthik Kambatla}, 줄라앙 드 뎀^{Julien Le Dem}, 브록 놀랜드^{Brock Noland}, 샌디 리자^{Sandy Ryza}, 아크샤이 사르마^{Akshai Sarma}, 벤 스피베이^{Ben Spivey}, 미쉘 스택^{Michael Stack}, 케이트 팅^{Kate Ting}, 조쉬 월터^{Josh Walter}, 조쉬 윌스^{Josh Wills}, 아드리안 우드헤드에게 감사드린다. 4판의 사례 연구에 도움을 준 리안 브러쉬^{Ryan Brush}, 미카 휘타크레^{Micah Whitacre}, 매트 매쉬^{Matt Massie}에게 감사드린다. 또한 3판의 오자를 알려준 모든 독자에게 감사드린다.

특히 격려와 지원과 우정을 아끼지 않고 게다가 추천사를 써준 더그 커팅에게 큰 감사를 드린다.

이 책의 초판을 쓰는 도중에 클라우데라에 합류하게 되었다. 나에게 글을 쓸 시간과 빨리 끝낼 수 있도록 아낌없는 지원을 해준 동료들에게 감사의 말을 전한다.

이 책을 준비하는 데 도움을 준 편집자 마이크 루키드스^{Mike Loukides}와 메간 블란쉐프^{Meghan Blanchette} 및 오라일리의 동료들에게 감사드린다. 마이크와 메간은 처음부터 끝까지 나의 질문에 응해주고, 초고를 읽어주고, 일정을 관리해주었다.

마지막으로, 이 책을 쓰는 것은 중대한 일이었고, 내 가족의 전폭적인 지원이 없었으면 불가능했을 것이다. 아내 엘리안^{Eliane}은 우리 가정을 잘 돌보았을 뿐만 아니라 이 책을 검토하고 편집하고 사례 연구를 수집하는 데 도움을 주었다. 이해심이 깊은 딸 에밀리아^{Emilia}, 로띠^{Lottie}와 앞으로 더 많은 시간을 함께 보내고 싶다.

_톰 화이트

CONTENTS

Part 1 하둡 기초

CHAPTER 1 하둡과의 만남

CHAPTER 2 맵리듀스

CHAPTER 3 하둡 분산 파일시스템

CONTENTS

CHAPTER 4 YARN

CHAPTER 5 하둡 I/O

Part 2 맵리듀스

CHAPTER **6** 맵리듀스 프로그래밍

CONTENTS

CHAPTER 7 맵리듀스 작동 방법

CHAPTER 8 맵리듀스 타입과 포맷

CONTENTS

CHAPTER 9 맵리듀스 기능

CHAPTER 10 하둡 클러스터 설정

CONTENTS

CHAPTER 11 하둡 관리

Part 4 관련 프로젝트

CHAPTER 12 에이브로

CHAPTER **13 파케이**

CHAPTER **14 플룸**

CONTENTS

CHAPTER 15 스쿱

CHAPTER 16 피그

CONTENTS

CHAPTER 17 하이브

CHAPTER 18 크런치

CONTENTS

CHAPTER 19 스파크

CHAPTER 20 **HBase**

CONTENTS

CHAPTER **21 주키퍼**

CHAPTER 22 서너의 구조적 데이터

CHAPTER 23 생물학의 데이터 과학: 소프트웨어로 생명 구하기

CONTENTS

CHAPTER 24 캐스케이딩

하둡 기초

1부에서는 하둡의 기반 구성요소를 다룬다. 뒤에 나오는 내용을 이해하기 위해서는 먼저 읽을 필요가 있다.

Part I

하둡 기초

## CHAPTER 1

하둡과의 만남

예전에 사람들은 무거운 것을 끌기 위해 소를 이용했다. 그리고 소 한 마리가 통나무 하나를 움직일 수 없을 때 그 소를 더 키우려 애쓰지 않았다. 우리에게 필요한 것은 커다란 한 대의 컴퓨터가 아니라 매우 많은 컴퓨터로 이루어진 새로운 시스템이다.

_그레이스 호퍼^{Grace Hopper}

1.1 데이터!

우리는 데이터 시대에 살고 있다. 컴퓨터에 저장된 데이터의 전체 크기를 쉽게 측정할 수는 없지만 IDC[1]는 '디지털 세계'의 크기가 2013년에는 4.4제타바이트^{zettabyte}, 2020년에는 10배 증가한 44제타바이트에 다다를 것으로 전망했다.[2] 제타바이트는 10^{21}바이트고, 1,000엑사바이트, 100만 페타바이트, 10억 테라바이트와 동일하다. 제타바이트는 세상의 모든 사람이 각자 디스크를 하나씩 가진 것보다 더 큰 크기다.

---

1 옮긴이_ IT, 통신, 소비 부분의 세계 최고 시장조사 분석 및 컨설팅 기관
2 이 통계치는 「디지털 세계의 기회: 풍부한 데이터와 사물 인터넷의 가치 증가」(http://bit.ly/digital_universe)란 제목의 연구에서 나온 것이다.

수많은 곳에서 엄청난 데이터가 만들어지고 있다.[3]

- 뉴욕증권거래소에서는 하루에 4.5테라바이트의 데이터가 발생한다.
- 페이스북은 2,400억 개의 사진을 보유하고 있으며, 매달 7페타바이트 증가한다.
- 계통조사 사이트인 앤서스트리Ancestry.com는 약 10페타바이트의 데이터를 저장하고 있다.
- 인터넷 아카이브Internet Archive는 약 18.5페타바이트의 데이터를 저장하고 있다.
- 스위스 제네바에 있는 대형 하드론 입자가속기Large Hadron Collider는 매년 30페타바이트의 데이터를 생산한다.

그 밖에도 엄청난 데이터가 있다. 하지만 이러한 데이터가 우리에게 어떤 의미가 있는지 궁금할 것이다. 대부분의 데이터는 검색 엔진과 같이 매우 큰 웹사이트에 있거나 과학이나 금융 분야의 기관에 폐쇄적으로 보관되어 있지 않은가? 또한 빅데이터의 출현이 작은 조직이나 개인에게 무슨 의미가 있다는 것인가?

나는 분명 의미가 있다고 본다. 사진을 예로 들어 보겠다. 내 아내의 할아버지는 열정적인 사진 작가였고 평생 사진을 찍었다. 중형, 슬라이드, 35mm 필름을 고해상도로 스캔하면 대략 10기가바이트의 용량을 차지한다. 이것을 2008년에 우리 가족이 찍었던 5기가바이트의 디지털 사진과 비교해보자. 우리 가족은 내 아내의 할아버지보다 35배의 데이터를 생산하고 있었고, 이러한 비율은 사진 찍기가 쉬워지는 만큼 매년 증가할 것이다.

특히 개인이 생산하는 디지털 스트림이 빠르게 증가하고 있다. 마이크로소프트 리서치의 MyLifeBits 프로젝트[4]를 보면 가까운 미래에 개인 정보의 기록 보관은 매우 흔한 일이 될 것으로 짐작할 수 있다. MyLifeBits 프로젝트는 전화, 이메일, 문서와 같은 개인의 일상을 컴퓨터에 자동으로 보관하고 나중에 필요할 때 활용하도록 한 실험이다. 분 단위로 찍힌 사진을 포함한 전체 데이터의 크기는 한 달에 1기가바이트에 달한다. 저장소의 비용이 모든 오디오와 비디오를 저장할 수 있을 만큼 저렴해지면 미래에는 MyLifeBits 서비스의 데이터 크기도 엄청나게 증가할 것이다.

개인이 만들어내는 데이터의 족적도 계속 증가하지만, 정말 중요한 점은 사물인터넷의 일부인 기계에서 생산되는 데이터양이 훨씬 더 크다는 것이다. 기계 로그, RFID 리더, 센서 네트워크,

---

3 언급된 수치는 2013년 또는 2014년 자료다. 자세한 내용은 톰 그렌펠드(Tom Groenfeldt)의 「뉴욕증권거래소의 전통적인 데이터베이스로 처리할 수 없는 엄청난 데이터」(http://bit.ly/nyse_data_deluge), 리치 밀러(Rich Miller)의 「장기 저장소를 위한 페이스북의 엑사바이트 데이터 센터」(http://bit.ly/facebook_exabyte), Ancestry.com의 「회사의 진실」(http://corporate.ancestry.com/press/company-facts/), Archive.org의 「페타박스」(https://archive.org/web/petabox.php), 세계 LHC 컴퓨팅 그리드 프로젝트 홈페이지(http://wlcg.web.cern.ch/)를 참고하라.

4 http://bit.ly/ms_mylifebits

차량 GPS 궤적, 소매 거래 등은 데이터의 폭증을 이끌고 있다.

공개 데이터의 크기 또한 매년 증가하고 있다. 조직은 더 이상 자신의 데이터만 관리해서는 안된다. 미래의 성공은 다른 조직의 데이터에서 가치를 추출하는 능력에 달려 있기 때문이다.

아마존 웹 서비스의 공개 데이터셋[5]과 Infochimps.org 같은 진취적인 프로젝트는 사람들이 무료나 유상으로 데이터를 쉽게 내려받고 분석할 수 있는 '정보 공유'의 장을 열어놓았다. 다양한 출처의 정보를 융합할 수 있으면 지금까지 예상하거나 상상할 수 없었던 새로운 프로그램도 만들 수 있게 된다.

밤하늘의 새로운 사진을 관찰하는 플리커의 천체측정^{Astrometry} 그룹의 Astrometry.net 프로젝트[6]를 한번 살펴보자. 이 프로젝트는 우리가 찍은 이미지를 분석하여 별 또는 은하 같은 천체가 하늘의 어느 부분에 위치하는지 식별한다. 이 프로젝트는 데이터의 원래 용도(이 사례에서는 태그가 달린 사진 이미지)와 함께 창시자가 전혀 예상하지 못했던 이미지 분석과 같은 용도로도 사용될 수 있음을 보여준다.

과거의 선호도를 바탕으로 새로운 영화나 음악을 추천해주는 것과 같은 일부 문제에서는 '더 많은 데이터가 더 좋은 알고리즘보다 낫다'[7]고 한다. 귀신같이 해결해주는 알고리즘이 있다고 하더라도 데이터가 충분히 많아야 쉽게 해결되는 경우가 가끔 있다.

여기서 좋은 소식은 빅데이터가 주변에 널려 있다는 것이고, 나쁜 소식은 그것을 저장하고 분석하는 일이 매우 어렵다는 것이다.

1.2 데이터 저장소와 분석

사실 문제는 단순하다. 하드 디스크의 용량은 지난 수년간 엄청나게 증가했지만 데이터를 읽는 속도는 그에 미치지 못했다. 1990년에 일반적인 디스크는 1,370MB의 데이터를 저장하고 초당 4.4MB의 전송 속도를 가졌기 때문에 전체 디스크의 데이터를 대략 5분이면 모두 읽을 수 있었

---

5 http://aws.amazon.com/public-data-sets/

6 http://astrometry.net/

7 넷플릭스 챌린지(Netflix Challenge)에 대해 쓴 아난드 라자라만(Anand Rajaraman)의 블로그 포스트(http://me2.do/x6QxnpYy)를 인용한 문장이다. 2009년 3월/4월 IEEE Intelligent Systems에 알론 할레비(Alon Halevy), 피터 노르빅(Peter Norvig), 페르난도 페레이라(Fernando Pereira)는 「데이터의 비합리적 효과(The Unreasonable Effectiveness of Data)」란 논문을 동일한 관점에서 발표했다.

다.[8] 20년이 지난 지금 디스크의 용량은 1테라바이트에 달하지만 전송 속도는 초당 100MB 수준이기 때문에 디스크의 전체 데이터를 읽는 데 두 시간 반 이상 걸린다.

단일 디스크의 데이터를 읽는 데 너무 많은 시간이 걸리고, 심지어 쓰는 것은 더 느리다. 시간을 줄이는 확실한 방법은 여러 개의 디스크에서 동시에 데이터를 읽는 것이다. 100개의 디스크가 있고 각 디스크에는 100분의 1만큼의 데이터가 있다고 가정해보자. 병렬로 작업하면 2분 이내에 모든 데이터를 읽을 수 있다.

디스크의 100분의 1만 사용하는 것은 물론 낭비다. 하지만 1테라바이트의 데이터셋 100개를 디스크에 나눠서 저장하고 서로 공유할 수 있으면 이야기는 달라진다. 이런 시스템의 사용자는 매우 빠른 분석이 가능하기 때문에 공유 접근을 기꺼이 허락할 것이고, 통계적으로 분석 작업은 시간이 지나면 고르게 분산되기 때문에 서로 크게 방해하지도 않을 것이다.

그러나 여러 개의 디스크에 데이터를 병렬로 쓰거나 읽으려면 몇몇 문제를 고려해야 한다.

첫 번째 문제는 하드웨어 장애다. 많은 하드웨어를 사용할수록 장애가 발생할 확률도 높아진다. 데이터 손실을 막기 위한 일반적인 방법은 데이터를 여러 곳에 복제하는 것이다. 여러 곳에 데이터의 복사본이 보관되어 있으면 시스템에 장애가 발생해도 다른 복사본을 바로 이용할 수 있게 된다. 이와 같은 방식으로 작동하는 것이 바로 RAID다. 나중에 살펴볼 하둡의 파일시스템인 HDFS는 조금 다른 접근 방식을 사용한다.

두 번째 문제는 분할된 데이터를 대부분의 분석 작업에서 어떤 식으로든 결합해야 한다는 것이다. 즉, 하나의 디스크에서 읽은 데이터를 다른 99개의 디스크에서 읽은 데이터와 결합해야 할지도 모른다는 것이다. 많은 분산 시스템이 다중 출처의 데이터를 병합하는 기능을 제공하지만, 정합성을 지키는 것은 매우 어려운 도전 과제다. 맵리듀스는 디스크에서 데이터를 읽고 쓰는 문제를 키-값 쌍의 계산으로 변환한 추상화된 프로그래밍 모델을 제공한다. 맵리듀스의 프로그래밍 모델은 다음 장에서 자세히 다룬다. 여기서 설명하고자 하는 핵심은 계산이 맵과 리듀스로 분리되어 있고, 그 둘 사이를 '혼합'해주는 인터페이스가 있다는 점이다. 맵리듀스도 HDFS처럼 안정성을 내장하고 있다.

요약하면 하둡은 안정적이고 확장성이 높은 저장 및 분석 플랫폼을 제공한다. 무엇보다 하둡은 범용 하드웨어에서 실행되고 오픈 소스이기 때문에 매우 저렴하다.

---

8 시케이트 ST-41600n의 사양이다.

1.3 전체 데이터에 질의하기

맵리듀스의 접근법은 무차별 대입$^{brute-force}$ 방식처럼 보인다. 맵리듀스의 전제가 한 번의 쿼리로 전체나 상당한 규모의 데이터셋을 처리하는 것이기 때문이다. 하지만 이것이 바로 맵리듀스의 장점이다. 맵리듀스는 **일괄** 질의 처리기고, 전체 데이터셋을 대상으로 비정형$^{ad\ hoc}$ 쿼리를 수행하고 합리적인 시간 내에 그 결과를 보여주는 능력을 지니고 있다. 이것은 데이터에 대한 우리 생각을 변화시켰고 예전에 테이프나 디스크에 보관해두었던 데이터를 다시 불러냈다. 우리는 데이터를 통해 혁신의 기회를 얻게 되었다. 너무 오랜 시간이 걸려서 얻기 힘들었던 문제에 대한 해답을 이제는 얻을 수 있게 되었고, 새로운 문제와 새로운 통찰력으로 우리를 이끌고 있다.

예를 들어 랙스페이스^{Rackspace}의 메일 사업부인 메일트러스트^{Mailtrust}는 이메일 로그를 처리하기 위해 하둡을 도입했다. 그들이 작성한 비정형 쿼리 중 하나는 사용자의 지리적 분포를 찾는 것이었다. 그들은 다음과 같이 말한다.

> 이 데이터는 매우 유용해서 매달 맵리듀스 잡을 실행하도록 스케줄링하였다. 그리고 규모의 증가에 따라 새롭게 추가할 메일 서버를 어느 랙스페이스 데이터 센터에 배치할지 결정할 때 이 데이터는 큰 도움이 되었다.

수백 기가바이트의 데이터를 한 곳으로 모으고 이를 분석하는 도구를 통해 렉스페이스의 기술자들은 데이터에 대한 통찰력을 얻을 수 있었다. 이는 하둡이 없으면 불가능했을 것이다. 또한 그들은 자신이 배웠던 것을 이용하여 고객 서비스도 향상시킬 수 있었다.

1.4 일괄 처리를 넘어서

맵리듀스의 강점은 기본적으로 일괄 처리 시스템이라는 것이고, 대화형 분석에는 적합하지 않다. 질의를 실행한 후 수 초 이내에 결과를 받는 것은 불가능하다. 일반적으로 질의를 처리하는데 1분 이상 걸리고, 사람들은 결과를 얻을 때까지 자리에 앉아서 계속 기다리기 힘들기 때문에 오프라인 용도로 적합하다고 볼 수 있다.

하둡의 생애를 보면 최초에는 일괄 처리를 위해 만들어졌으나 지금은 이를 벗어나 진화하고 있다. 실제로 '하둡'이란 단어는 HDFS와 맵리듀스만이 아닌 수많은 에코시스템 프로젝트를 지칭하는 말로 사용되기도 한다. 하둡 에코시스템은 분산 컴퓨팅과 대규모 데이터 처리를 위한 기반 시설이다. 에코시스템의 대부분은 오픈 소스 소프트웨어 프로젝트 커뮤니티의 지원을 담당하고 HTTP 서버(프로젝트 이름으로 시작하는 도메인을 가짐. 예를 들면 pig.apache.org)를 제공하는 아파치 소프트웨어 재단Apache Software Foundation[9]에서 관리하고 있다.

온라인 접근을 지원하는 첫 번째 구성요소인 HBase는 HDFS를 기본 저장소로 하는 키-값 저장소다. HBase는 개별 행에 대한 온라인 읽기/쓰기와 산적한 데이터를 읽고 쓰는 일괄 처리를 둘 다 지원하기 때문에 애플리케이션을 구축하는 데 좋은 솔루션이 될 수 있다.

하둡의 새로운 처리 모델을 위한 진정한 조력자는 바로 하둡 2에 포함된 YARNYet Another Resource Negotiator이다. YARN은 클러스터 자원 관리 시스템으로, 맵리듀스뿐만 아니라 어떤 분산 프로그램도 하둡 클러스터에 저장된 데이터를 처리할 수 있게 해준다.

지난 수년간 하둡 기반에서 작동되는 다양한 처리 패턴이 새로 생겨났다. 다음은 그중 일부를 소개한 것이다.

- **대화형 SQL**

  대화형 SQL은 맵리듀스 대신 장기 실행 전용 데몬(임팔라Impala)이나 컨테이너를 재사용하는(테즈Tez 기반의 하이브) 분산 쿼리 엔진을 사용한다. 대용량 데이터셋에 대한 확장성이 있으면서 하둡 기반의 SQL 쿼리를 실행할 때 빠른 응답 속도를 갖는다.

- **반복 처리**

  머신러닝과 같은 다수의 알고리즘은 근본적으로 반복 연산을 한다. 따라서 각 반복 단계마다 디스크에서 데이터를 불러오는 것보다는 메모리에 임시 작업 데이터셋을 보존하는 것이 더 효율적이다. 맵리듀스 아키텍처는 이러한 방법을 허용하지 않지만 예를 들어 스파크를 이용하면 매우 간단하게 해결된다. 스파크는 데이터셋을 탐색하는 방식의 작업을 허용한다.

- **스트림 처리**

  스톰Storm, 스파크 스트리밍Spark Streaming, 삼자Samza와 같은 스트리밍 시스템은 실시간으로 실행되고 경계가 없는 스트림 데이터를 분산 계산하여 그 결과를 하둡 저장소나 외부 시스템에 보낼 수 있다.

- **검색**

  솔라Solr 검색 플랫폼은 하둡 클러스터에서 실행될 수 있다. 솔라는 문서를 색인하여 HDFS에 저장하고, HDFS에 저장된 색인을 기반으로 검색 쿼리를 제공한다.

---

9 http://www.apache.org/

하둡 기반의 다른 처리 프레임워크가 새로 생겨나고 있지만 여전히 맵리듀스는 일괄 처리 영역을 담당하고 있다. 맵리듀스가 소개한 일부 개념(입력 포맷, 또는 데이터셋을 스플릿으로 조각내는 방법)은 일반적으로 적용될 수 있기 때문에 그 작동 방식을 이해하는 것은 큰 도움이 될 것이다.

1.5 다른 시스템과의 비교

하둡은 데이터 저장과 분석을 위한 최초의 분산 시스템은 아니다. 다른 시스템과 비슷하긴 하지만 확실히 구분되는 독특한 특성을 지니고 있다. 여기서는 다른 시스템과의 차이점을 살펴볼 것이다.

1.5.1 관계형 데이터베이스 관리 시스템

왜 여러 개의 디스크를 가진 데이터베이스를 이용하여 대규모 분석을 수행할 수 없는 것일까? 왜 하둡이 필요한가?

이러한 질문에 대한 답은 '탐색 시간은 전송 속도보다 발전이 더디다'는 디스크 드라이브의 또 다른 특성에서 찾을 수 있다. 탐색은 데이터를 읽거나 쓸 때 디스크의 헤더를 디스크의 특정 위치로 이동시키는 조작이다. 이것이 바로 디스크 조작의 지연과 관계된 특징이라면 전송 속도는 디스크의 대역폭과 관련되어 있다.

만약 데이터 접근 패턴이 탐색 위주라면 데이터셋의 커다란 부분을 읽거나 쓰는 작업은 전송 속도에 좌우되는 스트리밍 조작보다 더 오래 걸릴 것이다. 반면 데이터베이스에 있는 일부 레코드를 변경하는 작업은 전통적인 B-트리(관계형 데이터베이스에서 사용되는 자료 구조로, 탐색을 수행하는 속도에 제한이 있다)가 더 적합하다. 데이터베이스의 상당 부분을 변경할 때 B-트리는 데이터베이스를 재구성하기 위해 Sort/Merge를 사용해야 하므로 맵리듀스보다 효율적이지 못하다.

여러 면에서 맵리듀스는 RDBMS를 보완하는 것처럼 보인다. [표 1-1]에서 두 시스템 간의 차이를 볼 수 있다. 맵리듀스는 비정형 분석과 같이 일괄 처리 방식으로 전체 데이터셋을 분석할 필요가 있는 문제에 적합하다. RDBMS는 상대적으로 작은 양의 데이터를 낮은 지연 시간에 추출하고 변경하기 위해 데이터셋을 색인하기 때문에 특정 쿼리와 데이터 변경에 적합하다. 맵리듀스는 데이터를 한 번 쓰고 여러 번 읽는 애플리케이션에 적합하지만, 관계형 데이터베이스는 지속적으로 변경되는 데이터셋에 적합하다고 할 수 있다.[10]

표 1-1 RDBMS와 맵리듀스의 비교

	전통적인 RDBMS	맵리듀스
데이터 크기	기가바이트	페타바이트
접근 방식	대화형과 일괄 처리 방식	일괄 처리 방식
변경	여러 번 읽고 쓰기	한 번 쓰고 여러 번 읽기
트랜잭션	ACID	없음
구조	쓰기 기준 스키마	읽기 기준 스키마
무결성	높음	낮음
확장성	비선형	선형

관계형 데이터베이스와 하둡 시스템의 차이는 점점 불분명해지고 있다. 최근 관계형 데이터베이스는 방향은 다르지만 하둡의 개념을 포함하기 시작했으며, 하둡 시스템의 하이브는 맵리듀스에서 벗어나 점차 대화형으로 발전하고 있으며 색인이나 트랜잭션과 같은 기능을 추가하고 있기 때문에 전통적인 RDBMS와 점점 닮아가고 있다.

하둡과 RDBMS의 다른 차이점은 데이터셋 내부에서 처리되는 구조의 양이다. **정형 데이터** structured data 는 XML 문서나 미리 정의된 특정 스키마를 가진 데이터베이스 테이블과 같이 형식이 정의된 항목으로 구조화되어 있다. 이것은 바로 RDBMS의 영역이다. **반정형 데이터** semi-structured data 는 정형 데이터에 비해 스키마가 유연하거나 심지어 생략될 수 있다. 따라서 데이터 구조에 대한 최소한의 규칙만 있으면 된다. 예를 들어 그리드 형태의 셀 구조로 된 스프레드시트는 셀 자체에 어떤 형태의 데이터도 담을 수 있다. **비정형 데이터** unstructured data 는 어떠한 내부 구조도 없다. 예를 들어 일반 텍스트나 이미지 데이터가 그렇다. 하둡은 처리 시점에 데이터를 해석하도록 설계되어 있기 때문에 비정형 데이터나 반정형 데이터도 잘 처리할 수 있다. **읽기 시점**

---

10 2007년 1월 데이비드 J. 드위트(David J. DeWitt)와 미셸 스톤브래커(Michael Stonebraker)는 「맵리듀스: 크게 뒷걸음치다 (MapReduce: A major step backwards)」(http://bit.ly/step_backwards)에서 맵리듀스는 관계형 데이터베이스를 대체할 수 없다고 비난했다. 많은 논평자가 그것은 잘못된 비교라고 주장했는데, 예를 들어 마크 C. 추-캐롤(Mark C. Chu-Carroll)의 「데이터베이스는 해머고 맵리듀스는 스크루 드라이버다(Databases are hammers; MapReduce is a screwdriver)」(http://bit.ly/dbs_are_hammers)를 보라. 그리고 드위트와 스톤브래커는 이어서 발표한 「맵리듀스 2」에서 다른 사람들이 제기한 주요 주제에 대해 입장을 밝혔다.

스키마^{schema-on-read}라 불리는 이러한 특성은 유연성을 제공하고 데이터를 불러오는 비용이 많이 드는 단계(RDBMS에서 필요한)도 피할 수 있다. 하둡은 단순히 파일만 복사하면 된다.

관계형 데이터는 무결성을 유지하고 중복을 제거하기 위해 주기적으로 **정규화**^{normalize}된다. 정규화는 하둡에서 문제가 되는데, 하둡은 비지역 연산으로 레코드를 읽고, 하둡의 핵심 전제는 고속의 순차적 읽기와 쓰기를 수행하는 것이기 때문이다.

웹 서버의 로그는 정규화되지 **않은** 레코드셋의 좋은 예다. 예를 들어 클라이언트의 호스트명은 같은 클라이언트가 여러 번 나와도 매번 완전하게 표시된다. 그리고 이런 종류의 모든 로그파일은 하둡으로 분석하기 매우 적합하다. 또한 하둡은 관계형 데이터베이스보다 많이 사용되지는 않지만 조인을 수행할 수 있다.

맵리듀스와 다양한 하둡의 처리 모델은 데이터의 크기에 따라 선형으로 확장된다. 데이터는 분할되고 맵과 리듀스와 같은 기본 함수는 분리된 파티션에서 병렬로 데이터를 처리할 수 있다. 만일 입력 데이터의 크기가 두 배라면 작업은 두 배 느리게 수행될 것이다. 하지만 클러스터의 크기가 두 배가 된다면 그 작업은 기존보다 더 빠르게 수행될 것이다. 일반적으로 관계형 데이터베이스의 SQL 쿼리는 그렇지 못하다.

1.5.2 그리드 컴퓨팅

고성능 컴퓨팅^{high-performance computing}(HPC)과 그리드 컴퓨팅 커뮤니티는 메시지 전달 인터페이스^{Message Passing Interface}(MPI)와 같은 API를 이용하여 수년간 대규모 데이터를 처리하고 있다. 대체로 HPC는 SAN으로 연결된 공유 파일시스템에 접근하는 클러스터 머신 여러 대에 작업을 분산시킨다. 이런 방식은 계산 중심의 작업에서는 좋은 결과를 얻지만 계산 노드들이 대용량(하둡이 빛을 발하는 수백 기가바이트 정도) 데이터에 접근해야 할 때는 네트워크 대역폭 때문에 병목 현상이 생기고 계산 노드가 빈둥거리게 되는 문제가 발생한다.

하둡은 가능하면 계산 노드에 데이터를 함께 배치한다. 따라서 데이터가 로컬에 있기 때문에 접근도 **빠를** 수밖에 없다.[11] '**데이터 지역성**^{data locality}'으로 알려진 이러한 특성이 바로 하둡에서 데이터 처리의 핵심이고, 좋은 성능을 내는 이유이기도 하다. 데이터 센터의 환경에서 가장 중요

---

11 짐 그레이(Jim Gray)는 데이터가 있는 곳에서 계산을 수행해야 한다고 주장한 초기의 옹호론자다. 「분산 컴퓨팅 경제학(Distributed Computing Economics)」(http://research.microsoft.com/apps/pubs/default.aspx?id=70001)(2003년 3월)을 참고하라.

한 자원은 네트워크 대역폭이라는 점을 확실히 인식해야 한다. 데이터를 이리저리 복사해보면 쉽게 네트워크 링크를 포화 상태로 만들 수 있다. 하둡은 네트워크 토폴로지를 명확하게 모델링하는 방법으로 네트워크 대역폭을 보존하기 위해 많은 노력을 기울였다. 네트워크를 고려한 이러한 배치 방식은 하둡에서 CPU를 많이 사용하는 분석에 지장을 주는 것은 아니다.

MPI는 개발자에게 상당한 제어권을 주지만, 고수준 분석 알고리즘뿐만 아니라 저수준 C 루틴과 소켓과 같은 구성요소를 통해 데이터 흐름의 메커니즘을 명확하게 다룰 것을 요구한다. 하둡의 데이터 처리는 최상위 수준에서만 동작한다. 개발자는 내부적인 데이터 흐름에 신경 쓰지 않아도 되며 맵리듀스의 키-값 쌍과 같은 데이터 모델의 관점에서만 생각하면 된다.

대규모 분산 컴퓨팅에서 수많은 프로세스를 조율하는 것은 엄청난 과제다. 가장 어려운 점은 원격 프로세스가 실패했는지 정상인지 알 수 없을 때와 같은 부분 실패에 현명하게 대처하는 것과 전체적인 계산의 진행을 이어가는 것이다. 맵리듀스와 같은 분산 처리 프레임워크는 실패한 태스크를 자동으로 감지하여 장애가 없는 머신에 다시 배치하도록 구현되어 있기 때문에 개발자는 실패에 대해 크게 고민하지 않아도 된다. 이러한 일이 가능한 이유는 맵리듀스가 태스크 간의 상호 의존성이 없는 **비공유**^{shared-nothing} 아키텍처이기 때문이다. 매퍼의 출력이 리듀서로 전송되기 때문에 상호 의존성이 없다는 것은 조금 지나치게 단순화한 것으로 볼 수 있다. 하지만 맵리듀스 시스템은 모든 것을 통제할 수 있다. 맵리듀스는 실패한 맵을 다시 실행하는 것보다는 실패한 리듀서를 재실행하는 데 주력한다. 리듀서는 필수적인 맵의 출력을 반드시 다시 추출해야 하고, 그것이 불가능하다면 상응하는 맵을 다시 실행해야 하기 때문이다. 개발자의 관점에서 보면 태스크의 실행 순서는 중요하지 않다. 이와 달리 MPI 프로그램은 자신의 체크포인트와 장애 복구를 명확하게 관리해야 한다. 이렇듯 MPI는 개발자에게 더 많은 제어권을 주지만 프로그램을 작성하는 것은 그만큼 더 힘들다.

1.5.3 자발적 컴퓨팅

하둡과 맵리듀스를 처음 접하는 사람들은 가끔 'SETI@home과 무엇이 다른가?'라고 묻는다. 외계 지적 생명체 탐사 프로젝트인 SETI^{Search for Extra-Terrestrial Intelligence}는 전파망원경의 데이터를 분석하여 외계의 지적 생명체에 대한 신호를 얻기 위해 자원 봉사자들의 컴퓨터가 쉬고 있을 때 CPU의 연산력을 사용하는 SETI@home 프로젝트[12]를 진행하고 있다. SETI@home은

---

12 http://setiathome.berkeley.edu/

자발적 컴퓨팅 프로젝트 중에서 가장 유명하다. 그 외에 가장 큰 소수를 찾는 인터넷 메르센 소수 찾기 프로젝트[Great Internet Mersenne Prime Search]와 단백질 접힘과 질병과의 관계를 해석하기 위한 Folding@home 프로젝트 등이 있다.

자발적 컴퓨팅 프로젝트는 청크[chunk]라는 **작업 단위**로 해결할 문제들을 분리하고, 이를 분석하기 위해 전 세계의 컴퓨터로 보낸다. SETI@home의 작업 단위는 0.35MB의 전파망원경 데이터고, 집에 있는 일반적인 컴퓨터로 분석하는 데 몇 시간 또는 며칠이 걸린다. 분석이 완료되면 그 결과는 다시 서버로 전송되고 클라이언트는 다른 작업 단위를 받게 된다. 의도적인 방해를 막기 위해 각 작업 단위는 다른 세 대의 컴퓨터에 보내지고, 적어도 두 개의 결과가 같아야 그 결과를 인정받는다.

SETI@home은 표면적으로는 맵리듀스(병렬 처리를 위해 문제를 독립된 조각으로 쪼갠다)와 유사해 보이지만 사실은 큰 차이가 있다. SETI@home의 문제는 CPU 중심적이고, 작업 단위를 전송하는 시간이 계산하는 시간보다 빠르기 때문에 전 세계 수십만 대의 컴퓨터에서 실행하는 데 적합하다.[13] 자원 봉사자들이 기부한 것은 네트워크 대역폭이 아니라 CPU 사이클이다.

맵리듀스는 매우 높은 네트워크 대역폭을 가진 단일 데이터 센터에 있는 신뢰성 높은 전용 하드웨어에서 수 분 또는 수 시간 내에 잡[job]을 실행할 수 있도록 설계되었다. 이와 달리 SETI@home은 연결 속도가 가변적이고 데이터 지역성이 없는 신뢰할 수 없는 머신에서 오랜 시간이 걸리는 계산을 실행한다.

1.6 아파치 하둡의 간략한 역사

하둡은 텍스트 검색 라이브러리로 널리 활용되는 아파치 루씬[Apache Lucene]의 창시자인 더그 커팅[Doug Cutting]이 개발했다. 하둡은 루씬 프로젝트의 일환으로 개발된 오픈 소스 웹 검색 엔진인 아파치 너치[Apache Nutch]의 하부 프로젝트로 시작했다.

---

13 2008년 1월 SETI@home은 하루에 300기가바이트의 데이터를 32만 대의 컴퓨터에서 처리했다고 발표했다(http://bit.ly/new_seti_at_home_data). 대부분의 컴퓨터는 SETI@home 전용이 아니고 다른 용도로도 사용되었다.

하둡 이름의 유래

하둡이란 이름은 약어가 아니라 조어다. 하둡 프로젝트의 창시자인 더그 커팅은 하둡이라는 이름이 나오게 된 경위를 다음과 같이 설명했다.

> 내 아이가 봉제 인형인 노란 코끼리에게 지어준 이름이다. 짧고 맞춤법과 발음이 쉽고 특별한 의미도 없고 다른 곳에서 사용하지 않은 이름이어서 작명 기준에 적합했다. 아이들은 이런 이름을 잘 만든다. 구골^{Googol}은 아이들의 언어.

하둡 에코시스템의 프로젝트는 코끼리나 피그와 같은 다른 동물을 이용하여 해당 프로젝트의 기능과 전혀 관련 없는 이름을 짓는 경향이 있다. 비교적 작은 구성요소는 좀 더 직관적이고 일상적인 이름을 붙였다. 이것은 바람직한 원칙이다. 우리는 그 이름만 보고도 무엇을 할 것인지 추측할 수 있다. 예를 들어 네임노드는 파일시스템 네임스페이스를 관리한다.[14]

아무것도 없는 밑바닥부터 웹 검색 엔진을 개발한다는 것은 야심찬 포부라고 할 수 있다. 웹사이트를 크롤링하고 색인하는 복잡한 소프트웨어가 필요하고 또한 관리해야 하는 서버와 데이터도 너무 많기 때문에 전문 운영팀 없이 이를 실행하는 것은 큰 도전이었다. 마이크 캐퍼렐라^{Mike Cafarella}와 더그 커팅은 10억 페이지를 색인할 수 있는 시스템을 유지하기 위해서는 하드웨어 비용 50만 달러와 매달 3만 달러의 운영비가 필요할 것으로 예상했다.[15] 하지만 웹 검색 엔진이 세상에 공개되고 검색 엔진 알고리즘이 널리 대중화된다면 아무리 비싸도 이 시스템을 유지하는 것은 큰 가치가 있다고 믿었다.

너치 프로젝트는 2002년에 시작되었고 크롤러^{crawler}와 검색 시스템이 금방 만들어졌다. 그러나 그들이 가지고 있는 아키텍처는 수십억 웹 페이지로 확장할 수 없었다. 2003년에 구글에서 실제로 운영되는 GFS라는 구글 분산 파일시스템의 아키텍처를 설명한 논문이 발표되었고 큰 도움을 얻을 수 있었다.[16] GFS와 같은 분산 파일시스템은 웹 크롤링과 색인 과정에서 생성되는 매우 큰 파일에 대한 저장소 문제를 해결할 수 있었다. GFS는 특히 저장 노드를 관리하는 것과

---

14 이 책에서는 일반적으로 참조하는 개체를 표현할 때는 'namenode'와 같이 소문자 형태를 사용하고, 그것을 구현한 자바 클래스를 표현할 때는 **NameNode**와 같은 카멜 표기법(CamelCase)을 사용한다.

15 마이크 캐퍼렐라와 더그 커팅의 「Building Nutch: Open Source Search」(http://bit.ly/building_nutch)(ACM Queue, 2004년 4월)를 참고하라.

16 산제이 게마왓(Sanjay Ghemawat), 하워드 고비오프(Howard Gobioff), 순탁 렁(Shun-Tak Leung)의 「The Google File System」(http://research.google.com/archive/gfs.html) 2003년 10월

같은 관리 작업에 신경 쓸 필요가 없는 시스템이다. 2004년에 NDFS[Nutch Distributed FileSystem]라는 너치 분산 파일시스템을 오픈 소스로 구현하는 작업이 시작되었다.

2004년 구글은 맵리듀스를 소개하는 논문을 출간했다.[17] 2005년 초에 너치 개발자들은 너치 내부에 맵리듀스를 구현했고, 2005년 중반까지 모든 주요 너치 알고리즘이 맵리듀스와 NDFS 로 수행되도록 코드를 변경했다.

너치에 구현된 NDFS와 맵리듀스는 검색 분야 밖에서도 활용할 수 있었고, 2006년 2월에 NDFS와 맵리듀스는 하둡이라는 이름의 독립된 루씬의 서브프로젝트로 너치에서 분리되었다. 비슷한 시기에 더그 커팅은 야후에 합류했고, 야후는 하둡을 웹 규모에서 운영되는 시스템으로 전환하기 위한 전담 팀과 자원을 제공했다. 야후는 10,000개의 코어를 가진 하둡 클러스터에서 검색 색인을 만들었다는 사실을 2008년 2월에 발표했다.[18]

야후에서 하둡

인터넷 규모의 검색 엔진을 구축하는 것은 대규모 데이터와 그것을 처리하기 위해 엄청나게 많은 컴퓨터가 필요하다. 야후의 검색 서비스는 4개의 주요 구성요소로 되어 있다. **크롤러**[Crawler]는 웹 서버에서 페이지를 수집하고, **웹맵**[WebMap]은 수집된 웹의 그래프를 구축하고, **색인기**[Indexer]는 최적의 페이지로 역색인을 만들고, **런타임**[Runtime]은 사용자 쿼리를 처리한다. 웹맵은 각각의 웹 링크에 해당하는 대략 1조(10^{12})개의 링크와 각각 고유한 URL에 해당하는 1,000억(10^{11})개의 노드로 구성된 그래프다. 그런 거대한 그래프를 생성하고 분석하는 작업은 수많은 컴퓨터로도 매우 오래 걸린다. 2005년 초 웹맵의 인프라스트럭처인 **드레드노트**[Dreadnaught]를 더 많은 노드로 확장하기 위해 다시 설계하는 작업이 진행되었다. 드레드노트의 노드를 20개에서 600개로 확장하는데 성공했지만, 추가로 확장하기 위해서는 완전한 재설계가 필요했기 때문이었다. 드레드노트는 여러 면에서 맵리듀스와 유사하지만 높은 유연성과 더 적은 구조를 제공했다. 특히 드레드노트 작업의 각 조각은 다음 단계의 작업으로 보내졌지만 그 정렬은 라이브러리 코드 내부에서 수행되었다. 실제로 대부분의 웹맵의 단계는 맵리듀스의 단계와 비슷했다. 따라서 웹맵 애플리케이션은 비용을 들여서 맵리듀스로 굳이 변환할 필요가 없었다.

에릭 발데쉬빌러[Eric Baldeschwieler](별칭 Eric14)는 작은 팀을 구성했고, 드레드노트를 대체하기 위해 GFS와 맵리듀스를 모델로 삼아 C++로 작성된 새로운 프레임워크를 설계하고 프로토타입을 만

---

17 제프리 딘(Jeffrey Dean), 산제이 게마와트(Sanjay Ghemawat)의 「MapReduce: Simplified Data Processing on Large Clusters」(http://research.google.com/archive/mapreduce.html) 2004년 12월

18 「Yahoo! Launches World's Largest Hadoop Production Application」 2008년 2월 19일

들기 시작했다. 당면한 요구사항은 웹맵을 위한 새로운 프레임워크였지만, 야후의 검색 서비스 전반에 걸쳐 사용될 일괄 처리 플랫폼을 표준화하는 것도 매우 중요했다. 다른 사용자를 지원하기 위해 매우 일반적인 프레임워크를 개발함으로써 새로운 플랫폼에 더 많은 투자를 유치할 수 있었다.

같은 기간 우리는 너치의 일부였던 하둡과 그 진행 상황을 주시했다. 2006년 1월 야후는 더그 커팅을 고용했다. 그리고 한 달 후 우리가 만들던 프로토타입을 포기하고 하둡을 채택하기로 결정했다. 하둡이 우리 프로토타입과 설계에 비해 우월한 점은 이미 20개의 노드에서 실제 너치 애플리케이션이 운영되고 있었다는 것이었다. 두 달 후 우리는 연구용 클러스터를 요청했고, 실제 고객들이 우리가 예상했던 것보다 빨리 새로운 프레임워크를 사용할 수 있도록 도울 수 있었다. 하둡은 이미 오픈 소스란 장점이 있었고, 야후의 법률 부서에서 오픈 소스로 작업하면 승인을 얻기도 쉬웠다(사실 쉽지는 않지만). 2006년 초 연구용으로 200노드 클러스터를 설치했고, 연구자들을 위해 하둡을 지원하고 성능을 증가시키는 동안 웹맵 변환 계획을 보류시켰다.

_오웬 오맬리Owen O'Malley, 2009년

2008년 2월 하둡은 개발 성공과 다양성 및 활발한 커뮤니티의 공로를 인정받아 아파치의 최상위 프로젝트로 등극했다. 이 시기에 하둡은 야후를 비롯하여 Last.tm, 페이스북, 뉴욕타임즈와 같은 수많은 회사에서 실제로 사용되고 있었다.

다들 알겠지만 뉴욕타임즈는 웹 서비스를 위해 아마존 EC2 컴퓨트 클라우드에서 신문에서 스캔한 4TB 분량의 문서를 PDF로 변환했다.[19] 처리 작업에 100대의 컴퓨터를 사용했고 24시간이 조금 덜 걸렸다. 이 프로젝트는 짧은 시간에 많은 컴퓨터를 집중적으로 사용할 수 있는 아마존의 시간 기준 지불pay-by-the-hour 모델과 하둡의 편리한 병렬 프로그래밍 모델이 조합되지 않고서는 시작조차 할 수 없었다.

2008년 4월 하둡은 테라바이트 데이터 정렬 세계 신기록을 세운 가장 빠른 시스템이 되었다. 하둡은 910개의 노드로 구성된 클러스터에서 전년도 우승자의 기록인 297초를 제치며 209초 만에 1테라바이트를 정렬했다.[20] 같은 해 11월 구글은 자신의 맵리듀스로 1테라바이트를 68초에

19 데렉 고트프리드(Derek Gottfrid)의 「Self-Service, Prorated Super Computing Fun!」(http://open.blogs.nytimes.com/2007/11/01/self-service-prorated-super-computing-fun/?_r=1) 2007년 11월 1일

20 오웬 오맬리의 「TeraByte Sort on Apache Hadoop」(http://sortbenchmark.org/YahooHadoop.pdf) 2008년 5월

정렬했다고 발표했다.[21] 2009년 4월 야후는 하둡으로 1테라바이트를 62초에 정렬했다고 공표했다.[22]

그 후 더 많은 양의 데이터를 더욱 빠르게 정렬하는 것이 유행을 타게 되었다. 2014년 대회에서 데이터브릭스Databricks 팀은 Gray Sort 벤치마크에서 공동 우승을 차지했다. 그 팀은 207개 노드로 구성된 스파크 클러스터에서 100테라바이트의 데이터를 분당 4.27테라바이트의 속도로 1,406초 만에 정렬했다.[23]

오늘날 하둡은 주요 기업에서 널리 사용되고 있다. 하둡은 빅데이터를 위한 범용 저장소 및 분석 플랫폼으로 업계에서 인정을 받았으며, 이러한 사실은 어떤 방식이든 하둡을 사용하거나 연결된 제품의 수에 반영되었다. 상업용 하둡의 지원은 클라우데라Cloudera, 호튼웍스Hortonworks, 맵알MapR과 같은 하둡 전문 회사와 EMC, IBM, 마이크로소프트, 오라클 등 대규모 기존 엔터프라이즈 벤더에서도 가능하다.

1.7 이 책의 내용

이 책은 크게 5부로 구성되었다. 1~3부에서는 하둡의 핵심, 4부에서는 하둡 에코시스템 관련 프로젝트, 5부에서는 하둡 사례 연구를 다룬다. 이 책을 처음부터 끝까지 순서대로 읽어도 되고, 읽을 필요가 없는 장은 건너뛰어도 된다. [그림 1-1]을 참조하라.

1부는 하둡의 기반 구성요소를 다루는 5개의 장으로 구성되었다. 뒤에 나오는 내용을 이해하기 위해서는 먼저 읽을 필요가 있다. 1장에서는 하둡에 대한 간략한 소개를 다룬다. 2장에서는 하둡의 개요, 3장에서는 특히 HDFS 중심으로 하둡 파일시스템을 살펴본다. 4장에서는 YARN이란 하둡의 클러스터 자원 관리 시스템을 설명한다. 5장에서는 하둡 I/O의 기본 구성요소인 데이터 무결성, 압축, 직렬화, 파일 기반 데이터 구조를 다룬다.

----

21 그레체고르츠 차이코프스키(Grzegorz Czajkowski)의 「Sorting 1PB with MapReduce」(http://bit.ly/sorting_1pb) 2008년 11월 21일

22 오웬 오맬리와 아룬 C. 무르티(Arun C. Murthy)의 「Winning a 60 Second Dash with a Yellow Elephant」(http://sortbenchmark.org/Yahoo2009.pdf) 2009년 4월

23 레이놀드 신(Reynold Xin) 공저 「GraySort on Apache Spark by Databricks」(http://sortbenchmark.org/ApacheSpark2014.pdf) 2014년 11월

2부의 4개 장에서는 맵리듀스를 심도 있게 다룬다. 4부의 데이터 처리 관련 장을 이해할 때 도움이 될 것이다. 하지만 처음 읽을 때는 그냥 건너뛰어도 된다. 6장에서는 맵리듀스 애플리케이션을 개발할 때 필요한 실무적인 절차를 다룬다. 7장에서는 하둡에서 맵리듀스를 구현하는 방법을 살펴본다. 8장에서는 맵리듀스 프로그래밍 모델과 맵리듀스에서 처리할 수 있는 다양한 데이터 포맷을 다룬다. 9장에서는 데이터 정렬과 조인을 포함한 고급 맵리듀스를 다룬다.

3부에서는 하둡의 관리에 초점을 둔다. 10장과 11장에서는 YARN에서 HDFS와 맵리듀스를 실행하는 하둡 클러스터를 설치하고 관리하는 방법을 설명한다.

4부에서는 하둡 기반의 전용 프로젝트와 관련 프로젝트를 다룬다. 각 장마다 하나의 프로젝트를 다루고 다른 장과 크게 의존성이 없으므로 어떤 순서로 읽어도 상관없다.

앞의 두 장은 데이터 포맷을 설명한다. 12장에서는 하둡을 위한 교차 언어 직렬화 라이브러리인 에이브로^{Avro}를 다루고, 13장에서는 내포된 데이터 형식의 효율적인 컬럼 기반 저장소인 파케이^{Parquet}를 다룬다.

다음 두 장은 데이터 수집, 즉 데이터를 하둡으로 가져오는 방법을 다룬다. 14장에서는 대용량 스트리밍 데이터를 수집하는 플룸^{Flume}을 다루고, 15장에서는 관계형 데이터베이스와 같은 구조적 데이터 저장소와 HDFS 간에 데이터를 효율적으로 전송하는 스쿱^{Sqoop}을 다룬다.

다음 4개의 장에서는 데이터 처리와 관련된 주제를 다룬다. 특히 맵리듀스보다 고수준의 추상화를 제공하는 프로젝트를 하나씩 설명한다. 16장의 피그는 매우 큰 데이터셋을 탐색할 수 있는 데이터 흐름을 위한 언어다. 17장의 하이브는 HDFS에 저장된 데이터를 관리하고 SQL 기반의 쿼리 언어를 제공하는 데이터 웨어하우스다. 18장의 크런치는 맵리듀스나 스파크에서 실행될 수 있는 데이터 처리 파이프라인을 작성할 수 있는 고수준의 자바 API다. 19장의 스파크는 **방향성 비순환 그래프**^{directed acyclic graph}(DAG) 엔진과 스칼라, 자바, 파이썬 언어를 위한 API를 제공하는 대규모 데이터 처리를 위한 클러스터 컴퓨팅 프레임워크다.

20장에서는 HDFS를 기반 저장소로 사용하는 컬럼 기반 실시간 분산 데이터베이스인 HBase를 소개한다. 21장에서는 분산 애플리케이션을 구축할 수 있는 유용한 핵심 도구를 제공하는 분산 고가용성 코디네이터^{coordinator}(조정자)인 주키퍼^{ZooKeeper}를 다룬다.

5부는 흥미로운 방식으로 하둡을 사용한 사람들이 기고한 사례 연구 모음이다.

부록에서는 하둡에 대한 추가 정보(하둡을 머신에 설치하는 방법 등)를 제공한다.

그림 1-1 이 책의 구조: 책을 읽는 다양한 순서

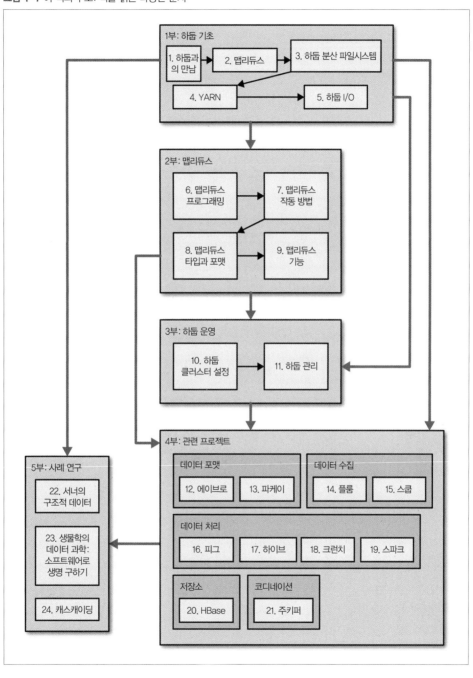

CHAPTER 2

맵리듀스

맵리듀스는 데이터 처리를 위한 프로그래밍 모델이다. 이 모델은 단순하지만 그렇다고 유용한 프로그램을 작성할 수 없을 정도로 단순하기만 한 것은 아니다. 하둡은 다양한 언어로 작성된 맵리듀스 프로그램을 구동시킬 수 있다. 이 장에서는 자바, 루비, 파이썬으로 작성된 동일한 프로그램을 살펴볼 것이다. 맵리듀스는 태생 자체가 병행성을 고려하여 설계되었고, 누구든지 충분한 장비만 갖추고 있다면 대규모 데이터 분석을 할 수 있다. 맵리듀스는 대용량 데이터셋에서 그 진가가 드러난다. 예제를 통해서 맵리듀스의 프로그래밍 모델을 살펴보도록 하자.

2.1 기상 데이터셋

우리는 기상 데이터를 분석하는 프로그램을 작성할 것이다. 지구 전지역에서 매시간 데이터를 수집하는 기상 센서들은 대량의 로그 데이터를 모으는데, 이러한 데이터는 반구조적 semi-structured 이면서 레코드 지향적 record-oriented 이기 때문에 맵리듀스를 이용한 데이터 분석에 적합하다.

2.1.1 데이터 포맷

데이터는 국립기후자료센터 National Climatic Data Center (NCDC)[1]에서 가져와서 사용한다. 이 데이

----

1 http://www.ncdc.noaa.gov/

터는 한 행이 하나의 레코드며, 행 단위의 아스키 형식으로 되어 있다. 이 형식은 기상학적 요소들이 데이터의 길이가 가변적이고 선택적인 요소가 많음에도 불구하고 유연한 표현을 가능하게 한다. 단순한 처리를 위해 모든 데이터에 존재하고 고정길이를 가진 기온과 같은 기본 요소에 초점을 두도록 하겠다.

[예제 2-1]은 중요 필드에 대한 주석을 포함한 예를 보여준다. 실제 파일에는 구분자 없이 모든 필드가 한 행으로 붙어 있지만, 예제에서는 각 필드 단위로 보기 쉽게 하기 위해 여러 행으로 구분해놓았다.

예제 2-1 국립기후자료센터의 레코드 형식

```
0057
332130     # USAF 기상관측소 식별자
99999      # WBAN 기상관측소 식별자
19500101   # 관측 날짜
0300       # 관측 시간
4
+51317     # 위도 (위도 x 1000)
+028783    # 경도 (경도 x 1000)
FM-12
+0171      # 고도 (미터)
99999
V020
320        # 바람 방향 (도)
1          # 특성 코드
N
0072
1
00450      # 구름 고도 (미터)
1          # 특성 코드
C
N
010000     # 가시거리 (미터)
1          # 특성 코드
N
9
-0128      # 기온 (섭씨온도 x 10)
1          # 특성 코드
-0139      # 이슬점 온도 (섭씨온도 x 10)
1          # 특성 코드
10268      # 대기 입력 (헥토파스칼 x 10)
1          # 특성 코드
```

데이터 파일은 해당 날짜와 기상관측소를 기준으로 분리되어 있다. 1901년부터 2001년까지 연도별 디렉터리가 존재하고, 기상관측소별로 측정된 정보(파일)는 gzip으로 압축되어 연도별 디렉터리에 위치한다. 예를 들어 1990년의 파일 목록 일부는 다음과 같다.

```
% ls raw/1990 | head
010010-99999-1990.gz
010014-99999-1990.gz
010015-99999-1990.gz
010016-99999-1990.gz
010017-99999-1990.gz
010030-99999-1990.gz
010040-99999-1990.gz
010080-99999-1990.gz
010100-99999-1990.gz
010150-99999-1990.gz
```

수만 개의 기상관측소가 존재하기 때문에 전체 데이터셋은 상대적으로 작은 파일이 매우 많다. 하둡의 특성상 소수의 큰 파일이 처리하기 쉽고 효율적이다. 따라서 다수의 파일을 연도를 기준으로 하나의 파일로 병합하기 위해 먼저 전처리 작업을 수행해야 한다(실행 방식은 부록 C에 기술되어 있다).

2.2 유닉스 도구로 데이터 분석하기

연도별 전 세계 최고 기온은 얼마일까? 처음에는 하둡을 사용하지 않고 이 문제를 해결할 것이다. 이 정보는 성능 평가의 기준선이 될 것이고 결과를 검증하는 데도 유용할 것이다.

awk는 행 기반 데이터를 처리하기 위한 전통적인 유닉스 도구다. [예제 2-2]는 연도별 최고 기온을 계산하기 위한 간단한 스크립트다.

예제 2-2 NCDC 기상 레코드에서 연도별 최고 기온을 찾는 프로그램

```
#!/usr/bin/env bash
for year in all/*
do
  echo -ne `basename $year .gz`"\t"
```

```
    gunzip -c $year | \
      awk '{ temp = substr($0, 88, 5) + 0;
             q = substr($0, 93, 1);
             if (temp !=9999 && q ~ /[01459]/ && temp > max) max = temp }
          END { print max }'
    done
```

위 스크립트는 압축된 연도별 파일을 반복적으로 돌며 처음에는 해당 연도를 출력하고 그 후 awk를 이용해서 각 파일을 처리한다. awk 스크립트는 데이터에서 두 개의 필드(기온과 특성 코드)를 추출한다. 기온(문자열)에 0을 더하면 그 값은 정수형으로 변환된다. 다음에는 기온이 유효한 값(9999는 NCDC 데이터셋에서 누락된 값을 의미)을 가지는지, 특성 코드가 그 측정값을 신뢰할 수 있다고 보는지 점검한다. 측정된 값에 문제가 없다면 현재 최고 기온과 비교하여 새로운 값이 더 높으면 최고 기온을 변경한다. END 영역은 파일에 있는 모든 행이 처리된 후에 실행되는데, 최종 최고 기온을 출력한다.

다음은 실행 과정의 첫부분을 보여준다.

```
% ./max_temperature.sh
1901 317
1902 244
1903 289
1904 256
1905 283
...
```

소스 파일에 기록된 기온의 값은 소수점 0.1 단위로, 1901년의 수행 결과는 31.7℃다(20세기 초에는 관측자료가 매우 적었으므로 정확한 값은 아닐 것이다). 20세기의 전체 데이터를 한 대의 EC2 고성능 CPU XL$^{High\text{-}CPU\ Extra\ Large}$ 인스턴스에서 실행해본 결과 42분이 걸렸다.

처리 속도를 높이기 위해 프로그램의 각 부분을 병렬로 수행할 필요가 있다. 이론적으로는 한 대의 머신에 있는 모든 하드웨어 스레드를 활용하여 연도별 파일을 서로 다른 프로세스에 할당하여 처리하면 된다. 하지만 이 방식에는 몇 가지 문제가 있다.

첫째, 일을 동일한 크기로 나눈다는 것이 언제나 쉽고 명확한 것은 아니다. 예제를 보면 연도별로 파일의 크기가 다르기 때문에 일부 프로세스는 상대적으로 빨리 끝날 수 있다. 이러한 프로세스에 다른 일을 추가로 맡길 수는 있지만, 결국 전체 수행 시간은 가장 긴 파일을 처리하는 프로세스의 처리 시간에 의해 결정된다. 대안 중 하나는 전체 입력 파일을 고정길이의 데이터 청크로 나누고 각 청크를 하나의 프로세스에 할당하는 것이다.

둘째, 독립적인 프로세스의 결과를 모두 합치는 데 더 많은 처리가 필요할 수도 있다. 각 연도의 결과는 다른 연도와는 무관하므로 개별 프로세스의 모든 결과를 합친 다음 연도를 기준으로 정렬하면 전체 결과를 얻을 수 있을 것이다. 여기에 고정길이의 청크를 사용하면 전체 결합이 더 정교해질 수 있다. 이 예제에서 특정 연도의 데이터는 몇 개의 청크로 나뉠 가능성이 높고, 각 청크는 독립적으로 처리된다. 우리는 각각의 청크에서 최고 기온을 찾고, 마지막 단계에서 연도별 최고 기온을 구할 수 있다.

셋째, 단일 머신의 처리 능력은 여전히 한계가 있다. 단일 머신에서 여러 개의 프로세서로 처리할 수 있는 최적의 수행 시간이 20분이라면 이것이 바로 머신의 한계다. 처리 시간은 더 이상 빨라질 수 없다. 또한 어떤 데이터셋은 단일 머신의 처리 능력을 초과할 수 있다. 여러 대의 머신을 사용할 때는 코디네이션coordination (협력과 조정)과 신뢰성의 범주에 속하는 요소를 추가로 고려해야 한다. 잡의 전체 과정을 누가 조율하고 프로세스의 실패를 어떻게 처리할지 고민해야 한다.

병렬로 처리하는 것이 쉬워 보이지만 실제로는 매우 복잡하다. 이러한 이슈를 해결하기 위해 하둡과 같은 프레임워크를 사용하는 것은 큰 도움이 된다.

2.3 하둡으로 데이터 분석하기

하둡이 제공하는 병렬 처리의 이점을 이용하기 위해서는 우리 요구사항을 맵리듀스 잡으로 다시 표현할 필요가 있다. 로컬이나 소규모 클러스터에서 테스트를 한 후 다수의 머신으로 구성된 클러스터에서 수행해보자.

2.3.1 맵과 리듀스

맵리듀스 작업은 크게 맵 단계와 리듀스 단계로 구분된다. 각 단계는 입력과 출력으로 키-값의 쌍을 가지며, 그 타입은 프로그래머가 선택한다. 또한 프로그래머는 맵 함수와 리듀스 함수를 작성해야 한다.

맵 단계의 입력은 NCDC의 원본 데이터다. 먼저 데이터셋의 각 행의 타입을 텍스트로 인식하는 텍스트 입력 포맷을 선택한다. 값은 각 행(문자열)이고, 키는 파일의 시작부에서 각 행이 시작되는 지점까지의 오프셋이다. 여기서 키는 의미가 없으므로 무시해도 된다.

맵 함수는 단순하다. 각 행에서 연도와 기온을 추출한다. 이 예제에서 맵 함수는 단지 데이터의 준비 단계로, 연도별 최고 기온을 찾는 리듀스 함수를 위해 데이터를 제공하는 역할을 맡는다. 또한 잘못된 레코드를 걸러주는 작업은 맵 함수에서 수행하는 것이 적합하며, 여기서는 기온 필드의 값이 누락되거나 이상하거나 문제가 있는 레코드를 제거하는 작업을 수행한다.

맵의 작동 방식을 직접 확인하기 위해 다음에 나오는 입력 데이터의 일부를 한 줄씩 살펴보자 (데이터를 간결하게 하기 위해 사용하지 않는 컬럼은 생략 기호(...)로 표시했다).

```
0067011990999991950051507004...9999999N9+00001+99999999999...
0043011990999991950051512004...9999999N9+00221+99999999999...
0043011990999991950051518004...9999999N9-00111+99999999999...
0043012650999991949032412004...0500001N9+01111+99999999999...
0043012650999991949032418004...0500001N9+00781+99999999999...
```

각 행은 키-값 쌍으로 변환되어 맵 함수의 입력이 된다.

```
(0, 0067011990999991950051507004...9999999N9+00001+99999999999...)
(106, 0043011990999991950051512004...9999999N9+00221+99999999999...)
(212, 0043011990999991950051518004...9999999N9-00111+99999999999...)
(318, 0043012650999991949032412004...0500001N9+01111+99999999999...)
(424, 0043012650999991949032418004...0500001N9+00781+99999999999...)
```

맨 앞의 키는 각 행의 파일 오프셋으로, 맵 함수는 그냥 무시한다. 맵 함수는 연도와 기온(굵은 문자로 표시)을 추출하여 출력으로 내보낸다(기온은 정수형으로 변환된다).

```
(1950, 0)
(1950, 22)
(1950, -11)
(1949, 111)
(1949, 78)
```

맵 함수의 출력이 리듀스 함수의 입력으로 보내지는 과정은 맵리듀스 프레임워크에 의해 처리된다. 이 과정에서 키-값 쌍은 키를 기준으로 정렬되고 그룹화된다. 여기서 맵 함수의 키는 연도고 값은 기온이다. 따라서 리듀스 함수는 다음과 같은 입력을 받게 된다.

```
(1949, [111, 78])
(1950, [0, 22, -11])
```

연도별로 측정된 모든 기온값이 하나의 리스트로 묶인다. 리듀스 함수는 리스트 전체를 반복하여 최고 측정값을 추출한다.

```
(1949, 111)
(1950, 22)
```

이것이 바로 최종 결과로, 연도별 전 세계 최고 기온이다.

완전한 데이터 흐름을 [그림 2-1]에서 볼 수 있다. 다이어그램의 아랫부분은 전체 맵리듀스의 흐름을 유닉스 파이프라인으로 모방한 것으로, 2.5절 '하둡 스트리밍'에서 다시 살펴볼 것이다.

그림 2-1 맵리듀스의 논리적 데이터 흐름

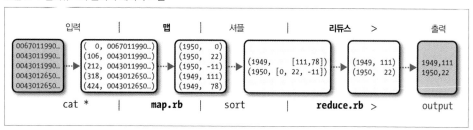

2.3.2 자바 맵리듀스

맵리듀스 프로그램이 어떻게 작동하는지 빠르게 훑어보기 위해 소스 코드를 한번 살펴보자. 맵 함수, 리듀스 함수, 잡을 구동하기 위한 코드를 볼 필요가 있다. 맵 함수는 추상 map ( ) 메서드를 정의하는 Mapper 클래스로 구현된다. [예제 2-3]은 맵 함수의 구현을 보여준다.

```java
import java.io.IOException;

import org.apache.hadoop.io.IntWritable;
import org.apache.hadoop.io.LongWritable;
import org.apache.hadoop.io.Text;
import org.apache.hadoop.mapreduce.Mapper;

public class MaxTemperatureMapper
    extends Mapper<LongWritable, Text, Text, IntWritable> {

  private static final int MISSING = 9999;

  @Override
  public void map(LongWritable key, Text value, Context context)
      throws IOException, InterruptedException {

    String line = value.toString();
    String year = line.substring(15, 19);
    int airTemperature;
    if (line.charAt(87) == '+') { // parseInt 함수는 앞에 더하기(+) 기호가 있으면 안 된다.
      airTemperature = Integer.parseInt(line.substring(88, 92));
    } else {
      airTemperature = Integer.parseInt(line.substring(87, 92));
    }
    String quality = line.substring(92, 93);
    if (airTemperature != MISSING && quality.matches("[01459]")) {
      context.write(new Text(year), new IntWritable(airTemperature));
    }
  }
}
```

Mapper 클래스는 제네릭generic 타입으로, 네 개의 정규 타입 매개변수(입력키, 입력값, 출력키, 출력값)를 가진다. 예제에서 입력키는 long integer 타입의 오프셋, 입력값은 한 행의 내용, 출력키는 연도, 출력값은 기온(정수)이다. 하둡은 최적화된 네트워크 직렬화를 위해 (내장 자바 타입 대신) 자체적으로 기본 타입 셋을 제공한다. 이러한 타입 클래스는 org.apache.hadoop.io 패키지에서 찾아볼 수 있다. 여기서 우리는 자바 Long에 해당하는 LongWritable, 자바 String에 해당하는 Text, 자바 Integer에 해당하는 IntWritable을 사용한다.

map() 메서드의 입력으로 하나의 키와 하나의 값이 전달된다. 우리는 한 행의 Text 입력값을 자바 String으로 변환하고, 원하는 컬럼을 추출하기 위해 substring() 메서드를 사용한다.

또한 map() 메서드는 출력을 위해 Context의 인스턴스를 제공한다. 예제에서 연도는 Text 객체로(키로 사용되기 때문에), 기온은 IntWritable 객체로 기록된다. 기온이 존재하고 측정된 값에 대한 특성 코드가 유효하다면 출력 레코드를 기록한다.

리듀스 함수는 [예제 2-4]와 같이 Reducer를 사용하여 정의한다. 맵 함수의 정의와 비슷하다.

예제 2-4 최고 기온을 구하는 Reducer 예제

```
import java.io.IOException;

import org.apache.hadoop.io.IntWritable;
import org.apache.hadoop.io.Text;
import org.apache.hadoop.mapreduce.Reducer;

public class MaxTemperatureReducer
    extends Reducer<Text, IntWritable, Text, IntWritable> {

  @Override
  public void reduce(Text key, Iterable<IntWritable> values, Context context)
      throws IOException, InterruptedException {

    int maxValue = Integer.MIN_VALUE;
    for (IntWritable value : values) {
      maxValue = Math.max(maxValue, value.get());
    }
    context.write(key, new IntWritable(maxValue));
  }
}
```

리듀스 함수 역시 입력과 출력 타입을 규정하기 위해 네 개의 정규 타입 매개변수를 사용한다. 리듀스 함수의 입력 타입은 맵 함수의 출력 타입이었던 Text, IntWritable과 짝을 이룬다. 예제에서 리듀스 함수의 출력 타입은 Text와 IntWritable이며, Text에는 연도를, IntWritable에는 해당 연도의 기온값을 모두 비교하여 가장 높은 기온을 기록한다.

세 번째는 맵리듀스 잡을 구동하는 코드로 [예제 2-5]에서 볼 수 있다.

```
import org.apache.hadoop.fs.Path;
import org.apache.hadoop.io.IntWritable;
import org.apache.hadoop.io.Text;
import org.apache.hadoop.mapreduce.Job;
import org.apache.hadoop.mapreduce.lib.input.FileInputFormat;
import org.apache.hadoop.mapreduce.lib.output.FileOutputFormat;

public class MaxTemperature {

  public static void main(String[] args) throws Exception {
    if (args.length != 2) {
      System.err.println("Usage: MaxTemperature <input path> <output path>");
      System.exit(-1);
    }

    Job job = new Job();
    job.setJarByClass(MaxTemperature.class);
    job.setJobName("Max temperature");

    FileInputFormat.addInputPath(job, new Path(args[0]));
    FileOutputFormat.setOutputPath(job, new Path(args[1]));

    job.setMapperClass(MaxTemperatureMapper.class);
    job.setReducerClass(MaxTemperatureReducer.class);

    job.setOutputKeyClass(Text.class);
    job.setOutputValueClass(IntWritable.class);

    System.exit(job.waitForCompletion(true) ? 0 : 1);
  }
}
```

Job 객체는 잡 명세서를 작성한다. 잡을 수행하는 방법을 정의한 잡 명세서는 사용자가 결정한
다. 하둡 클러스터에서 잡을 실행할 때는 먼저 코드를 JAR 파일로 묶어야 한다(하둡은 클러스터
의 해당 머신에 JAR 파일을 배포한다). JAR 파일의 이름을 명시적으로 지정하는 방법도 있지
만, Job의 setJarByClass( ) 메서드를 이용하여 클래스를 하나 지정하면 하둡은 해당 클래스
를 포함한 관련 JAR 파일을 찾아서 클러스터에 배치해준다.

Job 객체를 생성할 때 입력과 출력 경로를 지정한다. 입력 경로는 FileInputFormat의 정적 메서드인 addInputPath( )를 호출하여 지정한다. 입력 경로로는 하나의 파일이나 디렉터리(디렉터리 안에 있는 모든 파일) 또는 특정 패턴의 파일일 수 있다. 다수의 입력 경로를 지정하고 싶으면 addInputPath( )를 여러 번 호출하면 된다.

출력 경로가 하나면 FileOutputFormat의 정적 메서드인 setOutputPath( )로 지정한다. 이 경로는 리듀스 함수가 출력 파일을 저장할 디렉터리다. 잡을 수행하는 시점에 지정한 디렉터리가 존재하면 절대 안 된다. 만약 존재하면 하둡은 에러 메시지를 출력하고 잡을 실행하지 않는다. 이는 데이터 손실을 방지하기 위해서다(오랜 시간에 걸쳐서 얻은 결과물을 다른 잡의 결과물이 덮어써버린다면 정말 끔찍할 것이다).

이어서 setMapperClass( )와 setReducerClass( ) 메서드로 맵과 리듀스의 입출력 데이터 타입을 지정한다.

setOutputKeyClass( )와 setOutputValueClass( ) 메서드로 리듀스 함수의 출력 타입을 지정할 수 있는데, 실제 Reduce 클래스가 생성하는 출력 타입과 반드시 일치해야 한다.[2] 맵 함수의 출력 타입은 기본적으로 리듀스 함수의 출력 타입과 같다. 따라서 매퍼와 리듀서의 출력 타입이 같다면 굳이 지정하지 않아도 된다(여기서 사용한 예제는 매퍼와 리듀서의 출력 타입이 같다). 그러나 서로 다른 타입이라면 setMapOutputKeyClass( )와 setMapOutputValueClass( ) 메서드로 맵의 출력 타입을 반드시 지정해주어야 한다.

입력 타입은 입력 포맷에 의해 처리되는데, 기본 입력 포맷인 TextInputFormat을 사용하기 때문에 명시적으로 지정하지 않았다.

이제 맵과 리듀스 함수를 정의한 클래스를 지정하면 잡을 수행하기 위한 사전 준비가 모두 끝난다. Job의 waitForCompletion( ) 메서드는 잡을 제출한 후 잡이 모두 끝날 때까지 기다린다. 이 메서드에는 중간 결과의 생성 여부를 표시하는 한 개의 인자가 있다. 이 인자의 값이 true면 잡은 콘솔로 진척 상황을 보고한다.

waitForCompletion( ) 메서드의 반환값은 성공(true)과 실패(false)를 알려주는 불린값이고, 이것은 프로그램의 종료 코드인 0 또는 1로 변환된다.

---

2 옮긴이_ 당연한 것처럼 보이지만, 컴파일 시점에 일치 여부를 확인하지 않기 때문에 주의해야 한다는 의미다.

테스트 수행

맵리듀스 잡 코드를 작성한 후에는 코드상의 문제를 바로 찾을 수 있도록 작은 데이터셋으로 테스트하는 것이 좋다. 먼저 독립standalone 모드로 하둡을 설치한다. 설치 방법은 부록 A를 참조하라. 독립 모드를 사용하면 하둡은 로컬 파일시스템과 로컬 잡 수행자로 맵리듀스 잡을 실행한다. 그다음에는 이 책의 웹사이트[3]에서 예제를 내려받아 예제를 설치하고 컴파일한다.

앞에서 본 다섯 줄짜리 샘플 데이터로 테스트를 수행한다. 가독성을 위해 출력 결과의 일부를 편집하거나 삭제했다.

```
% export HADOOP_CLASSPATH=hadoop-examples.jar
% hadoop MaxTemperature input/ncdc/sample.txt output
14/09/16 09:48:39 WARN util.NativeCodeLoader: Unable to load native-hadoop
library for your platform... using builtin-java classes where applicable
14/09/16 09:48:40 WARN mapreduce.JobSubmitter: Hadoop command-line option
parsing not performed. Implement the Tool interface and execute your application
with ToolRunner to remedy this.
14/09/16 09:48:40 INFO input.FileInputFormat: Total input paths to process : 1
14/09/16 09:48:40 INFO mapreduce.JobSubmitter: number of splits:1
14/09/16 09:48:40 INFO mapreduce.JobSubmitter: Submitting tokens for job:
job_local26392882_0001
14/09/16 09:48:40 INFO mapreduce.Job: The url to track the job:
http://localhost:8080/
14/09/16 09:48:40 INFO mapreduce.Job: Running job: job_local26392882_0001
14/09/16 09:48:40 INFO mapred.LocalJobRunner: OutputCommitter set in config null
14/09/16 09:48:40 INFO mapred.LocalJobRunner: OutputCommitter is
org.apache.hadoop.mapreduce.lib.output.FileOutputCommitter
14/09/16 09:48:40 INFO mapred.LocalJobRunner: Waiting for map tasks
14/09/16 09:48:40 INFO mapred.LocalJobRunner: Starting task:
attempt_local26392882_0001_m_000000_0
14/09/16 09:48:40 INFO mapred.Task: Using ResourceCalculatorProcessTree : null
14/09/16 09:48:40 INFO mapred.LocalJobRunner:
```

----

3 http://hadoopbook.com

14/09/16 09:48:40 INFO mapred.Task: Task:attempt_local26392882_0001_m_000000_0
is done. And is in the process of committing
14/09/16 09:48:40 INFO mapred.LocalJobRunner: map
14/09/16 09:48:40 INFO mapred.Task: Task 'attempt_local26392882_0001_m_000000_0'
 done.
14/09/16 09:48:40 INFO mapred.LocalJobRunner: Finishing task:
attempt_local26392882_0001_m_000000_0
14/09/16 09:48:40 INFO mapred.LocalJobRunner: map task executor complete.
14/09/16 09:48:40 INFO mapred.LocalJobRunner: Waiting for reduce tasks
14/09/16 09:48:40 INFO mapred.LocalJobRunner: Starting task:
attempt_local26392882_0001_r_000000_0
14/09/16 09:48:40 INFO mapred.Task: Using ResourceCalculatorProcessTree : null
14/09/16 09:48:40 INFO mapred.LocalJobRunner: 1 / 1 copied.
14/09/16 09:48:40 INFO mapred.Merger: Merging 1 sorted segments
14/09/16 09:48:40 INFO mapred.Merger: Down to the last merge-pass, with 1
segments left of total size: 50 bytes
14/09/16 09:48:40 INFO mapred.Merger: Merging 1 sorted segments
14/09/16 09:48:40 INFO mapred.Merger: Down to the last merge-pass, with 1
segments left of total size: 50 bytes
14/09/16 09:48:40 INFO mapred.LocalJobRunner: 1 / 1 copied.
14/09/16 09:48:40 INFO mapred.Task: Task:attempt_local26392882_0001_r_000000_0
is done. And is in the process of committing
14/09/16 09:48:40 INFO mapred.LocalJobRunner: 1 / 1 copied.
14/09/16 09:48:40 INFO mapred.Task: Task attempt_local26392882_0001_r_000000_0
is allowed to commit now
14/09/16 09:48:40 INFO output.FileOutputCommitter: Saved output of task
'attempt...local26392882_0001_r_000000_0' to file:/Users/tom/book-workspace/
hadoop-book/output/_temporary/0/task_local26392882_0001_r_000000
14/09/16 09:48:40 INFO mapred.LocalJobRunner: reduce > reduce
14/09/16 09:48:40 INFO mapred.Task: Task 'attempt_local26392882_0001_r_000000_0'
 done.
14/09/16 09:48:40 INFO mapred.LocalJobRunner: Finishing task:
attempt_local26392882_0001_r_000000_0
14/09/16 09:48:40 INFO mapred.LocalJobRunner: reduce task executor complete.
14/09/16 09:48:41 INFO mapreduce.Job: Job job_local26392882_0001 running in uber
 mode : false
14/09/16 09:48:41 INFO mapreduce.Job: map 100% reduce 100%
14/09/16 09:48:41 INFO mapreduce.Job: Job job_local26392882_0001 completed
successfully
14/09/16 09:48:41 INFO mapreduce.Job: Counters: 30
    File System Counters
        FILE: Number of bytes read=377168
        FILE: Number of bytes written=828464
        FILE: Number of read operations=0
        FILE: Number of large read operations=0

```
        FILE: Number of write operations=0
    Map-Reduce Framework
        Map input records=5
        Map output records=5
        Map output bytes=45
        Map output materialized bytes=61
        Input split bytes=129
        Combine input records=0
        Combine output records=0
        Reduce input groups=2
        Reduce shuffle bytes=61
        Reduce input records=5
        Reduce output records=2
        Spilled Records=10
        Shuffled Maps =1
        Failed Shuffles=0
        Merged Map outputs=1
        GC time elapsed (ms)=39
        Total committed heap usage (bytes)=226754560
    File Input Format Counters
        Bytes Read=529
    File Output Format Counters
        Bytes Written=29
```

첫 번째 인수로 클래스 이름을 지정한 hadoop 명령을 쉘에서 호출하면 해당 클래스를 실행하기 위해 먼저 자바 가상 머신^{Java Virtual Machine}(JVM)이 구동된다. hadoop 명령은 의존성이 있는 모든 하둡 라이브러리를 클래스경로에 추가하고 하둡 환경 설정을 불러온다. 애플리케이션의 클래스를 클래스경로에 추가하기 위해 hadoop 스크립트의 환경변수인 HADOOP_CLASSPATH를 명시적으로 지정했다.

> **NOTE_** 로컬(독립) 모드로 실행할 때 이 책의 모든 프로그램은 이처럼 HADOOP_CLASSPATH가 설정되어 있다고 가정한다. hadoop 명령은 반드시 예제 코드가 설치된 디렉터리에서 실행해야 한다.

잡이 수행될 때 나오는 출력을 보면 좋은 정보를 얻을 수 있다. 예를 들어 job_local26392882 _0001이라는 식별자가 할당된 하나의 잡이 attempt_local26392882_0001_m_000000_0이라는 식별자가 부여된 하나의 맵 태스크와 attempt_ local26392882_0001_r_000000_0이라는 식별 자가 부여된 하나의 리듀스 태스크를 수행했음을 알 수 있다. 맵리듀스 잡을 디버깅할 때 잡과 태스크의 식별자는 매우 유용하다.

'Counters'로 표시된 출력의 마지막 부분은 하둡이 수행한 각 잡에 대한 통계를 보여준다. 이 통계는 처리된 데이터양이 우리가 기대한 것과 같은지 점검하는 데 매우 유용하다. 예를 들어 시스템에 전달된 레코드 수를 주의 깊게 살펴보자. 다섯 개의 맵 입력은 다섯 개의 맵 출력을 생성했고(매퍼에 있어 정상적인 입력 레코드는 한 번에 하나의 출력 레코드를 생성한다), 두 개의 그룹에 속한 다섯 개의 리듀스 입력은 두 개의 리듀스 출력을 생성했다.

출력 결과는 output 디렉터리에 기록되었고, 리듀스당 하나의 출력 파일이 생성된다. 여기서 잡의 리듀스는 하나며, 따라서 part-r-00000이라는 이름의 파일을 하나 발견할 수 있다.

```
% cat output/part-r-00000
1949 111
1950 22
```

맵리듀스 잡의 결과는 앞의 예제와 같다. 결과를 보면 1949년에 기록된 최고 기온은 11.1℃, 1950년에는 2.2℃라는 것을 알 수 있다.

2.4 분산형으로 확장하기

지금까지는 작은 입력 데이터로 맵리듀스가 어떻게 작동하는지 살펴보았다. 이제부터는 시스템 전체를 한눈에 내려다보면서 대용량 데이터를 어떻게 처리하는지 살펴보겠다. 앞의 예제는 단순화를 위해 로컬 파일시스템의 파일을 사용했다. 그러나 확장을 위해서는 전체 데이터를 HDFS(3장에서 다룬다)라는 분산 파일시스템에 저장할 필요가 있다. 하둡은 데이터의 일부분이 저장된 클러스터의 각 머신에서 맵리듀스 프로그램을 실행한다. 이를 위해 하둡은 YARN(4장에서 다룬다)이라 불리는 하둡 자원 관리 시스템을 이용한다. 이제부터 그 작동 방식을 살펴보자.

2.4.1 데이터 흐름

먼저 용어부터 살펴보자. 맵리듀스 **잡**[job]은 클라이언트가 수행하는 작업의 기본 단위다. 잡은 입력 데이터, 맵리듀스 프로그램, 설정 정보로 구성된다. 하둡은 잡을 **맵 태스크**[map task]와 **리듀스**

태스크^{reduce task}로 나누어 실행한다. 각 태스크는 YARN을 이용하여 스케줄링되고 클러스터의 여러 노드에서 실행된다. 특정 노드의 태스크 하나가 실패하면 자동으로 다른 노드를 재할당하여 다시 실행된다.

하둡은 맵리듀스 잡의 입력을 **입력 스플릿**^{input split} 또는 단순히 **스플릿**이라고 부르는 고정 크기 조각으로 분리한다. 하둡은 각 스플릿마다 하나의 맵 태스크를 생성하고 스플릿의 각 **레코드**를 사용자 정의 맵 함수로 처리한다.

전체 입력을 통째로 처리하는 것보다 스플릿으로 분리된 많은 조각을 각각 처리하는 것이 훨씬 빠르다. 따라서 만일 스플릿을 병렬로 처리한다면 고성능 서버가 저성능 서버보다 작업 과정에서 비교적 더 많은 스플릿을 처리할 수 있기 때문에 스플릿의 크기가 작을수록 부하 분산^{load balance}에 더 좋은 효과를 볼 수 있다. 같은 성능의 서버에서도 프로세스가 실패하거나 여러 잡이 동시에 실행되기 때문에 부하 분산은 충분히 의미가 있다. 또한 부하 분산의 효과는 스플릿이 세 분화될수록 더 커진다.

반면 스플릿 크기가 너무 작으면 스플릿 관리와 맵 태스크 생성을 위한 오버헤드 때문에 잡의 실행 시간이 증가하는 단점이 있다. 일반적인 잡의 적절한 스플릿 크기는 HDFS 블록의 기본 크기인 128MB가 적당하다고 알려져 있다. HDFS 블록의 크기는 클러스터 설정에 따라 다르고 파일을 생성할 때 개별로 지정할 수 있다.

하둡은 HDFS 내의 입력 데이터가 있는 노드에서 맵 태스크를 실행할 때 가장 **빠르게** 작동한다 ([그림 2-2]의 a). 이를 **데이터 지역성 최적화**^{data locality optimization}라고 하는데, 클러스터의 중요한 공유 자원인 네트워크 대역폭을 사용하지 않는 방법이다. 그러나 맵 태스크의 입력 스플릿에 해당하는 HDFS 블록 복제본이 저장된 세 개의 노드 모두 다른 맵 태스크를 실행하여 여유가 없는 상황(데이터 지역성을 위한 가용 슬롯이 없는)이 발생할 수도 있다. 이런 상황에서 잡 스케줄러는 블록 복제본이 저장된 동일 랙에 속한 다른 노드에서 가용한 맵 슬롯을 찾는다([그림 2-2]의 b). 또한 아주 드문 일이지만 데이터 복제본이 저장된 노드가 없는 외부 랙의 노드가 선택될 수도 있는데, 이때에는 랙 간 네트워크 전송이 불가피하게 일어난다([그림 2-2]의 c).

최적의 스플릿 크기가 HDFS 블록 크기와 같아야 하는 이유는 그 블록 크기가 단일 노드에 저장된다고 확신할 수 있는 가장 큰 입력 크기이기 때문이다. 하나의 스플릿이 두 블록에 걸쳐 있을 때 두 블록 모두 저장하는 HDFS 노드는 존재할 가능성이 낮기 때문에 스플릿의 일부 데이터를 네트워크를 통해 맵 태스크가 실행되는 다른 노드로 전송해야 한다. 이렇게 되면 맵 태스크 전체가 로컬 데이터만 이용할 때보다 더 느려지게 된다.

그림 2-2 데이터 로컬(a), 랙 로컬(b), 외부 랙(c) 맵 태스크

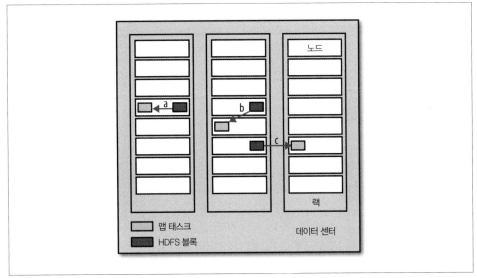

맵 태스크의 결과는 HDFS가 아닌 로컬 디스크에 저장된다. 맵의 결과는 리듀스가 최종 결과를 생성하기 위한 중간 결과물이고, 잡이 완료된 후 맵의 결과는 그냥 버려지기 때문이다. 따라서 맵의 결과를 HDFS에 저장하는 것은 내부 복제^replication^ 과정을 추가하는 것이 되어 적절치 않다. 리듀스 태스크로 모든 결과를 보내기 전에 맵 태스크가 실패한다면 하둡은 자동으로 해당 맵 태스크를 다른 노드에 할당하여 맵의 출력을 다시 생성할 것이다.

리듀스 태스크는 일반적으로 모든 매퍼의 출력 결과를 입력으로 받기 때문에 데이터 지역성의 장점이 없다. 예제에서 모든 맵 태스크는 하나의 리듀스 태스크에 연결되어 있다. 따라서 정렬된 맵의 모든 결과는 네트워크를 통해 일단 리듀스 태스크가 실행 중인 노드로 전송되고, 맵의 모든 결과를 병합한 후 사용자 정의 리듀스 함수로 전달된다. 일반적으로 리듀스의 결과는 안정성을 위해 HDFS에 저장된다. 3장에서 자세히 설명하겠지만, 리듀스 출력에 대한 HDFS 블록의 첫 번째 복제본은 로컬 노드에 저장되고, 나머지 복제본은 외부 랙에 저장된다. 따라서 리듀스의 결과를 출력하는 것은 네트워크 대역폭을 소모하지만 일반적인 HDFS 쓰기 파이프라인에 소모되는 대역폭과 비슷한 수준이다.

리듀스 태스크가 하나인 전체 데이터 흐름은 [그림 2-3]에서 볼 수 있다. 점선 상자는 노드를, 점선 화살표는 노드 내부의 데이터 전송을, 두꺼운 화살표는 노드 간 데이터 전송을 의미한다.

그림 2-3 단일 리듀스 태스크의 맵리듀스 데이터 흐름

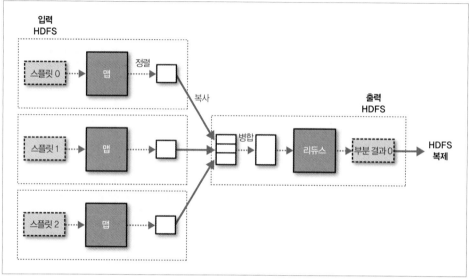

리듀스 태스크 수는 입력 크기와 상관없이 독립적으로 지정할 수 있다. 8.1.1절 '기본 맵리듀스 잡'에서 리듀스 태스크 수를 정하는 방법을 살펴볼 것이다.

리듀스가 여럿이면 맵 태스크는 리듀스 수만큼 **파티션**을 생성하고 맵의 결과를 각 파티션에 분배한다. 각 파티션에는 여러 키(키에 상응하는 값도 포함)가 존재하지만 개별 키에 속한 모든 레코드는 여러 파티션 중 한 곳에만 배치된다. 파티셔닝partitioning 알고리즘은 사용자 정의 파티셔닝 함수를 지원하지만 해시 함수로 키를 분배bucket하는 기본 파티셔너partitioner를 주로 사용하며 매우 잘 작동한다.

리듀스 태스크가 다수인 상황의 일반적인 데이터 흐름은 [그림 2-4]에서 볼 수 있다. 이 다이어그램은 맵과 리듀스 태스크 사이의 데이터 흐름(각각의 맵 태스크가 여러 리듀스 태스크로 연결된)을 왜 '셔플shuffle'이라고 하는지 그 이유를 설명해준다. 셔플의 실제 과정은 이 다이어그램에서 보는 것보다 훨씬 복잡하다. 7.3절 '셔플과 정렬'에서 자세히 설명하겠지만 리듀스 수를 선택하는 것은 잡의 실행 시간에 미치는 영향이 매우 크므로 튜닝tuning(조율)이 필요하다.

그림 2-4 다수의 리듀스 태스크가 있는 맵리듀스 데이터 흐름

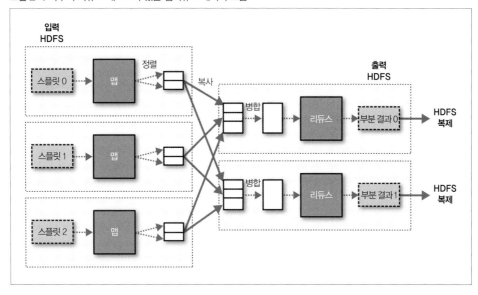

마지막으로 리듀스 태스크가 아예 없을 수도 있는데, 셔플이 필요 없고 모든 처리 과정을 완전히 병렬로 처리하는 경우에 적합하다(8.2.2절의 'NLineInputFormat'에서 몇 가지 예제를 다룬 다). 이 경우 유일한 외부 노드 간의 데이터 전송은 맵 태스크가 그 결과를 HDFS에 저장할 때 뿐이다. [그림 2-5]를 보라.

그림 2-5 리듀스 태스크가 없는 맵리듀스 데이터 흐름

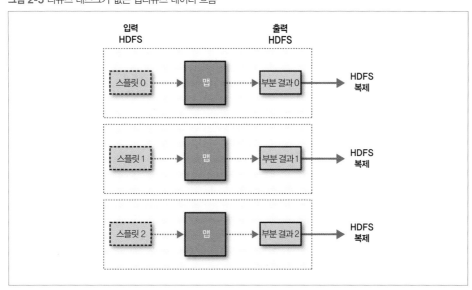

2.4.2 컴바이너 함수

클러스터에서 맵리듀스 잡이 사용하는 네트워크 대역폭은 한계가 있기 때문에 맵과 리듀스 태스크 사이의 데이터 전송을 최소화할 필요가 있다. 하둡은 맵의 결과를 처리하는 **컴바이너 함수** combiner function (컴바이너 함수의 출력이 결국 리듀스 함수의 입력이 된다)를 허용한다. 컴바이너 함수는 최적화와 관련이 있다. 따라서 특정 맵의 결과 레코드에 컴바이너를 몇 번 호출할지 지정하는 기능은 제공하지 않는다. 다시 말해, 하둡은 컴바이너 함수의 호출 빈도와 상관없이 리듀스의 결과가 언제나 같도록 보장한다.

컴바이너 함수에 적용할 수 있는 함수의 형태에는 제약이 있다. 다음 예제를 보면 이해하기 쉬울 것이다. 최고 기온 예제에서 1950년의 입력 데이터셋은 두 개의 맵(다른 스플릿에 속하기 때문)으로 처리되었다. 첫 번째 맵의 결과는 다음과 같다.

```
(1950, 0)
(1950, 20)
(1950, 10)
```

두 번째 맵의 결과는 다음과 같다.

```
(1950, 25)
(1950, 15)
```

이제 모든 값을 하나의 리스트에 담아서 다음과 같이 리듀스 함수로 전달한다.

```
(1950, [0, 20, 10, 25, 15])
```

리스트의 최고 기온은 25℃이므로 리듀스의 결과는 다음과 같다.

```
(1950, 25)
```

각 맵의 출력에서 최고 기온을 찾는 리듀스 함수를 컴바이너 함수로 재사용할 수 있다. 각 맵의 출력(맵 단계에서 컴바이너 함수를 적용하면 첫 번째 맵의 결과는 20, 두 번째는 25다)을 다음과 같이 리듀스 함수로 전달한다.

```
(1950, [20, 25])
```

이렇게 맵에서 컴바이너 함수를 적용해도 리듀스의 결과는 전과 똑같다. 이를 풀어서 연속적으로 표현하면 다음과 같다.

$$max(0, 20, 10, 25, 15) = max(max(0, 20, 10), max(25, 15)) = max(20, 25) = 25$$

모든 함수가 이러한 특성을 지니는 것은 아니다.[4] 예를 들어 평균 기온을 계산할 때 mean을 컴바이너 함수로 사용할 수 없다.

$$mean(0, 20, 10, 25, 15) = 14$$

평균 기온은 14°C인데, mean을 컴바이너 함수로 사용하면 다음과 같이 그 결과가 15°C로 달라지기 때문이다.

$$mean(mean(0, 20, 10), mean(25, 15)) = mean(10, 20) = 15$$

또한 컴바이너 함수가 리듀스 함수를 완전히 대체할 수도 없다. 맵 단계에서 컴바이너 함수를 쓰더라도 리듀스 함수는 서로 다른 맵에서 오는 같은 키의 레코드를 여전히 처리해야 한다. 컴바이너를 사용하면 매퍼와 리듀서 사이의 셔플 단계에서 전송되는 데이터양을 줄이는 데 큰 도움이 된다. 따라서 이러한 이유만으로도 맵리듀스 잡에 컴바이너의 적용 여부를 검토하는 것은 충분한 가치가 있다.

컴바이너 함수 작성하기

자바 맵리듀스 프로그램으로 다시 돌아가서, 컴바이너 함수는 Reducer 클래스를 사용해서 정의한다. 즉, MaxTemperatureReducer에 있는 리듀서 함수와 동일한 구현체를 사용한다. 차이가 있다면 Job 설정에 컴바이너 클래스를 추가로 지정해야 한다는 것이다. [예제 2-6]을 보자.

----

4 이러한 속성을 지니는 함수는 **가환성**(commutative) 및 **결합성**(associative)이라는 용어로 불린다. 1995년 2월 짐 그레이(Jim Gray) 공저 『데이터 큐브: 그룹화, 교차분석, 소계총계로 일반화하는 관계 대수 연산자(Data Cube: A Relational Aggregation Operator Generalizing Group-By, Cross-Tab, and Sub-Totals)』(http://bit.ly/data_cube)에서는 이러한 함수를 **분배성**(distributive)이라고 불렀다.

```java
public class MaxTemperatureWithCombiner {

    public static void main(String[] args) throws Exception {
        if (args.length != 2) {
            System.err.println("Usage: MaxTemperatureWithCombiner <input path> " +
                "<output path>");
            System.exit(-1);
        }

        Job job = new Job();
        job.setJarByClass(MaxTemperatureWithCombiner.class);
        job.setJobName("Max temperature");

        FileInputFormat.addInputPath(job, new Path(args[0]));
        FileOutputFormat.setOutputPath(job, new Path(args[1]));

        job.setMapperClass(MaxTemperatureMapper.class);
        job.setCombinerClass(MaxTemperatureReducer.class);
        job.setReducerClass(MaxTemperatureReducer.class);

        job.setOutputKeyClass(Text.class);
        job.setOutputValueClass(IntWritable.class);

        System.exit(job.waitForCompletion(true) ? 0 : 1);
    }
}
```

2.4.3 분산 맵리듀스 잡 실행하기

이 프로그램은 코드를 고치지 않아도 전체 데이터셋에서 잘 동작한다. 맵리듀스는 데이터 크기와 하드웨어 성능에 따라 확장할 수 있는데 이것이 바로 맵리듀스의 핵심이다. 데이터의 관점에서 보면 프로그램의 전체 수행 시간은 EC2 클러스터의 10개 노드(고성능 CPU XL 인스턴스)에서 6분이었다.[5]

클러스터에서 프로그램을 수행하는 메커니즘은 6장에서 자세히 살펴볼 것이다.

----

[5] 단일 머신에서 awk를 사용하여 순차적으로 실행한 것보다 7배 빠르다. 노드가 늘어난 비율(10대)만큼 성능이 증가하지 않은 이유는 입력 데이터가 골고루 분산되지 않았기 때문이다. 해가 지날수록 기상 레코드의 수는 증가했는데, 편의상 입력 파일을 연도별로 압축했기 때문에 연도가 뒤로 갈수록 처리하는 파일의 크기도 커졌다.

2.5 하둡 스트리밍

하둡은 자바 외에 다른 언어로 맵과 리듀스 함수를 작성할 수 있는 맵리듀스 API를 제공한다. **하둡 스트리밍**Hadoop Streaming은 하둡과 사용자 프로그램 사이의 인터페이스로 유닉스 표준 스트림을 사용한다. 따라서 사용자는 표준 입력을 읽고 표준 출력으로 쓸 수 있는 다양한 언어를 이용하여 맵리듀스 프로그램을 작성할 수 있다.[6]

스트리밍은 그 특성상 텍스트 처리에 매우 적합하다. 맵의 입력 데이터는 표준 입력으로 맵 함수에 전달되고, 행 단위로 처리되어 표준 출력으로 쓰여진다. 맵의 출력 키-값 쌍은 탭으로 구분된 하나의 행으로 출력된다. 리듀스 함수의 입력은 표준 입력으로 전달받은 탭으로 구분된 키-값 쌍과 같은 포맷이다. 리듀스를 수행하기 전에 프레임워크는 키를 기준으로 데이터를 정렬하며, 리듀스 함수는 표준 입력으로부터 각 행을 읽고, 그 결과를 표준 출력에 쓴다.

연도별 최고 기온을 찾는 맵리듀스 프로그램을 스트리밍으로 다시 작성해보자.

2.5.1 루비

맵 함수는 [예제 2-7]처럼 루비로 작성할 수 있다.

예제 2-7 루비로 작성한 최고 기온을 찾는 맵 함수

```ruby
#!/usr/bin/env ruby

STDIN.each_line do |line|
  val = line
  year, temp, q = val[15,4], val[87,5], val[92,1]
  puts "#{year}\t#{temp}" if (temp != "+9999" && q =~ /[01459]/)
end
```

이 프로그램은 STDIN(전역 상수 타입 IO)에서 각 행을 처리하는 블록을 반복적으로 실행하여 표준 입력으로 받은 모든 행을 처리한다. 블록은 각 입력 행에서 필요한 필드를 추출하고, 기온 필드의 값이 유효하면 탭 문자(\t)로 구분된 연도와 기온을 표준 출력(puts 사용)에 기록한다.

---

[6] 하둡 파이프는 C++ 프로그래머를 위한 스트리밍 기술이다. 하둡 파이프는 C++로 작성된 맵 또는 리듀스 함수가 하둡과 통신할 수 있는 소켓을 지원한다.

스크립트는 표준 입력과 출력만으로 처리되므로 하둡을 사용하지 않고 단순하게 유닉스 파이프로 테스트할 수 있다.

```
% cat input/ncdc/sample.txt | ch02-mr-intro/src/main/ruby/max_temperature_map.rb
1950    +0000
1950    +0022
1950    -0011
1949    +0111
1949    +0078
```

[예제 2-8]의 리듀스 함수는 좀 더 복잡하다.

예제 2-8 루비로 작성한 최고 기온을 찾는 리듀스 함수

```ruby
#!/usr/bin/env ruby

last_key, max_val = nil, -1000000
STDIN.each_line do |line|
  key, val = line.split("\t")
  if last_key && last_key != key
    puts "#{last_key}\t#{max_val}"
    last_key, max_val = key, val.to_i
  else
    last_key, max_val = key, [max_val, val.to_i].max
  end
end
puts "#{last_key}\t#{max_val}" if last_key
```

---

7 새로운 맵리듀스 API는 풀(pull) 방식의 처리도 가능하다(부록 D 참조).

이 프로그램도 역시 표준 입력으로부터 입력된 행을 반복해서 처리하지만 이번에는 각 키 그룹을 처리할 때 얼마간의 상태를 저장해야 한다. 여기서 키는 연도고, 최근의 키(last_key)와 그 키의 최고 기온(max_val)을 저장한다. 맵리듀스 프레임워크는 키가 미리 정렬되어 있다는 것을 보장하기 때문에 만일 키가 이전 키와 다르다면 새로운 키 그룹으로 이동했다는 것을 의미한다. 각 키 그룹에 대한 반복자^{iterator}를 제공하는 자바 맵리듀스 API와는 대조적으로 스트리밍 방식은 프로그램 내에서 키 그룹 영역(키 그룹의 시작과 끝)을 스스로 찾아야 한다.

먼저 각 행에서 키와 값을 추출한다. 그리고 키 그룹의 끝(last_key && last_key != key)에 도달하면 그 키와 그룹의 최고 기온을 탭 문자로 구분해서 출력하고, 새로운 키와 최고 기온으로 초기화한다. 아직 같은 그룹이면 현재 키에 대한 최고 기온을 단순히 변경하면 된다.

프로그램의 마지막 부분은 입력의 마지막 키 그룹을 출력하도록 보장하는 기능을 맡고 있다.

이제 유닉스 파이프라인으로 맵리듀스 파이프라인을 흉내내보자. 앞에서 본 [그림 2-1]의 유닉스 파이프라인과 동일하다.

```
% cat input/ncdc/sample.txt | \
  ch02-mr-intro/src/main/ruby/max_temperature_map.rb | \
  sort | ch02-mr-intro/src/main/ruby/max_temperature_reduce.rb
1949 111
1950 22
```

출력 결과는 자바 프로그램의 결과와 같다. 그러므로 다음 단계에서는 하둡 자체를 사용하여 이것을 실행해보자.

hadoop 명령은 스트리밍 옵션을 지원하지 않는다. 그 대신 스트리밍 JAR 파일을 jar 옵션으로 지정할 수 있다. 스트리밍 프로그램의 옵션으로 입출력 경로, 맵과 리듀스 스크립트를 지정한다. 다음과 같이 명령어를 실행하면 된다.

```
% hadoop jar $HADOOP_HOME/share/hadoop/tools/lib/hadoop-streaming-*.jar \
  -input input/ncdc/sample.txt \
  -output output \
  -mapper ch02-mr-intro/src/main/ruby/max_temperature_map.rb \
  -reducer ch02-mr-intro/src/main/ruby/max_temperature_reduce.rb
```

클러스터에서 대용량 데이터셋을 실행할 때는 -combiner 옵션을 사용해서 컴바이너를 지정한다.

```
% hadoop jar $HADOOP_HOME/share/hadoop/tools/lib/hadoop-streaming-*.jar \
  -files ch02-mr-intro/src/main/ruby/max_temperature_map.rb,\
ch02-mr-intro/src/main/ruby/max_temperature_reduce.rb \
  -input input/ncdc/all \
  -output output \
  -mapper ch02-mr-intro/src/main/ruby/max_temperature_map.rb \
  -combiner ch02-mr-intro/src/main/ruby/max_temperature_reduce.rb \
  -reducer ch02-mr-intro/src/main/ruby/max_temperature_reduce.rb
```

클러스터에서 스트리밍 프로그램을 실행할 때 해당 스크립트를 클러스터로 전송하기 위해 -files 옵션을 사용했다.

2.5.2 파이썬

스트리밍은 표준 입력을 읽고 표준 출력으로 쓸 수 있는 모든 프로그래밍 언어를 지원한다. 파이썬에 익숙한 독자를 위해 같은 예제를 다시 사용했다.[8] [예제 2-9]는 맵 스크립트고 [예제 2-10]은 리듀스 스크립트다.

예제 2-9 파이썬으로 작성한 최고 기온을 찾는 맵 함수

```
#!/usr/bin/env python

import re
import sys

for line in sys.stdin:
  val = line.strip()
  (year, temp, q) = (val[15:19], val[87:92], val[92:93])
  if (temp != "+9999" and re.match("[01459]", q)):
    print "%s\t%s" % (year, temp)
```

---

8 파이썬 프로그래머는 스트리밍의 대안으로 스트리밍 맵리듀스 인터페이스를 더욱 파이썬답고 사용하기 쉽게 해주는 Dumbo(http://www.last.fm/dumbo)를 고려할 필요가 있다.

예제 2-10 파이썬으로 작성한 최고 기온을 찾는 리듀스 함수

```
#!/usr/bin/env python

import sys

(last_key, max_val) = (None, -sys.maxint)
for line in sys.stdin:
  (key, val) = line.strip().split("\t")
  if last_key and last_key != key:
    print "%s\t%s" % (last_key, max_val)
    (last_key, max_val) = (key, int(val))
  else:
    (last_key, max_val) = (key, max(max_val, int(val)))

if last_key:
  print "%s\t%s" % (last_key, max_val)
```

이제 루비와 같은 방식으로 프로그램을 테스트하고 잡을 실행할 수 있다. 다음과 같이 테스트를 수행해보자.

```
% cat input/ncdc/sample.txt | \
  ch02-mr-intro/src/main/python/max_temperature_map.py | \
  sort | ch02-mr-intro/src/main/python/max_temperature_reduce.py
1949    111
1950    22
```

## CHAPTER 3

하둡 분산 파일시스템

데이터가 단일 물리 머신의 저장 용량을 초과하게 되면 전체 데이터셋을 분리된 여러 머신에 나눠서 저장할 필요가 있다. 네트워크로 연결된 여러 머신의 스토리지를 관리하는 파일시스템을 **분산 파일시스템**이라고 한다. 분산 파일시스템은 네트워크 기반이므로 네트워크 프로그램의 복잡성을 모두 가지고 있다. 따라서 일반적인 디스크 파일시스템보다 훨씬 더 복잡하다. 예를 들어 최고의 난제 중 하나는 특정 노드에 장애가 발생해도 자료가 유실되지 않는 강건한 파일시스템을 만드는 것이다.

하둡은 HDFS라는 분산 파일시스템을 제공한다. HDFS는 Hadoop Distributed FileSystem (하둡 분산 파일시스템)의 약어다(예전 문서에서는 DFS로 표기하기도 했다). 이 장에서 다루는 HDFS는 하둡의 대표적인 파일시스템이다. 하둡은 범용 파일시스템을 추구하기 때문에 추상화의 개념을 가지고 있다. 우리는 하둡이 로컬 파일시스템이나 아마존의 S3와 같은 다른 스토리지 시스템을 통합하는 방식도 함께 살펴볼 것이다.

3.1 HDFS 설계

HDFS는 범용 하드웨어로 구성된 클러스터에서 실행되고 스트리밍 방식의 데이터 접근 패턴으로 대용량 파일을 다룰 수 있도록 설계된 파일시스템이다.[1] HDFS의 설계 특성을 자세히 살펴보자.

- **매우 큰 파일**

  '매우 큰'의 의미는 수백 메가바이트, 기가바이트 또는 테라바이트 크기의 파일을 의미한다. 최근에는 페타바이트 크기의 데이터를 저장하는 하둡 클러스터도 있다.[2]

- **스트리밍 방식의 데이터 접근**

  HDFS는 '가장 효율적인 데이터 처리 패턴은 한 번 쓰고 여러 번 읽는 것'이라는 아이디어에서 출발했다. 데이터셋은 생성되거나 원본으로부터 복사된다. 그리고 시간이 흐르면서 다양한 분석을 수행할 수 있다. 분석이 전부는 아니지만 첫 번째 레코드를 읽는 데 걸리는 지연 시간보다 전체 데이터셋을 모두 읽을 때 걸리는 시간이 더 중요하다.

- **범용 하드웨어**

  하둡은 고가의 신뢰도 높은 하드웨어만을 고집하지는 않는다. 하둡은 노드 장애가 발생할 확률이 높은 범용 하드웨어(여러 업체에서 제공하는 쉽게 구할 수 있는 하드웨어)로 구성된 대형 클러스터에서 문제없이 실행되도록 설계되었다.[3] HDFS는 이러한 장애가 발생하더라도 사용자가 장애가 발생했다는 사실조차 모르게 작업을 수행하도록 설계되었다.

HDFS가 적합하지 않은 응용 분야를 조사하는 것 역시 가치 있는 일이다. 나중에는 변할지 모르지만 현재 HDFS가 잘 맞지 않는 응용 분야는 다음과 같다.

- **빠른 데이터 응답 시간**

  데이터 접근에 수십 밀리초 수준의 빠른 응답 시간을 요구하는 애플리케이션은 HDFS와 맞지 않다. HDFS는 높은 데이터 처리량을 제공하기 위해 최적화되어 있고 이를 위해 응답 시간을 희생했다. 빠른 응답 시간을 원한다면 현재로서는 HBase(20장 참조)가 하나의 대안이 될 수 있다.

- **수많은 작은 파일**

  네임노드는 파일시스템의 메타데이터를 메모리에서 관리하기 때문에 저장할 수 있는 파일 수는 네임노드의 메

---

1 HDFS의 아키텍처는 로버트 챈슬러(Robert Chansler) 공저 『하둡 분산 파일시스템(The Hadoop Distributed File System)』 (http://www.aosabook.org/en/hdfs.html)에 기술되어 있다. 이 저서는 애미 브라운(Amy Brown)과 그랙 윌슨(Greg Wilson)의 『오픈 소스 아키텍처: 우아함, 진화, 거침없는 파헤침(The Architecture of Open Source Applications: Elegance, Evolution, and a Few Fearless Hacks)』에도 언급되었다.

2 『야후의 4000 노드에 하둡 클러스터 확장하기!(Scaling Hadoop to 4000 nodes at Yahoo!)』(http://me2.do/GjDfqWnV)를 참고하라.

3 일반적인 하드웨어 사양에 대해서는 10장을 참조하라.

모리 용량에 좌우된다. 경험상으로 파일, 디렉터리, 블록은 각각 150바이트 정도의 메모리가 필요하다. 따라서 파일 수가 백만 개고 각 파일의 블록이 하나면 적어도 300MB의 메모리가 필요하다. 물론 수백만 개의 파일은 괜찮겠지만 수십억 개의 파일은 하드웨어 용량을 넘어서게 된다.[4]

• 다중 라이터와 파일의 임의 수정

HDFS는 단일 라이터로 파일을 쓴다. 한 번 쓰고 끝나거나 파일의 끝에 덧붙이는 것은 가능하지만 파일에서 임의 위치에 있는 내용을 수정하는 것은 허용하지 않으며 다중 라이터도 지원하지 않는다(하둡 3.0부터는 다중 라이터를 지원한다).

3.2 HDFS 개념

3.2.1 블록

물리적인 디스크는 블록 크기란 개념이 있다. 블록 크기는 한 번에 읽고 쓸 수 있는 데이터의 최대량이다. 단일 디스크를 위한 파일시스템은 디스크 블록 크기의 정배수인 파일시스템 블록 단위로 데이터를 다룬다. 파일시스템 블록의 크기는 보통 수 킬로바이트고, 디스크 블록의 크기는 기본적으로 512바이트다. 사용자는 파일의 크기와 상관없이 파일을 읽고 쓸 수 있으며, 특정 파일시스템에 구애받지도 않는다. 하지만 파일시스템의 블록 수준에서 파일시스템의 유지관리를 수행하는 df나 fsck와 같은 도구도 있다.

HDFS도 역시 블록의 개념을 가지고 있다. 그러나 HDFS 블록은 기본적으로 128MB와 같이 굉장히 큰 단위다. HDFS의 파일은 단일 디스크를 위한 파일시스템처럼 특정 블록 크기의 청크^{chunk}로 쪼개지고 각 청크는 독립적으로 저장된다. 단일 디스크를 위한 파일시스템은 디스크 블록 크기보다 작은 데이터라도 한 블록 전체를 점유하지만, HDFS 파일은 블록 크기보다 작은 데이터일 경우 전체 블록 크기에 해당하는 하위 디스크를 모두 점유하지는 않는다. 예를 들어 HDFS의 블록 크기가 128MB고 1MB 크기의 파일을 저장한다면 128MB의 디스크를 사용하는 것이 아니라 1MB의 디스크만 사용한다. 이 책에서는 특별한 경우가 아니면 '블록'이란 용어는 HDFS 블록을 의미한다.

---

4 HDFS의 확장성의 한계는 콘스탄틴 쉬바흐코(Konstantin V. Shvachko)의 「HDFS 확장성: 확장의 한계(HDFS Scalability: The Limits to growth)」(http://bit.ly/limits_to_growth)를 참고하라.

분산 파일시스템에 블록 추상화의 개념을 도입하면서 얻게 된 몇몇 이득이 있다. 첫 번째 이득은 파일 하나의 크기가 단일 디스크의 용량보다 더 커질 수 있다는 것이다. 하나의 파일을 구성하는 여러 개의 블록이 동일한 디스크에만 저장될 필요가 없으므로 클러스터에 있는 어떤 디스크에도 저장될 수 있다. 실제 그런 일이 발생할 가능성은 거의 없지만 HDFS는 클러스터의 전체 디스크를 모두 채울 정도로 큰 파일 하나를 저장하는 것도 가능하다.

두 번째 이득은 파일 단위보다는 블록 단위로 추상화를 하면 스토리지의 서브시스템을 단순하게 만들 수 있다는 것이다. 단순화는 모든 시스템이 추구하는 이상이지만 특히 분산 시스템에서는 장애 유형이 너무나도 다양하기 때문에 더욱 중요하다. 블록을 다루는 스토리지의 서브시스템은 스토리지 관리를 단순화하기 쉽고(블록은 고정 크기고 저장에 필요한 디스크 용량만 계산하면 된다) 메타데이터에 대한 고민을 덜 수 있다. 블록은 단지 저장된 데이터의 청크일 뿐이고 권한 정보와 같은 파일의 메타데이터는 블록과 함께 저장될 필요가 없으므로 별도의 시스템에서 다루도록 분리할 수 있다.

더욱이 블록은 내고장성$^{fault\ tolerance}$과 가용성^{availability}을 제공하는 데 필요한 복제^{replication}를 구현할 때 매우 적합하다. 블록의 손상과 디스크 및 머신의 장애에 대처하기 위해 각 블록은 물리적으로 분리된 다수의 머신(보통 3개)에 복제된다. 만일 하나의 블록을 이용할 수 없는 상황이

되면 다른 머신에 있는 복사본을 읽도록 클라이언트에 알려주면 된다. 블록이 손상되거나 머신의 장애로 특정 블록을 더 이상 이용할 수 없으면 또 다른 복사본을 살아 있는 머신에 복제하여 복제 계수replication factor를 정상 수준으로 돌아오게 할 수 있다(손상된 데이터를 보호하기 위한 내용은 5.1절 '데이터 무결성' 참조). 마찬가지로 읽기 부하를 클러스터 전체에 분산시키기 위해 특정 블록의 복제 계수를 높게 설정할 수도 있다.

일반적인 디스크 파일시스템과 같이 HDFS의 fsck 명령어로 블록을 관리할 수 있다. 다음 명령어를 실행하면

```
% hdfs fsck / -files -blocks
```

파일시스템에 있는 각 파일을 구성하는 블록의 목록이 출력될 것이다(11.1.4절의 '파일시스템 점검(fsck)' 참조).

3.2.2 네임노드와 데이터노드

HDFS 클러스터는 마스터-워커master-worker 패턴으로 동작하는 두 종류의 노드(마스터인 하나의 **네임노드**namenode와 워커인 여러 개의 **데이터노드**datanode로 구성되어 있다. 네임노드는 파일시스템의 네임스페이스를 관리한다. 네임노드는 파일시스템 트리와 그 트리에 포함된 모든 파일과 디렉터리에 대한 메타데이터를 유지한다. 이 정보는 네임스페이스 이미지namespace image와 에디트 로그edit log라는 두 종류의 파일로 로컬 디스크에 영속적으로 저장된다. 네임노드는 또한 파일에 속한 모든 블록이 어느 데이터노드에 있는지 파악하고 있다. 하지만 블록의 위치 정보는 시스템이 시작할 때 모든 데이터노드로부터 받아서 재구성하기 때문에 디스크에 영속적으로 저장하지는 않는다.

HDFS **클라이언트**는 사용자를 대신해서 네임노드와 데이터노드 사이에서 통신하고 파일시스템에 접근한다. HDFS 클라이언트는 POSIXPortable Operation System Interface와 유사한 파일시스템 인터페이스를 제공하기 때문에 사용자는 네임노드와 데이터노드에 관련된 함수를 몰라도 코드를 작성할 수 있다.

데이터노드는 파일시스템의 실질적인 일꾼이다. 데이터노드는 클라이언트나 네임노드의 요청이 있을 때 블록을 저장하고 탐색하며, 저장하고 있는 블록의 목록을 주기적으로 네임노드에 보고한다.

네임노드가 없으면 파일시스템은 동작하지 않는다. 네임노드를 실행하는 머신이 손상되면 파일시스템의 어떤 파일도 찾을 수 없다. 데이터노드에 블록이 저장되어 있지만 이러한 블록 정보를 이용하여 파일을 재구성할 수는 없기 때문이다. 따라서 네임노드의 장애복구 기능은 필수적이며, 하둡은 이를 위해 두 가지 메커니즘을 제공한다.

첫 번째는 파일시스템의 메타데이터를 지속적인 상태로 보존하기 위해 파일로 백업하는 것이다. 네임노드가 다수의 파일시스템에 영구적인 상태를 저장하도록 하둡을 구성할 수 있다. 백업 작업은 동기화되고 원자적으로 실행된다. 주로 권장하는 방법은 로컬 디스크와 원격의 NFS 마운트 두 곳에 동시에 백업하는 것이다.

두 번째는 **보조 네임노드**^{secondary namenode}를 운영하는 것이다. 보조 네임노드는 주 네임노드^{primary namenode}와는 조금 다르게 동작한다. 보조 네임노드의 주 역할은 에디트 로그가 너무 커지지 않도록 주기적으로 네임스페이스 이미지를 에디트 로그와 병합하여 새로운 네임스페이스 이미지를 만드는 것이다. 병합 작업을 수행하기 위해 보조 네임노드는 충분한 CPU와 네임노드와 비슷한 용량의 메모리가 필요하므로 별도의 물리 머신에서 실행되는 것이 좋다. 또한 보조 네임노드는 주 네임노드에 장애가 발생할 것을 대비해서 네임스페이스 이미지의 복제본을 보관하는 역할도 맡는다. 하지만 주 네임노드의 네임스페이스 이미지는 약간의 시간차를 두고 보조 네임노드로 복제되기 때문에 주 네임노드에 장애가 발생하면 어느 정도의 데이터 손실은 불가피하다. 이럴 때 일반적인 복구 방식은 NFS에 저장된 주 네임노드의 메타데이터 파일을 보조 네임노드로 복사하여 새로 병합된 네임스페이스 이미지를 만들고 그것을 새로운 주 네임노드에 복사한 다음 실행하는 것이다(11.1.1절의 '파일시스템 이미지와 에디트 로그' 참조). 3.2.5절에서 자세히 다루겠지만 HDFS 고가용성에서는 대기 네임노드가 보조 네임노드의 역할을 대신한다.

3.2.3 블록 캐싱

데이터노드는 디스크에 저장된 블록을 읽는다. 하지만 빈번하게 접근하는 블록 파일은 오프-힙^{off-heap}(자바 힙 외부에서 관리되는) **블록 캐시**^{block cache}라는 데이터노드의 메모리에 명시적으로 캐싱할 수 있다. 기본적으로 블록은 하나의 데이터노드 메모리에만 캐싱되지만 파일 단위로 설정할 수도 있다. 잡 스케줄러(맵리듀스, 스파크 등)는 블록이 캐싱된 데이터노드에서 태스크가 실행되도록 할 수 있으며, 이러한 블록 캐시의 장점을 이용하면 읽기 성능을 높일 수 있다.

조인을 할 때 작은 룩업 테이블을 캐싱하는 것은 좋은 활용사례다.

사용자나 애플리케이션은 **캐시 풀**^{cache pool}에 **캐시 지시자**^{cache directive}를 추가하여 특정 파일을 캐싱하도록 명령할 수 있다. 캐시 풀은 캐시 권한이나 자원의 용도를 관리하는 관리 그룹의 역할을 맡는다.

3.2.4 HDFS 페더레이션

네임노드는 파일시스템의 모든 파일과 각 블록에 대한 참조 정보를 메모리에서 관리한다. 따라서 파일이 매우 많은 대형 클러스터에서 확장성에 가장 큰 걸림돌이 되는 것은 바로 메모리다 (10.3.2절의 '네임노드는 얼마나 많은 메모리를 필요로 하나?' 글상자 참조). 이러한 네임노드의 확장성 문제를 해결하기 위해 2.x 릴리즈부터 하둡은 HDFS 페더레이션^{federation} (연합체)을 지원하고 있다. HDFS 페더레이션을 활용하면 각각의 네임노드가 파일시스템의 네임스페이스 일부를 나누어 관리하는 방식으로 새로운 네임노드를 추가할 수 있다. 예를 들어 어떤 네임노드는 /user 디렉터리 아래의 모든 파일을 관리하고 다른 네임노드는 /share 디렉터리 아래의 파일을 관리한다.

HDFS 페더레이션을 적용하면 각 네임노드는 네임스페이스의 메타데이터를 구성하는 **네임스페이스 볼륨**^{namespace volume}과 네임스페이스에 포함된 파일의 전체 블록을 보관하는 **블록 풀**^{block pool}을 관리한다. 네임스페이스 볼륨은 서로 독립되어 있으며, 따라서 네임노드는 서로 통신할 필요가 없고, 특정 네임노드에 장애가 발생해도 다른 네임노드가 관리하는 네임스페이스의 가용성에 영향을 주지 않는다. 하지만 블록 풀의 저장소는 분리되어 있지 **않다**. 모든 데이터노드는 클러스터의 각 네임노드마다 등록되어 있고, 여러 블록 풀로부터 블록을 저장한다.

HDFS 페더레이션 클러스터에 접근하기 위해 클라이언트는 파일 경로와 네임노드를 매핑한 클라이언트 측 마운트 테이블을 이용한다. 환경 설정에서 ViewFileSystem과 viewfs:// URI를 사용하여 관리할 수 있다.

3.2.5 HDFS 고가용성

데이터 손실을 방지하기 위해 네임노드 메타데이터를 다수의 파일시스템에 복제하는 방식과 보조 네임노드를 사용하여 체크포인트를 생성하는 방식을 조합해서 활용할 수 있다. 그러나 이러한 방법도 파일시스템의 고가용성을 궁극적으로 보장하지는 않는다. 네임노드는 여전히 **단일 고장점**^{single point of failure}(SPOF)이다. 네임노드에 장애가 발생하면 맵리듀스 잡을 포함하여 모든 클라이언트가 파일을 읽거나 쓰거나 조회할 수 없게 된다. 네임노드는 메타데이터와 파일 블록의 매핑 정보를 보관하는 유일한 저장소이기 때문이다. 이런 상황이 발생하면 새로운 네임노드가 투입될 때까지 하둡 시스템 전체는 먹통이 된다.

네임노드의 장애를 복구하기 위해 관리자는 파일시스템 메타데이터 복제본을 가진 새로운 네임노드를 구동하고 모든 데이터노드와 클라이언트에 새로운 네임노드를 사용하도록 알려주면 된다. 하지만 새로운 네임노드는 (1) 네임스페이스 이미지를 메모리에 로드하고 (2) 에디트 로그를 갱신하고 (3) 전체 데이터노드에서 충분한 블록 리포트를 받아 안전 모드를 벗어날 때까지 그 어떤 요청도 처리하지 못한다. 많은 파일과 블록이 있는 대형 클러스터에서 네임노드를 재구동할 때 30분 이상 걸리는 경우도 있다.

일상적인 유지관리에서 재가동 시간이 오래 걸리는 것은 당연히 문제가 된다. 사실 네임노드의 갑작스런 장애는 거의 발생하지 않으며, 실무에서는 계획된 정지 시간^{downtime}이 더 중요할 수도 있다.

이 문제를 해결하기 위해 하둡 2.x 릴리즈부터 HDFS 고가용성^{high availability}(HA)을 지원한다. 고가용성은 활성대기^{active-standby} 상태로 설정된 한 쌍의 네임노드로 구현된다. 활성 네임노드^{active namenode}에 장애가 발생하면 대기 네임노드^{standby namenode}가 그 역할을 이어받아 큰 중단 없이 클라이언트의 요청을 처리한다. 이러한 방식을 지원하기 위해 HDFS의 구조를 일부 변경했다.

- 네임노드는 에디트 로그를 공유하기 위해 고가용성 공유 스토리지를 반드시 사용해야 한다. 대기 네임노드가 활성화되면 먼저 기존 활성 네임노드의 상태를 동기화하기 위해 공유 에디트 로그를 읽고, 이어서 활성 네임노드에 새로 추가된 항목도 마저 읽는다.
- 데이터노드는 블록 리포트를 두 개의 네임노드에 보내야 한다. 블록 매핑 정보는 디스크가 아닌 네임노드의 메모리에 보관되기 때문이다.
- 클라이언트는 네임노드 장애를 사용자에게 투명한 방식으로 처리할 수 있도록 구성해야 한다.
- 대기 네임노드는 보조 네임노드의 역할을 포함하고 있으며, 활성 네임노드 네임스페이스의 체크포인트 작업을 주기적으로 수행한다.

고가용성 공유 스토리지를 위해 NFS 필러나 QJM^{quorum journal manager} 중 하나를 선택할 수 있다. QJM은 HDFS 전용 구현체로, 고가용성 에디트 로그를 지원하기 위한 목적으로 설계되었고

HDFS의 권장 옵션이다. QJM은 **저널 노드** 그룹에서 동작하며, 각 에디트 로그는 전체 **저널 노드**에 동시에 쓰여진다. 일반적으로 저널 노드는 세 개며, 그중 하나가 손상되어도 문제가 없는 시스템이다. 이러한 방식은 주키퍼의 작동 방식과 매우 유사하지만 QJM은 주키퍼를 사용하지 않고도 이런 기능을 구현했다는 점이 중요하다(물론 HDFS 고가용성은 활성 네임노드를 선출하기 위해 주키퍼를 이용한다. 다음 절에서 설명한다).

활성 네임노드에 장애가 발생하면 대기 네임노드는 매우 빠르게(수십 초 이내) 기존 네임노드를 대체할 수 있다. 활성과 대기 네임노드는 모두 최신 에디트 로그와 실시간으로 갱신되는 블록 매핑 정보를 메모리에 유지하고 있기 때문이다. 하지만 실제로 장애 복구 시간을 보면 1분 정도 걸리는데, 시스템이 활성 네임노드에 장애가 발생했다고 판단하는 것은 매우 신중해야 하기 때문이다.

자주 있는 일은 아니지만 활성 네임노드에 장애가 발생할 때 대기 네임노드가 중단된 상태일 수도 있다. 이러한 상황에서도 관리자는 단순히 대기 네임노드를 다시 구동하면 그만이다. 이러한 과정은 하둡의 표준 운영 절차이기 때문에 고가용성을 사용하지 않는 시스템에 비해 나쁠 것도 없고 운영상의 관점에서도 진일보한 기능이다.

장애복구와 펜싱

대기 네임노드를 활성화시키는 전환 작업은 **장애복구 컨트롤러**failover controller라는 새로운 객체로 관리된다. 다양한 방법으로 장애복구 컨트롤러를 구현할 수 있지만 기본 구현체는 단 하나의 네임노드만 활성 상태에 있는 것을 보장하기 위해 주키퍼를 이용한다. 각 네임노드는 경량의 장애복구 컨트롤러 프로세스로 네임노드의 장애를 감시하고(하트비트heartbeat 방식 사용) 네임노드에 장애가 발생하면 장애복구를 지시한다.

장애복구는 정기적인 유지관리를 위해 관리자가 수동으로 초기화할 수 있다. 이를 **우아한 장애복구**graceful failover라고도 하는데, 장애복구 컨트롤러는 두 개의 네임노드가 서로 역할을 바꾸게 하는 방법으로 전환 순서를 제어할 수 있다.

그러나 우아하지 못한 장애복구ungraceful failover에서는 장애가 발생한 네임노드가 현재 실행되지 않고 있다는 것을 확신하기 어렵다. 예를 들어 네트워크가 느려지거나 단절되어 장애복구를 위한 전환 작업이 시작된 상황에서도 기존의 활성 네임노드는 여전히 실행되고 있고 자신이 활성 네임노드라고 생각할 것이다. 고가용성을 구현하기 위해서는 기존의 활성 네임노드가 시스템을 손상시키거나 망가뜨리지 않도록 엄청난 노력을 기울여야 한다. 이를 위해 **펜싱**^{fencing}이라는 메서드를 제공한다.

QJM은 한 번에 하나의 네임노드만 에디트 로그에 쓸 수 있도록 보장한다. 하지만 기존의 활성 네임노드가 클라이언트의 읽기 요청에 대해 잘못된 정보를 줄 가능성이 있으므로 SSH 펜싱 명령어로 네임노드의 프로세스를 확실히 죽이도록 설정하는 것이 가장 좋은 방법이다. 공유 에디트 로그를 저장하기 위해 NFS 필러를 이용할 때는 한 번에 하나의 네임노드만 허용하는 것이 불가능하므로 좀 더 강력한 펜싱 메서드를 사용해야 한다(이것이 QJM을 권장하는 이유다). 네임노드가 공유 스토리지 디렉터리에 접근하는 것을 불허하는 방법부터 원격 관리 명령어로 네트워크 포트를 막는 방법까지 다양한 펜싱 메커니즘이 있다. 최후의 수단으로 기존의 활성 네임노드를 STONITH^{shoot the other node in the head}(노드를 확실히 죽이기, 헤드샷)라고 알려진 방법으로 막을 수 있는데, 이것은 호스트 머신의 전원을 강제로 내려버리는 특별한 전원 분산 유닛^{power distribution unit}(PDU)을 이용하는 기술이다.

클라이언트 장애복구는 클라이언트 라이브러리로 명확하게 처리된다. 가장 단순한 방법은 장애복구 제어를 위한 클라이언트 측 설정을 이용하는 것이다. HDFS URI는 한 쌍의 네임노드 주소를 매핑한 논리적인 호스트명을 사용하고, 클라이언트 라이브러리는 성공할 때까지 각 네임노드의 주소로 연결을 시도한다.

3.3 명령행 인터페이스

HDFS를 명령행으로 조작하는 방법을 살펴보자. HDFS를 위한 인터페이스는 매우 다양한데, 명령행은 가장 단순하고 개발자에게 익숙한 방식이다.

일단 한 대의 머신에서 HDFS를 실행할 것이다. 부록 A에 나오는 의사분산^{pseudo-distributed} 모드로 하둡을 설치하는 방법을 따르면 된다. 나중에 확장성과 내고장성을 위해 클러스터에서 HDFS를 실행하는 방법을 배울 것이다.

의사분산 모드로 설정할 때 중요한 속성이 두 개 있다. 첫 번째 속성은 하둡의 기본 파일시스템을 설정하는 `fs.defaultFS` 속성으로, 기본값은 `hdfs://localhost/`다.[5] 파일시스템은 URI

---

5 하둡 1에서는 이 속성의 이름이 `fs.default.name`이다. 하둡 2에서는 많은 새로운 속성 이름이 소개되었으며, 이전 이름은 사용 중단 안내되었다. 6.2.2절의 '어떤 속성을 설정할 수 있는가?' 글상자를 참조하라. 이 책은 새로운 속성 이름을 사용한다.

로 정의하는데, 여기서는 HDFS를 기본으로 사용하므로 hdfs URI를 사용했다. HDFS 데몬
은 HDFS 네임노드의 호스트와 포트를 결정하기 위해 이 속성을 사용한다. 우리는 네임노드를
localhost에서 기본 HDFS 포트인 8020로 실행할 것이다. 그리고 HDFS 클라이언트는 접속
할 네임노드가 실행되는 주소를 얻기 위해 이 속성을 사용할 것이다.

두 번째 속성은 기본 복제 계수를 설정하는 dfs.replication 속성으로, 기본값은 3이지만 의사
분산 모드에서는 파일시스템 블록을 복제할 수 없으므로 1로 설정한다. 단일 데이터노드로 실행
할 때 HDFS는 세 개의 데이터노드에 블록을 복제할 수 없고 따라서 복제 수준 이하로 떨어졌다
는 경고를 계속 발생시키므로 이 문제를 해결하기 위해 복제 계수를 1로 설정했다.

3.3.1 기본적인 파일시스템 연산

파일시스템을 사용할 준비가 되면 파일 읽기, 디렉터리 생성, 파일 이동, 데이터 삭제, 디렉터리
목록 출력과 같은 일반적인 파일시스템 연산을 모두 수행할 수 있다. hadoop fs -help 명령을
실행하면 자세한 도움말을 얻을 수 있다.

먼저 로컬 파일시스템의 파일 하나를 HDFS로 복사해보자.

```
% hadoop fs -copyFromLocal input/docs/quangle.txt \
  hdfs://localhost/user/tom/quangle.txt
```

이 명령은 하둡 파일시스템의 쉘 명령어인 fs를 호출한다. fs 명령어는 -copyFromLocal과
같은 몇 개의 하위 명령어를 지원한다. 로컬 파일 quangle.txt는 로컬호스트에서 실행되는
HDFS 인스턴스의 /user/tom/quangle.txt로 복사된다. URI의 스킴과 호스트를 생략하면
core-site.xml에 설정된 기본값인 hdfs://localhost를 가져온다.

```
% hadoop fs -copyFromLocal input/docs/quangle.txt /user/tom/quangle.txt
```

절대 경로 대신 상대 경로를 사용하여 HDFS의 홈 디렉터리로 파일을 복사할 수 있으며, 여기서
HDFS의 홈 디렉터리는 /user/tom이다.

```
% hadoop fs -copyFromLocal input/docs/quangle.txt quangle.txt
```

HDFS에 복사했던 파일을 다시 로컬 파일시스템에 가져오고, 두 파일이 같은지 확인해보자.

```
% hadoop fs -copyToLocal  quangle.txt  quangle.copy.txt
% md5 input/docs/quangle.txt  quangle.copy.txt
MD5 (input/docs/quangle.txt) = e7891a2627cf263a079fb0f18256ffb2
MD5 (quangle.copy.txt) = e7891a2627cf263a079fb0f18256ffb2
```

MD5 다이제스트^{digest}(암호문)는 같고 그 파일은 HDFS로의 여행과 귀환에서 살아남은 것처럼 보인다.

마지막으로 HDFS 파일의 목록을 한번 살펴보자. 목록이 어떻게 출력되는지 확인하기 위해 먼저 디렉터리를 하나 만들었다.

```
% hadoop fs -mkdir  books
% hadoop fs -ls .
Found 2 items
drwxr-xr-x   - tom supergroup          0 2014-10-04 13:22 books
-rw-r--r--   1 tom supergroup        119 2014-10-04 13:21 quangle.txt
```

출력 결과는 유닉스 명령 ls -l과 거의 유사하다. 첫 번째 열은 파일의 모드고 두 번째 열은 전통적인 유닉스 파일시스템에는 없는 파일의 복제 계수다. 앞에서 기본 복제 계수를 1로 설정했기 때문에 여기서도 1로 출력된다. 디렉터리는 데이터노드에는 저장되지 않고 네임노드에만 저장되고 메타데이터로 관리되므로 복제의 개념은 없다. 따라서 디렉터리의 두 번째 열은 공란(-)으로 표시된다. 세 번째와 네 번째 열은 파일의 소유자와 그룹이다. 다섯 번째 열은 바이트 단위의 파일 크기인데 디렉터리는 0으로 표시된다. 여섯 번째와 일곱 번째 열은 마지막으로 수정된 날짜와 시간이다. 마지막 여덟 번째 열은 파일 또는 디렉터리의 절대 경로로 표시된 이름이다.

HDFS 파일 권한

HDFS는 POSIX처럼 파일과 디렉터리에 대한 권한^{permission} 모델을 가지고 있다. 읽기 권한(r), 쓰기 권한(w), 실행 권한(x) 등 세 가지 종류의 파일 권한이 존재한다. 읽기 권한은 파일을 읽거나 디렉터리 내용을 보여줄 때 필요하다. 쓰기 권한은 파일을 쓰거나 디렉터리에 파일이나 서브디렉터리를 만들거나 삭제할 때 필요하다. HDFS는 POSIX와 달리 파일의 실행을 지원하지 않으므로 파일에 대한 실행 권한은 무시되지만 디렉터리에 대한 실행 권한은 하위 디렉터리의 접근을 위해 필요하다.

각 파일과 디렉터리는 **소유자**[owner], **그룹**[group], **모드**[mode]를 가진다. 모드는 소유자, 그룹 멤버, 그 밖의 사용자에 대한 권한으로 구성된다.

하둡은 기본적으로 보안이 비활성화된 상태로 실행되기 때문에 클라이언트의 사용자 계정을 인증하지 않는다. 클라이언트는 원격에 있기 때문에 원격 시스템에 계정을 하나 생성하면 쉽게 임의의 사용자가 될 수 있다. 하지만 보안을 활성화시키면 이것은 불가능해진다(10.4절 '보안' 참조). 실수로 사용자, 자동화 도구, 프로그램에 의해 파일시스템의 상당 부분이 변경되거나 삭제되는 것을 방지하기 위해 권한을 활성 상태(dfs.permissions.enabled 속성의 기본값)로 설정하는 것이 좋다.

권한 검사가 가능하도록 설정되면 클라이언트의 사용자 이름이 소유자와 일치할 때 소유자 권한으로 체크되고, 클라이언트가 그룹의 멤버와 일치할 때 그룹 권한이 체크되고, 일치하지 않는다면 그 밖의 사용자 권한이 체크된다.

네임노드 프로세스의 식별자인 슈퍼유저 개념도 있다. 슈퍼유저에 대해서는 권한 검사를 수행하지 않는다.

3.4 하둡 파일시스템

하둡은 파일시스템의 추상화 개념을 가지고 있고, HDFS는 그 구현체 중 하나일 뿐이다. 자바 추상 클래스 org.apache.hadoop.fs.FileSystem은 하둡의 파일시스템을 접근할 수 있는 클라이언트 인터페이스다. [표 3-1]에서 하둡의 주요 파일시스템을 볼 수 있다.

표 3-1 하둡 파일시스템

파일시스템	URI 스킴	자바 구현체(org.apache.hadoop 아래)	설명
Local	file	fs.LocalFileSystem	클라이언트 측의 체크섬을 사용하는 로컬 디스크를 위한 파일시스템. 체크섬을 사용하지 않는 로컬 파일시스템은 RawLocalFileSystem 사용(5.1.2절 'LocalFileSystem' 참조)
HDFS	hdfs	hdfs.DistributedFileSystem	하둡 분산 파일시스템. HDFS는 맵리듀스와 효율적으로 연동하기 위해 설계됨

파일시스템	URI 스킴	자바 구현체(org.apache.hadoop 아래)	설명
WebHDFS	webhdfs	hdfs.web.WebHdfsFileSystem	HTTP를 통해 HDFS에 인증을 통한 읽기/쓰기를 제공하는 파일시스템 (3.4.1절의 'HTTP' 참조)
Secure WebHDFS	swebhdfs	hdfs.web.SWebHdfsFileSystem	WebHDFS의 HTTPS 버전
HAR	har	fs.HarFileSystem	아카이브 파일을 위한 파일시스템. 하둡 아카이브는 네임노드의 메모리 용량을 줄이기 위해 HDFS에 수많은 파일을 묶어놓은 파일이다. HAR 파일을 생성하려면 hadoop archive 명령어를 실행하면 된다.
View	viewfs	viewfs.ViewFileSystem	다른 하둡 파일시스템을 위한 클라이언트 측 마운트 테이블. 페더레이션 네임노드의 마운트 지점을 생성할 때 주로 사용(3.2.4절 'HDFS 페더레이션' 참조)
FTP	ftp	fs.ftp.FTPFileSystem	FTP 서버를 지원하는 파일시스템
S3	s3a	fs.s3a.S3AFileSystem	아마존 S3를 지원하는 파일시스템. 구 버전의 s3n(S3 네이티브) 구현체를 대체함
Azure	wasb	fs.azure.NativeAzureFileSystem	마이크로소프트의 애저^{Azure}를 지원하는 파일시스템
Swift	swift	fs.swift.snative.SwiftNative FileSystem	오픈스택 스위프트^{Swift}를 지원하는 파일시스템

하둡은 다양한 파일시스템을 위한 인터페이스를 제공하는데, 접근할 파일시스템의 인스턴스를 선택할 때 일반적으로 URI 스킴을 사용한다. 앞에서 살펴본 파일시스템 셀 명령어는 모든 하둡 파일시스템에서 잘 동작한다. 로컬 파일시스템의 루트 디렉터리의 파일 목록을 보려면 다음과 같이 실행하면 된다.

```
% hadoop fs -ls file:///
```

물론 맵리듀스 프로그램은 어떠한 파일시스템도 접근할 수 있고 쉽게 실행할 수 있지만 대용량 데이터를 처리할 때는 데이터 지역성 최적화가 가능한 HDFS와 같은 분산 파일시스템을 선택하는 것이 좋다(2.4절 '분산형으로 확장하기' 참조).

3.4.1 인터페이스

하둡은 자바로 작성되었기 때문에 자바 API를 통해 하둡 파일시스템과 연동할 수 있다. 예를 들어 파일시스템 쉘은 자바 FileSystem 클래스로, 파일시스템 연산을 제공하는 자바 애플리케이션이다. 이 절에서는 다른 파일시스템 인터페이스도 간단히 소개할 것이다. HDFS에 접근하는 인터페이스가 주로 이용되지만, FTP나 S3와 같은 다른 파일시스템에 접근하기 위해서는 FTP 클라이언트나 S3 도구와 같은 기존 도구가 필요하다. 하둡 파일시스템은 대부분의 파일시스템을 지원하고 잘 작동한다.

HTTP

파일시스템 인터페이스를 Java API로만 제공하면 자바로 작성되지 않은 애플리케이션으로 HDFS에 접근하는 것은 어렵게 된다. WebHDFS 프로토콜을 이용한 HTTP REST API를 사용하면 다른 언어도 HDFS에 쉽게 접근할 수 있다. 물론 HTTP 인터페이스는 네이티브 자바 클라이언트보다는 느리므로 매우 큰 파일을 전송할 때는 주의해야 한다.

HTTP로 HDFS에 접근하는 두 가지 방식이 있다. 하나는 클라이언트의 HTTP 요청을 HDFS 데몬이 직접 처리하는 방식이다. 다른 하나는 클라이언트 대신 DistributedFileSystem API로 HDFS에 접근하는 프록시를 경유하는 방식이다. 두 방식 모두 WebHDFS 프로토콜을 이용하며 [그림 3-1]에서 그 구조를 볼 수 있다.

첫 번째 방식은 네임노드와 데이터노드에 내장된 웹 서버가 WebHDFS의 말단으로 작용한다. WebHDFS의 활성화 여부는 dfs.webhdfs.enabled 속성에 정의하며 기본값은 true다. 파일에 대한 메타데이터 연산은 네임노드가 처리하지만, 파일을 읽고 쓰는 연산은 먼저 네임노드로 전달되고, 네임노드는 파일 데이터를 스트리밍할 데이터노드를 알려주는 HTTP 리다이렉트를 클라이언트에 보낸다.

HTTP로 HDFS에 접근하는 두 번째 방식은 하나 또는 그 이상의 독립^{standalone} 프록시 서버를 통하는 것이다. 프록시 서버는 상태를 저장할 필요가 없으므로 표준 로드 밸런서를 사용해도 괜찮다. 클러스터의 모든 트래픽은 프록시를 경유하므로 클라이언트는 네임노드와 데이터노드에 직접 접근할 필요가 없다. 프록시를 통하면 엄격한 방화벽이나 대역폭 제한 정책을 적용하기 쉽다. 프록시를 통한 방식은 서로 다른 데이터 센터에 있는 하둡 클러스터 사이의 데이터 전송이나 외부 네트워크에 있는 클라우드에서 운영되는 하둡 클러스터에 접근할 때 일반적으로 이용되는 방법이다.

그림 3-1 HTTP로 HDFS에 직접 접근하는 방식과 HDFS 프록시를 경유하는 방식

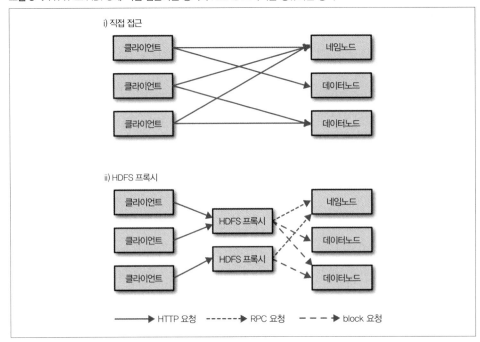

그림 3-1 HTTP로 HDFS에 직접 접근하는 방식과 HDFS 프록시를 경유하는 방식

HttpFS 프록시는 WebHDFS와 동일한 HTTP(그리고 HTTPS) 인터페이스를 제공하므로 클라이언트는 webhdfs(또는 swebhdfs) URI로 둘 다 접근할 수 있다. HttpFS 프록시는 네임노드나 데이터노드 데몬과는 독립적이고, httpfs.sh 스크립트로 시작할 수 있다. 기본 대기 포트는 14000이다.

C

하둡은 자바 FileSystem 인터페이스를 모방한 libhdfs라는 C 라이브러리를 제공한다. libhdfs는 HDFS에 접근하기 위해 작성한 C 라이브러리인데, 이름과 달리 모든 하둡 파일시스템(로컬 파일시스템, S3 등)에 접근할 수 있다. libhdfs는 자바 파일시스템 클라이언트를 호출하기 위해 **자바 네이티브 인터페이스**^Java Native Interface (JNI)를 사용한다. 또한 앞에서 언급한 WebHDFS 인터페이스를 위해 libwebhdfs 라이브러리도 제공하고 있다.

C API는 자바 API와 매우 비슷하지만, 보통 자바 API보다 한 발 늦게 개발되므로 최신 기능을 지원하지 않을 수도 있다. hdfs.h 헤더 파일은 아파치 하둡 바이너리 타르볼 배포판의 include 디렉터리에서 찾을 수 있다.

아파치 하둡 바이너리 타르볼 배포판은 64비트 리눅스를 위한 libhdfs 바이너리를 포함하고 있지만, 다른 플랫폼에서 사용하려면 소스 트리 최상단의 BUILDING.txt 문서의 지시에 따라 직접 빌드해야 한다.

NFS

하둡의 NFSv3 게이트웨이를 이용하면 로컬 클라이언트 파일시스템에 HDFS를 마운트할 수 있다. 또한 파일시스템을 다루는 ls나 cat 같은 Unix 유틸리티를 이용할 수 있으며, 파일 업로 드 및 일반적인 프로그래밍 언어에서 파일시스템을 다루는 POSIX 라이브러리도 사용할 수 있다. HDFS는 파일의 끝에만 쓰기를 허용하므로 파일에 추가하는 작업은 가능하지만, 파일의 임의 위치에 있는 데이터를 수정하는 것은 지원하지 않는다.

NFS 게이트웨이의 설정 및 실행 방법과 클라이언트 접속 방법은 하둡 문서를 참고하기 바란다.

FUSE

퓨즈^{FUSE}는 Filesystem in Userspace(사용자 공간에서의 파일시스템)로, 사용자 공간과 유닉스 파일시스템을 통합한 파일시스템을 지원한다. 하둡의 Fuse-DFS contrib 모듈은 표준 로컬 파일시스템에 HDFS(또는 모든 하둡 파일시스템)를 마운트할 수 있는 기능을 제공한다. Fuse-DFS는 C로 작성된 libhdfs로 HDFS 인터페이스를 구현했다. 이 글을 쓰고 있는 현재 하둡 NFS 게이트웨이는 HDFS 마운트를 지원하는 가장 안정적인 솔루션이며, Fuse-DFS보다 더 선호되고 있다.

3.5 자바 인터페이스

이 절에서는 하둡 파일시스템의 연동 API인 하둡 FileSystem 클래스를 깊이 다루겠다.[6] HDFS 구현체인 DistributedFileSystem을 주로 다루겠지만 파일시스템의 호환성을 유지하려면 FileSystem 추상 클래스로 코드를 작성하려는 노력이 필요하다. 이는 프로그램을 테스트하는 데 유용하다. 예를 들면 로컬 파일시스템에 저장된 데이터로 빠른 테스트를 수행할 수 있다.

---

6 Hadoop 버전 2부터는 동시에 여러 파일시스템을 다룰 수 있고 깔끔하고 일관된 인터페이스를 가진 FileContext라는 새로운 파일시스템 인터페이스를 제공한다. 예를 들면 하나의 FileContext는 다수의 파일시스템 스킴을 해석할 수 있다.

3.5.1 하둡 URL로 데이터 읽기

하둡 파일시스템에서 파일을 읽는 가장 쉬운 방법은 java.net.URL 객체로 데이터를 읽는 스트림 하나를 여는 것이다. 다음 코드를 보자.

```
InputStream in = null;
try {
  in = new URL("hdfs://host/path").openStream();
  // in을 처리한다.
} finally {
  IOUtils.closeStream(in);
}
```

자바가 하둡의 hdfs URL 스킴을 인식하기 위해서는 약간의 작업이 더 필요하다. 이 작업은 FsUrl StreamHandlerFactory의 인스턴스와 함께 URL 클래스의 setURLStreamHandlerFactory() 메서드를 호출하여 수행된다. 이 메서드는 JVM 하나당 한 번씩만 호출할 수 있기 때문에 일반적으로 정적 블록에서 실행된다. 이러한 한계는 프로그램의 일부 다른 부분(아마도 제어할 수 있는 영역 밖에 있는 서드파티 컴포넌트)에서 URLStreamHandlerFactory를 설정하면 하둡 URL 로부터 데이터를 읽을 수 없게 됨을 의미한다. 이에 대한 대안은 다음 절에서 논의한다.

[예제 3-1]은 하둡 파일시스템의 파일을 표준 출력으로 보여주는 프로그램으로 유닉스의 cat 명령과 같다.

예제 3-1 하둡 파일시스템의 파일을 URLStreamHandler를 사용하여 표준 출력으로 보여주기

```
public class URLCat {

  static {
    URL.setURLStreamHandlerFactory(new FsUrlStreamHandlerFactory());
  }

  public static void main(String[] args) throws Exception {
    InputStream in = null;
    try {
      in = new URL(args[0]).openStream();
      IOUtils.copyBytes(in, System.out, 4096, false);
    } finally {
      IOUtils.closeStream(in);
```

```
      }
    }
  }
```

finally 구문에서 스트림을 닫고 입력 스트림에서 출력 스트림(여기서는 System.out)으로 바이트를 복사하기 위해 하둡 클래스와 함께 IOUtils 클래스를 사용했다. copyBytes() 메서드의 세 번째 인자는 버퍼 크기를, 네 번째 인자는 복사 완료 시 스트림의 닫기 여부를 의미한다. 여기서 입력 스트림은 직접 닫지만 System.out은 닫을 필요가 없다.

다음은 프로그램 실행 결과다.[7]

```
% export HADOOP_CLASSPATH=hadoop-examples.jar
% hadoop URLCat hdfs://localhost/user/tom/quangle.txt
On the top of the Crumpetty Tree
The Quangle Wangle sat,
But his face you could not see,
On account of his Beaver Hat.
```

3.5.2 파일시스템 API로 데이터 읽기

앞 절에서 설명했듯이 애플리케이션에서 URLStreamHandlerFactory 설정이 불가능한 경우가 있다. 이때는 파일에 대한 입력 스트림을 열기 위해 FileSystem API를 사용해야 한다.

하둡 파일시스템의 파일은 하둡 Path 객체(의미상 로컬 파일시스템에 너무 고착되어버린 java.io.File 객체가 아니라)로 표현된다. 여기서 Path는 hdfs://localhost/user/tom/quangle.txt 같은 하둡 파일시스템 URL을 의미한다.

FileSystem은 일반적인 파일시스템 API로, 첫 단계는 접근할 파일시스템(여기서는 HDFS)에 대한 인스턴스를 얻는 것이다. FileSystem 인스턴스를 얻을 수 있는 정적 팩토리 메서드는 다음과 같다.

```
public static FileSystem get(Configuration conf) throws IOException
public static FileSystem get(URI uri, Configuration conf) throws IOException
```

---

7 텍스트는 에드워드 리어(Edward Lear)의 『쾅글왕글의 모자(The Quangle Wangle's Hat)』에서 인용했다.

```
public static FileSystem get(URI uri, Configuration conf, String user)
    throws IOException
```

Configuration 객체는 클라이언트나 서버의 환경 설정을 포함하고 있으며, 클래스패스에 있는 etc/hadoop/core-site.xml과 같은 설정 파일에서 관련 설정을 읽어 들인다. 첫 번째 메서드는 기본 파일시스템(core-site.xml 파일에 설정하며, 설정하지 않으면 기본 로컬 파일시스템이 사용됨)을 반환한다. 두 번째 메서드는 주어진 URI 스킴과 권한으로 파일시스템을 결정하며, URI에 스킴을 명시하지 않으면 기본 파일시스템으로 간주한다. 세 번째 메서드는 특정 사용자를 명시하여 파일시스템을 추출하며, 보안 차원에서 중요하다(10.4절 '보안' 참조).

로컬 파일시스템 인스턴스만 얻을 때는 getLocal( ) 메서드를 사용하는 것이 가장 편리하다.

```
public static LocalFileSystem getLocal(Configuration conf) throws IOException
```

FileSystem 인스턴스를 얻으면 open( ) 메서드를 호출하여 파일에 대한 입력 스트림을 열 수 있다.

```
public FSDataInputStream open(Path f) throws IOException
public abstract FSDataInputStream open(Path f, int bufferSize) throws IOException
```

첫 번째 메서드는 4KB의 기본 버퍼 크기를 사용한다.

[예제 3-2]는 FileSystem API를 이용하여 [예제 3-1]을 재작성한 코드다.

예제 3-2 FileSystem API를 직접 사용하여 하둡 파일시스템의 파일을 표준 출력으로 보여주기

```
public class FileSystemCat {

  public static void main(String[] args) throws Exception {
    String uri = args[0];
    Configuration conf = new Configuration();
    FileSystem fs = FileSystem.get(URI.create(uri), conf);
    InputStream in = null;
    try {
      in = fs.open(new Path(uri));
      IOUtils.copyBytes(in, System.out, 4096, false);
    } finally {
```

```
      IOUtils.closeStream(in);
    }
  }
}
```

다음은 프로그램 실행 결과다.

```
% hadoop FileSystemCat hdfs://localhost/user/tom/quangle.txt
On the top of the Crumpetty Tree
The Quangle Wangle sat,
But his face you could not see,
On account of his Beaver Hat.
```

FSDataInputStream

FileSystem의 open( ) 메서드는 표준 java.io 클래스가 아닌 FSDataInputStream 클래스를
반환한다. 이 클래스는 랜덤 접근을 지원하기 위해 java.io.DataInputStream을 특별히 변경한
것이며, 스트림의 어떤 부분이든 읽을 수 있다.

```
package org.apache.hadoop.fs;

public class FSDataInputStream extends DataInputStream
    implements Seekable, PositionedReadable {
  // 코드 생략
}
```

Seekable 인터페이스는 파일에서 특정 위치로 이동하는 것을 허용하며, 파일의 시작점에서 현
재 오프셋을 얻는 getPos( )와 같은 쿼리 메서드를 제공한다.

```
public interface Seekable {
  void seek(long pos) throws IOException;
  long getPos() throws IOException;
}
```

파일의 길이보다 더 큰 값으로 seek( ) 메서드를 호출하면 IOException을 일으킨다. 현재 위
치에서 뒤로 스트림의 위치를 이동시키는 java.io.InputStream 클래스의 skip( ) 메서드와

달리 seek( ) 메서드는 파일에서 임의 위치나 절대 위치로 이동할 수 있다.

[예제 3-3]은 표준 출력에 파일을 두 번 보여주도록 [예제 3-2]를 조금 변경했다. 파일을 읽어서 한 번 출력하고, 파일의 시작점으로 이동한 다음 스트림을 다시 출력했다.

예제 3-3 seek를 사용해서 하둡 파일시스템의 파일을 표준 출력으로 두 번 보여주기

```
public class FileSystemDoubleCat {

  public static void main(String[] args) throws Exception {
    String uri = args[0];
    Configuration conf = new Configuration();
    FileSystem fs = FileSystem.get(URI.create(uri), conf);
    FSDataInputStream in = null;
    try {
      in = fs.open(new Path(uri));
      IOUtils.copyBytes(in, System.out, 4096, false);
      in.seek(0); // 파일의 처음으로 돌아간다.
      IOUtils.copyBytes(in, System.out, 4096, false);
    } finally {
      IOUtils.closeStream(in);
    }
  }
}
```

다음은 프로그램 실행 결과다.

```
% hadoop FileSystemDoubleCat hdfs://localhost/user/tom/quangle.txt
On the top of the Crumpetty Tree
The Quangle Wangle sat,
But his face you could not see,
On account of his Beaver Hat.
On the top of the Crumpetty Tree
The Quangle Wangle sat,
But his face you could not see,
On account of his Beaver Hat.
```

FSDataInputStream 역시 주어진 오프셋에서 파일의 일부를 읽기 위한 PositionedReadable 인터페이스를 제공한다.

```
public interface PositionedReadable {

    public int read(long position, byte[] buffer, int offset, int length)
        throws IOException;

    public void readFully(long position, byte[] buffer, int offset, int length)
        throws IOException;

    public void readFully(long position, byte[] buffer) throws IOException;
}
```

read( ) 메서드는 파일의 주어진 position에서 length만큼의 바이트를 읽어서 buffer의 주어진 offset에 그 내용을 복사한다. 반환값은 실제로 읽은 바이트 크기다. 호출자는 반환값이 length보다 작은지 반드시 확인해야 한다. EOFException이 발생하는 파일의 끝이 아니라면 readFully( ) 메서드는 length만큼의 바이트(또는 바이트 배열 buffer의 단순한 buffer. length 바이트)를 버퍼로 읽을 것이다.

이러한 모든 메서드는 파일의 현재 오프셋을 유지하고 스레드 안전^{thread safe}을 지원한다(동시 접속을 고려하여 FSDataInputStream을 설계하지 않았기 때문에 다중 인스턴스를 생성하는 방법을 권장한다). 따라서 파일 전체를 읽는 중이더라도 메타데이터와 같은 파일의 다른 부분에 쉽게 접근할 수 있다.

seek( ) 메서드를 호출하는 것은 상대적으로 비용이 많이 드는 연산이므로 꼭 필요할 때만 사용해야 한다. 애플리케이션이 다수의 seek( )를 수행하는 방식이 아닌 맵리듀스와 같은 스트리밍 데이터 기반의 접근 패턴을 사용하도록 구조화하라.

3.5.3 데이터 쓰기

FileSystem 클래스는 파일을 생성하기 위한 메서드들을 제공한다. 가장 간단한 메서드는 다음과 같이 생성할 파일을 Path 객체로 받아서 출력 스트림으로 쓰는 것이다.

```
public FSDataOutputStream create(Path f) throws IOException
```

이 메서드는 기존의 파일을 강제로 덮어쓰기, 파일의 복제 계수, 파일 쓰기의 버퍼 크기, 파일의 블록 크기, 파일 권한을 명시할 수 있는 오버로드 버전을 허용한다.

> **CAUTION_** create() 메서드는 파일을 쓸 때 부모 디렉터리가 없으면 자동으로 생성한다. 편리한 방법이지만 원하지 않을 때도 있다. 부모 디렉터리가 없을 때 쓰기 실패를 원한다면 먼저 exists() 메서드를 호출하여 부모 디렉터리가 존재하는지 미리 확인해야 한다. 그 대안으로 FileContext는 부모 디렉터리의 생성 여부를 제어하는 기능을 제공한다.

또한 콜백 인터페이스를 넘겨주는 Progressable과 같은 오버로드 메서드도 있어서 애플리케이션은 데이터노드의 쓰기 진행 상황을 계속 파악할 수 있다.

```
package org.apache.hadoop.util;

public interface Progressable {
  public void progress();
}
```

새로운 파일을 만드는 대신 append() 메서드로 기존 파일에 데이터를 추가할 수도 있다.

```
public FSDataOutputStream append(Path f) throws IOException>
```

파일 추가 연산은 기존 파일을 열고 파일의 마지막 오프셋에 데이터를 쓸 수 있는 단일 쓰기를 허용한다. 애플리케이션이 이러한 API를 이용하면 파일을 닫은 후에도 기존 파일에 쓸 수 있으므로 로그파일과 같은 무제한 파일을 생성할 수 있다. 추가 연산은 선택사항이며 모든 하둡 파일시스템에 구현된 것은 아니다. 예를 들어 HDFS는 가능하지만 S3 파일시스템은 파일 추가 연산을 지원하지 않는다.

[예제 3-4]는 로컬 파일을 하둡 파일시스템에 복사하는 방법을 보여준다. 64KB의 데이터 패킷이 데이터노드 파이프라인에 쓰일 때마다 하둡에 의해 progress() 메서드가 주기적으로 호출되는 것을 출력해보면 현재 진행 상황을 볼 수 있다. 하지만 progress() API에 특별한 행동을 보고하도록 지정할 수는 없으며(하둡 최신 버전의 변경 내역에서 다룬다), 단순히 '뭔가 발생했다'는 것만 추측할 수 있다.

```
public class FileCopyWithProgress {
  public static void main(String[] args) throws Exception {
    String localSrc = args[0];
    String dst = args[1];

    InputStream in = new BufferedInputStream(new FileInputStream(localSrc));

    Configuration conf = new Configuration();
    FileSystem fs = FileSystem.get(URI.create(dst), conf);
    OutputStream out = fs.create(new Path(dst), new Progressable() {
      public void progress() {
        System.out.print(".");
      }
    });

    IOUtils.copyBytes(in, out, 4096, true);
  }
}
```

사용 방법은 다음과 같다.

```
% hadoop FileCopyWithProgress input/docs/1400-8.txt
hdfs://localhost/user/tom/1400-8.txt
.................
```

현재 다른 하둡 파일시스템은 쓰는 동안 progress( )를 호출하지 않는다. 뒤에서 보겠지만 맵
리듀스 애플리케이션에서 진행 상황은 매우 중요하다.

FSDataOutputStream

FileSystem 클래스의 create( ) 메서드는 FSDataOutputStream을 반환하는데, FSDataInput
Stream과 같이 파일에서 현재 위치를 얻기 위한 메서드를 지원한다.

```
package org.apache.hadoop.fs;

public class FSDataOutputStream extends DataOutputStream implements Syncable {
```

```
public long getPos() throws IOException {
    // 코드 생략
}

// 코드 생략
}
```

하지만 FSDataInputStream과 달리 FSDataOutputStream은 파일 탐색(seek 기능)을 지원하지 않는다. HDFS는 열려 있는 파일에는 순차 쓰기[sequential write]를, 기존 파일에는 추가 연산만 지원하기 때문이다. 다시 말해, 파일의 끝 외의 다른 부분에 쓰는 것은 지원하지 않으므로 쓰는 중에 탐색은 불가능하다.

3.5.4 디렉터리

FileSystem은 디렉터리를 생성하기 위한 메서드를 제공한다.

```
public boolean mkdirs(Path f) throws IOException
```

이 메서드는 java.io.File의 mkdirs() 메서드처럼 존재하지 않은 모든 부모 디렉터리를 생성한다. 디렉터리(모든 부모 디렉터리 포함)가 성공적으로 생성되면 true를 반환한다.

파일을 쓸 때 자동으로 create() 메서드를 호출하여 부모 디렉터리를 생성하므로, 명시적으로 디렉터리를 생성할 필요는 없다.

3.5.5 파일시스템 질의

파일 메타데이터: FileStatus

모든 파일시스템은 디렉터리 구조를 탐색하고 저장된 파일과 디렉터리에 대한 정보를 추출하는 기능을 제공한다. FileStatus 클래스는 파일 길이, 블록 크기, 복제, 수정 시간, 소유권, 권한 정보와 같은 파일과 디렉터리에 대한 파일시스템 메타데이터를 포함하고 있다.

FileSystem의 getFileStatus() 메서드를 호출하면 단일 파일 또는 디렉터리에 대한 FileStatus 객체를 얻을 수 있다. [예제 3-5]에서 사용법을 볼 수 있다.

```java
public class ShowFileStatusTest {

  private MiniDFSCluster cluster; // 현재 운영되고 있는 HDFS 클러스터를 테스트를 위해 사용한다.
  private FileSystem fs;

  @Before
  public void setUp() throws IOException {
    Configuration conf = new Configuration();
    if (System.getProperty("test.build.data") == null) {
      System.setProperty("test.build.data", "/tmp");
    }
    cluster = new MiniDFSCluster.Builder(conf).build();
    fs = cluster.getFileSystem();
    OutputStream out = fs.create(new Path("/dir/file"));
    out.write("content".getBytes("UTF-8"));
    out.close();
  }

  @After
  public void tearDown() throws IOException {
    if (fs != null) { fs.close(); }
    if (cluster != null) { cluster.shutdown(); }
  }

  @Test(expected = FileNotFoundException.class)
  public void throwsFileNotFoundForNonExistentFile() throws IOException {
    fs.getFileStatus(new Path("no-such-file"));
  }

  @Test
  public void fileStatusForFile() throws IOException {
    Path file = new Path("/dir/file");
    FileStatus stat = fs.getFileStatus(file);
    assertThat(stat.getPath().toUri().getPath(), is("/dir/file"));
    assertThat(stat.isDirectory(), is(false));
    assertThat(stat.getLen(), is(7L));
    assertThat(stat.getModificationTime(),
        is(lessThanOrEqualTo(System.currentTimeMillis())));
    assertThat(stat.getReplication(), is((short) 1));
    assertThat(stat.getBlockSize(), is(128 * 1024 * 1024L));
    assertThat(stat.getOwner(), is(System.getProperty("user.name")));
    assertThat(stat.getGroup(), is("supergroup"));
    assertThat(stat.getPermission().toString(), is("rw-r--r--"));
  }
```

```
@Test
public void fileStatusForDirectory() throws IOException {
  Path dir = new Path("/dir");
  FileStatus stat = fs.getFileStatus(dir);
  assertThat(stat.getPath().toUri().getPath(), is("/dir"));
  assertThat(stat.isDirectory(), is(true));
  assertThat(stat.getLen(), is(0L));
  assertThat(stat.getModificationTime(),
      is(lessThanOrEqualTo(System.currentTimeMillis())));
  assertThat(stat.getReplication(), is((short) 0));
  assertThat(stat.getBlockSize(), is(0L));
  assertThat(stat.getOwner(), is(System.getProperty("user.name")));
  assertThat(stat.getGroup(), is("supergroup"));
  assertThat(stat.getPermission().toString(), is("rwxr-xr-x"));
  }

}
```

파일이나 디렉터리가 없으면 FileNotFoundException을 일으킨다. 단지 파일이나 디렉터리의 존재 여부가 궁금하다면 FileSystem의 exists() 메서드를 호출하는 것이 좋다.

```
public boolean exists(Path f) throws IOException
```

파일 목록 조회

파일이나 디렉터리에 대한 정보를 찾는 것도 필요하지만, 특정 디렉터리의 내용(파일이나 서브디렉터리 목록)을 조회할 필요도 있다. FileSystem의 listStatus() 메서드가 그러한 일을 한다.

```
public FileStatus[] listStatus(Path f) throws IOException
public FileStatus[] listStatus(Path f, PathFilter filter) throws IOException
public FileStatus[] listStatus(Path[] files) throws IOException
public FileStatus[] listStatus(Path[] files, PathFilter filter)
    throws IOException
```

주어진 인자가 하나의 파일이면 길이가 1인 FileStatus 객체 배열을 반환한다. 인자가 디렉터리면 해당 디렉터리에 포함된 모든 파일과 디렉터리의 FileStatus 객체 배열(0 또는 그 이상)을 반환한다.

PathFilter를 인자로 가지는 메서드는 특정 패턴에 일치하는 파일과 디렉터리만 처리한다(115쪽 'PathFilter'에서 이에 관한 예제를 볼 수 있다). 마지막으로 경로의 배열을 지정하면 각 경로마다 순차적으로 단일 경로 listStatus() 메서드를 호출하여 FileStatus 객체 배열에 모든 결과를 누적시킨다. 이 메서드는 파일시스템 트리의 여러 부분에 있는 파일을 모두 처리하기 위해 입력 파일의 목록을 구축할 때 유용하다. [예제 3-6]에서 간단히 구현해보았다. FileStatus 객체의 배열을 Path 객체의 배열로 변환하기 위해 하둡 FileUtil의 stat2Paths() 메서드를 사용했다.

예제 3-6 하둡 파일시스템의 경로 집합에 대한 파일 상태 보기

```
public class ListStatus {

  public static void main(String[] args) throws Exception {
    String uri = args[0];
    Configuration conf = new Configuration();
    FileSystem fs = FileSystem.get(URI.create(uri), conf);

    Path[] paths = new Path[args.length];
    for (int i = 0; i < paths.length; i++) {
      paths[i] = new Path(args[i]);
    }

    FileStatus[] status = fs.listStatus(paths);
    Path[] listedPaths = FileUtil.stat2Paths(status);
    for (Path p : listedPaths) {
      System.out.println(p);
    }
  }
}
```

이 프로그램은 경로 집합에 대한 디렉터리 목록을 모아서 보여준다.

```
% hadoop ListStatus hdfs://localhost/ hdfs://localhost/user/tom
hdfs://localhost/user
hdfs://localhost/user/tom/books
hdfs://localhost/user/tom/quangle.txt
```

파일 패턴

단일 연산이지만 파일의 집합을 처리해야 할 때도 있다. 예를 들어 로그를 분석하는 맵리듀스 잡은 여러 디렉터리에 있는 한 달 분량의 파일을 모두 처리해야 한다. 모든 파일과 디렉터리를 일일이 나열하는 것보다 단일 표현식으로 와일드카드 문자를 이용하여 다중 파일을 매칭하는 **글로빙**globbing으로 알려진 연산을 사용하는 것이 더 편리하다. 하둡은 글로빙을 지원하는 두 개의 FileSystem 메서드를 제공한다.

```
public FileStatus[] globStatus(Path pathPattern) throws IOException
public FileStatus[] globStatus(Path pathPattern, PathFilter filter)
    throws IOException
```

globStatus() 메서드는 주어진 패턴에 매칭되는 경로에 대한 FileStatus 객체의 배열을 경로를 기준으로 정렬하여 반환한다. 옵션인 PathFilter를 명시하면 좀 더 매칭에 제약을 가할 수 있다.

하둡은 유닉스 bash 쉘과 동일한 글로브 문자 집합을 지원한다([표 3-2]).

표 3-2 글로브 문자

글로브	이름	일치되는 대상
*	별표	0개 이상의 문자
?	물음표	단일 문자
[ab]	문자 집합	집합 {a, b}에 있는 단일 문자
[^ab]	부정된 문자 집합	집합 {a, b}에 없는 단일 문자
[a-b]	문자 영역	(닫힌) 영역 [a, b]에 있는 단일 문자(사전적으로 a는 b보다 작거나 같다)
[^a-b]	부정된 문자 영역	(닫힌) 영역 [a, b]에 없는 단일 문자(사전적으로 a는 b보다 작거나 같다)
{a,b}	양자택일	표현 a 또는 b에 일치
\c	이스케이프 문자	문자 c가 메타문자일 때 문자 c와 일치

로그파일이 날짜에 의해 계층적으로 구성된 디렉터리에 저장되어 있다고 가정하자. 그러므로 예를 들어 2007년 마지막 날의 로그파일은 /2007/12/31로 명명된 디렉터리에 있을 것이다. 전체 디렉터리의 구조는 오른쪽 그림과 같다.

```
/
├── 2007/
│   └── 12/
│       ├── 30/
│       └── 31/
└── 2008/
    └── 01/
        ├── 01/
        └── 02/
```

다음 표는 파일 글로브와 이에 대응하는 사례를 보여준다.

글로브	표현
/*	/2007 /2008
/*/*	/2007/12 /2008/01
/*/12/*	/2007/12/30 /2007/12/31
/200?	/2007 /2008
/200[78]	/2007 /2008
/200[7-8]	/2007 /2008
/200[^01234569]	/2007 /2008
/*/*/{31,01}	/2007/12/31 /2008/01/01
/*/*/3{0,1}	/2007/12/30 /2007/12/31
/*/{12/31,01/01}	/2007/12/31 /2008/01/01

PathFilter

글로브 패턴을 사용하더라도 접근하고 싶은 파일의 집합을 완전히 표현할 수는 없다. 예를 들어 글로브 패턴으로 특정 파일을 제거하는 것은 불가능하다. FileSystem의 listStatus( )와 globStatus( ) 메서드는 프로그래밍 방식으로 매칭을 허용하는 PathFilter를 옵션으로 지원한다.

```
package org.apache.hadoop.fs;

public interface PathFilter {
  boolean accept(Path path);
}
```

PathFilter는 File 객체보다 Path 객체를 위한 java.io.FileFilter에 대응된다.

[예제 3-7]은 정규표현식에 매칭되는 특정 경로를 제외하기 위한 PathFilter의 사용법을 보여준다.

```
public class RegexExcludePathFilter implements PathFilter {

  private final String regex;

  public RegexExcludePathFilter(String regex) {
    this.regex = regex;
  }

  public boolean accept(Path path) {
    return !path.toString().matches(regex);
  }
}
```

필터는 정규표현식에 매칭되지 **않는** 파일만 통과시킨다. 글로빙은 포함할 파일의 초기 집합을 추출하고, 필터는 그 결과에서 필요 없는 파일을 제외할 때 사용된다.

```
fs.globStatus(new Path("/2007/*/*"), new RegexExcludeFilter("^.*/2007/12/31$"))
```

예제를 실행하면 2007년 1월 1일부터 12월 30일까지의 데이터만 반환될 것이다.

필터는 Path로 표시되는 파일의 이름에만 적용된다. 따라서 파일 생성 시간과 같은 파일의 속성은 사용할 수 없다. 하지만 글로빙 패턴이나 정규표현식으로 수행할 수 없는 매칭 작업도 할 수 있다. 예를 들어 날짜별로 구성된 디렉터리 구조에 파일을 저장하면 지정된 날짜 구간에 해당하는 파일을 PathFilter로 제외할 수 있다.

3.5.6 데이터 삭제

FileSystem의 delete() 메서드를 사용하면 파일과 디렉터리를 영구적으로 삭제할 수 있다.

```
public boolean delete(Path f, boolean recursive) throws IOException
```

여기서 경로 f가 파일이거나 비어 있는 디렉터리면 recursive 인자는 무시된다. recursive가 true고 디렉터리에 내용물이 있으면 해당 디렉터리가 삭제된다. 그렇지 않으면 IOException이 발생한다.

3.6 데이터 흐름

3.6.1 파일 읽기 상세

클라이언트가 HDFS, 네임노드, 데이터노드와 어떻게 상호작용하는지 데이터 흐름 관점에서 이해하기 위해 파일 읽기 이벤트의 기본 순서를 보여주는 [그림 3-2]를 살펴보자.

그림 3-2 HDFS로부터 데이터를 읽고 있는 클라이언트

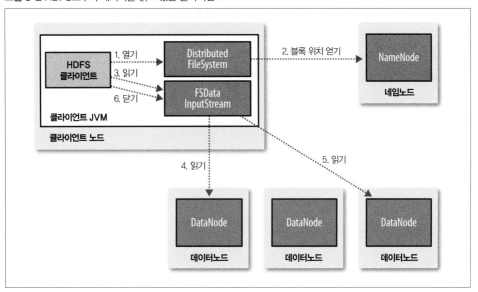

클라이언트는 HDFS가 `DistributedFileSystem` 인스턴스인 `FileSystem` 객체의 `open()` 메서드를 호출하여 원하는 파일을 연다([그림 3-2]의 1단계). `DistributedFileSystem`은 파일의 첫 번째 블록 위치를 파악하기 위해 RPC를 사용하여 네임노드를 호출한다(2단계). 네임노드는 블록별로 해당 블록의 복제본을 가진 데이터노드의 주소를 반환한다. 이때 클러스터의 네트워크 위상에 따라 클라이언트와 가까운 순으로 데이터노드가 정렬된다(118쪽의 '네트워크 토폴로지와 하둡' 글상자 참조). 클라이언트 자체가 데이터노드(예를 들면 맵리듀스 태스크)고 해당 블록의 복제본을 가지고 있으면 클라이언트는 로컬 데이터노드에서 데이터를 읽는다([그림 2-2]와 10.3.5절의 '단락 지역 읽기' 참조).

`DistributedFileSystem`은 클라이언트가 데이터를 읽을 수 있도록 `FSDataInputStream`(파일 탐색을 지원하는 입력 스트림)을 반환한다. `FSDataInputStream`은 데이터노드와 네임노드의 I/O를 관리하는 `DFSInputStream`을 래핑한다.

클라이언트는 스트림을 읽기 위해 read( ) 메서드를 호출한다(3단계). 파일의 첫 번째 블록의 데이터노드 주소를 저장하고 있는 DFSInputStream은 가장 가까운(첫 번째) 데이터노드와 연결한다. 해당 스트림에 대해 read( ) 메서드를 반복적으로 호출하면 데이터노드에서 클라이언트로 모든 데이터가 전송된다(4단계). 블록의 끝에 도달하면 DFSInputStream은 데이터노드의 연결을 닫고 다음 블록의 데이터노드를 찾는다(5단계). 클라이언트의 관점에서 이러한 과정은 투명하게 전개되며 클라이언트는 단지 연속적인 스트림을 읽는 것처럼 느낀다.

클라이언트는 스트림을 통해 블록을 순서대로 하나씩 읽는다. 이때 DFSInputStream은 블록마다 데이터노드와 새로운 연결을 맺는다. 클라이언트는 다음 블록의 데이터노드 위치를 얻기 위해 네임노드를 호출한다. 모든 블록에 대한 읽기가 끝나면 클라이언트는 FSDataInputStream의 close( ) 메서드를 호출한다(6단계).

데이터를 읽는 중에 데이터노드와의 통신에 장애가 발생하면 DFSInputStream은 해당 블록을 저장하고 있는 다른 데이터노드와 연결을 시도한다. 또한 이후 블록에 대한 불필요한 재시도를 방지하기 위해 장애가 발생한 데이터노드를 기억해둔다. DFSInputStream은 데이터노드로부터 전송된 데이터의 체크섬도 검증한다. 블록이 손상되었으면 DFSInputStream은 다른 데이터노드에 있는 블록의 복제본을 읽으려 시도한다. 물론 손상된 블록에 대한 정보는 네임노드에 보고된다.

이러한 설계의 핵심은 클라이언트는 데이터를 얻기 위해 데이터노드에 직접적으로 접촉하고, 네임노드는 각 블록에 적합한 데이터노드를 안내해준다는 것이다. 데이터 트래픽은 클러스터에 있는 모든 데이터노드에 고르게 분산되므로 HDFS는 동시에 실행되는 클라이언트의 수를 크게 늘릴 수 있다. 한편 네임노드는 효율적인 서비스를 위해 메타데이터를 메모리에 저장하고 단순히 블록의 위치 정보 요청만 처리하며, 데이터를 저장하거나 전송하는 역할은 맡지 않으므로 클라이언트가 많아져도 병목현상은 거의 발생하지 않는다.

네트워크 토폴로지와 하둡

로컬 네트워크에서 두 개의 노드가 서로 '가깝다'는 것은 무엇을 의미할까? 대용량 데이터 처리 맥락에서 노드 간 데이터 전송의 제약 요소는 바로 전송률이다. 대역폭은 한정 자원이다. 이 아이디어는 두 노드 간의 네트워크 대역폭을 거리 측정에 이용한다.

노드 간의 대역폭을 실제 측정하는 것은 어려운데, 클러스터는 고정적이어야 하고 클러스터의 노드 쌍의 수는 전체 노드 수의 제곱에 이르기 때문이다. 대신 하둡은 단순한 방식을 취하는데, 네트워크 전체를 하나의 트리로 표현하고 두 노드의 거리는 가장 가까운 공통 조상과의 거리를 합산하여 계산한다. 트리의 단계는 고정되어 있지 않지만, 일반적으로 데이터 센터, 랙, 노드 순으로 구성된다. 가용 대역폭은 다음에 나오는 시나리오 순으로 점차 줄어든다고 가정한다.

- 동일 노드
- 동일 랙의 다른 노드
- 동일 데이터 센터에 있는 다른 랙의 노드
- 다른 데이터 센터에 있는 노드[8]

예를 들어 d1 데이터 센터의 r1 랙에 있는 n1 노드를 상상해보자. 이 노드는 /d1/r1/n1으로 표시될 수 있으며, 앞서 언급한 네 개의 시나리오로 그 거리를 계산해보았다.

- distance(/d1/r1/n1,/d1/r1/n1) = 0 (동일 노드)
- distance(/d1/r1/n1,/d1/r1/n2) = 2 (동일 랙의 다른 노드)
- distance(/d1/r1/n1,/d1/r2/n3) = 4 (동일 데이터 센터에 있는 다른 랙의 노드)
- distance(/d1/r1/n1,/d2/r3/n4) = 6 (다른 데이터 센터에 있는 노드)

이를 도식으로 나타낸 것이 [그림 3-3]이다. 수학을 공부한 독자는 이것이 바로 거리 측정 함수라는 것을 눈치챘을 것이다.

그림 3-3 하둡의 네트워크 거리

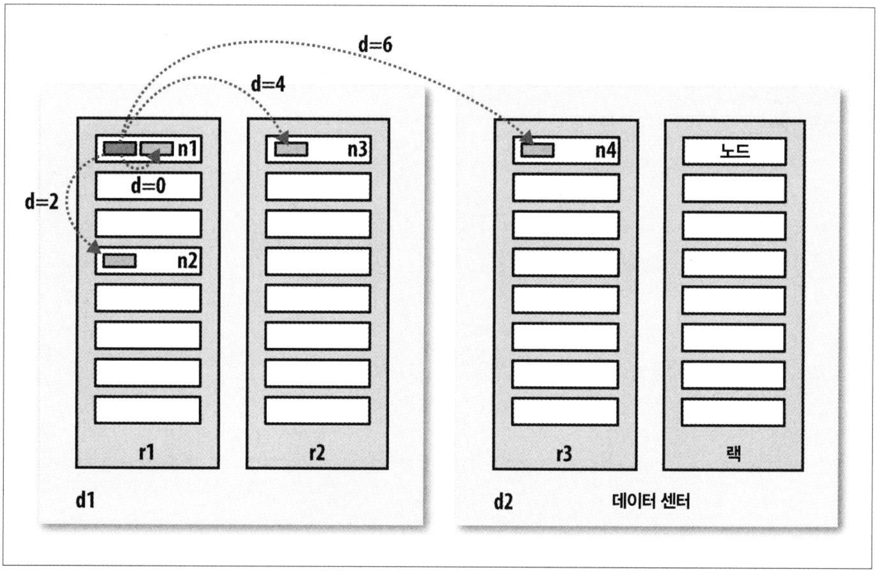

---

8 다수의 데이터 센터에서 하둡을 운영하는 것은 권장하지 않는다.

마지막으로 우리의 기대와 달리 하둡은 네트워크 토폴로지를 자동으로 인식하지 못한다. 10.1.2
절 '네트워크 토폴로지'에서 이를 설정하는 방법을 좀 더 자세히 다룰 것이다. 기본적으로 하둡은
네트워크가 단일 수준 계층이라고 가정한다. 즉, 모든 노드는 단일 데이터 센터의 단일 랙에 있다
고 가정하는데, 이는 실제로 작은 클러스터에 적합하며 따라서 추가적인 설정은 필요 없다.

3.6.2 파일 쓰기 상세

이제부터 HDFS에 파일을 쓰는 방법을 살펴보자. 조금 복잡하지만 HDFS의 일관성 모델
coherency model을 명확하게 설명하므로 데이터의 흐름을 이해하는 데 도움이 될 것이다.

파일을 쓰는 작업은 새로운 파일을 생성하고, 파일에 데이터를 쓰고, 파일을 닫는 순으로 진행
되며, [그림 3-4]에서 전체 과정을 볼 수 있다.

그림 3-4 데이터를 HDFS로 쓰고 있는 클라이언트

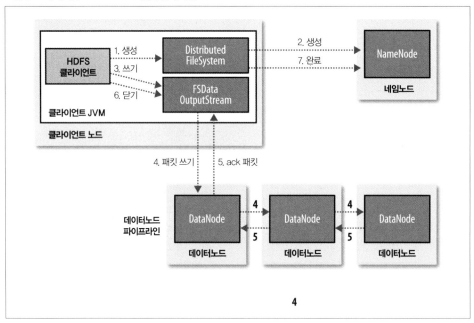

클라이언트는 DistributedFileSystem의 create( )를 호출하여 파일을 생성한다([그림 3-4]
의 1단계). DistributedFileSystem은 파일시스템의 네임스페이스에 새로운 파일을 생성하

기 위해 네임노드에 RPC 요청을 보낸다(2단계). 이때 블록에 대한 정보는 보내지 않는다. 네임노드는 요청한 파일과 동일한 파일이 이미 존재하는지, 클라이언트가 파일을 생성할 권한을 가지고 있는지 등 다양한 검사를 수행한다. 검사를 통과하면 네임노드는 새로운 파일의 레코드를 만들고, 그렇지 않으면 파일 생성은 실패하고 클라이언트의 IOException이 발생한다. DistributedFileSystem은 데이터를 쓸 수 있도록 클라이언트에 FSDataOutputStream을 반환한다. 읽을 때와 마찬가지로 FSDataOutputStream은 데이터노드와 네임노드의 통신을 처리하는 DFSOutputStream으로 래핑된다.

클라이언트가 데이터를 쓸 때(3단계) DFSOutputStream은 데이터를 패킷으로 분리하고, **데이터 큐**^{data queue}라 불리는 내부 큐로 패킷을 보낸다. DataStreamer는 데이터 큐에 있는 패킷을 처리한다. 먼저 네임노드에 복제본을 저장할 데이터노드의 목록을 요청한다. 데이터노드 목록에 포함된 노드는 파이프라인을 형성하는데, 복제 수준이 3이면 세 개의 노드가 파이프라인에 속하게 된다. Datastreamer는 파이프라인의 첫 번째 데이터노드로 패킷을 전송한다. 첫 번째 데이터노드는 각 패킷을 저장하고 그것을 파이프라인의 두 번째 데이터노드로 보낸다. 이어서 두 번째 데이터노드는 받은 패킷을 저장하고 파이프라인의 세 번째(마지막) 데이터노드로 전달한다(4단계).

DFSOutputStream은 데이터노드의 승인 여부를 기다리는 **ack 큐**라 불리는 내부 패킷 큐를 유지한다. ack 큐에 있는 패킷은 파이프라인의 모든 데이터노드로부터 ack 응답을 받아야 제거된다(5단계).

데이터를 쓰는 중에 데이터노드에 장애가 발생하면 다음과 같은 장애 복구 작업이 시작된다. 먼저 파이프라인이 닫히고 ack 큐에 있는 모든 패킷은 데이터 큐 앞쪽에 다시 추가된다. 이렇게 하면 다운스트림^{downstream} 노드가 실패해도 패킷이 하나도 유실되지 않는다. 정상 데이터노드는 네임노드로부터 새로운 ID를 다시 받는다. 장애가 발생한 데이터노드가 나중에 다시 복구되면 불완전한 블록은 삭제된다. 장애 데이터노드는 파이프라인에서 제거되고, 정상인 나머지 두 데이터노드로 새로운 파이프라인을 구성한다. 블록의 남은 데이터는 파이프라인의 정상 데이터노드로 전송된다. 네임노드는 해당 블록이 불완전 복제^{under-replicated}라는 것을 인식하고 있으므로 나중에 다른 노드에 복제본이 생성되도록 조치한다. 이어서 후속 블록을 정상적으로 처리한다.

블록을 쓰는 중에 두 개 이상의 데이터노드에서 장애가 발생할 수 있지만 그 가능성은 희박하다.

dfs.namenode.replication.min(기본값은 1)에 설정된 복제소에만 블록이 저장되면 쓰기 작업은 성공한 것으로 간주된다. 그리고 목표 복제 계수(dfs.replication, 기본값은 3)에 도달할 때까지 클러스터에서 복제가 비동기적으로 수행된다.

데이터 쓰기를 완료할 때 클라이언트는 스트림에 close()메서드를 호출한다(6단계). 이 메서드는 데이터노드 파이프라인에 남아 있는 모든 패킷을 플러시flush하고 승인이 나기를 기다린다. 모든 패킷이 완전히 전송되면 네임노드에 '파일 완료file is complete' 신호를 보낸다(7단계). 네임노드는 DataStreamer를 통해 블록 할당 요청을 받았기 때문에 파일의 블록이 어떻게 구성되어 있는지 이미 알고 있으며, 최소한의 블록 복제가 완료되기를 기다렸다가 최종적으로 성공 신호를 반환한다.

복제본 배치

네임노드는 복제본을 저장할 데이터노드를 어떻게 선택할까? 신뢰성과 쓰기 대역폭과 읽기 대역폭은 서로 트레이드오프trade-off 관계다. 예를 들어 쓰기 대역폭을 줄이기 위해 단일 노드에 모든 복제본을 배치하면(단일 노드에서 복제 파이프라인이 실행됨) 실제로 중복성redundancy은 제공되지 않는다. 따라서 해당 노드에 장애가 발생하면 그 블록의 데이터는 유실된다. 또한 외부 랙에서 읽기를 수행할 때 읽기 대역폭이 증가하는 단점이 있다. 극단적인 사례지만, 서로 다른 데이터 센터에 복제본을 배치하면 중복성은 최대화시킬 수 있지만 대역폭 비용은 커진다. 오늘날 대부분의 하둡 클러스터가 운영되는 방식인 단일 데이터 센터 환경에서도 다양한 배치 전략이 나올 수 있다.

하둡의 전략은 첫 번째 복제본을 클라이언트와 같은 노드에 배치하는 것이다. 그런데 클라이언트가 클러스터 외부에 있으면(데이터노드가 아니면) 무작위로 노드를 선택한다. 물론 파일이 너무 많거나 바쁜 노드는 제외한다. 두 번째 복제본은 첫 번째 노드와 다른 랙(무작위)의 노드에 배치된다. 세 번째 복제본은 두 번째 노드와 같은 랙의 다른 노드에 배치된다. 그 이상의 복제본은 클러스터에서 무작위로 선택하여 배치한다. 물론 같은 랙에 너무 많은 복제본이 배치되지 않도록 설계되어 있다.

네트워크 토폴로지를 고려하여 복제본의 위치를 선정한 후 파이프라인이 형성된다. 복제 계수가 3이면 [그림 3-5]와 같은 파이프라인이 형성된다.

하둡의 기본 전략은 신뢰성(블록을 두 랙에 저장), 쓰기 대역폭(쓰기는 하나의 네트워크 스위치만 통과), 읽기 성능(두 랙에서 가까운 랙을 선택), 그리고 클러스터 전반에 걸친 블록의 분산(클라이언트는 로컬 랙에 하나의 블록만 저장) 사이의 균형을 전체적으로 잘 맞추고 있다.

그림 3-5 전형적인 복제 파이프라인

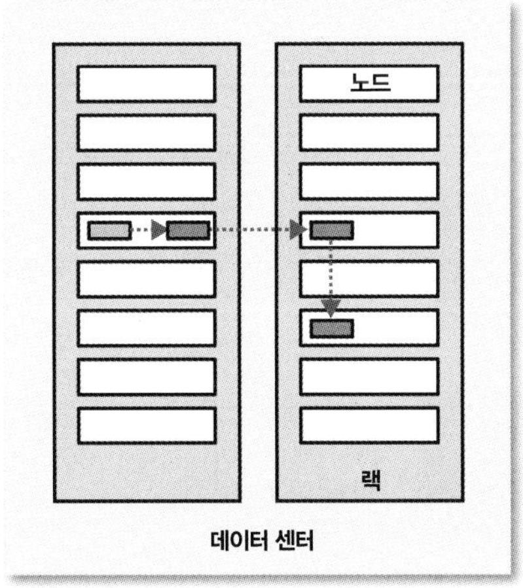

3.6.3 일관성 모델

파일에 대한 읽기와 쓰기의 데이터 가시성^{visibility}은 파일시스템의 일관성 모델$^{coherency\ model}$로 설명할 수 있다. HDFS는 성능을 위해 일부 POSIX 요구사항을 포기했다. 따라서 일부 연산은 우리가 기대했던 것과 다를 수 있다.

일단 파일을 생성하면 파일시스템의 네임스페이스에서 그 파일을 볼 수 있다.

```
Path p = new Path("p");
fs.create(p);
assertThat(fs.exists(p), is(true));
```

하지만 스트림이 플러시된 상황에서 파일에 저장된 내용을 바로 볼 수 있는 것은 아니다. 따라서 파일의 길이는 0으로 나타날 수 있다.

```
Path p = new Path("p");
OutputStream out = fs.create(p);
out.write("content".getBytes("UTF-8"));
out.flush();
assertThat(fs.getFileStatus(p).getLen(), is(0L));
```

일단 데이터가 한 블록 이상 기록되면 새로운 리더는 첫 번째 블록의 내용을 볼 수 있다. 이러한 규칙은 후속 블록에도 똑같이 적용된다. 즉, 쓰기 작업이 진행 중인 블록의 내용을 다른 리더가 볼 수 없다.

HDFS는 FSDataOutputStream의 hflush( ) 메서드를 통해 데이터노드에 있는 모든 버퍼의 내용이 플러시되도록 강제하는 방법을 제공한다. hflush( )가 성공했다는 것은 파이프라인에 있는 모든 데이터노드가 파일의 특정 부분까지 데이터 쓰기를 완료했다는 것을 의미하며, 이제부터 새로운 리더는 파일의 내용을 볼 수 있다.

```
Path p = new Path("p");
FSDataOutputStream out = fs.create(p);
out.write("content".getBytes("UTF-8"));
out.hflush();
assertThat(fs.getFileStatus(p).getLen(), is(((long) "content".length())));
```

hflush( )는 데이터노드가 디스크에 데이터를 썼다는 것을 보장하지 않는다는 점을 주의해야 한다. hflush( )를 호출하면 데이터노드의 메모리에 데이터를 쓰기 때문에 데이터 센터의 전원이 중단되면 데이터 유실 가능성이 있다. 강한 신뢰성을 보장받기 위해서는 hflush( ) 대신 hsync( ) 메서드를 사용해야 한다.[9]

hsync( )의 작업 방식은 버퍼에 저장된 데이터를 파일 기술자^{descriptor}가 커밋하는 POSIX의 fsync( ) 시스템 호출과 유사하다. 예를 들어 자바 API로 로컬 파일을 쓸 때 스트림을 플러시하고 동기화(sync( ) 호출)를 하고 나면 저장된 내용을 바로 확인할 수 있다.

```
FileOutputStream out = new FileOutputStream(localFile);
out.write("content".getBytes("UTF-8"));
out.flush(); // 운영 체제에 플러시
out.getFD().sync(); // 디스크에 동기화
assertThat(localFile.length(), is(((long) "content".length())));
```

HDFS의 파일을 닫는 것은 암묵적으로 hflush( )를 수행하는 것이다.

---

9 하둡 1.x에서는 sync( ) 메서드 내부에서 hflush( )를 호출했으며, hsync( )는 지원하지 않았다.

```
Path p = new Path("p");
OutputStream out = fs.create(p);
out.write("content".getBytes("UTF-8"));
out.close();
assertThat(fs.getFileStatus(p).getLen(), is(((long) "content".length())));
```

애플리케이션 설계를 위한 결론

일관성 모델은 애플리케이션을 설계하는 방식에 영향을 준다. hflush( )나 hsync( )를 호출하지 않은 상황에서 클라이언트나 시스템에 장애가 발생하면 데이터 블록을 잃어버릴 수 있다. 이를 용납하는 애플리케이션은 거의 없기 때문에 어느 정도 레코드나 바이트를 쓴 후 적절한 시점에 반드시 hflush( )를 호출해야 한다. hflush( ) 연산을 사용하더라도 HDFS에 큰 부하가 발생하지 않도록 설계되었지만 약간의 오버헤드(hsync( )는 더 크다)는 있다. 데이터의 강건성robustness과 처리량throughput은 서로 트레이드 오프 관계에 있다. 적절한 균형을 잡는 것은 애플리케이션에 따라 다르다. 따라서 hflush( ) (또는 hsync( ))의 빈도수를 계속 다르게 하여 수행 시간을 측정한 후 최종적으로 적절한 값을 선택하면 된다.

3.7 distcp로 병렬 복사하기

지금까지 보았던 HDFS의 접근 패턴은 단일-스레드 접근에 초점을 맞췄다. 예를 들어 파일 글로빙을 통해 복수 파일 집합에 적용도 가능하지만 효율적인 병렬 처리를 원한다면 직접 프로그램을 작성하는 것이 좋다. 하둡은 병렬로 다량의 데이터를 하둡 파일시스템으로(부터) 복사하기 위한 distcp라는 유용한 프로그램을 제공한다.

distcp는 hadoop fs -cp를 대체하는 용도로도 쓰일 수 있다. 예를 들어 아래처럼 하나의 파일을 다른 파일로 복사할 수 있다.[10]

```
% hadoop distcp file1 file2
```

---

10 파일 하나를 복사한다 할지라도 내부적으로는 hadoop fs -cp 명령을 클라이언트가 직접 수행하는 방식이기 때문에 distcp를 이용하는 방식은 큰 파일의 복사에 적합하다.

물론 디렉터리도 복사할 수 있다.

```
% hadoop distcp dir1 dir2
```

만약 dir2가 존재하지 않는다면 새롭게 생성될 것이고 dir1 디렉터리 안의 파일들이 복사될 것이다. 복수의 원본 경로 지정 또한 가능하다. 그 경우 모든 원본 경로의 내용이 타깃 경로로 복사될 것이다.

만약 dir2 디렉터리가 이미 존재한다면 dir1은 dir2 하위에 복사될 것이고 디렉터리 구조는 dir2/dir1 형태가 될 것이다. 이러한 방식을 원치 않는다면 -overwrite 옵션을 통해 동일한 타깃 디렉터리에 덮어쓰기 형태로 내용을 복사하는 것도 가능하다. 그리고 -update 옵션을 통해 변경이 이루어진 파일들만 복사할 수도 있다. 적절한 예를 들어 보자. 만약 dir1 디렉터리의 특정 파일을 바꾸었다고 가정하자. 그렇다면 아래와 같은 옵션으로 변경된 부분만 dir2에 동기화시킬 수 있다.

```
% hadoop distcp -update dir1 dir2
```

TIP 만약 distcp의 실행 결과를 확신하기 힘들다면 먼저 작은 용량의 테스트용 디렉터리를 만들어 직접 수행해보면서 확인하는 것이 좋다.

distcp는 맵리듀스 잡으로 구현되어 있고 클러스터 전반에 걸쳐 병렬로 수행되는 맵 태스크를 이용하여 복사 작업을 한다. 여기에 리듀서는 없다. 각 파일은 단일 맵으로 복사되고 대체로 동일 할당으로 파일을 버킷팅^{bucketing}함으로써 distcp는 거의 같은 양의 데이터를 각 맵에 제공하려 한다. 기본값으로 최대 20개의 맵이 사용되며, distcp의 -m 옵션을 통해 변경할 수 있다.

가장 일반적인 distcp 사용예로 두 HDFS 클러스터 간의 데이터 이동을 들 수 있다. 예를 들어 아래와 같은 명령을 통해 첫 번째 클러스터의 /foo 디렉터리를 두 번째 클러스터에 동일하게 백업하는 것이 가능하다.

```
% hadoop distcp -update -delete -p hdfs://namenode1/foo hdfs://namenode2/foo
```

-delete 옵션은 원본 경로에는 존재하지 않고 타깃 경로에만 존재하는 파일들을 지우도록 하는 옵션이다. 그리고 -p는 파일의 권한, 블록 사이즈 등의 파일 속성 정보를 복제 시 보전하려는 경우에 사용된다. 정확한 distcp의 용법을 익히기 위해 옵션 없이 사용해보면서 차이점을 확인해보기 바란다.

만약 두 클러스터가 서로 호환되지 않는 HDFS 버전으로 운영 중인 경우에는 두 클러스터 간의 distcp에 있어 webhdfs 프로토콜을 이용할 수 있다.

```
% hadoop distcp webhdfs://namenode1:50070/foo webhdfs://namenode2:50070/foo
```

webhdfs 프로토콜을 이용하는 대신 HttpFs 프록시 방식으로 distcp의 소스 혹은 타깃을 변경할 수도 있다. 이는 방화벽을 설정하거나 대역폭을 설정할 수 있는 장점이 있다(3.4.1절의 'HTTP' 참조).

3.7.1 HDFS 클러스터 균형 유지

데이터를 HDFS로 복사할 때는 클러스터의 균형을 고려하는 것은 중요하다. HDFS는 클러스터 전반에 걸쳐 파일 블록이 고르게 분산되었을 때 가장 잘 동작한다. 따라서 distcp가 이러한 클러스터의 균형 유지를 방해하지 않도록 보장해야 한다. 예를 들어 -m 옵션 값으로 1을 지정하면 단일 맵이 복사를 수행하는데, 이는 느리고 클러스터 자원을 효율적으로 사용하지 못하는 문제를 떠나 복사 과정은 각 블록의 첫 번째 복제본이 단일 맵을 실행하는 노드에 저장되어야 한다(디스크가 꽉 찰 때까지)는 것을 의미한다. 두 번째와 세 번째 복제본은 클러스터를 넘나들며 분산되겠지만 첫 번째 복사본이 있는 노드는 불균형이 될 것이다. 이 문제는 클러스터에 노드보다 더 많은 맵을 할당함으로써 피할 수 있다. 이러한 이유로 distcp를 기본적으로 노드당 20개의 맵과 함께 수행하는 것이 가장 좋은 출발점이다.

그러나 클러스터가 불균형에서 벗어나는 것이 항상 가능하지는 않다. 아마도 다른 잡을 위해 일부 노드를 사용하려고 맵의 수를 제한하고 싶을지도 모른다. 이 경우 클러스터 전반에 걸쳐 블록 분산을 지속적으로 향상시키기 위한 balancer 도구(11.1.4절의 '밸런서' 참조)를 사용할 수 있다.

CHAPTER 4

YARN

아파치 YARN^{Yet Another Resource Negotiator}은 하둡의 클러스터 자원 관리 시스템이다. YARN은 맵리듀스의 성능을 높이기 위해 하둡 2에서 처음 도입되었다. 하지만 YARN은 맵리듀스뿐만 아니라 다른 분산 컴퓨팅 도구도 지원한다.

YARN은 클러스터의 자원을 요청하고 사용하기 위한 API를 제공한다. 하지만 사용자 코드에서 직접 이러한 API를 사용할 수는 없다. 대신 사용자는 YARN이 내장된 분산 컴퓨팅 프레임워크에서 고수준 API를 작성해야 하며, 따라서 사용자는 자원 관리의 자세한 내용은 알 수 없다. 전체적인 구조는 [그림 4-1]에서 볼 수 있다. 맵리듀스, 스파크 등과 같은 분산 컴퓨팅 프레임워크는 클러스터 계산 계층(YARN)과 클러스터 저장 계층(HDFS와 HBase) 위에서 **YARN 애플리케이션**을 실행한다.

그림 4-1 YARN 애플리케이션

[그림 4-1]을 보면 프레임워크 기반의 애플리케이션 계층이 존재하는 것을 알 수 있다. 피그, 하이브, 크런치와 같은 애플리케이션은 맵리듀스, 스파크, 테즈(일부 또는 모두)에서 구동되는 처리 프레임워크의 예이며, YARN에 직접 접근하지는 않는다.

이 장에서는 YARN의 특징을 전반적으로 살펴보겠다. 이는 4부에서 소개하는 다양한 하둡 분산 처리 프레임워크를 이해하는 데 도움이 될 것이다.

4.1 YARN 애플리케이션 수행 해부해보기

YARN은 리소스 매니저와 노드 매니저 등 두 가지 유형의 장기 실행 데몬을 통해 핵심 서비스를 제공한다. 클러스터에서 유일한 **리소스 매니저**는 클러스터 전체 자원의 사용량을 관리하고, 모든 머신에서 실행되는 **노드 매니저**는 **컨테이너**를 구동하고 모니터링하는 역할을 맡는다. 자원(메모리, CPU 등)의 사용 한도를 가진 특정 애플리케이션 프로세스는 컨테이너에서 실행된다. YARN의 설정 방법(10.3.3절의 'YARN' 참조)에 따라 다르지만, 컨테이너는 Unix 프로세스 또는 리눅스 cgroup이 된다. [그림 4-2]는 YARN이 애플리케이션을 실행하는 방법을 보여준다.

클라이언트는 YARN에서 애플리케이션을 구동하기 위해 리소스 매니저에 접속하여 **애플리케이션 마스터** 프로세스의 구동을 요청한다([그림 4-2]의 1단계). 리소스 매니저는 컨테이너에서 애플리케이션 마스터를 시작할 수 있는 노드 매니저를 하나 찾는다(2a와 2b 단계).[1] 애플리케이션 마스터가 딱 한 번만 실행될지는 애플리케이션에 따라 다르다. 애플리케이션 마스터가 단순한 계산을 단일 컨테이너에서 수행하고 그 결과를 클라이언트에 반환한 후 종료되거나, 리소스 매니저에 더 많은 컨테이너를 요청(3단계)한 후 분산 처리를 수행(4a와 4b 단계)하는 경우도 있다. 후자는 맵리듀스 YARN 애플리케이션이 수행하는 방법으로, 7.1절 '맵리듀스 잡 실행 상세분석'에서 자세히 다룬다.

[그림 4-2]를 보면 YARN 자체는 클라이언트, 마스터, 프로세스와 같은 애플리케이션이 서로 통신하는 기능은 제공하지 않는다. 대부분의 주요 YARN 애플리케이션은 하둡의 RPC와 같은 원격 호출 방식을 이용하여 상태 변경을 전달하고 클라이언트로부터 결과를 받는데, 구체적인

---

1 클러스터 외부나 클라이언트의 JVM에서 해당 클라이언트의 애플리케이션 마스터를 구동하는 것도 가능하다. 이를 **비관리 애플리케이션 마스터**라고 부른다.

방법은 애플리케이션에 따라 다르다.

그림 4-2 YARN이 애플리케이션을 구동하는 방식

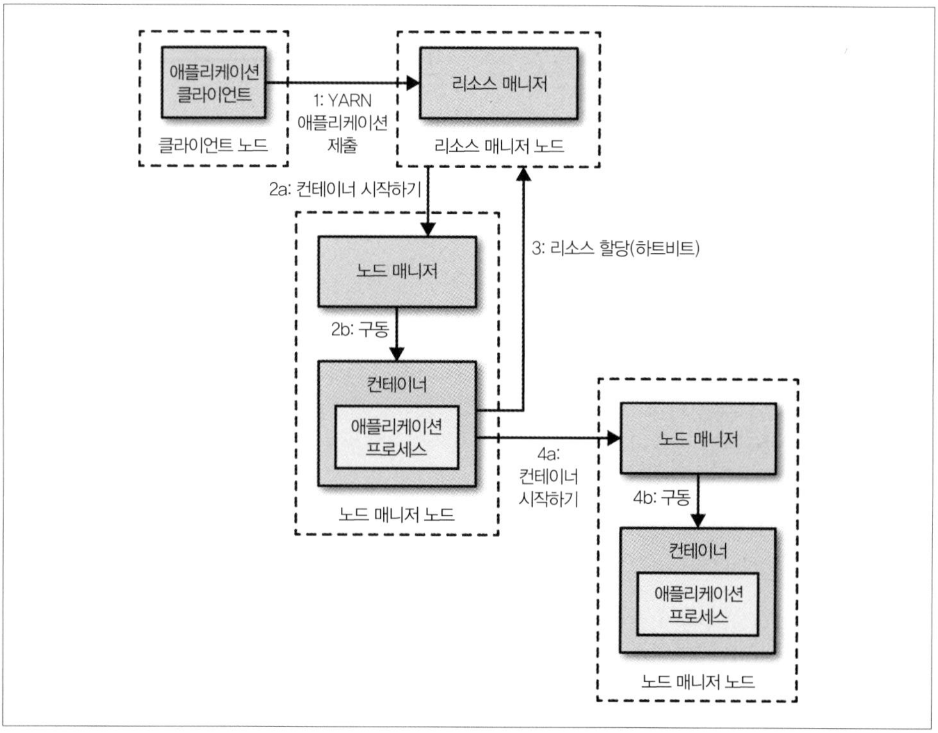

4.1.1 자원 요청

YARN은 유연한 자원 요청 모델을 갖고 있다. 다수의 컨테이너를 요청할 때는 각 컨테이너에 필요한 컴퓨터 자원(메모리, CPU)의 용량뿐만 아니라 해당 요청에 대한 컨테이너의 지역성 제약도 표현할 수 있다.

분산 데이터 처리 알고리즘에서 클러스터의 네트워크 대역폭을 효율적으로 활용하기 위해서는 지역성을 보장하는 것이 가장 중요하다.[2] 따라서 YARN은 특정 애플리케이션이 호출한 컨테이너에 대해 지역성 제약을 규정하는 것을 허용한다. 지역성 제약은 특정 노드나 랙 또는 클러스터의 다른 곳(외부 랙)에서 컨테이너를 요청할 때 사용된다.

---

2 이 주제에 대해 좀 더 살펴보려면 2.4절 '분산형으로 확장하기'와 3.6.1절의 '네트워크 토폴로지와 하둡' 글상자를 참조하기 바란다.

가끔은 지역성 제약이 불가능할 때가 있는데, 이때는 할당이 실패하거나 또는 선택적으로 제약을 조금 느슨하게 적용할 수 있다. 예를 들어 특정 노드를 요청했는데 그 노드에서 컨테이너를 시작할 수 없으면(현재 다른 컨테이너가 실행되고 있기 때문에) YARN은 동일한 랙의 다른 노드에서 컨테이너를 시작하려 시도한다. 또 다시 실패하면 클러스터의 임의 노드에서 다시 시도할 것이다.

맵리듀스의 맵 태스크를 실행하기 위해 HDFS 블록에 접근할 컨테이너를 찾는 사례를 한번 살펴보자. 애플리케이션은 먼저 복제본을 저장하고 있는 세 개의 노드 중 하나에 컨테이너를 요청한다. 아니면 복제본을 포함한 랙의 다른 노드에 요청하거나 그래도 실패하면 클러스터 전체 노드에서 찾을 것이다.

YARN 애플리케이션은 실행 중에는 아무 때나 자원 요청을 할 수 있다. 예를 들어 애플리케이션은 처음에 모든 요청을 하거나 유동적인 접근이 필요한 경우에는 애플리케이션의 요구에 따라 동적으로 자원을 추가로 요청할 수 있다.

전자의 방식을 따르는 스파크는 클러스터에서 고정 개수의 수행자^{executor}를 시작한다(19.6.1절 'YARN에서 스파크 실행' 참조). 이와 달리 맵리듀스는 두 단계로 되어 있다. 처음에 필요한 맵 태스크 컨테이너를 요청한다. 하지만 리듀스 태스크 컨테이너는 맵 태스크가 어느 정도 실행된 후에야 시작될 수 있다. 또한 특정 태스크가 실패하면 실패한 태스크를 다시 실행하기 위해 컨테이너를 추가로 요청한다.

4.1.2 애플리케이션의 수명

YARN 애플리케이션의 수명은 몇 초 만에 끝나는 짧은 수명의 애플리케이션부터 며칠 또는 몇 달이 걸리는 긴 수명의 애플리케이션까지 그 차이가 매우 클 수 있다. 실행 시간보다는 사용자가 실행하는 잡의 방식에 따라 애플리케이션을 분류하는 것이 더 좋다. 가장 단순한 첫 번째 유형은 사용자의 잡 당 하나의 애플리케이션이 실행되는 방식으로, 맵리듀스 잡이 여기에 속한다.

두 번째 유형은 워크플로나 사용자의 잡 세션(잡은 서로 관련이 없을 수도 있다)당 하나의 애플리케이션이 실행되는 방식이다. 이 유형은 첫 번째 유형보다 훨씬 더 효율적이다. 순차적으로 실행되는 잡이 동일한 컨테이너를 재사용할 수 있기 때문이다. 또한 잡 사이에 공유 데이터를 캐싱할 수 있는 큰 장점도 있다. 두 번째 유형의 대표적인 사례는 스파크다.

세 번째 유형은 서로 다른 사용자들이 공유할 수 있는 장기 실행 애플리케이션이다. 이러한 유형의 애플리케이션은 일종의 코디네이션 역할을 수행하기도 한다. 예를 들어 아파치 슬라이더^{Apache}Slider[3]는 클러스터에서 다양한 애플리케이션을 구동시키는 장기 실행 애플리케이션 마스터를 가지고 있다. 임팔라^{Impala}(17.4.3절 'SQL-on-Hadoop 대안' 참조)가 바로 이러한 방식을 사용한다. 임팔라는 여러 임팔라 데몬이 클러스터 자원을 요청할 수 있도록 프록시 애플리케이션을 제공하고 있다. 항상 켜져 있는 애플리케이션 마스터는 사용자가 뭔가를 요청하면 매우 빠른 시간 내에 응답할 수 있는데, 그 이유는 새로운 애플리케이션 마스터를 구동할 때 필요한 오버헤드를 피할 수 있기 때문이다.[4]

4.1.3 YARN 애플리케이션 만들기

아무런 준비 없이 YARN 애플리케이션을 작성하는 것은 매우 어렵기 때문에 가능하면 기존 애플리케이션을 활용하는 편이 더 좋다. 예를 들어 잡의 방향성 비순환 그래프^{directed acyclic graph}(DAG)를 실행하고 싶으면 스파크나 테즈가 더 적합하고 스트리밍 처리는 스파크, 쌈자^{Samza} 또는 스톰^{Storm}을 사용하는 것이 좋다.[5]

YARN 애플리케이션을 쉽게 만들 수 있도록 도와주는 프로젝트가 있다. 앞서 언급한 아파치 슬라이더는 기존의 분산 애플리케이션을 YARN 위에서 실행하도록 해준다. 사용자는 HBase와 같은 자신의 애플리케이션 인스턴스를 다른 사용자와 상관없이 클러스터에서 실행할 수 있다. 이렇게 되면 여러 사용자가 동일한 애플리케이션의 서로 다른 버전을 실행할 수도 있다. 슬라이더는 애플리케이션이 실행되는 노드의 수를 변경하거나 실행 애플리케이션을 중지하고 다시 시작하게 제어할 수 있다.

아파치 트윌^{Apache Twill}[6]은 슬라이더와 비슷하지만 YARN에서 실행되는 분산 애플리케이션을 개발할 수 있는 간단한 프로그래밍 모델을 추가로 제공하고 있다. 트윌은 자바 Runnable 객체를 확장한 클러스터 프로세스를 정의한 후 클러스터의 YARN 컨테이너에서 이를 실행하는 기능을 제공한다. 트윌은 또한 실시간 로깅(runnables의 로그 이벤트를 클라이언트에 스트리밍

---

3 http://slider.incubator.apache.org/

4 낮은 지연 시간 애플리케이션 마스터 코드는 Llama 프로젝트(http://cloudera.github.io/llama/)에서 개발되고 있다.

5 이 모든 프로젝트는 아파치 재단의 오픈소스 프로젝트다.

6 http://twill.incubator.apache.org/

으로 돌려줌)과 명령 메시지(클라이언트에서 runnables로 전송) 기능 등을 제공한다.

복잡한 스케줄링 요구사항이 있는 애플리케이션은 앞서 설명한 도구가 충분하지 않을 수 있다. 이러한 경우에는 YARN 프로젝트의 일부로 제공되는 **분산 쉘**^{distributed shell}을 사용하면 YARN 애플리케이션을 작성하는 방법에 대한 좋은 예제를 얻을 수 있다. 분산 쉘은 클라이언트 또는 애플리케이션 마스터가 YARN 데몬과 통신하기 위해 YARN의 클라이언트 API를 어떻게 사용하는지 잘 보여주고 있다.

4.2 YARN과 맵리듀스 1의 차이점

하둡 구버전(하둡 1과 이전 버전)의 맵리듀스 분산 구현은 '맵리듀스 1'로, YARN(하둡 2와 이후 버전)을 이용한 구현은 '맵리듀스 2'로 구분해서 언급한다.

> **NOTE_** 구버전과 신버전의 맵리듀스 API는 맵리듀스 1과 맵리듀스 2의 구현과 다른 의미다. 맵리듀스 API는 사용자 측면의 클라이언트 기능으로, 맵리듀스 프로그램을 작성하는 방법(부록 D 참조)을 결정한다. 반면 구현은 맵리듀스 프로그램을 실행하는 서로 다른 방식을 의미한다. 따라서 총 4개의 조합이 가능하며, 구버전과 신버전의 맵리듀스 API는 맵리듀스 1과 맵리듀스 2 모두에서 실행할 수 있다.

맵리듀스 1에는 잡의 실행 과정을 제어하는 하나의 **잡트래커**^{jobtracker}와 하나 이상의 **태스크트래커**^{tasktracker} 등 두 종류의 데몬이 있다. 잡트래커는 여러 태스크트래커에서 실행되는 태스크를 스케줄링함으로써 시스템에서 실행되는 모든 잡을 조율한다. 태스크트래커는 태스크를 실행하고 진행 상황을 잡트래커에 전송하기 때문에 잡트래커는 각 잡의 전체적인 진행 상황을 파악할 수 있다. 태스크가 실패하면 잡트래커는 다른 태스크트래커에 그 태스크를 다시 스케줄링할 수 있다.

맵리듀스 1에서 잡트래커는 잡 스케줄링(태스크와 태스크트래커를 연결)과 태스크 진행 모니터링(태스크를 추적하고, 실패하거나 느린 태스크를 다시 시작하고, 전체 카운터를 유지하는 방법으로 태스크 장부^{bookeeping}를 기록한다)을 맡고 있다. 반면 YARN은 이러한 역할을 분리된 객체인 리소스 매니저와 애플리케이션 마스터(맵리듀스 잡당 하나)를 통해 처리한다. 또한 잡트래커는 완료된 잡에 대한 잡 이력을 저장하는 역할도 맡고 있는데 이 기능은 잡트래커의 부하를 줄이기 위해 별도의 데몬인 히스토리 서버를 통해 수행될 수도 있다. YARN에서 이와

동일한 역할은 애플리케이션의 이력을 저장하는 타임라인 서버가 맡고 있다.[7]

태스크트래커는 YARN의 노드 매니저와 같다. 둘의 관계를 [표 4-1]에 요약해두었다.

표 4-1 맵리듀스 1과 YARN 컴포넌트의 비교

MapReduce 1	YARN
잡트래커	리소스 매니저, 애플리케이션 마스터, 타임라인 서버
태스크트래커	노드 매니저
슬롯	컨테이너

YARN은 맵리듀스 1의 여러 한계를 극복하기 위해 설계되었다. YARN을 사용하여 얻을 수 있는 이익은 다음과 같다.

- **확장성**

  YARN은 맵리듀스 1보다 큰 클러스터에서 실행될 수 있다. 맵리듀스 1은 4,000 노드나 40,000 태스크[8]를 넘어서면 병목현상이 발생한다. 잡트래커가 잡과 태스크를 모두 관리하기 때문이다. YARN은 리소스 매니저와 애플리케이션 마스터를 분리하는 구조이므로 이러한 한계를 극복할 수 있다. YARN은 10,000 노드와 100,000 태스크까지 확장할 수 있도록 설계되었다.

  잡트래커와 달리 애플리케이션(여기서는 맵리듀스 잡)의 각 인스턴스는 별도의 전용 애플리케이션 마스터를 가진다. 애플리케이션 마스터는 해당 애플리케이션이 실행될 때만 존재한다. 사실 이 모델은 구글의 맵리듀스 논문과 더 유사한데, 이 논문에서 마스터는 워커 집합에서 실행되는 맵과 리듀스 태스크를 코디네이션(조정)할 때 시작된다고 설명하고 있다.

- **가용성**

  고가용성high availability(HA)은 서비스 데몬에 문제가 발생했을 때 서비스에 필요한 작업을 다른 데몬이 이어받을 수 있도록 상태 정보를 항상 복사해두는 방법으로 구현된다. 하지만 잡트래커의 메모리에 있는 복잡한 상태 정보가 매우 빠르게 변경되는 상황에서 잡트래커 서비스에 HA를 적용하는 것은 매우 어려운 일이다. 각 태스크의 상태는 수 초마다 변경되기 때문이다.

  잡트래커의 역할이 YARN에서는 리소스 매니저와 애플리케이션 마스터로 분리되었기 때문에 HA 서비스가 '분할 후 정복divide and conquer' 문제로 바뀌었다. 먼저 리소스 매니저의 HA를 제공한 후 YARN 애플리케이션(각 애플리케이션 기준)을 지원하면 된다. 실제로 하둡 2는 리소스 매니저와 맵리듀스 잡을 위한 애플리케이션 마스터 모두에 HA를 제공한다. YARN의 장애 복구는 7.2절 '실패'에서 자세히 다룬다.

---

7 하둡 2.5.1에서 YARN의 타임라인 서버는 아직 맵리듀스 잡 이력을 저장하지 못한다. 따라서 맵리듀스 잡 히스토리 서버 데몬은 여전히 필요한 상황이다(10.2절 '클러스터 설치 및 설정' 참조).

8 아룬 C. 머시(Arun C. Murthy)의 「차세대 아파치 하둡 맵리듀스(The Next Generation of Apache Hadoop MapReduce)」(http://bit.ly/next_gen_mapreduce) 2011년 2월 14일

- **효율성**

  맵리듀스 1에서 각 태스크트래커는 맵 슬롯과 리듀스 슬롯으로 구분된 고정 크기 '슬롯'의 정적 할당 설정을 가지고 있다. 맵 슬롯은 맵 태스크 실행에만 사용할 수 있고 리듀스 슬롯은 리듀스 태스크에만 사용할 수 있다.

  YARN에서 노드 매니저는 정해진 개수의 슬롯 대신 일종의 리소스 풀을 관리한다. YARN에서 실행되는 맵리듀스는 클러스터의 맵 슬롯은 남아 있지만 리듀스 슬롯이 없어서 리듀스 태스크가 마냥 대기하고 있는 상황(맵리듀스 1에서 발생할 수 있는)은 절대 발생하지 않는다. 태스크를 실행할 수 있는 자원이 있으면 애플리케이션은 그 자원을 받을 자격이 있다.

  게다가 YARN의 자원은 잘게 쪼개져 있기 때문에 애플리케이션은 필요한 만큼만 자원을 요청할 수 있다. 기존에는 개별 슬롯을 사용했기 때문에 특정 태스크를 위해 너무 많거나(자원의 낭비) 너무 적게(실패의 원인) 자원을 할당했다.

- **멀티테넌시(다중 사용자)**

  특정 측면에서 YARN의 가장 큰 장점은 하둡이 맵리듀스를 뛰어넘어 다양한 분산 애플리케이션을 수용할 수 있다는 것이다. 맵리듀스는 YARN의 애플리케이션 중 하나일 뿐이다.

  뿐만 아니라 사용자는 서로 다른 버전의 맵리듀스를 동일한 YARN 클러스터에서 수행하는 것도 가능하다. 이는 맵리듀스 업그레이드 과정을 관리하기 쉽게 만든다. 그러나 잡 히스토리 서버나 셔플 핸들러 같은 일부 맵리듀스나 YARN 자신은 업그레이드를 위해 별도의 이중화된 클러스터가 여전히 필요하다.

하둡 2가 널리 사용되고 있고 가장 최근의 안정화된 버전이기 때문에 이 장 이후의 맵리듀스는 별도의 언급이 없는 한 맵리듀스 2를 지칭하는 것으로 하겠다. 7장에서는 YARN에서 맵리듀스가 작동하는 방식을 살펴볼 것이다.

4.3 YARN 스케줄링

이상 세계에서는 YARN 애플리케이션의 요청이 즉시 처리될 것이다. 그러나 현실 세계에서는 자원이 제한되어 있고 클러스터는 매우 바쁘고 어떤 애플리케이션은 요청이 처리될 때까지 기다려야 한다. YARN 스케줄러의 역할은 정해진 정책에 따라 애플리케이션에 자원을 할당하는 것이다. 일반적으로 스케줄링은 난해한 문제고 유일한 '최선'의 정책은 있을 수 없다. 이러한 이유로 YARN은 스케줄러와 설정 정책을 사용자가 직접 선택하도록 기능을 제공하고 있다. 이러한 내용을 좀 더 자세히 살펴보도록 하자.

4.3.1 스케줄러 옵션

YARN은 FIFO, 캐퍼시티^{Capacity}(가용량), 페어^{Fair}(균등) 스케줄러를 제공한다. FIFO 스케줄러는 애플리케이션을 큐에 하나씩 넣고 제출된 순서에 따라 순차적으로 실행한다(선입선출^{first in, first out} 방식). 즉, 큐에 처음으로 들어온 애플리케이션 요청을 먼저 할당하고, 이 요청을 처리한 후 큐에 있는 다음 애플리케이션 요청을 처리하는 방식으로 순차적으로 실행한다.

FIFO 스케줄러는 이해하기 쉽고 설정이 필요 없다는 장점이 있지만 공유 클러스터 환경에서는 적합하지 않다. 대형 애플리케이션이 수행될 때는 클러스터의 모든 자원을 점유해버릴 수 있기 때문에 다른 애플리케이션은 자기 차례가 올 때까지 계속 대기해야 한다. 공유 클러스터 환경에서는 캐퍼시티 스케줄러나 페어 스케줄러를 사용하는 것이 더 좋다. 이 두 스케줄러는 장시간 수행되는 잡을 계속 처리하는 동시에 작은 비정형 질의도 중간에 실행하여 적당한 시간 내에 사용자가 결과를 얻을 수 있도록 허용한다.

[그림 4-3]은 스케줄러의 차이점을 도식화한 것이다. (i)번 그림의 FIFO 스케줄러를 보면 대형 잡이 완료될 때까지 작은 잡은 계속 대기해야 한다.

(ii)번 그림의 캐퍼시티 스케줄러는 작은 잡을 제출되는 즉시 분리된 전용 큐에서 처리해준다. 물론 해당 큐는 잡을 위한 자원을 미리 예약해두기 때문에 전체 클러스터의 효율성은 떨어진다. 또한 대형 잡은 FIFO 스케줄러보다 늦게 끝나게 된다.

(iii)번 그림의 페어 스케줄러는 실행 중인 모든 잡의 자원을 동적으로 분배하기 때문에 미리 자원의 가용량을 예약할 필요가 없다. 대형 잡이 먼저 시작되면 이때는 실행 중인 잡이 하나밖에 없기 때문에 클러스터의 모든 자원을 얻을 수 있다. 대형 잡이 실행되는 도중에 작은 잡이 추가로 시작되면 페어 스케줄러는 클러스터 자원의 절반을 이 잡에 할당한다. 따라서 각 잡은 클러스터의 자원을 공평하게 사용할 수 있게 된다.

두 번째 잡이 시작된 후 공평하게 자원을 받을 때까지 약간의 시간차가 있을 수 있다는 점을 유의해야 한다. 첫 번째 잡이 사용하고 있는 컨테이너의 자원이 완전히 해제될 때까지 기다려야 하기 때문이다. 작은 잡이 완료된 후에는 자원 요청이 더 이상 없기 때문에 대형 잡은 클러스터의 전체 가용량을 다시 확보할 수 있게 된다. 전체적으로 보면 클러스터의 효율성도 높고 작은 잡도 빨리 처리되는 효과가 있다.

[그림 4-3]은 세 가지 스케줄러의 기본 동작 방식을 비교해서 보여준다. 다음 두 절에서는 캐퍼시티 스케줄러와 페어 스케줄러의 고급 설정 옵션을 다룬다.

그림 4-3 대형 잡과 작은 잡을 순서대로 실행할 때의 클러스터 효율성 비교. (ⅰ) FIFO 스케줄러, (ⅱ) 캐퍼시티 스케줄러, (ⅲ) 페어 스케줄러

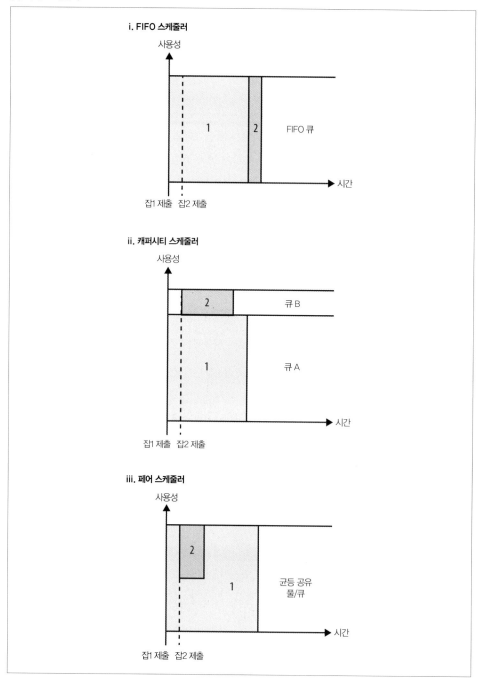

4.3.2 캐퍼시티 스케줄러 설정

캐퍼시티 스케줄러를 이용하면 회사의 조직 체계에 맞게 하둡 클러스터를 공유할 수 있다. 각 조직은 전체 클러스터의 지정된 가용량을 미리 할당받는다. 각 조직은 분리된 전용 큐를 가지며 클러스터 가용량의 지정된 부분을 사용하도록 설정할 수 있다. 큐는 1단계 이상의 계층 구조로 분리될 수 있으므로 각 조직은 조직에 속한 서로 다른 사용자 그룹 사이에도 클러스터의 가용량을 공유하도록 할 수 있다. 단일 큐 내부에 있는 애플리케이션들은 FIFO 방식으로 스케줄링된다.

[그림 4-3]에서 보았듯이, 하나의 단일 잡은 해당 큐의 가용량을 넘는 자원은 사용할 수 없다. 그러나 큐 안에 다수의 잡이 존재하고 현재 가용할 수 있는 자원이 클러스터에 남아 있다면 캐퍼시티 스케줄러는 해당 큐에 있는 잡을 위해 여분의 자원을 할당할 수 있다. 물론 이렇게 하면 큐의 가용량을 초과하게 된다.[9] 이러한 방식을 **큐 탄력성**^{queue elasticity}이라고 한다.

일반적인 운용에서 캐퍼시티 스케줄러는 컨테이너를 선점하기 위해 강제로 죽이는 방법을 사용하지는 않는다.[10] 그러므로 요청한 가용량에 미달한 큐가 있으면 필요한 요청은 늘어난다. 이때 다른 큐의 컨테이너가 완료되어 자원이 해제된 경우에만 해당 큐에 가용량을 돌려준다. 다른 큐의 가용량을 너무 많이 잡아먹지 않도록 큐에 최대 가용량을 설정하는 방법으로 이러한 문제를 해결할 수 있다. 이것이 바로 큐 탄력성의 단점이다. 물론 시행착오를 통해 적절한 조정을 할 수 있다.

큐의 계층 구조가 아래와 같다고 가정하자.

```
root
├── prod
└── dev
    ├── eng
    └── science
```

[예제 4-1]은 이러한 계층 구조를 가진 capacity-scheduler.xml이라는 캐퍼시티 스케줄러 설정 파일의 예다. root 큐 아래에는 prod와 dev라는 두 개의 큐가 있고 각각 40%와 60%의 가용량을 가진다. 각 큐는 yarn.scheduler.capacity.*⟨queue-path⟩*.*⟨sub-property⟩*와 같은 형식의 설정 속성을 정의한 후 설정할 수 있다. 여기서 *⟨queue-path⟩*에는 root.prod와 같이 큐의 계층 구조를 정의하면 된다.

---

9 yarn.scheduler.capacity.⟨queue-path⟩.user-limit-factor 속성의 값을 1(기본값)보다 크게 설정하면 하나의 잡에 해당 큐의 가용량을 초과한 자원을 할당할 수 있다.

10 하지만 리소스 매니저는 애플리케이션이 컨테이너를 반환하도록 하여(가용량의 균형을 유지하기 위해) 캐퍼시티 스케줄러가 우선권을 선점하게 할 수 있다.

예제 4-1 캐퍼시티 스케줄러를 위한 기본 설정 파일

```xml
<?xml version="1.0"?>
<configuration>
  <property>
    <name>yarn.scheduler.capacity.root.queues</name>
    <value>prod,dev</value>
  </property>
  <property>
    <name>yarn.scheduler.capacity.root.dev.queues</name>
    <value>eng,science</value>
  </property>
  <property>
    <name>yarn.scheduler.capacity.root.prod.capacity</name>
    <value>40</value>
  </property>
  <property>
    <name>yarn.scheduler.capacity.root.dev.capacity</name>
    <value>60</value>
  </property>
  <property>
    <name>yarn.scheduler.capacity.root.dev.maximum-capacity</name>
    <value>75</value>
  </property>
  <property>
    <name>yarn.scheduler.capacity.root.dev.eng.capacity</name>
    <value>50</value>
  </property>
  <property>
    <name>yarn.scheduler.capacity.root.dev.science.capacity</name>
    <value>50</value>
  </property>
</configuration>
```

설정을 보면 dev 큐는 동일한 가용량을 가진 eng 큐와 science 큐로 다시 분리되었다. dev 큐는 최대 가용량이 75%로 제한되었기 때문에 prod 큐가 놀고 있더라도 클러스터의 전체 자원을 모두 사용할 수 없다. 다른 말로 하면, prod 큐는 항상 클러스터 전체 가용량의 25%를 즉시 사용할 수 있다. 다른 큐에는 최대 가용량을 지정하지 않았기 때문에 eng와 science 큐는 dev 큐의 가용량(최대 75%)을 모두 사용할 수 있다. 반면 prod 큐는 클러스터의 전체 가용량을 사용할 수 있다.

큐의 계층 구조와 가용량을 설정하는 것 외에도 단일 사용자나 애플리케이션에 할당될 자원의 최대 개수, 동시에 실행되는 애플리케이션의 개수, 큐의 접근 제어 목록(ACL) 등을 제어하는 설정도 가능하다. 자세한 내용은 레퍼런스 페이지[11]를 참고하기 바란다.

큐 배치

애플리케이션을 큐에 배치하는 방법은 애플리케이션의 종류에 따라 달라진다. 예를 들어 맵리듀스는 mapreduce.job.queuename 속성에 원하는 큐의 이름을 지정할 수 있다. 지정한 이름의 큐가 없다면 제출 시점에 에러가 발생한다. 큐를 지정하지 않으면 애플리케이션은 기본 큐인 default에 배치된다.

> **CAUTION_** 캐퍼시티 스케줄러는 계층 구조로 된 전체 이름을 인식할 수 없기 때문에 계층 이름의 마지막 부분만 큐의 이름으로 사용해야 한다. 따라서 앞의 예제 설정에서 prog와 eng는 괜찮지만 root.dev.eng 와 dev.eng는 제대로 작동하지 않는다.

4.3.3 페어 스케줄러 설정

페어 스케줄러는 실행 중인 모든 애플리케이션에 동일하게 자원을 할당한다. [그림 4-3]은 동일한 큐에 있는 애플리케이션에 공평하게 자원을 할당하는 방법을 보여주고 있다. 하지만 균등 공유는 큐 **사이**에만 실제로 적용된다. 자세한 내용은 다음 절에서 다룬다.

> **NOTE_** 큐와 **풀**이란 용어는 페어 스케줄러의 맥락에서는 같은 의미로 사용된다.

큐 사이에 자원을 공유하는 방법을 쉽게 설명하기 위해 사용자 A와 B가 있다고 가정하자. 두 사용자는 [그림 4-4]처럼 자신의 큐를 가지고 있다. 사용자 A가 잡을 하나 시작하면 아직 B의 요청이 없기 때문에 모든 자원을 점유할 수 있다. A의 잡이 끝나기 전에 사용자 B가 잡을 하나 시작하면 앞에서 본 것과 같이 한동안 각 잡은 전체 자원의 절반씩을 사용하게 된다. 사용자 A와 B의 잡이 여전히 실행되는 중에 사용자 B가 두 번째 잡을 시작하면 이 잡은 B의 다른 잡과 자원을 공유하게 된다. 따라서 사용자 B의 각 잡은 전체 자원의 4분의 1씩을 사용할 수 있고 사

---

11 http://bit.ly/capacity_scheduler

용자 A의 잡은 계속 절반을 사용하게 된다. 결국 자원은 사용자 사이에만 균등하게 공유된다고 할 수 있다.

그림 4-4 사용자 큐 간의 공정 공유

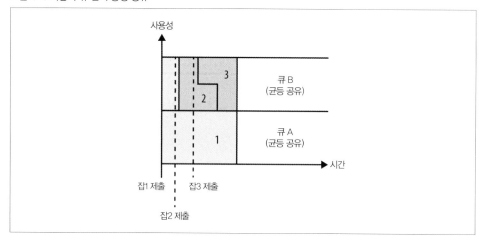

페어 스케줄러 활성화

사용할 스케줄러는 yarn.resourcemanager.scheduler.class 속성에 설정한다. 기본 스케줄러는 캐퍼시티 스케줄러지만(CDH와 같은 일부 하둡 배포판의 기본 스케줄러는 페어 스케줄러다) 원하는 스케줄러를 지정하고 싶으면 yarnsite.xml 파일의 yarn.resourcemanager.scheduler.class 속성에 스케줄러의 전체 클래스 이름을 org.apache.hadoop.yarn.server.resourcemanager.scheduler.fair.FairScheduler와 같이 지정하면 된다.

큐 설정

페어 스케줄러는 클래스경로에 있는 fair-scheduler.xml이라는 할당 파일에 원하는 속성을 설정한다. 할당 파일의 이름은 yarn.scheduler.fair.allocation.file 속성을 지정하여 변경할 수 있다. 할당 파일이 없으면 페어 스케줄러는 앞에서 설명한 것처럼 작동한다. 즉, 각 애플리케이션은 해당 사용자 이름의 큐에 배치된다. 사용자 큐는 해당 사용자가 처음 애플리케이션을 제출할 때 동적으로 생성된다.

또한 각 큐별 설정도 할당 파일에서 정의한다. 페어 스케줄러는 캐퍼시티 스케줄러에서 지원했던 것과 비슷한 계층적인 큐 설정도 가능하다. 예를 들어 [예제 4-2]의 캐퍼시티 스케줄러의 할당 파일에서 설정한 것처럼 prod와 dev 큐를 정의할 수 있다.

예제 4-2 페어 스케줄러를 위한 할당 파일

```xml
<?xml version="1.0"?>
<allocations>
  <defaultQueueSchedulingPolicy>fair</defaultQueueSchedulingPolicy>

  <queue name="prod">
    <weight>40</weight>
    <schedulingPolicy>fifo</schedulingPolicy>
  </queue>

  <queue name="dev">
    <weight>60</weight>
    <queue name="eng" />
    <queue name="science" />
  </queue>

  <queuePlacementPolicy>
    <rule name="specified" create="false" />
    <rule name="primaryGroup" create="false" />
    <rule name="default" queue="dev.eng" />
  </queuePlacementPolicy>
</allocations>
```

큐의 계층 구조는 중첩된 큐 항목으로 정의된다. 실제로 큐는 root 큐 항목에 중첩된 것은 아니지만 모든 큐는 root 큐의 자식이다. 여기서 dev 큐는 그 하위에 eng 큐와 science 큐로 분리된다.

각 큐에 균등 공유의 비율로 적용되는 가중치를 설정할 수 있다. 이 예제에서 prod와 dev 큐는 40:60의 비율로 클러스터의 자원을 할당받는다. 그리고 eng와 science 큐는 가중치를 지정하지 않았기 때문에 자원을 동등하게 할당받는다. 가중치는 정확하게 100%로 설정하지 않아도 된다. 예제에서는 쉽게 설명하기 위해 가중치의 합이 100이 되도록 설정했다. 예제의 prod와 dev 큐의 가중치를 각각 2와 3으로 변경해도 그 비율은 동일하다.

각 큐에 서로 다른 스케줄링 정책을 설정할 수 있다. 기본 정책은 최상단의 defaultQueueSchedulingPolicy 항목에 설정한다. 이를 생략하면 페어 스케줄링이 적용된다. 이름과 상관없이 페어 스케줄러는 큐에 FIFO 정책도 지원한다. 이 장의 뒤에서 언급하겠지만 우성 자원 공평성 Dominant Resource Fairness (DRF) 정책도 사용할 수 있다.

특정 큐의 정책은 schedulingPolicy 항목으로 재정의할 수 있다. 이 예제에서 prod 큐는 각 잡이 순차적으로 실행되고 최대한 빨리 끝나야 하기 때문에 FIFO 스케줄링 정책을 적용했다. 여기서 prod와 dev 큐는 자원을 공유할 때 균등 공유 정책이 적용되고, dev 큐의 하위에 있는 eng와 science 큐에도 동일하게 적용된다는 점을 주의해야 한다.

예제의 할당 파일에는 없지만 각 큐에 최소와 최대 자원 사용량과 최대 실행 애플리케이션의 개수도 지정할 수 있다. 자세한 내용은 레퍼런스 페이지[12]를 참고하기 바란다. 최소 자원 사용량은 엄격한 제한이 아니라 자원 할당의 우선순위로 보면 된다. 균등 공유 정책의 적용을 받는 큐가 두 개 있다면 그중 최소 자원 사용량이 더 큰 큐가 우선적으로 자원을 할당받을 수 있다. 잠시 뒤에 다루겠지만 최소 자원 설정은 선점preemption에도 활용될 수 있다.

큐 배치

페어 스케줄러는 애플리케이션을 큐에 할당할 때 규칙 기반 시스템을 이용한다. [예제 4-2]에 있는 queuePlacementPolicy 항목은 규칙 목록을 포함하고 있는데, 맞는 규칙이 나올 때까지 순서대로 시도한다. 첫 번째 규칙인 specified는 지정된 큐에 애플리케이션을 배치한다. 큐를 지정하지 않았거나 지정된 큐가 존재하지 않으면 이 규칙은 적용되지 않고 그 다음에 나오는 규칙으로 다시 시도한다. primaryGroup 규칙은 사용자의 유닉스 그룹의 이름을 가진 큐에 애플리케이션을 배치한다. 큐가 존재하지 않으면 큐를 자동으로 생성하는 대신 다음 규칙으로 넘어간다. default 규칙은 catch-all로, 항상 dev.eng 큐에 애플리케이션을 배치한다.

queuePlacementPolicy 항목은 완전히 생략할 수 있으며, 이때 다음과 같이 specified 규칙이 기본으로 적용된다.

---

12 http://bit.ly/fair_scheduler

```
<queuePlacementPolicy>
  <rule name="specified" />
  <rule name="user" />
</queuePlacementPolicy>
```

다시 말해, 큐를 명시적으로 지정하지 않으면 사용자 이름의 큐를 사용한다(없으면 자동으로 생성된다).

모든 애플리케이션을 동일한 큐(default)에 저장하는 단순한 큐 배치 정책도 있다. 이 정책을 사용하면 사용자가 아닌 모든 애플리케이션에 균등한 자원 공유가 가능하다. 다음과 같이 정의하면 된다.

```
<queuePlacementPolicy>
  <rule name="default" />
</queuePlacementPolicy>
```

또한 yarn.scheduler.fair.user-as-default-queue 속성을 false로 설정하면 할당 파일을 사용하지 않고도 정책을 지정할 수 있다. 이때 사용자별 큐가 아닌 default 큐에 모든 애플리케이션이 배치된다. 추가로 yarn.scheduler.fair.allow-undeclared-pools 속성을 false로 설정하면 사용자는 동적으로 큐를 생성할 수 없게 된다.

선점

바쁘게 돌아가는 클러스터에서는 빈 큐에 잡이 제출되더라도 클러스터에서 이미 실행되고 있는 다른 잡이 자원을 해제해주기 전까지 잡을 시작할 수 없다. 잡의 시작 시간을 어느 정도 예측 가능하게 만들기 위해 페어 스케줄러는 **선점**preemption이라는 기능을 제공한다.

선점은 스케줄러가 자원의 균등 공유에 위배되는 큐에서 실행되는 컨테이너를 죽일 수 있도록 허용하는 기능으로, 큐에 할당된 자원은 균등 공유 기준을 반드시 따라야 한다. 중단된 컨테이너는 반드시 다시 수행되어야 하므로 클러스터의 전체 효율은 떨어지게 된다는 점을 유의해야 한다.

선점은 yarn.scheduler.fair.preemption 속성을 true로 설정하여 전체적으로 활성화시킬 수 있다. 최소 공유와 균등 공유 등 두 개의 선점 타임아웃 설정이 있다. 초 단위로 설정하며 타임아웃의 기본값은 설정되어 있지 않다. 컨테이너의 선점을 허용하기 위해서는 두 개의 설정 중 반드시 하나는 지정해야 한다.

큐가 최소 보장 자원을 받지 못한 채 지정된 **최소 공유 선점 타임아웃**minimum share preemption timeout 이 지나면 스케줄러는 다른 컨테이너를 선취할 수 있다. 모든 큐의 기본 타임아웃은 할당 파일 의 최상위 항목인 defaultMinSharePreemptionTimeout으로 설정할 수 있으며, 큐를 기준으 로 지정하고 싶으면 각 큐의 minSharePreemptionTimeout 항목에 설정하면 된다.

유사하게, 큐가 균등 공유의 **절반** 이하로 있는 시간이 **균등 공유 선점 타임아웃**fair share preemption timeout을 초과하면 스케줄러는 다른 컨테이너를 선취할 수 있다. 모든 큐의 기본 타임아웃은 할 당 파일 의 최상위 항목인 defaultFairSharePreemptionTimeout으로 설정할 수 있으며, 큐 를 기준으로 지정하고 싶으면 각 큐의 fairSharePreemptionTimeout 항목에 설정하면 된다. 임계치의 기본값은 0.5인데, defaultFairSharePreemptionThreshold(전체)와 fairShare PreemptionThreshold(큐 기준) 속성을 설정하면 그 값을 변경할 수 있다.

4.3.4 지연 스케줄링

YARN의 모든 스케줄러는 지역성 요청을 가장 우선시한다. 바쁜 클러스터에서 어떤 애플리케 이션이 특정 노드를 요청하면 요청하는 시점에 그 노드에 다른 컨테이너가 실행되고 있을 가능 성이 높다. 이런 상황에서는 지역성 요구 수준을 조금 낮춘 후 동일한 랙에 컨테이너를 할당하는 방법도 있다. 하지만 실제로 확인해보면 몇 초보다는 길지만 조금만 기다리면 요청한 지정 노드 에서 컨테이너를 할당받을 수 있는 기회가 급격하게 증가한다는 사실을 알 수 있다. 또한 이렇게 되면 클러스터의 효율성도 높아지게 된다. 이러한 기능을 **지연 스케줄링**delay scheduling이라고 부 르며, 캐퍼시티 스케줄러와 페어 스케줄러는 모두 이러한 기능을 제공하고 있다.

YARN의 모든 노드 매니저는 주기적(기본은 1초)으로 리소스 매니저에 하트비트heartbeat 요청 을 보낸다. 하트비트를 통해 노드 매니저가 실행 중인 컨테이너의 정보와 새로운 컨테이너를 위 한 가용한 자원에 대한 정보를 주고받는다. 따라서 각 하트비트는 애플리케이션이 실행할 컨테 이너를 얻을 수 있을 중요한 **스케줄링 기회**가 된다.

지연 스케줄링을 사용할 때 스케줄러는 처음 오는 스케줄링 기회를 바로 사용하지는 않는다. 대 신 지역성 제약 수준을 낮추기 전에 허용하는 스케줄링 기회의 최대 횟수까지 기다린 후 그 다음 에 오는 스케줄링 기회를 잡는다.

캐퍼시티 스케줄러의 지연 스케줄링은 `yarn.scheduler.capacity.node-locality-delay` 속성에 양의 정수를 지정하는 방식으로 설정된다. 이 값은 스케줄링 기회의 횟수를 의미하며, 지연 스케줄링이 실행되면 동일한 랙의 다른 노드를 찾도록 제약 수준을 낮추는 기회를 놓치게 된다.

페어 스케줄러는 스케줄링 기회의 횟수를 클러스터 크기의 비율로도 정할 수 있다. 예를 들어 `yarn.scheduler.fair.locality.threshold.node` 속성의 값이 0.5로 설정되어 있으면 스케줄러는 클러스터 전체 노드의 절반에 해당하는 스케줄링 기회가 올 때까지 기다린 후 동일한 랙의 다른 노드를 허용한다. 이와 대응하는 속성으로는 요청한 랙 대신 다른 랙을 허용하는 임계치를 설정하는 `yarn.scheduler.fair.locality.threshold.rack` 속성이 있다.

4.3.5 우성 자원 공평성

메모리와 같은 단일 유형의 자원을 분배할 때는 가용량이나 공평성의 개념을 결정하는 것은 어렵지 않다. 두 사용자가 애플리케이션을 실행할 때 메모리양을 기준으로 두 애플리케이션을 쉽게 비교할 수 있다. 하지만 다수의 자원이 있으면 일이 매우 복잡해진다. 한 사용자의 애플리케이션은 많은 CPU와 적은 메모리, 다른 사용자의 애플리케이션은 적은 CPU와 많은 메모리가 필요하다면 이 두 애플리케이션을 어떻게 비교해야 할까?

YARN의 스케줄러가 이러한 문제를 처리하는 방법은 각 사용자의 우세한 자원을 확인한 후 이를 클러스터 사용량의 측정 기준으로 삼는 것이다. 이러한 접근 방법을 **우성 자원 공평성**Dominant Resource Fairness(DRF)이라고 부른다.[13] 다음에 나오는 사례로 쉽게 설명해보겠다.

클러스터의 전체 CPU는 100개고 10TB의 메모리를 가지고 있다고 가정하자. 애플리케이션 A는 CPU 2개와 300GB 메모리의 컨테이너를, 애플리케이션 B는 CPU 6개와 100GB 메모리의 컨테이너를 각각 요청했다. 애플리케이션 A의 요청은 전체 클러스터의 2%와 3%이므로 메모리의 비율(3%)이 CPU(2%)보다 높다. 애플리케이션 B의 요청은 6%와 1%이므로 CPU가 더 우세하다. 따라서 컨테이너 B의 요청을 우세 자원을 기준으로 비교해보면 A보다 두 배(6% 대 3%)나 높다. 따라서 균등 공유 정책을 따르면 컨테이너 A는 B의 절반에 해당하는 자원을 할당받게 될 것이다.

---

13 DRF는 고드시(Ghodsi) 공저 「우성 자원의 공평성: 복수 자원의 균등 할당(Dominant Resource Fairness: Fair Allocation of Multiple Resource Types)」(http://bit.ly/fair_allocation)(2011년 3월)에서 처음 소개되었다.

DRF 기능은 기본적으로 비활성화되어 있다. 따라서 자원을 계산할 때 CPU는 무시되고 메모리만 고려된다. 캐퍼시티 스케줄러의 DRF 기능은 capacityscheduler.xml 파일에 있는 yarn.scheduler.capacity.resource-calculator 속성에 org.apache.hadoop.yarn.util.resource.DominantResourceCalculator를 지정하면 활성화된다.

페어 스케줄러의 DRF는 할당 파일의 최상위 항목인 defaultQueueSchedulingPolicy를 drf로 정의하면 활성화된다.

4.4 참고 도서

이 장에서는 YARN의 개요를 간단히 다뤘다. 자세한 내용은 아룬 C. 머시 공저 『아파치 하둡 YARN』(Addison-Wesley, 2014)을 참고하기 바란다.

## CHAPTER 5

하둡 I/O

하둡은 데이터 I/O를 위한 프리미티브^{primitive}(내장된 기본 기능)를 제공한다. 데이터 무결성과 압축 같은 일부 프리미티브는 하둡보다 일반적인 기술이지만 멀티테라바이트의 데이터셋을 처리할 때는 이 프리미티브를 특별히 고려할 만한 가치가 있다. 다른 프리미티브로는 직렬화 프레임워크나 디스크 기반 데이터 구조와 같은 분산 시스템을 개발하기 위한 구성요소를 제공해주는 하둡 도구나 API가 있다.

5.1 데이터 무결성

하둡 사용자는 당연히 저장 또는 처리 과정에서 어떠한 데이터도 잃어버리거나 손상되지 않기를 기대한다. 그러나 디스크나 네트워크상의 모든 I/O 조작은 데이터를 읽거나 쓸 때 가능성은 적지만 에러가 발생할 수 있기 때문에 하둡이 처리할 수 있는 수준의 커다란 데이터가 시스템에 유입되면 데이터가 손상될 가능성도 그만큼 커질 수 있다.

손상된 데이터를 검출하는 일반적인 방법은 데이터가 시스템에 처음 유입되었을 때와 데이터를 손상시킬지도 모르는 신뢰할 수 없는 통신 채널로 데이터가 전송되었을 때마다 **체크섬**을 계산하는 것이 있다. 만일 새롭게 생성된 체크섬이 원본과 정확히 일치하지 않는다면 그 데이터는 손상된 것으로 간주한다. 이러한 기술은 데이터를 원상 복구하는 방법을 제공하지 않고 단순히 에러 검출만 수행한다. 따라서 저가의 하드웨어를 권장하지 않으며, 특히 ECC 메모리를 사용해야 한다. 주목할 점은 데이터가 아니라 체크섬이 손상될 수도 있다는 것이다. 그러나 체크섬은 데이터보다 훨씬 작기 때문에 손상될 가능성은 매우 낮다.

일반적으로 에러 검출 코드는 모든 크기의 입력에 대해 32비트 정수 체크섬을 계산하는 CRC-32(32비트 순환 중복 검사$^{32\text{-bit cyclic redundancy check}}$)를 사용한다. CRC-32는 하둡의 ChecksumFileSystem에서 체크섬 계산을 하기 위해서도 사용되지만 HDFS에서는 CRC-32C 라고 불리는 매우 효율적인 변형을 사용한다.

5.1.1 HDFS의 데이터 무결성

HDFS는 모든 데이터를 쓰는 과정에서 내부적으로 체크섬을 계산하고, 데이터를 읽는 과정에서 체크섬을 기본적으로 검증한다. dfs.bytes-per-checksum에 설정된 크기만큼의 모든 바이트 데이터에 대해 별도의 체크섬이 생성된다. 기본적으로는 512바이트고, CRC-32C 체크섬이 4바이트의 long 타입이기 때문에 스토리지 오버헤드는 1%도 되지 않는다.

데이터노드는 데이터와 체크섬을 저장하기 전에 수신한 데이터를 검증할 책임이 있다. 이 같은 검증은 클라이언트로부터 수신한 데이터 또는 복제 과정에서 다른 데이터노드로부터 수신한 데이터에 대해 수행된다. 데이터를 쓰는 클라이언트가 데이터노드 파이프라인(3장에서 설명)으로 데이터를 보내면 파이프라인의 마지막 데이터노드는 해당 데이터의 체크섬을 검증한다. 만일 데이터노드가 에러를 검출하면 클라이언트는 IOException의 서브클래스를 예외로 받고 애플리케이션 특성에 맞게 처리한다(예를 들어 재연산을 시도할 수 있다).

클라이언트가 데이터노드로부터 데이터를 읽을 때 클라이언트 역시 데이터노드에 저장된 체크섬과 수신된 데이터로부터 계산된 체크섬을 검증한다. 각 데이터노드는 체크섬 검증 로그를 영구 저장하기 때문에 각각의 블록이 검증되었던 마지막 시간을 알고 있다. 클라이언트가 성공적으로 하나의 블록을 검증하고 데이터노드에 알리면 데이터노드는 체크섬 검증에 대한 로그를 갱신한다. 이러한 통계치의 저장은 오류 디스크 검출에 유용하다.

클라이언트의 읽기 과정에서 블록을 검증하는 것 외에도 각 데이터노드는 저장된 모든 블록을 주기적으로 검증하는 DataBlockScanner를 백그라운드 스레드로 수행한다. 이것은 물리적 저장 매체에서 발생할 수도 있는 '비트 로트$^{\text{bit rot}}$'에 의한 데이터 손실을 피하기 위한 방법이다. DataBlockScanner에 의해 생성된 보고서에 접근하는 상세한 방법은 11.1.4절의 '데이터노드 블록 스캐너'를 참조하라.

HDFS는 블록의 복제본을 저장하기 때문에 손상되지 않은 새로운 복제본 생성을 위해 정상 복제본 중 하나를 복사하는 방식으로 손상된 블록을 치료할 수 있다. 만일 클라이언트가 블록을 읽는 과정에서 에러를 검출하면 훼손된 블록과 데이터노드에 대한 정보를 네임노드에 보고하고 ChecksumException을 발생시킨다. 네임노드는 그 블록 복제본이 손상되었다고 표시하고 다른 클라이언트에 제공하거나 또 다른 데이터노드로 복사하지 못하도록 한다. 그리고 네임노드는 해당 블록을 다른 데이터노드에 복제되도록 스케줄링해서 그 블록의 복제 계수^{replication factor}를 원래 수준으로 복구한다. 이러한 일이 발생하면 손상된 복제본은 삭제된다.

파일을 읽으려고 open( ) 메서드를 호출하기 전에 FileSystem의 setVerifyChecksum( ) 메서드에 false를 전달해서 체크섬 검증을 비활성화할 수 있다. 쉘에서 -get 또는 -copyToLocal 명령어에 -ignoreCrc 옵션을 사용해도 동일하게 동작한다. 이 기능은 손상된 파일을 조사하려 할 때 이 파일로 무엇을 할지 결정할 수 있어서 매우 유용하다. 예를 들어 해당 파일을 지우기 전에 그것을 복구할 수 있는지 여부를 파악하고자 할 수 있다.

Hadoop fs -checksum을 이용해서 파일의 체크섬을 확인할 수 있다. 이는 HDFS 안의 두 파일이 동일한 내용인지 확인할 때 유용하다. 예를 들면 distcp가 이러한 일을 수행한다(3.7절 'distcp로 병렬 복사하기' 참조).

5.1.2 LocalFileSystem

하둡 LocalFileSystem은 클라이언트 측 체크섬을 수행한다. 다시 말해, filename이라는 파일을 쓸 때 파일 시스템 클라이언트는 파일과 같은 위치의 디렉터리에 그 파일의 각 청크별 체크섬이 담긴 .filename.crc라는 숨겨진 파일을 내부적으로 생성한다. 청크 크기는 기본적으로 512바이트며 file.bytes-per-checksum 속성으로 변경할 수 있다. 청크 크기는 .crc 파일에 메타데이터로 저장되기 때문에 청크 크기의 설정이 변경된다 하더라도 파일을 다시 정확하게 읽을 수 있다. 파일을 읽을 때 체크섬이 검증되고 에러가 검출되면 LocalFileSystem이 ChecksumException을 발생한다.

체크섬은 일반적으로 파일을 읽고/쓰는 시간에 몇 퍼센트의 오버헤드를 추가하는 정도이므로 전체 계산 성능에 미치는 영향이 미미하다(자바에서는 원시 코드로 구현된다). 대부분의 애플리케이션에서 이는 데이터 무결성을 위해 납득할 만한 비용이라고 할 수 있다. 그러나 기존 파일시스템이 자체적으로 체크섬을 지원한다면 LocalFileSystem의 체크섬을 비활성화할 수도 있다. 이를 위해 LocalFileSystem 대신 RawLocalFileSystem을 사용하면 된다. 애플리케이션에 전역적으로 체크섬을 비활성화하려면 fs.file.impl 속성을 org.apache.hadoop.fs.RawLocalFileSystem 값으로 설정해서 파일 URI 구현을 변경[remap]하면 된다. 대안으로 RawLocalFileSystem 인스턴스를 직접 생성할 수도 있는데, 이는 다음 예처럼 일부 읽기에 대해서만 체크섬 검증을 비활성화할 때 유용하다.

```
Configuration conf = ...
FileSystem fs = new RawLocalFileSystem();
fs.initialize(null, conf);
```

5.1.3 ChecksumFileSystem

LocalFileSystem이 동작할 때 ChecksumFileSystem을 사용하며, 이 클래스는 단순한 FileSystem의 래퍼[wrapper]로 구현되어 있기 때문에 다른 체크섬이 없는 파일시스템에 체크섬 기능을 쉽게 추가할 수 있다. 일반적인 사용법은 다음과 같다.

```
FileSystem rawFs = ...
FileSystem checksummedFs = new ChecksumFileSystem(rawFs);
```

내부의 파일시스템은 **원시**[raw] 파일시스템이라 불리며, ChecksumFilesystem의 getRaw FileSystem() 메서드를 사용해서 얻을 수 있다. ChecksumFileSystem은 체크섬과 관련된 몇 개의 유용한 메서드를 가지고 있는데, 예를 들면 어떤 파일에 대한 체크섬 경로를 얻을 수 있는 getChecksumFile()이 있다. 다른 메서드에 대한 자세한 사항은 문서를 확인하라.

ChecksumFileSystem이 파일을 읽을 때 에러를 검출하면 reportChecksumFailure() 메서드를 호출할 것이다. 기본적인 구현에는 아무것도 하지 않는 것으로 되어 있지만 LocalFile System은 문제가 되는 파일과 체크섬을 같은 디바이스의 bad_files라는 별도의 디렉터리로 이동시킨다. 관리자는 주기적으로 이러한 훼손된 파일을 체크하고 그에 대해 적절한 처리를 해야 한다.

5.2 압축

파일 압축은 파일 저장 공간을 줄이고, 네트워크 또는 디스크로부터 데이터 전송을 고속화할 수 있는 두 가지 커다란 이점이 있다. 이러한 두 가지 이점은 대용량 데이터를 처리할 때 매우 중요하기 때문에 하둡에서 압축이 사용되는 방법을 주의 깊게 살펴봐야 한다.

다양한 특성을 가지고 있는 여러 종류의 압축 포맷, 도구, 알고리즘이 존재한다. [표 5-1]은 하둡에서 사용할 수 있는 일반적인 알고리즘이다.

표 5-1 압축 포맷의 요약

압축 포맷	도구	알고리즘	파일 확장명	분할 가능
DEFLATE[a]	N/A	DEFLATE	.deflate	No
gzip	gzip	DEFLATE	.gz	No
bzip2	bzip2	bzip2	.bz2	Yes
LZO	lzop	LZO	.lzo	No[b]
LZ4	N/A	LZ4	.lz4	No
Snappy	N/A	Snappy	.snappy	No

a DEFLATE는 표준 구현이 zlib인 압축 알고리즘이다. gzip 파일 포맷은 널리 이용되고 있지만 DEFLATE 포맷의 파일을 생성해주는 범용 명령행 도구는 없다. 주목할 점은 gzip 파일 포맷은 부가적인 헤더(header)와 푸터(footer)를 포함한 DEFLATE 파일 포맷이라는 것이다. .deflate 파일 확장명은 하둡의 관례다.

b 하지만 LZO 파일의 경우 전처리 과정에서 색인을 생성했다면 분할할 수 있다. 5.2.2절 '압축과 입력 스플릿'을 참조하라.

모든 압축 알고리즘은 압축과 해제가 빨라질수록 공간이 늘어나는 희생을 감수해야 하기 때문에 공간과 시간은 트레이드오프 관계에 있다. [표 5-1]의 도구는 보통 9개의 옵션(-1은 스피드 최적화, -9는 공간 최적화를 의미)을 제공함으로써 어느 정도 이러한 트레이드오프에 대한 제어를 가능하게 한다. 예를 들어 다음 명령은 가장 빠른 압축 메서드를 사용해서 file.gz라는 압축 파일을 생성한다.

```
% gzip -1 file
```

각 도구는 각기 다른 압축 특성이 있다. gzip은 일반적인 목적의 압축 도구고, 공간/시간 트레이드오프의 중앙에 위치한다. bzip2는 gzip보다 더 효율적으로 압축하지만 대신 더 느리다. bzip2의 압축 해제 속도는 압축 속도보다 더 빠르지만 여전히 다른 포맷에 비해 더 느리다. 한편 LZO, LZ4, Snappy는 모두 속도에 최적화되었고 gzip보다 어느 정도 빠르지만 압축 효율

은 떨어진다. Snappy와 LZ4는 압축 해제 속도 측면에서 LZO보다 매우 빠르다.[1]

[표 5-1]의 '분할 가능' 열은 압축 포맷이 분할을 지원하는지 여부를 알려준다. 예를 들어 스트림의 특정 지점까지 탐색한 후 이후의 일부 지점으로부터 읽기를 시작할 수 있는지 알려준다. 분할 가능한 압축 포맷은 특히 맵리듀스에 적합하다. 자세한 내용은 5.2.2절 '압축과 입력 스플릿'을 참조하라.

5.2.1 코덱

코덱^{codec}은 압축-해제 알고리즘을 구현한 것이다. 하둡에서 코덱은 CompressionCodec 인터페이스로 구현된다. 예를 들어 GzipCodec은 gzip을 위한 압축과 해제 알고리즘을 담고 있다. [표 5-2]는 하둡에서 이용할 수 있는 코덱을 보여준다.

표 5-2 하둡 압축 코덱

압축 포맷	하둡 압축 코덱
DEFLATE	org.apache.hadoop.io.compress.DefaultCodec
Gzip	org.apache.hadoop.io.compress.GzipCodec
bzip2	org.apache.hadoop.io.compress.BZip2Codec
LZO	com.hadoop.compression.lzo.LzopCodec
LZ4	org.apache.hadoop.io.compress.Lz4Codec
Snappy	org.apache.hadoop.io.compress.SnappyCodec

LZO 라이브러리는 GPL 라이선스고 아파치 배포판에 포함되지 않을 수 있으므로 하둡 코덱은 http://code.google.com/p/hadoop-gpl-compression/(구글)나 http://github.com/kevinweil/hadoop-lzo(깃허브, 버그를 수정했으며 더 많은 도구를 포함하고 있다)에서 별도로 내려받아야 한다. LzopCodec은 lzop 도구와 호환되고 핵심적인 LZO 포맷에 부가적인 헤더가 포함된 것으로 일반적으로 사용자가 원하는 형태다. 또한 순수한 LZO 포맷을 위한 LzoCodec이 있는데, .lzo_deflate 파일 확장명(DEFLATE로 유추해봤을 때 헤더 없는 gzip 포맷이다)을 사용한다.

---

1 전반적인 압축 벤치마크를 이해하려면 jvm-compressor-benchmark(https://github.com/ning/jvm-compressor-benchmark)에서 일부 원시 라이브러리를 포함한 JVM-호환 라이브러리를 참고한다.

CompressionCodec을 통한 압축 및 해제 스트림

CompressionCodec은 데이터를 쉽게 압축하거나 해제해주는 두 개의 메서드를 제공한다. 출력 스트림에 쓸 데이터를 압축하려면 createOutputStream(OutputStreamout out) 메서드를 사용하는데, 이 메서드는 압축되지 않은 데이터를 압축된 형태로 내부 스트림에 쓰는 CompressionOutputStream을 생성한다. 반대로 입력 스트림으로부터 읽어 들인 데이터를 압축 해제하려면 createInputStream(InputStream in) 메서드를 호출하는데, 이 메서드는 기존 스트림으로부터 비압축 데이터를 읽을 수 있는 CompressionInputStream을 반환한다.

CompressionOutputStream과 CompressionInputStream은 기존 압축기 또는 압축 해제기를 재설정할 수 있는 기능을 제공하는 것을 제외하면 각각 java.util.zip.DeflaterOutputStream, java.util.zip.DeflaterInputStream과 비슷하다. 이는 5.4.1절 'SequenceFile'에서 다루는 SequenceFile과 같이 데이터 스트림의 구간을 별개의 블록으로 압축하는 애플리케이션에서 사용되는 중요한 메서드다.

[예제 5-1]은 표준 입력으로부터 읽어 들인 데이터와 표준 출력으로 쓰이는 데이터를 압축하는 API의 사용법을 보여준다.

예제 5-1 표준 입력으로 읽은 데이터를 압축하여 표준 출력으로 쓰는 프로그램

```
public class StreamCompressor {

  public static void main(String[] args) throws Exception {
    String codecClassname = args[0];
    Class<?> codecClass = Class.forName(codecClassname);
    Configuration conf = new Configuration();
    CompressionCodec codec = (CompressionCodec)
      ReflectionUtils.newInstance(codecClass, conf);

    CompressionOutputStream out = codec.createOutputStream(System.out);
    IOUtils.copyBytes(System.in, out, 4096, false);
    out.finish();
  }
}
```

애플리케이션의 첫 번째 명령행 인자는 CompressionCodec 패키지의 정규화된 전체 이름이다. 그 코덱의 새로운 인스턴스를 생성하기 위해 ReflectionUtils를 사용하고 System.out

의 압축 래퍼를 얻는다. 그리고 입력을 출력으로 복사하기 위해 IOUtils의 copyBytes() 유틸리티 메서드를 호출하면 CompressionOutputStream으로 압축한다. 마지막으로 Compression OutputStream의 finish()를 호출하고, 압축 도구에 압축된 스트림 쓰기 중단을 요청하지만 스트림 자체를 닫지는 않는다. 이를 다음과 같이 명령행에서 시험해볼 수 있는데, 이 예제는 GzipCodec으로 StreamCompressor를 사용해서 'Text' 문자열을 압축하고 gunzip을 사용하여 표준 입력으로부터 압축 해제한다.

```
% echo "Text" | hadoop StreamCompressor org.apache.hadoop.io.compress.GzipCodec \
  | gunzip -
Text
```

CompressionCodecFactory를 사용하여 CompressionCodec 유추하기

압축된 파일을 읽을 때 일반적으로 해당 파일 확장명을 보면 사용된 코덱을 유추할 수 있다. 예를 들어 .gz로 끝나는 파일은 GzipCodec으로 읽을 수 있다. 각 압축 포맷에 대한 확장자는 [표 5-1]에서 확인할 수 있다.

CompressionCodecFactory의 getCodec() 메서드는 지정된 파일에 대한 Path 객체를 인자로 받아 파일 확장명에 맞는 CompressionCodec을 찾아준다. [예제 5-2]는 파일을 압축 해제하기 위해 이러한 기능을 사용하는 애플리케이션을 보여준다.

예제 5-2 파일의 확장자로부터 유추한 코덱을 사용해서 압축된 파일을 해제하는 애플리케이션

```
public class FileDecompressor {

  public static void main(String[] args) throws Exception {
    String uri = args[0];
    Configuration conf = new Configuration();
    FileSystem fs = FileSystem.get(URI.create(uri), conf);

    Path inputPath = new Path(uri);
    CompressionCodecFactory factory = new CompressionCodecFactory(conf);
    CompressionCodec codec = factory.getCodec(inputPath);
    if (codec == null) {
      System.err.println("No codec found for " + uri);
      System.exit(1);
    }
```

```
      String outputUri =
          CompressionCodecFactory.removeSuffix(uri, codec.getDefaultExtension());

      InputStream in = null;
      OutputStream out = null;
      try {
        in = codec.createInputStream(fs.open(inputPath));
        out = fs.create(new Path(outputUri));
        IOUtils.copyBytes(in, out, conf);
      } finally {
        IOUtils.closeStream(in);
        IOUtils.closeStream(out);
      }
    }
  }
```

일단 코덱을 찾았으면 출력 파일의 이름을 생성하기 위해 CompressionCodecFactory의
removeSuffix( ) 정적 메서드로 파일 접미사를 제거한다. 따라서 다음처럼 프로그램을 호출
하면 file.gz로 명명된 파일은 file로 압축 해제된다.

```
% hadoop FileDecompressor file.gz
```

CompressionCodecFactory는 [표 5-2]에 나열된 코덱(LZO는 제외)과 io.compression.
codecs 속성에 나열된 코덱([표 5-3])을 불러온다. 기본적으로 io.compression.codecs 속성
은 비어 있다. 따라서 새롭게 등록하는 커스텀 코덱(외부 로딩이 필요한 LZO 코덱과 같은)을
얻고자 할 때만 환경 속성을 변경할 필요가 있다. 각 코덱은 기본 파일 확장명을 알고 있으므로
CompressionCodecFactory가 주어진 확장과 일치하는 코덱을 찾기 위해 등록된 코덱 전체를
검색한다.

표 5-3 압축 코덱 속성

속성명	타입	기본값	설명
io.compression.codecs	콤마로 구분된 클래스 이름		압축 및 해제를 위해 추가하고자 하는 CompressionCodec 클래스 목록

원시 라이브러리

성능 관점에서 압축과 해제를 위해 원시 라이브러리를 사용하는 것이 바람직하다. 예를 들어 원시 gzip 라이브러리를 사용하여 테스트해본 결과 압축 해제 성능은 최대 50%, 압축 성능은 거의 최대 10% 정도 더 좋아졌다(내장된 자바 구현과 비교하여). [표 5-4]는 각 압축 포맷에 대한 자바와 원시 구현체의 사용 가능 여부를 보여준다. 모든 포맷은 원시 구현체를 가지고 있지만 모든 포맷이 자바 구현체를 가지고 있는 것은 아니다(예를 들면 LZO).

표 5-4 압축 라이브러리 구현체

압축 포맷	자바 구현체	원시 구현체
DEFLATE	Yes	Yes
gzip	Yes	Yes
bzip2	Yes	Yes
LZO	No	Yes
LZ4	No	Yes
Snappy	No	Yes

하둡은 lib/native 디렉터리에 미리 빌드된 64비트 리눅스용 원시 압축 라이브러리인 libhadoop.so를 제공한다. 다른 플랫폼은 소스 최상단의 BUILDING.txt 문서의 지시에 따라 직접 라이브러리를 컴파일해야 한다.

원시 라이브러리는 java.library.path라는 자바 시스템 속성에 따라 선택된다. etc/hadoop 디렉터리에 있는 hadoop 스크립트가 이 속성을 직접 설정해주지만, 이 스크립트를 사용하지 않는다면 애플리케이션에서 설정할 수도 있다.

기본적으로 하둡은 자신이 수행되는 플랫폼에 맞는 원시 라이브러리를 먼저 찾고, 있으면 자동으로 해당 라이브러리를 로드한다. 이것은 원시 라이브러리를 사용하기 위해 어떠한 환경 설정도 변경할 필요가 없음을 의미한다. 그러나 압축 관련 문제를 디버깅하는 것과 같은 상황에서는 원시 라이브러리의 사용을 비활성화하고 싶을 수도 있다. 이를 위해 io.native.lib.available 속성을 false로 설정하면 되는데, 이때 내장되어 있는 자바와 동등한 코덱 라이브러리가 사용된다(만일 이용할 수 있다면).

코덱 풀. 만일 원시 라이브러리를 사용하고 애플리케이션에서 상당히 많은 압축 또는 해제 작업을 수행해야 한다면 압축기와 해제기를 재사용해서 객체 생성 비용을 절감할 수 있는 CodecPool의 사용을 고려하는 것이 좋다.

[예제 5-3]의 코드에서 API를 사용하는 예제를 볼 수 있다. 다만 단일 압축기(Compressor)만 생성하기 때문에 사실 코덱 풀을 사용할 필요는 없다.

예제 5-3 압축기 풀을 사용하여 표준 입력으로 읽은 데이터를 압축하여 표준 출력으로 쓰는 프로그램

```java
public class PooledStreamCompressor {

  public static void main(String[] args) throws Exception {
    String codecClassname = args[0];
    Class<?> codecClass = Class.forName(codecClassname);
    Configuration conf = new Configuration();
    CompressionCodec codec = (CompressionCodec)
        ReflectionUtils.newInstance(codecClass, conf);
    Compressor compressor = null;
    try {
      compressor = CodecPool.getCompressor(codec);
      CompressionOutputStream out =
          codec.createOutputStream(System.out, compressor);
      IOUtils.copyBytes(System.in, out, 4096, false);
      out.finish();
    } finally {
      CodecPool.returnCompressor(compressor);
    }
  }
}
```

주어진 CompressionCodec으로 풀에서 Compressor 인스턴스를 얻고, 그 코덱을 재정의한 createOutputStream( ) 메서드에서 이 인스턴스를 사용한다. Finally 블록을 사용하여 스트림 간에 바이트를 복사하는 과정에서 IOException이 발생해도 압축기 인스턴스가 풀로 반환되도록 보장한다.

5.2.2 압축과 입력 스플릿

맵리듀스로 처리되는 데이터를 어떻게 압축할지 고민하는 시점에 압축 포맷이 분할을 지원하는지 여부를 알고 있는 것은 중요하다. HDFS에 1GB 크기로 저장된 비압축 파일을 고려해보자. 128MB 크기의 HDFS 블록 8개가 저장되어 있을 때 이 파일을 입력으로 사용하는 맵리듀스 잡은 개별적인 맵 태스크에서 독립적으로 처리되는 8개의 입력 스플릿을 생성할 것이다.

이번에는 그 파일이 압축된 크기가 1GB인 단일 gzip 압축 파일이라고 상상해보라. 이전처럼 HDFS는 그 파일을 8개의 블록으로 저장할 것이다. 그러나 gzip 스트림이 특정 위치에서 읽기를 지원하지 않기 때문에 각 블록별로 스플릿을 생성할 수 없다. 그러므로 맵 태스크가 각 블록 스플릿을 개별적으로 읽는 것은 불가능하다. gzip 포맷은 압축된 데이터를 저장하기 위해 DEFLATE를 사용하고, DEFLATE는 데이터를 일련의 압축된 블록으로 저장한다. 리더가 다음 블록의 시작으로 이동하려면 스트림과 동기화되어 그 스트림의 특정 지점에 있을 수 있는 어떤 방법을 지원해야 하는데, DEPLATE 압축 방식은 각 블록의 시작점을 구별할 수 없다는 문제가 있다. 이러한 이유로 gzip은 분할을 지원하지 않는다.

이때 맵리듀스는 입력이 gzip 압축(파일 확장명을 통해)이고, gzip은 분할을 지원하지 않는다는 것을 인식하기 때문에 파일을 분할하려 하지 않으면서 최적의 방식으로 작동할 것이다. 이것은 제대로 동작하긴 하지만 지역성 비용이 발생한다. 즉, 단일 맵이 8개의 HDFS 블록을 모두 처리해야 하는데, 블록 대부분은 맵의 로컬에 있지 않을 것이다. 또한 소수의 맵으로 잡이 덜 세분화되기 때문에 결국 시간이 더 많이 걸릴 것이다.

이 상황에서 압축 파일이 LZO라면 내부의 압축 포맷은 스트림과 동기화되는 방법을 리더에 제공하지 않기 때문에 같은 문제가 생길 것이다. 하지만 하둡 LZO 라이브러리에 포함된 색인 도구를 사용해서 LZO 파일을 전처리할 수 있다(해당 라이브러리는 5.2.1절 '코덱'에서 언급한 구글과 깃허브에서 얻을 수 있다). 색인 도구는 스플릿 지점의 색인을 구축하고 적당한 맵리듀스 입력 포맷으로 사용되어 파일을 효율적으로 분할할 것이다.

반면 bzip2 파일은 블록 사이에서 동기화 표시자[synchronization marker]를 제공(파이의 48비트 근사치)하므로 분할을 지원한다([표 5-1]에서 각 압축 포맷의 분할 지원 여부를 확인할 수 있다).

어떤 압축 포맷을 사용해야 하는가?

하둡 애플리케이션은 거대한 데이터셋을 처리하기 때문에 압축의 장점을 충분히 활용할 필요가 있다. 어떤 압축 포맷을 사용할지는 파일 크기, 포맷, 처리에 사용되는 도구 같은 고려사항에 의해 결정된다. 아래에 몇 가지 대략적인 제안을 효율성 순으로 소개했다.

- 압축과 분할 모두를 지원하는 시퀀스 파일(5.4.1절), 에이브로(12.3절), ORCFile(5.4.3절), 파케이(13.2절) 같은 컨테이너 파일 포맷을 사용하라. 보통 LZO, LZ4, Snappy와 같은 빠른 압축 형식이 적당하다.

- 상당히 느리긴 하지만 bzip2 같이 분할을 지원하는 압축 포맷을 사용하라. 또는 분할을 지원하기 위해 색인될 수 있는 LZO 같은 포맷을 사용하라.
- 애플리케이션에서 파일을 청크로 분할하고, 지원되는 모든 압축 포맷(분할에 관계없이)을 사용하여 각 청크를 개별적으로 압축하라. 이 경우 압축된 청크가 거의 HDFS 블록 하나의 크기가 되도록 청크 크기를 선택해야 한다.
- 파일을 압축하지 말고 그냥 저장하라.

파일의 크기가 매우 크면 전체 파일에 대한 분할을 지원하지 않는 압축 포맷은 권장하지 **않는다**. 그 이유는 지역성을 보장하지 않으면 상당히 비효율적인 맵리듀스 애플리케이션이 되기 때문이다.

5.2.3 맵리듀스에서 압축 사용하기

5.2.1절의 'CompressionCodecFactory를 사용하여 CompressionCodecs 유추하기'에서 설명했듯이 입력 파일이 압축되면 맵리듀스는 파일 확장명을 통해 사용할 코덱을 결정하고 파일을 읽을 때 자동으로 압축을 해제할 것이다.

맵리듀스 잡의 출력을 압축하려면 잡 환경 설정에서 `mapreduce.output.fileoutputformat.compress` 속성을 true로 설정하고, 사용할 압축 코덱의 클래스 이름을 `mapreduce.output.fileoutputformat.compress.codec` 속성에 지정하라. 또는 [예제 5-4]처럼 FileOutputFormat의 정적 편의 메서드로 그 속성을 설정할 수 있다.

예제 5-4 압축된 출력을 생성하는 최고 기온 잡을 수행하는 애플리케이션

```java
public class MaxTemperatureWithCompression {

  public static void main(String[] args) throws Exception {
    if (args.length != 2) {
      System.err.println("Usage: MaxTemperatureWithCompression <input path> " +
          "<output path>");
      System.exit(-1);
    }

    Job job = new Job();
    job.setJarByClass(MaxTemperature.class);

    FileInputFormat.addInputPath(job, new Path(args[0]));
```

```
    FileOutputFormat.setOutputPath(job, new Path(args[1]));

    job.setOutputKeyClass(Text.class);
    job.setOutputValueClass(IntWritable.class);

    FileOutputFormat.setCompressOutput(job, true);
    FileOutputFormat.setOutputCompressorClass(job, GzipCodec.class);

    job.setMapperClass(MaxTemperatureMapper.class);
    job.setCombinerClass(MaxTemperatureReducer.class);
    job.setReducerClass(MaxTemperatureReducer.class);

    System.exit(job.waitForCompletion(true) ? 0 : 1);
  }
}
```

이 프로그램은 다음과 같이 압축된 파일을 입력으로 받아 실행된다. 이 예제에서는 출력과 동일한 압축 포맷을 사용했지만 꼭 같을 필요는 없다.

```
% hadoop MaxTemperatureWithCompression input/ncdc/sample.txt.gz output
```

최종 출력의 각 부분은 압축되어 있다. 아래는 한 부분의 내용이다.

```
% gunzip -c output/part-r-00000.gz
1949    111
1950    22
```

만일 시퀀스 파일로 출력을 내보내고 있다면 mapreduce.output.fileoutputformat.compress.type 속성을 설정해서 사용할 압축 유형을 제어할 수 있다. 기본값은 RECORD고, 개별 레코드를 압축하는 방식이다. 압축의 성능을 높이려면 레코드 그룹 방식으로 압축하는 BLOCK 방식을 추천한다(5.4.1절의 'SequenceFile 포맷' 참조).

또한 SequenceFileOutputFormat에도 이 속성을 설정할 수 있는 setOutputCompressionType( )이라는 정적 편의 메서드가 있다.

맵리듀스 잡 출력의 압축을 설정하는 속성을 [표 5-5]에 요약해두었다. 만약 맵리듀스 드라이버가 Tool 인터페이스를 사용한다면(6.2.2절 'GenericOptionsParser, Tool, ToolRunner'

참조) 명령행에서 이러한 속성을 프로그램에 넘겨줄 수 있다. 그렇게 하면 프로그램의 코드에 압축 속성을 포함하는 방법보다 쉽게 속성을 변경할 수 있다.

표 5-5 맵리듀스 압축 속성

속성명	타입	기본값	설명
mapreduce.output.fileoutput format.compress	불린	False	출력 압축 여부
mapreduce.output.fileoutput format.compress.codec	클래스명	org.apache.hadoop.io. compress.DefaultCodec	출력 압축에 사용할 코덱
mapreduce.output.fileoutput format.compress.type	문자열	RECORD	순차 파일 출력에 사용할 압축 유형(NONE, RECORD, BLOCK)

맵 출력 압축

맵리듀스 애플리케이션이 압축되지 않은 데이터를 읽고 쓰더라도 맵 단계에서 임시 출력을 압축하면 이익이 있다. 맵 출력은 디스크에 기록되고 네트워크를 통해 리듀서 노드로 전송되는데, 이때 단순히 LZO나 LZ4, Snappy와 같은 빠른 압축기를 사용하여 전송할 데이터양을 줄이면 성능을 향상시킬 수 있기 때문이다. [표 5-6]은 맵 출력의 압축을 활성화하고 압축 포맷을 설정할 수 있는 환경 설정 속성을 보여준다.

표 5-6 맵 출력 압축 속성

속성명	타입	기본값	설명
mapreduce.map.output. compress	불린	false	맵 출력의 압축 여부
mapreduce.map.output. compress.codec	클래스명	org.apache.hadoop.io.compress. DefaultCodec	맵 출력에 사용할 압축 코덱

다음과 같은 코드를 추가하면 잡에 gzip 맵 출력 압축을 활성화할 수 있다(새로운 API 사용).

```
Configuration conf = new Configuration();
conf.setBoolean(Job.MAP_OUTPUT_COMPRESS, true);
conf.setClass(Job.MAP_OUTPUT_COMPRESS_CODEC, GzipCodec.class,
    CompressionCodec.class);
Job job = new Job(conf);
```

예전 API(부록 D 참조)에도 JobConf 객체에 동일한 일을 하는 편의 메서드가 있다.

```
conf.setCompressMapOutput(true);
conf.setMapOutputCompressorClass(GzipCodec.class);
```

5.3 직렬화

직렬화serialization는 네트워크 전송을 위해 구조화된 객체를 바이트 스트림으로 전환하는 과정이다. **역직렬화**deserialization는 바이트 스트림을 일련의 구조화된 객체로 역전환하는 과정이다.

직렬화는 프로세스 간 통신과 영속적인 저장소와 같은 분산 데이터 처리의 독특한 두 영역에서 나타난다.

하둡 시스템에서 노드 사이의 프로세스 간 통신은 **원격 프로시저 호출**Remote Procedure Call(RPC)을 사용하여 구현되었다. RPC 프로토콜은 원격 노드로 보내기 위한 메시지를 하나의 바이너리 스트림으로 구성하기 위해 직렬화를 사용하고, 그 후 원격 노드에서 바이너리 스트림을 원본 메시지로 재구성하기 위해 역직렬화를 사용한다. 일반적으로 RPC 직렬화 포맷이 유익한 이유는 다음과 같다.

- **간결성**

  간결한 포맷을 사용하면 데이터 센터에서 가장 희소성이 높은 자원인 네트워크 대역폭을 절약할 수 있다.

- **고속화**

  프로세스 간 통신은 분산 시스템을 위한 백본backbone을 형성하기 때문에 직렬화와 역직렬화는 가능하면 오버헤드가 작아야 한다.

- **확장성**

  프로토콜은 새로운 요구사항을 만족시키기 위해 점차 변경되므로 클라이언트와 서버 사이의 통제 방식과 관련된 프로토콜의 발전도 직관적이어야 한다. 예를 들어 새로운 인자를 메서드 호출에 추가할 수 있어야 하고, 새로운 서버는 기존 클라이언트에서 (새로운 인자 없이) 예전 포맷의 메시지도 수용할 수 있어야 한다.

- **상호운용성**

  일부 시스템을 위해 다양한 언어로 작성된 클라이언트를 지원하는 편이 좋으며, 이를 가능하도록 포맷을 설계할 필요가 있다.

표면적으로 영속적인 저장소를 위해 선택된 데이터 포맷은 직렬화 프레임워크와는 다른 요구사항을 가진다. 즉, RPC의 수명은 1초보다 작은 반면 영속적 데이터는 저장 후에도 수년 동안 읽히기 때문이다. 그럼에도 RPC 직렬화 포맷의 네 가지 유익한 속성은 영속적인 저장소 포맷을 위해서도 중요하다. 저장소 포맷은 간결하고(저장 공간의 효율적 사용을 위해), 빠르고(테라바이트 데이터를 읽고 쓰는 오버헤드를 최소화하기 위해), 확장 가능하고(예전 포맷으로 쓰인 데이터도 문제없이 읽기 위해), 상호운용(다양한 언어를 사용하여 영속적인 데이터를 읽고 쓰기위해)할 수 있어야 한다.

하둡은 Writable이라는 매우 간결하고 빠른 자체 직렬화 포맷을 사용한다. 그러나 확장하거나 자바 외에 다른 언어를 사용하는 것은 어렵다. Writable이 하둡의 중심에 있기 때문에(대부분의 맵리듀스 프로그램은 키와 값 타입을 위해 사용한다) 일반적인 직렬화 프레임워크를 살펴보기 전에 다음 세 절을 통해 Writable을 어느 정도 깊이 있게 다루겠다. 에이브로(Writable의 일부 한계를 극복하기 위해 설계된 직렬화 시스템)는 12장에서 자세히 살펴볼 것이다.

5.3.1 Writable 인터페이스

Writable 인터페이스는 자신의 상태 정보를 DataOutput 바이너리 스트림으로 쓰기 위한 메서드와 DataInput 바이너리 스트림으로부터 상태 정보를 읽기 위한 메서드를 정의한다.

```
package org.apache.hadoop.io;

import java.io.DataOutput;
import java.io.DataInput;
import java.io.IOException;

public interface Writable {
  void write(DataOutput out) throws IOException;
  void readFields(DataInput in) throws IOException;
}
```

이것을 활용하는 방법을 알아보기 위해 특정 Writable을 살펴보자. 여기서 우리는 자바 int의 래퍼에 해당하는 IntWritable을 사용해볼 것이다. 인스턴스를 하나 생성하고 set() 메서드로 값을 설정할 수 있다.

```
IntWritable writable = new IntWritable();
writable.set(163);
```

인스턴스를 생성할 때 다음과 같이 값을 직접 설정해도 된다.

```
IntWritable writable = new IntWritable(163);
```

IntWritable의 직렬화된 형태를 검증하기 위해 java.io.DataOutputStream(java.io.Data Output로 구현됨) 내부에 java.io.ByteArrayOutputStream을 래핑하는 헬퍼 메서드를 작성하고 직렬화된 스트림에서 바이트를 추출한다.

```
public static byte[] serialize(Writable writable) throws IOException {
    ByteArrayOutputStream out = new ByteArrayOutputStream();
    DataOutputStream dataOut = new DataOutputStream(out);
    writable.write(dataOut);
    dataOut.close();
    return out.toByteArray();
}
```

정수는 4바이트를 사용한다. 여기서는 JUnit 4 단정문을 사용했다.

```
byte[] bytes = serialize(writable);
assertThat(bytes.length, is(4));
```

바이트는 빅엔디안 순서로 기록되고(MSB[most significant byte]를 스트림 맨 앞에 기록하는데, java. io.DataOutput 인터페이스로 지정한다), 하둡의 StringUtils의 메서드를 사용하여 16진수 표현을 볼 수 있다.

```
assertThat(StringUtils.byteToHexString(bytes), is("000000a3"));
```

이제 역직렬화를 살펴보자. 다시 바이트 배열로부터 Writable 객체를 읽는 헬퍼 메서드를 만든다.

```
    public static byte[] deserialize(Writable writable, byte[] bytes)
        throws IOException {
      ByteArrayInputStream in = new ByteArrayInputStream(bytes);
      DataInputStream dataIn = new DataInputStream(in);
      writable.readFields(dataIn);
      dataIn.close();
      return bytes;
    }
```

값이 없는 새로운 IntWritable을 생성하고 이전에 쓰여진 출력 데이터를 읽기 위해 deserial
ize()를 호출한다. get() 메서드를 사용하여 얻은 값이 원래 값인 163인지 검사한다.

```
    IntWritable newWritable = new IntWritable();
    deserialize(newWritable, bytes);
    assertThat(newWritable.get(), is(163));
```

WritableComparable과 비교자

IntWritable은 단순히 Writable과 java.lang.Comparable 인터페이스의 서브인터페이스인
WritableComparable 인터페이스를 구현한다.

```
package org.apache.hadoop.io;

public interface WritableComparable<T> extends Writable, Comparable<T> {
}
```

맵리듀스에서 타입 비교는 중요한데, 키를 서로 비교하는 정렬 과정을 수반하기 때문이다. 하둡
은 자바의 Comparator를 확장한 최적화된 RawComparator를 제공한다.

```
package org.apache.hadoop.io;

import java.util.Comparator;

public interface RawComparator<T> extends Comparator<T> {

  public int compare(byte[] b1, int s1, int l1, byte[] b2, int s2, int l2);
}
```

이 인터페이스는 레코드를 객체로 역직렬화하지 않고 스트림에서 읽은 레코드를 구현자가 직접 비교할 수 있도록 지원함으로써 객체 생성에 수반되는 오버헤드를 피할 수 있다. 예를 들어 IntWritable에 대한 비교자는 각각의 바이트 배열 b1과 b2로부터 하나의 정수를 읽고 주어진 시작 위치(s1과 s2)와 길이(11과 12)로부터 직접 비교하도록 원시 compare( ) 메서드를 구현한다.

WritableComparator는 범용적으로 WritableComparable 클래스의 RawComparator를 구현한 것이다. 이것은 두 가지 주요 기능을 제공한다. 첫 번째는 스트림으로부터 비교할 객체를 역직렬화하고 객체의 compare( ) 메서드를 호출해주는 원시 compare( ) 메서드의 기본 구현체를 제공한다. 두 번째는 RawComparator 인스턴스(Writable 구현체가 등록된)를 만드는 팩토리처럼 동작한다. 예를 들어 다음과 같이 IntWritable에 대한 비교자를 얻을 수 있다.

```
RawComparator<IntWritable> comparator =
    WritableComparator.get(IntWritable.class);
```

이 비교자는 두 IntWritable 객체를 비교한다.

```
IntWritable w1 = new IntWritable(163);
IntWritable w2 = new IntWritable(67);
assertThat(comparator.compare(w1, w2), greaterThan(0));
```

또는 다음과 같이 직렬화된 표현으로 비교할 수도 있다.

```
byte[] b1 = serialize(w1);
byte[] b2 = serialize(w2);
assertThat(comparator.compare(b1, 0, b1.length, b2, 0, b2.length),
    greaterThan(0));
```

5.3.2 Writable 클래스

하둡은 org.apache.hadoop.io 패키지에서 매우 많은 Writable 클래스를 제공한다. [그림 5-1]에서 클래스 계층도를 볼 수 있다.

그림 5-1 Writable 클래스 계층도

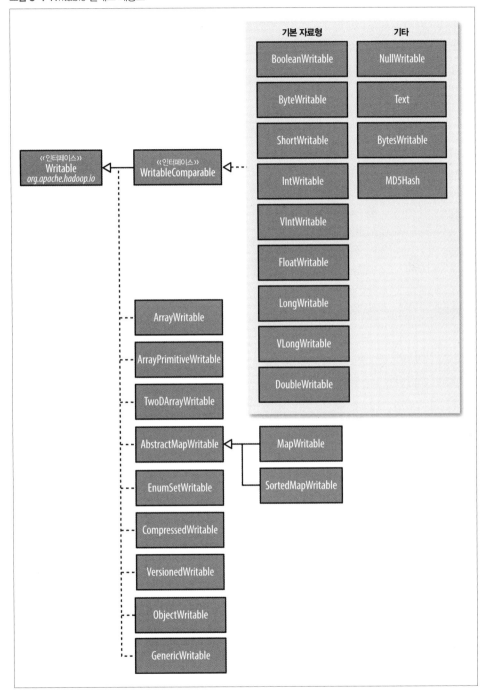

자바 기본 자료형을 위한 Writable 래퍼

char(IntWritable로 저장 가능)를 제외한 모든 자바 기본 자료형([표 5-7] 참조)을 위한 Writable 래퍼가 존재한다. 모든 Writable 래퍼는 래핑된 값을 얻고 저장하기 위한 get( )과 set( ) 메서드를 제공한다.

표 5-7 자바 기본 자료형을 위한 Writable 래퍼 클래스

자바 기본 자료형	Writable 구현체	직렬화된 크기(바이트)
boolean	BooleanWritable	1
byte	ByteWritable	1
short	ShortWritable	2
int	IntWritable	4
	VIntWritable	1~5
float	FloatWritable	4
long	LongWritable	8
	VLongWritable	1~9
double	DoubleWritable	8

정수를 인코딩할 때 고정길이 포맷(IntWritable과 LongWritable)과 가변길이 포맷(VIntWritable과 VLongWritable)을 선택할 수 있다. 가변길이 포맷은 값을 인코딩할 때 그 값이 충분히 작다면(-112와 127(포함) 사이) 단일 바이트만 사용하고, 값이 크다면 첫 번째 바이트를 사용하여 그 값이 양수인지 음수인지 그리고 얼마나 많은 바이트가 뒤에서 사용되는지 표시한다. 예를 들어 163은 2바이트가 필요하다.

```
byte[] data = serialize(new VIntWritable(163));
assertThat(StringUtils.byteToHexString(data), is("8fa3"));
```

고정길이와 가변길이 인코딩을 선택하는 기준은 무엇인가? 고정길이 인코딩은 잘 설계된 해시 함수처럼 값의 전체 공간에서 값이 매우 균일하게 분포되어 있을 때 적합하다. 숫자 값은 대부분 균일하지 않게 분포되어 있으므로 평균적으로 가변길이 인코딩을 선택하는 것이 저장 공간 절약 면에서 좋다. 가변길이 인코딩의 또 다른 장점은 VIntWritable을 VLongWritable로 변환할 수 있다는 것인데, 실제로 이들의 인코딩이 동일하기 때문에 가능하다. 따라서 가변길이 자료형을 선택함으로써 처음부터 8바이트 long 형태로 명시적으로 지정할 필요는 없다.

텍스트

Text는 UTF-8 시퀀스를 위한 Writable 구현체다. 이것은 java.lang.String에 상응하는 Writable로 생각될 수 있다.

Text 클래스는 문자열 인코딩에 다수의 바이트를 저장하기 위해 가변길이 인코딩으로 int를 사용하므로 최댓값은 2GB에 이른다. 더욱이 Text는 표준 UTF-8을 사용하기 때문에 UTF-8을 사용하는 다른 도구와의 상호운용성이 뛰어나다.

인덱스 만들기. 표준 UTF-8을 사용하는 것은 매우 중요하기 때문에 Text와 자바 String 클래스의 차이점을 살펴볼 필요가 있다. Text 클래스에서 인덱스는 인코딩된 바이트 시퀀스의 위치 관점이지 문자열에서의 유니코드 문자나 자바 char 코드 단위(String에서 하는 것처럼)의 위치 관점은 아니다. ASCII 문자열에 대해서는 이러한 인덱스 위치에 대한 세 가지 관점이 동시에 수반된다. 다음은 charAt( ) 메서드를 사용하는 예제다.

```
Text t = new Text("hadoop");
assertThat(t.getLength(), is(6));
assertThat(t.getBytes().length, is(6));

assertThat(t.charAt(2), is((int) 'd'));
assertThat("Out of bounds", t.charAt(100), is(-1));
```

charAt( )이 유니코드 코드 포인트[code point]를 표현하는 int를 반환함을 주목하라. 이것은 char를 반환하는 String과는 다르다. Text 역시 String의 indexOf( ) 메서드와 유사한 find( ) 메서드가 있다.

```
Text t = new Text("hadoop");
assertThat("Find a substring", t.find("do"), is(2));
assertThat("Finds first 'o'", t.find("o"), is(3));
assertThat("Finds 'o' from position 4 or later", t.find("o", 4), is(4));
assertThat("No match", t.find("pig"), is(-1));
```

유니코드. 한 바이트 이상을 인코딩하는 문자를 사용해보면 Text와 String의 차이점을 명확히 알 수 있다. [표 5-8]에 나오는 유니코드 문자를 살펴보자.[2]

표 5-8 유니코드 문자

유니코드 코드 포인트	U+0041	U+00DF	U+6771	U+10400
이름	라틴 대문자 A	세련된 라틴 소문자 S	N/A(한의 통일된 표의문자)	긴 데저렛 대문자 I
UTF-8 코드 단위	41	c3 9f	e6 9d b1	f0 90 90 80
자바 표기	\u0041	\u00DF	\u6771	\uD801\uDC00

표에서 마지막 문자인 U+10400을 제외한 모든 문자는 1개의 자바 char로 표현될 수 있다. U+10400은 보충 문자에 해당하고, **대행 쌍**^{surrogate pair}으로 알려진 2개의 자바 char로 표기된다. [예제 5-5]를 실행해보면 [표 5-8]에서 4개의 문자로 구성된 문자열을 처리할 때 String과 Text 사이의 차이점을 알 수 있다.

예제 5-5 String과 Text 클래스의 차이점을 보여주는 테스트

```
public class StringTextComparisonTest {

    @Test
    public void string() throws UnsupportedEncodingException {

        String s = "\u0041\u00DF\u6771\uD801\uDC00";
        assertThat(s.length(), is(5));
        assertThat(s.getBytes("UTF-8").length, is(10));

        assertThat(s.indexOf("\u0041"), is(0));
        assertThat(s.indexOf("\u00DF"), is(1));
        assertThat(s.indexOf("\u6771"), is(2));
        assertThat(s.indexOf("\uD801\uDC00"), is(3));

        assertThat(s.charAt(0), is('\u0041'));
        assertThat(s.charAt(1), is('\u00DF'));
        assertThat(s.charAt(2), is('\u6771'));
        assertThat(s.charAt(3), is('\uD801'));
        assertThat(s.charAt(4), is('\uDC00'));
```

----

2 이 예제는 노버트 린든버그(Norbert Lindenberg)와 마사요시 오쿠츠(Masayoshi Okutsu)의 「자바 플랫폼의 보충 문자 (Supplementary Characters in the Java Platform)」(http://www.oracle.com/us/technologies/java/supplementary-142654.html)(2004년 5월)에서 참고했다.

```
        assertThat(s.codePointAt(0), is(0x0041));
        assertThat(s.codePointAt(1), is(0x00DF));
        assertThat(s.codePointAt(2), is(0x6771));
        assertThat(s.codePointAt(3), is(0x10400));
    }

    @Test
    public void text() {

        Text t = new Text("\u0041\u00DF\u6771\uD801\uDC00");
        assertThat(t.getLength(), is(10));

        assertThat(t.find("\u0041"), is(0));
        assertThat(t.find("\u00DF"), is(1));
        assertThat(t.find("\u6771"), is(3));
        assertThat(t.find("\uD801\uDC00"), is(6));

        assertThat(t.charAt(0), is(0x0041));
        assertThat(t.charAt(1), is(0x00DF));
        assertThat(t.charAt(3), is(0x6771));
        assertThat(t.charAt(6), is(0x10400));
    }
}
```

이 테스트를 통해 String의 길이는 포함된 char 코드 단위의 개수(문자열의 처음 세 개 문자와 마지막 대행 쌍으로 총 개수는 5)고, Text 객체의 길이는 UTF-8로 인코딩된 바이트 수(10 = 1+2+3+4)라는 것을 확인할 수 있다. 마찬가지로 String의 indexOf( ) 메서드는 char 코드 단위의 인덱스를 반환하고 Text의 find( )는 바이트 오프셋을 반환한다.

String의 charAt( ) 메서드는 주어진 인덱스에 존재하는 char 코드 단위를 반환하는데, 대행 쌍이라면 완전한 유니코드 문자를 표현하지 못할 것이다. char 코드 단위로 찾을 수 있는 codePointAt( ) 메서드는 int로 표현되는 단일 유니코드 문자를 얻기 위해 필요하다. 사실 Text의 charAt( ) 메서드는 String의 동명 메서드보다는 codePointAt( ) 메서드에 더 가깝다. 유일한 차이는 바이트 오프셋으로 참조된다는 것이다.

반복. Text에서 유니코드 문자를 반복할 때는 인덱스를 위해 바이트 오프셋을 사용해야 하므로 매우 복잡한데, 인덱스를 단순히 증가시키는 것으로 끝나지 않기 때문이다. 반복하는 작업은 다소 이해하기 어려울 수 있다([예제 5-6] 참조). 먼저 Text 객체를 java.nio.ByteBuffer로 변환하고 이 버퍼로 Text의 bytesToCodePoint() 정적 메서드를 반복해서 호출한다. 이 메서드는 다음 코드 포인트를 int 자료형으로 추출하고 버퍼의 위치를 갱신한다. bytesToCodePoint() 가 −1을 반환하면 문자열의 끝이다.

예제 5-6 Text 객체에서 문자 반복하기

```java
public class TextIterator {

  public static void main(String[] args) {
    Text t = new Text("\u0041\u00DF\u6771\uD801\uDC00");

    ByteBuffer buf = ByteBuffer.wrap(t.getBytes(), 0, t.getLength());
    int cp;
    while (buf.hasRemaining() && (cp = Text.bytesToCodePoint(buf)) != -1) {
      System.out.println(Integer.toHexString(cp));
    }
  }
}
```

이 프로그램을 실행하면 문자열에 있는 4개의 문자에 대한 코드 포인트를 출력한다.

```
% hadoop TextIterator
41
df
6771
10400
```

가변성. String과의 다른 차이점은 Text는 가변적(싱글턴에 해당하는 NullWritable을 제외한 하둡의 모든 Writable 구현과 같다)이라는 것이다. Text 인스턴스는 set() 메서드 중 하나를 호출하여 재사용할 수 있다. 다음 예제를 보자.

```java
Text t = new Text("hadoop");
t.set("pig");
assertThat(t.getLength(), is(3));
assertThat(t.getBytes().length, is(3));
```

스트링으로 변환. Text는 java.lang.String만큼 풍부한 문자열 조작 API를 가지고 있지는 않다. 따라서 많은 상황에서 Text 객체를 String으로 변환할 필요가 있다. 일반적으로 toString() 메서드를 이용해서 변환한다.

```
assertThat(new Text("hadoop").toString(), is("hadoop"));
```

BytesWritable

BytesWritable은 바이너리 데이터의 배열에 대한 일종의 래퍼다. BytesWritable의 직렬화된 포맷은 데이터의 바이트 길이를 지정하는 4바이트 정수 필드에 해당 데이터가 뒤따르는 구조다. 예를 들어 3과 5 값을 가지는 길이가 2인 바이트 배열은 4바이트 정수(00000002)와 다음의 2바이트의 배열(03과 05)로 직렬화된다.

```
BytesWritable b = new BytesWritable(new byte[] { 3, 5 });
byte[] bytes = serialize(b);
assertThat(StringUtils.byteToHexString(bytes), is("000000020305"));
```

BytesWritable은 가변적이고 그 값은 set() 메서드를 호출하여 변경할 수 있다. Text와 같이 BytesWritable을 위해 getBytes() 메서드에서 반환된 바이트 배열의 크기(용량)는 BytesWritable에 저장된 실제 데이터 크기를 반영하지 않을 수도 있다. BytesWritable의 크기는 getLength()를 호출하여 결정할 수 있다. 다음 코드를 보자.

```
      b.setCapacity(11);
      assertThat(b.getLength(), is(2));
      assertThat(b.getBytes().length, is(11));
```

NullWritable

NullWritable은 Writable의 특별한 유형 중 하나로 길이가 0인 직렬화를 가진다. 이 스트림에서는 어떠한 바이트도 읽거나 쓸 수 없다. 이것은 위치 표시자^{placeholder}로 사용되는데, 예를 들어 맵리듀스에서 키 또는 값이 사용될 필요가 없을 때 NullWritable로 선언할 수 있고, 이때 NullWritable은 빈 상숫값으로 저장된다. NullWritable은 또한 SequenceFile에서 키로 활용될 수 있는데, 이것은 키-값 쌍이 아닌 값으로만 구성된 리스트로 저장할 때 사용된다. NullWritable은 불변하는 싱글턴으로, 이 인스턴스는 NullWritable.get()을 호출하여 얻을 수 있다.

ObjectWritable과 GenericWritable

ObjectWritable은 자바 기본 자료형, String, enum, Writable, null 또는 이러한 자료형의 배열을 위한 범용 래퍼. 이것은 하둡 RPC에서 메서드 인자와 반환 타입을 집결^{marshal}하고 역집결^{unmarshal}하는 데 사용된다.

ObjectWritable은 어떤 필드가 두 개 이상의 자료형을 가질 때 유용하다. 예를 들어 Sequence File의 값이 다중 자료형을 가진다면 해당 값의 자료형을 ObjectWritable로 선언하여 Object Writable에 각 자료형을 래핑할 수 있다. 범용 메커니즘이므로 직렬화할 때마다 래핑된 자료형의 클래스명을 쓰는 방식은 공간 낭비가 상당히 심하다. 자료형의 수가 적고 미리 알려진 경우에는 정적 자료형 배열과 그 자료형에 대한 직렬화된 참조인 배열의 인덱스를 사용하여 공간 낭비를 줄일 수 있다. 이것이 바로 GenericWritable이 선택한 방법이고, 제공하는 자료형을 명시하려면 GenericWritable을 상속받아야 한다.

Writable 컬렉션

org.apache.hadoop.io 패키지에는 ArrayWritable, ArrayPrimitiveWritable, TwoDArray Writable, MapWritable, SortedMapWritable, EnumSetWritable 등 여섯 개의 Writable 컬렉션 타입이 있다.

ArrayWritable과 TwoDArrayWritable은 Writable 인스턴스의 배열과 2차원 배열(배열의 배열)의 Writable 구현체다. ArrayWritable이나 TwoDArrayWritable의 모든 항목은 생성 시점에 지정된 것과 동일한 클래스의 인스턴스여야 한다.

```
ArrayWritable writable = new ArrayWritable(Text.class);
```

SequenceFile의 키 또는 값이나 일반적인 맵리듀스의 입력처럼 그 타입이 Writable로 지 정되어 있을 때 정적으로 타입을 설정하기 위해서는 서브클래스인 ArrayWritable(또는 TwoDArrayWritable)이 필요하다.

```
public class TextArrayWritable extends ArrayWritable {
  public TextArrayWritable() {
    super(Text.class);
  }
}
```

ArrayWritable과 TwoDArrayWritable은 배열 또는 2차원 배열의 복사본을 생성하는 toArray() 메서드를 포함하여 get()과 set() 메서드를 가지고 있다.

ArrayPrimitiveWritable은 자바 기본 배열에 대한 래퍼다. 각 요소의 자료형은 set()을 호 출할 때 알 수 있기 때문에 자료형을 설정하기 위한 서브클래스를 만들 필요는 없다.

MapWritable과 SortedMapWritable은 각각 java.util.Map<Writable, Writable>과 java. util.SortedMap<WritableComparable, Writable>의 구현체다. 각 키와 값 필드의 자료형은 해당 필드에 대한 직렬화 포맷의 일부다. 이 타입은 타입 배열의 인덱스 값인 단일 바이트 형태 로 저장된다. 배열은 org.apache.hadoop.io 패키지의 표준 자료형으로 유명하지만, 커스텀 Writable 타입도 비표준 자료형에 대한 타입 배열을 인코딩한 헤더를 작성할 수 있으므로 수용 될 수 있었다. 커스텀 Writable 타입을 구현할 때 MapWritable과 SortedMapWritable은 커스 텀 타입에 양수 byte 값을 사용한다. 따라서 최대 127개의 유일한 비표준 Writable 클래스를 특정 MapWritable 또는 SortedMapWritable 인스턴스에서 사용할 수 있다. 키와 값에 커스텀 타입을 사용하는 MapWritable의 예는 다음과 같다.

```
    MapWritable src = new MapWritable();
    src.put(new IntWritable(1), new Text("cat"));
    src.put(new VIntWritable(2), new LongWritable(163));

    MapWritable dest = new MapWritable();
    WritableUtils.cloneInto(dest, src);
    assertThat((Text) dest.get(new IntWritable(1)), is(new Text("cat")));
    assertThat((LongWritable) dest.get(new VIntWritable(2)),
        is(new LongWritable(163)));
```

집합과 리스트에 대한 Writable 컬렉션 구현이 빠져 있다는 사실이 흥미롭다. 일반적인 집합은 NullWritable 값과 함께 MapWritable(또는 정렬된 집합을 위해 SortedMapWritable)을 사용하여 흉내 낼 수 있다. 또한 열거 자료형의 집합을 위한 EnumSetWritable도 있다. 단일 자료형의 Writable 리스트에는 ArrayWritable이 적합하지만, 다중 자료형의 Writable을 저장하는 리스트라면 ArrayWritable에 요소를 래핑하는 GenericWritable이 적합하다. MapWritable의 아이디어를 차용하여 일반적인 ListWritable을 작성하는 대안도 있다.

5.3.3 커스텀 Writable 구현하기

하둡은 대부분의 목적을 만족시킬 수 있는 유용한 Writable 구현체를 제공한다. 그러나 가끔 커스텀 구현체를 직접 작성할 필요도 있다. 커스텀 Writable을 작성하면 바이너리 표현과 정렬 순서에 대한 완전한 통제가 가능하다. Writable은 맵리듀스 데이터 흐름의 중심에 있고, 바이너리 표현을 사용하면 성능을 상당히 높일 수 있기 때문이다. 하둡과 함께 제공되는 기존 Writable 구현체도 좋지만, 더욱 정교한 구성을 위해 새로운 유형의 Writable을 만드는 것이 기존 구현체를 그대로 이용하는 것보다 더 좋을 수도 있다.

TIP 만약 커스텀 Writable 구현체를 직접 작성할 생각이면 에이브로와 같은 다른 직렬화 프레임워크도 고려해보는 것이 좋다. 이러한 프레임워크를 이용하면 선언적으로 커스텀 타입을 정의할 수 있다(5.3.4절과 12장에서 '직렬화 프레임워크' 참조).

커스텀 Writable을 생성하는 방법을 보이기 위해 TextPair라는 한 쌍의 문자열을 나타내는 구현체를 작성할 것이다. 기본 구현체를 [예제 5-7]에서 볼 수 있다.

```java
import java.io.*;

import org.apache.hadoop.io.*;

public class TextPair implements WritableComparable<TextPair> {

  private Text first;
  private Text second;

  public TextPair() {
    set(new Text(), new Text());
  }

  public TextPair(String first, String second) {
    set(new Text(first), new Text(second));
  }

  public TextPair(Text first, Text second) {
    set(first, second);
  }

  public void set(Text first, Text second) {
    this.first = first;
    this.second = second;
  }

  public Text getFirst() {
    return first;
  }

  public Text getSecond() {
    return second;
  }

  @Override
  public void write(DataOutput out) throws IOException {
    first.write(out);
    second.write(out);
  }

  @Override
  public void readFields(DataInput in) throws IOException {
```

```
      first.readFields(in);
      second.readFields(in);
    }

    @Override
    public int hashCode() {
      return first.hashCode() * 163 + second.hashCode();
    }

    @Override
    public boolean equals(Object o) {
      if (o instanceof TextPair) {
        TextPair tp = (TextPair) o;
        return first.equals(tp.first) && second.equals(tp.second);
      }
      return false;
    }

    @Override
    public String toString() {
      return first + "\t" + second;
    }

    @Override
    public int compareTo(TextPair tp) {
      int cmp = first.compareTo(tp.first);
      if (cmp != 0) {
        return cmp;
      }
      return second.compareTo(tp.second);
    }
  }
```

이 구현체의 처음 부분은 단순하게 두 개의 Text 인스턴스 변수인 first와 second, 연관된 생성자, 접근자(게터와 세터)로 되어 있다. 모든 Writable 구현체는 맵리듀스 프레임워크가 인스턴스화하고 readFields()를 호출하여 그 필드를 채울 수 있는 기본 생성자를 가져야 한다. Writable 인스턴스는 가변적이고 가끔은 재사용되기 때문에 write()나 readFields() 메서드로 객체를 할당하지 않도록 주의해야 한다.

TextPair의 write() 메서드는 각 Text 객체에 출력을 위임^{delegate}하는 방식으로 각 Text 객체를 출력 스트림에 순차적으로 직렬화한다. 마찬가지로 readFields()도 각 Text 객체에 입력을 위임하여 입력 스트림으로부터 바이트를 역직렬화한다. DataOuput과 DataInput 인터페이스는 자바 기본 자료형을 직렬화하고 역직렬화하기 위한 풍부한 일련의 메서드를 제공한다. 따라서 이러한 방식으로 Writable 객체의 와이어 포맷wire format(통신 포맷)을 완전히 제어할 수 있다.

어떠한 값 객체를 자바로 작성할 때와 마찬가지로 java.lang.Object의 hashCode( ), equals( ), toString( ) 메서드도 반드시 재정의해야 한다. HashPartitioner(맵리듀스의 기본 파티셔너)가 리듀스 파티션을 선택하기 위해 hashCode( ) 메서드를 사용하는 것처럼 리듀스 파티션이 비슷한 크기로 할당되기 위해서는 키를 잘 혼합시킬 수 있는 좋은 해시 함수를 작성할 필요가 있다.

> **CAUTION_** 만일 TextOuputFormat과 함께 커스텀 Writable을 사용할 계획이라면 그것에 대한 toString() 메서드를 구현해야 한다. TextOutputFormat은 출력 표현을 위해 키와 값의 toString()을 호출한다. TextPair에서는 내부 Text 객체를 탭 문자로 분리된 문자열로 기록한다.

TextPair는 WritableComparable의 구현체다. 따라서 TextPair는 사용자가 원하는 순서대로 문자열을 나열할 수 있도록 compareTo( ) 메서드의 구현체를 제공한다. 여기서 주목할 점은 TextPair는 (저장할 수 있는 Text 객체의 수는 별개로 치더라도) 앞 절에서 다룬 TextArrayWritable과 다르다. TextArrayWritable은 Writable이지 WritableComparable은 아니기 때문이다.

성능 향상을 위해 RawComparator 구현하기

[예제 5-7]의 TextPair를 위한 코드는 예상대로 작동할 것이다. 그러나 조금 더 최적화할 수 있다. 5.3.1절의 'WritableComparable과 비교자'에서 설명한 것처럼 TextPair가 맵리듀스의 키로 사용되려면 compareTo( ) 메서드가 호출될 수 있도록 객체로 역직렬화해야 한다. 만일 두 TextPair 객체를 단지 직렬화된 표현만 보고 비교할 수 있다면 어떨까?

TextPair는 두 Text 객체를 합친 것이기 때문에 우리는 그것이 가능하다는 것을 알 수 있다. 여기서 첫 번째 Text 객체의 바이너리 표현은 문자열의 UTF-8로 표현된 바이트의 개수를 포함한 가변길이 정수고, 두 번째 Text는 UTF-8 바이트 자체다. 그 비결은 초기의 길이를 읽고 첫 번째 Text 객체의 바이트 표현이 얼마나 긴지 알아내는 것이다. 그다음에 Text의 RawComparator

에 위임하고 첫 번째 또는 두 번째 문자열에 대한 적절한 오프셋을 넘겨주어 호출하면 된다. 자세한 내용은 [예제 5-8]에서 볼 수 있다. 이 코드는 TextPair 클래스에 포함되어 있다는 점을 주의하라.

예제 5-8 TextPair 바이트 표현을 비교하기 위한 RawComparator

```java
public static class Comparator extends WritableComparator {

  private static final Text.Comparator TEXT_COMPARATOR = new Text.Comparator();

  public Comparator() {
    super(TextPair.class);
  }

  @Override
  public int compare(byte[] b1, int s1, int l1,
                     byte[] b2, int s2, int l2) {

    try {
      int firstL1 = WritableUtils.decodeVIntSize(b1[s1]) + readVInt(b1, s1);
      int firstL2 = WritableUtils.decodeVIntSize(b2[s2]) + readVInt(b2, s2);
      int cmp = TEXT_COMPARATOR.compare(b1, s1, firstL1, b2, s2, firstL2);
      if (cmp != 0) {
        return cmp;
      }
      return TEXT_COMPARATOR.compare(b1, s1 + firstL1, l1 - firstL1,
                                     b2, s2 + firstL2, l2 - firstL2);
    } catch (IOException e) {
      throw new IllegalArgumentException(e);
    }
  }
}

static {
  WritableComparator.define(TextPair.class, new Comparator());
}
```

실제로 RawComparator를 직접 구현하는 대신 일부 편의 메서드와 기본 구현체를 제공하는 WritableComparator를 상속받았다. 각 바이트 스트림에 첫 번째 Text 필드의 길이에 해당하는 firstL1과 firstL2를 계산하는 코드 부분이 중요하다. 각 부분은 가변길이 정수의 길이

(WritableUtils에서 decodeVIntSize( )로 반환되는)와 인코딩 값(readVInt( )로 반환되는)으로 되어 있다.

맵리듀스가 TextPair 클래스를 만날 때마다 원시 비교자를 맵리듀스의 기본 비교자로 사용할 수 있도록 지정하기 위해 정적 블록에 해당 원시 비교자를 등록한다.

커스텀 비교자

TextPair를 통해 알 수 있듯이 바이트 수준에서 세부사항을 다루기 위해 원시 비교자를 작성할 때는 세심한 주의가 필요하다. 만일 자신만의 Writable을 구현하고 싶으면 org.apache.hadoop.io 패키지에 있는 Writable의 구현체를 몇 개 살펴보면 좋은 결과를 얻을 수 있을 것이다. 또한 WritableUtils의 유틸리티 메서드도 매우 유용하다.

가능하다면 커스텀 비교자도 RawComparator로 작성하는 것이 좋다. RawComparator는 기본 비교자에서 정의한 자연 정렬 순서와는 다른 정렬 순서를 구현한 비교자다. [예제 5-9]는 TextPair의 첫 번째 문자열만 비교하는 FirstComparator라는 비교자를 보여준다. 주목할 점은 두 개의 compare( ) 메서드가 동일한 의미를 갖도록 하기 위해 객체를 선택하는 compare( ) 메서드를 재정의했다는 것이다.

9장에서 맵리듀스의 조인과 2차 정렬(보조 정렬)을 설명할 때 이 비교자를 사용한다(9.3절 '조인' 참조).

예제 5-9 TextPair 바이트 표현의 첫 번째 필드를 비교하기 위한 커스텀 RawComparator

```
public static class FirstComparator extends WritableComparator {

  private static final Text.Comparator TEXT_COMPARATOR = new Text.Comparator();

  public FirstComparator() {
    super(TextPair.class);
  }

  @Override
  public int compare(byte[] b1, int s1, int l1,
                     byte[] b2, int s2, int l2) {

    try {
```

```
        int firstL1 = WritableUtils.decodeVIntSize(b1[s1]) + readVInt(b1, s1);
        int firstL2 = WritableUtils.decodeVIntSize(b2[s2]) + readVInt(b2, s2);
        return TEXT_COMPARATOR.compare(b1, s1, firstL1, b2, s2, firstL2);
      } catch (IOException e) {
        throw new IllegalArgumentException(e);
      }
    }

    @Override
    public int compare(WritableComparable a, WritableComparable b) {
      if (a instanceof TextPair && b instanceof TextPair) {
        return ((TextPair) a).first.compareTo((((TextPair) b).first);
      }
      return super.compare(a, b);
    }
  }
```

5.3.4 직렬화 프레임워크

비록 대부분의 맵리듀스 프로그램이 Writable 키와 값 타입을 사용하지만 맵리듀스 API의 의무사항은 아니다. 사실 모든 타입이 사용될 수 있으며, 유일한 요구사항은 각 타입에 대한 바이너리 표현의 변환 메커니즘이다.

이것을 지원하기 위해 하둡은 플러그인 직렬화 프레임워크 API를 제공한다. 직렬화 프레임워크는 Serialization(org.apache.hadoop.io.serializer 패키지에 있는)의 구현체로 표현된다. 예를 들어 WritableSerialization은 Writable 타입을 위한 Serialization 구현체다.

Serialization은 타입을 Serializer 인스턴스(하나의 객체를 하나의 바이트 스트림으로 변환하기 위한)와 Deserializer 인스턴스(하나의 바이트 스트림을 하나의 객체로 변환하기 위한)로 매핑하는 방법을 정의한다.

Serialization 구현체는 io.serializations 속성에 클래스 이름의 목록을 콤마로 분리하여 설정하면 등록할 수 있다. io.serializations 속성의 기본값은 org.apache.hadoop.io.serializer.WritableSerialization과 에이브로의 구체적[Specific] 매핑과 리플렉트[Reflect] 매핑 직렬화다(12.1절 '에이브로 자료형과 스키마' 참조). 이것은 Writable 또는 에이브로 객체만 직렬화하거나 역직렬화할 수 있다는 것을 의미한다.

하둡은 자바 객체 직렬화^{Java Object Serialization}를 사용하는 JavaSerialization이라는 클래스를 포함한다. 맵리듀스 프로그램에서 Integer 또는 String 같은 표준 자바 자료형을 쉽게 사용할 수 있도록 지원하지만, 자바 객체 직렬화는 Writable만큼 효율적이지는 않다. 따라서 어떤 것이 좋은지 따져볼 필요는 없다(다음 글상자 참조).

왜 자바 객체 직렬화를 사용하지 않는가?

자바는 자바 객체 직렬화(간단히 '자바 직렬화'로 언급)라는 자체적인 직렬화 메커니즘을 제공한다. 이것은 자바 언어와 밀접하게 통합되어 있다. 따라서 하둡이 '자바 직렬화'를 사용하지 않는 이유를 묻는 것은 당연하다. 이 질문에 대해 더그 커팅은 다음과 같이 답변했다.

처음 하둡을 시작했을 때 나는 왜 자바 직렬화를 사용하지 않았을까? 그 이유는 그것이 무겁고 케케묵어 보였기 때문이다. 따라서 이를 대신할 만한 모범이 되고 의미가 있는 어떤 것이 필요하다고 생각했다. 그뿐만 아니라 직렬화는 하둡의 핵심이기 때문에 객체를 정확하게 쓰고 읽을 수 있는 방법에 대한 정교한 제어 능력이 필요했다. 자바 직렬화를 통해 어느 정도 제어권을 얻을 수는 있지만, 객체에 대한 정교한 제어 능력을 얻기 위해서는 더 노력해야 한다.

자바 원격 메서드 호출^{Remote Method Invocation}(RMI)을 사용하지 않는 논리도 같다. 효율적이며 고성능의 프로세스 상호 간 통신은 하둡에서 매우 중요하다. 나는 연결, 시간제한, 버퍼 등의 일련의 처리 과정을 정교하게 통제할 필요가 있다고 느꼈다. 그러나 RMI는 이러한 제어권(기능/함수)을 거의 제공해주지 않는다.

자바 직렬화의 문제는 간결성^{compact}, 고속화^{fast}, 확장성^{extensible}, 상호운용성^{interoperable}과 같은 이전에 언급했던 직렬화 포맷에 대한 표준을 만족시키지 않는다는 것이다.

직렬화 IDL

이 문제를 다른 방식으로 접근한 많은 직렬화 프레임워크가 있다. 코드를 통해 타입을 정의하기보다는 IDL^{Interface Description Language}을 사용하여 언어 중립적이고 선언적 방식으로 타입을 정의하는 방식이 있는데, 이러한 시스템은 다양한 언어로 타입을 생성할 수 있기 때문에 상호운용성이 매우 좋다. 또한 타입을 쉽게 확장하고 발전시킬 수 있는 버전화^{versioning} 스키마도 일반적으로 정의되어 있다.

아파치 쓰리프트[3]와 구글 프로토콜 버퍼[4]는 둘 다 인기 있는 직렬화 프레임워크며, 영속적인 바이너리 데이터를 위한 포맷으로 널리 활용되고 있다. 맵리듀스 포맷은 제한적으로 지원하고 있지만,[5] RPC와 데이터 교환용으로 하둡 내부에서 일부 활용되고 있다.

에이브로는 하둡에 저장된 대규모 데이터 처리에 적합한 IDL 기반의 직렬화 프레임워크로 12장에서 다룬다.

5.4 파일 기반 데이터 구조

어떤 애플리케이션에서 데이터를 얻기 위해서는 특별한 데이터 구조가 필요하다. 맵리듀스 기반의 데이터 처리를 위해 바이너리 데이터의 각 블랍^{blob}을 한 파일에 몽땅 담아두는 것은 확장성에 좋지 않다. 따라서 하둡은 이러한 상황을 위해 다양한 고수준 컨테이너를 개발했다.

5.4.1 SequenceFile

로그파일을 한번 상상해보자! 각 로그 레코드는 한 행의 텍스트다. 만일 바이너리 형태로 로그를 남기고 싶다면 일반 텍스트 포맷은 적합하지 않다. 하둡의 SequenceFile 클래스는 바이너리 키-값 쌍에 대한 영속적인 데이터 구조를 제공하기 때문에 이러한 상황에 딱 맞는 구조라 할 수 있다. 로그파일 포맷으로 SequenceFile을 사용하려면 LongWritable로 표현되는 타임스탬프와 같은 키를 선택하고, 그 값은 로그의 내용을 표현하는 Writable이 되면 된다.

SequenceFile은 작은 파일을 위한 컨테이너로도 잘 작동한다. HDFS와 맵리듀스는 커다란 파일에 최적화되어 있다. 따라서 파일을 SequenceFile로 포장하여 작은 파일을 저장하고 처리하는 편이 더 효율적이다(8.2.1절의 '파일의 전체 내용을 하나의 레코드로 처리하기'에서는 파일을 SequenceFile로 포장하기 위한 프로그램을 포함하고 있다).[6]

---

3 http://thrift.apache.org/

4 http://code.google.com/p/protobuf/

5 트위터의 코끼리 새(Elephant Bird) 프로젝트(https://github.com/twitter/elephant-bird)는 하둡에서 쓰리프트 및 프로토콜 버퍼로 작동하는 도구를 포함하고 있다.

6 비슷한 맥락에서 스튜어트 시에라(Stuart Sierra)의 블로그 게시물 「작은 백만 개 파일(A Million Little Files)」(https://stuartsierra.com/2008/04/24/a-million-little-files)에는 tar 파일을 SequenceFile로 변환하는 코드가 포함되어 있다.

SequenceFile 만들기

SequenceFile을 생성할 때는 Sequencefile.Writer 인스턴스를 반환하는 createWriter( ) 정적 메서드 중 하나를 사용한다. 몇 개의 파생 버전이 있지만, 모든 버전은 쓰기 위한 스트림 (FSDataOutputStream 또는 FileSystem과 Path 쌍), Configuration 객체, 해당 키와 값 타입을 반드시 명시해야 한다. 옵션 인자로 압축 타입과 코덱, 쓰기 진행 상황을 보고하기 위한 Progressable 콜백, SequenceFile 헤더에 저장되는 Metadata 인스턴스가 있다.

SequenceFile에 저장되는 키와 값은 반드시 Writable일 필요는 없다. Serialization으로 직렬화되고 역직렬화될 수 있는 어떤 타입이라도 사용할 수 있다.

일단 SequenceFile.Writer가 있다면 append( ) 메서드로 키-값 쌍을 쓴다. 그리고 쓰기가 끝나면 close( ) 메서드(SequenceFile.Writer는 java.io.Closeable로 구현)를 호출한다.

[예제 5-10]은 방금 언급한 API로 SequenceFile에 키-값 쌍을 쓰는 간단한 프로그램이다.

예제 5-10 SequenceFile 쓰기

```
public class SequenceFileWriteDemo {

  private static final String[] DATA = {
    "One, two, buckle my shoe",
    "Three, four, shut the door",
    "Five, six, pick up sticks",
    "Seven, eight, lay them straight",
    "Nine, ten, a big fat hen"
  };

  public static void main(String[] args) throws IOException {
    String uri = args[0];
    Configuration conf = new Configuration();
    FileSystem fs = FileSystem.get(URI.create(uri), conf);
    Path path = new Path(uri);

    IntWritable key = new IntWritable();
    Text value = new Text();
    SequenceFile.Writer writer = null;
    try {
      writer = SequenceFile.createWriter(fs, conf, path,
          key.getClass(), value.getClass());
```

```
      for (int i = 0; i < 100; i++) {
        key.set(100 - i);
        value.set(DATA[i % DATA.length]);
        System.out.printf("[%s]\t%s\t%s\n", writer.getLength(), key, value);
        writer.append(key, value);
      }
    } finally {
      IOUtils.closeStream(writer);
    }
  }
}
```

순차 파일에서 키는 IntWritable 객체로 100에서 1로 역으로 내려가는 정수다. 값은 Text 객체다. 각 레코드가 SequenceFile.Writer에 추가되기 전에 파일의 현재 위치를 출력하기 위해 getLength( ) 메서드를 호출한다. 이는 다음 절에서 파일을 비순차적으로 읽을 때 레코드 경계에 대한 정보로 활용될 것이다. 그 위치는 키-값 쌍과 함께 콘솔로 출력된다. 실행 결과는 다음과 같다.

```
% hadoop SequenceFileWriteDemo numbers.seq
[128]    100    One, two, buckle my shoe
[173]     99    Three, four, shut the door
[220]     98    Five, six, pick up sticks
[264]     97    Seven, eight, lay them straight
[314]     96    Nine, ten, a big fat hen
[359]     95    One, two, buckle my shoe
[404]     94    Three, four, shut the door
[451]     93    Five, six, pick up sticks
[495]     92    Seven, eight, lay them straight
[545]     91    Nine, ten, a big fat hen
...
[1976]    60    One, two, buckle my shoe
[2021]    59    Three, four, shut the door
[2088]    58    Five, six, pick up sticks
[2132]    57    Seven, eight, lay them straight
[2182]    56    Nine, ten, a big fat hen
...
[4557]     5    One, two, buckle my shoe
[4602]     4    Three, four, shut the door
[4649]     3    Five, six, pick up sticks
[4693]     2    Seven, eight, lay them straight
[4743]     1    Nine, ten, a big fat hen
```

SequenceFile 읽기

순차 파일을 처음부터 끝까지 읽으려면 SequenceFile.Reader의 인스턴스를 생성하고, next() 메서드 중 하나를 반복 호출하여 레코드를 하나씩 읽으면 된다. 순차 파일을 읽는 이러한 과정은 직렬화 프레임워크에 따라 다르다. 만일 Writable 타입을 사용한다면 키와 값 인자를 취하는 next() 메서드를 사용해서 스트림의 다음 키와 값을 읽어 넘겨준 변수에 하나씩 입력한다.

```
public boolean next(Writable key, Writable val)
```

만일 키-값 쌍이 읽었다면 반환값은 true고, 파일의 끝에 이르면 false를 반환한다.

Writable이 아닌 직렬화 프레임워크(아파치 쓰리프트와 같은)는 다음과 같이 두 개의 메서드를 사용해야 한다.

```
public Object next(Object key) throws IOException
public Object getCurrentValue(Object val) throws IOException
```

이때 사용할 직렬화 프레임워크는 io.serializations 속성에 미리 설정되어 있어야 한다 (5.3.4절 '직렬화 프레임워크' 참조).

만일 next() 메서드가 스트림으로부터 읽어 들인 키-값 쌍이 null이 아닌 객체면 그 값은 getCurrentValue() 메서드를 사용하여 얻을 수 있다. 그렇지 않고 next() 메서드가 null을 반환하면 해당 파일의 끝에 도달한 것이다.

[예제 5-11]은 Writable 키와 값을 가지는 순차 파일을 읽는 방법을 보여준다. 주목할 점은 getKeyClass()와 getValueClass()를 호출하여 SequenceFile.Reader에서 해당 타입을 찾는 방법과 ReflectionUtils가 키와 값에 대한 인스턴스를 생성하는 데 사용되는 방법이다. 이 기법을 활용하면 Writable 키와 값을 가지는 어떠한 순차 파일도 이 프로그램에서 사용할 수 있다.

예제 5-11 SequenceFile 읽기

```
public class SequenceFileReadDemo {

    public static void main(String[] args) throws IOException {
```

```
    String uri = args[0];
    Configuration conf = new Configuration();
    FileSystem fs = FileSystem.get(URI.create(uri), conf);
    Path path = new Path(uri);

    SequenceFile.Reader reader = null;
    try {
      reader = new SequenceFile.Reader(fs, path, conf);
      Writable key = (Writable)
          ReflectionUtils.newInstance(reader.getKeyClass(), conf);
      Writable value = (Writable)
          ReflectionUtils.newInstance(reader.getValueClass(), conf);
      long position = reader.getPosition();
      while (reader.next(key, value)) {
        String syncSeen = reader.syncSeen() ? "*" : "";
        System.out.printf("[%s%s]\t%s\t%s\n", position, syncSeen, key, value);
        position = reader.getPosition(); // 다음 레코드의 시작
      }
    } finally {
      IOUtils.closeStream(reader);
    }
  }
}
```

이 프로그램의 또 다른 특징은 순차 파일에서 **동기화 포인트** ^{sync point}의 위치를 보여준다는 것이다. 예를 들어 동기화 포인트는 만일 리더가 해당 스트림에서 임의의 위치를 탐색한 후 자신의 위치를 잃어버렸을 때 레코드의 경계를 재동기화하는 데 사용될 수 있는 스트림의 한 지점이다. 동기화 포인트는 Sequencefile.Writer에 의해 기록된다. SequenceFile.Writer 순차 파일이 쓰여질 때 몇 개의 레코드 단위로 특별한 개체를 추가하여 동기화 포인트를 기록한다. 이러한 개체는 약간의(1%보다 적은) 저장소 부하를 발생시킬 정도로 미약하다. 동기화 포인트는 항상 레코드 경계에 맞춰진다.

[예제 5-11]을 실행하면 순차 파일의 동기화 포인트가 별표(*)로 출력된다. 첫 번째 동기화 포인트는 2021 위치에 나타난다. 두 번째는 4075 위치에서 나타나지만 여기에서는 보이지 않는다.

```
% hadoop SequenceFileReadDemo numbers.seq
[128]   100     One, two, buckle my shoe
[173]   99      Three, four, shut the door
[220]   98      Five, six, pick up sticks
```

```
[264]    97      Seven, eight, lay them straight
[314]    96      Nine, ten, a big fat hen
[359]    95      One, two, buckle my shoe
[404]    94      Three, four, shut the door
[451]    93      Five, six, pick up sticks
[495]    92      Seven, eight, lay them straight
[545]    91      Nine, ten, a big fat hen
[590]    90      One, two, buckle my shoe
...
[1976]   60      One, two, buckle my shoe
[2021*]  59      Three, four, shut the door
[2088]   58      Five, six, pick up sticks
[2132]   57      Seven, eight, lay them straight
[2182]   56      Nine, ten, a big fat hen
...
[4557]   5       One, two, buckle my shoe
[4602]   4       Three, four, shut the door
[4649]   3       Five, six, pick up sticks
[4693]   2       Seven, eight, lay them straight
[4743]   1       Nine, ten, a big fat hen
```

순차 파일에서 지정된 위치를 탐색하는 방법에는 두 가지가 있다. 첫 번째는 파일의 지정된 위치에 리더를 위치시키는 seek( ) 메서드다. 예를 들어 다음과 같이 레코드 경계를 찾을 수 있다.

```
reader.seek(359);
assertThat(reader.next(key, value), is(true));
assertThat(((IntWritable) key).get(), is(95));
```

그러나 만일 파일의 위치가 레코드 경계에 있지 않다면 리더의 next( ) 메서드가 호출될 때 실패할 것이다.

```
reader.seek(360);
reader.next(key, value); // IOException을 발생시키고 실패함
```

레코드 경계를 찾기 위한 두 번째 방법은 동기화 포인트를 사용하는 것이다. SequenceFile. Reader의 sync(long position) 메서드는 position 이후의 다음번 동기화 포인트로 해당 리더를 위치시킨다(여기서 만일 이 위치 다음에 파일의 동기화 포인트가 없다면 리더는 파일의 끝으로 이동한다). 따라서 스트림의 어떤 위치든(레코드 경계가 아니어도) sync( )를 호출할

수 있고, 리더는 다음번 동기화 포인트에 자신을 다시 위치시킬 것이므로 결과적으로 읽기를
계속할 수 있다.

```
reader.sync(360);
assertThat(reader.getPosition(), is(2021L));
assertThat(reader.next(key, value), is(true));
assertThat(((IntWritable) key).get(), is(59));
```

CAUTION_ SequenceFile.Writer에는 스트림의 현재 위치에 동기화 포인트를 추가하는 sync() 메서
드가 있다. 이것을 기존 장치에 버퍼를 동기화하기 위해 Syncable 인터페이스에서 정의한 hsync() 메서드
와 혼동하면 안 된다(3.6.3절 '일관성 모델' 참조).

순차 파일을 맵리듀스의 입력으로 사용할 때는 동기화 포인트를 이용해서 파일을 스플릿하고 파
일의 각 부분이 별도의 맵 태스크와 독립적으로 처리될 수 있기 때문에 동기화 포인트도 함께 딸
려온다(8.2.3절의 'SequenceFileInputFormat' 참조).

명령행 인터페이스로 SequenceFile 출력하기

hadoop fs 명령은 순차 파일을 텍스트 형식으로 출력하기 위해 -text 옵션을 제공한다. 이 옵
션은 파일의 타입을 검출하고 그것을 텍스트로 적절히 변환하기 위해 파일의 매직 넘버를 먼저
조사한다. 이 옵션은 gzip으로 압축된 파일, 순차 파일, 에이브로 데이터 파일을 인식할 수 있
고, 그 밖의 입력은 일반 텍스트로 가정한다.

이 명령은 순차 파일의 키와 값이 의미 있는 문자열(toString() 메서드로 정의된)일 때만 제
대로 작동한다. 또한 만일 사용자가 직접 만든 키 또는 값 클래스를 사용했다면 하둡의 클래스패
스에서 해당 클래스를 찾을 수 있어야 한다.

이전 절에서 생성했던 순차 파일을 이 명령으로 실행하면 다음과 같은 출력 결과를 얻을 수 있다.

```
% hadoop fs -text numbers.seq | head
100     One, two, buckle my shoe
99      Three, four, shut the door
98      Five, six, pick up sticks
97      Seven, eight, lay them straight
```

```
96        Nine, ten, a big fat hen
95        One, two, buckle my shoe
94        Three, four, shut the door
93        Five, six, pick up sticks
92        Seven, eight, lay them straight
91        Nine, ten, a big fat hen
```

SequenceFile 정렬하고 병합하기

하나 이상의 순차 파일을 정렬하고 병합하는 가장 강력한 방법은 맵리듀스를 사용하는 것이다. 맵리듀스는 병렬성을 타고났으며 출력 파티션 수를 결정하는 리듀서 수를 지정할 수 있다. 예를 들어 리듀서를 하나 지정하면 단일 출력 파일을 얻을 수 있다. 다음과 같이 입력과 출력을 순차 파일로 정하고 키와 값의 타입을 설정하면 하둡에서 제공하는 정렬 예제를 실행할 수 있다.

```
% hadoop jar \
  $HADOOP_HOME/share/hadoop/mapreduce/hadoop-mapreduce-examples-*.jar \
  sort -r 1 \
  -inFormat org.apache.hadoop.mapreduce.lib.input.SequenceFileInputFormat \
  -outFormat org.apache.hadoop.mapreduce.lib.output.SequenceFileOutputFormat \
  -outKey org.apache.hadoop.io.IntWritable \
  -outValue org.apache.hadoop.io.Text \
  numbers.seq sorted
% hadoop fs -text sorted/part-r-00000 | head
1         Nine, ten, a big fat hen
2         Seven, eight, lay them straight
3         Five, six, pick up sticks
4         Three, four, shut the door
5         One, two, buckle my shoe
6         Nine, ten, a big fat hen
7         Seven, eight, lay them straight
8         Five, six, pick up sticks
9         Three, four, shut the door
10        One, two, buckle my shoe
```

정렬에 대한 자세한 내용은 9.2절 '정렬'에서 다룬다.

SequenceFile.Sorter 클래스는 다양한 sort() 및 merge() 메서드를 제공하기 때문에 맵리듀스에서 정렬과 병합을 위한 대안이 될 수 있다. 하지만 이 함수는 맵리듀스보다 먼저 수행되는 저수준의 함수다(예를 들어 병렬성을 얻기 위해서는 직접 데이터를 파티션해야 한다). 따라서 순차 파일을 정렬하고 병합하기 위해 선호되는 접근 방식은 일반적인 맵리듀스를 사용하는 것이다.

SequenceFile 포맷

순차 파일은 단일 헤더와 하나 이상의 레코드로 구성되어 있다([그림 5-2] 참조). 순차 파일의 처음 세 바이트는 매직 넘버에 해당하는 SEQ 바이트며, 그 뒤의 한 바이트는 버전 넘버다. 헤더에는 키와 값 클래스의 이름, 압축 세부사항, 사용자 정의 메타데이터, 동기화 표시자가 포함된 여러 필드가 있다.[7] 동기화 표시자는 파일의 어떤 위치에서 특정 레코드 경계로 리더를 동기화하는 데 사용된다는 것을 상기하라. 각 파일에는 임의의 값을 가진 동기화 표시자가 있고, 이 값은 헤더에 저장된다. 동기화 표시자는 순차 파일의 레코드 사이에서 나타난다. 동기화 표시자는 저장소 부하가 1%를 넘지 못하도록 설계되었고, 모든 레코드 쌍에 동기화 표시자를 사용하는 것은 아니다(작은 레코드일 때 그렇다).

그림 5-2 레코드가 압축되거나 압축되지 않은 순차 파일의 내부 구조

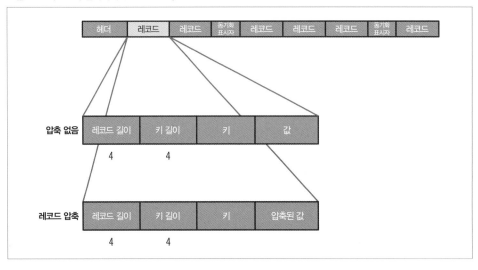

레코드의 내부 포맷은 압축이 가능한지 여부에 따라 다르다. 만일 압축할 수 있다면 그것이 레코드 압축인지 블록 압축인지에 따라서도 차이가 난다.

....

7 이 필드의 형식에 대한 자세한 내용은 SequenceFile 문서(http://bit.ly/sequence_file_docs) 및 소스 코드에서 찾을 수 있다.

만일 비압축(기본값)이라면 각 레코드는 레코드 길이(바이트 단위), 키 길이, 키와 그 값으로 이루어진다. 길이 필드는 java.io.DataOutput의 writeInt() 메서드 규약을 준수하는 4바이트 정수로 기록된다. 키와 값은 순차 파일에 쓰이는 클래스를 위해 정의된 Serialization을 사용하여 직렬화된다.

레코드 압축을 위한 포맷은 헤더에 정의된 코덱을 사용하여 값의 바이트를 압축하는 것을 제외하면 비압축과 거의 동일하다. 주목할 점은 키는 압축되지 않는다는 것이다.

블록 압축은 다수의 레코드를 한번에 압축한다. 따라서 블록 압축은 압축 밀도가 더 높고 레코드 간 유사성을 이용할 기회를 얻을 수 있기 때문에 일반적으로 레코드 압축보다 더 선호된다([그림 5-3] 참조). 레코드는 기본값이 1,000,000바이트인 io.seqfile.compress.blocksize 속성에서 정의한 최소 크기에 이를 때까지 바이트 단위로 하나의 블록에 추가된다. 동기화 표시자는 각 블록의 앞부분에 기록된다. 블록의 포맷은 그 블록의 레코드 수를 가리키는 필드와 그 다음에 이어지는 네 개의 압축된 필드(키의 길이, 키, 값의 길이, 값)로 되어 있다.

그림 5-3 블록 압축일 때의 순차 파일 내부 구조

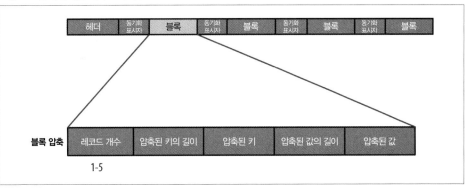

5.4.2 MapFile

MapFile은 키를 기준으로 검색을 지원하는 색인을 포함한 정렬된 SequenceFile이다. 색인 자체도 맵 내부에 키의 단편을 포함하고 있는 일종의 SequenceFile이다(기본값은 각 조각마다 128번째 키를 가짐). MapFile은 데이터 파일에서 빠른 검색을 지원하기 위해 정렬된 키 순으로 된 맵 항목을 포함한 별도의 SequenceFile을 이용한 색인을 메모리에 로드하는 방식을 사용했다.

MapFile은 SequenceFile의 읽기/쓰기와 매우 유사한 인터페이스를 제공한다. MapFile.
Writer를 이용하여 MapFile을 쓸 때 반드시 알고 있어야 하는 중요한 사항은 매 항목이 순서에
따라 반드시 추가되어야 한다는 점이다. 순서가 틀리면 IOException 오류가 발생한다.

MapFile의 변형

하둡은 일반적인 키-값 MapFile 인터페이스에 대한 변형을 몇 개 제공한다.

- SetFile은 Writable 키의 집합을 저장하는 특별한 MapFile이다. 키는 정렬된 순으로 추가되어야 한다.
- ArrayFile은 키는 배열에서 각 항목의 인덱스를 표현하는 정수고 그 값은 Writable 값인 MapFile이다.
- BloomMapFile은 빠른 get() 메서드를 지원하는 MapFile로, 데이터가 드문드문 분포된 파일에 적합하다.
  원하는 키가 어느 맵에 있는지 검증할 때 다이내믹 블룸 필터를 사용한다. 검증 작업은 메모리에서 처리되므
  로 매우 빠르긴 하지만 긍정 오류의 가능성도 있다. 키가 존재해서 검증을 통과할 때만 기본 get() 메서드가
  호출된다.

5.4.3 기타 파일 포맷과 컬럼 기반 파일 포맷

시퀀스 파일과 맵 파일은 하둡의 오래된 바이너리 파일 포맷이지만, 그것만 존재하는 것은 아
니다. 사실 새로운 프로젝트를 계획하고 있다면 고려할 만한 새로운 파일 포맷도 제법 많다.

에이브로 데이터 파일(12.3절 '에이브로 데이터 파일' 참조)은 대규모 데이터 처리(단순하고
분할 가능)를 위해 설계된 시퀀스 파일과 비슷하지만 이기종 프로그래밍 언어에도 이식할 수 있
다는 장점이 있다. 시퀀스 파일은 Writable 객체를 이용하여 자바 코드로 작성되어 매우 자바
중심적이지만 에이브로 데이터 파일에 저장된 객체는 그 자체의 스키마에 의해 기술된다. 에이
브로 데이터 파일은 하둡 에코시스템에서 널리 사용되는 컴포넌트이기 때문에 바이너리 포맷
으로 많이 권장된다.

시퀀스 파일, 맵 파일, 에이브로 데이터 파일은 모두 행 기반 파일 포맷이다. 이것은 각 행의 값
은 파일에서 연속된 위치에 저장되어 있음을 의미한다. 컬럼 기반 파일 포맷에서는 각 파일이 먼
저 행 기준의 여러 조각으로 분리되고, 각 조각은 컬럼 기준으로 저장된다. 각 행의 첫 번째 컬럼
의 값이 먼저 저장되고, 각 행의 두 번째 컬럼의 값이 그다음 순으로 저장된다. [그림 5-4]는 이
를 도식화한 것이다.

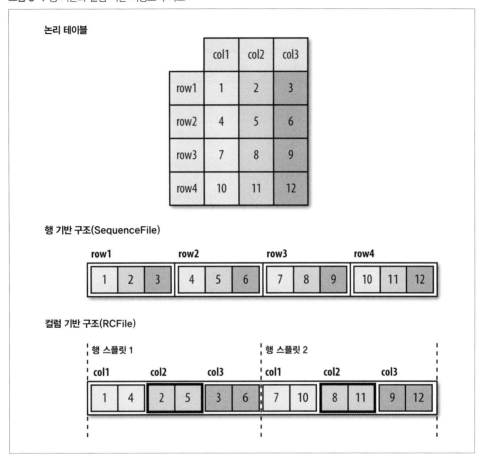

그림 5-4 행 기반과 컬럼 기반 저장소의 비교

컬럼 기반 구조는 접근할 필요가 없는 컬럼은 그냥 건너뛸 수 있다. [그림 5-4]에 있는 테이블에서 2개의 컬럼만 질의하는 작업을 고려해보자. 시퀀스 파일과 같은 행 기반 저장소는 실제로 2개의 컬럼만 필요하다고 해도 시퀀스 파일 레코드를 저장하고 있는 전체 행을 메모리로 불러들여야 한다. 지연 역직렬화를 이용하면 실제 접근하는 컬럼만 역직렬화하여 처리 시간을 줄일 수 있지만 이때에도 디스크의 모든 행을 읽어야 한다.

컬럼 기반 저장소에서는 파일의 오직 두 부분만 메모리에 로드된다(그림에서 진하게 표시된 부분). 일반적으로 컬럼 기반 파일 포맷은 테이블에서 소수의 컬럼만 접근할 때 잘 작동한다. 반대로 말하면 동시에 단일 행에서 많은 컬럼을 접근할 때는 행 기반 포맷이 더 적합하다고 할 수 있다.

컬럼 기반 포맷은 읽거나 쓸 때 더 많은 메모리가 필요하다. 단순히 한 행을 읽고 쓰는 것이 아니라 메모리에 있는 데이터를 각 행으로 분리하는 버퍼가 추가로 필요하기 때문이다. 또한 컬럼 기반 포맷은 쓰는 도중에 flush 또는 sync 조작을 제어하는 것이 일반적으로 불가능하고, 쓰기 처리가 실패하면 현재 파일을 복구할 수 없으므로 스트리밍 쓰기에는 적합하지 않다. 반면 시퀀스 파일이나 에이브로 데이터 파일과 같은 행 기반 파일 포맷은 쓰기 작업이 실패해도 마지막 동기화 포인트까지는 데이터를 읽을 수 있다. 이것이 바로 플룸(14장 참조)이 행 기반 포맷을 이용하는 중요한 이유다.

하둡에서 최초로 도입한 컬럼 기반 파일 포맷은 하이브의 RCFile^{Record Columnar File}이다. RCFile은 나중에 하이브의 ORCFile^{Optimized Record Columnar File}과 파케이^{Parquet}(13장 참조)로 대체되었다. 파케이는 구글의 드레멜^{Dremel}에서 사용되는 범용의 컬럼 기반 파일 포맷인데, 현재 하둡 컴포넌트 전반에서 널리 지원되고 있다. 에이브로는 또한 트레브니^{Trevni}라 불리는 컬럼 기반 포맷도 지원한다.

맵리듀스

2부에서는 맵리듀스를 심도 있게 다룬다. 4부의 데이터 처리 관련 장을 이해할 때 도움이 될 것이다. 하지만
처음 읽을 때는 그냥 건너뛰어도 괜찮다.

Part II

맵리듀스

## CHAPTER 6

맵리듀스 프로그래밍

2장에서는 맵리듀스 모델을 소개했다. 이 장에서는 실용적인 측면에서 맵리듀스 애플리케이션을 개발하는 방법을 살펴본다.

맵리듀스 프로그램은 일련의 개발 절차를 따른다. 먼저 맵과 리듀스 함수를 구현하고 잘 동작하는지 확인하기 위한 단위 테스트를 작성한다. 다음으로 잡을 실행하는 드라이버 프로그램을 작성하고, 정상적으로 작동하는지 검증하기 위해 데이터셋의 일부를 이용해서 IDE에서 실행한다. 만일 실패하면 IDE 디버거를 통해 문제의 원인을 찾을 수 있다. 이 정보를 활용해서 해당 문제를 검증하도록 단위 테스트를 확장하거나 매퍼와 리듀서가 입력을 정확히 처리하도록 개선할 수 있다.

작은 데이터셋이 예상대로 잘 동작한다면 클러스터에서 본격적으로 실행한다. 전체 데이터셋을 실행하면 이전 단계에서 해결했던 것보다 더 많은 새로운 이슈가 발생한다. 새로운 문제를 해결하기 위해서는 전처럼 단위 테스트를 확장하고 매퍼와 리듀서를 수정하면 된다. 하지만 클러스터에서 실패한 프로그램의 디버깅은 매우 어렵기 때문에 쉽게 해결할 수 있는 일반적인 기술을 살펴볼 필요가 있다.

프로그램이 제대로 작동하는 것을 확인한 후에는 성능을 개선하고 싶을 것이다. 먼저 맵리듀스 프로그램이 더 빠르게 수행되도록 표준검사를 실행하고, 그 후 태스크 프로파일링 task profiling (성능 분석)을 수행한다. 분산 프로그램의 프로파일링은 쉬운 일이 아니므로 이를 지원하기 위해 하둡은 훅 hook (가로채기)을 제공한다.

맵리듀스 프로그램을 작성하기 전에 개발 환경을 설치하고 설정해야 한다. 이를 위해 하둡의 설정 방법을 조금 배울 필요가 있다.

6.1 환경 설정 API

하둡의 컴포넌트는 하둡 자체의 환경 설정 API를 이용하여 설정할 수 있다. org.apache. hadoop.conf 패키지에 있는 Configuration 클래스 인스턴스는 환경 설정 **속성**과 값의 집합이다. 속성의 이름은 String 타입을, 속성의 값은 boolean, int, long, float와 같은 자바의 기본 자료형이나 String, Class, java.io.File, 문자열 컬렉션과 같은 자료형을 쓸 수 있다.

Configuration은 **리소스**라 불리는 이름-값 쌍의 단순한 구조로 정의된 XML 파일로부터 속성 정보를 읽는다. [예제 6-1]을 보자.

예제 6-1 단순한 설정 파일(configuration-1.xml)

```
<?xml version="1.0"?>
<configuration>
  <property>
    <name>color</name>
   <value>yellow</value>
    <description>Color</description>
  </property>

  <property>
    <name>size</name>
    <value>10</value>
    <description>Size</description>
  </property>

  <property>
    <name>weight</name>
    <value>heavy</value>
    <final>true</final>
    <description>Weight</description>
  </property>

  <property>
    <name>size-weight</name>
```

```
    <value>${size},${weight}</value>
    <description>Size and weight</description>
  </property>
</configuration>
```

다음 코드를 이용하면 환경 설정 파일인 configuration-1.xml로부터 속성 정보를 얻을 수 있다.

```
Configuration conf = new Configuration();
conf.addResource("configuration-1.xml");
assertThat(conf.get("color"), is("yellow"));
assertThat(conf.getInt("size", 0), is(10));
assertThat(conf.get("breadth", "wide"), is("wide"));
```

여기서 우리는 XML 파일에 자료형에 대한 정보가 없다는 점에 주의해야 한다. 그 대신 속성 파일을 읽을 때 지정한 자료형으로 해석된다. 또한 get( ) 메서드에 기본값을 넘길 수 있으며, 예제의 breadth와 같이 XML 파일에 정의되지 않은 속성도 사용할 수 있다.

6.1.1 리소스 결합하기

환경 설정을 정의할 때 하나 이상의 리소스(XML 파일)를 사용할 수 있다. 하둡은 이 기능을 활용하여 시스템의 기본 속성은 내부의 core-default.xml 파일로, 특정 속성은 core-site.xml 파일로 분리해서 정의했다. [예제 6-2]는 size와 weight 속성을 정의한 것이다.

예제 6-2 두 번째 설정 파일(configuration-2.xml)

```
<?xml version="1.0"?>
<configuration>
  <property>
    <name>size</name>
    <value>12</value>
  </property>

  <property>
    <name>weight</name>
    <value>light</value>
  </property>
</configuration>
```

리소스들은 다음과 같이 환경 설정에 순서대로 추가된다.

```
Configuration conf = new Configuration();
conf.addResource("configuration-1.xml");
conf.addResource("configuration-2.xml");
```

나중에 추가된 리소스에 정의된 속성은 이전에 정의된 속성을 오버라이드한다. 따라서 size 속성은 두 번째 설정 파일 configuration-2.xml에 정의된 값을 따른다.

```
assertThat(conf.getInt("size", 0), is(12));
```

그러나 final로 지정된 속성은 이후에 다시 정의해도 변경되지 않는다. 따라서 weight 속성은 첫 번째 설정 파일에서 final로 지정되었기 때문에 두 번째 오버라이드 시도는 실패하고 처음 할당된 값을 그대로 갖게 된다.

```
assertThat(conf.get("weight"), is("heavy"));
```

일반적으로 final 속성을 재정의하려는 시도는 환경 설정 오류의 원인이 되므로 장애 진단을 위해 경고 메시지를 로그로 남긴다. 관리자는 클라이언트의 설정 파일이나 잡 제출 매개변수를 사용자가 변경하지 못하도록 데몬 사이트 파일의 속성을 final로 지정할 수 있다.

6.1.2 변수 확장

환경 설정 속성은 다른 속성이나 시스템 속성으로도 정의할 수 있다. 예를 들어 앞서 첫 번째 설정 파일의 size-weight 속성은 ${size}, ${weight}로 정의되며, 이 속성들은 환경 설정에서 찾은 값을 사용한다.

```
assertThat(conf.get("size-weight"), is("12,heavy"));
```

시스템 속성은 리소스 파일에 정의된 속성보다 우선순위가 높다.

```
System.setProperty("size", "14");
assertThat(conf.get("size-weight"), is("14,heavy"));
```

이 기능은 명령행에서 -D*property=value*라는 JVM 인자를 이용하여 속성을 오버라이드할 때 유용하다.

환경 설정 속성은 시스템 속성으로도 정의할 수 있지만 주의할 점이 있다. 미리 정의되지 않은 속성을 시스템 속성으로 재정의한다면 환경 설정 API는 새로운 시스템 속성을 전혀 인식하지 못한다.[1]

```
System.setProperty("length", "2");
assertThat(conf.get("length"), is((String) null));
```

6.2 개발환경 설정하기

맵리듀스 프로그램을 명령행이나 IDE 환경에서 빌드하고 로컬(독립) 모드로 실행하려면 먼저 프로젝트를 생성해야 한다. [예제 6-3]은 메이븐 POM^{Project Object Model}으로, 맵리듀스 프로그램을 빌드하고 테스트하는 데 필요한 의존성을 잘 보여준다.

예제 6-3 맵리듀스 애플리케이션을 빌드하고 테스트하기 위한 메이븐 POM

```xml
<project>
  <modelVersion>4.0.0</modelVersion>
  <groupId>com.hadoopbook</groupId>
  <artifactId>hadoop-book-mr-dev</artifactId>
  <version>4.0</version>
  <properties>
    <project.build.sourceEncoding>UTF-8</project.build.sourceEncoding>
    <hadoop.version>2.5.1</hadoop.version>
  </properties>
  <dependencies>
    <!-- 하둡 메인(main) 클라이언트 라이브러리 -->
    <dependency>
```

---

1 옮긴이_ 시스템 설정으로 정의된 length 속성은 환경 설정 파일에는 정의되지 않았기 때문에 인식할 수 없다.

```xml
    <groupId>org.apache.hadoop</groupId>
    <artifactId>hadoop-client</artifactId>
    <version>${hadoop.version}</version>
  </dependency>
  <!-- 단위 테스트 라이브러리 -->
  <dependency>
    <groupId>junit</groupId>
    <artifactId>junit</artifactId>
    <version>4.11</version>
    <scope>test</scope>
  </dependency>
  <dependency>
    <groupId>org.apache.mrunit</groupId>
    <artifactId>mrunit</artifactId>
    <version>1.1.0</version>
    <classifier>hadoop2</classifier>
    <scope>test</scope>
  </dependency>
  <!-- 미니 클러스터 하둡 테스트 라이브러리 -->
  <dependency>
    <groupId>org.apache.hadoop</groupId>
    <artifactId>hadoop-minicluster</artifactId>
    <version>${hadoop.version}</version>
    <scope>test</scope>
  </dependency>
</dependencies>
<build>
  <finalName>hadoop-examples</finalName>
  <plugins>
    <plugin>
      <groupId>org.apache.maven.plugins</groupId>
      <artifactId>maven-compiler-plugin</artifactId>
      <version>3.1</version>
      <configuration>
        <source>1.6</source>
        <target>1.6</target>
      </configuration>
    </plugin>
    <plugin>
      <groupId>org.apache.maven.plugins</groupId>
      <artifactId>maven-jar-plugin</artifactId>
      <version>2.5</version>
      <configuration>
        <outputDirectory>${basedir}</outputDirectory>
```

```
          </configuration>
        </plugin>
      </plugins>
    </build>
  </project>
```

POM에서 흥미로운 부분은 바로 의존성 섹션이다. 여기서 정의한 의존성과 동일하다면 그레이들Gradle이나 아파치 앤트Ant의 아이비Ivy 같은 빌드 도구를 사용하는 것이 더 직관적이다. 맵리듀스 잡을 빌드하려면 하둡의 클라이언트 클래스(HDFS 및 맵리듀스와 통신하기 위한)를 모두 포함한 hadoop-client 의존성만 있으면 된다. 단위 테스트에는 junit을, 맵리듀스 테스트에는 mrunit을 사용할 수 있다. hadoop-minicluster 라이브러리는 단일 JVM으로 실행되는 하둡 클러스터에서 테스트할 때 유용한 '미니' 클러스터를 포함하고 있다.

많은 IDE에서 메이븐 POM을 직접 지원하기 때문에 pom.xml 파일을 포함한 디렉터리를 지정한 후 바로 코드를 작성하면 된다. 아니면 메이븐을 사용하여 IDE를 위한 설정 파일을 만들 수도 있다. 예를 들어 다음 명령은 프로젝트를 이클립스로 임포트하기 위해 이클립스용 설정 파일을 생성하는 예제다.

```
% mvn eclipse:eclipse -DdownloadSources=true -DdownloadJavadocs=true
```

6.2.1 환경 설정 파일 관리하기

하둡 애플리케이션을 개발할 때는 로컬 모드와 클러스터 모드를 번갈아가며 테스트하는 것이 좋다. 보통 여러 대의 머신으로 구성된 클러스터에서 실제 작업을 수행한다. 하지만 테스트를 위해 단일 로컬 머신에서 모든 데몬을 실행하는 의사분산pseudodistributed 클러스터를 하나쯤 가지고 있는 경우가 많다(설치는 부록 A에서 다룬다).

다양한 클러스터 환경을 이용할 수 있도록 각 클러스터의 연결 정보를 가진 환경 설정 파일들을 먼저 만들고 하둡 애플리케이션이나 도구를 실행할 때 그중 하나를 지정하는 방법이 있다. 설정 파일의 중복이나 분실을 방지하기 위해 하둡 설치 디렉터리 외부에 이러한 파일을 보관할 것을 권장한다.

더욱 쉽게 설명하기 위해 conf 디렉터리에 hadoop-local.xml, hadoop-localhost.xml, hadoop-cluster.xml 등 세 개의 환경 설정 파일이 있다고 가정하자(예제 코드 참조). 이 파일들에 특별한 명명 규칙이 있는 것은 아니고 단지 환경 설정 정보를 패키지로 편리하게 관리하려는 것이다(동일한 서버 측 환경을 설정하는 [표 A-1]과 비교해보라).

로컬 모드. hadoop-local.xml 파일은 기본 파일시스템과 맵리듀스 잡을 실행하는 로컬(단일 JVM) 프레임워크에 적합한 하둡 설정을 가진다.

```
<?xml version="1.0"?>
<configuration>

  <property>
    <name>fs.defaultFS</name>
    <value>file:///</value>
  </property>

  <property>
    <name>mapreduce.framework.name</name>
    <value>local</value>
  </property>

</configuration>
```

의사분산 모드. hadoop-localhost.xml 파일에 로컬에서 작동하는 네임노드^{namenode}와 YARN 리소스 매니저^{resource manager}의 위치를 설정한다.

```
<?xml version="1.0"?>
<configuration>

  <property>
    <name>fs.defaultFS</name>
    <value>hdfs://localhost/</value>
  </property>

  <property>
    <name>mapreduce.framework.name</name>
    <value>yarn</value>
  </property>

  <property>
    <name>yarn.resourcemanager.address</name>
```

```
      <value>localhost:8032</value>
   </property>

</configuration>
```

완전분산 모드. hadoop-cluster.xml 파일은 클러스터의 네임노드와 YARN 리소스 매니저의 주소를 가진다. 실무에서는 예제에 사용된 'cluster'라는 이름 대신 실제 클러스터의 이름을 사용할 것을 권장한다.

```
<?xml version="1.0"?>
<configuration>

   <property>
      <name>fs.defaultFS</name>
      <value>hdfs://namenode/</value>
   </property>

   <property>
      <name>mapreduce.framework.name</name>
      <value>yarn</value>
   </property>

   <property>
      <name>yarn.resourcemanager.address</name>
      <value>resourcemanager:8032</value>
   </property>

</configuration>
```

필요 시 설정 파일에 다른 환경 설정 속성을 추가할 수 있다.

사용자 인증 설정

하둡은 클라이언트 시스템에서 whoami 명령어를 실행하여 알게 된 사용자에 대해 HDFS의 접근 권한을 확인한다. 비슷하게 그룹명은 groups 명령으로 확인할 수 있다.

만약 하둡의 사용자 이름과 클라이언트 머신의 사용자 계정이 다르면 HADOOP_USER_NAME 환경 변수에 사용자 이름을 명시적으로 설정하면 된다. 그리고 사용자 그룹은 hadoop.user.group. static.mapping.overrides 설정 속성으로 재정의할 수 있다. 예를 들어 dr.who=;preston=dir ectors,inventors는 dr.who 사용자는 그룹이 없고 preston은 directors와 inventors 그룹에 속한다는 것을 의미한다.

하둡 웹 인터페이스를 실행하는 사용자 이름은 hadoop.http.staticuser.user 속성에 설정한다. 슈퍼유저superuser가 아닌 dr.who가 기본 사용자이므로 웹 인터페이스를 통해서는 시스템 파일에 접근할 수 없다.

하둡은 기본적으로 시스템 내에 인증 기능을 제공하지 않는다는 점을 명심해야 한다. 하둡을 위한 커버로스Kerberos 인증 사용법은 10.4절 '보안'을 참조하라.

명령행에서 -conf 뒤에 설정 파일을 명시적으로 지정하면 원하는 환경 설정을 쉽게 이용할 수 있다. 예를 들어 다음 명령행은 로컬 호스트에서 의사분산 모드로 실행 중인 HDFS 서버의 디렉터리 목록을 보여준다.

```
% hadoop fs -conf conf/hadoop-localhost.xml -ls .
Found 2 items
drwxr-xr-x   - tom supergroup          0 2014-09-08 10:19 input
drwxr-xr-x   - tom supergroup          0 2014-09-08 10:19 output
```

-conf 옵션을 생략하면 $HADOOP_HOME 아래에 있는 etc/hadoop 디렉터리에서 하둡 설정을 찾는다. 또한 HADOOP_CONF_DIR를 별도로 설정했다면 그 위치에서 하둡 설정 파일을 찾는다.

NOTE_ 환경 설정 파일을 관리하는 좋은 방법이 있다. 하둡이 설치된 디렉터리 아래에 있는 etc/hadoop 디렉터리를 다른 곳으로 복사하고, 그곳에 *-site.xml 설정 파일들을 옮긴 후, HADOOP_CONF_DIR 환경변수의 값을 새로운 위치로 다시 설정한다. 이 방식의 주요 장점은 모든 명령행에서 -conf를 명시할 필요가 없다는 것이다. 또한 HADOOP_CONF_DIR 디렉터리에 모든 환경 설정 파일의 복사본이 존재하기 때문에 하둡 XML 설정 파일 외에 다른 설정 파일(log4j.properties 등)을 독립적으로 변경할 수 있다(10.3절 '하둡 환경 설정' 참조).

하둡이 제공하는 도구는 -conf 옵션을 지원하지만 Tool 인터페이스를 이용하여 사용자 프로그램(맵리듀스 잡을 실행하는 프로그램)에서 이 옵션을 지원하도록 작성하는 것이 더 직관적이다.

6.2.2 GenericOptionsParser, Tool, ToolRunner

하둡은 명령행에서 잡을 쉽게 실행할 수 있도록 몇 가지 헬퍼^{helper} 클래스를 제공한다. GenericOptionsParser 클래스는 명령행 옵션을 해석하여 Configuration 객체에 값을 설정한다. GenericOptionsParser 클래스를 직접 사용하기보다 Tool 인터페이스를 구현한 애플리케이션을 작성한 후 GenericOptionsParser를 내부에서 호출하는 ToolRunner로 프로그램을 실행하는 것이 더 편리하다.

```
public interface Tool extends Configurable {
  int run(String [] args) throws Exception;
}
```

[예제 6-4]는 Tool의 Configuration 객체에 속한 모든 키와 그 값을 출력하는 간단한 예제다.

예제 6-4 Configuration 객체 내부의 속성을 출력하는 Tool을 구현한 예제

```
public class ConfigurationPrinter extends Configured implements Tool {

  static {
    Configuration.addDefaultResource("hdfs-default.xml");
    Configuration.addDefaultResource("hdfs-site.xml");
    Configuration.addDefaultResource("yarn-default.xml");
    Configuration.addDefaultResource("yarn-site.xml");
    Configuration.addDefaultResource("mapred-default.xml");
    Configuration.addDefaultResource("mapred-site.xml");
  }

  @Override
  public int run(String[] args) throws Exception {
    Configuration conf = getConf();
    for (Entry<String, String> entry: conf) {
      System.out.printf("%s=%s\n", entry.getKey(), entry.getValue());
    }
    return 0;
  }

  public static void main(String[] args) throws Exception {
    int exitCode = ToolRunner.run(new ConfigurationPrinter(), args);
    System.exit(exitCode);
  }
}
```

Configurable 인터페이스를 구현한 Configured 클래스를 상속받아 ConfigurationPrinter 를 만든다. Configured 클래스를 상속받으면 Tool 인터페이스의 부모인 Configurable 인 터페이스를 쉽게 구현할 수 있다(Tool이 이를 확장함). run() 메서드는 Configurable의 getConf() 메서드를 통해 Configuration 객체를 반복적으로 얻고 모든 속성을 표준 출력으 로 출력한다.

정적static 블록은 핵심 환경 설정(Configuration이 이미 알고 있는) 외에 HDFS, YARN, 맵리 듀스 환경 설정을 명시적으로 추가한다.

ConfigurationPrinter의 main() 메서드는 자신의 run() 메서드를 직접 호출하지는 않는다. 그 대신 우리는 Tool의 Configuration 객체를 책임지고 생성하는 ToolRunner의 run() 정적 메서드를 호출한다. ToolRunner는 GenericOptionsParser를 이용하여 명령행에 명시된 표 준 옵션을 추출하여 Configuration 객체에 설정한다. 다음 명령을 실행하면 conf/hadoop-localhost.xml에 명시된 속성을 추출하는 것과 동일한 효과를 얻을 수 있다.

```
% mvn compile
% export HADOOP_CLASSPATH=target/classes/
% hadoop ConfigurationPrinter -conf conf/hadoop-localhost.xml \
  | grep yarn.resourcemanager.address=
yarn.resourcemanager.address=localhost:8032
```

어떤 속성을 설정할 수 있는가?

ConfigurationPrinter는 시스템에 설정된 속성을 확인하는 유용한 도구다. 네임노드와 같은 데몬이 실행되고 있으면 웹 서버의 /conf 페이지에서 모든 속성과 그 값을 확인할 수 있다([표 10-6]의 포트 번호 참조).

하둡 설치 디렉터리 아래에 있는 share/doc의 core-default.xml, hdfs-default.xml, yarn-default.xml, mapred-default.xml 파일에서 일반적인 속성의 기본값을 확인할 수 있다. 또한 각 속성의 용도와 값 설정 방법도 알 수 있다.

기본 설정 파일 문서는 온라인 페이지 http://hadoop.apache.org/docs/current/에서 찾을 수 있다. 하둡 버전별 문서는 'current'를 'r〈버전〉'으로 변경하면 된다. 예를 들어 하둡 2.5.0 버 전의 문서는 http://hadoop.apache.org/docs/r2.5.0/에서 찾을 수 있다.

클라이언트 환경 설정을 할 때는 변경하지 못하는 속성도 일부 있다는 점을 반드시 알고 있어야 한다. 예를 들어 잡을 제출할 때 이를 실행할 노드 매니저의 가용 메모리를 변경하기 위해 yarn.nodemanager.resource.memory-mb 속성을 설정한 후 직접 확인해보면 아마 실망할 것이다. 이 속성은 노드 매니저의 yarn-site.xml 파일을 통해서만 변경할 수 있기 때문이다. 일반적으로 속성의 이름을 보면 해당 속성을 설정할 수 있는 컴포넌트를 알 수 있다. 예를 들어 yarn.nodemanager.resource.memory-mb 속성은 yarn.nodemaner로 시작하기 때문에 노드 매니저 데몬에서만 설정할 수 있다. 그러나 속성에 대한 규칙은 엄격하지 않으므로 직접 실행하여 에러 여부를 확인하거나 소스 코드를 살펴봐야 한다.[2]

환경 설정 속성의 이름은 체계적인 명명 구조를 따르기 위해 하둡 버전 2에서 계속 변경되고 있다. 예를 들어 네임노드와 관련된 HDFS 속성은 dfs.namenode 접두사로 변경되어 기존 dfs.name.dir는 이제 dfs.namenode.name.dir가 되었다. 이와 비슷하게 맵리듀스 속성은 기존 mapred 접두사 대신 쉽게 구분하기 위해 mapreduce로 변경되었다. 따라서 기존의 mapred.job.name은 mapreduce.job.name이 되었다. 이 책에서는 사용 중지 안내된[deprecated] 속성이라는 경고 메시지의 출력을 막기 위해 새로운 속성 이름을 사용했다. 물론 사용 중지 안내된 속성의 이름은 동작하는 데 문제가 없고 구 버전의 문서에서 가끔 언급된다. 사용 중지 안내된 속성의 이름과 이를 대체하는 속성을 정리한 표는 하둡 웹사이트[3]에서 확인할 수 있다.

이 책 전반에 걸쳐 하둡의 가장 중요한 환경 설정 속성을 다룬다.

GenericOptionsParser는 또한 개별 속성을 지정할 수 있는 기능을 제공한다. 다음 예제를 보자.

```
% hadoop ConfigurationPrinter -D color=yellow | grep color
color=yellow
```

여기서 -D 옵션으로 color 키에 yellow 값을 설정했다. -D로 명시한 옵션은 환경 설정 파일에서 설정한 속성보다 우선순위가 높다. 이는 환경 설정 파일에 기본값을 정의하고 필요할 때 -D 옵션으로 값을 재정의할 수 있어서 매우 유용하다. 예를 들어 맵리듀스 잡의 리듀서 수를 -D mapreduce.job.reduces=n으로 설정하면 클러스터나 클라이언트 측 환경 설정 파일에 설정했던 리듀서 수를 오버라이드한다.

---

2 옮긴이_ 소스에 final로 지정되어 있음

3 http://bit.ly/deprecated_props

[표 6-1]에서 GenericOptionsParser와 ToolRunner의 옵션을 볼 수 있다. 하둡 설정 API는 6.1절 '환경 설정 API'에서 자세히 다뤘다.

CAUTION_ GenericOptionsParser(그리고 Tool Runner)에 -D *property=value* 옵션으로 하둡의 속성을 설정하는 것과 -D*property=value* 옵션을 사용하여 자바 명령어로 JVM의 시스템 속성을 설정하는 것을 혼동하면 안 된다. JVM의 시스템 속성은 D와 property 이름 사이에 어떤 공백도 허용하지 않지만 GenericOptionsParser는 허용한다.

JVM 시스템 속성은 java.lang.System 클래스를 통해 얻지만 하둡 속성은 Configuration 객체를 통해서만 얻을 수 있다. 따라서 ConfigurationPrinter가 java.lang.System 클래스를 사용하지 않기 때문에 다음과 같이 HADOOP_OPTS를 통해 color 시스템 속성을 설정하더라도 아무것도 출력되지 않는다.

```
% HADOOP_OPTS='-Dcolor=yellow' \
    hadoop ConfigurationPrinter | grep color
```

시스템 속성을 통해 환경 설정을 변경하고 싶으면 원하는 시스템 속성을 환경 설정 파일에 반영^{mirror}해야 한다. 자세한 사항은 6.1.2절 '변수 확장'을 참조하기 바란다.

표 6-1 GenericOptionsParser와 ToolRunner의 옵션

옵션	설명
-D *property=value*	지정된 하둡 환경 설정 속성을 주어진 값으로 설정한다. 환경 설정 파일에 존재하는 기본 또는 사이트 속성과 -conf 옵션을 통해 설정한 모든 속성을 오버라이드한다.
-conf *filename* ...	환경 설정의 리소스 목록에 지정한 파일을 추가한다. 사이트 속성이나 다수의 속성을 한번에 설정할 때 편리하다.
-fs *uri*	지정된 URI로 기본 파일시스템을 설정한다. 이는 -D fs.defaultFS= *uri*의 단축 명령이다.
-jt *host:port*	지정된 호스트와 포트로 YARN 리소스 매니저를 설정한다(하둡 버전 1에서는 이 옵션으로 잡트래커의 주소를 설정했다). 이는 -D yarn. resourcemanager.address=*host:port*의 단축 명령이다.
-files *file1,file2,*...	지정된 파일을 로컬 파일시스템(또는 URI 스킴으로 지정된 모든 파일시스템)에서 맵리듀스가 사용할 공유 파일시스템(대개 HDFS)으로 복사해서 태스크 작업 디렉터리 안에 존재하는 맵리듀스 프로그램이 사용 가능하게 한다(클러스터 머신으로 파일을 복사하는 분산 캐시에 대한 자세한 내용은 9.4.2절 '분산 캐시' 참조).
-archives *archive1,archive2,*...	지정된 아카이브를 로컬 파일시스템(또는 URI 스킴으로 지정된 모든 파일시스템)에서 맵리듀스가 사용할 공유 파일시스템(HDFS)으로 복사한 후 이 아카이브를 해제한다. 맵리듀스 프로그램은 이를 태스크의 작업 디렉터리에서 활용할 수 있다.

옵션	설명
-libjars *jar1*,*jar2*,...	지정된 JAR 파일을 로컬 파일시스템(또는 URI 스킴으로 지정된 모든 파일시스템)에서 맵리듀스가 사용할 공유 파일시스템(HDFS)으로 복사한 후 맵리듀스 태스크의 클래스패스에 추가한다. 이 옵션은 잡이 의존하는 JAR 파일을 전송하는 효과적인 방법이다.

6.3 엠알유닛으로 단위 테스트 작성하기

맵리듀스의 맵과 리듀스 함수는 개별적으로 테스트하기 쉬운데, 이것이 바로 함수형 스타일의 장점이다. 엠알유닛^{MRUnit}[4]은 매퍼와 리듀서에 데이터를 전달하고 예상대로 출력되는지 점검할 수 있는 테스트 라이브러리다. 제이유닛^{Junit}과 같은 표준 테스트 실행 프레임워크와 연동하여 일반적인 개발 환경에서 맵리듀스 잡의 실행이 가능하다. 이 책의 모든 테스트 코드는 6.2절 '개발환경 설정하기'의 지시에 따라 IDE로 실행할 수 있다.

6.3.1 매퍼

[예제 6-5]는 매퍼 테스트 코드다.

예제 6-5 MaxTemperatureMapper 단위 테스트

```
import java.io.IOException;
import org.apache.hadoop.io.*;
import org.apache.hadoop.mrunit.mapreduce.MapDriver;
import org.junit.*;

public class MaxTemperatureMapperTest {

  @Test
  public void processesValidRecord() throws IOException, InterruptedException {
    Text value = new Text("0043011990999991950051518004+68750+023550FM-12+0382" +
                                    // 연도 ^^^^
        "99999V0203201N00261220001CN9999999N9-00111+99999999999");
                                    // 기온 ^^^^
```

---

4 https://mrunit.apache.org/

```
    new MapDriver<LongWritable, Text, Text, IntWritable>()
      .withMapper(new MaxTemperatureMapper())
      .withInput(new LongWritable(0), value)
      .withOutput(new Text("1950"), new IntWritable(-11))
      .runTest();
  }
}
```

테스트 방법은 매우 간단하다. 날씨 레코드를 매퍼의 입력으로 보내고 그 출력값을 확인하여 입력한 연도와 기온이 맞는지 확인하면 된다.

매퍼를 테스트하기 위해 엠알유닛의 MapDriver를 사용했다. 먼저 MaxTemperatureMapper 인스턴스를 설정하고, 입력키와 값, 예상되는 출력키(연도는 Text 객체로 1950)와 값(기온은 IntWritable로 -1.1도)을 설정한 다음 최종적으로 runTest() 함수를 호출한다. 매퍼의 출력값이 예상과 다르면 엠알유닛 테스트는 실패한 것이다. 여기서 입력키는 매퍼가 무시하므로 임의의 값을 넣어도 상관없다.

우리는 테스트 주도 방식test-driven fashion으로 테스트를 통과한 매퍼를 구현했다([예제 6-6] 참조). 계속해서 매퍼 클래스를 발전시키면서 버전별로 패키지를 만들어 저장하자. 예를 들어 v1.MaxTemperatureMapper는 MaxTemperatureMapper의 버전 1이다. 물론 새로운 패키지를 만들지 않아도 클래스를 개선할 수는 있다.

예제 6-6 MaxTemperatureMapperTest를 통과한 첫 번째 버전의 매퍼

```
public class MaxTemperatureMapper
    extends Mapper<LongWritable, Text, Text, IntWritable> {

  @Override
  public void map(LongWritable key, Text value, Context context)
      throws IOException, InterruptedException {

    String line = value.toString();
    String year = line.substring(15, 19);
    int airTemperature = Integer.parseInt(line.substring(87, 92));
    context.write(new Text(year), new IntWritable(airTemperature));
  }
}
```

텍스트 행에서 연도와 기온값을 추출하여 Context에 쓰는 방식으로 간단히 구현했다. 다음으로 원본 데이터에서 +9999로 나타나는 결측값을 테스트하는 코드를 추가해보자.

```
@Test
public void ignoresMissingTemperatureRecord() throws IOException,
    InterruptedException {
  Text value = new Text("0043011990099999195005151800+4+68750+023550FM-12+0382" +
                                // 연도 ^^^^
      "99999V0203201N00261220000CN9999999N9+99991+99999999999");
                                // 기온 ^^^^
  new MapDriver<LongWritable, Text, Text, IntWritable>()
    .withMapper(new MaxTemperatureMapper())
    .withInput(new LongWritable(0), value)
    .runTest();
}
```

MapDriver는 withOutput( ) 함수의 호출 횟수에 따라 0개, 1개 또는 그 이상의 출력 레코드를 점검할 수 있다. 이 애플리케이션은 기온의 결측값을 가진 레코드를 출력에서 제외하므로 특정 입력값에 대한 출력 여부를 검증할 수 있다.

+9999를 특별한 입력으로 다루지 않았기 때문에 새로운 테스트는 실패한다. 매퍼에 로직을 추가하는 것보다는 [예제 6-7]과 같이 파싱 로직을 포함한 파서 클래스에서 처리하는 것이 더 좋다.

예제 6-7 NCDC 날씨 레코드를 파싱하는 클래스

```
public class NcdcRecordParser {

  private static final int MISSING_TEMPERATURE = 9999;

  private String year;
  private int airTemperature;
  private String quality;

  public void parse(String record) {
    year = record.substring(15, 19);
    String airTemperatureString;
    // 자바 7 이전의 parseInt 함수는 에러가 발생하므로 앞의 더하기 기호를 제거한다.
    if (record.charAt(87) == '+') {
      airTemperatureString = record.substring(88, 92);
    } else {
```

```
      airTemperatureString = record.substring(87, 92);
    }
    airTemperature = Integer.parseInt(airTemperatureString);
    quality = record.substring(92, 93);
  }

  public void parse(Text record) {
    parse(record.toString());
  }

  public boolean isValidTemperature() {
    return airTemperature != MISSING_TEMPERATURE && quality.matches("[01459]");
  }

  public String getYear() {
    return year;
  }

  public int getAirTemperature() {
    return airTemperature;
  }
}
```

새로운 버전의 매퍼는 더욱 간결해졌다([예제 6-8] 참조). 입력 텍스트 행으로부터 관심 있는
필드를 파싱하는 파서의 parse() 메서드를 호출한 후 isValidTemperature() 질의 메서드
로 기온값이 유효한지 점검한다. 값이 정상이면 파서의 게터 메서드로 연도와 기온을 추출한
다. isValidTemperature() 메서드는 기온의 결측값을 점검할 뿐만 아니라 품질 상태 필드도
점검하여 잘못된 기온 레코드를 걸러낸다.

> **NOTE_** 매퍼를 수정하는 대신 파서 클래스를 작성하면 유사한 잡을 수행하는 여러 관련 매퍼에 중복된 코
> 드를 넣지 않아도 되는 부가적인 이익이 있다. 또한 파서에만 초점을 둔 단위 테스트를 작성할 수 있는 기회
> 가 생긴다.

예제 6-8 레코드 파서 클래스를 활용한 매퍼

```
public class MaxTemperatureMapper
    extends Mapper<LongWritable, Text, Text, IntWritable> {
```

```
private NcdcRecordParser parser = new NcdcRecordParser();

@Override
public void map(LongWritable key, Text value, Context context)
    throws IOException, InterruptedException {

  parser.parse(value);
  if (parser.isValidTemperature()) {
    context.write(new Text(parser.getYear()),
        new IntWritable(parser.getAirTemperature()));
  }
}
}
```

매퍼 테스트는 통과했고 이제 리듀서 작성으로 넘어가자.

6.3.2 리듀서

리듀서는 입력받은 키의 최대 기온값을 찾는다. 다음은 ReducerDriver를 사용해서 이 기능을
테스트하는 간단한 코드다.

```
@Test
public void returnsMaximumIntegerInValues() throws IOException,
    InterruptedException {
  new ReduceDriver<Text, IntWritable, Text, IntWritable>()
    .withReducer(new MaxTemperatureReducer())
    .withInput(new Text("1950"),
        Arrays.asList(new IntWritable(10), new IntWritable(5)))
    .withOutput(new Text("1950"), new IntWritable(10))
    .runTest();
}
```

테스트를 위해 입력할 IntWritable 값의 목록을 만들고 MaxTemperatureReducer가 최댓값을
제대로 찾는지 검증해보자. [예제 6-9]는 테스트를 통과한 MaxTemperatureReducer를 구현한
것이다.

```
public class MaxTemperatureReducer
    extends Reducer<Text, IntWritable, Text, IntWritable> {

  @Override
  public void reduce(Text key, Iterable<IntWritable> values, Context context)
      throws IOException, InterruptedException {

    int maxValue = Integer.MIN_VALUE;
    for (IntWritable value : values) {
      maxValue = Math.max(maxValue, value.get());
    }
    context.write(key, new IntWritable(maxValue));
  }
}
```

6.4 로컬에서 실행하기

지금까지 임의로 생성한 입력에 대해 잘 작동하는 매퍼와 리듀서를 만들었다. 다음으로 잡 드라이버를 작성하고 개발 머신에서 테스트 데이터로 실행해보자.

6.4.1 로컬 잡 실행하기

이 장 앞에서 소개한 Tool 인터페이스를 활용하면 연도별 최대 기온을 찾는 맵리듀스 잡을 실행하는 드라이버를 쉽게 작성할 수 있다([예제 6-10]의 MaxTemperatureDriver 참조).

예제 6-10 최대 기온을 찾는 애플리케이션

```
public class MaxTemperatureDriver extends Configured implements Tool {

  @Override
  public int run(String[] args) throws Exception {
    if (args.length != 2) {
      System.err.printf("Usage: %s [generic options] <input> <output>\n",
          getClass().getSimpleName());
```

```
      ToolRunner.printGenericCommandUsage(System.err);
      return -1;
    }

    Job job = new Job(getConf(), "Max temperature");
    job.setJarByClass(getClass());

    FileInputFormat.addInputPath(job, new Path(args[0]));
    FileOutputFormat.setOutputPath(job, new Path(args[1]));

    job.setMapperClass(MaxTemperatureMapper.class);
    job.setCombinerClass(MaxTemperatureReducer.class);
    job.setReducerClass(MaxTemperatureReducer.class);

    job.setOutputKeyClass(Text.class);
    job.setOutputValueClass(IntWritable.class);

    return job.waitForCompletion(true) ? 0 : 1;
  }

  public static void main(String[] args) throws Exception {
    int exitCode = ToolRunner.run(new MaxTemperatureDriver(), args);
    System.exit(exitCode);
  }
}
```

MaxTemperatureDriver는 Tool 인터페이스의 구현체로, GenericOptionsParser가 제공하는 옵션 설정 기능을 이용할 수 있다. run() 메서드는 잡이 시작될 때 사용하는 Tool의 환경 설정을 기반으로 Job 객체를 생성한다. 지정할 수 있는 잡 환경 설정 중 입출력 파일 경로, 매퍼, 리듀서, 컴바이너 클래스, 출력 타입을 설정했다. 여기서 입력 타입은 기본 입력 포맷인 TextInput Format이며 LongWritable 키와 Text 값을 가진다. 잡 이름을 Maxtemperature로 지정하여 실행 중 그리고 종료 후 잡 목록에서 쉽게 찾을 수 있도록 하였다. 기본으로 잡의 이름은 JAR 파일의 이름인데, 별로 적절하지 않다.

이제 로컬 파일로 애플리케이션을 실행해보자. 하둡은 맵리듀스 실행 엔진의 축소 버전으로, 단일 JVM에서 동작하는 로컬 잡 실행자^{local job runner}를 제공한다. 이 실행자는 테스트 용도로 설계되었으며 매퍼와 리듀서 코드를 단계별로 실행하며 디버깅할 수 있으므로 IDE에서 편하게 실행할 수 있다.

환경 설정에서 mapreduce.framework.name 속성을 기본값인 local로 설정하면 로컬 잡 실행
자가 사용된다.[5]

다음과 같이 명령행에서 드라이버를 실행할 수 있다.

```
% mvn compile
% export HADOOP_CLASSPATH=target/classes/
% hadoop v2.MaxTemperatureDriver -conf conf/hadoop-local.xml \
    input/ncdc/micro output
```

또는 GenericOptionsParser가 제공하는 -fs와 -jt 옵션을 사용해도 된다.

```
% hadoop v2.MaxTemperatureDriver -fs file:/// -jt local input/ncdc/micro output
```

이 명령은 로컬 input/ncdc/micro 디렉터리의 데이터를 입력받아 로컬 output 디렉터리
에 결과를 저장하는 MaxTemperatureDriver를 실행한다. 여기에서는 -fs에 로컬 파일시스템
(file:///)을 설정했지만, 로컬 잡 실행자는 HDFS를 포함한 모든 파일시스템에서 잘 작동한
다. 따라서 HDFS에 몇 개의 파일만 있다면 한번 실행해보는 것도 괜찮다.

이제 로컬 파일시스템에 저장된 결과를 확인해보자.

```
% cat output/part-r-00000
1949    111
1950    22
```

6.4.2 드라이버 테스트하기

Tool을 구현한 애플리케이션을 만들면 환경 설정 옵션을 유연하게 넣을 수 있는 장점도 있지만
Configuration 객체를 직접 만들어 넣을 수 있기 때문에 테스트하기에도 좋다. 로컬 잡 실행자
를 이용해서 테스트용 입력 데이터를 넣고 원하는 출력 결과가 나오는지 점검하는 테스트 코드
를 작성할 때 이를 활용할 수 있다.

----

5 하둡 1에서는 mapred.job.tracker로 수행 방식을 결정한다. 로컬 잡 실행자는 local로, 잡트래커는 콜론으로 구분된 호스트와 포
트로 그 주소를 설정한다.

이를 위한 두 가지 방법이 존재한다. 첫 번째 방법은 로컬 잡 실행자를 사용해서 로컬 파일시스템에 있는 테스트 파일로 실행하는 것이다. [예제 6-11]은 이 방법을 사용한 예제다.

예제 6-11 로컬 단일-프로세스 잡 실행자를 사용한 MaxTemperatureDriver 테스트

```
@Test
public void test() throws Exception {
  Configuration conf = new Configuration();
  conf.set("fs.defaultFS", "file:///");
  conf.set("mapreduce.framework.name", "local");
  conf.setInt("mapreduce.task.io.sort.mb", 1);

  Path input = new Path("input/ncdc/micro");
  Path output = new Path("output");

  FileSystem fs = FileSystem.getLocal(conf);
  fs.delete(output, true); // 이전 출력 삭제

  MaxTemperatureDriver driver = new MaxTemperatureDriver();
  driver.setConf(conf);

  int exitCode = driver.run(new String[] {
      input.toString(), output.toString() });
  assertThat(exitCode, is(0));

  checkOutput(conf, output);
}
```

이 테스트는 로컬 파일시스템과 로컬 잡 실행자를 사용하기 위해 fs.defaultFS와 mapreduce.framework.name을 명시적으로 설정했다. 그다음에 작은 입력 데이터로 Tool 인터페이스를 구현한 MaxTemperatureDriver를 실행한다. 테스트의 마지막 부분에서 실제 출력 결과와 예상 결과를 한 줄씩 비교하는 checkOutput() 메서드를 호출한다.

드라이버를 테스트하는 두 번째 방법은 '미니' 클러스터에서 수행하는 것이다. 하둡은 MiniDFSCluster, MiniMRCluster, MiniYARNCluster 테스트 클래스를 제공한다. 이 클래스를 이용하면 단일 프로세스 클러스터를 생성할 수 있으며, 로컬 잡 실행자와 달리 HDFS, 맵리듀스, YARN과 기술적으로 똑같은 환경에서 테스트를 할 수 있다. 미니 클러스터의 노드 매니저는 태스크를 실행하기 위해 별도의 JVM을 구동하며 이로 인해 디버깅이 매우 어려워질 수 있다는 점을 주의해야 한다.

TIP 미니 클러스터를 다음과 같이 명령행에서 실행할 수도 있다.

```
% hadoop jar \
  $HADOOP_HOME/share/hadoop/mapreduce/hadoop-mapreduce-*-tests.jar \
  minicluster
```

미니 클러스터는 하둡 자체의 자동 테스트 도구로 자주 쓰이지만, 사용자 코드를 테스트할 때도 사용할 수 있다. 하둡의 ClusterMapReduceTestCase 추상 클래스는 테스트 코드 작성을 위한 원형이다. 단일 프로세스 HDFS와 YARN 클러스터의 시작과 중단은 setUp()과 tearDown() 메서드에서 제어할 수 있으며, 테스트에 필요한 Configuration 객체도 만들어준다. 서브클래스는 HDFS에 데이터를 올리고(아마도 로컬 파일에서 복사하여) 맵리듀스 잡을 실행하고 출력 결과를 확인할 때만 필요하다. 이 책의 예제 코드에 있는 MaxTemperatureDriverMiniTest 클래스를 참조하라.

이러한 방식의 테스트는 회귀 검사regression test[6]나 입력 극한 사례input edge case를 위한 테스트 저장소로 유용하다. 새로운 테스트 사례가 나오면 입력 파일에 추가하고 예상되는 출력 파일을 변경하면 된다.

6.5 클러스터에서 실행하기

지금까지는 작은 테스트 데이터셋으로 프로그램이 제대로 실행되는 것을 확인했다. 이제 하둡 클러스터에서 전체 데이터셋으로 시도해보자. 이 절에서는 의사분산 클러스터에서 작업하는 방법을 다룰 것이다(완전한 분산 클러스터의 설치 방법은 10장에서 다룬다).

6.5.1 잡 패키징

로컬 잡 실행자는 잡을 실행할 때 단일 JVM을 사용하므로 잡에 필요한 모든 클래스가 로컬의 클래스경로에 존재하면 문제없이 잘 작동한다.

---

6 옮긴이_ 프로그램의 일부 기능의 수정이 전체 프로그램에 오동작이나 새로운 문제를 일으키는지 검사하기 위해 모든 테스트 케이스를 반복 검사하는 작업을 말한다.

하지만 분산 환경은 조금 복잡하다. 잡을 시작할 때 필요한 모든 클래스를 **잡 JAR 파일**에 패키징해서 클러스터로 보내야 한다. 하둡은 (JobConf 또는 Job의) setJarByClass() 메서드에 지정된 클래스 집합을 모두 포함하고 있는 드라이버의 클래스경로에서 잡 JAR 파일을 찾는다. 대신 JAR 파일의 경로를 명시적으로 지정하고 싶으면 setJar() 메서드를 사용하면 된다. JAR 파일의 경로는 로컬이나 HDFS 파일 경로일 수 있다.

잡 JAR 파일은 앤트나 메이븐 같은 빌드 도구를 사용해서 쉽게 생성할 수 있다. [예제 6-3]에 있는 POM을 이용하여 다음과 같이 메이븐 명령어를 실행하면 프로젝트 디렉터리에 컴파일된 클래스를 모두 포함한 hadoop-examples.jar 파일이 생성된다.

```
% mvn package -DskipTests
```

JAR 파일에 잡이 하나만 있을 때는 JAR 파일의 manifest에 메인 클래스를 지정할 수 있다. manifest에 메인 클래스를 지정하지 않았다면 반드시 명령행에 지정해주어야 한다(뒤에서 잡을 실행할 때 간단히 살펴볼 것이다).

의존 JAR 파일은 잡 JAR 파일의 lib 서브디렉터리에 패키징하거나 뒤에서 다룰 다른 방식을 적용해도 된다. 이와 비슷하게 리소스 파일은 classes 서브디렉터리에 패키징한다. 패키징하는 방식은 자바 **웹 애플리케이션 아카이브**^{Web application archive} (WAR) 파일과 유사하지만, JAR 파일은 WEB-INF/lib 서브디렉터리에, WAR 파일의 클래스는 WEB-INF/classes 서브디렉터리에 존재한다.

클라이언트 클래스경로

hadoop jar <jar>로 지정하는 클라이언트의 클래스경로는 다음과 같이 구성된다.

- 잡 JAR 파일
- 잡 JAR 파일의 lib 디렉터리에 있는 모든 JAR 파일과 classes 디렉터리(존재하면)
- HADOOP_CLASSPATH에 정의한 클래스경로(설정했다면)

이는 가끔 로컬 잡 실행자를 잡 JAR 파일 없이 실행(hadoop *CLASSNAME*)할 때 HADOOP_CLASSPATH에 의존 클래스와 라이브러리를 지정해야 하는 이유를 잘 설명해준다.

태스크 클래스경로

클러스터(의사분산 모드 포함)에서 맵과 리듀스 태스크는 개별 JVM으로 실행되며 클래스경로로 HADOOP_CLASSPATH를 지정해도 **소용없다**. HADOOP_CLASSPATH는 클라이언트 측 설정이며 따라서 잡을 제출하는 드라이버 JVM의 클래스경로에만 해당되기 때문이다.

대신 태스크 클래스경로는 다음과 같이 구성된다.

- 잡 JAR 파일
- 잡 JAR 파일의 lib 디렉터리에 있는 모든 JAR 파일과 classes 디렉터리(존재하면)
- -libjars 옵션([표 6-1] 참조)이나 DistributedCache(이전 API) 혹은 Job(새로운 API)의 addFileToClassPath( ) 메서드를 사용해서 분산 캐시에 추가한 모든 파일

의존 라이브러리 패키징

클라이언트와 태스크의 클래스경로를 지정하는 다양한 방식이 있고, 각 방식에 따라 잡의 의존 라이브러리를 포함하는 옵션이 있다.

- 라이브러리를 푼 후 잡 JAR에 넣고 다시 패키징한다.
- 잡 JAR의 lib 디렉터리에 라이브러리를 패키징한다.
- 잡 JAR와 다른 위치에 라이브러리를 두고, 이를 HADOOP_CLASSPATH와 -libjars를 이용해서 클라이언트의 클래스경로와 태스크의 클래스경로에 각각 추가한다.

분산 캐시를 사용하는 마지막 옵션은 의존 라이브러리를 잡 JAR 안에 다시 넣을 필요가 없기 때문에 빌드 관점에서 가장 간단하다. 또한 여러 태스크를 수행할 때 각 노드에 파일이 캐시되기 때문에 클러스터에 전송할 JAR 파일의 개수를 줄일 수 있다(9.4.2절 '분산 캐시' 참조).

태스크 클래스경로의 우선순위

사용자 JAR 파일은 클라이언트의 클래스경로와 태스크 클래스경로 마지막에 추가되므로, 하둡이 사용자 코드에서 사용하는 라이브러리와 다르거나 호환되지 않는 버전을 사용하면 하둡의 내장 라이브러리와 충돌할 가능성이 존재한다. 그래서 때론 사용자 클래스가 먼저 선택되도록 태스크 클래스경로를 제어할 필요가 있다. 먼저 클라이언트에서는 HADOOP_USER_CLASSPATH_FIRST 환경변수를 true로 설정하여 사용자 클래스경로를 하둡의 클래스경로 검색 순서의 맨 앞에 강제로 둘 수 있다. 마찬가지로 태스크 클래스경로에서는 mapreduce.job.user.classpath.

first 속성을 true로 설정하면 된다. 이러한 옵션을 설정하면 하둡 프레임워크 의존성을 위해 로딩할 클래스가 변경(해당 잡에만 적용됨)될 수 있고 따라서 잡 제출이나 태스크가 실패할 가능성이 있으므로 주의해야 한다.

6.5.2 잡 구동하기

잡을 구동하기 위해 드라이버를 실행할 때 -conf 옵션(-fs와 -jt 옵션도 동일한 목적으로 사용됨)으로 잡을 실행할 클러스터를 지정해야 한다.

```
% unset HADOOP_CLASSPATH
% hadoop jar hadoop-examples.jar v2.MaxTemperatureDriver \
  -conf conf/hadoop-cluster.xml input/ncdc/all max-temp
```

CAUTION_ 이 잡은 외부 라이브러리에 대한 의존성이 없기 때문에 HADOOP_CLASSPATH 환경변수의 값을 없앴다. 이 장 앞부분에서 설정한 **target/classes/**를 그대로 둔다면 하둡이 잡 JAR 파일을 찾는 데 실패할 수도 있기 때문이다. 다시 말해, 잡 JAR가 아닌 target/classes에서 **MaxTemperatureDriver** 클래스를 로딩하기 때문에 잡이 실패할 가능성이 있다는 것이다.

Job의 waitForCompletion() 메서드는 잡을 구동하고 진행 상황을 주기적으로 보고하는 일을 맡고 있으며, 맵과 리듀스의 처리 과정에 변화가 생기면 이를 요약하여 출력한다. 다음은 출력 결과로, 보기 쉽게 하기 위해 일부 행을 삭제했다.

```
14/09/12 06:38:11 INFO input.FileInputFormat: Total input paths to process : 101
14/09/12 06:38:11 INFO impl.YarnClientImpl: Submitted application
application_1410450250506_0003
14/09/12 06:38:12 INFO mapreduce.Job: Running job: job_1410450250506_0003
14/09/12 06:38:26 INFO mapreduce.Job: map 0% reduce 0%
...
14/09/12 06:45:24 INFO mapreduce.Job: map 100% reduce 100%
14/09/12 06:45:24 INFO mapreduce.Job: Job job_1410450250506_0003 completed
successfully
14/09/12 06:45:24 INFO mapreduce.Job: Counters: 49
    File System Counters
        FILE: Number of bytes read=93995
        FILE: Number of bytes written=10273563
```

```
        FILE: Number of read operations=0
        FILE: Number of large read operations=0
        FILE: Number of write operations=0
        HDFS: Number of bytes read=33485855415
        HDFS: Number of bytes written=904
        HDFS: Number of read operations=327
        HDFS: Number of large read operations=0
        HDFS: Number of write operations=16
    Job Counters
        Launched map tasks=101
        Launched reduce tasks=8
        Data-local map tasks=101
        Total time spent by all maps in occupied slots (ms)=5954495
        Total time spent by all reduces in occupied slots (ms)=74934
        Total time spent by all map tasks (ms)=5954495
        Total time spent by all reduce tasks (ms)=74934
        Total vcore-seconds taken by all map tasks=5954495
        Total vcore-seconds taken by all reduce tasks=74934
        Total megabyte-seconds taken by all map tasks=6097402880
        Total megabyte-seconds taken by all reduce tasks=76732416
    Map-Reduce Framework
        Map input records=1209901509
        Map output records=1143764653
        Map output bytes=10293881877
        Map output materialized bytes=14193
        Input split bytes=14140
        Combine input records=1143764772
        Combine output records=234
        Reduce input groups=100
        Reduce shuffle bytes=14193
        Reduce input records=115
        Reduce output records=100
        Spilled Records=379
        Shuffled Maps =808
        Failed Shuffles=0
        Merged Map outputs=808
        GC time elapsed (ms)=101080
        CPU time spent (ms)=5113180
        Physical memory (bytes) snapshot=60509106176
        Virtual memory (bytes) snapshot=167657209856
        Total committed heap usage (bytes)=68220878848
    Shuffle Errors
        BAD_ID=0
        CONNECTION=0
```

```
            IO_ERROR=0
            WRONG_LENGTH=0
            WRONG_MAP=0
            WRONG_REDUCE=0
    File Input Format Counters
            Bytes Read=33485841275
    File Output Format Counters
            Bytes Written=90
```

결과를 보면 상당히 유용한 정보를 알 수 있다. 먼저 잡을 시작하기 전에 ID를 출력한다. 잡의 ID는 잡을 참조하거나(예를 들어 로그파일에서) mapred job 명령으로 조사를 할 때 필요하다. 잡이 완료되면 카운터의 통계 정보가 출력되며, 예상대로 잡이 잘 수행되었는지 확인할 수 있다. 예를 들어 이 잡은 12억 개의 레코드(Map input records)를 분석했고 HDFS에서 대략 34GB의 압축 파일을 읽었다(HDFS: Number of bytes read)는 것을 알 수 있다. 또한 입력이 101개의 gzip 압축 파일로 적절하게 분할되었다는 것도 확인할 수 있다.

카운터에 대한 자세한 내용은 9.1.1절 '내장 카운터'에서 확인할 수 있다.

잡, 태스크, 태스크 시도 ID

하둡 2에서 맵리듀스 잡의 ID는 YARN 리소스 매니저가 생성한 YARN 애플리케이션 ID를 기반으로 만들어진다. 애플리케이션 ID의 포맷은 리소스 매니저(애플리케이션이 아닌)가 처음 시작된 시간과 애플리케이션을 유일하게 식별하기 위해 유지되는 증가 카운터로 이루어진다. 일단 ID를 보자.

```
application_1410450250506_0003
```

이는 1410450250506(타임스탬프)에 시작된 리소스 매니저가 실행한 세 번째(0003, 애플리케이션 ID는 1부터 시작) 애플리케이션을 의미한다. ID를 보기 좋게 정렬하기 위해 카운터의 앞자리는 자릿수에 맞게 0으로 채운다. 하지만 카운터가 10000에 도달하면 0001로 초기화되지 **않고** 더 긴 자릿수의 애플리케이션 ID가 만들어진다(정렬이 유지되지 않음).

잡 ID는 애플리케이션 ID의 application 접두사를 job으로 단순히 변경하면 된다.

```
job_1410450250506_0003
```

잡의 태스크 ID는 잡 ID의 job 접두사를 task로 변경하고 잡의 다른 태스크와 구분하기 위한 접미사를 추가한다. 다음 ID를 보자.

```
task_1410450250506_0003_m_000003
```

이는 ID가 job_1410450250506_0003인 잡의 네 번째(000003, 태스크 ID는 0부터 시작) 맵(m) 태스크를 의미한다. 태스크 ID는 잡이 초기화될 때 생성된다. 하지만 각 태스크가 실행될 순서를 정확히 알려주는 것은 아니다.

태스크는 태스크가 실패(7.2.1절 '태스크 실패' 참조)하거나 투기적 실행(7.4.2절 '투기적 실행' 참조)이 활성화되면 두 번 이상 실행될 수 있으므로 각 태스크 시도를 구분하기 위해 유일한 ID 를 지정한다.

```
attempt_1410450250506_0003_m_000003_0
```

이는 task_1410450250506_0003_m_000003 태스크의 첫 번째(0, 태스크 시도 ID는 0부터 시작) 태스크 시도를 의미한다. 태스크 시도는 잡 실행 도중에 필요에 따라 할당되며, 이 값은 실행할 때 생성된 순서를 나타낸다.

6.5.3 맵리듀스 웹 UI

하둡은 잡에 대한 정보를 보여주는 웹 UI를 제공한다. 수행 중인 잡의 진행 상황을 살펴보거나 완료된 잡의 통계 정보와 로그를 찾을 때 유용하다. http://resource-manager-host:8088/에 서 UI를 볼 수 있다.

리소스 매니저 페이지

[그림 6-1]은 리소스 매니저 홈페이지의 스크린숏이다. '클러스터 메트릭스^{Cluster Metrics}' 부분에 서 클러스터의 요약 정보를 볼 수 있다. 여기에는 클러스터(그리고 다양한 상태)에서 현재 실행 중인 애플리케이션의 개수, 클러스터 가용 자원의 수량(전체 메모리^{Memory Total}), 노드 매니저 정보가 포함되어 있다.

메인 테이블은 클러스터에서 완료되었거나 현재 실행 중인 모든 애플리케이션을 보여준다. 그리 고 특정 애플리케이션을 찾을 수 있도록 검색 창을 제공한다. 메인 화면은 페이지당 100개의 애 플리케이션을 보여준다. 리소스 매니저는 10,000개의 완료된 애플리케이션을 메모리상에 유지 한다(yarn.resourcemanager.max-completed-applications로 설정). 리소스 매니저에서 삭제된 애플리케이션은 잡 히스토리 페이지에서 조회할 수 있다. 잡 히스토리는 영속적이므로 리소스 매니저에서 예전에 실행했던 잡도 확인할 수 있다.

그림 6-1 리소스 매니저 페이지 스크린숏

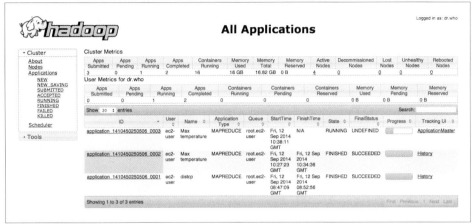

> ## 잡 히스토리
>
> **잡 히스토리**는 완료된 맵리듀스 잡에 대한 이벤트와 설정을 갖고 있다. 잡 히스토리는 잡을 실행한 사용자에게 유용한 정보를 제공하기 위해 잡의 성공 여부와 상관없이 보관된다.
>
> 맵리듀스 애플리케이션 마스터는 `mapreduce.jobhistory.done-dir` 속성에 지정된 HDFS 디렉터리에 잡 히스토리 파일을 저장한다. 잡 히스토리 파일은 1주일 동안 보관된 후 시스템에서 삭제된다.
>
> 히스토리 로그는 잡, 태스크, 태스크 시도 이벤트를 JSON 형태의 파일로 저장한다. 잡의 히스토리는 잡 히스토리 서버의 웹 UI(리소스 매니저 페이지에 링크가 있다)와 `mapred job -history`(잡 히스토리 파일을 지정) 명령을 통해 확인할 수 있다.

맵리듀스 잡 페이지

'Tracking UI'를 클릭하면 애플리케이션 마스터의 웹 UI(완료된 애플리케이션은 히스토리 페이지)로 이동한다. 애플리케이션의 타입이 맵리듀스라면 [그림 6-2]와 같이 맵리듀스 잡 페이지로 이동한다.

그림 6-2 잡 페이지 스크린숏

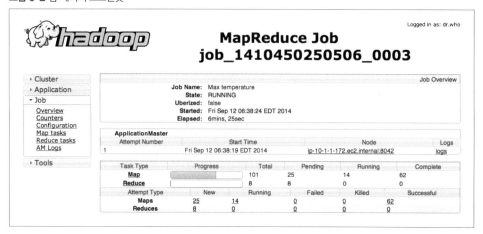

잡이 실행 중일 때는 이 페이지에서 진행 상황을 계속 확인할 수 있다. 맨 밑의 테이블은 맵과 리듀스의 진행 상황을 보여준다. 여기서 'Total' 컬럼은 각 잡에 대해 맵과 리듀스 태스크의 전체 개수를 한 줄씩 보여준다. 나머지 컬럼은 태스크의 상태를 'Pending(대기 중)', 'Running(실행 중)', 'Complete(실행 성공)'로 구분하여 보여준다.

이 테이블의 마지막 부분은 맵 또는 리듀스 태스크에 대해 실패했거나 죽은 태스크 시도의 전체 개수를 보여준다. 투기적 실행 중복speculative execution duplicate, 태스크를 실행하던 노드의 죽음, 사용자의 강제 종료로 태스크 시도가 실패했을 때는 killed로 표시된다. 태스크 실패에 관한 내용은 7.2.1절 '태스크 실패'를 참조하라.

탐색기에는 유용한 링크도 있다. 예를 들어 'Configuration' 링크를 클릭하면 잡을 실행할 때 영향을 미치는 모든 속성과 값을 가진 통합 설정 파일로 이동한다. 어떤 속성 값을 확인하고 싶다면 해당 설정 파일을 클릭하면 된다.

6.5.4 결과 얻기

잡이 완료되면 다양한 방법으로 그 결과를 얻을 수 있다. 각 리듀서는 하나의 출력 파일을 생성하기 때문에 max-temp 디렉터리에는 part-r-00000부터 part-r-00029까지 명명된 30개의 부분part 파일이 있다.

잡의 출력 결과는 매우 작기 때문에 HDFS에서 개발 머신으로 쉽게 복사할 수 있다. hadoop fs 명령의 -getmerge 옵션은 원본으로 지정된 디렉터리에 있는 모든 파일을 가져와서 하나의 파일로 병합한 후 로컬 파일시스템에 저장한다.

```
% hadoop fs -getmerge max-temp max-temp-local
% sort max-temp-local | tail
1991    607
1992    605
1993    567
1994    568
1995    567
1996    561
1997    565
1998    568
1999    568
2000    558
```

리듀스 출력 파티션은 정렬되지 않았기 때문에(해시 파티션 함수로 인해) 출력하기 전에 sort 명령으로 결과를 정렬했다. R, 스프레드시트, 관계형 데이터베이스와 같은 분석 도구로 맵리듀스의 결과를 전달하기 전에 약간의 후처리^{postprocessing}를 하는 것은 흔한 일이다.

출력 결과가 적다면 -cat 옵션을 사용해서 출력 파일의 전체 내용을 콘솔에 출력하는 방법도 있다.

```
% hadoop fs -cat max-temp/*
```

자세히 살펴보면 일부 결과가 이상하다는 것을 알 수 있다. 예를 들어 여기선 보이지 않지만 1951년의 최고 기온은 590℃다! 그렇다면 이러한 결과를 초래한 원인을 어떻게 찾을 수 있을까? 혹시 입력 데이터가 손상되었거나 프로그램에 버그가 있나?

6.5.5 잡 디버깅

프로그램을 디버깅하는 고전적인 방식은 출력 문장을 활용하는 것인데, 물론 하둡도 가능하다. 그러나 수십, 수백, 수천 개의 노드에서 프로그램을 실행할 때 모든 노드에 걸쳐 디버그 문장이 산발적으로 출력하는 로그를 어떻게 찾고 분석할 것인지 생각해보면 머리가 아플 것이다. 특이한 상황, 즉 우리가 생각하기에도 비정상적인 사례를 확인하고 싶을 때 표준 에러를 출력하는 디버그 문장에 태스크의 상태 메시지를 갱신하는 코드를 추가하여 문제가 발생하면 에러 로그를 사용자가 직접 확인하도록 하는 방법이 있다. 그리고 앞으로 살펴볼 웹 UI에서 이러한 상태 메시지를 쉽게 볼 수 있다.

또한 전체 데이터셋에서 잘못된 기온값을 가진 레코드 수를 세는 카운터를 직접 작성하는 방법도 있다. 카운터는 이러한 상황을 파악하기 위한 귀중한 정보를 제공한다. 문제가 자주 발생한다고 판단되면 단순히 해당 레코드를 버리기보다는 어떤 문제인지 좀 더 자세히 알아보고 이러한 상황에서 기온을 제대로 추출하는 방법을 찾을 필요가 있다. 사실 잡을 디버깅할 때는 무슨 일이 발생하는지 알기 위해 필요한 정보를 어떻게 하면 카운터로 얻을 수 있는지 자신에게 항상 질문을 던져야 한다. 로그나 상태 메시지로 충분한 상황이더라도 문제의 범위를 파악하기 위해서는 추가로 카운터를 이용하는 것이 좋다(9.1절 '카운터' 참조).

디버깅 과정에서 생성되는 로그 데이터의 양이 매우 클 때는 선택할 수 있는 몇 가지 대안이 있다. 하나는 표준 에러 대신 맵의 출력으로 필요한 정보를 내보낸 후 리듀스 태스크에서 분석과 집계를 하는 것이다. 이러한 접근 방식은 프로그램의 구조적인 변경이 필요하므로 다른 기법을 먼저 고려해보자. 또 다른 대안은 잡이 생성하는 로그를 분석하는 프로그램을 맵리듀스로 직접 작성하는 것이다.

우리는 비정상적인 결과의 원인이 되는 원본 데이터를 찾기 위한 것이므로 리듀서가 아닌 매퍼 (버전 3)에 디버깅 코드를 추가했다.

```java
public class MaxTemperatureMapper
    extends Mapper<LongWritable, Text, Text, IntWritable> {

  enum Temperature {
    OVER_100
  }

  private NcdcRecordParser parser = new NcdcRecordParser();

  @Override
```

```
public void map(LongWritable key, Text value, Context context)
    throws IOException, InterruptedException {

  parser.parse(value);
  if (parser.isValidTemperature()) {
    int airTemperature = parser.getAirTemperature();
    if (airTemperature > 1000) {
      System.err.println("Temperature over 100 degrees for input: " + value);
      context.setStatus("Detected possibly corrupt record: see logs.");
      context.getCounter(Temperature.OVER_100).increment(1);
    }
    context.write(new Text(parser.getYear()), new IntWritable(airTemperature));
  }
}
}
```

기온이 100℃(기온의 값은 섭씨의 10배라서 1000으로 표현) 이상이면 Context의 setStatus() 메서드를 사용하여 맵의 상태 메시지를 변경하고 의심스러운 행을 표준 출력으로 내보낸다. 또한 자바에서 enum 타입의 필드로 표현되는 카운터를 증가시킨다. 이 프로그램에서는 OVER_100 필드를 정의하여 100℃ 이상의 기온을 가진 레코드 수를 세었다.

이렇게 수정하고 코드를 다시 컴파일한 후 JAR 파일을 생성하고 잡을 다시 실행하자. 그리고 잡이 실행되면 태스크 페이지로 다시 가보자.

태스크와 태스크 시도 페이지

잡 페이지에는 잡의 태스크를 더욱 자세히 보여주기 위한 몇 개의 링크가 있다. 예를 들어 'Map' 링크를 클릭하면 모든 맵 태스크의 정보를 보여주는 페이지로 이동한다. [그림 6-3]의 스크린숏은 태스크의 'Status' 컬럼에 디버깅 문장에서 지정한 메시지를 보여주는 잡 페이지다.

그림 6-3 태스크 페이지 스크린숏

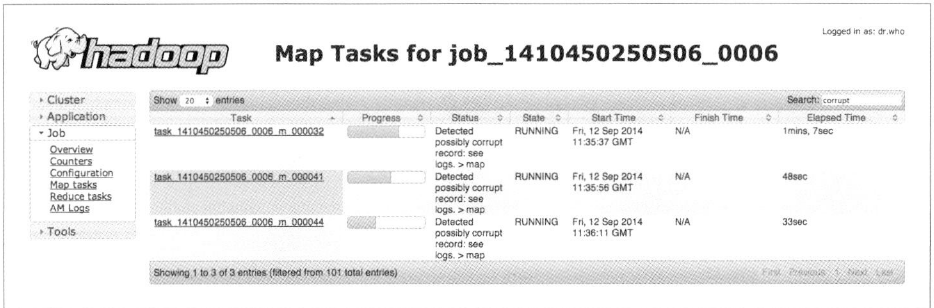

태스크 링크를 클릭하면 태스크 시도를 보여주는 페이지로 이동한다. 각 태스크 시도 페이지에는 로그파일과 카운터 링크가 있다. 성공한 태스크 시도의 로그파일 링크를 따라가 보면 우리가 로그로 남긴 의심스러운 입력 레코드를 찾을 수 있을 것이다(보기 좋게 조금 잘랐다).

```
Temperature over 100 degrees for input:
0335999999433181957042302005+37950+139117SAO   +0004RJSN V02011359003150070356999
99943320195701010005+35317+139650SAO +000899999V02002359002650076249N0040005...
```

의심스러운 레코드는 정상 레코드와는 다른 포맷을 가졌다. 예를 들어 스페이스가 들어간 행을 볼 수 있는데, 이는 명세서에 기술되지 않은 형식이다.

잡이 끝나면 전체 데이터셋에서 100℃ 이상의 기온을 가진 레코드의 전체 개수를 정의한 카운터의 값을 볼 수 있다. 카운터는 웹 UI나 명령행을 통해 접근할 수 있다.

```
% mapred job -counter job_1410450250506_0006 \
  'v3.MaxTemperatureMapper$Temperature' OVER_100
3
```

-counter 옵션은 잡 ID, 카운터 그룹 이름(패키지를 포함한 전체 클래스명), 카운터 이름(enum 이름)을 인자로 받는다. 10억 개가 넘는 레코드를 가진 전체 데이터셋에서 포맷이 잘못된 레코드는 단 세 개다. 잘못된 레코드는 버리는 것이 빅데이터 문제를 해결하는 일반적인 방법이지만, 평균치가 아닌 최고 기온과 같은 극한 값을 찾는 사례에서는 조금 더 신중할 필요가 있다. 물론 세 개의 레코드를 버리는 것은 결과에 큰 영향을 주지 않을 것이다.

잘못된 포맷의 데이터 처리

문제를 일으키는 입력 데이터를 찾는 것은 중요한 일이며, 매퍼가 정상적으로 동작하는지 점검하는 테스트 코드에서도 사용할 수 있다. 아래 엠알유닛 테스트에서 잘못된 입력에 따라 갱신되는 카운터를 볼 수 있다.

```
@Test
public void parsesMalformedTemperature() throws IOException,
    InterruptedException {
  Text value = new Text("0335999999433181957042302005+37950+139117SAO +0004" +
                          // 연도 ^^^^
```

```
      "RJSN V02011359003150070356999999433201957010100005+353");
                              // 기온 ^^^^^
    Counters counters = new Counters();
    new MapDriver<LongWritable, Text, Text, IntWritable>()
      .withMapper(new MaxTemperatureMapper())
      .withInput(new LongWritable(0), value)
      .withCounters(counters)
      .runTest();
    Counter c = counters.findCounter(MaxTemperatureMapper.Temperature.MALFORMED);
    assertThat(c.getValue(), is(1L));
  }
```

문제를 일으키는 레코드는 지금까지 본 레코드와 포맷이 다르다. [예제 6-12]는 선행 부호(양 또
는 음)가 없는 기온 필드를 가진 행은 무시하도록 파서를 수정한 프로그램(버전 4)이다. 또한 이
러한 이유로 제거된 레코드 수를 세는 카운터를 하나 추가했다.

예제 6-12 최고 기온 예제의 매퍼

```
public class MaxTemperatureMapper
    extends Mapper<LongWritable, Text, Text, IntWritable> {

  enum Temperature {
    MALFORMED
  }

  private NcdcRecordParser parser = new NcdcRecordParser();

  @Override
  public void map(LongWritable key, Text value, Context context)
      throws IOException, InterruptedException {

    parser.parse(value);
    if (parser.isValidTemperature()) {
      int airTemperature = parser.getAirTemperature();
      context.write(new Text(parser.getYear()), new IntWritable(airTemperature));
    } else if (parser.isMalformedTemperature()) {
      System.err.println("Ignoring possibly corrupt input: " + value);
      context.getCounter(Temperature.MALFORMED).increment(1);
    }
  }
}
```

6.5.6 하둡 로그

하둡은 다양한 사용자를 위해 여러 장소에 로그를 생성한다. [표 6-2]에 이를 요약했다.

표 6-2 하둡 로그 타입

로그	주 사용자	설명	추가 정보
시스템 데몬 로그	관리자	각 하둡 데몬은 로그파일(log4j를 사용하여)과 표준 출력과 에러를 결합한 파일을 생성한다. 이는 HADOOP_LOG_DIR 환경변수에 지정한 디렉터리에 쓰인다.	10.3.2절의 '시스템 로그 파일'과 11.2.1절 '로깅'
HDFS 감사 로그	관리자	HDFS와 관련된 모든 요청에 대한 로그로. 기본적으로 사용하지 않는다. 무엇으로 설정되든 네임노드 로그에 쓰인다.	11.1.3절 '감사 로깅'
맵리듀스 잡 히스토리 로그	사용자	잡을 실행하는 과정에 발생하는 이벤트(태스크 완료와 같은) 로그다. HDFS 내의 한 곳에 모아서 저장된다.	6.5.3절의 '잡 히스토리' 글상자
맵리듀스 태스크 로그	사용자	각 태스크 자식 프로세스는 log4j를 사용하는 로그 파일(syslog로 불리는), 표준 출력(stdout)으로 보낸 데이터 파일, 표준 에러(stderr)를 위한 파일을 생성한다. 이는 YARN_LOG_DIR 환경변수에 지정한 디렉터리의 userlogs 서브디렉터리에 쓰인다.	본 절

YARN은 완료된 애플리케이션의 모든 태스크 로그를 가져온 후 병합하여 HDFS에 있는 기록 보관용 컨테이너 파일에 저장하는 **로그 통합**[log aggregation] 서비스를 제공한다. yarn.log-aggregation-enable 속성을 true로 설정하여 이 서비스를 활성화했으면 태스크 시도 웹 UI에 있는 **로그** 링크를 클릭하거나 mapred job -logs 명령을 실행하여 원하는 태스크 로그를 볼 수 있다.

로그 통합 기능은 기본적으로 비활성화되어 있다. 이때는 노드 매니저의 웹 UI인 http://node-manager-host:8042/logs/userlogs에서 태스크 로그를 볼 수 있다.

이처럼 로그파일을 기록하는 것은 매우 직관적이다. 즉, 표준 출력이나 표준 에러에 쓰는 모든 것은 관련된 로그파일에 기록된다. 물론 스트리밍의 표준 출력은 맵과 리듀스 출력에 사용되므로 표준 출력 로그에는 나타나지 않는다.

자바에서는 아파치 공통 로깅[Apache Commons Logging] API(또는 실제 log4j에 기록할 수 있는 로깅 API라면)를 사용하여 태스크의 syslog 파일에 기록할 수 있다. [예제 6-13]에서 볼 수 있다.

```
import org.apache.commons.logging.Log;
import org.apache.commons.logging.LogFactory;
import org.apache.hadoop.mapreduce.Mapper;

public class LoggingIdentityMapper<KEYIN, VALUEIN, KEYOUT, VALUEOUT>
    extends Mapper<KEYIN, VALUEIN, KEYOUT, VALUEOUT> {

  private static final Log LOG = LogFactory.getLog(LoggingIdentityMapper.class);

  @Override
  @SuppressWarnings("unchecked")
  public void map(KEYIN key, VALUEIN value, Context context)
      throws IOException, InterruptedException {
    // 표준출력 파일에 로깅
    System.out.println("Map key: " + key);

    // syslog 파일에 로깅
    LOG.info("Map key: " + key);
    if (LOG.isDebugEnabled()) {
      LOG.debug("Map value: " + value);
    }
    context.write((KEYOUT) key, (VALUEOUT) value);
  }
}
```

기본 로그 수준은 INFO이기 때문에 DEBUG 수준의 메시지는 syslog 태스크 로그파일에 나타나지 않는다. 그러나 가끔은 이런 메시지가 필요할 때가 있다. 이를 위해서는 mapreduce.map.log.level이나 mapreduce.reduce.log.level 속성을 적절한 값으로 변경해야 한다. 예를 들어 로그에서 맵의 값을 보기 위해서는 다음과 같이 매퍼를 설정하면 된다.

```
% hadoop jar hadoop-examples.jar LoggingDriver -conf conf/hadoop-cluster.xml \
  -D mapreduce.map.log.level=DEBUG input/ncdc/sample.txt logging-out
```

태스크 로그의 보관 기간과 용량을 관리하기 위한 설정이 있다. 기본적으로 로그는 3시간 후에 삭제된다(yarn.nodemanager.log.retain-seconds 속성으로 설정. 로그 통합이 활성화되어 있다면 무시함). 또한 mapreduce.task.userlog.limit.kb 속성으로 각 로그파일의 최대 크기를 설정할 수 있다. 이 속성의 기본값은 0이므로 크기 제한은 없다.

TIP 때로는 클러스터가 아닌 하둡 명령어를 실행하는 JVM에서 발생하는 문제를 디버깅하고 싶을 것이다. 이때 다음과 같이 설정하면 DEBUG 수준의 로그를 콘솔로 출력할 수 있다.

```
% HADOOP_ROOT_LOGGER=DEBUG,console hadoop fs -text /foo/bar
```

6.5.7 원격 디버깅

어떤 태스크 하나가 실패했을 때 에러를 진단하기 위한 로그 정보가 충분하지 않다면 이러한 태스크를 위한 디버거를 하나 만들어서 실행하고 싶을 것이다. 클러스터에서 잡을 실행할 때는 어느 노드가 입력 데이터셋의 어떤 부분을 처리할지 모르기 때문에 실패하기 전에 디버거를 미리 설정할 수 없는 어려움이 있다. 하지만 이러한 문제를 해결할 수 있는 옵션이 몇 개 있다.

- **로컬에서 실패를 재현하기**

  특정 입력 데이터에 대해 지속적으로 실패하는 태스크가 있을 수 있다. 태스크 실패를 일으키는 파일을 로컬에 내려받은 후 로컬에서 잡을 실행하면 로컬에서 문제를 재현할 수 있다. 가능하면 자바의 VisualVM과 같은 디버거를 사용하라.

- **JVM 디버깅 옵션 사용하기**

  실패의 주된 이유는 태스크 JVM의 자바 메모리 부족 때문이다. mapred.child.java.opts 속성에 -XX:-HeapDumpOnOutOfMemoryError -XX:HeapDumpPath=*/path/to/dumps* 옵션을 추가하면 된다. 이 설정은 jhat이나 이클립스 메모리 분석기[Eclipse Memory Analyzer]와 같은 도구로 사후 분석이 가능한 힙 덤프를 생성한다. 이 JVM 옵션은 mapred.child.java.opts로 지정된 기존 메모리 설정의 뒷부분에 추가해야 한다. 자세한 내용은 10.3.3절의 'YARN과 맵리듀스의 메모리 설정'을 참조하기 바란다.

- **태스크 프로파일링 사용하기**

  자바 프로파일러[profiler]는 JVM에 대한 상당한 통찰력을 제공하며, 하둡은 잡의 일부 태스크에 대한 프로파일링 기법을 제공한다(6.6.1절 '태스크 프로파일링' 참조).

사후 분석을 위해서는 실패한 태스크 시도의 중간 파일을 보관하는 것이 유용하다. 특히 태스크의 작업 디렉터리에 생성된 추가 덤프나 프로파일 파일이 중요하다. mapreduce.task.files.preserve.failedtasks 속성을 true로 설정하면 실패한 태스크의 파일을 보관할 수 있다.

실패하지 않은 태스크도 분석할 필요가 있기 때문에 원한다면 성공한 태스크의 중간 파일도 보관할 수 있다. 정규표현식으로 mapreduce.task.files.preserve.filepattern 속성에 파일을 보관하고 싶은 태스크의 ID를 지정하면 된다.

디버깅 속성인 yarn.nodemanager.delete.debug-delaysec은 태스크 컨테이너 JVM을 구동하기 위해 사용되는 스크립트와 같은 로컬 태스크 시도 파일을 삭제하지 않고 대기하는 시간(초단위)을 지정하는 유용한 속성이다. 예를 들어 클러스터에 적당히 큰 값(600, 즉 10분)을 설정하면 파일이 삭제되기 전에 충분히 살펴볼 수 있다.

태스크 시도 파일을 조사하기 위해서는 태스크가 실패한 노드에 로그를 남긴 후 태스크 시도와 관련된 디렉터리를 찾아야 한다. 이 디렉터리는 mapreduce.cluster.local.dir 속성(10.3.3절 '중요한 하둡 데몬 속성' 참조)에 설정한 로컬 맵리듀스 디렉터리 중 한 곳에 존재할 것이다. 이 속성이 콤마로 구분된 디렉터리 목록이면(부하 분산을 위해 머신의 여러 물리 디스크에 걸쳐 있다) 특정 태스크 시도와 관련된 디렉터리를 찾기 위해서는 모든 디렉터리를 살펴봐야 한다. 태스크 시도와 관련된 디렉터리는 다음 위치에 존재한다.

```
mapreduce.cluster.local.dir/usercache/user/appcache/application-ID/output
/task-attempt-ID
```

6.6 잡 튜닝하기

잡이 제대로 작동하면 개발자들은 '어떻게 하면 더욱 빠르게 실행할 수 있을까?'라는 고민을 한다.

성능 문제와 관련이 있는 하둡 특유의 유력한 용의자[usual suspect]가 있다. 태스크 수준에서 프로파일링이나 최적화를 시도하기 전에 [표 6-3]에 있는 점검 목록을 순서대로 실행해보는 것이 좋다.

표 6-3 튜닝 점검 목록

영역	모범 사례	추가 정보
매퍼 수	매퍼가 얼마나 오랫동안 수행되고 있는가? 만약 평균 몇 초 내로 수행된다면 더 적은 수의 매퍼로 더 오래 실행할 수 있는 방법이 있는지(경험상 1분 내외로) 확인해보길 권한다. 이것이 가능한 정도는 사용 중인 입력 포맷에 달려 있다.	8.2.1절의 '작은 파일과 CombineFileInputFormat'
리듀서 수	두 개 이상의 리듀서를 사용 중인지 확인해보라. 리듀스 태스크는 경험상 5분 내외로 실행되며 최소 하나의 의미 있는 데이터 블록을 생성하길 권장한다.	8.1.1절의 '리듀서 수 선택' 글상자
컴바이너	셔플을 통해 보내지는 데이터양을 줄이기 위해 컴바이너를 활용할 수 있는지 확인해보라.	2.4.2절 '컴바이너 함수'

영역	모범 사례	추가 정보
중간 데이터 압축	맵 출력을 압축하면 잡 실행 시간을 거의 대부분 줄일 수 있다.	5.2.3절의 '맵 출력 압축'
커스텀 직렬화	커스텀 Writable 객체나 비교기comparator를 사용하고 있다면 RawComparator를 구현했는지 반드시 확인하라.	5.3.3절의 '성능 향상을 위해 RawComparator 구현하기'
셔플 튜닝	맵리듀스 셔플은 메모리 관리를 위해 대략 12개 정도의 튜닝 인사를 제공하는데, 이는 성능을 조금이라도 더 향상시키는 데 도움을 줄 수 있다.	7.3.3절 '설정 조정'

6.6.1 태스크 프로파일링

디버깅과 마찬가지로 분산 시스템에서 실행되는 맵리듀스와 같은 잡의 프로파일링은 쉽지 않다. 하둡은 사후에 표준 프로파일링 도구로 분석할 수 있도록 잡의 태스크 일부를 프로파일링하고 각 태스크가 완료되면 이 프로파일링 정보를 개발 머신에 내려받는 기능을 제공한다.

물론 좀 더 쉽게 하기 위해 로컬 잡 실행자에서 실행되는 잡을 프로파일링하는 방법도 있다. 맵과 리듀스 태스크를 실험하기에 충분히 큰 입력 데이터로 실행해보면 매퍼와 리듀서의 성능을 개선하는 데 큰 도움이 될 수 있다. 그러나 몇 가지 주의할 점이 있다. 로컬 잡 수행자는 클러스터와 매우 다른 환경이고, 데이터 흐름 패턴 또한 상당히 다르다. 맵리듀스 잡이 I/O 위주라면 (대부분의 잡이 그렇듯이) 코드의 CPU 성능 최적화는 무의미할지도 모른다. 튜닝이 효과적인지 확인하려면 실제 클러스터에서 수행되는 이전 잡의 실행 시간과 새로운 잡의 실행 시간을 비교해봐야 한다. 이것은 말처럼 쉽지는 않다. 잡 실행 시간은 다른 잡과의 리소스 경쟁 그리고 스케줄러의 태스크 배치와 연관된 결정으로 인해 측정 시간이 일관적이지 않기 때문이다. 이러한 환경에서 잡 실행 시간을 얻는 좋은 방안은 일련의 실행(변화 유무에 상관없이) 뒤에 통계적으로 유의미한 개선이 있는지 확인하는 것이다.

불행하게도 어떤 문제는(과도한 메모리 사용과 같은) 클러스터에서만 재현할 수 있다. 이러한 상황에서도 프로파일링 기능은 반드시 필요하다.

HPROF 프로파일러

프로파일링을 제어하는 환경 설정 속성은 JobConf의 편이 메서드를 통해 제공된다. mapreduce.task.profile 속성을 true로 설정하면 프로파일링을 쉽게 활성화시킬 수 있다.

```
% hadoop jar hadoop-examples.jar v4.MaxTemperatureDriver \
  -conf conf/hadoop-cluster.xml \
  -D mapreduce.task.profile=true \
  input/ncdc/all max-temp
```

노드 매니저에서 태스크 컨테이너를 구동할 때 사용되는 자바 명령에 -agentlib 매개변수를 추가하여 평소와 같이 잡을 실행하자. 이때 mapreduce.task.profile.params 속성에 매개변수를 추가로 지정하면 세밀한 제어가 가능하다. JDK에 포함된 프로파일링 도구인 HPROF를 사용하면 프로그램의 CPU와 힙 사용량에 대한 중요한 정보를 얻을 수 있다.

잡의 모든 태스크를 프로파일링하는 것은 좋지 않으므로 보통 ID가 0, 1, 2인 태스크(맵과 리듀스)만 적용한다. mapreduce.task.profile.maps와 mapreduce.task.profile.reduces 속성을 변경하면 프로파일링 대상 태스크의 ID 범위를 지정할 수 있다.

각 태스크의 프로파일링 결과는 노드 매니저의 로컬 로그 디렉터리(syslog, stdout, stderr 파일과 함께)의 서브디렉터리인 userlogs에 태스크 로그와 함께 저장되며, 6.5.6절 '하둡 로그'에서 설명한 방식대로 로그 통합 활성화 여부에 따라 얻을 수 있다.

6.7 맵리듀스 작업 흐름

지금까지 맵리듀스로 프로그램을 작성하는 기법을 살펴봤다. 그러나 맵리듀스 모델로 데이터 처리 문제를 해결하는 방법은 아직 고려하지 않았다.

지금까지 이 책에서 보았던 데이터 처리는 매우 단순한 문제(연도별 최고 기온 찾기)를 푸는 수준이었다. 데이터 처리가 더 복잡해지면 복잡한 맵과 리듀스 함수를 만드는 것보다는 맵리듀스 잡을 더 많이 만드는 것이 더 좋은 방법이다. 다시 말해, 잡을 복잡하게 만들기보다는 잡을 **더 많이** 만드는 것이 좋다.

그리고 매우 복잡한 문제는 맵리듀스 대신 피그, 하이브, 캐스케이딩, 크런치, 스파크와 같은 고수준 언어를 사용하는 것이 좋다. 이러한 도구를 사용할 때 당장 얻을 수 있는 장점은 맵리듀스 잡으로 변환하는 작업을 하지 않아도 되므로 분석 작업에만 집중할 수 있다는 것이다.

마지막으로 맵리듀스 알고리즘 설계에 대한 좋은 정보를 얻을 수 있는 지미 린[Jimmy Lin]과 크리스 다이어[Chris Dyer]의 『맵리듀스를 이용한 데이터 중심 텍스트 처리[Data-Intensive Text Processing with MapReduce]』[7] (모건 앤 클레이풀 출판사, 2010)를 추천한다.

6.7.1 맵리듀스 잡으로 문제 분해하기

좀 더 복잡한 문제를 맵리듀스 작업 흐름으로 변환하는 사례를 하나 살펴보자.

기상관측소 및 날짜별로 전체 연도의 일일 최고 기온의 평균값을 계산해보자. 예를 들어 기상관측소 029070-99999의 1월 1일의 평균값을 계산한다면 1901년 1월 1일, 1902년 1월 1일, ... 이런 식으로 2000년 1월 1일까지의 일일 최고 기온을 모아서 평균을 구하는 것이다.

맵리듀스로 어떻게 계산할 수 있을까? 두 단계로 나누어 계산하는 것이 가장 자연스럽다.

> **1 기상관측소-날짜 쌍 별로 최고 기온을 계산한다.**
>
> 여기서 맵리듀스 프로그램은 단일 필드인 연도 대신 (기상관측소-날짜) 쌍의 복합 필드로 키를 지정한 점을 제외하고는 앞에서 설명한 최고 기온 프로그램과 다른 점이 없다.

> **2 기상관측소-일-월 키로 최고 기온의 평균을 계산한다.**
>
> 매퍼는 이전 잡의 출력 레코드(기상관측소-날짜, 최고 기온)를 가져와서 연도를 제거한 (기상관측소-일-월, 최고 기온) 레코드를 내보낸다. 그다음에 리듀스 함수는 (기상관측소-일-월) 키에 대한 최고 기온의 평균값을 구한다.

앞에서 언급한 기상관측소에 대한 첫 번째 단계의 출력은 다음과 같다(예제의 mean_max_daily_temp.sh 스크립트는 하둡 스트리밍의 구현체다).

```
029070-99999 19010101 0
029070-99999 19020101 -94
. . .
```

앞에 두 필드는 키를 구성하고, 마지막 컬럼은 특정 기상관측소와 날짜에 대한 최고 기온을 의미한다. 두 번째 단계는 전체 연도를 대상으로 일일 최곳값의 평균을 구하는 것이다.

```
029070-99999 0101  -68
```

---

7 http://mapreduce.me/

이는 한 세기에 걸친 기상관측소 209070-99999의 1월 1일 최고 기온의 평균이 −6.8℃임을 의미한다.

이를 한 단계의 맵리듀스로 계산할 수도 있지만 프로그래머의 작업이 더 많아지게 된다.[8]

맵리듀스 단계를 줄이거나 늘리는 것은 매퍼와 리듀서의 구성(단계별) 및 유지보수와 관련이 있다. 5부 '사례 연구'에서는 맵리듀스로 해결할 수 있는 현실의 문제를 다루며 각 사례에서 데이터 처리 태스크는 두 개 이상의 맵리듀스 잡으로 구현된다. 각 장의 세부 내용을 보면 문제 처리 과정을 맵리듀스 작업 흐름으로 분해하는 방법에 대한 더 좋은 아이디어를 얻을 수 있다.

맵과 리듀스 함수로 지금까지 본 것보다 더 좋은 구성(조합)을 만들 수 있다. 매퍼는 주로 입력 포맷 파싱, 프로젝션(필드 선택), 필터링(레코드 삭제)을 수행한다. 지금까지 본 매퍼는 이런 기능을 단일 매퍼에서 구현했다. 하지만 각 기능을 독립적인 매퍼로 분리하고 하둡이 제공하는 ChainMapper 라이브러리 클래스를 사용하여 이들을 단일 매퍼로 연결하는 방법도 있다. ChainReducer와 결합하면 단일 맵리듀스 잡에서 매퍼 체인을 실행한 후 리듀서나 다른 매퍼 체인도 실행할 수 있다.

6.7.2 JobControl

맵리듀스 작업 흐름에 두 개 이상의 잡이 존재한다면 '잡을 순서대로 실행하도록 관리하려면 어떻게 해야 할까?'라는 의문점이 생길 것이다. 몇 가지 접근 방법이 있는데, 잡의 작업 흐름이 선형 체인linear chain 형태인지 아니면 매우 복잡한 방향성 비순환 그래프directed acyclic graph (DAG) 인지에 따라 큰 차이가 있다.

선형 체인의 가장 간단한 접근 방법은 잡을 하나씩 순차적으로 실행하는 것으로, 현재 잡이 성공적으로 완료될 때까지 기다린 후 다음 잡을 실행하는 것이다.

```
JobClient.runJob(conf1);
JobClient.runJob(conf2);
```

잡이 실패하면 runJob() 메서드는 IOException을 던지고 따라서 파이프라인에 있는 다음 잡

---

8 한 단계로 처리하는 것도 재미있다. 9.2.4절 '2차 정렬'을 참조하라.

은 실행되지 않는다. 애플리케이션에 따라 다르지만 예외 상황을 적절히 처리하고 이전 잡에서 생성된 중간 파일을 삭제하길 바랄 수도 있다.

이 방식은 새로운 맵리듀스 API와 유사하지만 Job의 waitForCompletion() 메서드의 Boolean 반환값(true는 성공, false는 실패를 의미)을 조사할 필요가 있다는 점은 다르다.

선형 체인보다 더 복잡한 작업 흐름(선형 체인이나 단일 잡에 적합하더라도)을 조율할 때 도움이 되는 라이브러리가 있다. org.apache.hadoop.mapreduce.jobcontrol 패키지에 있는 JobControl 클래스가 가장 단순하다(org.apache.hadoop.mapred.jobcontrol 패키지에도 동일한 클래스가 있다). JobControl 객체는 실행할 잡의 순서를 그래프로 표현한다. 잡 환경 설정을 추가한 후 JobControl 객체에 잡 사이의 종속관계를 알려주면 된다. 단일 스레드에서 JobControl을 실행하면 잡의 종속관계에 따라 잡을 순차적으로 실행한다. 진행 상황을 주기적으로 확인할 수 있으며 잡이 완료되면 모든 잡의 상태를, 실패하면 관련 에러를 질의할 수 있다. 어떤 잡이 실패하면 JobControl은 이 잡에 종속된 다음 잡을 실행하지 않는다.

6.7.3 아파치 오지

아파치 오지^{Apache Oozie}는 종속관계가 있는 여러 잡을 작업 흐름에 따라 실행해주는 시스템이다. 오지는 두 개의 중요 부분으로 나누어진다. **워크플로 엔진**^{workflow engine}은 다른 형태의 하둡 잡(맵리듀스, 피그, 하이브 등)을 구성하는 작업 흐름을 저장하고 실행하며, **코디네이터 엔진**^{coordinator engine}은 미리 정의된 일정과 데이터 가용성을 기반으로 워크플로 잡을 실행한다. 오지는 확장 가능하도록 설계되었고 하둡 클러스터 내에 수천 개의 워크플로(수십 개의 연속적인 잡으로 구성된)를 시의 적절하게 실행하도록 관리한다.

오지는 실패한 워크플로를 다시 실행할 때 성공한 부분에 대해서는 다시 실행하지 않기 때문에 효율적이며 따라서 시간 낭비도 없다. 복잡한 배치 시스템을 다뤄본 사람이라면 시스템 정지나 장애로 누락된 잡을 찾는 일이 얼마나 어려운지 잘 알고 있기 때문에 이러한 기능에 대해 매우 만족할 것이다. 심지어 하나의 데이터 파이프라인으로 표현된 코디네이터 애플리케이션은 한 **묶음**^{bundle}으로 패키징되어 함께 실행될 수도 있다.

잡을 제출한 클라이언트 머신에서 실행되는 JobControl과 달리 오지는 클러스터에서 실행되는 서비스로, 클라이언트는 즉시 혹은 나중에 실행하라는 워크플로 명세를 제출할 수 있다. 문법만 보면 오지의 워크플로는 **액션 노드**action node와 **제어흐름 노드**control-flow node로 이루어진 DAG다.

액션 노드는 HDFS에 저장된 파일을 옮기거나 맵리듀스, 스트리밍, 피그, 하이브 잡을 실행하거나 스쿱 임포트를 수행하거나 쉘 스크립트나 자바 프로그램을 실행하는 등 워크플로의 태스크를 수행한다. 제어흐름 노드는 조건부 로직(분기문)과 같은 구문을 통해 액션 사이의 워크플로 실행을 관장한다. 따라서 액션 노드의 결과에 따라 뒤에 실행되는 워크플로의 가지가 달라질 수 있다. 워크플로가 완료되면 오지는 HTTP 콜백을 만들어 워크플로 상태를 클라이언트에 통지한다. 물론 워크플로에서 액션 노드를 시작하거나 종료할 때마다 콜백을 받는 것도 가능하다.

오지 워크플로 정의하기

워크플로 명세는 하둡 프로세스 정의 언어Hadoop Process Definition Language를 사용하여 XML로 작성된다. 오지 명세는 오지 웹사이트[9]에서 찾을 수 있다. [예제 6-14]는 단일 맵리듀스 잡을 실행하는 간단한 오지 워크플로 명세를 보여준다.

예제 6-14 최고 기온 맵리듀스 잡을 실행하는 오지 워크플로 명세

```
<workflow-app xmlns="uri:oozie:workflow:0.1" name="max-temp-workflow">
  <start to="max-temp-mr"/>
  <action name="max-temp-mr">
    <map-reduce>
      <job-tracker>${resourceManager}</job-tracker>
      <name-node>${nameNode}</name-node>
      <prepare>
        <delete path="${nameNode}/user/${wf:user()}/output"/>
      </prepare>
      <configuration>
        <property>
          <name>mapred.mapper.new-api</name>
          <value>true</value>
        </property>
        <property>
          <name>mapred.reducer.new-api</name>
          <value>true</value>
        </property>
```

---

9 http://oozie.apache.org/

```
              <property>
                <name>mapreduce.job.map.class</name>
                <value>MaxTemperatureMapper</value>
              </property>
              <property>
                <name>mapreduce.job.combine.class</name>
                <value>MaxTemperatureReducer</value>
              </property>
              <property>
                <name>mapreduce.job.reduce.class</name>
                <value>MaxTemperatureReducer</value>
              </property>
              <property>
                <name>mapreduce.job.output.key.class</name>
                <value>org.apache.hadoop.io.Text</value>
              </property>
              <property>
                <name>mapreduce.job.output.value.class</name>
                <value>org.apache.hadoop.io.IntWritable</value>
              </property>
              <property>
                <name>mapreduce.input.fileinputformat.inputdir</name>
                <value>/user/${wf:user()}/input/ncdc/micro</value>
              </property>
              <property>
                <name>mapreduce.output.fileoutputformat.outputdir</name>
                <value>/user/${wf:user()}/output</value>
              </property>
            </configuration>
          </map-reduce>
          <ok to="end"/>
          <error to="fail"/>
        </action>
        <kill name="fail">
          <message>MapReduce failed, error message[${wf:errorMessage(
              wf:lastErrorNode())}]
          </message>
        </kill>
        <end name="end"/>
      </workflow-app>
```

이 워크플로는 세 개의 제어흐름 노드(start, kill, end)와 하나의 액션 노드(map-reduce)
를 가진다. [그림 6-4]는 노드 사이의 전이 관계를 보여준다.

그림 6-4 오지 워크플로의 전이 다이어그램

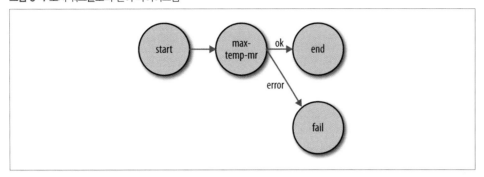

워크플로는 반드시 하나의 start 노드와 하나의 end 노드를 가져야 한다. 워크플로 잡이 시작되면 start 노드가 가리키는 노드로 전이된다(예제에서는 max-temp-mr 액션). 워크플로 잡은 end 노드에 도달하면 종료된다. 그러나 워크플로 잡이 kill 노드에 노달하면 실패한 것으로 간주하고 워크플로 명세의 메시지 항목에서 적절한 에러 메시지를 출력한다.

워크플로 명세의 대부분은 map-reduce 액션을 기술하는 것이다. map-reduce 액션의 처음 두 항목인 job-tracker와 name-node는 잡을 제출할 YARN 리소스 매니저(하둡 1에서는 잡트래커)와 입출력 데이터를 위한 네임노드(실제로 하둡 파일시스템 URI)를 지정하는 데 사용된다. 이 두 값은 특정 클러스터에 고정되어 있지 않도록(쉽게 테스트할 수 있게 된다) 매개변수로 처리했다. 나중에 살펴보겠지만 이 매개변수는 제출 시점에 워크플로 잡 속성으로 지정된다.

> **CAUTION_** 이름은 job-tracker지만 YARN 리소스 매니저의 주소와 포트를 지정하는 데 사용된다.

선택사항인 prepare 항목은 맵리듀스 잡이 실행되기 전에 실행된다. 예제에서는 디렉터리를 삭제하는 용도로 사용되었다(필요하면 생성도 가능). 잡을 실행하기 전에 출력 디렉터리가 고정된 상태임을 보장할 수 있으면 오지는 잡이 실패해도 안심하고 액션을 다시 실행할 수 있다.

configuration 항목 안에 내부 항목으로 맵리듀스 잡이 정의되어 있다. 내부 항목은 하둡 환경 설정을 이름-값 쌍으로 지정할 수 있다. 맵리듀스 configuration 부분은 [예제 2-5]처럼 맵리듀스 프로그램을 실행하기 위해 사용했던 드라이버 클래스를 서술적으로 대체한 것으로 보면 된다.

워크플로 명세의 여러 곳에서 JSP 표현 언어$^{Expression\ Language}$(EL) 문법의 장점을 제대로 활용한 것을 볼 수 있다. 오지는 워크플로와 상호작용할 수 있는 여러 함수를 제공한다. 예를 들어

${wf:user( )}는 현재 워크플로 잡을 실행하는 사용자 이름을 반환하므로 이를 통해 정확한 파일시스템의 경로를 지정할 수 있다. 오지 명세를 보면 오지가 지원하는 EL 함수의 목록을 볼 수 있다.

오지 워크플로 애플리케이션 패키징과 배포

워크플로 애플리케이션은 워크플로 명세와 실행할 때 필요한 모든 관련 리소스(맵리듀스 JAR 파일, 피그 스크립트 등)로 이루어진다. 애플리케이션은 오지가 접근할 수 있도록 반드시 다음과 같은 간단한 디렉터리 구조를 준수하여 HDFS에 배포해야 한다. 예제 애플리케이션을 위해 max-temp-workflow 기본 디렉터리 아래에 모든 파일을 넣었다.

```
max-temp-workflow/
├── lib/
│   └── hadoop-examples.jar
└── workflow.xml
```

워크플로 명세 파일인 workflow.xml은 디렉터리 최상단에 위치해야 한다. 애플리케이션의 맵리듀스 클래스를 포함한 JAR 파일은 lib 디렉터리에 있다.

이러한 배치를 따르는 워크플로 애플리케이션은 앤트나 메이븐 같은 적절한 빌드 도구로도 생성할 수 있다(이 책에 포함된 코드에서 예제를 찾을 수 있다). 먼저 애플리케이션을 빌드한 후 일반적인 하둡 도구로 HDFS에 복사하면 된다. 다음과 같이 명령을 실행하면 된다.

```
% hadoop fs -put hadoop-examples/target/max-temp-workflow max-temp-workflow
```

오지 워크플로 잡 실행하기

애플리케이션의 워크플로 잡을 실행하는 방법을 살펴보자. 이를 위해 오지 서버와 통신하는 클라이언트 프로그램인 oozie 명령행 도구를 사용할 것이다. 편의를 위해 OOZIE_URL 환경변수에 oozie 명령을 수행할 오지 서버(로컬)를 지정했다.

```
% export OOZIE_URL=http://localhost:11000/oozie
```

오지 도구에는 많은 하위 명령이 있다(oozie help로 확인할 수 있다). 여기서는 워크플로 잡을 실행할 때 -run 옵션으로 job 하위 명령어도 함께 사용한다.

```
% oozie job -config ch06-mr-dev/src/main/resources/max-temp-workflow.properties \
  -run
job: 0000001-140911033236814-oozie-oozi-W
```

워크플로 XML 파일(여기서는 nameNode와 resourceManager)에 있는 매개변수에 대한 정의와 HDFS에 있는 워크플로 애플리케이션의 위치를 오지에 알려주는 oozie.wf.application.path 속성을 포함한 로컬 자바 속성 파일을 -config 옵션으로 지정할 수 있다.

```
nameNode=hdfs://localhost:8020
resourceManager=localhost:8032
oozie.wf.application.path=${nameNode}/user/${user.name}/max-temp-workflow
```

앞에서 -run 옵션을 추가한 명령을 실행하여 얻은 잡의 ID를 -info 옵션으로 지정하면 워크플로 잡의 상태에 대한 정보를 얻을 수 있다(oozie job 명령을 입력하면 모든 잡의 목록을 얻을 수 있다).

```
% oozie job -info 0000001-140911033236814-oozie-oozi-W
```

출력 결과를 보면 RUNNING, KILLED, SUCCEEDED와 같은 잡의 상태를 알 수 있다. 오지 웹 UI[10]에서 이러한 정보를 확인할 수 있다.

잡이 성공하면 기존 방식대로 결과를 확인할 수 있다.

```
% hadoop fs -cat output/part-*
1949 111
1950 22
```

이 예제는 오지 워크플로를 대충 살펴본 것이다. 오지 웹사이트 문서를 보면 복잡한 워크플로를 생성하는 방법과 코디네이터 잡을 작성하고 실행하는 자세한 정보를 얻을 수 있다.

---

10 http://localhost:11000/oozie

## CHAPTER 7

맵리듀스 작동 방법

이 장에서는 하둡에서 맵리듀스의 작동 방법을 자세히 살펴본다. 여기서 배운 지식은 다음 두 장에서 다룰 맵리듀스 고급 프로그램 작성에 좋은 밑거름이 될 것이다.

7.1 맵리듀스 잡 실행 상세분석

Job 객체의 submit() 메서드 호출로 맵리듀스 잡을 실행할 수 있다(또한 waitForCompletion() 메서드를 호출할 수 있는데, 이 메서드는 아직 잡이 제출되지 않았다면 잡을 제출하고 종료할 때까지 기다린다).[1] 이 메서드가 실행되는 이면에는 엄청난 처리 과정이 숨겨져 있다. 이 절에서는 하둡이 잡을 실행하는 과정을 자세히 알아본다.

[그림 7-1]은 잡의 전체 과정을 보여준다. 상위 수준에서 보면 다섯 개의 독립적인 단계로 구분되어 있다.[2]

- **클라이언트**: 맵리듀스 잡을 제출한다.
- **YARN 리소스 매니저**: 클러스터 상에 계산 리소스의 할당을 제어한다.
- **YARN 노드 매니저**: 클러스터의 각 머신에서 계산 컨테이너를 시작하고 모니터링한다.

---

1 기존 맵리듀스 API에서는 JobClient.submitJob(conf) 또는 JobClient.runJob(conf)를 호출할 수 있다.
2 잡 히스토리 내역을 보관하는 잡 히스토리 서버 데몬과 맵의 출력을 리듀스 태스크에 제공하는 셔플 처리 보조 서비스는 여기에서 논하지 않는다.

- **맵리듀스 애플리케이션 마스터:** 맵리듀스 잡을 수행하는 각 태스크를 제어한다. 애플리케이션 마스터와 맵리듀스 태스크는 컨테이너 내에서 실행되며, 리소스 매니저는 잡을 할당하고 노드 매니저는 태스크를 관리하는 역할을 맡는다.
- **분산 파일시스템:** 다른 단계 간에 잡 리소스 파일들을 공유하는 데 사용된다(보통 HDFS를 사용. 3장 참조).

그림 7-1 하둡이 맵리듀스 잡을 실행하는 방식

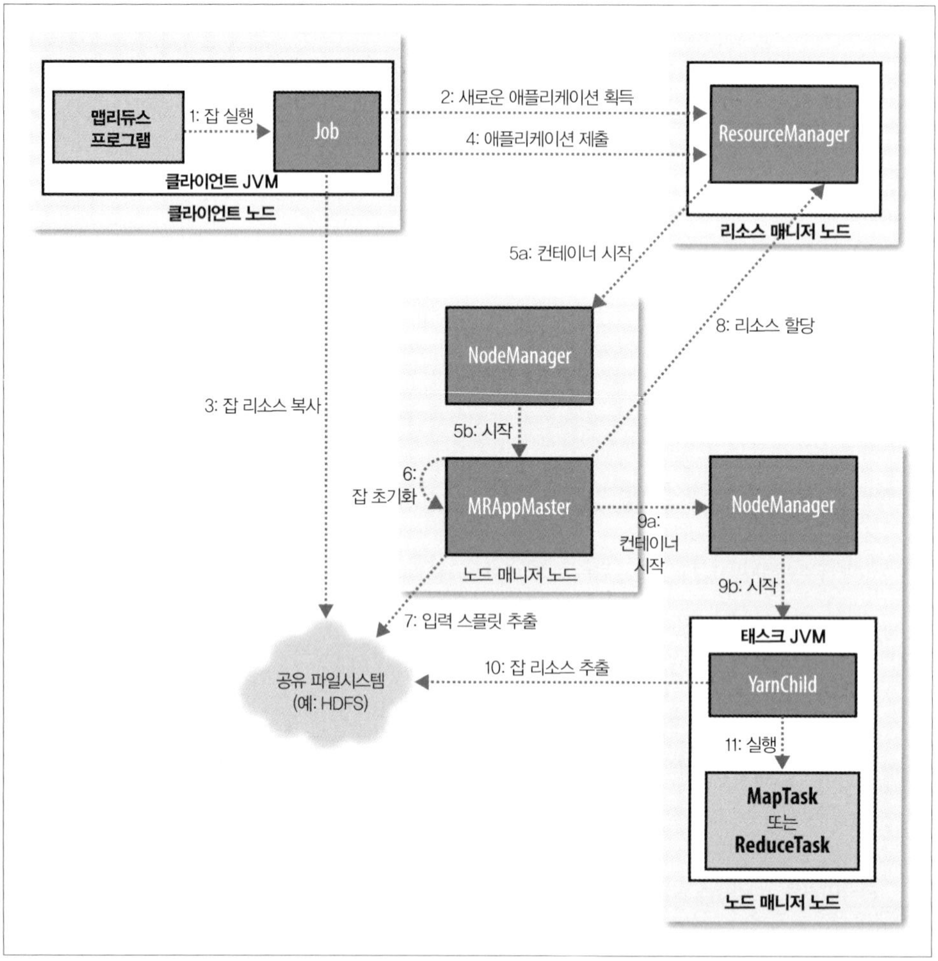

7.1.1 잡 제출

Job의 submit() 메서드는 내부의 JobSubmitter 인스턴스를 생성하고 submitJobInter

nal() 메서드를 호출한다([그림 7-1]의 1단계). 일단 잡을 제출하면 waitForCompletion() 메서드가 1초에 한 번씩 잡의 진행 상황을 조사하여 변경 내역이 있으면 콘솔로 보여준다. 잡이 성공적으로 완료되면 잡 카운터를 보여준다. 실패하면 잡 실패의 원인이 된 에러를 콘솔에 보여준다.

JobSubmitter의 잡 제출 과정은 다음과 같다.

- 리소스 매니저에 맵리듀스 잡 ID로 사용될 새로운 애플리케이션 ID를 요청한다(2단계).
- 잡의 출력 명세를 확인한다. 예를 들어 출력 디렉터리가 지정되지 않았거나 이미 존재한다면 해당 잡은 제출되지 않고 맵리듀스 프로그램에 에러를 전달한다.
- 잡의 입력 스플릿^{Input Split}을 계산한다. 스플릿을 계산할 수 없다면(예를 들어 입력 경로가 없다면) 잡은 제출되지 않고 맵리듀스 프로그램에 에러를 전달한다.
- 잡 실행에 필요한 잡 JAR 파일, 환경 설정 파일, 계산된 입력 스플릿 등의 잡 리소스를 공유 파일시스템에 있는 해당 잡 ID 이름의 디렉터리에 복사한다(3단계). 잡 JAR 파일의 복제 인수는 mapreduce.client. submit.file.replication 속성에 정의하며 기본값은 10으로 매우 높게 설정되어 있다. 클러스터 상에 잡 JAR의 복제본이 많으면 노드 매니저가 잡의 태스크를 실행할 때 접근성이 높아지는 장점이 있다.
- 리소스 매니저의 submitApplication()을 호출하여 잡을 제출한다(4단계).

7.1.2 잡 초기화

리소스 매니저가 submitApplication() 메서드의 호출을 받으면 YARN 스케줄러에 요청을 전달한다. 스케줄러는 컨테이너를 하나 할당하고, 리소스 매니저는 노드 매니저의 운영 규칙에 따라 애플리케이션 마스터 프로세스를 시작한다(5a와 5b 단계).

맵리듀스 잡의 애플리케이션 마스터는 자바 애플리케이션이며 메인 클래스는 MRAppMaster다. 애플리케이션 마스터는 잡을 초기화할 때 잡의 진행 상태를 추적하기 위한 다수의 북키핑^{bookkeeping}(장부) 객체를 생성하고, 이후 각 태스크로부터 진행 및 종료 보고서를 받는다(6단계). 다음으로 클라이언트가 계산한 입력 스플릿 정보를 공유 파일시스템에서 읽어온다(7단계). 그러고 나서 입력 스플릿별로 맵 태스크 객체를 생성하고, Job의 setNumReduceTask() 메서드로 지정한 mapreduce.job.reduces 속성의 값(리듀서 수)만큼 맵 태스크 객체를 생성한다. 이 시점에 각 태스크는 ID를 부여받는다.

애플리케이션 마스터는 맵리듀스 잡을 구성하는 태스크를 실행할 방법을 결정해야 한다. 잡의 크기가 작다면 애플리케이션 마스터는 태스크를 자신의 JVM에서 실행할 수도 있다. 이러한 상황에 적합한 경우는 병렬 처리를 위해 새로운 컨테이너에 태스크를 할당하고 실행하는 오버헤드가 단일 노드에서 순차적으로 실행하는 방식에 비해 유리하다고 판단될 때다. 이러한 잡을 **우버되었다**^{uberized}고 말하며, **우버 태스크**로 실행된다고 하기도 한다.

어느 정도 돼야 잡이 작다고 할 수 있을까? 기본적으로 작은 잡이란 10개 미만의 매퍼와 하나의 리듀서, HDFS 블록 하나보다 작은 크기의 입력을 말한다(각각 `mapreduce.job.ubertask.maxmaps`, `mapreduce.job.ubertask.maxreduces`, `mapreduce.job.ubertask.maxbytes` 속성으로 설정하여 변경할 수 있다). 우버 태스크는 반드시 `mapreduce.job.ubertask.enable` 속성을 true로 변경하여 명시적으로 활성화해야 한다(개별 잡 또는 클러스터에 적용 가능).

마지막으로, 태스크를 실행하기 전에 애플리케이션 마스터는 `OutputCommitter`의 `setupJob()` 메서드를 호출한다. 기본 클래스인 `FileOutputCommitter`는 잡의 최종 출력 디렉터리와 태스크 출력을 위한 임시 작업 공간을 생성한다. 커밋 프로토콜은 7.4.3절 '출력 커미터'에서 자세히 다룬다.

7.1.3 태스크 할당

잡을 우버 태스크로 실행하기 적합하지 않다면 애플리케이션 마스터는 리소스 매니저에 잡의 모든 맵과 리듀스 태스크를 위한 컨테이너를 요청한다(8단계). 맵 태스크 요청이 먼저며 리듀스 태스크 요청보다 우선순위가 높다. 리듀스의 정렬 단계가 시작되기 전에 모든 맵 태스크가 완료되어야 하기 때문이다(7.3절 '셔플과 정렬' 참조). 전체 맵 태스크의 5%가 완료되기 전까지 리듀스 태스크의 요청은 처리되지 않는다(10.3.5절의 '느린 리듀스 시작' 참조).

리듀스 태스크는 클러스터의 어느 곳에서도 실행될 수 있지만, 맵 태스크 요청은 스케줄러가 최대한 준수하는 데이터 지역성^{data locality} 제약이 있다(4.1.1절 '자원 요청' 참조). 최적의 상황은 태스크가 **데이터 로컬**^{data local}일 때다. 즉, 입력 스플릿이 저장된 노드에서 맵 태스크가 실행되는 것을 의미한다. 대안으로는 **랙 로컬**^{rack local}이 있다. 이는 동일한 랙에 속한 노드에서 맵 태스크가 실행되지만 입력 스플릿이 있는 노드는 아닐 때다. 어떤 태스크는 데이터 로컬이나 랙 로컬 어느 쪽도 아니어서 다른 랙에서 데이터를 가져오기도 한다. 개별 잡에 대한 잡 카운터를 살펴보면 지역성 수준별로 몇 개의 태스크가 실행되었는지 확인할 수 있다.

또한 요청할 때 태스크를 위한 메모리 요구사항과 CPU 수를 명시한다. 기본적으로 1,024MB의 메모리와 가상 코어 1개를 각 맵과 리듀스 태스크에 할당한다. 이 값은 `mapreduce.map.memory.mb`, `mapreduce.reduce.memory.mb`, `mapreduce.map.cpu.vcores`, `mapreduce.reduce.cpu.vcores` 속성을 통해 잡 단위로 설정할 수 있다(10.3.3절의 'YARN과 맵리듀스의 메모리 설정'에서 설명한 최솟값과 최댓값 제약이 존재한다).

7.1.4 태스크 실행

리소스 매니저의 스케줄러가 특정 노드 상의 컨테이너를 위한 리소스를 태스크에 할당하면 애플리케이션 마스터는 노드 매니저와 통신하며 컨테이너를 시작한다(9a와 9b 단계). 각 태스크는 YarnChild 메인 클래스를 가진 자바 애플리케이션으로 실행된다. 태스크를 실행하기 전에 잡 환경 설정, JAR 파일, 분산 캐시와 관련된 파일(10단계, 9.4.2절 '분산 캐시' 참조) 등 필요한 리소스를 로컬로 가져와야 한다. 최종적으로 맵과 리듀스 태스크를 실제 실행한다(11단계).

YarnChild는 전용 JVM에서 실행된다. 따라서 사용자 정의 맵과 리듀스 함수(심지어 YarnChild 내에서)에서 버그가 발생하여 강제 종료^{crash}되거나 멈추어도^{hang} 노드 매니저는 영향을 받지 않는다.

각 태스크는 태스크 자체와 동일한 JVM에서 설정과 커밋 동작을 수행하며, 잡의 `OutputCommitter`가 이를 결정한다(7.4.3절 '출력 커미터' 참조). 파일 기반의 잡에서 커밋 동작은 임시 위치에서 최종 위치로 태스크 출력을 옮긴다. 커밋 프로토콜은 투기적 실행이 활성화되었을 때(7.4.2절 '투기적 실행' 참조) 중복 태스크 중 단 하나만 커밋하고 나머지는 버린다.

스트리밍

스트리밍은 사용자가 제공한 실행 파일을 시작하고 이와 통신하기 위한 목적을 가진 특별한 맵과 리듀스 태스크를 실행한다(그림 7-2).

스트리밍 태스크는 표준 입출력 스트림을 통해 프로세스(어떤 언어로도 작성될 수 있음)와 통신한다. 태스크가 실행되는 동안 자바 프로세스는 키-값 쌍을 외부 프로세스에 전달하고, 이를 사용자 정의 맵과 리듀스 함수로 처리한 뒤, 최종적으로 출력 키-값 쌍을 자바 프로세스에 돌려준다. 따라서 노드 매니저 관점에서는 자식 프로세스가 마치 맵과 리듀스 코드를 스스로 실행한 것처럼 보일 것이다.

그림 7-2 스트리밍 실행에서 노드 매니저와 태스크 컨테이너에 대한 관계

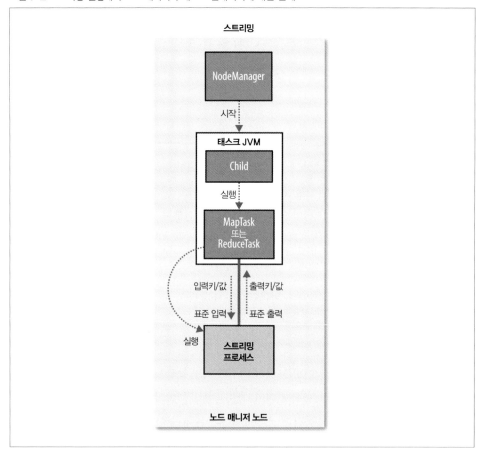

7.1.5 진행 상황과 상태 갱신

맵리듀스 잡은 수행 시간이 오래 걸리는 배치 잡으로, 수십 초에서 길게는 수 시간이 소요될 수 있다. 이렇게 상당한 시간이 걸리므로 사용자가 잡의 진행 상황에 대한 피드백을 받는 것은 매우 중요하다. 잡과 개별 태스크는 실행 중^{running}, 성공적으로 완료됨$^{successfully\ completed}$, 실패^{failed}와 같은 잡 또는 태스크의 상태, 맵과 리듀스의 진행 상황, 잡의 카운터 값, 상태 메시지 또는 명세(사용자 코드에서 설정된) 등의 **상태 정보**를 가진다. 이러한 상태 정보는 잡의 진행 과정에서 수시로 변경되는데 이를 클라이언트에 전달할 방법은 무엇일까?

태스크가 수행되는 동안 태스크는 자신의 **진행 상황**(예를 들면 태스크 완료 비율)을 추적한다. 맵 태스크의 경우 이는 처리한 입력 데이터의 비율이다. 그리고 리듀스 태스크의 경우 조금은 복잡하지만 시스템은 리듀스가 처리한 입력 데이터의 비율을 추정할 수 있다. 이를 위해 전체 진행 과정을 총 세 부분으로 나누는데, 이는 셔플의 세 단계와 관련 있다(7.3절 '셔플과 정렬' 참조). 예를 들어 리듀서에서 입력의 절반을 처리했으면 태스크의 진행 상황은 5/6가 된다. 이는 복사와 정렬 단계가 각각 1/3씩 완료되었고, 리듀스 단계의 절반(1/6)이 진행되었기 때문이다.

맵리듀스가 진행 중임을 판단하는 동작

진행 상황을 항상 측정할 수 있는 것은 아니지만, 태스크가 무엇인가를 하고 있다는 것을 하둡에 알려주어야 한다. 예를 들어 현재 결과 레코드를 출력하는 태스크가 진행 중이지만 출력 레코드의 비율은 표시할 수 없다. 이는 결과를 생성하는 태스크조차도 출력 레코드의 전체 개수를 미리 알 수 없기 때문이다.

하둡은 진행 중인 태스크는 실패로 보지 않기 때문에 진행 상황을 보고하는 것은 매우 중요하다. 진행 상태로 판단되는 동작은 다음과 같다.

- 입력 레코드 읽기(매퍼 또는 리듀서에서)
- 출력 레코드 쓰기(매퍼 또는 리듀서에서)
- 상태 명세의 설정(Reporter 또는 TaskAttemptContext의 setStatus() 메서드를 통해)
- 카운터 증가(Reporter의 incrCounter() 메서드 또는 Counter의 increment() 메서드를 사용하여)
- Reporter 또는 TaskAttempContext의 progress() 메서드 호출

태스크는 수행 중에 발생하는 다양한 이벤트를 세는 여러 카운터를 가지는데(2.3.2절의 '테스트 수행' 예제 참조), 여기에는 맵의 출력 레코드 수를 세는 것과 같은 프레임워크에 내장된 카운터나 사용자 정의 카운터가 있다.

맵과 리듀스 태스크가 실행되면서 자식 프로세스는 부모인 애플리케이션 마스터와 **밀접한** 인터페이스를 통해 통신한다. 태스크는 진행 상황과 상태 정보(카운터 포함)를 집계하여 매 3초마다 이 인터페이스를 통해 애플리케이션 마스터에 보고한다.

리소스 매니저 웹 UI는 실행 중인 모든 애플리케이션 각각의 애플리케이션 마스터 웹 UI 링크를 보여준다. 애플리케이션 마스터 웹 UI에서 맵리듀스 잡의 진행 상황을 포함한 상세한 정보를 볼 수 있다.

잡이 진행되는 동안 클라이언트는 매초(mapreduce.client.progressmonitor.pollinterval 속성으로 시간 간격을 설정)마다 애플리케이션 마스터를 폴링하여 가장 최근의 상태를 받는다. 또한 클라이언트는 Job의 getStatus() 메서드를 이용해서 JobStatus 인스턴스를 얻을 수 있으며, 이는 잡의 모든 상태 정보를 포함하고 있다.

[그림 7-3]은 이러한 진행 상황을 도식화한 것이다.

그림 7-3 맵리듀스 시스템을 통한 상태 갱신 전달 방법

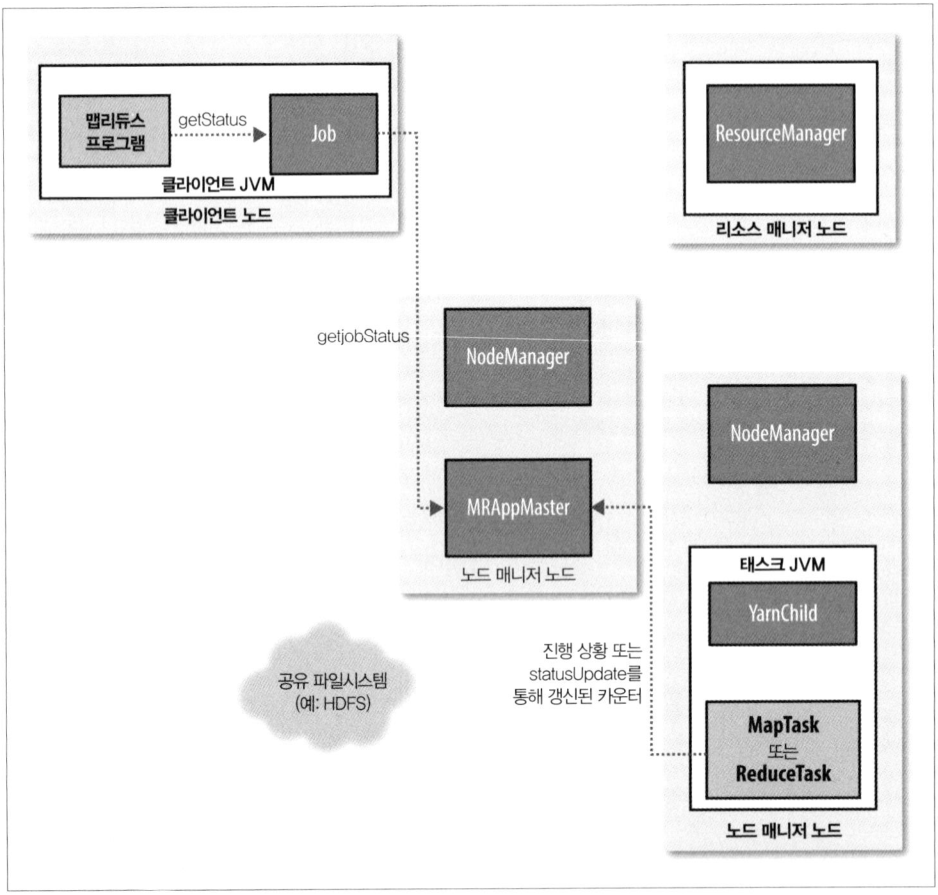

7.1.6 잡 완료

애플리케이션 마스터가 마지막 태스크가 완료되었다는 통지를 받으면 잡의 상태를 '성공^{successful}'

으로 변경한다. 이제 잡이 상태 정보를 폴링하면 해당 잡이 성공적으로 완료되었음을 알게 되고, 사용자에게 통지할 메시지를 출력한 뒤 waitForCompletion() 메서드가 반환된다. 이 시점에 잡 통계와 카운터가 콘솔에 출력된다.

또한 HTTP 잡 통지를 보내도록 설정되어 있다면 애플리케이션 마스터는 이를 수행한다. 클라이언트가 이러한 콜백을 받으려면 mapreduce.job.endnotification.url 속성을 설정하면 된다.

마지막으로, 잡이 완료되면 애플리케이션 마스터와 태스크 컨테이너는 작업 상태를 정리하고 (중간 출력도 삭제됨) OutputCommitter의 commitJob() 메서드를 호출한다. 잡 정보는 잡 히스토리 서버에 기록되므로 사용자가 원하는 시점에 조사할 수 있다.

7.2 실패

실제 환경에서는 사용자 코드의 버그 때문에 프로세스가 강제로 죽거나 서버에 장애가 발생하는 일이 빈번하다. 하둡의 가장 큰 장점은 이러한 실패를 잘 다루어 성공적으로 잡이 완료되도록 도와준다는 것이다. 이제 태스크, 애플리케이션 마스터, 노드 매니저, 리소스 매니저의 실패에 대해 고려해보자.

7.2.1 태스크 실패

먼저 태스크 실패 사례를 고려해보자. 가장 흔한 실패의 유형은 맵 또는 리듀스 태스크 내 사용자 코드에서 런타임 예외를 던질 때다. 예외가 발생하면 태스크 JVM은 종료하기 전에 부모인 애플리케이션 마스터에 에러를 보고한다. 이 에러는 최종적으로 사용자 로그에 기록된다. 애플리케이션 마스터는 이 태스크 시도를 **실패**로 표시하고 해당 리소스를 다른 태스크에서 사용 가능하도록 컨테이너를 풀어준다.

스트리밍 태스크에서는 스트리밍 프로세스가 0이 아닌 코드를 반환하면 실패로 표시한다. 이러한 동작은 stream.non.zero.exit.is.failure 속성(기본값은 true)에 따라 관리된다.

다른 실패 유형은 태스크 JVM이 갑작스럽게 종료하는 것인데, 아마도 맵리듀스 사용자 코드에 의해 드러난 특정 상황으로 인해 JVM이 종료되는 JVM 버그일 것이다. 이때 노드 매니저는 프로세스가 종료되었음을 알게 되고, 이를 애플리케이션 마스터에 알려주어 해당 시도가 실패했다고 표시하게 한다.

행^{hang}이 걸린(멈춘) 태스크는 이와 다르게 처리된다. 애플리케이션 마스터는 잠시 동안 진행 상황을 갱신받지 못함을 알게 되면 해당 태스크를 실패로 표시한다. 태스크 JVM 프로세스는 이 기간 후에 자동으로 강제 종료된다.[3] 태스크를 실패로 간주하는 타임아웃 기간은 보통 10분이고 잡 단위(또는 클러스터 단위)로 `mapreduce.task.timeout` 속성에 밀리초 단위의 값을 설정할 수 있다.

타임아웃을 0으로 설정하면 타임아웃을 비활성화하며 따라서 실행 시간이 긴 태스크는 절대로 실패로 표시되지 않는다. 이러한 상황에서 행이 걸려 멈춘 태스크는 자신의 컨테이너를 결코 해제하지 않을 것이며 시간이 지남에 따라 클러스터를 느리게 만드는 결과를 초래한다. 그러므로 이러한 접근 방법은 지양해야 하며 태스크가 주기적으로 진행 상황을 확실히 보고하도록 하는 것이 좋다(7.1.5절의 '맵리듀스가 진행 중임을 판단하는 동작' 글상자 참조).

애플리케이션 마스터는 태스크 시도 실패를 알게 되면 해당 태스크 실행을 다시 스케줄링한다. 물론 애플리케이션 마스터는 이전에 실패했던 노드 매니저에 해당 태스크를 다시 스케줄링하는 것을 피하려고 노력할 것이다. 또한 태스크가 네 번 실패하면 재시도하지 않는다. 이는 설정 가능한 값으로, 맵 태스크는 `mapreduce.map.maxattempts` 속성으로, 리듀스 태스크는 `mapreduce.reduce.maxattempts` 속성으로 최대 시도 횟수를 조절할 수 있다. 기본적으로 태스크가 네 번(또는 설정한 최대 시도 횟수만큼) 실패하면 전체 잡이 실패한 것이다.

어떤 애플리케이션은 몇몇 태스크가 실패하더라도 잡이 중단하길 원하지 않을 수 있는데, 이는 이러한 실패에도 불구하고 잡의 실행 결과를 사용할 수 있을지 모르기 때문이다. 이러한 사례에서는 잡의 실패를 유발하지 않으면서 허용되는 태스크 실패의 최대 비율을 잡에 설정할 수 있다. 맵과 리듀스 태스크는 각각 `mapreduce.map.failures.maxpercent`와 `mapreduce.reduce.failures.maxpercent` 속성으로 조절할 수 있다.

---

3 스트리밍 프로세스가 행이 걸려 멈추면 노드 매니저는 특정 상황, 즉 `yarn.nodemanager.container-executor.class` 속성이 `org.apache.hadoop.yarn.server.nodemanager.LinuxContainerExecutor`로 설정되었거나, 또는 기본 컨테이너 실행자가 사용 중이며 `setsid` 명령어를 해당 시스템에서 이용 가능한(태스크 JVM과 이것이 실행한 다른 프로세스가 동일한 프로세스 그룹에 존재하는) 상황에만 강제로 종료(이를 시작한 JVM을 포함해서)한다. 그 밖의 상황에서는 고아가 된 스트리밍 프로세스가 시스템에 계속 적체되어 시간이 지남에 따라 시스템 이용률에 영향을 미친다.

또한 태스크 시도는 강제로 **종료**될 수 있는데 이는 실패와 다르다. 태스크 시도는 투기적 중첩 (자세한 사항은 7.4.2절 '투기적 실행' 참조) 때문에, 또는 실행 기반인 노드 매니저가 실패해서 애플리케이션 마스터가 해당 노드 매니저에서 실행되는 모든 태스크 시도를 실패로 표시할 때 강제 종료된다. 강제 종료된 태스크 시도는 태스크 자체의 잘못이 아니므로 태스크 전체 시도 횟수(mapreduce.map.maxattempts와 mapreduce.reduce.maxattempts에서 지정한)에 포함되지 않는다.

사용자는 웹 UI나 명령행(옵션을 보려면 mapred job을 입력하라)을 통해 태스크 시도를 강제 종료하거나 실패하게 만들 수 있다. 마찬가지로 동일한 방식으로 잡을 강제 종료할 수 있다.

7.2.2 애플리케이션 마스터 실패

맵리듀스 태스크가 (하드웨어나 네트워크 실패를 직면하면) 성공하기까지 몇 번의 시도를 거치는 것처럼 YARN 내에 애플리케이션 또한 실패할 때 몇 번의 재시도를 하게 된다. 맵리듀스 애플리케이션 마스터가 시도하는 최대 횟수는 mapreduce.am.max-attempts 속성으로 조절한다. 기본값은 2며 따라서 맵리듀스 애플리케이션 마스터가 두 번 실패하면 더 이상 시도하지 않고 잡이 실패로 끝난다.

YARN은 클러스터에서 실행 중인 모든 YARN 애플리케이션 마스터에 대해 일괄적으로 최대 시도 횟수의 제한을 줄 수 있으며 개별 애플리케이션은 이를 넘길 수 없다. 이 제한은 yarn.resourcemanager.am.max-attempts로 설정할 수 있으며 기본값은 2다. 따라서 맵리듀스 애플리케이션 마스터의 시도 횟수를 늘리고 싶다면 클러스터의 YARN 설정 또한 증가시켜야 한다.

복구 작업 방식은 다음과 같다. 애플리케이션 마스터는 주기적으로 리소스 매니저에 하트비트 heartbeat를 보내고, 애플리케이션 마스터의 실패 이벤트 발생 시 리소스 매니저는 이 실패를 감지하고 새로운 컨테이너(노드 매니저가 운영하는)에서 실행할 새로운 마스터 인스턴스를 시작한다. 맵리듀스 애플리케이션 마스터의 사례에서는 잡 히스토리를 사용해서 (실패한) 애플리케이션에서 이미 실행된 모든 태스크의 상태를 복구하므로 이들을 재실행할 필요가 없다. 기본적으로 복구는 활성화되어 있지만 yarn.app.mapreduce.am.job.recovery.enable 속성을 false로 설정하면 비활성화된다.

맵리듀스 클라이언트는 진행 상황 보고를 위해 애플리케이션 마스터를 폴링하는데 만약 이 애플리케이션 마스터가 실패한다면 클라이언트는 새로운 애플리케이션 마스터 인스턴스의 위치를 알아내야 한다. 처음에 잡을 초기화하는 동안 클라이언트는 리소스 매니저에 애플리케이션 마스터의 주소를 요청하고 이를 캐시하여 애플리케이션 마스터를 폴링할 필요가 있을 때마다 리소스 매니저에 요청하는 부담을 없앤다. 그러나 만약 애플리케이션 마스터가 실패한다면 클라이언트는 상태 갱신을 전달할 때 타임아웃이 발생할 것이며, 이때 클라이언트는 리소스 매니저에 새로운 애플리케이션 마스터의 주소를 요청한다. 이 과정은 사용자 모르게 수행된다.

7.2.3 노드 매니저 실패

노드 매니저가 크래시에 의해 실패하거나 굉장히 느리게 수행 중이라면 리소스 매니저에 하트비트 전송을 중단할 것이다(혹은 굉장히 드물게 전송한다). 리소스 매니저는 하트비트 전송을 중단한 노드 매니저가 10분(yarn.resourcemanager.nm.liveness-monitor.expiry-interval-ms 속성으로 밀리초 단위로 설정 가능) 동안 한번도 전송하지 않음을 인지하면 이를 컨테이너를 스케줄링하는 노드 풀에서 제거한다.

실패한 노드 매니저에서 수행 중인 애플리케이션 마스터나 태스크는 앞의 두 절에서 기술한 메커니즘을 통해 복구될 것이다. 또한 애플리케이션 마스터는 해당 노드 매니저에서 성공적으로 실행된 맵 태스크가 완료되지 않은 잡에 속해 있다면 이를 재실행한다. 이는 노드 매니저의 로컬 파일시스템에 존재하는 중간 결과를 리듀스 태스크에서 접근할 수 없기 때문이다.

애플리케이션 실패 횟수가 높으면 노드 매니저 자체가 실패하지 않았더라도 노드 매니저는 **블랙 리스트**에 등록된다. 블랙리스트 등록은 애플리케이션 마스터가 하며, 하나의 노드 매니저에서 네 개 이상의 맵리듀스 태스크가 실패하면 다른 노드에 태스크를 다시 스케줄링할 것이다. 사용자는 mapreduce.job.maxtaskfailures.per.tracker 잡 속성으로 이 한계 값을 설정할 수 있다.

> **NOTE_** 리소스 매니저는 (이 책이 쓰는 시점에) 여러 애플리케이션에 걸쳐 노드를 블랙리스트에 등록하지 않는다. 따라서 이전 잡을 실행한 애플리케이션 마스터가 등록한 불량 노드에 새로운 잡의 태스크가 스케줄링될 수 있다.

7.2.4 리소스 매니저 실패

리소스 매니저 실패는 굉장히 심각한 상황이다. 리소스 매니저 없이는 잡이나 태스크 컨테이너가 실행될 수 없기 때문이다. 기본 환경 설정에서 서버 실패 이벤트 발생시(거의 발생하지 않지만) 모든 실행 중인 잡은 실패하며 복구 불가하기 때문에 리소스 매니저는 단일 고장점이다.

고가용성^{high availability}(HA)을 달성하기 위해서는 두 개의 리소스 매니저를 활성대기^{active-standby} 설정으로 실행해야 한다. 만약 활성 리소스 매니저가 실패해도 대기 리소스 매니저가 그 역할을 대신하기 때문에 클라이언트는 심각한 방해를 받지 않는다.

실행 중인 애플리케이션에 대한 모든 정보는 고가용 상태 저장소(주키퍼 혹은 HDFS)에 보관되기 때문에 대기 리소스 매니저는 실패한 활성 리소스 매니저의 핵심 상태를 복구할 수 있다. 그리고 노드 매니저 정보는 상태 저장소에 보관되지 않는데, 이는 노드 매니저가 첫 번째 하트비트를 전송할 때 새로운 리소스 매니저가 상대적으로 빠르게 재구축할 수 있기 때문이다(태스크는 리소스 매니저 상태의 일부가 아니며 애플리케이션 마스터가 관리함을 명심하라. 따라서 보관할 상태 정보는 맵리듀스 1의 잡트래커에 비해 굉장히 적다).

새로운 리소스 매니저가 시작되면 상태 저장소로부터 애플리케이션 정보를 읽고 클러스터에서 실행 중인 모든 애플리케이션의 애플리케이션 마스터를 재시작한다. 애플리케이션 코드 에러로 인해 실패한 것이 아니라 시스템에 의해 강제로 종료되었으므로 이를 실패한 애플리케이션 시도로 세지 않는다(따라서 yarn.resourcemanager.am.max-attempts 계산에서 제외). 실제 환경에서 애플리케이션 마스터 재시작 시 맵리듀스 애플리케이션은 완료된 태스크의 작업을 복구할 수 있으므로 큰 문제가 되지 않는다(7.2.2절 '애플리케이션 마스터 실패' 참조).

대기 리소스 매니저에서 활성 리소스 매니저로의 전환은 장애극복 관리자^{failover controller}가 담당한다. 기본 장애극복 관리자는 주키퍼 대표자 선출^{ZooKeeper leader election}을 사용해서 어떠한 시점에라도 단일 활성 리소스 매니저가 존재하도록 보장한다. HDFS 고가용성(3.2.5절 'HDFS 고가용성' 참조)과 달리 장애극복 관리자는 반드시 독립 프로세스일 필요는 없으며 편리한 환경 설정을 위해 기본적으로 리소스 매니저에 포함된다. 물론 수동으로 장애극복 설정이 가능하지만 권장하지 않는다.

이제 통신 가능한 리소스 매니저가 두 개 존재하므로 클라이언트와 노드 매니저는 리소스 매니저의 장애극복을 처리할 수 있도록 설정되어야 한다. 즉, 활성 리소스 매니저를 찾을 때까지 라운드 로빈 방식으로 각 리소스 매니저에 연결을 시도해야 한다. 만약 활성 리소스 매니저가 실패한다면 대기 리소스 매니저가 활성화될 때까지 재시도할 것이다.

7.3 셔플과 정렬

맵리듀스는 모든 리듀서의 입력이 키를 기준으로 정렬되는 것을 확실히 보장한다. 시스템이 이러한 정렬을 수행하고 맵의 출력을 리듀서의 입력으로 전송하는 과정을 **셔플**[shuffle][4]이라고 한다. 이 절에서는 셔플의 작동 방식을 살펴볼 것이며, 이러한 기본적인 이해를 통해 맵리듀스 프로그램을 최적화하는 데 큰 도움을 얻을 것이다. 셔플은 정제와 개선이 끊임없이 일어나는 코드 기반 영역이므로 이어지는 설명에서 자세한 부분은 필요에 따라 생략할 수 있다. 여러모로 셔플은 맵리듀스의 핵심이며 '마법'이 일어나는 곳이다.

7.3.1 맵 부분

맵 함수가 결과를 생산할 때 이를 단순히 디스크에 쓰지 않는다. 좀 더 복잡한 처리 과정이 있으며, 효율적인 처리를 위해 메모리에 일정 크기만큼 쓴 다음 사전 정렬을 수행한다. [그림 7-4]는 어떤 일이 일어나는지 보여준다.

그림 7-4 맵리듀스에서 셔플과 정렬

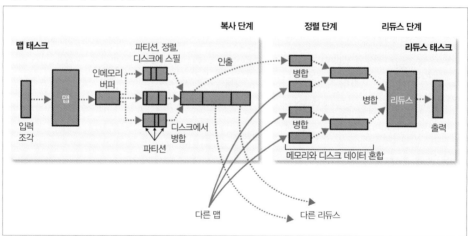

---

4 **셔플**이라는 용어는 사실 모호한 표현인데, 어떤 문맥에서는 맵의 출력을 리듀스 태스크가 인출하는 부분만을 의미하기 때문이다. 이 절에서는 맵이 결과를 생산해낸 다음 리듀서가 입력으로 소비하는 전체 과정을 의미하는 것으로 간주한다.

각 맵 태스크는 환형 구조의 메모리 버퍼를 가지고 있으며 이곳에 결과를 기록한다. 이 버퍼는 기본적으로 100MB 크기다(mapreduce.task.io.sort.mb 속성으로 변경 가능). 버퍼의 내용이 특정 한계치(mapreduce.map.sort.spill.percent 속성으로 변경 가능하며 기본값은 0.80 또는 80%)에 도달하면 백그라운드 스레드가 디스크에 **스필**[spill][5]하기 시작한다. 스필이 일어나는 동안에도 맵 결과는 계속해서 버퍼에 쓰이는데 이때 버퍼가 가득 차게 되면 맵은 스필이 종료될 때까지 블록된다. 스필은 잡의 특정 서브디렉터리 내에 mapreduce.cluster.local.dir 속성으로 지정한 디렉터리에 라운드 로빈 방식으로 쓰인다.

디스크로 쓰기 전에 스레드는 먼저 데이터를 최종적으로 전송할 리듀서 수에 맞게 파티션으로 나눈다. 각 파티션 내의 백그라운드 스레드는 키를 기준으로 인메모리 정렬을 수행하고 만약 컴바이너[combiner] 함수가 존재하면 정렬의 출력에 대해 수행한다. 컴바이너 함수 수행은 맵 출력을 더욱 축소하여 로컬 디스크에 쓰거나 리듀서에 전송할 데이터양을 줄인다.

메모리 버퍼가 스필 한계치에 도달하면 새로운 스필 파일이 생성되므로 맵 태스크가 최종 결과 레코드를 쓰고 나면 여러 개의 스필 파일이 존재할 수 있다. 태스크가 종료되기 전에 여러 스필 파일은 단일 출력 파일로 병합되고 정렬된다. mapreduce.task.io.sort.factor 환경 설정 속성은 한번에 병합할 최대 스트림 수를 조절하며 기본값은 10이다.

최소 세 개의 스필 파일(mapreduce.map.combine.minspills 속성으로 설정)이 존재한다면 출력 파일을 쓰기 전에 컴바이너가 다시 실행된다. 컴바이너는 최종 결과에 영향을 미치지 않으면서 입력에 대해 반복적으로 수행될 수 있음을 상기하자. 하나 혹은 두 개의 스필만 존재한다면 맵 출력 크기를 줄이는 양에 비해 컴바이너를 호출하는 오버헤드가 크기 때문에 이러한 맵 출력에 대해 다시 실행하는 것은 가치가 없다.

맵 출력을 디스크에 쓰려는 시점에 압축하는 것은 디스크에 더욱 빨리 쓰고 디스크 공간을 절약하며 리듀서로 전송할 데이터양을 줄일 수 있으므로 때론 훌륭한 생각이다. 기본적으로 출력은 압축되지 않지만 mapreduce.map.output.compress 속성을 true로 설정하면 이를 간단히 활성화할 수 있다. 사용할 압축 라이브러리는 mapreduce.map.output.compress.codec에 지정한다(압축 포맷에 관한 자세한 내용은 5.2절 '압축' 참조).

---

5 옮긴이_ 각 파티션별 메모리 버퍼를 디스크에 한번에 쓰는 것을 말한다.

출력 파일의 파티션은 HTTP를 통해 리듀서에 전달된다. 여기서 파일 파티션을 전달하는 워커 스레드의 최대 수는 mapreduce.shuffle.max.threads 속성으로 조절 가능하다. 이 설정은 맵 태스크가 아닌 노드 매니저별로 이루어지며, 기본값인 0은 스레드의 최대 수를 서버 프로세서 수의 두 배로 설정함을 의미한다.

7.3.2 리듀스 부분

이제 리듀스 부분에서의 처리로 넘어가자. 맵 출력 파일은 맵 태스크를 수행한 서버의 로컬 디스크에 존재하는데(맵의 출력은 항상 로컬 디스크에 쓰이지만 리듀스의 출력은 그렇지 않음을 명심하라), 이제는 이것이 특정 파티션에 대해 리듀스 태스크를 시작하려는 서버에서 필요한 상황이다. 게다가 리듀스 태스크는 클러스터 내에 퍼져 있는 많은 맵 태스크로부터 특정 파티션에 해당하는 맵 출력을 필요로 한다. 맵 태스크는 각기 다른 시간에 끝날 수 있으므로 리듀스 태스크는 각 맵 태스크의 출력이 끝나는 즉시 복사하기 시작한다. 이것이 리듀스 태스크의 잘 알려진 **복사 단계**다. 리듀스 태스크는 소수의 복사기 스레드를 가지고 있는데, 이들은 맵 출력 인출을 병렬로 수행한다.

기본적으로 다섯 개의 스레드가 설정되어 있지만, 이 수는 mapreduce.reduce.shuffle.parallelcopies 속성으로 변경할 수 있다.

리듀서는 맵 출력을 인출할 서버를 어떻게 알까?

맵 태스크가 성공적으로 종료되면 하트비트 전송 메커니즘을 통해 애플리케이션 마스터에 알려준다. 그러므로 특정 잡에 대해 애플리케이션 마스터는 맵 출력과 호스트 사이의 매핑 정보를 알고 있다. 그리고 리듀서 내의 한 스레드는 맵 출력 호스트 정보를 주기적으로 마스터에 요청하며 이는 모든 정보를 얻을 때까지 실행된다.

호스트는 첫 번째 리듀서가 맵 출력을 회수하더라도 디스크에서 그들을 삭제하지 않는데, 이는 리듀스가 회수에 실패할 수 있기 때문이다. 잡이 종료된 이후에 애플리케이션 마스터로부터 삭제 요청을 받을 때까지 기다린다.

맵 출력은 그 크기가 충분히 작다면 리듀스 태스크 JVM 메모리에 복사된다(메모리 버퍼의 크기는 이러한 목적으로 사용할 힙의 비율을 지정하는 `mapreduce.reduce.shuffle.input.buffer.percent` 속성으로 조절한다). 인메모리 버퍼가 한계치(`mapreduce.reduce.shuffle.merge.percent`로 조절)에 도달하거나 맵 출력 수가 한계치(`mapreduce.reduce.merge.inmem.threshold`로 조절)에 도달하면 병합되어 디스크에 스필된다. 컴바이너가 지정되었다면 병합 도중에 실행되어 디스크에 쓰여질 데이터양을 줄일 수 있다.

복사된 파일이 디스크에 축적되면 백그라운드 스레드가 이를 더 크고 정렬된 형태의 파일로 병합한다. 이는 추후에 병합할 시간을 절약해준다. (맵 태스크에 의해) 압축된 맵 출력이라면 병합을 수행하기 위해 메모리 내에서 압축을 풀어야 한다.

모든 맵 출력이 복사되는 시점에 리듀스 태스크는 **정렬 단계**(정렬은 맵 단계에서 수행되었기 때문에 **병합 단계**라고 하는 것이 더 적절하다)로 이동하여 맵 출력을 병합하고 정렬 순서를 유지한다. 이 작업은 라운드^{round} 단위로 이루어진다. 예를 들어 50개의 맵 출력이 존재하고 **병합 계수**$^{merge\ factor}$가 10(이는 기본값이며 맵의 병합과 마찬가지로 `mapreduce.task.io.sort.factor` 속성으로 조절)이라면 다섯 개의 라운드로 구성될 것이다. 각 라운드는 10개의 파일을 하나로 병합하여 결과적으로 다섯 개의 중간 파일이 생성된다.

이 다섯 개의 파일을 하나의 정렬된 파일로 병합하는 최종 라운드를 가지는 대신 마지막 단계(**리듀스 단계**)의 리듀스 함수에 곧바로 전송하여 디스크 IO를 줄인다. 최종 병합은 메모리와 디스크 세그먼트의 혼합으로 이루어진다.

> **NOTE_** 각 라운드에서 병합되는 파일 수는 사실 이 예제에서 제안한 것보다 더 미묘하다. 궁극적인 목적은 최종 라운드에서 병합 계수에 도달하기 위한 최소한의 파일을 병합하는 것이다. 따라서 파일이 40개일 때 라운드 4개로 파일을 10개씩 병합하여 파일 4개를 얻는 것이 아니다. 처음 라운드에서는 파일 4개만 병합하고, 이어서 라운드 3개에서 파일을 10개씩 병합한다. 그러면 네 개의 병합된 파일과 (아직 병합되지 않은) 여섯 개의 파일을 합쳐서 총 10개의 파일이 최종 라운드에 생성된다. [그림 7-5]는 이 과정을 보여준다.
>
> 이로 인해 전체 라운드 수가 변경되지는 않는다. 이는 단지 디스크에 쓰는 데이터양을 최소화하는 최적화 과정이며, 최종 라운드에서는 항상 리듀스로 바로 병합된다.

그림 7-5 병합 계수가 10일 때 파일 세그먼트 40개의 효율적인 병합

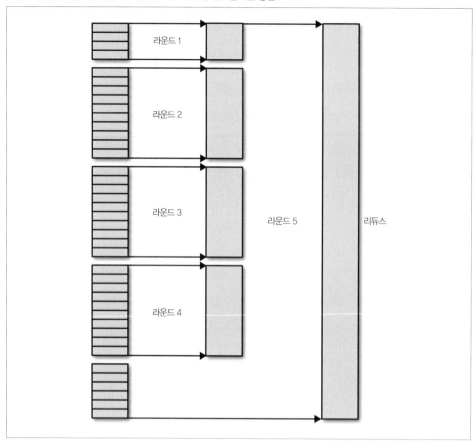

리듀스 단계에서 리듀스 함수는 정렬된 출력 내의 각 키에 대해 호출된다. 이 단계의 출력은 보통 HDFS와 같은 출력 파일시스템에 곧바로 써진다. HDFS에서 노드 매니저는 데이터노드를 실행하므로 블록의 첫 번째 복제본은 로컬 디스크에 쓰일 것이다.

7.3.3 설정 조정

이제 맵리듀스 성능 향상을 위한 셔플 튜닝 방법을 이해하기 더 나은 위치에 와 있다. 이와 관련된 설정은 [표 7-1]과 [표 7-2]에 기본값(이는 일반적인 목적의 잡에 사용하기 적합하다)과 함께 요약되어 있다(별도로 언급한 것을 제외하고는 잡 단위 기반으로 사용 가능하다).

표 7-1 맵 측면에서 튜닝 속성

속성명	타입	기본값	설명
mapreduce.task.io.sort.mb	int	100	맵 출력을 정렬하는 동안 사용할 메모리 버퍼의 크기로, 메가바이트 단위
mapreduce.map.sort.spill.percent	float	0.80	디스크로의 스필을 시작하기 위한 맵 출력 메모리 버퍼와 레코드 경계 인덱스의 한계 사용 비율
mapreduce.task.io.sort.factor	int	10	파일 정렬 시 한번에 병합할 스트림의 최대 수. 이 속성은 리듀스에서도 사용된다. 100으로 증가시키는 것이 꽤 일반적이다.
mapreduce.map.combine.minspills	int	3	컴바이너를 실행하기 위해 필요한 스필 파일의 최소 수(컴바이너가 명시되어 있을 때)
mapreduce.map.output.compress	boolean	false	맵 출력 압축 여부
mapreduce.map.output.compress.codec	Class	org.apache.hadoop.io.compress.DefaultCodec	맵 출력에 사용할 압축 코덱
mapreduce.shuffle.max.threads	int	0	맵 출력을 리듀서에 제공하기 위한 노드 매니저별 워커 스레드 수. 클러스터 전체 설정이며 개별 잡에 설정이 불가능하다. 0은 네티[Netty] 기본값인 가용 프로세서 수의 두 배다.

표 7-2 리듀스 측면에서 튜닝 속성

속성명	타입	기본값	설명
mapreduce.reduce.shuffle.parallelcopies	int	5	맵 출력을 리듀서에 복사하기 위해 사용되는 스레드 수
mapreduce.reduce.shuffle.maxfetchfailures	int	10	리듀서가 에러를 보고하기 전에 수행하는 맵 출력 인출 시도 수
mapreduce.task.io.sort.factor	int	10	파일을 정렬할 때 한번에 병합하는 스트림의 최대 수. 이 속성은 맵에서도 사용된다.
mapreduce.reduce.shuffle.input.buffer.percent	float	0.70	셔플의 복사 단계 동안 맵 출력 버퍼에 할당되는 전체 힙 크기 비율
mapreduce.reduce.shuffle.merge.percent	float	0.66	출력의 병합과 디스크에 스필을 시작하기 위한 맵 출력 버퍼(mapred.job.shuffle.input.buffer.percent로 정의)의 한계 사용 비율

속성명	타입	기본값	설명
mapreduce.reduce.merge.inmem.threshold	int	1000	출력의 병합과 디스크에 스필하는 과정을 시작하기 위한 맵 출력의 한계 수. 0 이하의 값은 한계가 없다는 의미며, 스필 동작은 mapreduce.reduce.shuffle.merge.percent에 의해 결정된다.
mapreduce.reduce.input.buffer.percent	float	0.0	리듀스가 진행되는 동안 맵 출력을 메모리에 유지하는 데 사용되는 전체 힙 크기의 비율. 리듀스 단계가 시작되면 메모리 내의 맵 출력 크기는 이 크기를 넘을 수 없다. 기본적으로 리듀스에 가능한 한 많은 메모리를 할당하기 위해 리듀스를 시작하기 전에 모든 맵 출력을 디스크에 병합해놓는다. 하지만 리듀서가 요구하는 메모리가 적다면 디스크 IO를 최소화하기 위해 이 값은 증가될 수 있다.

일반적인 원칙은 셔플에 가능한 한 많은 메모리를 할당하는 것이다. 그러나 여기에는 트레이드오프가 존재하는데, 맵과 리듀스 함수가 동작하는 데 충분한 메모리 확보가 필요하기 때문이다. 따라서 맵과 리듀스 함수를 작성할 때 가능한 한 적은 메모리를 사용하도록 하는 것이 최선책이다. 맵과 리듀스에서 무한정으로 메모리를 사용하지 않도록 확실히 하자(예를 들어 맵에 값을 축적하는 것을 피하라).

맵과 리듀스 태스크를 실행하는 JVM에 할당된 메모리 크기는 mapred.child.java.opts 속성으로 설정한다. 이때 태스크 노드에 가능한 한 많은 양의 메모리를 할당하는 것이 좋다. 고려해야 할 제약사항에 대해서는 10.3.3절의 'YARN과 맵리듀스의 메모리 설정'에서 자세히 논의한다.

맵 측면에서 보면 다수의 디스크 스필을 피하는 것(하나가 최선이다)이 최고의 성능을 내는 방법이다. 맵 출력 크기를 측정할 수 있다면 mapreduce.task.io.sort.* 속성을 적절히 설정하여 스필 횟수를 최소화할 수 있다. 가능하면 mapreduce.task.io.sort.mb를 늘릴 것을 권장한다. 잡 실행 중에 디스크에 스필되는 전체 레코드 수를 세는 맵리듀스 카운터(SPILLED_RECORDS, 9.1절 '카운터' 참조)가 존재한다면 튜닝하기 유용할 것이다. 이 카운터는 맵과 리듀스 측의 모든 스필을 포함한다.

리듀스 측면에서는 중간 데이터 전체가 메모리에 존재할 때 최고의 성능을 얻을 수 있다. 기본적으로 이러한 일은 발생하지 않는데, 일반적으로 리듀스 함수에 모든 메모리를 예약해두기 때문이다. 그러나 리듀스 함수가 조금의 메모리만 요구할 때는 mapreduce.reduce.merge.inmem.threshold는 0으로, mapreduce.reduce.input.buffer.percent는 1.0(혹은 더 낮은 값, [표 7-2] 참조)으로 설정하면 성능 향상을 꾀할 수 있다.

2008년 4월 하둡은 일반적인 용도의 테라바이트 정렬 성능 테스트(1.6절 '아파치 하둡의 간략한 역사'에서 논의했다)에서 우승했고 여기서 사용된 최적화 기법 중 하나가 바로 중간 데이터를 리듀스 측 메모리에 유지하는 것이었다.

좀 더 일반적으로 하둡의 기본 버퍼 크기는 4KB로 작기 때문에 클러스터 전반에 걸쳐 이를 늘릴 것을 권장한다(io.file.buffer.size로 설정, 10.3.5절 '다른 하둡 속성' 참조).

7.4 태스크 실행

7.1절 '맵리듀스 잡 실행 상세분석'에서 맵리듀스 시스템이 전체적인 잡 과정에서 태스크를 어떻게 실행하는지 살펴보았다. 이 절에서는 맵리듀스 사용자가 태스크 실행에 관해 취할 수 있는 좀 더 많은 제어사항을 알아볼 것이다.

7.4.1 태스크 실행 환경

하둡은 맵 또는 리듀스 태스크에 실행 환경에 관한 정보를 전달해준다. 예를 들어 맵 태스크는 처리할 파일명을 알 수 있고(8.2.1절의 '매퍼의 파일 정보' 참조), 맵 또는 리듀스 태스크는 태스크 시도 횟수를 알 수 있다. [표 7-3]에 있는 속성은 이전 맵리듀스 API가 제공하는 Mapper 또는 Reducer의 configure() 메서드 구현(환경 설정을 인자로 받는)을 통해 얻을 수 있는 잡의 환경 설정으로 접근 가능하다. 새로운 API에서 이 속성은 Mapper 또는 Reducer의 모든 메서드에 전달된 콘텍스트 객체로부터 접근할 수 있다.

표 7-3 태스크 환경 속성

속성명	타입	설명	예시
mapreduce.job.id	String	잡 ID(포맷 설명은 6.5.2절의 '잡, 태스크, 태스크 시도 ID' 글상자 참조)	job_200811201130_0004
mapreduce.task.id	String	태스크 ID	task_200811201130_0004_m_000003
mapreduce.task.attempt.id	String	태스크 시도 ID	attempt_200811201130_0004_m_000003_0

속성명	타입	설명	예시
mapreduce.task.partition	int	잡 내 태스크의 인덱스	3
mapreduce.task.ismap	boolean	태스크가 맵 태스크인지 여부	true

스트리밍 환경변수

하둡은 잡 환경 설정 파라미터를 스트리밍 프로그램의 환경변수로 설정한다. 이때 알파벳이나 숫자 이외의 문자는 밑줄(_)로 대체하여 유효한 이름으로 만든다. 다음 파이썬 구문은 파이썬 스트리밍 스크립트에서 mapreduce.job.id 속성 값을 얻어오는 방법을 보여준다.

```
os.environ["mapreduce_job_id"]
```

또한 맵리듀스가 스트리밍 프로세스 실행 시 -cmdenv 옵션을 스트리밍 시작 프로그램에 입력하여 환경변수를 설정할 수 있다(설정하려는 변수마다 한 번씩 사용). 다음은 MAGIC_PARAMETER 환경변수를 설정하는 예다.

```
-cmdenv MAGIC_PARAMETER=abracadabra
```

7.4.2 투기적 실행

맵리듀스 모델은 잡을 태스크로 나누고 태스크를 병렬 수행하는 형태다(이는 태스크를 순차적으로 실행할 때보다 전체 잡 실행 시간을 줄여준다). 이로 인해 잡 실행 시간은 느리게 수행되는 태스크에 굉장히 민감한데, 이는 단 하나의 느린 태스크가 전체 잡 수행을 상당히 지연시키기 때문이다. 실제로 수백, 수천 개의 태스크로 구성된 잡에서 몇몇 태스크가 뒤처질 가능성은 매우 높다.

태스크는 하드웨어의 성능 저하나 소프트웨어의 잘못된 설정 등 다양한 이유로 느려질 수 있다. 하지만 기대했던 시간보다 더 오랜 시간이 걸리더라도 태스크가 성공적으로 종료되었다면 원인을 진단하기 어려울 수 있다. 하둡은 느린 태스크를 진단하거나 고치려 하지 않는 대신 태스크 수행이 예상했던 것보다 더 느린 상황을 감지하여 또 다른 동일한 예비 태스크를 실행한다. 이를 태스크의 **투기적 실행**speculative execution이라고 한다.

동시에 두 개의 복제 태스크를 실행하여 서로 경쟁하도록 하는 것이 투기적 실행이 아님을 명심해야 한다. 이 방법은 클러스터의 리소스 낭비가 심하다. 대신 스케줄러는 잡의 동일한 타입(맵과 리듀스)별로 모든 태스크의 진행 상황을 기록하고 평균보다 심각하게 느리게 수행 중인 적은 비율의 태스크에 대해 투기적 복제 태스크를 실행한다. 이들 중 하나의 태스크가 성공적으로 완료되면 실행 중인 중복 태스크는 더 이상 필요 없으므로 강제 종료된다. 따라서 원래 태스크가 투기적 태스크보다 먼저 완료되면 투기적 태스크가 강제 종료되고 투기적 태스크가 먼저 종료되면 원래 태스크가 강제 종료된다.

투기적 실행은 일종의 최적화며 더욱 안정적으로 잡을 실행하는 기능은 아니다. 따라서 태스크를 멈추거나 느리게 하는 버그가 존재할 때 이러한 문제를 회피하기 위해 투기적 실행에 의존하는 것은 옳지 않으며 안정적으로 동작하지도 않을 것이다. 동일한 버그가 투기적 태스크에도 영향을 미칠 가능성이 있기 때문이다. 그러므로 태스크가 멈추거나 느려지지 않도록 버그를 고쳐야 한다.

기본적으로 투기적 실행은 활성화되어 있다. 이 설정은 클러스터 전체 혹은 잡별로 맵 태스크와 리듀스 태스크에 각각 독립적으로 활성화나 비활성화할 수 있다. [표 7-4]에서는 이와 관련된 속성을 보여준다.

표 7-4 투기적 실행 속성

속성명	타입	기본값	설명
mapreduce.map. speculative	boolean	true	어떤 태스크가 느리게 진행될 때 맵 태스크의 추가 인스턴스를 실행할지 여부
mapreduce.reduce. speculative	boolean	true	어떤 태스크가 느리게 진행될 때 리듀스 태스크의 추가 인스턴스를 실행할지 여부
yarn.app.mapreduce. am.job.speculator. class	Class	org.apache.hadoop. mapreduce.v2.app.speculate. DefaultSpeculator	투기적 실행 정책을 구현한 Speculator 클래스(맵리듀스 2에서만)
yarn.app.mapreduce. am.job.task. estimator.class	Class	org.apache.hadoop. mapreduce.v2.app.speculate. LegacyTaskRuntimeEstimator	태스크 런타임 측정을 제공하고 Speculator 인스턴스가 사용하는 TaskRuntimeEstimator 구현체(맵리듀스 2에서만)

투기적 실행을 끄려는 이유는 뭘까? 투기적 실행의 궁극적인 목적은 잡 실행 시간을 줄이는 것이지만 클러스터 효율성 측면에서 비용이 발생한다. 혼잡한 클러스터에서 개별 잡의 실행 시간을 줄이기 위해 투기적 실행으로 중복 태스크가 실행되면 전반적인 단위 시간당 산출물은 줄어든다. 이러한 이유로 클러스터 관리자는 클러스터 상에서 이를 끄는 것을 선호하며, 사용자가 개별 잡에 대해 필요하면 명시적으로 켜도록 하고 있다. 이것은 오래된 하둡 버전에서 투기적 실행으로 투기적 태스크를 심하게 공격적으로 스케줄링할 때 특히 문제가 되었다.

리듀스 태스크에 투기적 실행을 끄는 것은 좋은 예다. 복제 리듀스 태스크는 원래 태스크와 동일한 맵 출력을 인출해야 하며, 이는 클러스터에서 네트워크 트래픽을 심각하게 증가시키기 때문이다.

투기적 실행을 끄는 또 다른 이유는 비멱등^{nonidempotent} 태스크 때문이다. 하지만 많은 사례에서 태스크를 멱등이 되도록 작성하고 OutputCommitter를 사용해서 태스크 성공 시 출력을 최종 위치로 옮길 수 있다. 이 기술은 다음 절에서 더 자세히 설명한다.

7.4.3 출력 커미터

하둡 맵리듀스는 잡과 태스크가 깨끗하게 성공하거나 실패하도록 보장하기 위한 커밋 프로토콜을 사용한다. 이 동작은 잡에서 사용 중인 OutputCommitter로 구현했으며 예전 맵리듀스 API 내에 JobConf의 setOutputCommitter( ) 함수를 호출하거나 환경 설정에서 mapred.output.committer.class 속성으로 설정할 수 있다. 새로운 맵리듀스 API에서 OutputCommitter는 OutputFormat의 getOutputCommitter( ) 메서드로 확인할 수 있다. 기본값은 파일 기반의 맵리듀스에 적합한 FileOutputCommitter다. 또한 기존의 OutputCommitter를 사용자화하거나 잡 또는 태스크에 특별한 설정이나 정리가 필요하다면 새로운 구현체를 작성할 수도 있다.

OutputCommitter API는 다음과 같다(이전 또는 새로운 맵리듀스 API 모두 동일).

```
public abstract class OutputCommitter {

    public abstract void setupJob(JobContext jobContext) throws IOException;
    public void commitJob(JobContext jobContext) throws IOException { }
    public void abortJob(JobContext jobContext, JobStatus.State state)
        throws IOException { }
```

```
    public abstract void setupTask(TaskAttemptContext taskContext)
        throws IOException;
    public abstract boolean needsTaskCommit(TaskAttemptContext taskContext)
        throws IOException;
    public abstract void commitTask(TaskAttemptContext taskContext)
        throws IOException;
    public abstract void abortTask(TaskAttemptContext taskContext)
        throws IOException;
    }
}
```

setupJob( ) 메서드는 잡을 실행하기 전에 호출되고 일반적으로 초기화를 수행하기 위해 사용된다. FileOutputCommitter에서 이 메서드는 최종 출력 디렉터리 ${mapreduce.output.fileoutputformat.outputdir}와 태스크 출력을 위한 임시 작업 공간인 _temporary를 최종 출력 디렉터리의 서브디렉터리로 생성한다.

잡이 성공하면 commitJob( ) 메서드가 호출되고 기본적인 파일 기반 구현에서 임시 작업 공간을 삭제하고 _SUCCESS라는 빈 마커 파일을 생성하여 파일시스템 클라이언트에 잡이 성공적으로 완료되었음을 알린다. 만약 잡이 성공하지 않았다면 잡이 실패했는지 또는 강제 종료된 것인지(예를 들면 사용자에 의해)를 알려주는 상태 객체와 함께 abortJob( ) 메서드가 호출된다. 기본 구현체에서는 잡의 임시 작업 공간을 삭제할 것이다.

태스크 수준에서의 동작도 이와 비슷하다. setupTask( ) 메서드가 태스크 실행 시 호출되고 기본 구현체는 아무런 일도 하지 않는다. 이는 태스크 출력을 위해 명명된 임시 디렉터리가 태스크 결과가 쓰여지는 시점에 생성되기 때문이다.

태스크의 커밋 단계는 선택사항이며 needsTaskCommit( )가 false를 반환하도록 하여 비활성화할 수 있다. 이는 프레임워크가 태스크에 대해 분산 커밋 프로토콜을 실행해야 하는 수고를 덜어주며 따라서 commitTask( )와 abortTask( )도 호출되지 않는다. 태스크에서 작성할 결과가 없다면 FileOutputCommitter는 커밋 단계를 생략한다.

태스크가 성공해서 commitTask( )가 호출되면 기본 구현체에서는 임시 태스크 출력 디렉터리(태스크 시도 사이에 이름 충돌을 피하기 위해 이름에 태스크 시도 ID를 포함한다)를 최종 출력 경로 ${mapreduce.output.fileoutputformat.outputdir}로 옮긴다. 그렇지 않다면 프레임워크는 abortTask( )를 호출하여 임시 태스크 출력 디렉터리를 삭제한다.

프레임워크는 특정 태스크에 대한 여러 태스크 시도 이벤트 중에서 단 하나만을 커밋하며 나머지는 중단시킨다. 첫 번째 시도는 여러 가지 이유로 실패할 수 있으므로 이러한 상황은 발생할 수 있다. 이때 첫 번째 시도는 중단되며 이후에 성공한 시도가 커밋된다. 또한 두 개의 태스크 시도가 투기적 중첩으로 인해 동시에 실행될 수 있는데 이때는 먼저 완료된 태스크가 커밋되고 나머지는 중단된다.

태스크의 부차적인 파일

맵과 리듀스 태스크의 출력을 작성하는 일반적인 방법은 키-값 쌍을 수집하는 OutputCollector를 사용하는 것이다. 몇몇 애플리케이션은 단일 키-값 쌍 모델보다 더 유연한 모델을 필요로 하기 때문에 맵 또는 리듀스 태스크에서 직접 HDFS와 같은 분산 파일시스템에 출력 파일을 작성한다(8.3.3절 '다중 출력'에서 설명하겠지만 다중 출력을 생산하는 다른 방법도 있다).

주의해야 할 점은 동일 태스크의 다중 인스턴스가 동일한 파일에 쓰지 않도록 보장하는 것이다. 이전 절에서 보았듯이 OutputCommitter 프로토콜은 이러한 문제를 해결해준다. 애플리케이션이 태스크 작업 디렉터리에 부차적인 파일을 작성했을 때 성공적으로 완료된 태스크의 부차적인 파일은 출력 디렉터리에 자동으로 옮겨지지만 실패한 태스크의 파일은 삭제될 것이다.

태스크는 잡의 환경 설정에 mapreduce.task.output.dir 속성 값을 얻어 와서 작업 디렉터리를 찾을 수 있다. 또는 자바 API를 사용하는 맵리듀스 프로그램은 FileOutputFormat의 getWorkOutputPath( ) 정적 메서드를 호출하여 작업 디렉터리를 나타내는 Path 객체를 얻을 수 있다. 프레임워크가 태스크를 실행하기 전에 작업 디렉터리를 생성하므로 사용자가 별도로 생성할 필요는 없다.

예를 들어 이미지 파일 포맷을 변환하는 프로그램을 상상해보자. 이를 위한 한 가지 방법은 변환할 이미지 집합을 전달받는(NLineInputFormat을 사용. 8.2.2절의 'NLineInputFormat' 참조) 맵-단독map-only 잡을 이용하는 것이다. 만약 맵 태스크가 변환된 이미지를 작업 디렉터리에 쓴다면 태스크가 성공적으로 종료될 때 출력 디렉터리로 이동될 것이다.

## CHAPTER 8

맵리듀스 타입과 포맷

맵리듀스의 데이터 처리 모델은 단순하다. 맵과 리듀스 함수의 입력과 출력은 키-값 쌍으로 되어 있다. 이 장에서는 맵리듀스 모델을 자세히 살펴볼 것이다. 특히 단순한 텍스트부터 구조화된 바이너리 객체까지 다양한 포맷의 데이터를 맵리듀스 모델에서 어떻게 처리하는지 살펴보겠다.

8.1 맵리듀스 타입

하둡 맵리듀스의 맵과 리듀스 함수의 형식은 다음과 같다.

```
map:    (K1, V1)      → list(K2, V2)
reduce: (K2, list(V2)) → list(K3, V3)
```

일반적으로 맵의 입력키와 값의 타입(K1과 V1)은 맵의 출력 타입(K2와 V2)과 다르다. 하지만 리듀스의 입력은 맵의 출력과 반드시 같은 타입이어야 하며, 리듀스의 출력 타입(K3과 V3)과는 다를 수 있다. 맵리듀스 자바 API의 일반적인 형태는 다음과 같다.

```
public class Mapper<KEYIN, VALUEIN, KEYOUT, VALUEOUT> {
  public class Context extends MapContext<KEYIN, VALUEIN, KEYOUT, VALUEOUT> {
      // ...
  }
```

```
  protected void map(KEYIN key, VALUEIN value,
      Context context) throws IOException, InterruptedException {
    // ...
  }
}

public class Reducer<KEYIN, VALUEIN, KEYOUT, VALUEOUT> {
  public class Context extends ReducerContext<KEYIN, VALUEIN, KEYOUT, VALUEOUT> {
    // ...
  }
  protected void reduce(KEYIN key, Iterable<VALUEIN> values,
      Context context) throws IOException, InterruptedException {
    // ...
  }
}
```

context 객체는 키-값 쌍을 내보낼 때 사용되며, 출력 타입으로 인자화된다. write() 함수의 원형은 다음과 같다.

```
public void write(KEYOUT key, VALUEOUT value)
    throws IOException, InterruptedException
```

Mapper와 Reducer는 별개의 클래스이므로 각각의 타입 매개변수는 서로 다른 유효 범위를 갖는다. 따라서 동일한 이름의 KEYIN 타입 매개변수라도 Mapper와 Reducer의 실제 타입 인자는 서로 다를 수 있다. 예를 들어 이전 장에서 살펴본 최고 기온 예제에서 Mapper는 LongWritable을 Reducer는 Text를 각각 KEYIN으로 사용했다.

마찬가지로 맵의 출력 타입과 리듀스의 입력 타입은 반드시 일치해야 하지만 자바 컴파일러가 이를 강제할 수는 없다.

타입 매개변수와 추상 타입의 이름은 다를 수 있지만(KEYIN과 K1), 그 형태는 동일해야 한다.

컴바인 함수는 Reducer의 구현체로, 리듀스 함수와 동일한 형태를 가진다. 컴바인 함수의 출력 타입은 중간 키-값 타입(K2와 V2)이며, 컴바인의 출력은 리듀스 함수의 입력으로 전달된다.

```
map:      (K1, V1)      → list(K2, V2)
combiner: (K2, list(V2)) → list(K2, V2)
reduce:   (K2, list(V2)) → list(K3, V3)
```

컴바인 함수와 리듀스 함수는 같은 경우가 많다. 이 경우 K3는 K2와 같고 V3는 V2와 같다.

파티션 함수는 컴바인의 중간 키-값 타입(K2와 V2)을 처리한 후 파티션 인덱스를 반환한다. 실제로 파티션은 순전히 키에 의해 결정된다(그 값은 무시한다).

```
partition: (K2, V2) → integer
```

자바에서는 다음과 같이 구현한다.

```
public abstract class Partitioner<KEY, VALUE> {
  public abstract int getPartition(KEY key, VALUE value, int numPartitions);
}
```

이전 API에서 맵리듀스 함수의 원형

이전 API(부록 D 참조)를 보면 맵리듀스 원형은 거의 비슷하고 이전과 새로운 API의 제약 조건도 정확히 같지만 K1, V1 등 타입 매개변수의 이름을 실제로 지정했다.

```
public interface Mapper<K1, V1, K2, V2> extends JobConfigurable, Closeable {
  void map(K1 key, V1 value,
      OutputCollector<K2, V2> output, Reporter reporter) throws IOException;
}

public interface Reducer<K2, V2, K3, V3> extends JobConfigurable, Closeable {
  void reduce(K2 key, Iterator<V2> values,
      OutputCollector<K3, V3> output, Reporter reporter) throws IOException;
}

public interface Partitioner<K2, V2> extends JobConfigurable {
  int getPartition(K2 key, V2 value, int numPartitions);
}
```

이론은 이쯤에서 접고, 맵리듀스 잡을 설정하는 데 도움이 되는 방법을 살펴보자. [표 8-1]은 새로운 API의 환경 설정 옵션을 요약한 것이다([표 8-2]는 이전 API). 표는 타입을 결정하는 속성과 설정된 타입의 상호 호환성으로 크게 나뉘어 있다.

입력 타입은 InputFormat을 통해 설정된다. 예를 들어 TextInputFormat은 LongWritable 타

입의 키와 Text 타입의 값을 생성한다. 다른 입력 타입은 Job의 메서드(이전 API의 JobConf)를 명시적으로 호출하여 설정한다. 중간 타입을 명시적으로 설정하지 않으면 자동으로 (최종) 출력 타입과 같게 되어 있다. 출력의 기본 타입은 LongWritable과 Text다. 따라서 만약 K2와 K3가 같다면 setMapOutputKeyClass()를 호출할 필요가 없다. setOutputKeyClass()에 정의된 타입으로 다시 설정되기 때문이다. 마찬가지로 V2와 V3가 같다면 setOutputValueClass()만 사용하면 된다.

중간과 최종 출력 타입을 설정하는 함수가 각각 존재하는 것이 이상하게 보일 수 있다. 왜 매퍼와 리듀서의 조합으로 이러한 타입을 결정할 수 없는 것일까? 해답은 자바 제네릭[1]의 한계와 관련이 있다. 즉, 타입 삭제^{type erasure}[2] 때문에 런타임에 타입 정보가 항상 존재하지 않을 수 있으므로 타입 정보를 명시적으로 하둡에 제공해야 한다. 또한 컴파일 타임에 환경 설정을 점검하지 않기 때문에 맵리듀스 잡과 호환되지 않는 타입을 설정할 가능성도 있다. [표 8-1] 하단에 맵리듀스 타입과 반드시 호환되어야 하는 설정이 있다. 타입 충돌은 잡을 실행하는 런타임에 발견된다. 이러한 이유 때문에 먼저 작은 데이터로 테스트 잡을 실행하여 타입 호환성에 문제가 없는지 점검하는 것이 좋다.

표 8-1 새로운 API에서 맵리듀스 타입 설정

속성	Job 설정 메서드	입력 타입		중간 타입		출력 타입	
		K1	V1	K2	V2	K3	V3
타입 설정 속성:							
mapreduce.job.inputformat.class	setInputFormatClass()	•	•				
mapreduce.map.output.key.class	setMapOutputKeyClass()			•			
mapreduce.map.output.value.class	setMapOutputValueClass()				•		
mapreduce.job.output.key.class	setOutputKeyClass()					•	
mapreduce.job.output.value.class	setOutputValueClass()						•
타입과 반드시 일치해야 하는 속성:							
mapreduce.job.map.class	setMapperClass()	•	•	•	•		

----

1 옮긴이_ 클래스에 사용할 타입을 디자인할 때 지정하는 것이 아니라 클래스를 사용할 때 지정하는 기법
2 옮긴이_ 타입 삭제는 JVM 레벨의 호환성을 위해 컴파일 타임에 제네릭 타입 정보(<T>, <V>, …)를 삭제해버리는 기능이다.

속성	Job 설정 메서드	입력 타입		중간 타입		출력 타입	
		K1	V1	K2	V2	K3	V3
mapreduce.job.combine.class	setCombinerClass()			•	•		
mapreduce.job.partitioner.class	setPartitionerClass()			•	•		
mapreduce.job.output.key.comparator.class	setSortComparatorClass()			•			
mapreduce.job.output.group.comparator.class	setGroupingComparatorClass()			•			
mapreduce.job.reduce.class	setReducerClass()			•	•	•	•
mapreduce.job.outputformat.class	setOutputFormatClass()					•	•

표 8-2 이전 API에서 맵리듀스 타입 설정

속성	Job 설정 메서드	입력 타입		중간 타입		출력 타입	
		K1	V1	K2	V2	K3	V3
타입 설정 속성:							
mapred.input.format.class	setInputFormat()	•	•				
mapred.mapoutput.key.class	setMapOutputKeyClass()			•			
mapred.mapoutput.value.class	setMapOutputValueClass()				•		
mapred.output.key.class	setOutputKeyClass()					•	
mapred.output.value.class	setOutputValueClass()						•
타입과 반드시 일치해야 하는 속성:							
mapred.mapper.class	setMapperClass()	•	•	•	•		
mapred.map.runner.class	setMapRunnerClass()	•	•	•	•		
mapred.combiner.class	setCombinerClass()			•	•		
mapred.partitioner.class	setPartitionerClass()			•	•		
mapred.output.key.comparator.class	setOutputKeyComparatorClass()			•			
mapred.output.value.groupfn.class	setOutputValueGroupingComparator()			•			
mapred.reducer.class	setReducerClass()			•	•	•	•
mapred.output.format.class	setOutputFormat()					•	•

8.1.1 기본 맵리듀스 잡

매퍼와 리듀서를 설정하지 않고 맵리듀스를 실행하면 어떻게 될까? 다음과 같이 최소한의 맵리
듀스 프로그램을 실행해서 알아보자.

```java
public class MinimalMapReduce extends Configured implements Tool {

  @Override
  public int run(String[] args) throws Exception {
    if (args.length != 2) {
      System.err.printf("Usage: %s [generic options] <input> <output>\n",
          getClass().getSimpleName());
      ToolRunner.printGenericCommandUsage(System.err);
      return -1;
    }

    Job job = new Job(getConf());
    job.setJarByClass(getClass());
    FileInputFormat.addInputPath(job, new Path(args[0]));
    FileOutputFormat.setOutputPath(job, new Path(args[1]));
    return job.waitForCompletion(true) ? 0 : 1;
  }

  public static void main(String[] args) throws Exception {
    int exitCode = ToolRunner.run(new MinimalMapReduce(), args);
    System.exit(exitCode);
  }
}
```

예제에서는 입출력 경로만 설정했다. 다음과 같이 기상 데이터의 일부를 가지고 실행해보자.

```
% hadoop MinimalMapReduce "input/ncdc/all/190{1,2}.gz" output
```

실행 결과로 출력 디렉터리에 part-r-00000으로 명명된 하나의 파일이 생성된다. 다음은 처음
몇 행을 보여준다(페이지 크기에 맞춰 일부 내용만 표시했다).

```
0→0029029070999991901010106004+64333+023450FM-12+000599999V0202701N01591...
0→0035029070999991902010106004+64333+023450FM-12+000599999V0201401N01181...
135→0029029070999991901010113004+64333+023450FM-12+000599999V0202901N00821...
```

141→00350290709999991902010113004+64333+023450FM-12+000599999V0201401N01181...
270→00290290709999991901010120004+64333+023450FM-12+000599999V0209991C00001...
282→00350290709999991902010120004+64333+023450FM-12+000599999V0201401N01391...

각 행은 정수, 탭 문자, 원본 기상 데이터 레코드 순이다. 그다지 유용한 프로그램은 아니지만 결과를 생성하는 방법을 이해하면 맵리듀스 잡을 실행할 때 하둡이 사용하는 기본적인 설정에 대한 통찰력을 얻을 수 있다. [예제 8-1]은 MinimalMapReduce와 같은 동작을 하는 프로그램이지만, 기본값을 명시적으로 설정했다는 점은 다르다.

예제 8-1 기본값을 명시적으로 설정한 최소한의 맵리듀스 드라이버

```
public class MinimalMapReduceWithDefaults extends Configured implements Tool {

  @Override
  public int run(String[] args) throws Exception {
    Job job = JobBuilder.parseInputAndOutput(this, getConf(), args);
    if (job == null) {
      return -1;
    }

    job.setInputFormatClass(TextInputFormat.class);

    job.setMapperClass(Mapper.class);

    job.setMapOutputKeyClass(LongWritable.class);
    job.setMapOutputValueClass(Text.class);

    job.setPartitionerClass(HashPartitioner.class);

    job.setNumReduceTasks(1);
    job.setReducerClass(Reducer.class);

    job.setOutputKeyClass(LongWritable.class);
    job.setOutputValueClass(Text.class);

    job.setOutputFormatClass(TextOutputFormat.class);

    return job.waitForCompletion(true) ? 0 : 1;
  }

  public static void main(String[] args) throws Exception {
```

```
        int exitCode = ToolRunner.run(new MinimalMapReduceWithDefaults(), args);
        System.exit(exitCode);
    }
}
```

사용 방법을 출력하고 입력과 출력 경로를 설정하는 로직을 헬퍼^{helper} 메서드로 분리해서 run() 메서드의 앞부분을 몇 줄로 줄였다. 대부분의 맵리듀스 드라이버는 두 개의 인자(입력과 출력 경로)를 취하므로 반복적인 코드를 줄이는 것은 좋은 습관이다. 참고로 별도로 분리한 JobBuilder 클래스의 메서드는 다음과 같다.

```
public static Job parseInputAndOutput(Tool tool, Configuration conf,
        String[] args) throws IOException {

    if (args.length != 2) {
        printUsage(tool, "<input> <output>");
        return null;
    }
    Job job = new Job(conf);
    job.setJarByClass(tool.getClass());

    FileInputFormat.addInputPath(job, new Path(args[0]));
    FileOutputFormat.setOutputPath(job, new Path(args[1]));
    return job;
}

public static void printUsage(Tool tool, String extraArgsUsage) {
    System.err.printf("Usage: %s [genericOptions] %s\n\n",
        tool.getClass().getSimpleName(), extraArgsUsage);
    GenericOptionsParser.printGenericCommandUsage(System.err);
}
```

다시 [예제 8-1]의 MinimalMapReduceWithDefaults로 돌아가자. 기본 잡 설정은 매우 많지만 예제에서 굵은 문자로 표시한 것은 잡을 실행하는 데 가장 중요한 설정이다. 이를 하나씩 살펴보자.

기본 입력 포맷은 TextInputFormat이며, LongWritable 타입의 키(파일에서 행 시작 지점의 오프셋)와 Text 타입의 값(텍스트 행)을 생성한다. 이것은 최종 출력에 포함된 정수가 어디에서 왔는지 설명해준다. 이 정수는 행의 오프셋이다.

기본 매퍼는 Mapper 클래스며 입력키와 값을 변경 없이 그대로 출력한다.

```java
public class Mapper<KEYIN, VALUEIN, KEYOUT, VALUEOUT> {

  protected void map(KEYIN key, VALUEIN value,
      Context context) throws IOException, InterruptedException {
    context.write((KEYOUT) key, (VALUEOUT) value);
  }
}
```

Mapper는 제네릭 타입으로, 임의의 키 또는 값 타입을 지원한다. 여기서 맵의 입력키와 출력키는 LongWritable 타입이며, 맵의 입력값과 출력값은 Text 타입이다.

기본 파티셔너는 HashPartitioner로, 레코드 키의 해시값으로 레코드가 속할 파티션을 결정한다. 각 파티션은 단일 리듀스 태스크에서 처리되므로 파티션 수는 잡의 리듀스 태스크 수와 같다.

```java
public class HashPartitioner<K, V> extends Partitioner<K, V> {

  public int getPartition(K key, V value,
      int numReduceTasks) {
    return (key.hashCode() & Integer.MAX_VALUE) % numReduceTasks;
  }
}
```

키의 해시 코드는 최대 정숫값과 비트 단위 AND 연산을 하여 양의 정수(0 포함)로 변환된다. 그리고 레코드가 속할 파티션을 결정하기 위해 전체 파티션 수로 나눈 나머지를 구한다.

리듀서 수는 기본적으로 하나이므로, 결국 단일 파티션만 존재하게 된다. 이 경우 모든 레코드가 하나의 파티션으로 모이기 때문에 파티셔너의 동작은 사실 의미가 없다. 하지만 두 개 이상의 리듀스 태스크가 존재한다면 HashPartitioner의 동작을 이해하는 것은 매우 중요하다. 키의 해시 함수가 잘 동작한다면 모든 레코드는 전체 리듀스 태스크에 걸쳐 균등하게 분산되며, 같은 키를 가진 모든 레코드는 동일한 리듀스 태스크에서 처리된다.

독자 중 누군가는 맵 태스크 수를 설정하지 않았다는 것을 알아챘을 것이다. 맵 태스크 수는 입력으로부터 변환된 스플릿 수와 일치하는데, 이 수는 입력의 크기와 파일의 블록 크기(파일이 HDFS에 존재한다면)에 의해 결정되기 때문이다. 스플릿 크기를 조절하는 옵션은 8.2.1절의 'FileInputFormat 입력 스플릿'에서 다룬다.

기본 리듀서는 Reducer 클래스로, 역시 제네릭 타입이다. 이는 값을 변경하지 않고 모든 입력을 그대로 출력한다.

```
public class Reducer<KEYIN, VALUEIN, KEYOUT, VALUEOUT> {

  protected void reduce(KEYIN key, Iterable<VALUEIN> values, Context context
      Context context) throws IOException, InterruptedException {
    for (VALUEIN value: values) {
      context.write((KEYOUT) key, (VALUEOUT) value);
    }
  }
}
```

잡의 출력키는 LongWritable이고, 출력값은 Text다. 사실 이 맵리듀스 프로그램의 모든 키는 LongWritable이고 값은 Text인데, 그 이유는 이들이 맵의 입력키와 값 타입이며 맵과 리듀스 함수 모두 타입을 보존하는 항등 함수이기 때문이다. 그러나 대부분의 맵리듀스 프로그램은 동일한 키나 값의 타입을 처음부터 끝까지 사용하지 않기 때문에 앞에서 설명한 대로 사용할 타입을 직접 선언하여 잡을 설정할 필요가 있다.

리듀서로 레코드를 전달하기 전에 맵리듀스 시스템은 이들을 정렬한다. 이 예제에서는 숫자순으로 키를 정렬하므로 여러 입력 파일의 모든 행을 하나의 출력 파일로 병합 배치하는 효과를 갖는다.

기본 출력 포맷은 TextOutputFormat이며, 키와 값을 각각 문자열로 변환하고 탭 문자로 두 문자열을 구분하여 한 줄에 하나씩 레코드를 쓴다.

기본 스트리밍 잡

스트리밍의 기본 잡은 자바와 유사하지만 완전히 똑같지는 않다. 기본 형태는 다음과 같다.

```
% hadoop jar $HADOOP_HOME/share/hadoop/tools/lib/hadoop-streaming-*.jar \
  -input input/ncdc/sample.txt \
  -output output \
  -mapper /bin/cat
```

논-자바(자바가 아닌) 매퍼를 지정하고 기본 텍스트 모드로 스트리밍 잡을 실행하면(-io text) 앞에서 본 자바 잡과는 조금 다르게 동작한다. 결과를 보면 매퍼 프로세스에 키를 전달하지 않고 단지 값만 전달한다(다른 입력 포맷에서 stream.map.input.ignoreKey 속성을 true로 지정하면 동일한 결과를 얻을 수 있다). 이 기능은 굉장히 유용한데, 여기서 키는 사실 의미 없는 파일의 행 오프셋일 뿐이고 대부분의 애플리케이션이 관심 있어 하는 것은 바로 값이기 때문이다. 이 잡을 실행하면 입력 행을 정렬하는 효과를 얻을 수 있다.

다음 명령어를 보면 추가적인 기본 설정을 알 수 있다(이전 맵리듀스 API 클래스를 사용한 스트리밍 예제란 것을 명심해야 한다).

```
% hadoop jar $HADOOP_HOME/share/hadoop/tools/lib/hadoop-streaming-*.jar \
  -input input/ncdc/sample.txt \
  -output output \
  -inputformat org.apache.hadoop.mapred.TextInputFormat \
  -mapper /bin/cat \
  -partitioner org.apache.hadoop.mapred.lib.HashPartitioner \
  -numReduceTasks 1 \
  -reducer org.apache.hadoop.mapred.lib.IdentityReducer \
  -outputformat org.apache.hadoop.mapred.TextOutputFormat
  -io text
```

-mapper와 -reducer 옵션은 명령어나 자바 클래스를 인자로 받는다. 컴바이너는 -combiner 인자를 사용해서 정의할 수 있다.

스트리밍의 키와 값

스트리밍 애플리케이션은 키-값 쌍을 연속된 바이트로 변환하여 맵과 리듀스 프로세스에 표준 입력으로 보낼 때 사용할 구분자를 제어할 수 있다. 기본 구분자는 탭 문자지만 키나 값에 탭 문자가 포함되어 있으면 구분자를 다른 것으로 변경해야 한다.

마찬가지로 맵이나 리듀스가 키-값 쌍을 출력할 때도 설정 구분자로 분리할 수 있다. 게다가 출력키는 첫 번째 필드만이 아니라 다른 필드를 추가할 수도 있다. 키와 값의 분리는 `stream.num.map.output.key.fields`와 `stream.num.reduce.output.key.fields` 속성에 정의하며, 처음 n개의 필드로 키를 구성하고 나머지 필드는 값이 된다. 예를 들어 스트리밍 프로세스의 출력 필드가 a, b, c고 n이 2라면 출력키는 a, b가 되고 출력값은 c가 된다.

맵과 리듀스에 개별적으로 구분자를 설정할 수 있다. [표 8-3]에서 관련 속성을 볼 수 있고 [그림 8-1]은 데이터의 전체 흐름을 다이어그램으로 보여준다.

이러한 설정은 입력과 출력 포맷과는 아무런 관련이 없다. 예를 들어 `stream.reduce.output.field.separator`가 콜론으로 설정되었고 리듀스 스트림 프로세스가 표준 출력으로 a:b 행을 썼다면 스트리밍 리듀서는 키는 a를 값은 b를 추출할 것이다. 여기서 표준 TextOutputFormat을 사용하면 탭으로 구분된 a와 b를 출력 파일에 쓸 것이다. TextOutputFormat을 사용할 때 `mapreduce.output.textoutputformat.separator`를 설정하면 구분자를 변경할 수 있다.

표 8-3 스트리밍 구분자 속성

속성명	타입	기본값	설명
`stream.map.input.field.separator`	String	\t	입력키와 값 문자열을 스트림 맵 프로세스에 바이트 스트림으로 보낼 때 사용하는 구분자
`stream.map.output.field.separator`	String	\t	맵 출력을 위해 스트림 맵 프로세스의 출력을 키와 값 문자열로 분리할 때 사용하는 구분자
`stream.num.map.output.key.fields`	int	1	`stream.map.output.field.separator` 속성 값으로 분리된 필드 중에서 맵 출력키로 처리할 필드 수
`stream.reduce.input.field.separator`	String	\t	입력키와 값 문자열을 스트림 리듀스 프로세스에 바이트 스트림으로 보낼 때 사용하는 구분자
`stream.reduce.output.field.separator`	String	\t	최종 리듀스 출력을 위해 스트림 리듀스 프로세스의 출력을 키와 값 문자열로 분리할 때 사용하는 구분자
`stream.num.reduce.output.key.fields`	int	1	`stream.reduce.output.field.separator` 속성 값으로 분리된 필드 중에서 리듀스 출력키로 처리할 필드 수

그림 8-1 스트리밍 맵리듀스 잡에서 구분자가 사용되는 지점

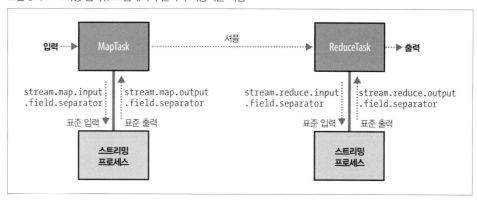

8.2 입력 포맷

하둡은 일반 텍스트 파일에서 데이터베이스에 이르기까지 다양한 유형의 데이터 포맷을 처리할 수 있다. 이 절에서는 다양한 입력 포맷을 살펴보겠다.

8.2.1 입력 스플릿과 레코드

2장에서 보았듯이 입력 스플릿은 하나의 맵에서 처리하는 입력 청크^{chunk}다. 각 맵은 하나의 스플릿을 처리하고 각 스플릿은 여러 개의 레코드로 나누어지며 맵은 각 레코드의 키-값 쌍을 차례로 처리한다. 여기서 스플릿과 레코드는 논리적인 개념이다. 즉, 물리적인 파일과 반드시 일치하는 것은 아니지만 대부분의 사례에서는 거의 일치한다. 데이터베이스에서 스플릿은 테이블의 특정 범위에 있는 행의 집합이며, 레코드는 해당 범위에 속한 행을 의미한다(관계형 데이터베이스에서 데이터를 읽는 입력 포맷인 DBInputFormat이 정확히 여기에 해당된다).

입력 스플릿은 자바 클래스 InputSplit으로 표현된다. 이 절에서 언급된 모든 클래스는 org.apache.hadoop.mapreduce 패키지에 존재한다.[3]

---

3 여기에 해당되는 이전 맵리듀스 API는 org.apache.hadoop.mapred 패키지에서 확인할 수 있다.

```
public abstract class InputSplit {
  public abstract long getLength() throws IOException, InterruptedException;
  public abstract String[] getLocations() throws IOException,
      InterruptedException;
}
```

InputSplit은 바이트 길이와 호스트네임 문자열로 된 저장소 위치의 집합이다. 여기서 스플릿은 입력 데이터 자체를 포함하지 않는다는 점을 주의하자. 이는 단지 데이터에 대한 참조 객체일 뿐이다. 저장소 위치 정보는 맵리듀스 시스템에서 사용되며 맵 태스크와 스플릿 데이터를 가능한 한 가장 가깝게 배치하기 위해 사용된다. 스플릿을 큰 것부터 먼저 처리하는 것이 잡의 실행시간을 최소화할 수 있기 때문에 바이트 길이를 사용하여 스플릿을 정렬하는데, 이 방법이 바로 탐욕적 근사 알고리즘greedy approximation algorithm[4]이다.

맵리듀스 애플리케이션을 작성할 때 InputSplits를 직접 다룰 필요는 없다. InputFormat이 입력 스플릿을 생성하고 이를 레코드로 분리하는 역할을 모두 맡고 있기 때문이다. InputFormat의 구체적인 예제를 보기 전에 맵리듀스에서 어떻게 사용되는지 간략히 살펴보자. 다음은 인터페이스다.

```
public abstract class InputFormat<K, V> {
  public abstract List<InputSplit> getSplits(JobContext context)
      throws IOException, InterruptedException;

  public abstract RecordReader<K, V>
      createRecordReader(InputSplit split, TaskAttemptContext context)
          throws IOException, InterruptedException;
}
```

잡을 실행하는 클라이언트는 getSplits( )를 호출하여 잡의 스플릿을 계산한 다음 애플리케이션 마스터에 보낸다. 애플리케이션 마스터는 스플릿의 저장 위치를 이용해서 클러스터에서 각 스플릿을 처리할 맵 태스크를 스케줄링한다. 맵 태스크는 InputFormat의 createRecordReader( ) 메서드로 스플릿을 전달하여 해당 스플릿을 위한 RecordReader를 얻는다. RecordReader는 단순히 레코드에 대한 반복자며, 맵 태스크는 이를 사용해서 맵 함수로 전달할 레코드의 키-값

----

4 옮긴이_ 최적값을 구하는 데 사용되는 근사적인 방법으로, 여러 가지 중 하나를 결정해야 할 때마다 그 순간에 최적이라고 생각되는 것을 선택한다. 여기서는 스플릿이 큰 것부터 처리하는 것을 최적으로 가정한다.

쌍을 생성한다. Mapper의 run( ) 메서드를 살펴보면 쉽게 이해할 수 있다.

```
public void run(Context context) throws IOException, InterruptedException {
  setup(context);
  while (context.nextKeyValue()) {
    map(context.getCurrentKey(), context.getCurrentValue(), context);
  }
  cleanup(context);
}
```

먼저 setup( )을 실행한 후 Context의 nextKeyValue( )를 반복적으로 호출하여(내부적으로는 RecordReader의 동일 이름의 메서드로 위임함) 매퍼에서 사용할 키-값 객체를 가져온다. RecordReader에서 얻은 키-값은 Context를 거쳐 map( ) 메서드로 전달되는 방식으로 작업이 수행된다. RecordReader가 스트림의 끝에 도달하면 nextKeyValue( ) 메서드는 false를 반환하며 맵 태스크는 cleanup( ) 메서드를 수행한 후 종료된다.

CAUTION_ 코드 조각^{snippet}에는 없지만, 효율성을 위해 RecordReader 구현체는 getCurrentKey()와 getCurrentValue()를 호출하면 **동일한** 키와 값 객체를 반환한다. 따라서 키와 값 객체의 내용은 RecordReader의 nextKeyValue() 메서드에 의해서만 변경된다. 키와 값은 불변하고 재사용되지 않을 것이라고 생각한 사용자는 놀랐을 것이다. 이 때문에 키와 값 객체에 대한 참조가 map() 메서드의 밖에서 이루어지면 아무런 경고 없이 그 값이 변경될 수 있기 때문에 문제가 발생할 수 있다. 만약 이 작업을 수행해야 한다면 그 값을 보관할 객체의 복사본을 만들어두어야 한다. 예를 들어 Text 객체는 복사 생성자 new Text(value)를 사용할 수 있다.

리듀서도 비슷하다. 리듀서 반복자의 값 객체는 재사용되므로 반복자를 호출하는 중간에 그 값을 유지하고 싶으면 복사본을 생성해두는 것이 좋다([예제 9-11] 참조).

마지막으로, Mapper의 run( ) 메서드는 public이며 사용자가 변경할 수 있다. Multithreaded Mapper는 설정된 개수(mapreduce.mapper.multithreadedmapper.threads 속성으로 설정)만큼의 스레드로 매퍼를 동시에 실행하는 구현체다. 대부분 데이터 처리 태스크는 병렬로 실행을 하더라도 기본 구현체에 비해 얻는 이득은 크지 않다. 그러나 각 레코드를 처리하는 시간이 매우 긴(예를 들면 외부 서버와 통신으로 인해) 매퍼라면 경쟁이 적으므로 단일 JVM에서 다수의 매퍼를 실행하는 것이 유리하다.

FileInputFormat

FileInputFormat은 파일을 원본 데이터로 사용하는 모든 InputFormat 구현체의 기본 클래스다([그림 8-2] 참조). 이 클래스는 두 가지를 제공한다. 하나는 잡의 입력 파일을 포함하는 위치 정보고, 다른 하나는 입력 파일의 스플릿을 생성하는 구현체다. 여기서 스플릿을 레코드로 나누는 일은 서브클래스에 의해 이루어진다.

그림 8-2 InputFormat 클래스 계층도

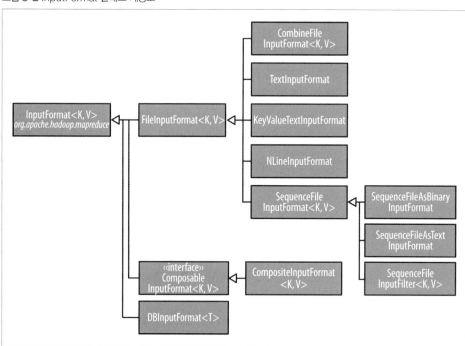

FileInputFormat 입력 경로

잡의 입력은 경로의 집합으로 지정되며, 잡의 입력을 제어하는 데 많은 유연성을 제공한다. File InputFormat은 Job의 입력 경로를 설정하는 편리한 네 개의 정적 메서드를 제공한다.

```
public static void addInputPath(Job job, Path path)
public static void addInputPaths(Job job, String commaSeparatedPaths)
public static void setInputPaths(Job job, Path... inputPaths)
public static void setInputPaths(Job job, String commaSeparatedPaths)
```

addInputPath( )와 addInputPaths( ) 메서드는 단일 경로 혹은 여러 경로를 입력 목록에 추가한다. 그리고 경로 목록을 만들기 위해 반복적으로 이 메서드를 호출할 수도 있다. 경로의 전체 목록을 단번에 설정하려면 setInputPaths( ) 메서드를 사용하면 된다(이전에 호출하여 Job에 설정된 경로는 모두 대체된다).

경로는 파일, 디렉터리 또는 glob를 사용하여 파일과 디렉터리 집합을 나타낼 수 있다. 디렉터리를 경로로 사용하면 해당 디렉터리에 속한 모든 파일을 잡의 입력에 포함시킨다. glob에 대한 자세한 내용은 3.5.5절의 '파일 패턴'을 참조하라.

> CAUTION_ 입력 경로로 지정된 디렉터리의 내용은 재귀적으로 처리되지 않는다. 사실 디렉터리는 파일만 포함해야 하며, 만약 디렉터리가 서브디렉터리를 포함하고 있으면 이를 파일로 해석하여 오류를 일으키기 때문이다. 이런 문제를 해결하는 방법은 파일 glob나 필터를 사용하여 이름 패턴을 기반으로 디렉터리에 속한 파일만 선택하는 것이다. 다른 방법으로는 mapreduce.input.fileinputformat.input.dir.recursive 속성을 true로 설정하여 입력 디렉터리를 재귀적으로 읽도록 강제할 수 있다.

add와 set 메서드를 사용해서 특정 파일만 지정할 수 있다. 만약 입력에서 특정 파일을 제외하려면 FileInputFormat의 setInputPathFilter( ) 메서드를 사용하여 필터를 설정할 수 있다. 필터에 대한 내용은 3.5.5절의 'PathFilter'에서 자세히 설명했다.

만약 필터를 설정하지 않더라도 FileInputFormat은 숨겨진 파일(이름이 .이나 _로 시작하는 파일)을 제외하는 기본 필터를 사용한다. setInputPathFilter( )를 호출해서 필터를 설정하면 기본 필터에 추가되는 방식으로 동작한다. 즉, 숨겨지지 않은 파일 중에서 필터가 수용하는 것만 통과된다.

경로와 필터는 환경 설정 속성을 통해서도 지정할 수 있다([표 8-4]). 스트리밍 잡에서 이를 활용하면 쉽게 작업할 수 있다. 스트리밍 인터페이스에서 경로 설정은 -input 옵션으로 가능하므로 코드에서 직접 경로를 설정하지 않아도 된다.

표 8-4 입력 경로와 필터 속성

속성명	타입	기본값	설명
mapreduce.input. fileinputformat. inputdir	콤마로 구분된 경로	없음	잡에 대한 입력 파일. 콤마를 포함하는 경로는 콤마 앞에 역슬래시 문자로 처리해야 한다. 예를 들면 glob {a,b}는 {a\,b}로 처리해야 한다.
mapreduce.input. pathFilter.class	PathFilter 클래스명	없음	잡 입력 파일에 적용할 필터

FileInputFormat 입력 스플릿

여러 파일이 있을 때 FileInputFormat은 스플릿을 어떻게 생성할까? FileInputFormat은 오직 큰 파일만 분리한다. 여기서 '크다'는 HDFS 블록보다 크다는 의미다. 스플릿의 크기는 보통 HDFS 블록의 크기와 같으며, 이는 대부분의 애플리케이션에 적합한 방식이다. 하지만 [표 8-5]처럼 다양한 하둡 속성 설정으로 스플릿 크기를 직접 제어할 수 있다.

표 8-5 스플릿 크기를 제어하는 속성

속성명	타입	기본값	설명
mapreduce.input.fileinputformat.split.minsize	int	1	파일 스플릿의 최소 바이트 크기
mapreduce.input.fileinputformat.split.maxsize[a]	long	Long.MAX_VALUE (즉, 9223372036854775807)	파일 스플릿의 최대 바이트 크기
dfs.blocksize	long	128MB(즉, 134217728)	HDFS 블록 바이트 크기

a 이 속성은 이전 맵리듀스 API에는 존재하지 않는다(CombineFileInputFormat은 제외). 대신 잡의 전체 입력 데이터 크기를 mapreduce.job.maps 속성(또는 JobConf의 setNumMapTask() 메서드)으로 지정한 맵 태스크 수로 나누어 간접적으로 계산한다. 맵 태스크 수의 기본값은 1이기 때문에 최대 스플릿 크기는 입력 데이터의 크기가 된다.

스플릿의 최소 크기는 1바이트지만, 일부 포맷은 스플릿 크기의 하한선을 가지고 있다. 예를 들어 시퀀스 파일은 스트림에 동기화 항목을 가끔씩 추가한다. 따라서 레코드 리더가 레코드의 경계를 알기 위해서는 모든 스플릿이 동기화 지점을 하나 이상 반드시 포함할 만큼 스플릿의 최소 크기가 커야 한다. 자세한 내용은 5.4.1절의 'SequenceFile 읽기'를 참조하라.

애플리케이션에서 최소 스플릿 크기를 지정할 수도 있다. 만약 블록 크기보다 큰 값을 설정하면 블록보다 큰 스플릿을 강제적으로 만들 수 있다. 이렇게 하면 맵 태스크와 동일한 로컬에 존재하는 블록 수가 줄어들기 때문에 HDFS를 사용하는 장점이 사라질 수 있다.

최대 스플릿 크기는 자바 long 타입으로 표현할 수 있는 최댓값이다. 최대 크기는 블록 크기보다 작을 때만 효과가 있다. 이때에는 하나의 블록을 작은 여러 개의 스플릿으로 분리한다.

스플릿 크기는 다음 공식으로 계산할 수 있다(FileInputFormat의 computeSplitSize() 메서드를 참조하라).

```
max(minimumSize, min(maximumSize, blockSize))
```

기본적으로 크기는 다음과 같다.

```
minimumSize < blockSize < maximumSize
```

일반적인 스플릿의 크기는 블록의 크기(blockSize)와 같다. [표 8-6]은 이러한 매개변수를 다양한 조합으로 설정했을 때 결정되는 최종 스플릿 크기를 잘 보여주고 있다.

표 8-6 스플릿 크기를 제어하는 방법 예제

최소 스플릿 크기	최대 스플릿 크기	블록 크기	스플릿 크기	비고
1(기본)	Long.MAX_VALUE (기본)	128MB (기본)	128MB	기본적으로 스플릿 크기는 기본 블록 크기와 같다.
1(기본)	Long.MAX_VALUE (기본)	256MB	256MB	스플릿 크기를 증가시키는 가장 자연스러운 방법은 HDFS 블록을 크게 만드는 것인데, dfs.blocksize를 설정하거나 파일 생성 시점에 파일 단위로 설정할 수 있다.
256MB	Long.MAX_VALUE (기본)	128MB (기본)	256MB	최소 스플릿 크기를 블록 크기보다 크게 하면 스플릿 크기를 증가시키지만 데이터 지역성에서 손해가 발생한다.
1(기본)	64MB	128MB (기본)	64MB	최대 스플릿 크기를 블록 크기보다 작게 하면 스플릿 크기가 줄어든다.

작은 파일과 CombineFileInputFormat

하둡은 작은 파일이 많을 때보다 큰 파일이 적을 때 더 좋은 성능을 보인다. 그 이유는 FileInputFormat은 각 스플릿이 한 파일의 전체나 일부가 되도록 스플릿을 생성하기 때문이다. 파일의 크기가 작고('작다'는 HDFS 블록보다 훨씬 더 작음을 의미) 이러한 파일이 매우 많다면 작은 입력을 처리하는 맵 태스크가 굉장히 많이 필요하기 때문에 추가적인 북키핑bookkeeping 오버헤드가 발생한다. 1GB의 파일을 8개의 128MB의 블록으로 분리한 것과 대략 10,000개 정도의 100KB 블록으로 나눈 것을 비교해보자. 10,000개의 파일에 대해 각각 맵 태스크를 사용하면 하나의 입력 파일에 8개의 맵 태스크를 사용한 것보다 잡의 전체 실행 시간이 10배 또는 100배 더 느려질 것이다.

작은 파일을 위해 설계된 CombineFileInputFormat을 사용하면 이러한 문제가 어느 정도 해결된다. FileInputFormat은 파일당 하나의 스플릿을 생성하지만 CombineFileInputFormat은 여러 개의 파일을 하나로 묶어서 스플릿을 생성하므로 각 매퍼는 더 많은 데이터를 처리할 수 있다. 중요한 사실은 CombineFileInputFormat은 노드와 랙의 지역성을 고려하여 동일한 스플릿에 배치할 블록을 결정한다는 것이다. 따라서 전형적인 맵리듀스 잡에서 입력을 처리할 수 있는 속도를 보장한다.

물론 가능하다면 많은 수의 작은 파일과 같은 상황은 피하는 것이 좋다. 맵리듀스는 클러스터 내의 디스크 전송 속도 수준으로 동작하는 것이 가장 좋은데, 많은 수의 작은 파일 처리는 잡을 실행하는 데 필요한 탐색^{seek} 횟수를 증가시키기 때문이다. 또한 HDFS에 작은 크기의 많은 파일을 저장하는 것은 네임노드 메모리의 낭비를 초래한다. 많은 작은 파일 사태를 피하는 방법 중 하나는 [예제 8-4]의 접근 방법처럼 순차 파일을 이용해서 작은 파일들을 하나의 큰 파일로 병합하는 것이다. 순차 파일의 키는 파일 이름(필요 없으면 NullWritable과 같은 상수), 값은 파일 내용으로 지정한다. 하지만 이미 HDFS에 많은 작은 파일이 있으면 CombineFileInputFormat도 괜찮은 방법이다.

> NOTE_ CombineFileInputFormat은 단지 작은 크기의 파일에만 적합한 것은 아니다. 큰 파일을 처리할 때도 유용한데, 각 노드에 다수의 블록으로 구성된 하나의 스플릿을 생성할 수 있기 때문이다. 여기서 핵심은 CombineFileInputFormat은 HDFS에 저장된 각 파일의 블록 크기와 상관없이 매퍼에서 처리하는 데이터양을 결정한다는 것이다.

스플릿 방지

일부 애플리케이션은 파일이 스플릿^{split}(분리)되지 않고 단일 매퍼가 각 입력 파일 전체를 처리하길 원한다. 예를 들어 파일의 모든 레코드가 정렬되어 있는지 확인하는 가장 간단한 방법은 현재 레코드가 이전 레코드보다 큰지 하나씩 순차적으로 살펴보는 것이다. 이를 맵 태스크로 구현할 때 단일 맵으로 전체 파일을 처리해야 이 알고리즘이 제대로 작동한다.[5]

기존의 파일을 스플릿하지 않는 두 가지 방법이 있다. 빠르고 간단한 첫 번째 방법은 최소 스플릿 크기를 시스템에서 가장 큰 파일보다 크게 설정하는 것이다. 최소 스플릿 크기를 가장 큰 값인 Long.MAX_VALUE로 설정하면 그 효과를 볼 수 있다. 두 번째 방법은 사용하길 원하는 FileInputFormat의 구체화된 서브클래스의 서브클래스를 만들어 isSplitable() 메서드[6]가 무조건 false를 반환하도록 하는 것이다. 다음은 스플릿되지 않는 TextInputFormat의 예제다.

---

5 SortValidator.RecordStatsChecker에 있는 매퍼의 구현 방식과 같다.

6 메서드 이름 isSplitable()을 보면 'splitable'에 하나의 t만 사용했다. 그러나 일반적으로 스펠링은 'splittable'과 같이 t를 2개 사용한다.

```
import org.apache.hadoop.fs.Path;
import org.apache.hadoop.mapreduce.JobContext;
import org.apache.hadoop.mapreduce.lib.input.TextInputFormat;

public class NonSplittableTextInputFormat extends TextInputFormat {
  @Override
  protected boolean isSplitable(JobContext context, Path file) {
    return false;
  }
}
```

매퍼의 파일 정보

파일 입력 스플릿을 처리하는 매퍼는 Mapper의 Context 객체의 getInputSplit() 메서드를 호출하여 스플릿에 대한 정보를 얻을 수 있다. FileInputFormat을 상속받은 입력 포맷은 getInputSplit() 메서드가 반환하는 InputSplit을 FileSplit으로 변환하여 [표 8-7]에 있는 파일 정보에 접근할 수 있다.

이전 맵리듀스 API와 스트리밍 인터페이스에서는 매퍼의 환경 설정으로부터 읽은 속성을 통해 동일한 파일 스플릿 정보에 접근할 수 있다. 이전 맵리듀스 API에서는 Mapper 구현체에 있는 configure()를 구현하여 JobConf 객체에 접근했다.

모든 매퍼와 리듀서는 [표 8-7]의 속성뿐만 아니라 7.4.1절 '태스크 실행 환경'에 있는 속성도 접근할 수 있다.

표 8-7 파일 스플릿 속성

FileSplit 메서드	속성명	타입	설명
getPath()	mapreduce.map.input.file	Path/String	처리할 입력 파일의 경로
getStart()	mapreduce.map.input.start	long	파일의 시작으로부터 스플릿 시작 지점의 바이트 오프셋
getLength()	mapreduce.map.input.length	long	스플릿의 바이트 길이

다음 절에서는 스플릿의 파일명을 접근하기 위해 필요한 FileSplit 사용법을 알아본다.

파일의 전체 내용을 하나의 레코드로 처리하기

가끔은 파일의 전체 내용을 매퍼가 접근해야 하는 요구사항이 발생할 수도 있다. 이때에는 파일을 스플릿하지 않고 파일의 전체 내용을 하나의 레코드 값으로 전달하는 RecordReader를 사용하면 된다. 이러한 방법은 [예제 8-2]의 WholeFileInputFormat에서 확인할 수 있다.

예제 8-2 파일의 전체 내용을 하나의 레코드로 읽는 InputFormat

```java
public class WholeFileInputFormat
    extends FileInputFormat<NullWritable, BytesWritable> {

  @Override
  protected boolean isSplitable(JobContext context, Path file) {
    return false;
  }

  @Override
  public RecordReader<NullWritable, BytesWritable> createRecordReader(
      InputSplit split, TaskAttemptContext context) throws IOException,
      InterruptedException {
    WholeFileRecordReader reader = new WholeFileRecordReader();
    reader.initialize(split, context);
    return reader;
  }
}
```

WholeFileInputFormat은 키는 필요하지 않으므로 NullWritable 객체로, 값(파일 내용)은 BytesWritable 객체로 선언했다. 두 개의 메서드를 정의했으며, 첫 번째 메서드는 isSplitable()이 false를 반환하게 해서 입력 파일이 스플릿되지 않도록 코드를 작성했다. 두 번째 메서드는 [예제 8-3]에 나타낸 RecordReader의 구현체를 반환하도록 createRecordReader()를 구현했다.

예제 8-3 파일 전체를 하나의 레코드로 읽기 위해 WholeFileInputFormat에서 사용한 RecordReader

```java
class WholeFileRecordReader extends RecordReader<NullWritable, BytesWritable> {

  private FileSplit fileSplit;
  private Configuration conf;
  private BytesWritable value = new BytesWritable();
```

```
private boolean processed = false;

@Override
public void initialize(InputSplit split, TaskAttemptContext context)
    throws IOException, InterruptedException {
  this.fileSplit = (FileSplit) split;
  this.conf = context.getConfiguration();
}

@Override
public boolean nextKeyValue() throws IOException, InterruptedException {
  if (!processed) {
    byte[] contents = new byte[(int) fileSplit.getLength()];
    Path file = fileSplit.getPath();
    FileSystem fs = file.getFileSystem(conf);
    FSDataInputStream in = null;
    try {
      in = fs.open(file);
      IOUtils.readFully(in, contents, 0, contents.length);
      value.set(contents, 0, contents.length);
    } finally {
      IOUtils.closeStream(in);
    }
    processed = true;
    return true;
  }
  return false;
}

@Override
public NullWritable getCurrentKey() throws IOException, InterruptedException {
  return NullWritable.get();
}

@Override
public BytesWritable getCurrentValue() throws IOException,
    InterruptedException {
  return value;
}

@Override
public float getProgress() throws IOException {
  return processed ? 1.0f : 0.0f;
}
```

```
    @Override
    public void close() throws IOException {
        // 아무것도 하지 않는다.
    }
}
```

WholeFileRecordReader는 FileSplit을 가져와서 null 키와 파일 바이트 값으로 이루어진 단일 레코드로 변환하는 역할을 맡고 있다. 단일 레코드만 존재하기 때문에 WholeFileRecord Reader는 처리 또는 실패 중 하나고 processed라는 불린[Boolean] 필드를 가진다. 만약 nextKey Value() 메서드를 호출했을 때 파일이 처리된 상태가 아니라면 해당 파일을 열어 파일의 길이만큼 바이트 배열을 생성하고 하둡의 IOUtils 클래스를 사용해서 파일을 바이트 배열로 한번에 변환한다. 그러고 나서 next() 메서드에 전달된 BytesWritable 객체에 이 배열을 넣고 레코드 읽기를 완료했다는 신호로 true를 반환한다.

현재 키와 값 타입에 접근하여 레코드 리더의 진행 상황을 가져오는 간단한 북키핑 메서드와 레코드 리더가 종료될 때 맵리듀스 프레임워크에서 호출하는 close() 메서드가 추가로 있다.

WholeFileInputFormat 사용 방법을 보여주기 위해 여러 개의 작은 파일을 원본 파일명의 키와 파일 내용의 값을 가진 시퀀스 파일로 묶는 맵리듀스 잡을 하나 만들어보자 [예제 8-4]에서 볼 수 있다.

예제 8-4 여러 개의 작은 파일을 하나의 시퀀스 파일로 묶는 맵리듀스 프로그램

```
public class SmallFilesToSequenceFileConverter extends Configured
    implements Tool {

  static class SequenceFileMapper
      extends Mapper<NullWritable, BytesWritable, Text, BytesWritable> {

    private Text filenameKey;

    @Override
    protected void setup(Context context) throws IOException,
        InterruptedException {
      InputSplit split = context.getInputSplit();
      Path path = ((FileSplit) split).getPath();
      filenameKey = new Text(path.toString());
    }
```

```java
    @Override
    protected void map(NullWritable key, BytesWritable value, Context context)
        throws IOException, InterruptedException {
      context.write(filenameKey, value);
    }
  }

  @Override
  public int run(String[] args) throws Exception {
    Job job = JobBuilder.parseInputAndOutput(this, getConf(), args);
    if (job == null) {
      return -1;
    }

    job.setInputFormatClass(WholeFileInputFormat.class);
    job.setOutputFormatClass(SequenceFileOutputFormat.class);

    job.setOutputKeyClass(Text.class);
    job.setOutputValueClass(BytesWritable.class);

    job.setMapperClass(SequenceFileMapper.class);

    return job.waitForCompletion(true) ? 0 : 1;
  }

  public static void main(String[] args) throws Exception {
    int exitCode = ToolRunner.run(new SmallFilesToSequenceFileConverter(), args);
    System.exit(exitCode);
  }
}
```

입력 포맷은 WholeFileInputFormat이므로 매퍼는 입력 파일 스플릿에 대한 파일명만 찾으면 된다. context의 InputSplit을 FileSplit으로 변환하면 파일 경로를 얻을 수 있는 메서드를 사용할 수 있다. 파일 경로는 키를 위한 Text 객체에 저장된다. 리듀서는 항등 함수(명시적으로 설정하지 않음)며 출력 포맷은 SequenceFileOutputFormat이다.

다음과 같이 몇 개의 작은 파일로 실행해보자. 두 개의 리듀서를 지정했고, 따라서 두 개의 시퀀스 파일을 결과로 얻을 수 있다.

```
% hadoop jar hadoop-examples.jar SmallFilesToSequenceFileConverter \
  -conf conf/hadoop-localhost.xml -D mapreduce.job.reduces=2 \
  input/smallfiles output
```

파일시스템 쉘에서 -text 옵션으로 두 개의 시퀀스 파일의 내용을 볼 수 있다.

```
% hadoop fs -conf conf/hadoop-localhost.xml -text output/part-r-00000
hdfs://localhost/user/tom/input/smallfiles/a 61 61 61 61 61 61 61 61 61 61
hdfs://localhost/user/tom/input/smallfiles/c 63 63 63 63 63 63 63 63 63 63
hdfs://localhost/user/tom/input/smallfiles/e
% hadoop fs -conf conf/hadoop-localhost.xml -text output/part-r-00001
hdfs://localhost/user/tom/input/smallfiles/b 62 62 62 62 62 62 62 62 62 62
hdfs://localhost/user/tom/input/smallfiles/d 64 64 64 64 64 64 64 64 64 64
hdfs://localhost/user/tom/input/smallfiles/f 66 66 66 66 66 66 66 66 66 66
```

입력 파일의 이름은 a, b, c, d, e, f며 비어 있는 e 파일을 제외한 나머지 파일은 각각 파일 이름에 해당하는 10개의 문자를 가지고 있다(예를 들어 파일 a는 'a' 문자 10개를 포함). 시퀀스 파일을 텍스트 형식으로 나타내면 파일명과 16진수의 파일 내용이 출력된다.

TIP 이 프로그램을 개선할 수 있는 적어도 한 가지 방법이 있다. 앞에서 언급한 대로 파일당 매퍼를 하나만 가지는 것은 비효율적이므로 FileInputFormat 대신 CombineFileInputFormat의 서브클래스를 구현하는 것이 더 좋은 방법이다.

8.2.2 텍스트 입력

하둡은 비정형 텍스트를 처리하는 데 탁월하다. 이 절에서는 텍스트를 처리하기 위해 하둡이 제공하는 InputFormat을 살펴보겠다.

TextInputFormat

TextInputFormat은 하둡의 기본 InputFormat이다. 각 레코드는 입력 데이터의 한 행이다. 키는 LongWritable로 파일에서 행이 시작되는 지점의 바이트 오프셋이고, 그 값은 행의 내용으로 행 종료 문자(개행 문자)를 제외한 후 Text 객체로 패키징된다. 다음과 같은 텍스트를 포함하고 있는 파일이 있다고 가정하자.

```
On the top of the Crumpetty Tree
The Quangle Wangle sat,
But his face you could not see,
On account of his Beaver Hat.
```

이 파일은 네 개의 레코드를 가진 하나의 스플릿으로 분할된다. 각 레코드는 다음과 같이 키-값 쌍으로 해석된다.

```
(0, On the top of the Crumpetty Tree)
(33, The Quangle Wangle sat,)
(57, But his face you could not see,)
(89, On account of his Beaver Hat.)
```

분명히 레코드의 키는 행 번호가 **아니다**. 만약 행이 아닌 바이트를 경계로 파일을 여러 개의 스플릿으로 분할했다면 이런 방식의 구현은 불가능했을 것이다. 스플릿은 독립적으로 수행되며, 행 번호는 순차적인 개념이다. 사용자는 스플릿에서 행 번호를 아는 것은 가능하지만 파일 전체에서 행 번호를 아는 것은 불가능하다.

하지만 각 스플릿은 각 행의 파일 내에서의 오프셋을 다른 스플릿과 상관없이 알 수 있으며 각 스플릿은 이전 스플릿의 크기를 알 수 있으므로 그 값을 현재 스플릿의 오프셋에 더하면 전체 파일에서의 오프셋 값을 계산할 수 있다. 파일 오프셋을 파일 이름과 결합하면 파일시스템의 유일한 값이 된다. 물론 모든 행이 고정된 길이를 가진다면 단순히 오프셋을 행의 길이로 나누기만 하면 행 번호를 얻을 수 있다.

입력 스플릿과 HDFS 블록 간의 관계

FileInputFormat이 일반적으로 정의하는 논리적인 레코드는 HDFS 블록과 딱 맞아 떨어지지 않는다. 예를 들어 TextInputFormat의 논리적인 레코드는 개행 문자 등으로 분리되는 행인데, 각 행이 HDFS의 블록 경계를 넘나드는 경우가 빈번하다. 하지만 이것이 프로그램이 제대로 동작하는 데 문제가 되지는 않는다. 예를 들어 행이 유실되거나 끊어지지 않기 때문이다. 하지만 데이터-로컬 맵(즉, 입력 데이터와 같은 호스트에서 수행되는 맵)이 약간의 원격 읽기 작업을 수행할 수 있으므로 이러한 점을 이해하는 것은 물론 의미가 있다. 이것 때문에 발생하는 약간의 오버헤드는 심각한 문제가 아니다.

[그림 8-3]은 그 예를 보여준다. 단일 파일이 여러 행으로 나눠지고 각 행의 경계가 HDFS 블록의 경계와 일치하지 않는다. 스플릿은 논리적인 레코드 경계를 지키며(여기서는 행), 따라서 5번째 행이 첫 번째와 두 번째 블록에 걸쳐 있지만, 첫 번째 스플릿은 이 행을 제대로 포함하고 있다. 두 번째 스플릿은 6번째 행에서 시작된다.

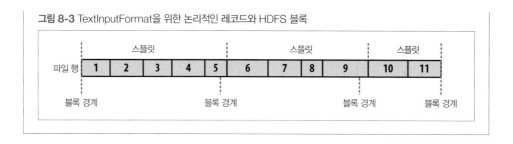

그림 8-3 TextInputFormat을 위한 논리적인 레코드와 HDFS 블록

행의 최대 길이 제어. 지금 설명하고 있는 텍스트 입력 포맷 중 하나를 사용하면 손상된 파일에 대한 보호 장치를 마련하기 위해 행의 최대 길이 한계를 설정할 수 있다. 파일에서 손상된 부분은 매우 긴 행으로 나타날 수 있고, 따라서 메모리 부족 에러를 발생시켜 태스크 실패를 유발할 수 있다. 메모리 크기에 적당한(그리고 입력 데이터의 모든 행 길이를 충분히 만족시키는) 바이트 값을 `mapreduce.input.linerecordreader.line.maxlength` 속성에 설정하면 레코드 리더가 (매우 긴) 손상된 행을 무시하여 태스크 실패가 일어나지 않도록 보장한다.

KeyValueTextInputFormat

TextInputFormat의 키는 단순히 파일 내에서의 오프셋이므로 실제로 활용되는 일은 거의 없다. 일반적으로 파일의 각 행은 탭 문자로 구분된 키-값 쌍이다. 예를 들어 하둡의 기본 Output Format인 TextOutputFormat이 생성하는 출력이 대표적이다. 이와 같은 파일을 제대로 해석하려면 KeyValueTextInputFormat이 가장 적합하다.

`mapreduce.input.keyvaluelinerecordreader.key.value.separator` 속성에 구분자를 명시할 수 있다. 기본값은 탭 문자다. 다음 입력 파일을 살펴보자. 여기서 →는 탭 문자를 나타낸다.

```
line1→On the top of the Crumpetty Tree
line2→The Quangle Wangle sat,
line3→But his face you could not see,
line4→On account of his Beaver Hat.
```

입력은 TextInputFormat 예제와 같이 4개의 레코드로 이루어진 단일 스플릿이지만, KeyValueTextInputFormat의 키는 각 행에서 탭 문자 앞에 있는 텍스트 문자열이다.

```
(line1, On the top of the Crumpetty Tree)
(line2, The Quangle Wangle sat,)
```

```
(line3, But his face you could not see,)
(line4, On account of his Beaver Hat.)
```

NLineInputFormat

TextInputFormat과 KeyValueTextInputFormat을 통해 각 매퍼는 가변 개수의 입력 행을 받게
된다. 이 개수는 스플릿 크기와 행의 길이에 의해 좌우된다. 만약 매퍼가 고정된 개수의 입력 행
을 받고자 한다면 NLineInputFormat을 InputFormat으로 사용하면 된다. TextInputFormat
과 마찬가지로 키는 파일의 바이트 오프셋이며 값은 행의 내용이다.

N은 각 매퍼가 받게 될 입력 행의 개수다. N을 1로 설정하면(기본값) 각 매퍼는 정확히 하나
의 입력 행을 받게 된다. N 값은 mapreduce.input.lineinputformat.linespermap 속성으로
제어할 수 있다. 다시 한 번 다음과 같이 네 개의 행이 있는 상황을 고려해보자.

```
On the top of the Crumpetty Tree
The Quangle Wangle sat,
But his face you could not see,
On account of his Beaver Hat.
```

만약 N 값이 2라면 각 스플릿은 두 개의 행을 갖는다. 첫 번째 매퍼는 처음 두 개의 키-값 쌍을
받을 것이다.

```
(0, On the top of the Crumpetty Tree)
(33, The Quangle Wangle sat,)
```

그리고 다른 매퍼는 다음 두 개의 키-값 쌍을 받을 것이다.

```
(57, But his face you could not see,)
(89, On account of his Beaver Hat.)
```

키와 값은 TextInputFormat이 생성하는 것과 동일하다. 다만 스플릿을 구성하는 방식은 차이
가 있다.

일반적으로 매우 작은 입력 행을 맵 태스크에서 처리하는 것은 비효율적이지만(태스크 초기 설

정의 오버헤드 때문에) 소량의 입력 데이터를 받아서 오랜 연산 작업(CPU 집중 작업)을 수행하여 결과를 얻는 애플리케이션이 있을 수 있다. 가장 대표적인 사례가 바로 시뮬레이션이다. 또한 행마다 하나의 입력 매개변수를 명시한 입력 파일을 생성하여 **매개변수 스윕**^{parameter sweep}을 수행할 수도 있다. 매개변수 스윕은 동시 다발적으로 시뮬레이션을 수행하여 어떤 매개변수를 변경할 때 그 모델이 어떻게 변화되는지 알 수 있는 기법이다.

> **CAUTION_** 수행 시간이 매우 긴 시뮬레이션은 태스크 타임아웃에 걸릴 수 있다. 태스크가 10분이 지나도록 진행 상황을 보고하지 않으면 애플리케이션 마스터는 이를 실패했다고 간주하고 중단시킨다(7.2.1절 '태스크 실패' 참조).
>
> 이러한 상황을 방지하는 가장 좋은 방법은 주기적으로 진행 상황을 보고하는 것이다. 예를 들어 상태 메시지를 작성하거나 카운터를 증가시키는 것이다. 자세한 내용은 7.1.5절의 '맵리듀스가 진행 중임을 판단하는 동작' 글상자를 참조하라.

다른 예로는 하둡을 사용하여 데이터베이스와 같은 다수의 데이터 출처로부터 데이터를 불러오는 것이다. 이를 위해 행당 하나의 데이터 출처를 나열한 '씨앗^{seed}' 입력 파일을 생성한다. 그 다음에 각 매퍼는 데이터 출처를 하나씩 할당받고 해당 출처로부터 데이터를 읽어서 HDFS에 로드한다. 이 잡은 리듀스 단계가 필요하지 않으므로 리듀서 수는 0으로 설정해야 한다(Job의 setNumReduceTasks( )를 호출해서). 또한 HDFS에 로드된 데이터를 처리하는 맵리듀스 잡을 추가로 실행할 수도 있다. 부록 C의 예제를 참조하라.

XML

대부분의 XML 분석기는 XML 문서 전체를 다루기 때문에 커다란 XML 문서 하나가 여러 개의 입력 스플릿으로 분리되어 있다면 이를 개별적으로 파싱하는 것은 매우 어려운 일이다. 물론 XML 문서 전체가 매우 크지 않다면 8.2.1절의 '파일의 전체 내용을 하나의 레코드로 처리하기' 기법을 활용하여 하나의 매퍼로 처리할 수 있다.

일련의 '레코드'(XML 문서 조각)로 이루어진 매우 큰 XML 문서는 단순 문자열이나 정규표현식을 활용하여 레코드의 시작과 종료 태그를 찾아서 레코드를 분리할 수 있다. TextInputFormat으로 행의 경계를 찾는 것과 마찬가지로 스플릿의 시작 지점부터 단순히 스캐닝하면 레코드의 다음 시작 태그를 쉽게 찾을 수 있기 때문에 이와 같은 방식으로 처리하면 프레임워크에 의해 문서가 분리될 때 발생하는 문제를 방지할 수 있다.

이를 위해 하둡은 StreamXmlRecordReader 클래스를 제공하고 있다. 이 클래스는 org.apache.hadoop.streaming.mapreduce 패키지에 있지만 스트리밍 외부에서도 사용할 수 있다. 입력 포맷을 StreamInputFormat으로 설정하고 stream.recordreader.class 속성을 org.apache.hadoop.streaming.mapreduce.StreamXmlRecordReader로 설정하는 방식으로 사용하면 된다. 리더의 시작과 종료 태그 패턴은 잡의 환경 설정 속성으로 설정한다. 자세한 내용은 해당 클래스의 문서를 참고하기 바란다.[7]

예제 데이터로는 위키피디아를 추천한다. 위키피디아는 XML 형태로 내용을 내려받을 수 있으며, 앞에서 설명한 방식으로 맵리듀스를 이용하여 병렬로 데이터를 처리할 수 있다. 데이터는 하나의 XML로 둘러싸인 큰 문서에 들어 있으며, 페이지의 내용과 연관 메타데이터를 포함한 일련의 page 항목으로 구성되어 있다. StreamXmlRecordReader를 사용하면 매퍼는 page 항목을 레코드로 처리할 수 있다.

8.2.3 바이너리 입력

하둡 맵리듀스는 텍스트 데이터뿐만 아니라 바이너리 포맷도 지원한다.

SequenceFileInputFormat

하둡의 시퀀스 파일 포맷은 일련의 바이너리 키-값 쌍을 저장한다. 시퀀스 파일은 스플릿이 가능하기 때문에 맵리듀스에 적합한 데이터 포맷이다. 시퀀스 파일은 파일의 임의 지점에서 리더가 레코드의 경계를 동기화할 수 있는 싱크 지점을 제공한다. 또한 포맷의 일부로 압축을 지원하고 다양한 직렬화 프레임워크를 이용하면 임의의 타입을 저장할 수 있다. 자세한 내용은 5.4.1절 'SequenceFile'에서 다뤘다.

SequenceFileInputFormat을 사용하면 시퀀스 파일의 데이터를 맵리듀스의 입력으로 전달할 수 있다. 키-값의 타입은 시퀀스 파일에 의해 결정되므로 맵의 입력 타입과 일치하는지 반드시 확인해야 한다. 예를 들어 5장에서 언급한 시퀀스 파일은 IntWritable 키와 Text 값을 가지므로 맵 함수의 원형은 Mapper<IntWritable, Text, K, V>가 되어야 한다. 여기서 K와 V는 맵의 출력키와 값의 타입이다.

---

7 개선된 XML 입력 포맷인 Mahout의 XmlInputFormat(http://mahout.apache.org/)을 참고하라.

SequenceFileAsTextInputFormat

SequenceFileAsTextInputFormat은 시퀀스 파일의 키와 값을 Text 객체로 변환하도록 SequenceFileInputFormat을 변형한 것이다. 변환은 키와 값에 toString( ) 메서드를 호출해서 수행한다. 이 포맷을 이용하면 시퀀스 파일을 스트리밍에 적합한 입력으로 만들 수 있다.

SequenceFileAsBinaryInputFormat

SequenceFileAsBinaryInputFormat은 시퀀스 파일의 키와 값을 직접 해석이 불가능한 바이너리 객체로 반환하도록 SequenceFileInputFormat을 변형한 것이다. 키와 값을 BytesWritable 객체로 캡슐화하면 애플리케이션은 내부의 바이트 배열을 원하는 대로 자유롭게 해석할 수 있다. SequenceFile.Writer의 appendRaw( ) 메서드 혹은 SequenceFileAsBinaryOutputFormat을 이용해서 시퀀스 파일을 생성하는 프로세스와 결합하면 맵리듀스를 통해 시퀀스 파일로 저장된 어떠한 바이너리 데이터 타입도 사용할 수 있게 된다. 하지만 일반적으로 하둡의 직렬화 메커니즘을 활용하는 편이 더 좋다(5.3.4절 '직렬화 프레임워크' 참조).

FixedLengthInputFormat

FixedLengthInputFormat은 구분자로 분리된 레코드가 아닌 고정된 길이의 바이너리 레코드를 읽을 수 있다. 레코드 길이는 fixedlengthinputformat.record.length 속성으로 설정한다.

8.2.4 다중 입력

파일 글로브^{glob}, 필터, 단순 경로를 조합하면 맵리듀스 잡에 다수의 입력 파일을 지정할 수 있다. 하지만 모든 입력은 하나의 InputFormat과 하나의 Mapper로 해석되어야 한다. 그러나 시간이 지나면서 데이터 포맷은 점차 발전하게 되므로 과거의 모든 포맷을 처리할 수 있는 매퍼를 직접 작성해야 한다. 또는 동일한 타입이지만 포맷이 다른 데이터 원본을 처리해야 할 때도 있다. 이러한 상황은 서로 다른 데이터셋에 대해 조인을 수행할 때 주로 발생하는데 자세한 내용은 9.3.2절 '리듀스-사이드 조인'을 참조하라. 예를 들어 하나는 탭으로 구분된 일반 텍스트고 다른 하나는 바이너리 시퀀스 파일일 수 있다. 두 파일이 동일한 형태일지라도 다른 표현 형태를 가지므로 결국 서로 다른 방식으로 해석해야 한다.

MultipleInputs 클래스를 이용하여 각각의 경로에 사용할 InputFormat과 Mapper를 지정하면 이러한 문제를 깔끔하게 처리할 수 있다. 예를 들어 최고 기온 분석을 위해 NCDC 데이터와 영국의 Met 오피스[8]의 기상 데이터를 결합하고 싶으면 다음과 같이 입력을 설정하면 된다.

```
MultipleInputs.addInputPath(job, ncdcInputPath,
    TextInputFormat.class, MaxTemperatureMapper.class);
MultipleInputs.addInputPath(job, metOfficeInputPath,
    TextInputFormat.class, MetOfficeMaxTemperatureMapper.class);
```

FileInputFormat.addInputPath()와 job.setMapperClass()를 호출하는 대신 이 함수를 호출했다. Met 오피스와 NCDC 데이터는 모두 텍스트 기반이므로 TextInputFormat을 사용한다. 그러나 두 데이터의 행 포맷은 서로 다르므로 두 개의 다른 매퍼를 사용해야 한다. 먼저 MaxTemperatureMapper는 NCDC 입력 데이터를 읽어서 연도와 기온 필드를 추출한다. 그리고 MetOfficeMaxTemperatureMapper는 맷 오피스의 입력 데이터를 읽어서 연도와 기온 필드를 추출한다. 중요한 점은 맵의 출력은 동일한 타입이며, 타입이 모두 동일한 리듀서는 집계된 맵의 출력만 보게 되므로 이를 생성한 매퍼가 다르다는 점을 알지 못한다는 것이다.

MultipleInputs 클래스는 addInputPath()를 수정한 버전으로, 매퍼를 인자로 갖지 않는다.

```
public static void addInputPath(Job job, Path path,
                    Class<? extends InputFormat> inputFormatClass)
```

이 클래스는 Job의 setMapperClass() 메서드로 설정할 수 있으며, 다수의 입력 포맷을 가진 단일 매퍼를 사용할 때 매우 유용하다.

---

8 Met 오피스 데이터는 오로지 연구소와 학술 기관에만 제공된다. 하지만 http://www.metoffice.gov.uk/climate/uk/stationdata/에 가면 월간 기상 데이터를 얻을 수 있다.

8.2.5 데이터베이스 입력과 출력

DBInputFormat은 JDBC를 사용해서 관계형 데이터베이스로부터 데이터를 읽는 입력 포맷이다. 이 포맷은 샤딩^{sharding} 기능을 지원하지 않는다. 따라서 많은 매퍼로 데이터를 읽어서 데이터베이스에 과부하를 주는 일이 발생하지 않도록 주의해야 한다. 이러한 이유로 HDFS에 존재하는 아주 큰 데이터셋과 조인할 데이터베이스의 작은 데이터셋을 MultipleInputs로 읽을 때 적합하다. 데이터베이스의 출력 포맷은 DBOutputFormat이며 적당한 크기의 잡 출력을 데이터베이스로 내보내는 데 사용한다.

관계형 데이터베이스와 HDFS 사이에 데이터를 이동하는 대표적인 도구로는 스쿱^{Sqoop}이 있다 (15장 참조).

HBase의 TableInputFormat은 HBase 테이블에 저장된 데이터를 맵리듀스로 처리하기 위해 만들어졌다. 맵리듀스의 출력을 HBase 테이블에 쓰려면 TableOutputFormat을 사용하면 된다.

8.3 출력 포맷

하둡은 이전 절에서 설명한 입력 포맷에 대응하는 출력 데이터 포맷을 제공한다. [그림 8-4]는 OutputFormat 클래스의 계층도다.

8.3.1 텍스트 출력

하둡의 기본 출력 포맷인 TextOutputFormat은 레코드를 한 줄의 텍스트로 기록한다. TextOutputFormat은 toString( )을 호출하여 문자열로 변환하기 때문에 모든 타입의 키와 값을 사용할 수 있다. 키-값 쌍의 기본 구분자는 탭 문자며, mapreduce.output.textoutputformat.separator 속성으로 이를 변경할 수 있다. TextOutputFormat에 대응하는 입력 포맷은 KeyValueTextInputFormat이며 지정된 구분자로 각 행을 키-값 쌍으로 분리한다(8.2.2절의 'KeyValueTextInputFormat' 참조).

NullWritable 타입을 사용하면 키 또는 값을 출력하지 않는다(만약 키와 값 모두에 NullWritable을 사용하면 NullOutputFormat처럼 아무것도 출력하지 않는다). 이 출력 포맷은 구분자가 없기 때문에 이 출력 파일을 읽을 때 적합한 입력 포맷은 TextInputFormat이다.

그림 8-4 OutputFormat 클래스 계층도

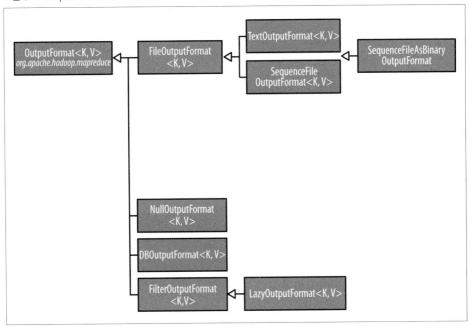

8.3.2 바이너리 출력

SequenceFileOutputFormat

이름에서 알 수 있듯이 SequenceFileOutputFormat은 시퀀스 파일에 출력 결과를 기록한다. 이 출력 포맷은 단순하고 쉽게 압축할 수 있기 때문에 다음에 실행할 맵리듀스 잡의 입력으로 좋은 선택이다. 5.2.3절 '맵리듀스에서 압축 사용하기'에서 설명한 대로 SequenceFileOutputFormat 의 정적 메서드로 압축을 제어할 수 있다. SequenceFileOutputFormat을 사용한 예제는 9.2절 '정렬'에서 볼 수 있다.

SequenceFileAsBinaryOutputFormat

SequenceFileAsBinaryInputFormat에 대응하는 SequenceFileAsBinaryOutputFormat은 원시 바이너리 포맷의 키와 값을 시퀀스 파일 컨테이너에 기록한다.

MapFileOutputFormat

MapFileOutputFormat의 출력물은 맵 파일이다. MapFile의 키는 순서대로 추가되어야 하므로 리듀서는 반드시 순차적으로 키를 출력해야 한다.

> **NOTE_** 리듀스 **입력**키의 정렬은 보장되지만 출력키는 리듀스 함수에서 제어되는데, 일반적인 맵리듀스에서 리듀스의 **출력**키가 반드시 정렬되어야 한다는 규약은 없다. 따라서 MapFileOutputFormat은 리듀서의 출력키를 정렬해야 한다는 추가적인 제약이 반드시 필요하다.

8.3.3 다중 출력

FileOutputFormat과 서브클래스는 출력 디렉터리에 다수의 파일을 생성한다. 리듀서당 하나의 파일이 존재하며 part-r-00000, part-r-00001 등과 같이 파티션 번호로 파일의 이름을 짓는다. 파일의 이름을 다르게 지정하거나 리듀서당 하나 이상의 파일을 생성할 때도 있다. 이를 위해 맵리듀스는 MultipleOutputs 클래스를 제공한다.[9]

예제: 데이터 파티셔닝

기상관측소별로 기상 데이터셋을 파티셔닝하는 문제를 생각해보자. 잡은 기상관측소별로 하나의 파일을 출력하며, 각 파일은 특정 기상관측소의 모든 레코드를 포함해야 한다.

리듀서마다 하나의 기상관측소를 담당하는 방법이 있다. 이를 위해서는 두 개의 작업이 필요하다. 첫째, 동일한 기상관측소의 레코드를 동일한 파티션에 두는 파티셔너를 작성한다. 둘째, 잡의 리듀서 수를 기상관측소 수와 동일하게 설정한다. 다음과 같이 파티셔너를 작성하면 된다.

```
public class StationPartitioner extends Partitioner<LongWritable, Text> {

    private NcdcRecordParser parser = new NcdcRecordParser();

    @Override
```

---

[9] 이전 맵리듀스 API에서는 MultipleOutputFormat과 MultipleOutputs를 통해 다수의 출력 파일을 생성할 수 있었다. MultipleOutputs가 더 많은 기능을 지원하지만 MultipleOutputFormat은 출력 디렉터리 구조와 파일 명명에 대한 제어가 용이한 장점이 있다. 새로운 API의 MultipleOutputs는 이전 API에서 제공한 두 가지 클래스의 장점을 결합하였다. 이 책의 웹사이트에는 이전 API의 MultipleOutputs와 MultipleOutputFormat으로 이 절에서 사용한 예제를 구현한 코드가 있다.

```
public int getPartition(LongWritable key, Text value, int numPartitions) {
  parser.parse(value);
  return getPartition(parser.getStationId());
}

private int getPartition(String stationId) {
  ...
}

}
```

구현체는 없지만 getPartition(String) 메서드는 기상관측소의 아이디를 파티션 번호로 변환하는 역할을 한다. 즉, 기상관측소 아이디의 전체 목록에서 기상관측소 아이디의 인덱스를 단순히 반환한다.

이 방식에는 두 가지 단점이 있다. 첫 번째 단점은 잡을 실행하기 전에 파티션 수를 알아야 하기 때문에 먼저 기상관측소 수를 구해야 한다는 것이다. NCDC가 기상관측소의 메타데이터를 제공하지만 데이터에 존재하는 아이디와 메타데이터의 아이디가 완전히 일치한다는 보장은 없다. 메타데이터에 있는 기상관측소지만 입력 데이터에는 없다면 리듀스 태스크를 낭비하게 된다. 더욱 나쁜 상황은 데이터에 존재하는 아이디가 메타데이터에는 없어서 리듀스 태스크를 할당받지 못하는 상황이 발생하면 일부 데이터가 사라지게 된다는 것이다. 이러한 문제를 해결할 수 있는 방법은 유일한 기상관측소 아이디를 추출하는 잡을 작성하는 것인데, 이 방법은 잡을 추가로 수행해야 하므로 비효율적이다.

두 번째 단점은 조금 미묘하다. 일반적으로 파티션 수를 애플리케이션에서 고정하면 작거나 혹은 불균등한 파티션을 만들 수 있기 때문에 이 방법도 문제가 있다. 일을 적게 하는 리듀서가 매우 많이 있는 잡은 비효율적이다. 적은 수의 리듀서로 더 많은 일을 하면 태스크 실행 오버헤드를 크게 줄일 수 있다. 또한 불균등한 크기의 파티션을 피하는 것이 쉽지 않다. 기상관측소가 수집한 데이터의 크기는 서로 다를 수 있다. 예를 들어 1년 전에 시작한 기상관측소와 1세기 동안 데이터를 수집한 기상관측소의 데이터 크기를 한번 비교해보자. 어떤 리듀스 태스크가 나머지에 비해 훨씬 더 많은 시간이 걸린다면 잡의 전체 실행 시간은 이 태스크에 의해 결정되기 때문에 필요 이상의 시간이 소요될 것이다.

사용할 수 있는 클러스터의 자원이 많을수록 잡을 더욱 빠르게 완료할 수 있기 때문에 클러스터가 잡의 파티션 수를 결정하는 것이 훨씬 낫다. 이것이 기본 HashPartitioner가 매우 잘 동작하는 이유다. HashPartitioner는 파티션 수와 상관없이 잘 작동하며 각 파티션은 적절히 혼합된 키를 가지며 매우 균등한 크기의 파티션을 만든다.

HashPartitioner를 사용하면 각 파티션은 다수의 기상관측소 데이터를 가지며 따라서 기상관측소별로 파일을 생성하려면 각 리듀서가 다수의 파일을 기록하도록 설정해야 한다. 여기가 바로 MultipleOutputs이 필요한 지점이다.

MultipleOutputs

MultipleOutputs를 이용하면 데이터를 여러 파일에 쓸 수 있으며 각 파일의 이름은 출력키와 값 또는 임의의 문자열로 생성된다. MultipleOutputs는 리듀서 또는 맵 단독 잡의 매퍼가 하나 이상의 파일을 생성하도록 도와준다. 파일의 이름은 맵 출력은 *name-m-nnnnn*, 리듀스 출력은 *name-r-nnnnn* 형태다. 여기서 *name*은 프로그램에서 설정한 임의의 이름이며 *nnnnn*은 00000부터 시작하는 파트 번호를 가리키는 5자리 정수다. 파트 번호는 같은 이름을 가진 서로 다른 파티션(매퍼 또는 리듀서)의 쓰기 충돌을 방지하기 위해 필요하다.

[예제 8-5]는 기상관측소별로 데이터셋을 분할하기 위한 MultipleOutputs의 사용법을 보여준다.

예제 8-5 MultipleOutputs를 이용하여 전체 데이터셋을 기상관측소 아이디로 명명된 파일로 분할하기

```
public class PartitionByStationUsingMultipleOutputs extends Configured
    implements Tool {
```

```java
static class StationMapper
    extends Mapper<LongWritable, Text, Text, Text> {

  private NcdcRecordParser parser = new NcdcRecordParser();

  @Override
  protected void map(LongWritable key, Text value, Context context)
      throws IOException, InterruptedException {
    parser.parse(value);
    context.write(new Text(parser.getStationId()), value);
  }
}

static class MultipleOutputsReducer
    extends Reducer<Text, Text, NullWritable, Text> {

  private MultipleOutputs<NullWritable, Text> multipleOutputs;

  @Override
  protected void setup(Context context)
      throws IOException, InterruptedException {
    multipleOutputs = new MultipleOutputs<NullWritable, Text>(context);
  }

  @Override
  protected void reduce(Text key, Iterable<Text> values, Context context)
      throws IOException, InterruptedException {
    for (Text value : values) {
      multipleOutputs.write(NullWritable.get(), value, key.toString());
    }
  }

  @Override
  protected void cleanup(Context context)
      throws IOException, InterruptedException {
    multipleOutputs.close();
  }
}

@Override
public int run(String[] args) throws Exception {
  Job job = JobBuilder.parseInputAndOutput(this, getConf(), args);
  if (job == null) {
    return -1;
  }
```

```
        job.setMapperClass(StationMapper.class);
        job.setMapOutputKeyClass(Text.class);
        job.setReducerClass(MultipleOutputsReducer.class);
        job.setOutputKeyClass(NullWritable.class);

        return job.waitForCompletion(true) ? 0 : 1;
    }
    public static void main(String[] args) throws Exception {
        int exitCode = ToolRunner.run(new PartitionByStationUsingMultipleOutputs(),
            args);
        System.exit(exitCode);
    }
}
```

출력을 생성하는 리듀서의 setup( ) 메서드에서 MultipleOutputs 인스턴스를 생성하고 인스턴스 변수에 대입한다. 그리고 reduce( ) 메서드에서 MultipleOutputs 인스턴스를 사용해서 context 대신 출력을 기록한다. write( ) 메서드는 이름뿐만 아니라 키와 값도 받는다. 기상관측소의 식별자를 파일 이름으로 지정하면 출력 파일의 이름은 '기상관측소_식별자-*r-nnnnn*'의 구조가 된다.

다음은 잡을 실행한 후 만들어진 출력 파일의 일부다.

```
output/010010-99999-r-00027
output/010050-99999-r-00013
output/010100-99999-r-00015
output/010280-99999-r-00014
output/010550-99999-r-00000
output/010980-99999-r-00011
output/011060-99999-r-00025
output/012030-99999-r-00029
output/012350-99999-r-00018
output/012620-99999-r-00004
```

MultipleOutputs의 write( ) 메서드에 지정된 기본 경로는 출력 디렉터리의 상대 경로로 해석된다. 그리고 파일 경로의 구분 문자인 슬래시(/)를 포함할 수 있으므로 원하는 깊이의 서브디렉터리를 생성할 수 있다. 예를 들어 다음과 같이 코드를 수정하면 기상관측소와 연도에 따라 데이터를 분할하고, 따라서 각 연도의 데이터는 기상관측소 아이디로 명명된 디렉터리 아래에 만들어진다(예를 들면 029070-99999/1901/part-r-00000).

```
@Override
protected void reduce(Text key, Iterable<Text> values, Context context)
    throws IOException, InterruptedException {
  for (Text value : values) {
    parser.parse(value);
    String basePath = String.format("%s/%s/part",
        parser.getStationId(), parser.getYear());
    multipleOutputs.write(NullWritable.get(), value, basePath);
  }
}
```

MultipleOutputs는 일을 매퍼의 OutputFormat에 위임한다. 예제에서는 TextOutputFormat을 사용했는데, 복잡한 설정도 가능하다. 예를 들어 OutputFormat을 수정하여 매퍼나 리듀서의 출력 타입과 다른 키와 값을 가진 출력을 만들 수 있다. 게다가 매퍼나 리듀서는 처리한 각 레코드를 다수의 출력 파일에 쓸 수도 있다. 자세한 내용은 자바 문서를 참고하라.

8.3.4 느린 출력

FileOutputFormat의 서브클래스는 내용이 없더라도 출력 파일(*part-r-nnnnn*)을 생성한다. 빈 파일을 만들지 않는 애플리케이션을 작성하고 싶을 때는 LazyOutputFormat을 사용하면 된다. 이 클래스는 래퍼^{wrapper} 출력 포맷으로, 첫 번째 레코드를 특정 파티션에 보내는 시점에 출력 파일을 생성한다. 이를 사용하려면 JobConf와 내부 출력 포맷을 인자로 LazyOutputFormat의 setOutputFormatClass( ) 메서드를 호출하면 된다.

스트리밍에서는 LazyOutputFormat을 활성화하도록 -lazyOutput 옵션을 지원한다.

8.3.5 데이터베이스 출력

관계형 데이터베이스와 HBase에 쓰기 위한 출력 포맷은 8.2.5절 '데이터베이스 입력과 출력'에서 다뤘다.

## CHAPTER 9

맵리듀스 기능

이 장에서는 카운터, 정렬, 데이터셋 조인 등 맵리듀스의 고급 기능을 살펴본다.

9.1 카운터

우리는 가끔 분석 작업과는 별도로 분석하려는 데이터 자체에 대해 궁금할 때가 있다. 예를 들어 부적절한 레코드 수를 세는 중 전체 데이터셋에서 이러한 레코드가 차지하는 비율이 굉장히 높다는 사실을 알게 되면 왜 그렇게 많은 레코드가 잘못되었는지 즉시 확인하고 싶을 것이다. 아마 프로그램 일부의 버그 때문에 부적절한 레코드가 많을 수도 있고, 실제로 데이터의 품질에 문제가 있어서 이러한 레코드가 많을 수도 있다. 확인을 한 후에는 의미 있는 분석을 하기에 충분한 정상 레코드를 확보하기 위해 데이터셋의 크기를 늘리고 싶을 것이다.

카운터는 잡에 대한 통계 정보를 수집하는 유용한 채널로, 데이터 품질의 통제나 애플리케이션 수준의 통계를 제공한다. 또한 카운터는 문제 진단에 매우 유용하다. 맵이나 리듀스 태스크에 로그 메시지를 넣어서 특정 조건의 발생을 기록하는 것보다는 카운터를 사용하는 것이 더 좋다. 게다가 큰 분산 잡의 로그 출력을 일일이 확인하는 것보다는 그냥 카운터 값을 확인하는 것이 훨씬 수월하다. 카운터 대신 로그를 사용하면 수많은 로그파일로부터 특정 조건에 맞는 레코드를 모두 추출하는 프로그램을 별도로 작성해야 하는 어려움이 있다.

9.1.1 내장 카운터

하둡은 모든 잡에 대해 내장 카운터를 제공하며 이들은 다양한 메트릭^{metric}(지표)을 알려준다. 예를 들어 처리한 데이터의 바이트와 레코드 수를 세는 카운터가 있으면 입력과 출력 데이터의 크기가 예상과 맞는지 확인할 수 있다.

카운터는 여러 그룹으로 나누어지며, [표 9-1]에서 내장 카운터 그룹을 확인할 수 있다.

표 9-1 내장 카운터 그룹

그룹	이름/열거자	참고
맵리듀스 태스크 카운터	org.apache.hadoop.mapreduce.TaskCounter	[표 9-2]
파일시스템 카운터	org.apache.hadoop.mapreduce.FileSystemCounter	[표 9-3]
FileInputFormat 카운터	org.apache.hadoop.mapreduce.lib.input.FileInputFormatCounter	[표 9-4]
FileOutputFormat 카운터	org.apache.hadoop.mapreduce.lib.output.FileOutputFormatCounter	[표 9-5]
잡 카운터	org.apache.hadoop.mapreduce.JobCounter	[표 9-6]

내장 카운터 그룹은 태스크가 진행되면서 갱신되는 **태스크 카운터** 또는 잡이 진행되면서 갱신되는 **잡 카운터**를 포함하고 있다.

태스크 카운터

태스크 카운터는 각 태스크가 실행될 때 해당 태스크에 대한 정보를 수집한 후 잡의 모든 태스크에 대한 값을 취합하여 최종 결과를 알려준다. 예를 들어 MAP_INPUT_RECORDS 카운터는 먼저 각 맵 태스크가 읽어 들이는 입력 레코드 수를 센 후 잡에 속한 모든 맵 태스크의 값을 집계하므로 최종값은 잡의 총 입력 레코드 수가 된다.

태스크 카운터는 각 태스크 시행마다 관리되고 주기적으로 애플리케이션 마스터에 전송되므로 결국 전역적으로 수집된다(7.1.5절 '진행 상황과 상태 갱신' 참조). 태스크 카운터는 마지막 전송 이후에 변경된 수치만 보내는 것이 아니라 보낼 때마다 누적된 전체 수치를 전송하므로 메시지 유실로 인한 오류를 방지할 수 있다. 또한 잡 실행 도중 태스크가 실패하면 카운터는 중단된다.

카운터의 값은 잡이 성공적으로 끝나야 의미가 있다. 하지만 어떤 카운터는 태스크 진행 도중에도 의미 있는 진단 정보를 제공하므로 웹 UI를 통해 이를 모니터링하는 것도 유용하다. 예를 들어 PHYSICAL_MEMORY_BYTES, VIRTUAL_MEMORY_BYTES, COMMITTED_HEAP_BYTES는 특정 태스크의 메모리 사용량 변화 정보를 실시간으로 보여준다.

내장 태스크 카운터는 맵리듀스 태스크 카운터 그룹([표 9-2])과 파일 관련 카운터 그룹([표 9-3], [표 9-4], [표 9-5])에 속한 카운터를 포함한다.

표 9-2 내장 맵리듀스 태스크 카운터

카운터	설명
맵 입력 레코드 (MAP_INPUT_RECORDS)	잡의 모든 맵이 처리한 입력 레코드 수. RecordReader로 한 레코드를 읽은 후 프레임워크를 통해 맵의 map() 메서드로 전달할 때마다 증가한다.
스플릿 원시 바이트 (SPLIT_RAW_BYTES)	맵이 읽은 입력 스플릿 객체의 바이트 수. 이 객체는 스플릿 데이터 자체가 아닌 스플릿의 메타데이터(즉, 파일의 오프셋과 길이)이므로 전체 크기는 작다.
맵 출력 레코드 (MAP_OUTPUT_RECORDS)	잡의 모든 맵이 생성한 출력 레코드 수. 맵의 OutputCollector의 collect() 메서드를 호출할 때마다 증가한다.
맵 출력 바이트 (MAP_OUTPUT_BYTES)	잡의 모든 맵이 생성한 압축되지 않은 바이트 수. 맵의 OutputCollector의 collect() 메서드를 호출할 때마다 증가한다.
맵 출력 실질 바이트 (MAP_OUTPUT_MATERIALIZED_BYTES)	실제로 디스크에 쓰여진 맵 출력 바이트 수. 맵의 출력을 압축할 때만 카운터 값에 반영된다.
컴바인 입력 레코드 (COMBINE_INPUT_RECORDS)	잡의 모든 컴바이너(존재할 때만)가 처리한 입력 레코드 수. 컴바이너의 반복자가 값을 읽을 때마다 증가한다. 이 수치는 컴바이너가 처리한 값의 개수다. 유일한 키 그룹의 개수를 제공하지 않는 이유는 컴바이너에 키별로 하나의 그룹만 존재하는 것은 아니기 때문이다. 따라서 유용한 지표가 될 수 없다(2.4.2절 '컴바이너 함수'와 7.3절 '셔플과 정렬' 참조).
컴바인 출력 레코드 (COMBINE_OUTPUT_RECORDS)	잡의 모든 컴바이너(존재할 때만)가 생성하는 출력 레코드 수. 컴바이너의 OutputCollector의 collect() 메서드를 호출할 때마다 증가한다.
리듀스 입력 그룹 (REDUCE_INPUT_GROUPS)	잡의 모든 리듀서가 처리하는 유일한 키 그룹 수. 프레임워크가 리듀서의 reduce() 메서드를 호출할 때마다 증가한다.
리듀스 입력 레코드 (REDUCE_INPUT_RECORDS)	잡의 모든 리듀서가 처리하는 입력 레코드 수. 리듀서의 반복자가 값을 읽을 때마다 증가한다. 리듀서가 입력을 모두 처리했다면 이 수치는 맵의 출력 레코드 수와 일치해야 한다.
리듀스 출력 레코드 (REDUCE_OUTPUT_RECORDS)	잡의 모든 맵이 생성하는 리듀스 출력 레코드 수. 리듀서의 OutputCollector의 collect() 메서드를 호출할 때마다 증가한다.
리듀스 셔플 바이트 (REDUCE_SHUFFLE_BYTES)	셔플에 의해서 리듀서로 복사된 맵 출력 바이트 수

카운터	설명
디스크에 쓰여진 레코드 (SPILLED_RECORDS)	잡의 모든 맵과 리듀스 태스크에서 디스크로 쓴 레코드 수
CPU 밀리초(CPU_MILLISECONDS)	/proc/cpuinfo에 기록된 태스크의 밀리초 단위 누적 CPU 시간
물리 메모리 바이트 (PHYSICAL_MEMORY_BYTES)	/proc/meminfo에 기록된 태스크가 사용한 물리 메모리 바이트
가상 메모리 바이트 (VIRTUAL_MEMORY_BYTES)	/proc/meminfo에 기록된 태스크가 사용한 가상 메모리 바이트
커밋된 힙 바이트 (COMMITTED_HEAP_BYTES)	Runtime.getRuntime().totalMemory()의 결과인 JVM에서 사용 가능한 전체 메모리 바이트 크기
GC 밀리초 시간 (GC_TIME_MILLIS)	GarbageCollectorMXBean.getCollectionTime()의 결과인 태스크의 밀리초 단위 가비지 컬렉션 경과 시간
셔플된 맵(SHUFFLED_MAPS)	셔플에 의해 리듀서로 전송된 맵 출력 파일 수(7.3절 '셔플과 정렬' 참조)
실패한 셔플(FAILED_SHUFFLE)	셔플 진행 중에 복사에 실패한 맵 출력 수
병합된 맵 출력(MERGED_MAP_OUTPUTS)	셔플의 리듀서 측에서 병합된 맵 출력 수

표 9-3 내장 파일시스템 태스크 카운터

카운터	설명
파일시스템에서 읽은 바이트 (BYTES_READ)	맵과 리듀스 태스크가 파일시스템에서 읽은 바이트 수. 각 파일시스템마다 카운터가 존재하며 로컬, HDFS, S3 등의 파일시스템이 있다.
파일시스템에 쓴 바이트(BYTES_WRITTEN)	맵과 리듀스 태스크가 파일시스템에 쓴 바이트 수
파일시스템 읽기 동작(READ_OPS)	맵과 리듀스 태스크가 파일시스템에 수행한 읽기 동작(예를 들면 열기, 파일 상태 보기) 수
파일시스템 대량 읽기 동작 (LARGE_READ_OPS)	맵과 리듀스 태스크가 파일시스템에 수행한 대량 읽기 동작(예를 들면 큰 디렉터리를 나열) 수
파일시스템 쓰기 동작(WRITE_OPS)	맵과 리듀스 태스크가 파일시스템에 수행한 쓰기 동작(예를 들면 생성, 추가) 수

표 9-4 내장 FileInputFormat 태스크 카운터

카운터	설명
읽은 바이트(BYTES_READ)	맵 태스크가 FileInputFormat을 통해 읽은 바이트 수

표 9-5 내장 FileOutputFormat 태스크 카운터

카운터	설명
쓴 바이트(BYTES_READ)	맵 태스크(맵-단독 잡에서)나 리듀스 태스크가 FileOutputFormat을 통해 쓴 바이트 수

잡 카운터

잡 카운터([표 9-6])는 애플리케이션 마스터에 의해 유지되므로 사용자 정의 카운터를 비롯한 다른 모든 카운터와 달리 네트워크를 통해 카운터를 전달할 필요는 없다. 잡 카운터는 태스크 수행 중에 변경되는 값이 아닌 잡 수준의 통계값을 측정한다. 예를 들어 TOTAL_LAUNCHED_MAPS 카운터는 잡 과정에서 실행된 맵 태스크 수(실패한 태스크 포함)를 센다.

표 9-6 내장 잡 카운터

카운터	설명
실행된 맵 태스크 (TOTAL_LAUNCHED_MAPS)	실행된 맵 태스크 수. 투기적으로 시작된 태스크도 포함한다(7.4.2절 '투기적 실행' 참조).
실행된 리듀스 태스크 (TOTAL_LAUNCHED_REDUCES)	실행된 리듀스 태스크 수. 투기적으로 시작된 태스크도 포함한다.
실행된 우버 태스크 (TOTAL_LAUNCHED_UBERTASKS)	실행된 우버 태스크 수(7.1절 '맵리듀스 잡 실행 상세분석' 참조)
우버 태스크 내의 맵(NUM_UBER_SUBMAPS)	우버 태스크 내의 맵 수
우버 태스크 내의 리듀스 (NUM_UBER_SUBREDUCES)	우버 태스크 내의 리듀스 수
실패한 맵 태스크(NUM_FAILED_MAPS)	실패한 맵 태스크 수. 가능한 원인 파악을 위해 7.2.1절 '태스크 실패' 참조
실패한 리듀스 태스크 (NUM_FAILED_REDUCES)	실패한 리듀스 태스크 수
실패한 우버 태스크 (NUM_FAILED_UBERTASKS)	실패한 우버 태스크 수
강제 종료된 맵 태스크 (NUM_KILLED_MAPS)	강제 종료된 맵 태스크 수. 가능한 원인 파악을 위해 7.2.1절 '태스크 실패' 참조
강제 종료된 리듀스 태스크 (NUM_KILLED_REDUCES)	강제 종료된 리듀스 태스크 수
데이터 로컬 맵 태스크(DATA_LOCAL_MAPS)	입력 데이터와 동일한 노드에서 실행된 맵 태스크 수
랙 로컬 맵 태스크 (RACK_LOCAL_MAPS)	입력 데이터와 동일한 랙이지만 데이터-로컬이 아닌 노드에서 실행된 맵 태스크 수
그 외 로컬 맵 태스크 (OTHER_LOCAL_MAPS)	입력 데이터와 다른 랙의 노드에서 실행된 맵 태스크 수. 보통 랙 간의 대역폭은 크지 않고, 하둡은 맵 태스크를 입력 데이터와 최대한 가까이 두려고 노력하므로 이 수치는 최대한 낮은 것이 좋다([그림 2-2] 참조).
맵 태스크 전체 시간 (MILLIS_MAPS)	맵 태스크 수행에 걸린 밀리초 단위의 전체 시간. 투기적으로 시작된 태스크를 포함한다. 코어와 메모리 사용량(VCORES_MILLIS_MAPS와 MB_MILLIS_MAPS)을 측정한 카운터를 참조하라.
리듀스 태스크 전체 시간 (MILLIS_REDUCES)	리듀스 태스크 수행에 걸린 밀리초 단위의 전체 시간. 투기적으로 시작된 태스크를 포함한다. 코어와 메모리 사용량(VCORES_MILLIS_REDUCES와 MB_MILLIS_REDUCES)을 측정한 카운터를 참조하라.

9.1.2 사용자 정의 자바 카운터

맵리듀스는 사용자 코드 수준에서 카운터 집합을 정의하게 해주며, 매퍼와 리듀서에서 원하는 방식으로 증가시킬 수 있다. 카운터는 연관된 카운터를 묶을 수 있도록 자바 enum으로 정의한다. 잡은 임의 개수의 enum을 정의할 수 있으며, 각 enum은 임의 개수의 필드를 갖는다. enum의 이름은 그룹명이고 enum의 필드는 카운터명이다. 카운터는 전역이며, 맵리듀스 프레임워크는 잡이 끝나는 시점에 총계를 구하기 위해 모든 맵과 리듀스로부터 카운터를 수집한다.

우리는 6장에서 기상 데이터셋에 있는 잘못된 레코드를 세는 몇 개의 카운터를 만들었다. [예제 9-1]은 누락된 레코드와 기온 특성 코드의 분포를 계산하는 예제를 확장한 것이다.

예제 9-1 최고 기온을 구하는 애플리케이션. 누락되거나 잘못된 필드, 특성 코드를 계산하는 카운터를 포함하고 있다.

```java
public class MaxTemperatureWithCounters extends Configured implements Tool {

  enum Temperature {
    MISSING,
    MALFORMED
  }

  static class MaxTemperatureMapperWithCounters
      extends Mapper<LongWritable, Text, Text, IntWritable> {

    private NcdcRecordParser parser = new NcdcRecordParser();

    @Override
    protected void map(LongWritable key, Text value, Context context)
        throws IOException, InterruptedException {

      parser.parse(value);
      if (parser.isValidTemperature()) {
        int airTemperature = parser.getAirTemperature();
        context.write(new Text(parser.getYear()),
            new IntWritable(airTemperature));
      } else if (parser.isMalformedTemperature()) {
        System.err.println("Ignoring possibly corrupt input: " + value);
        context.getCounter(Temperature.MALFORMED).increment(1);
      } else if (parser.isMissingTemperature()) {
        context.getCounter(Temperature.MISSING).increment(1);
      }
```

```
    // 동적 카운터
    context.getCounter("TemperatureQuality", parser.getQuality()).increment(1);
  }
}

@Override
public int run(String[] args) throws Exception {
  Job job = JobBuilder.parseInputAndOutput(this, getConf(), args);
  if (job == null) {
    return -1;
  }

  job.setOutputKeyClass(Text.class);
  job.setOutputValueClass(IntWritable.class);
  job.setMapperClass(MaxTemperatureMapperWithCounters.class);
  job.setCombinerClass(MaxTemperatureReducer.class);
  job.setReducerClass(MaxTemperatureReducer.class);

  return job.waitForCompletion(true) ? 0 : 1;
}

public static void main(String[] args) throws Exception {
  int exitCode = ToolRunner.run(new MaxTemperatureWithCounters(), args);
  System.exit(exitCode);
}
}
```

이 프로그램이 무엇을 하는지 궁금하면 일단 전체 데이터셋으로 실행해보자.

```
% hadoop jar hadoop-examples.jar MaxTemperatureWithCounters \
  input/ncdc/all output-counters
```

잡이 성공적으로 끝나면 잡 클라이언트는 마지막에 카운터를 출력한다. 우리가 궁금한 카운터의 값은 다음과 같다.

```
Air Temperature Records
  Malformed=3
  Missing=66136856
TemperatureQuality
  0=1
  1=973422173
```

```
2=1246032
4=10764500
5=158291879
6=40066
9=66136858
```

기온 카운터의 가독성을 높이기 위해 enum 뒤에 리소스 번들(내부 클래스를 위해 '_'를 구분자로 사용)을 사용했다. 여기서 사용된 리소스 번들은 MaxTemperatureWithCounters_Temperature.properties며, 화면에 표시할 이름을 지정할 수 있다.

동적 카운터

이번에는 동적 카운터를 사용한 코드를 작성해보자. 동적 카운터는 자바 enum으로 정의하지 않는다. 자바 enum의 필드는 컴파일 시점에 정의되기 때문에 enum을 이용해서 동적으로 새로운 카운터를 생성할 수 없다. 여기서 우리는 기온 특성 코드의 분포를 계산할 것이다. 기온 특성 코드가 취할 수 있는 값을 정의한 포맷 명세가 있지만, **실제로** 취하는 값을 출력하기 위해서는 동적 카운터를 사용하는 것이 더 편리하다. Context 객체의 메서드는 그룹명과 카운트명을 String으로 받는다.

```
public Counter getCounter(String groupName, String counterName)
```

카운터를 생성하고(enum 사용) 접근하는(문자열 사용) 두 가지 방법은 실제로는 동일하다. 하둡은 enum을 문자열로 변환해서 RPC로 카운터를 전송하기 때문이다. enum은 작업하기 조금 수월하고 타입 안정성도 제공하므로 대부분의 잡에 적합하다. 동적으로 카운터를 생성하는 것이 예외적인 상황이라면 String 인터페이스를 사용할 수 있다.

카운터 반환

웹 UI와 명령행(mapred job -count)을 사용하는 방법이 있지만, 자바 API로도 카운터 값을 반환할 수 있다. 잡이 끝나는 시점에 카운터를 가져오는 것이 일반적이지만 잡이 안정적으로 동작되고 있을 때는 실행 중에도 카운터 값을 얻을 수 있다. [예제 9-2]는 누락된 기온 필드를 가진 레코드의 비율을 계산하는 프로그램이다.

```
import org.apache.hadoop.conf.Configured;
import org.apache.hadoop.mapreduce.*;
import org.apache.hadoop.util.*;

public class MissingTemperatureFields extends Configured implements Tool {

  @Override
  public int run(String[] args) throws Exception {
    if (args.length != 1) {
      JobBuilder.printUsage(this, "<job ID>");
      return -1;
    }
    String jobID = args[0];
    Cluster cluster = new Cluster(getConf());
    Job job = cluster.getJob(JobID.forName(jobID));
    if (job == null) {
      System.err.printf("No job with ID %s found.\n", jobID);
      return -1;
    }
    if (!job.isComplete()) {
      System.err.printf("Job %s is not complete.\n", jobID);
      return -1;
    }

    Counters counters = job.getCounters();
    long missing = counters.findCounter(
        MaxTemperatureWithCounters.Temperature.MISSING).getValue();
    long total = counters.findCounter(TaskCounter.MAP_INPUT_RECORDS).getValue();

    System.out.printf("Records with missing temperature fields: %.2f%%\n",
        100.0 * missing / total);
    return 0;
  }

  public static void main(String[] args) throws Exception {
    int exitCode = ToolRunner.run(new MissingTemperatureFields(), args);
    System.exit(exitCode);
  }
}
```

먼저 잡 ID를 인자로 getJob( ) 메서드를 호출하여 Cluster의 Job 객체를 반환하자. null 여부를 확인하여 주어진 ID를 가진 잡이 실제 존재하는지 확인해야 한다. ID를 잘못 지정하거나 잡이 더 이상 잡 히스토리에 없으면 잡이 존재하지 않을 수도 있다.

잡이 완료된 다음에 Job의 getCounters() 메서드를 호출하면 해당 잡의 모든 카운터를 담은 Counters 객체를 얻을 수 있다. Counters 클래스는 카운터의 이름과 값을 찾을 수 있는 다양한 메서드를 제공한다. enum을 인자로 받는 findCounter() 메서드를 호출하면 누락된 기온 필드를 가진 레코드 수와 처리한 총 레코드 수를 내장 카운터에서 확인할 수 있다.

마지막으로, 누락된 기온 필드를 가진 레코드의 비율을 출력한다. 다음은 전체 기상 데이터셋으로 얻은 결과다.

```
% hadoop jar hadoop-examples.jar MissingTemperatureFields job_1410450250506_0007
Records with missing temperature fields: 5.47%
```

9.1.3 사용자 정의 스트리밍 카운터

스트리밍 맵리듀스 프로그램은 특별하게 포맷된 행을 표준 에러 스트림에 전달하여 카운터를 증가시킨다. 여기서 스트림은 제어 채널로 활용된다. 행은 다음과 같은 포맷을 따라야 한다.

```
reporter:counter:group,counter,amount
```

다음은 파이썬 코드의 일부로 'Temperature' 그룹의 'Missing' 카운터를 1씩 증가시키는 방법을 보여준다.

```
sys.stderr.write("reporter:counter:Temperature,Missing,1\n")
```

이와 유사하게 상태 메시지는 다음과 같은 포맷의 행으로 전달된다.

```
reporter:status:message
```

9.2 정렬

데이터를 정렬하는 기능은 맵리듀스의 핵심이다. 애플리케이션 자체가 정렬과 굳이 관련이 없더라도 데이터를 정리하기 위해 맵리듀스가 제공하는 정렬 과정을 사용할 수 있다. 이 절에서는 데이터셋을 정렬하는 다양한 방법과 맵리듀스가 정렬 순서를 제어하는 방법을 자세하게 살펴볼 것이다. 에이브로 데이터 정렬은 12.8절 '에이브로 맵리듀스를 이용하여 정렬하기'에서 별도로 다룬다.

9.2.1 준비

우리는 기온을 기준으로 기상 데이터셋을 정렬할 것이다. 기온을 Text 객체로 저장하면 제대로 정렬할 수 없는데, 이는 부호를 가진 정수는 사전 순서대로 정렬할 수 없기 때문이다.[1] 대신 데이터를 시퀀스 파일로 저장했는데, IntWritable 키는 기온(이제 제대로 정렬된다)이고, 데이터의 각 행은 Text 값을 가지도록 했다.

[예제 9-3]의 맵리듀스 잡은 잘못된 기온값을 가진 레코드를 제거하기 위해 입력 데이터를 필터링하는 맵-단독map-only 잡이다. 각 맵은 단일 블록 단위로 압축된 시퀀스 파일을 출력으로 생성하며, 다음에 나오는 명령으로 호출할 수 있다.

```
% hadoop jar hadoop-examples.jar SortDataPreprocessor input/ncdc/all \
  input/ncdc/all-seq
```

예제 9-3 기상 데이터를 시퀀스 파일 형태로 변환하는 맵리듀스 프로그램

```
public class SortDataPreprocessor extends Configured implements Tool {

  static class CleanerMapper
      extends Mapper<LongWritable, Text, IntWritable, Text> {

    private NcdcRecordParser parser = new NcdcRecordParser();
```

----

1 특히 텍스트 기반의 스트리밍 애플리케이션에서 이 문제에 대한 차선책 중 하나는 모든 음수를 제거하기 위해 오프셋을 추가한 다음에 왼쪽을 0으로 채우는 것이다. 그러면 모든 숫자의 글자 길이가 동일하게 된다. 또 다른 방식을 알고 싶으면 9.2.4절의 '스트리밍'을 참조하라.

```
    @Override
    protected void map(LongWritable key, Text value, Context context)
        throws IOException, InterruptedException {

      parser.parse(value);
      if (parser.isValidTemperature()) {
        context.write(new IntWritable(parser.getAirTemperature()), value);
      }
    }
  }

  @Override
  public int run(String[] args) throws Exception {
    Job job = JobBuilder.parseInputAndOutput(this, getConf(), args);
    if (job == null) {
      return -1;
    }

    job.setMapperClass(CleanerMapper.class);
    job.setOutputKeyClass(IntWritable.class);
    job.setOutputValueClass(Text.class);
    job.setNumReduceTasks(0);
    job.setOutputFormatClass(SequenceFileOutputFormat.class);
    SequenceFileOutputFormat.setCompressOutput(job, true);
    SequenceFileOutputFormat.setOutputCompressorClass(job, GzipCodec.class);
    SequenceFileOutputFormat.setOutputCompressionType(job,
        CompressionType.BLOCK);

    return job.waitForCompletion(true) ? 0 : 1;
  }
  public static void main(String[] args) throws Exception {
    int exitCode = ToolRunner.run(new SortDataPreprocessor(), args);
    System.exit(exitCode);
  }
}
```

9.2.2 부분 정렬

8.1.1절 '기본 맵리듀스 잡'에서 맵리듀스는 기본적으로 키를 기준으로 입력 레코드를 정렬한다
는 것을 배웠다. [예제 9-4]는 IntWritable 키로 시퀀스 파일을 정렬하는 변형된 맵리듀스 잡
이다.

```
public class SortByTemperatureUsingHashPartitioner extends Configured
    implements Tool {

  @Override
  public int run(String[] args) throws Exception {
    Job job = JobBuilder.parseInputAndOutput(this, getConf(), args);
    if (job == null) {
      return -1;
    }

    job.setInputFormatClass(SequenceFileInputFormat.class);
    job.setOutputKeyClass(IntWritable.class);
    job.setOutputFormatClass(SequenceFileOutputFormat.class);
    SequenceFileOutputFormat.setCompressOutput(job, true);
    SequenceFileOutputFormat.setOutputCompressorClass(job, GzipCodec.class);
    SequenceFileOutputFormat.setOutputCompressionType(job,
        CompressionType.BLOCK);

    return job.waitForCompletion(true) ? 0 : 1;
  }

  public static void main(String[] args) throws Exception {
    int exitCode = ToolRunner.run(new SortByTemperatureUsingHashPartitioner(),
        args);
    System.exit(exitCode);
  }
}
```

정렬 순서 제어

키에 대한 정렬 순서는 RawComparator로 제어하며, 다음과 같이 설정한다.

1 mapreduce.job.output.key.comparator.class 속성을 명시적으로 설정하거나 Job의
setSortComparatorClass( )를 호출하여 설정하면 해당 클래스의 객체가 사용된다. 이전 버전의 API
에서는 JobConf의 setOutputKeyComparatorClass( )를 사용했다.

2 그렇지 않으면 키는 반드시 WritableComparable의 서브클래스여야 하고, 해당 키 클래스를 이용한 등
록된 비교자comparator가 사용된다.

3 등록된 비교자가 없으면 RawComparator가 사용된다. RawComparator는 비교할 바이트 스트림을 객체
로 역직렬화해서 WritableComparable의 compareTo( ) 메서드에 위임한다.

이 규칙은 여러분 자신의 Writable 클래스를 위한 최적화된 버전의 RawComparator를 등록하는 것이 왜 중요한지 잘 설명해준다(5.3.3절의 '성능 향상을 위해 RawComparator 구현하기' 참조). 또한 자신만의 비교자를 등록하면 정렬 순서를 쉽게 변경할 수 있다(9.2.4절 '2차 정렬'에서 이를 활용).

30개의 리듀서로 이 프로그램을 수행해보자.[2]

```
% hadoop jar hadoop-examples.jar SortByTemperatureUsingHashPartitioner \
  -D mapreduce.job.reduces=30 input/ncdc/all-seq output-hashsort
```

이 명령어는 30개의 출력 파일을 생성하며 각 파일은 정렬되어 있다. 하지만 전체적으로 정렬된 하나의 파일을 생성하기 위해 각 파일을 병합하는 것은 쉽지 않다(예를 들어 일반 텍스트 파일에서 합치기).

많은 애플리케이션에서 전체 정렬은 중요한 이슈가 아니다. 예를 들어 키로 검색할 때는 부분 정렬된 파일셋만으로도 충분하다. 이 책의 예제 코드에 있는 SortByTemperatureToMapFile과 LookupRecordsByTemperature 클래스를 보면 쉽게 이해할 수 있을 것이다. 시퀀스 파일 대신 맵 파일을 사용하면 키가 속한 연관 파티션을 먼저 찾을 수 있고(파티셔너를 사용), 맵 파일 파티션에서 원하는 레코드를 효율적으로 검색할 수 있다.

9.2.3 전체 정렬

하둡을 사용하여 전체적으로 정렬된 파일을 생성하는 방법은 무엇일까? 가장 간단한 해법은 단일 파티션을 사용하는 것이다.[3] 하지만 이 방법은 단일 머신에서 모든 출력을 처리해야 하므로 파일이 굉장히 클 때는 매우 비효율적이며, 맵리듀스가 제공하는 병렬 처리 아키텍처의 장점을 포기하는 것이기도 하다.

대신 정렬된 파일 집합을 생성하고 이를 모두 합치면 전체적으로 정렬된 하나의 파일을 얻을 수 있다. 비법은 출력의 전체 순서를 고려한 특정 파티셔너를 사용하는 것이다. 예를 들어 4개의 파

---

2 하둡에 포함된 정렬 프로그램 예제를 이용하여 동일한 일을 수행하는 방법은 5.4.1절의 'SequenceFile을 정렬하고 병합하기'를 참조하라.

3 더 좋은 해법은 피그(16.6.4절 '데이터 정렬'), 하이브(17.7.1절 '정렬과 집계'), 크런치 또는 스파크를 사용해서 단 한 줄의 명령으로 데이터를 정렬하는 것이다.

티션이 있다면 첫 번째 파티션에는 −10℃ 이하의 작은 기온 키를, 두 번째 파티션에는 −10℃와 0℃ 사이의 키를, 세 번째에는 0℃와 10℃ 사이의 키를, 네 번째에는 10℃ 이상의 키를 두는 것이다.

이 방법은 잘 동작하지만 각 파티션의 크기가 균등하도록 주의해야 한다. 한 파티션에 데이터가 몰리면 그 리듀서 때문에 잡의 전체 실행 시간이 늦어지기 때문이다. 방금 설명한 파티션 정책에서 각 파티션의 상대적인 크기는 다음과 같다.

기온의 범위	< -10℃	[-10℃, 0℃)	[0℃, 10℃)	>= 10℃
레코드의 비율	11%	13%	17%	59%

결과를 보면 각 파티션의 크기가 균등하지 않다는 것을 알 수 있다. 균등한 파티션을 만들기 위해서는 전체 데이터셋의 기온 분포를 이해할 필요가 있다. 이를 위해 기온 버킷 집합에 속할 레코드 수를 세는 간단한 맵리듀스 잡을 작성해보자. [그림 9-1]은 1℃ 단위의 버킷에 대한 분포를 보여주며, 그림에서 각 점은 하나의 버킷에 해당한다.

이러한 정보를 이용하여 매우 균등한 파티션 집합을 만들 수 있지만 이를 위해서는 전체 데이터셋을 입력으로 잡을 실행해야 하므로 비효율적이다. 그 대신 **샘플링**을 통해 키의 범위를 파악하는 방법으로 균등한 파티션 집합을 얻을 수 있다. 샘플링의 기본적인 아이디어는 키 분포를 짐작하기 위해 작은 크기의 키 집합을 살펴본 후 파티션 생성에 활용하는 것이다. 다행히도 하둡은 다양한 샘플링 기능을 제공하므로 이를 위해 별도의 코드를 직접 작성할 필요는 없다.

InputSampler 클래스는 내부의 Sampler 인터페이스를 정의하며, Sampler의 구현체는 Input Format과 Job을 입력으로 받아 키의 샘플을 반환한다.

```
public interface Sampler<K, V> {
  K[] getSample(InputFormat<K, V> inf, Job job)
      throws IOException, InterruptedException;
}
```

그림 9-1 기상 데이터셋의 기온 분포

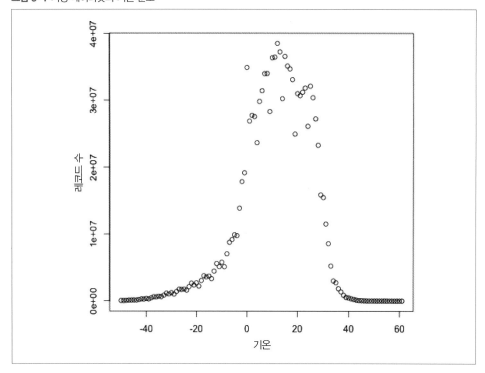

클라이언트는 Sampler 인터페이스를 직접 호출하지 않는다. 그 대신 InputSampler의 writePartitionFile( ) 정적 메서드를 사용한다. 이 메서드는 파티션의 키 범위를 저장하기 위해 시퀀스 파일을 생성한다.

```
public static <K, V> void writePartitionFile(Job job, Sampler<K, V> sampler)
    throws IOException, ClassNotFoundException, InterruptedException
```

TotalOrderPartitioner는 정렬 잡에 필요한 파티션을 생성할 때 이 시퀀스 파일을 사용한다. 앞서 설명한 모든 내용이 [예제 9-5]에 포함되어 있다.

예제 9-5 전체 데이터를 정렬하기 위해 TotalOrderPartitioner를 사용하여 IntWritable 키를 기준으로 시퀀스 파일을 정렬하는 맵리듀스 프로그램

```
public class SortByTemperatureUsingTotalOrderPartitioner extends Configured
    implements Tool {
```

```
  @Override
  public int run(String[] args) throws Exception {
    Job job = JobBuilder.parseInputAndOutput(this, getConf(), args);
    if (job == null) {
      return -1;
    }

    job.setInputFormatClass(SequenceFileInputFormat.class);
    job.setOutputKeyClass(IntWritable.class);
    job.setOutputFormatClass(SequenceFileOutputFormat.class);
    SequenceFileOutputFormat.setCompressOutput(job, true);
    SequenceFileOutputFormat.setOutputCompressorClass(job, GzipCodec.class);
    SequenceFileOutputFormat.setOutputCompressionType(job,
        CompressionType.BLOCK);

    job.setPartitionerClass(TotalOrderPartitioner.class);

    InputSampler.Sampler<IntWritable, Text> sampler =
        new InputSampler.RandomSampler<IntWritable, Text>(0.1, 10000, 10);

    InputSampler.writePartitionFile(job, sampler);

    // DistributedCache에 추가
    Configuration conf = job.getConfiguration();
    String partitionFile = TotalOrderPartitioner.getPartitionFile(conf);
    URI partitionUri = new URI(partitionFile);
    job.addCacheFile(partitionUri);

    return job.waitForCompletion(true) ? 0 : 1;
  }

  public static void main(String[] args) throws Exception {
    int exitCode = ToolRunner.run(
        new SortByTemperatureUsingTotalOrderPartitioner(), args);
    System.exit(exitCode);
  }
}
```

RandomSampler를 사용하여 균등 확률(예제에서 0.1로 지정)을 갖는 키를 추출했다. 또한 샘플의 최대 개수와 샘플의 최대 스플릿 수를 매개변수로 지정했다. 애플리케이션에서 InputSampler가 수행될 때 두 매개변수의 기본값은 각각 10,000과 10이다. 샘플러는 이러한 제약조건 중에서 첫 번째 조건인 샘플의 최대수를 만족하면 멈춘다. 샘플러는 클라이언트에서 동작하므로 샘플러가 빠르게 수행되도록 다운로드하는 스플릿 수를 제한하는 것이 중요하다. 전체 잡의 실행 시간에서 샘플러의 비중은 상당히 작아야 한다.

InputSampler는 파티션 파일을 하나 생성한다. 클러스터에서 실행되는 모든 태스크가 공유할수 있도록 이 파일을 분산 캐시(9.4.2절 '분산 캐시' 참조)에 반드시 추가해야 한다.

실행 결과를 보면 샘플러는 4개의 파티션에 대해 -5.6℃, 13.9℃, 22.0℃를 파티션 경계로 결정했고, 파티션 크기는 전보다 더 균등하게 되었다.

기온의 범위	< -5.6℃	[-5.6℃, 13.9℃)	[13.9℃, 22.0℃)	>= 22.0℃
레코드의 비율	29%	24%	23%	24%

입력 데이터의 특성에 적합한 최고의 샘플러를 선택하는 것이 중요하다. 예를 들어 SplitSampler는 스플릿 전체에서 키를 선택하지 않고 처음 n개의 레코드만 추출하므로 정렬된 데이터에는 적합하지 않다.[4]

반면 IntervalSampler는 스플릿에서 일정한 간격으로 키를 추출하므로 정렬된 데이터에도 적용할 수 있다. RandomSampler가 가장 범용적인 샘플러다. 하지만 특정 애플리케이션에 적합한 샘플러가 없다면(**대략적으로** 균등한 크기의 파티션을 생성하는 것이 샘플링의 핵심임을 기억하라) Sampler 인터페이스 구현체를 직접 작성할 수도 있다.

InputSampler와 TotalOrderPartitioner의 멋진 특성 중 하나는 파티션 수(즉, 리듀서 수)를 원하는 대로 지정할 수 있다는 것이다. 하지만 TotalOrderPartitioner는 파티션의 경계가 명확할 때 제대로 동작한다는 점을 주의해야 한다. 만약 키의 범위가 매우 작은데 파티션 수가 크다면 충돌이 발생할 가능성이 있다.

다음과 같이 실행해보자.

```
% hadoop jar hadoop-examples.jar SortByTemperatureUsingTotalOrderPartitioner \
  -D mapreduce.job.reduces=30 input/ncdc/all-seq output-totalsort
```

이 프로그램은 30개의 출력 파티션을 생성하며 각 파티션은 내부적으로 정렬되어 있다. 또한 모든 파티션에 대해 파티션 i의 모든 키는 파티션 $i+1$의 모든 키보다 작은 조건을 만족한다.

---

4 일부 애플리케이션에서 입력 데이터가 이미 정렬되어 있거나 적어도 일부가 정렬된 경우는 매우 흔하다. 예를 들어 기상 데이터셋은 시간 순으로 정렬되어 있으며, 이로 인해 어느 정도 편향될 수 있으므로 RandomSampler를 사용하는 편이 안전하다.

9.2.4 2차 정렬

맵리듀스 프레임워크는 리듀서로 보내기 전에 키를 기준으로 레코드를 정렬한다. 하지만 특정 키에 대한 값은 정렬되지 **않는다**. 여러 맵 태스크에서 값이 전달되고 각 태스크의 종료 시점은 실행할 때마다 다르기 때문에 값이 나타나는 순서는 일정하지 않다. 일반적으로 대부분의 맵리듀스 프로그램은 리듀스 함수에 전달되는 값의 순서와 상관없이 구현된다고 할 수 있다. 그러나 키를 정렬하고 그룹화할 때 그 값도 정렬할 수 있는 특별한 방법이 있다.

이 방식을 설명하기 위해 연도별 최고 기온을 계산하는 맵리듀스 프로그램을 고려해보자. 만약 특정 값(기온)을 내림차순으로 정렬할 수 있다면 최곳값을 찾기 위해 전체 레코드를 조회하지 않아도 된다. 대신 각 연도의 첫 번째 값만 취하고 나머지는 무시한다(여기서 설명한 방법은 최고 기온 문제를 해결하는 효율적인 방법은 아니지만, 2차 정렬이 일반적으로 작동하는 방식을 잘 설명해준다).

이를 위해 키를 조합 키(연도와 기온)로 대체했다. 우리는 다음과 같이 키가 연도(오름차순)와 기온(내림차순) 순으로 정렬되길 원한다.

```
1900  35°C
1900  34°C
1900  34°C
...
1901  36°C
1901  35°C
```

단지 키를 변경했을 뿐이라 별다른 도움이 되지 않는다. 그 이유는 동일한 연도의 레코드라도 키가 서로 다르므로 같은 리듀서로 전달되지 않기 때문이다. 예를 들어 (1900, 35°C)와 (1900, 34°C)는 각기 다른 리듀서로 갈 수 있다. 하지만 키의 연도 부분을 기준으로 분할되도록 파티셔너를 설정하면 동일한 연도의 레코드는 동일한 리듀서로 가도록 보장할 수 있다. 하지만 여전히 우리 목적을 달성하기엔 부족하다. 파티셔너는 한 연도의 모든 레코드가 하나의 리듀서로 전달되는 것을 보장할 뿐 리듀서가 파티션 내에서 키를 기준으로 레코드를 그룹화한다는 사실은 변경하지 않는다.

```
                      파티션   그룹
             1900 35°C  |       |
             1900 34°C  |       |
             1900 34°C  |       |
                ...
             1901 36°C  |       |
             1901 35°C  |       |
```

퍼즐의 마지막 부분은 그룹화를 제어하는 것이다. 리듀서에서 키의 연도 부분으로 값을 그룹화하면 동일한 연도의 모든 레코드를 단일 리듀스 그룹에서 볼 수 있다. 그리고 레코드는 기온의 내림차순으로 정렬되므로 첫 번째 값이 바로 최고 기온이다.

```
                      파티션   그룹
             1900 35°C          |
             1900 34°C          |
             1900 34°C          |
                ...
             1901 36°C          |
             1901 35°C          |
```

요약하면 값으로 정렬한 효과를 얻는 방법은 다음과 같다.

- 원래 키와 원래 값의 조합으로 새로운 키를 만든다.
- 정렬 비교자는 조합 키(즉, 원래 키와 원래 값)를 기준으로 정렬한다.
- 조합 키에 대한 파티셔너와 그룹화 비교자는 파티셔닝과 그룹화를 수행할 때 원래 키만 고려한다.

자바 코드

[예제 9-6]에서 앞서 설명한 모든 코드를 볼 수 있다. 이 프로그램은 일반 텍스트 입력을 다시 사용했다.

예제 9-6 키에서 기온을 정렬해서 최고 기온을 알아내는 애플리케이션

```
public class MaxTemperatureUsingSecondarySort
    extends Configured implements Tool {

  static class MaxTemperatureMapper
      extends Mapper<LongWritable, Text, IntPair, NullWritable> {

    private NcdcRecordParser parser = new NcdcRecordParser();
```

```java
  @Override
  protected void map(LongWritable key, Text value,
      Context context) throws IOException, InterruptedException {

    parser.parse(value);
    if (parser.isValidTemperature()) {
      context.write(new IntPair(parser.getYearInt(),
          parser.getAirTemperature()), NullWritable.get());
    }
  }
}

static class MaxTemperatureReducer
    extends Reducer<IntPair, NullWritable, IntPair, NullWritable> {

  @Override
  protected void reduce(IntPair key, Iterable<NullWritable> values,
      Context context) throws IOException, InterruptedException {

    context.write(key, NullWritable.get());
  }
}

public static class FirstPartitioner
    extends Partitioner<IntPair, NullWritable> {

  @Override
  public int getPartition(IntPair key, NullWritable value, int numPartitions) {
    // 섞기 위해 127을 곱한다.
    return Math.abs(key.getFirst() * 127) % numPartitions;
  }
}

public static class KeyComparator extends WritableComparator {
  protected KeyComparator() {
    super(IntPair.class, true);
  }
  @Override
  public int compare(WritableComparable w1, WritableComparable w2) {
    IntPair ip1 = (IntPair) w1;
    IntPair ip2 = (IntPair) w2;
    int cmp = IntPair.compare(ip1.getFirst(), ip2.getFirst());
    if (cmp != 0) {
      return cmp;
```

```
      }
      return -IntPair.compare(ip1.getSecond(), ip2.getSecond()); //reverse
    }
  }

  public static class GroupComparator extends WritableComparator {
    protected GroupComparator() {
      super(IntPair.class, true);
    }
    @Override
    public int compare(WritableComparable w1, WritableComparable w2) {
      IntPair ip1 = (IntPair) w1;
      IntPair ip2 = (IntPair) w2;
      return IntPair.compare(ip1.getFirst(), ip2.getFirst());
    }
  }

  @Override
  public int run(String[] args) throws Exception {
    Job job = JobBuilder.parseInputAndOutput(this, getConf(), args);
    if (job == null) {
      return -1;
    }

    job.setMapperClass(MaxTemperatureMapper.class);
    job.setPartitionerClass(FirstPartitioner.class);
    job.setSortComparatorClass(KeyComparator.class);
    job.setGroupingComparatorClass(GroupComparator.class);
    job.setReducerClass(MaxTemperatureReducer.class);
    job.setOutputKeyClass(IntPair.class);
    job.setOutputValueClass(NullWritable.class);

    return job.waitForCompletion(true) ? 0 : 1;
  }

  public static void main(String[] args) throws Exception {
    int exitCode = ToolRunner.run(new MaxTemperatureUsingSecondarySort(), args);
    System.exit(exitCode);
  }
}
```

매퍼에서 IntPairWritable 구현체를 사용하여 연도와 기온을 조합한 키를 생성했다(IntPair
는 5.3.3절 '커스텀 Writable 구현하기'에서 개발한 TextPair 클래스와 유사하다). 리듀서는 키에서 첫 번째(최고) 기온을 얻을 수 있고 따라서 어떤 값도 필요 없기 때문에 NullWritable 을 사용하여 값을 생성했다. 리듀서는 첫 번째 키를 내보내며, 2차 정렬로 인해 이 값은 연도와 최고 기온을 담은 IntPair가 된다. IntPair의 toString( ) 메서드는 탭으로 구분된 문자열을 생성하므로 출력 결과는 탭으로 구분된 연도-기온 쌍의 집합이다.

> **NOTE_** 많은 애플리케이션은 여기서 보여준 것처럼 단지 첫 번째 값만이 아니라 모든 정렬된 값에 접근하려 할 것이다. 이를 위해 리듀서가 첫 번째 키만 반환하지 않고 값 필드도 채울 필요가 있다. 따라서 키와 값이 서로 중복된 정보를 가지는 상황이 반드시 발생한다.

FirstPartitioner라는 파티셔너를 직접 작성하여 조합 키의 첫 번째 필드인 연도를 기준으로 분할하도록 파티셔너를 설정했다. 키의 연도(오름차순)와 기온(내림차순)을 기준으로 정렬하려면 setSortComparatorClass( )에 커스텀 정렬 비교자를 지정하여 필드를 추출하고 적절한 비교를 수행하면 된다. 이와 비슷하게 연도를 기준으로 키를 그룹화하려면 setGroupingComparatorClass( )에 커스텀 비교자를 설정하여 키의 첫 번째 필드를 추출하고 비교를 수행하면 된다.[5]

이 프로그램을 실행하면 연도별 최고 기온을 얻을 수 있다.

```
% hadoop jar hadoop-examples.jar MaxTemperatureUsingSecondarySort \
  input/ncdc/all output-secondarysort
% hadoop fs -cat output-secondarysort/part-* | sort | head
1901 317
1902 244
1903 289
1904 256
1905 283
1906 294
1907 283
1908 289
1909 278
1910 294
```

---

5 간략히 보여주기 위한 목적이라 이러한 커스텀 비교자는 최적화된 상태는 아니다. 속도를 높이기 위한 과정은 5.3.3절의 '성능 향상을 위해 RawComparator 구현하기'를 참조하라.

스트리밍

하둡이 제공하는 몇 가지 라이브러리를 활용하면 스트리밍에서 2차 정렬을 수행할 수 있다. 다음은 2차 정렬을 수행하기 위해 사용할 수 있는 드라이버를 보여준다.

```
% hadoop jar $HADOOP_HOME/share/hadoop/tools/lib/hadoop-streaming-*.jar \
  -D stream.num.map.output.key.fields=2 \
  -D mapreduce.partition.keypartitioner.options=-k1,1 \
  -D mapreduce.job.output.key.comparator.class=\
org.apache.hadoop.mapred.lib.KeyFieldBasedComparator \
  -D mapreduce.partition.keycomparator.options="-k1n -k2nr" \
  -files secondary_sort_map.py,secondary_sort_reduce.py \
  -input input/ncdc/all \
  -output output-secondarysort-streaming \
  -mapper ch09-mr-features/src/main/python/secondary_sort_map.py \
  -partitioner org.apache.hadoop.mapred.lib.KeyFieldBasedPartitioner \
  -reducer ch09-mr-features/src/main/python/secondary_sort_reduce.py
```

[예제 9-7]의 맵 함수는 연도와 기온 필드를 가진 레코드를 내보낸다. 이 두 개의 필드 조합을 키로 처리해야 하므로 stream.num.map.output.key.fields를 2로 설정한다. 이렇게 하면 자바 코드에서와 같이 키-값 중에서 값은 존재하지 않게 된다.

예제 9-7 파이썬으로 작성한 2차 정렬 맵 함수

```python
#!/usr/bin/env python

import re
import sys

for line in sys.stdin:
  val = line.strip()
  (year, temp, q) = (val[15:19], int(val[87:92]), val[92:93])
  if temp == 9999:
    sys.stderr.write("reporter:counter:Temperature,Missing,1\n")
  elif re.match("[01459]", q):
    print "%s\t%s" % (year, temp)
```

하지만 전체 키로 분할되는 것을 원하지 않기 때문에 키의 일부로 분할할 수 있는 KeyField BasedPartitioner를 사용했다. 이를 위해 파티셔너를 설정할 때 특별한 옵션인 mapreduce.

partition.keypartitioner.options를 이용했으며, 파티셔너가 키의 첫 번째 필드만 사용하도록 지시하기 위해 그 값을 -k1,1로 지정했다. 여기서 키의 필드는 mapreduce.map.output.key.field.separator 속성에 정의된 문자열(기본 탭 문자)로 구분되었다고 가정한다.

다음으로 연도 필드는 오름차순으로 기온 필드는 내림차순으로 정렬하는 비교자를 지정했고, 따라서 리듀스 함수는 각 그룹의 첫 번째 레코드만 반환하면 된다. 이를 위해 하둡은 KeyFieldBasedComparator라는 비교자를 제공한다. 비교 순서를 정의한 명세는 GNU **정렬**에 사용되는 것과 유사하다. mapreduce.partition.keycomparator.options 속성으로 이를 설정할 수 있다. 여기서 사용된 -k1n -k2nr 값은 '첫 번째 필드는 숫자 오름차순으로 정렬하고 두 번째 필드는 숫자 내림차순으로 정렬하라'는 의미다. 이 비교자의 사촌격인 KeyFieldBasedPartitioner 파티셔너는 키를 필드로 분리할 때 맵 출력키 구분자를 이용한다.

자바 버전에서는 그룹화 비교자를 설정해야 했다. 하지만 스트리밍에서 그룹은 어떤 방식을 쓰더라도 그 경계를 알려주지 않으므로 리듀스 함수에서 연도가 변경되는 시점을 찾아서 그룹의 경계를 스스로 알아내야 한다([예제 9-8]).

예제 9-8 파이썬으로 작성한 2차 정렬을 위한 리듀스 함수

```python
#!/usr/bin/env python

import sys

last_group = None
for line in sys.stdin:
  val = line.strip()
  (year, temp) = val.split("\t")
  group = year
  if last_group != group:
    print val
    last_group = group
```

스트리밍 프로그램을 실행하면 자바 버전과 동일한 결과를 얻을 수 있다.

마지막으로, KeyFieldBasedPartitioner와 KeyFieldBasedComparator는 스트리밍 프로그램에서만 제한적으로 사용되는 것은 아니며 자바 맵리듀스 프로그램에서도 사용할 수 있다.

9.3 조인

맵리듀스는 대용량 데이터셋 간의 조인을 수행할 수 있지만, 조인 코드를 밑바닥부터 작성하는 것은 매우 어려운 일이다. 맵리듀스 프로그램을 직접 작성하는 대신 피그, 하이브, 캐스케이딩, 크럭^{Cruc}, 스파크와 같은 고차원 프레임워크를 활용하는 것이 더 좋으며, 이들은 조인 연산을 구현체의 핵심 부분으로 제공하고 있다.

해결할 문제를 간단히 살펴보자. 예를 들어 기상관측소 데이터베이스와 기상 레코드 등 두 개의 데이터셋이 있고, 이 둘을 결합하고 싶다. 그리고 각 출력 행에 기상 레코드 기록과 함께 기상관측소의 메타데이터를 포함하여 함께 보고 싶을 것이다. [그림 9-2]에 이를 표현하였다.

그림 9-2 두 데이터셋의 내부 조인

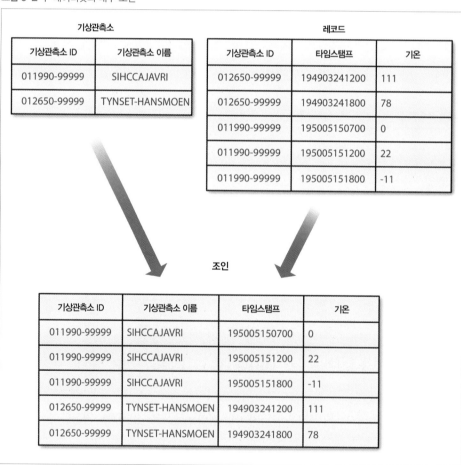

조인을 구현하는 방법은 데이터셋이 얼마나 큰지 그리고 어떻게 분할되어 있는지에 따라 달라진다. 만약 하나의 데이터셋이 크고(기상 레코드) 다른 것은 클러스터 내에 각 노드로 분산시킬 수 있을 정도로 작다면(기상관측소 메타데이터), 조인 연산은 기상관측소별로 레코드를 모으는 맵리듀스 잡에 큰 영향을 받는다(예를 들면 기상관측소 아이디로 부분 정렬). 매퍼나 리듀서는 작은 데이터셋을 이용해서 기상관측소 아이디에 해당하는 기상관측소 메타데이터를 찾을 수 있으므로 각 기상 레코드와 함께 출력할 수 있다. 9.4절 '사이드 데이터 분배'에서 이러한 접근 방식에 대해 좀 더 논의할 것이다. 여기서는 클러스터 내의 노드로 데이터를 분산하는 방법에 대해서만 초점을 두었다.

매퍼에 의해 조인이 수행되면 **맵-사이드 조인**map-side join이라 부르고, 리듀서에 의해 수행되면 **리듀스-사이드 조인**reduce-side join이라고 부른다.

두 데이터셋 모두 클러스터의 각 노드에 복사하기에 너무 크더라도, 맵리듀스는 데이터가 어떻게 구조화되어 있느냐에 따라 맵-사이드 또는 리듀스-사이드 조인을 이용해서 조인을 수행할 수 있다. 흔한 예로 사용자 데이터베이스와 사용자 행동 로그(예를 들면 접근 로그)를 들 수 있다. 유명한 서비스의 경우 사용자 데이터베이스(또는 로그)가 매우 커서 모든 맵리듀스 노드에 분산시키는 것은 거의 불가능하다.

9.3.1 맵-사이드 조인

대용량 입력에 대한 맵-사이드 조인은 데이터가 맵 함수에 도달하기 전에 조인이 수행된다. 이와 같이 작동하려면 각 맵의 입력이 특별한 방식으로 분할되고 정렬되어야 한다. 각 입력 데이터셋은 반드시 동일한 개수의 파티션으로 분할되어야 하며, 각 원본은 동일한 조인키로 정렬되어 있어야 한다. 다시 말해, 특정 키에 대한 모든 레코드는 동일한 파티션에 존재해야 한다. 이는 꽤 까다로운 요구조건으로 보이지만(실제로도 그렇다), 사실 일반적인 맵리듀스 잡의 출력 명세와 잘 맞아 떨어진다.

따라서 맵-사이드 조인은 동일한 개수의 리듀서, 동일한 키, 분리되지 않는 출력 파일(예를 들면 HDFS 블록보다 작거나 gzip으로 압축된 파일)을 가진 여러 잡의 출력을 조인하는 데 사용할 수 있다. 날씨 예제에서 기상관측소 ID로 기상관측소 파일에 대해 부분 정렬을 수행하고 동일한 리듀서 수로 기상관측소 ID를 기준으로 같은 정렬을 수행하면 이 두 개의 출력에 대해 맵-사이드 조인을 실행할 수 있는 조건이 만족된다.

맵-사이드 조인을 수행하기 위해 org.apache.hadoop.mapreduce.join 패키지의 Composite InputFormat을 사용할 수 있다. CompositeInputFormat을 위한 입력 데이터와 조인의 유형(내부 혹은 외부)은 간단한 문법에 따라 작성된 조인 표현식으로 설정된다. 이와 관련된 패키지 문서에서 자세한 설명과 예제를 볼 수 있다.

org.apache.hadoop.examples.Join 예제는 맵-사이드 조인을 수행하는 범용 명령행 프로그램으로, 조인 연산을 수행할 여러 입력에 대해 임의의 매퍼와 리듀서를 지정하고 맵리듀스 잡을 수행할 수 있다.

9.3.2 리듀스-사이드 조인

리듀스-사이드 조인은 맵-사이드 조인보다 더 일반적이다. 입력 데이터셋을 일부러 특별한 방식으로 구조화할 필요가 없기 때문이다. 하지만 두 데이터셋 모두 맵리듀스의 셔플 단계를 거쳐야 한다는 비효율적인 면이 있다. 기본적인 아이디어는 매퍼가 소스에 따라 각 레코드에 태그를 붙이고 조인키를 맵 출력키로 사용함으로써 동일한 키를 가진 레코드는 같은 리듀서에 함께 모이게 된다는 것이다. 실무에서 리듀스-사이드 조인을 수행하려면 다음에 나오는 몇 개의 요소를 알아야 한다.

- **다중 입력**

  일반적으로 데이터셋의 입력 원본은 서로 다른 포맷이므로 MultipleInputs 클래스(8.2.4절 '다중 입력' 참조)를 사용하여 각 입력 원본을 분석하고 태깅하는 코드를 별로도 작성하는 것이 더 편하다.

- **2차 정렬**

  앞에서 설명한 대로 리듀서는 동일한 키를 가진 두 원본의 레코드를 볼 수는 있지만 원본의 순서를 보장하지는 않는다. 하지만 조인을 수행하려면 한 원본의 데이터를 다른 원본보다 먼저 처리하는 것이 중요하다. 기상 데이터 조인에서 기상관측소 레코드는 각 키의 값 중에서 앞부분에 있어야 한다. 그러면 리듀서는 뒤에 나오는 기상 레코드에 기상관측소의 이름을 넣어 함께 출력할 수 있다. 물론 메모리에 버퍼링한다면 어떤 순서로 받더라도 괜찮겠지만, 어떤 그룹의 레코드 수가 매우 커서 리듀서의 메모리 한도를 넘어가면 오류가 발생하므로 이를 피하는 것이 좋다.

  9.2.4절 '2차 정렬'에서 리듀서가 보는 각 키의 값에 대해 순서를 보장하는 방법을 배웠는데, 여기서도 그 기법을 사용한다.

각 레코드에 태그를 붙이기 위해 키(기상관측소 ID를 저장하기 위한)와 태그에 TextPair(5장 참조)를 사용했다. 태그 값을 사용할 때 유일한 제약사항은 기상관측소 레코드가 기상 레코드보다 먼저 나타나도록 순서를 보장해야 한다는 것이다. 이를 위해 기상관측소 레코드는 0으로 기상 레코드는 1로 태그 값을 지정했다. [예제 9-9]와 [예제 9-10]에서 이를 수행하는 매퍼 클래스를 볼 수 있다.

예제 9-9 리듀스-사이드 조인을 위해 기상관측소 레코드를 태깅하는 매퍼

```
public class JoinStationMapper
    extends Mapper<LongWritable, Text, TextPair, Text> {
  private NcdcStationMetadataParser parser = new NcdcStationMetadataParser();

  @Override
  protected void map(LongWritable key, Text value, Context context)
      throws IOException, InterruptedException {
    if (parser.parse(value)) {
      context.write(new TextPair(parser.getStationId(), "0"),
          new Text(parser.getStationName()));
    }
  }
}
```

예제 9-10 리듀스-사이드 조인을 위해 기상 레코드를 태깅하는 매퍼

```
public class JoinRecordMapper
    extends Mapper<LongWritable, Text, TextPair, Text> {
  private NcdcRecordParser parser = new NcdcRecordParser();

  @Override
  protected void map(LongWritable key, Text value, Context context)
      throws IOException, InterruptedException {
    parser.parse(value);
    context.write(new TextPair(parser.getStationId(), "1"), value);
  }
}
```

리듀서는 기상관측소 레코드를 맨 처음 받는다는 것을 알고 있다. 따라서 그 값에서 기상관측소의 이름을 추출하고, 모든 출력 레코드에 그 값을 포함하여 기록한다(예제 9-11).

```java
public class JoinReducer extends Reducer<TextPair, Text, Text, Text> {

  @Override
  protected void reduce(TextPair key, Iterable<Text> values, Context context)
      throws IOException, InterruptedException {
    Iterator<Text> iter = values.iterator();
    Text stationName = new Text(iter.next());
    while (iter.hasNext()) {
      Text record = iter.next();
      Text outValue = new Text(stationName.toString() + "\t" + record.toString());
      context.write(key.getFirst(), outValue);
    }
  }
}
```

이 코드는 기상 레코드에 있는 모든 기상관측소 아이디와 일치하는 레코드가 기상관측소 데이터셋에 정확히 하나만 있다고 가정한다. 만약 그렇지 않다면 다른 TextPair를 사용해서 값 객체에 태그를 넣어 코드를 일반화할 필요가 있다. reduce() 메서드는 기상 레코드를 처리하기 전에 어떤 항목이 기상관측소 이름인지 알아야 하며 누락되거나 중복된 항목을 발견하고 처리할 수 있어야 한다.

> **CAUTION_** 리듀서 값 반복자의 객체는 효율성을 위해 재사용되기 때문에 먼저 값 반복자에서 Text 객체를 복사하는 코드를 작성하는 것이 중요하다.
>
> ```java
> Text stationName = new Text(iter.next());
> ```
>
> 만약 복사본을 만들지 않으면 stationName 참조자는 방금 읽은 값을 참조하여 문자열로 변환하므로 버그가 발생한다.

[예제 9-12]는 잡을 엮어주는 드라이버 클래스다. 여기서 핵심은 키의 첫 번째 부분인 기상관측소 아이디로 분할하고 그룹화하는 것이다. 이를 위해 직접 작성한 파티셔너인 KeyPartitioner와 그룹 비교자인 TextPair의 FirstComparator를 사용했다.

예제 9-12 기상 레코드와 기상관측소 이름을 조인하는 애플리케이션

```java
public class JoinRecordWithStationName extends Configured implements Tool {
```

```java
public static class KeyPartitioner extends Partitioner<TextPair, Text> {
  @Override
  public int getPartition(TextPair key, Text value, int numPartitions) {
    return (key.getFirst().hashCode() & Integer.MAX_VALUE) % numPartitions;
  }
}

@Override
public int run(String[] args) throws Exception {
  if (args.length != 3) {
    JobBuilder.printUsage(this, "<ncdc input> <station input> <output>");
    return -1;
  }

  Job job = new Job(getConf(), "Join weather records with station names");
  job.setJarByClass(getClass());

  Path ncdcInputPath = new Path(args[0]);
  Path stationInputPath = new Path(args[1]);
  Path outputPath = new Path(args[2]);

  MultipleInputs.addInputPath(job, ncdcInputPath,
      TextInputFormat.class, JoinRecordMapper.class);
  MultipleInputs.addInputPath(job, stationInputPath,
      TextInputFormat.class, JoinStationMapper.class);
  FileOutputFormat.setOutputPath(job, outputPath);

  job.setPartitionerClass(KeyPartitioner.class);
  job.setGroupingComparatorClass(TextPair.FirstComparator.class);

  job.setMapOutputKeyClass(TextPair.class);

  job.setReducerClass(JoinReducer.class);

  job.setOutputKeyClass(Text.class);

  return job.waitForCompletion(true) ? 0 : 1;
}

public static void main(String[] args) throws Exception {
  int exitCode = ToolRunner.run(new JoinRecordWithStationName(), args);
  System.exit(exitCode);
}
}
```

샘플 데이터로 프로그램을 수행하면 다음과 같은 결과가 나온다.

```
011990-99999    SIHCCAJAVRI         0067011990999991950051507004...
011990-99999    SIHCCAJAVRI         0043011990999991950051512004...
011990-99999    SIHCCAJAVRI         0043011990999991950051518004...
012650-99999    TYNSET-HANSMOEN     0043012650999991949032412004...
012650-99999    TYNSET-HANSMOEN     0043012650999991949032418004...
```

9.4 사이드 데이터 분배

사이드 데이터^{side data}는 잡이 주요 데이터셋을 처리하는 데 필요한 별도의 읽기 전용 데이터다. 모든 맵과 리듀스 태스크에서 이 데이터를 쉽고 효율적으로 사용하는 방법은 간단하지 않다.

9.4.1 잡 환경 설정 사용

Configuration(이전 맵리듀스 API에서는 JobConf)의 다양한 setter 메서드를 사용하여 잡 환경 설정에 임의의 키-값 쌍을 설정할 수 있다. 이 방법은 작은 크기의 메타데이터를 각 태스크에 전달할 때 매우 유용하다.

각 태스크는 Context의 getConfiguration() 메서드가 반환하는 환경 설정에서 원하는 데이터를 얻을 수 있다. 이전 API에서는 Mapper나 Reducer의 configure() 메서드를 변경한 후 JobConf 객체의 getter 메서드로 데이터를 얻을 수 있었다. 일반적으로 데이터는 객체 필드에 저장되기 때문에 map() 또는 reduce() 메서드에서 사용할 수 있다.

보통 메타데이터를 인코딩할 때는 기본 타입만으로도 충분하지만, 임의의 객체라면 객체를 문자열로 변환하고 복원하는 방식으로 직렬화를 직접 구현하거나 하둡의 Stringifier 클래스를 활용해야 한다. DefaultStringifier는 하둡의 직렬화 프레임워크를 이용하여 객체를 직렬화한다(5.3절 '직렬화' 참조).

이러한 환경 설정 방식은 수 킬로바이트가 넘는 데이터를 전송할 때는 적합하지 않다. 맵리듀스 컴포넌트의 메모리 사용량에 부하를 주기 때문이다. 클라이언트, 애플리케이션 마스터, 태스크

JVM은 매번 잡 환경 설정을 읽으며 전혀 사용하지 않는 요소를 포함한 모든 요소를 메모리에 로드한다.

9.4.2 분산 캐시

잡 환경 설정에서 사이드 데이터를 직렬화하는 방법보다 하둡의 분산 캐시 기법으로 데이터셋을 분산하는 편이 더 낫다. 분산 캐시는 실행 시점에 파일과 아카이브의 사본을 태스크 노드에 복사하여 이를 이용하도록 해주는 서비스다. 네트워크 대역폭을 줄이기 위해 파일은 잡 단위로 특정 노드에 복사된다.

사용법

이 책의 많은 예제에서 사용한 GenericOptionsParser(6.2.2절 'GenericOptionsParser, Tool, ToolRunner' 참조)를 이용하는 도구를 활용하여 -files 옵션에 콤마로 분리된 URI 목록으로 배포할 파일을 지정하면 분산 캐시 기능을 활용할 수 있다. 로컬 파일시스템, HDFS, S3와 같은 하둡이 읽을 수 있는 모든 파일시스템을 지정할 수 있다. 이를 구체적으로 지정하지 않으면 (기본 파일시스템이 로컬 파일시스템이 아니더라도) 로컬에 해당 파일이 존재한다고 간주한다.

-archives 옵션을 사용하면 아카이브 파일(JAR 파일, ZIP 파일, 타르 파일)을 태스크 노드에 복사할 수 있으며, 이 파일은 태스크 노드에 풀린다. 또한 -libjars 옵션을 사용하면 JAR 파일을 매퍼와 리듀서 태스크의 클래스패스에 추가할 수 있다. 이 옵션은 특정 잡의 JAR 파일에 라이브러리 JAR 파일이 포함되어 있지 않을 때 유용하다.

분산 캐시를 사용하여 기상관측소 이름을 포함한 메타데이터 파일을 공유하는 방법을 알아보자. 다음 명령을 실행해보자.

```
% hadoop jar hadoop-examples.jar \
  MaxTemperatureByStationNameUsingDistributedCacheFile \
  -files input/ncdc/metadata/stations-fixed-width.txt input/ncdc/all output
```

이 명령은 로컬에 있는 stations-fixed-width.txt 파일을 태스크 노드에 복사한다. 이렇게 하면 기상관측소의 이름을 찾을 수 있다. [예제 9-13]에 있는 MaxTemperatureByStationNameUs
ingDistributedCacheFile을 참조하라.

예제 9-13 분산 캐시 파일로 전달된 테이블에서 기상관측소 이름을 조회하여 기상관측소별 최고 기온을 찾는 애플리케
이션

```java
public class MaxTemperatureByStationNameUsingDistributedCacheFile
    extends Configured implements Tool {

  static class StationTemperatureMapper
      extends Mapper<LongWritable, Text, Text, IntWritable> {

    private NcdcRecordParser parser = new NcdcRecordParser();

    @Override
    protected void map(LongWritable key, Text value, Context context)
        throws IOException, InterruptedException {

      parser.parse(value);
      if (parser.isValidTemperature()) {
        context.write(new Text(parser.getStationId()),
            new IntWritable(parser.getAirTemperature()));
      }
    }
  }

  static class MaxTemperatureReducerWithStationLookup
      extends Reducer<Text, IntWritable, Text, IntWritable> {

    private NcdcStationMetadata metadata;

    @Override
    protected void setup(Context context)
        throws IOException, InterruptedException {
      metadata = new NcdcStationMetadata();
      metadata.initialize(new File("stations-fixed-width.txt"));
    }

    @Override
    protected void reduce(Text key, Iterable<IntWritable> values,
        Context context) throws IOException, InterruptedException {

      String stationName = metadata.getStationName(key.toString());
```

```
    int maxValue = Integer.MIN_VALUE;
    for (IntWritable value : values) {
      maxValue = Math.max(maxValue, value.get());
    }
    context.write(new Text(stationName), new IntWritable(maxValue));
  }
}

@Override
public int run(String[] args) throws Exception {
  Job job = JobBuilder.parseInputAndOutput(this, getConf(), args);
  if (job == null) {
    return -1;
  }

  job.setOutputKeyClass(Text.class);
  job.setOutputValueClass(IntWritable.class);

  job.setMapperClass(StationTemperatureMapper.class);
  job.setCombinerClass(MaxTemperatureReducer.class);
  job.setReducerClass(MaxTemperatureReducerWithStationLookup.class);

  return job.waitForCompletion(true) ? 0 : 1;
}

public static void main(String[] args) throws Exception {
  int exitCode = ToolRunner.run(
      new MaxTemperatureByStationNameUsingDistributedCacheFile(), args);
  System.exit(exitCode);
}
```

이 프로그램은 기상관측소별 최고 기온을 찾기 때문에 매퍼인 StationTemperatureMapper는 단순히 기상관측소 아이디와 기온만을 내보낸다. 컴바이너는 2장과 6장에 나온 MaxTemperatureReducer를 재사용해서 맵의 출력 그룹별 최고 기온을 맵에서 구한다. 리듀서인 MaxTemperatureReducerWithStationLookup은 최고 기온을 찾는 것은 같지만 캐시 파일에서 기상관측소의 이름을 검색하기 때문에 컴바이너와는 조금 다르다.

리듀서의 setup( ) 메서드를 사용하면 태스크 작업 디렉터리의 상대 경로에서 원본 파일명으로 된 캐시 파일을 가져올 수 있다.

다음은 일부 기상관측소의 최고 기온을 출력한 결과다.

PEATS RIDGE WARATAH	372
STRATHALBYN RACECOU	410
SHEOAKS AWS	399
WANGARATTA AERO	409
MOOGARA	334
MACKAY AERO	331

작동 방식

하둡은 특정 잡을 구동할 때 -files, -archives, -libjars 옵션으로 지정된 파일을 분산 파일 시스템(보통 HDFS)에 복사한다. 그리고 태스크를 실행하기 전에 태스크가 해당 파일에 접근할 수 있도록 노드 매니저가 분산 파일시스템에 있는 파일을 로컬 디스크(캐시)에 복사한다. 이 시점에 파일이 **로컬화**되었다고 말할 수 있으며, 태스크의 입장에서는 파일의 위치는 그대로이고 특정 태스크의 작업 디렉터리에 심벌릭 링크가 존재하는 것으로 볼 수 있다. 추가로 -libjars로 지정된 파일은 태스크가 실행되기 전에 태스크의 클래스패스에 포함된다.

노드 매니저는 캐시에 있는 각 파일을 이용하는 태스크 수를 파악하기 위해 참조 빈도수를 관리한다. 태스크를 실행하기 전에 해당 파일의 참조 빈도수는 1씩 증가하고 태스크의 실행이 완료되면 1씩 감소한다. 캐시에 있는 특정 파일이 더 이상 필요 없으면 참조 빈도수는 0이 되고, 이때 파일을 삭제할 수 있다. 그리고 노드의 전체 캐시 크기가 10GB(기본)를 넘어서면 새로운 파일의 공간을 확보하고자 최근-최소 사용 정책least-recently used policy에 따라 파일을 삭제한다. 캐시의 크기는 yarn.nodemanager.localizer.cache.target-size-mb 속성에서 지정할 수 있다.

이러한 설계는 동일한 노드에서 실행되는 동일한 잡의 연속적인 태스크가 캐시에서 필요한 파일을 찾는 것을 보장하지는 않는다. 하지만 일반적으로 한 잡의 태스크는 거의 동일한 시간대에 실행되므로 다른 잡 때문에 기존 태스크의 파일이 캐시에서 삭제될 가능성은 매우 적다.

분산 캐시 API

대부분의 애플리케이션은 분산 캐시 API를 사용할 필요가 없다. [예제 9-13]에서 살펴본 대로
GenericOptionsParser로 캐시를 사용할 수 있기 때문이다. 그러나 GenericOptionsParser를
사용할 수 없을 때는 Job의 API를 이용하여 분산 캐시에 객체를 넣을 수 있다.[6] Job의 관련 메
서드는 다음과 같다.

```
public void addCacheFile(URI uri)
public void addCacheArchive(URI uri)
public void setCacheFiles(URI[] files)
public void setCacheArchives(URI[] archives)
public void addFileToClassPath(Path file)
public void addArchiveToClassPath(Path archive)
```

캐시에 넣을 수 있는 파일과 아카이브 두 객체를 다시 고려해보자. 파일은 태스크 노드에 그대
로 있지만 아카이브는 풀린 상태로 존재한다. 객체의 유형에 따라 세 개의 메서드가 존재한다.
파일이나 아카이브를 분산 캐시에 추가하는 addCache*XXXX*( ) 메서드, 파일이나 아카이브의 전
체 목록을 한번의 호출로 캐시에 추가하는(이전에 호출한 설정을 대체함) setCache*XXXX*s( )
메서드, 파일이나 아카이브를 맵리듀스 태스크의 클래스패스에 추가하는 add*XXXX*ToClass
Path( ) 메서드가 있다. [표 9-7]에서는 이러한 API 메서드와 [표 6-1]에서 설명한 Generic
OptionsParser 옵션을 비교했다.

표 9-7 분산 캐시 API

잡 API 메서드	상응하는 GenericOptionsParser	설명
addCacheFile(URI uri) setCacheFiles(URI[] files)	-files *file1,file2,...*	태스크 노드에 복사하기 위해 파일을 분산 캐시에 추가한다.
addCacheArchive(URI uri) setCacheArchives(URI[] files)	-archives *archive1,archive2,...*	아카이브를 태스크 노드에 복사하고 거기에 풀 수 있도록 분산 캐시에 추가한다.
addFileToClassPath(Path file)	-libjars *jar1,jar2,...*	파일을 맵리듀스 태스크의 클래스패스에 추가하기 위해 분산 캐시에 추가한다. 파일의 압축을 풀지 않는 방식이므로 JAR 파일을 클래스 패스에 추가할 때 유용하다.

---

6 이전 맵리듀스 API는 org.apache.hadoop.filecache.DistributedCache에 있는 메서드를 사용한다.

잡 API 메서드	상응하는 GenericOptionsParser	설명
addArchiveToClassPath(Path archive)	없음	아카이브를 풀고 맵리듀스 태스크의 클래스패스에 추가하기 위해 분산 캐시에 추가한다. 다수의 파일이 있는 디렉터리를 클래스패스에 추가할 때 이를 포함한 아카이브를 생성하므로 매우 유용하다. 대안으로 JAR 파일을 생성하고 addFileToClassPath()를 사용하면 동일한 결과를 얻을 수 있다.

> **NOTE_** add 또는 set 메서드에서 참조하는 URI는 잡이 실행될 때 공유 파일시스템에 존재하는 파일이어야 한다. 반면 GenericOptionsParser 옵션(예를 들면 -files)으로 지정된 파일명은 로컬 파일을 참조한다. 태스크가 실행되기 전에 기본 공유 파일시스템(보통 HDFS)에서 해당 파일을 로컬로 가져온다.
>
> 이것이 자바 API를 직접 사용하는 방식과 GenericOptionsParser를 사용하는 방식의 중요 차이점이다. 자바 API는 add 또는 set 메서드로 지정한 파일을 공유 파일시스템으로 복사하지 **않지만**, Generic OptionsParser는 복사한다.

태스크에서 분산 캐시 파일을 얻어오는 방법은 앞에서 설명한 방법과 동일하게 파일명으로 직접 로컬화된 파일에 접근하는 것이다([예제 9-13] 참조). 맵리듀스는 분산 캐시에 추가된 모든 파일과 아카이브를 가리키는 심벌릭 링크를 태스크의 작업 디렉터리에 항상 생성한다.[7]

9.5 맵리듀스 라이브러리 클래스

하둡은 자주 사용하는 함수를 매퍼와 리듀서의 라이브러리로 제공한다. [표 9-8]에 이 라이브러리를 간단한 설명과 함께 나열했다. 사용법에 관한 자세한 설명은 자바 문서를 참고하라.

----

[7] 하둡 1에서는 로컬화된 파일이 심벌릭 링크로만 존재하는 것이 아니기 때문에 JobContext의 특정 메서드를 사용하여 로컬화된 파일의 경로를 얻어야 했다. 하둡 2에서는 이러한 제한이 없어졌다.

표 9-8 맵리듀스 라이브러리 클래스

클래스	설명
ChainMapper, ChainReducer	단일 매퍼에서 매퍼 체인을 실행하고, 하나의 리듀서와 리듀서 내의 매퍼 체인을 각각 실행한다(M+RM*로 표현할 수 있으며, 여기서 M은 매퍼, R은 리듀서). 여러 맵리듀스 잡을 실행하는 것과 비교해서 디스크 I/O 부하가 굉장히 줄어든다.
FieldSelectionMapReduce(이전 API), FieldSelectionMapper와 FieldSelectionReducer(새로운 API)	입력키와 값으로부터 필드(유닉스 cut 명령어와 유사)를 선택하여 출력키와 값으로 내보낼 수 있는 매퍼와 리듀서
IntSumReducer, LongSumReducer	모든 키에 대한 정숫값을 합하여 총합을 구하는 리듀서
InverseMapper	키와 값을 맞바꾸는 매퍼
MultithreadedMapRunner(이전 API), MultithreadedMapper(새로운 API)	매퍼를 동시에 여러 스레드에서 병렬적으로 수행하는 매퍼(또는 이전 API에서는 맵 실행자). CPU 부하가 높지 않은 매퍼에서 유용하다.
TokenCounterMapper	입력값을 단어로 쪼개어(자바의 StringTokenizer 사용) 각 단어를 개수 1과 함께 내보내는 매퍼
RegexMapper	입력값에서 정규표현식에 부합하는 것을 찾고 개수 1과 함께 내보내는 매퍼

하둡 운영

3부에서는 하둡의 관리에 초점을 둔다. YARN에서 HDFS와 맵리듀스를 실행하는 하둡 클러스터를 설치하고 관리하는 방법을 설명한다.

Part III

하둡 운영

## CHAPTER 10

하둡 클러스터 설정

이 장에서는 다수의 머신으로 구성된 클러스터 환경에서 하둡을 구동하기 위한 설정 방법을 설명한다. 하둡 시스템을 배울 때 단일 컴퓨터 환경에서 HDFS, 맵리듀스, YARN을 구동하는 것도 좋지만, 실무에 활용하기 위해서는 다수의 노드로 구성된 클러스터 환경이 필요하다.

하둡 클러스터를 구축하는 방법은 매우 다양하다. 자체적으로 구축하는 방법과 하드웨어를 임대하거나 클라우드 호스팅 방식으로 제공되는 하둡 서비스를 이용하는 방법으로 크게 구분할 수 있다. 호스팅 방식은 여기에 나열하기 힘들 정도로 많은 종류가 있으며, 하둡 클러스터를 자체적으로 구축하는 방법도 다음과 같이 몇 가지 설치 옵션이 있다.

- **아파치 타르볼**

  아파치 하둡 프로젝트 및 관련 프로젝트는 각 릴리즈별로 바이너리 타르볼과 소스를 제공한다. 바이너리 타르볼 설치 방식은 사용자에게 높은 유연성을 제공하지만, 사용자가 설치 파일, 설정 파일, 로그파일의 위치를 직접 결정해야 하고 정확한 권한 설정을 해야 하는 등 상당한 노력이 필요하다.

- **패키지**

  아파치 빅톱 프로젝트[1]와 하둡 벤더(클라우데라, 호튼웍스 등)는 RPM과 데비안 패키지를 제공한다. 패키지는 타르볼에 비해 많은 장점이 있다. 패키지는 일관된 파일시스템 레이아웃을 제공하며 스택 방식(함께 잘 작동하는 하둡과 하이브 버전을 알 수 있다)의 호환성 테스트를 거쳤다. 또한 퍼펫Puppet과 같은 설정 관리 도구를 함께 사용할 수 있다.

---

1 http://bigtop.apache.org/

• **하둡 클러스터 관리 도구**

클라우데라 매니저[Cloudera Manager]와 아파치 암바리[Apache Ambari]는 전체 수명 주기에 걸쳐 하둡 클러스터의 설치 및 관리 기능을 제공하는 전용 도구다. 이러한 관리 도구는 간단한 웹 사용자 인터페이스를 제공하며, 하둡 클러스터를 구축하려는 사용자와 운영자에게 권장되는 방식이다. 이러한 도구들은 하둡 운영에 필요한 많은 운영 지식을 내포하고 있다. 예를 들면 하둡 설정에 적합한 기본값을 선택할 때 하드웨어 프로파일을 기반으로 한 경험적 수치를 제공한다. 하둡 클러스터 관리 도구는 고가용성(HA)이나 보안 하둡과 같은 복잡한 설치 작업을 지원하기 위해 충분히 검증된 위자드[wizard](구성 지원 기능)를 제공하므로 단시간 내에 작업 클러스터 구축이 가능하다. 마지막으로, 이러한 관리 도구는 다른 설치 방식이 제공하지 않는 통합 모니터링, 로그 검색, 롤링 업그레이드(중단 없이 클러스터를 업그레이드)와 같은 추가 기능도 제공한다.

이 장과 다음 장에서는 기본적인 클러스터를 구축하고 운영할 때 필요한 충분한 정보를 제공할 것이다. 여러분이 이미 하둡 클러스터 관리 도구를 사용하고 있거나 설치 및 관리를 원활히 지원하는 서비스를 이용하고 있더라도 운영 관점에서 하둡의 작동 원리와 관련된 귀중한 정보를 배우는 것은 실무에 큰 도움이 될 것이다. 좀 더 상세한 내용을 알고 싶다면 에릭 새머[Eric Sammer]의 『실전 하둡 운용 가이드』(한빛미디어, 2013)[2]를 읽어볼 것을 적극 추천한다.

10.1 클러스터 명세

하둡은 범용 하드웨어에서 구동되도록 설계되었다. 이것은 특정 제조사에서 제공하는 비싼 전용 장비에 종속될 필요가 없다는 것을 의미한다. 즉, 다양한 벤더로부터 쉽게 구할 수 있는 표준화된 범용 하드웨어를 구입하여 자체적인 클러스터를 구성할 수 있다.

'범용[commodity]'이라는 것이 '저급[low-end]'을 의미하는 것은 절대 아니다. 흔히 말하는 저급의 컴퓨터는 값싼 부품을 사용하는데, 범용에 속하는 좀 더 비싼 컴퓨터에 비해 고장날 확률이 높다. 수십, 수백 혹은 수천 대의 저급 컴퓨터를 운영하면 값싼 부품 덕분에 초기 비용은 절약되겠지만, 높은 고장률로 인해 높은 유지비용이 발생하여 결국 절약 실패[false economy] 상황에 빠지게 된다. 한편으로 대용량 데이터베이스급의 컴퓨터도 비용 대비 성능이 좋지 않으므로 역시 권장하지 않는다. 소수의 컴퓨터만으로도 중급 범용 컴퓨터로 구성된 클러스터와 비슷한 성능을 낼 수 있지만, 클러스터 하드웨어에서 컴퓨터 한 대가 차지하는 비율이 높기 때문에 컴퓨터 한 대의 장애가 클러스터에 미치는 영향은 훨씬 크다.

---

2 『Hadoop Operations』(O'Reilly, 2012)(http://shop.oreilly.com/product/0636920025085.do)

하드웨어는 시간이 지나면 바로 구식이 되므로 컴퓨터의 사양을 명시하는 것이 크게 의미는 없겠지만, 2014년에 HDFS 데이터노드와 YARN 노드 매니저를 구동하기 위해 선택한 전형적인 컴퓨터의 사양은 다음과 같다.

- **프로세서:** 헥사/옥토-코어 3GHZ CPU 2개
- **메모리:** 64~512GB ECC RAM[3]
- **스토리지:** 1~4TB SATA 디스크 12~24개
- **네트워크:** 링크 통합 기능을 지원하는 기가비트 이더넷

지금 사용하고 있는 클러스터의 하드웨어 사양과 많이 다를 수 있다. 하둡은 다중 코어와 디스크를 사용할 수 있도록 설계되어 있으므로 높은 사양의 하드웨어를 이용하면 더 좋은 성능을 얻을 수 있다.

RAID를 사용하는 것은 어떨까?

HDFS 클러스터는 데이터노드 저장소로 RAID^{Redundant Array of Independent Disks}를 사용하더라도 얻을 수 있는 이익이 거의 없다(메타데이터의 손상을 막기 위해 네임노드의 디스크에 RAID를 사용하는 것은 권장한다). HDFS는 각 블록을 여러 대의 노드에 복제하는 기능을 제공하므로 RAID 장치가 지원하는 중복성^{redundancy}은 필요하지 않다.

더욱이 성능 향상을 위해 흔히 사용하는 RAID 스트라이핑^{striping}(RAID 0) 방식은 HDFS 블록을 모든 디스크에 라운드 로빈^{round-robin}(순차 순환) 방식으로 배열하는 HDFS의 JBOD^{Just a Bunch Of Disks} 방식보다 **더 느리다**는 것이 밝혀졌다. 'RAID 0'의 읽기와 쓰기 동작은 RAID 배열의 가장 느린 디스크의 속도에 의해 제한받기 때문이다. 반면 JBOD는 각 디스크가 독립적으로 동작하므로 디스크 동작의 평균 속도는 가장 느린 디스크보다 빠르다. 실제 환경에서 디스크의 성능은 같은 기종이라도 종종 큰 편차를 보인다. 야후 클러스터에서 수행한 벤치마크[4]에서 JBOD는 'RAID 0'보다 Gridmix에서는 10%, HDFS 쓰기에서는 30% 정도 빨랐다.

마지막으로, 만약 JBOD 환경에서 디스크 하나가 고장나면 HDFS는 고장난 디스크 없이도 계속 동작할 수 있지만, RAID는 하나의 디스크 고장이 전체 디스크 배열을 불능 상태로 만들 수 있다.

---

3 하둡을 운영하는 여러 명의 사용자가 ECC가 아닌 메모리를 사용한 하둡 클러스터에서 체크섬 오류가 발생한 것을 보고했다. 따라서 ECC 메모리를 권장한다. 또한 하둡을 기반으로 작동하는 많은 에코시스템이 메모리를 상당히 많이 요구하므로 최소 128GB 이상의 메모리를 추천한다.

4 http://markmail.org/message/xmzc45zi25htr7ry

10.1.1 클러스터 규모 결정

'클러스터의 규모는 얼마나 커야 할까?' 이 질문에 대한 정확한 답은 없다. 하지만 클러스터를 작은 규모(가령 10노드)로 시작한 후 저장 및 계산 능력에 대한 요구가 증가함에 따라 클러스터의 규모를 쉽게 증가시킬 수 있다는 것이 바로 하둡의 장점이다. 따라서 '얼마나 빨리 클러스터가 커질 것인가?'라고 묻는 것이 더 좋은 질문이다. 저장소의 용량을 고려한다면 이 질문에 대한 감이 올 것이다.

예를 들어 하루에 데이터가 1TB씩 증가하고 HDFS의 복제인수가 3으로 설정되어 있다면 하루에 3TB의 저장소가 필요할 것이다. 임시 파일과 로그를 위한 공간(약 30%)을 추가로 고려하면 대략 1주일에 한 대의 컴퓨터(2014년 기준)가 필요하다는 계산이 나온다. 여러분이 실제로 매주 한 대의 컴퓨터를 사서 클러스터에 추가하는 일은 거의 없을 것이다. 여기서 이런 계산을 해보는 이유는 클러스터의 규모를 산정하는 감각을 심어주기 위해서다. 이 예제에 나오는 클러스터는 2년치 데이터를 보유하기 위해 약 100대의 컴퓨터가 필요하다.

마스터 노드 시나리오

네임노드, 보조 네임노드, 리소스 매니저, 히스토리 서버와 같은 마스터 데몬을 어떤 노드에서 실행할지 결정하는 방법은 매우 다양하며 클러스터의 규모에 따라서도 다르다. 대략 10대 정도 수준의 작은 클러스터에서는 네임노드와 리소스 매니저를 단일 마스터 컴퓨터에서 동시에 구동해도 된다(단, 네임노드의 메타데이터 사본이 원격 파일시스템에 최소 한 개 이상 저장되어 있어야 한다). 하지만 클러스터의 전체 노드 수가 계속 증가한다면 네임노드와 리소스 매니저를 각기 다른 컴퓨터로 분리해야 할 필요가 있다.

네임노드는 전체 네임스페이스의 파일 및 블록에 대한 메타데이터를 모두 메모리에 보관해야 하므로 상당한 용량의 메모리가 필요하다. 보조 네임노드는 가끔씩 실행되지만 체크포인트 작업을 수행할 때 네임노드와 거의 비슷한 용량의 메모리가 필요하다(11.1.1절의 '파일시스템 이미지와 에디트 로그' 참조). 따라서 파일의 수가 매우 많은 파일시스템은 단일 컴퓨터에서 주 네임노드와 보조 네임노드를 동시에 실행하면 물리 메모리가 부족할 수 있다.

시스템 자원에 대한 요구사항 이외에, 마스터 데몬을 각기 다른 컴퓨터로 분리하는 가장 큰 이유는 고가용성 때문이다. HDFS와 YARN은 마스터 데몬을 활성-대기 쌍으로 실행할 수 있는 설정(고가용성)을 지원한다. 활성 마스터에 장애가 발생하면 별도의 하드웨어에서 구동되는 대기 마스터가 활성 마스터의 역할을 대신 수행하므로 무중단 서비스가 가능하다. HDFS에 고가용성 설정을 하면 대기 네임노드가 기존에 보조 네임노드가 맡았던 체크포인트 작업을 대신 수행한다. 따라서 대기 네임노드와 보조 네임노드를 동시에 구동할 필요는 없다.

하둡의 고가용성 설정이나 구동 방법은 이 책에서 다루지 않는다. 자세한 내용은 하둡 웹사이트 및 하둡 벤더의 문서를 참고하기 바란다.[5]

10.1.2 네트워크 토폴로지

일반적인 하둡 클러스터 아키텍처는 [그림 10-1]처럼 두 단계의 네트워크 토폴로지^{topology}로 구성된다. 랙 하나에 대략 30~40대의 서버(다이어그램에서는 3대만 표시했다)와 한 대의 10Gb 스위치가 있으며, 코어 스위치나 라우터로 가는 업링크^{uplink}는 최소 10Gb 이상의 대역폭을 갖는다. 같은 랙에 있는 노드 간의 대역폭의 총합은 다른 랙의 노드 간의 대역폭보다 훨씬 크다는 점에 주목하자.

그림 10-1 하둡 클러스터를 구성하는 일반적인 두 단계 네트워크 아키텍처

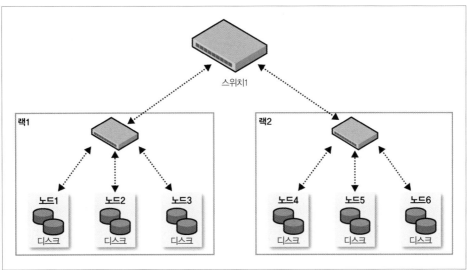

---

5 옮긴이_ 『실전 하둡 운용 가이드』(한빛미디어, 2013)의 '네임 노드 고가용성' 부분을 참고하라.

랙 인식 기능

하둡의 성능을 최대로 끌어내기 위해서는 하둡에 네트워크 토폴로지를 설정해야 한다. 물론 전체 클러스터가 단일 랙에서만 구동된다면 기본 설정과 동일하므로 특별히 할 일은 없다. 하지만 여러 개의 랙으로 구성된 클러스터를 운영한다면 각 노드를 랙에 매핑한 네트워크 토폴로지 정보를 설정해주는 것이 좋다. 이처럼 네트워크 토폴로지를 설정하고 나면, 맵리듀스 태스크를 여러 대의 노드에 할당할 때 하둡은 랙 외부보다 더 넓은 대역폭을 사용할 수 있는 랙 내부에서 데이터가 전송되도록 한다. 또한 HDFS는 성능과 장애 복구의 균형을 유지하면서 복제소^{replica}의 배치 작업을 지능적으로 수행할 수 있다.

노드와 랙 같은 네트워크의 위치 정보는 트리 형태로 표현되며, 각 위치 사이의 네트워크 '거리'를 반영할 수 있다. 네임노드는 각 블록의 복제소를 결정할 때 네트워크 위치 정보를 사용한다 (3.6.1절의 '네트워크 토폴로지와 하둡' 글상자 참조). 또한 맵리듀스의 스케줄러는 맵 태스크의 입력으로 사용될 가장 가까운 복제소(3개의 복제소 중 하나)를 찾을 때 네트워크 위치 정보를 이용한다.

[그림 10-1]의 네트워크에서 랙의 토폴로지는 두 개의 네트워크 위치 정보인 /스위치1/랙1과 /스위치1/랙2로 기술되었다. 이 클러스터를 보면 상위 단계의 스위치가 하나밖에 없으므로 위치 정보를 /랙1과 /랙2로 단순화할 수 있다.

클러스터 환경에서 하둡 설정을 할 때 노드 주소와 네트워크 위치를 매핑한 정보를 명시하는 것이 좋다. 매핑 정보는 자바 인터페이스인 DNSToSwitchMapping에 기술하며, 다음과 같이 작성한다.

```
public interface DNSToSwitchMapping {
  public List<String> resolve(List<String> names);
}
```

매개변수 names는 IP 주소의 목록이고 반환값은 이에 대응하는 네트워크 위치 정보에 대한 문자열 목록이다. net.topology.node.switch.mapping.impl 설정 속성에 인터페이스 구현체인 DNSToSwitchMapping을 정의하며, 네임노드와 리소스 매니저는 이를 이용하여 워커 노드의 네트워크 위치 정보를 파악한다.

그림의 네트워크에서 노드1, 노드2, 노드3은 /랙1에 매핑되고, 노드4, 노드5, 노드6은 /랙2에 매핑된다.

설치 과정에서 인터페이스 자체를 구현하는 경우는 거의 없다. 매핑 정보를 기술한 사용자 정의 스크립트를 실행하는 기본 구현체는 ScriptBasedMapping이다. 스크립트 파일의 위치는 topology.script.file.name 속성에 정의한다. 스크립트는 매핑할 호스트명이나 IP 주소와 같은 다수의 인자를 전달받은 후 인자에 대응하는 네트워크 위치를 공백 문자로 구분하여 표준 출력으로 내보낸다. 하둡 위키[6]에서 예제 코드를 볼 수 있다.

만약 스크립트의 위치를 설정하지 않으면 모든 노드를 단일 네트워크 위치인 /default-rack으로 간주한다.

10.2 클러스터 설치 및 설정

이 절에서는 유닉스 호환 운영 체제에 아파치 하둡 배포판을 사용하여 하둡 클러스터를 설치하고 설정하는 방법을 설명한다. 또한 하둡 설정 시 고려해야 하는 관련 배경 지식을 제공할 것이다. 상용 클러스터를 설치해야 하는 사용자와 운영자는 앞서 언급한 클라우데라 매니저나 암바리와 같은 하둡 클러스터 관리 도구 중 하나를 고려할 것을 권장한다.

10.2.1 자바 설치

하둡은 자바가 설치된 유닉스 및 윈도우 운영 체제에서 실행된다. 상용 하둡 클러스터를 설치할 때는 여러분이 사용할 하둡 배포판의 벤더가 인증한 운영 체제, 자바, 하둡의 조합을 반드시 확인한 다음에 신중히 선택해야 한다. 하둡 위키[7]에 커뮤니티 회원들이 하둡을 성공적으로 설치한 조합의 목록이 있다.

10.2.2 유닉스 사용자 계정 생성

동일한 컴퓨터에서 수행되는 다른 서비스와 하둡 프로세스를 구분하려면 하둡 전용 사용자 계정을 생성하는 것이 좋다. HDFS, 맵리듀스, YARN 서비스는 일반적으로 hdfs, mapred, yarn과

---

6 http://wiki.apache.org/hadoop/topology_rack_awareness_scripts

7 http://wiki.apache.org/hadoop/HadoopJavaVersions

같은 별도의 사용자 계정으로 실행된다. 물론 이러한 계정들은 동일한 hadoop 그룹에 속해야한다.

10.2.3 하둡 설치

아파치 하둡의 배포 페이지[8]에서 하둡을 내려받은 후 /usr/local(/opt도 표준)과 같은 위치에서 압축을 푼다. 홈 디렉터리는 NFS로 마운트된 경우가 많으므로 하둡 사용자의 홈 디렉터리(/home/hadoop)에 하둡을 설치하는 것은 좋지 않다.

```
% cd /usr/local
% sudo tar xzf hadoop-x.y.z.tar.gz
```

또한 하둡 파일의 소유자를 hadoop 사용자와 hadoop 그룹으로 변경해야 한다.

```
% sudo chown -R hadoop:hadoop hadoop-x.y.z
```

다음과 같이 운영 체제의 환경 설정에 HADOOP_HOME을 지정하고, 관리하기 쉽게 쉘의 PATH(경로)에 하둡 바이너리 파일의 경로를 추가한다.

```
% export HADOOP_HOME=/usr/local/hadoop-x.y.z
% export PATH=$PATH:$HADOOP_HOME/bin:$HADOOP_HOME/sbin
```

10.2.4 SSH 구성

하둡 제어 스크립트는 SSH를 이용하여 전체 클러스터를 대상으로 작업을 수행하도록 개발되었다. 예를 들면 클러스터의 모든 데몬을 시작하고 중지하는 스크립트가 있다. 물론 제어 스크립트를 반드시 사용해야 하는 것은 아니며 선택사항이다. 전체 클러스터를 대상으로 하는 작업은 분산 쉘이나 하둡 전용 관리 애플리케이션과 같은 방법으로도 충분히 할 수 있다.

---

8 http://hadoop.apache.org/releases.html

원활한 작업을 위해서는 클러스터에 있는 모든 머신에서 hdfs와 yarn 사용자 계정이 암호 없이도 접속할 수 있는 SSH 로그인 설정을 미리 해두는 것이 좋다.[9] SSH 설정을 위한 가장 간단한 방법은 공개키/개인키 쌍을 만들어 NFS에 배치하고 클러스터의 모든 머신이 이를 공유하는 것이다.

먼저 다음 명령을 실행하여 RSA 공개키/개인키 쌍을 생성한다. 아래 명령을 hdfs 사용자 계정과 yarn 사용자 계정으로 두 번 실행해야 한다.

```
% ssh-keygen -t rsa -f ~/.ssh/id_rsa
```

암호 없는 로그인은 매우 편리하지만 암호문^{passphrase} 없는 키를 만드는 것은 좋은 습관이 절대 아니다(부록 A에서 설명한 것처럼 로컬 의사분산 클러스터를 구동할 때 빈 암호문을 사용하는 것은 괜찮다). 프롬프트가 나올 때 처음 한번만 암호문을 입력하면 된다. ssh-agent를 사용하면 매번 접속할 때마다 암호문을 입력하는 수고를 덜 수 있다.

개인키는 -f 옵션에 의해 지정된 ~/.ssh/id_rsa 파일에 있으며, 공개키는 개인키와 파일명은 같지만 .pub 확장자가 추가된 ~/.ssh/id_rsa.pub 파일에 있다.

다음으로 클러스터 내에서 접속할 모든 컴퓨터의 ~/.ssh/authorized_keys 파일에 공개키를 추가하고 이를 확인한다. 사용자의 홈 디렉터리가 NFS 파일시스템에 있다면 아래 명령을 실행하여 클러스터 내의 모든 컴퓨터가 키를 공유하도록 만들 수 있다(hdfs 계정으로 먼저 수행한 후 yarn 계정으로 수행).

```
% cat ~/.ssh/id_rsa.pub >> ~/.ssh/authorized_keys
```

홈 디렉터리가 NFS로 공유되지 않는다면 ssh-copy-id와 같은 다른 방법으로 공개키를 공유해야 한다.

ssh-agent의 실행 여부를 확인하고, 마스터에서 워커 컴퓨터로 SSH 접속이 되는지 확인한다.[10] 그리고 ssh-add 명령을 실행하여 암호문를 저장한다. 이제부터는 암호문을 입력하지 않고도 워커 컴퓨터로 SSH 접속을 할 수 있다.

---

9 하둡 2.0 이후 버전에서 mapred 사용자 계정은 SSH를 사용하지 않는다. 맵리듀스의 유일한 데몬은 잡 히스토리 서버밖에 없기 때문이다.
10 ssh-agent를 실행하는 방법은 man 페이지를 참고한다.

10.2.5 하둡 구성

하둡을 클러스터 기반의 분산 모드로 구동하기 위해서는 하둡 설정을 정확히 해야 한다. 중요한 하둡 설정은 10.3절 '하둡 환경 설정'에서 자세히 설명한다.

10.2.6 HDFS 파일시스템 포맷

HDFS를 처음 설치했으면 사용하기 전에 반드시 파일시스템을 포맷해야 한다. 포맷 작업은 새로운 빈 파일시스템을 생성하는 것으로, 저장 디렉터리와 네임노드 초기 버전의 영속적인 데이터 구조를 만드는 것이다. 네임노드가 파일시스템의 모든 메타데이터를 직접 관리하고 데이터노드는 클러스터에 동적으로 포함되거나 제외될 수 있기 때문에 데이터노드는 초기 포맷 과정에 전혀 관여하지 않는다. 동일한 이유로 파일시스템의 크기를 지금부터 미리 걱정할 필요는 없다. 파일시스템을 처음 포맷한 후 필요에 따라 증가하는 데이터노드의 수를 기준으로 파일시스템의 크기를 예측하면 된다.

HDFS 포맷은 빠르게 수행되는 작업이다. hdfs 계정으로 다음 명령을 수행한다.

```
% hdfs namenode -format
```

10.2.7 데몬의 시작과 중지

하둡은 명령을 실행하고 전체 클러스터의 데몬을 시작하고 중지하는 스크립트를 제공한다. 스크립트(sbin 디렉터리에 위치)를 사용하기 위해서는 클러스터에 어떤 컴퓨터들이 있는지 알려줘야 한다. 이를 위해 컴퓨터의 목록을 저장하는 파일이 바로 slaves로, 한 행당 하나씩 호스트명이나 IP 주소를 이 파일에 기록하면 된다. slaves 파일에는 데이터노드와 노드 매니저가 구동될 컴퓨터를 기록한다. 이 파일은 일반적으로 하둡의 설정 디렉터리에 있지만 hadoop-env.sh 파일의 HADOOP_SLAVES 속성 값을 변경하면 다른 디렉터리로 옮길 수 있다. 그리고 이 파일은 네임노드와 리소스 매니저에서 수행되는 제어 스크립트에서만 사용되므로 모든 워커 노드로 배포할 필요는 없다.

hdfs 계정으로 다음 명령을 수행하면 HDFS 데몬이 시작된다.

```
% start-dfs.sh
```

네임노드와 보조 네임노드가 수행되는 컴퓨터는 하둡 설정에 정의되어 있는 호스트명을 조회하면 알 수 있다. 예를 들어 다음 명령을 수행하면 이 스크립트는 네임노드의 호스트명을 찾아 화면에 표시한다.

```
% hdfs getconf -namenodes
```

이 스크립트는 fs.defaultFS 속성에서 네임노드의 호스트명을 찾는다. start-dfs.sh 스크립트를 자세히 살펴보면 다음과 같은 순서로 작업을 수행한다.

- hdfs getconf -namenodes 명령을 실행하여 반환되는 각 컴퓨터에서 네임노드를 시작한다.[11]
- slaves 파일의 목록에 있는 각 컴퓨터에서 데이터노드를 시작한다.
- hdfs getconf -secondarynamenodes 명령을 실행하여 반환되는 컴퓨터에서 보조 네임노드를 시작한다.

리소스 매니저의 역할을 맡은 컴퓨터에서 yarn 계정으로 다음 명령을 수행하면 HDFS와 유사한 방식으로 YARN 데몬도 시작된다.

```
% start-yarn.sh
```

리소스 매니저는 start-yarn.sh 스크립트가 수행된 머신에서만 실행된다. 스크립트의 내용을 구체적으로 살펴보면 다음과 같다.

- 로컬 컴퓨터에서 리소스 매니저를 시작한다.
- slaves 파일의 목록에 있는 각 컴퓨터에서 노드 매니저를 시작한다.

하둡은 시작 스크립트로 구동한 데몬들을 중지하기 위해 stop-dfs.sh와 stop-yarn.sh 스크립트를 제공한다.

하둡에서 제공하는 스크립트들은 내부적으로는 hadoop-deamon.sh 스크립트(YARN은 yarn-deamon.sh 스크립트)를 이용하여 하둡 데몬을 시작하고 중지한다. 앞에서 언급한 스크립트를 사용하기로 결정했다면 hadoop-deamon.sh 스크립트를 직접 호출하면 안 된다.

----

11 HDFS 고가용성이 설정되어 있으면 하나 이상의 네임노드가 있다.

하지만 다른 시스템이나 직접 작성한 스크립트로 하둡 데몬을 제어하려 한다면 hadoop-daemon.sh 스크립트는 좋은 통합 지점이 될 것이다. 이와 마찬가지로 hadoop-daemons.sh(daemon에 's'가 붙어 있다) 스크립트는 같은 역할을 수행하는 호스트의 집합에서 동일한 데몬을 시작하고 중지하는 데 매우 편리한 기능을 제공한다.

마지막으로, mapred 계정으로 구동하는 MapReduce 데몬(잡 히스토리 서버)은 다음과 같이 딱 하나가 있다.

```
% mr-jobhistory-daemon.sh start historyserver
```

10.2.8 사용자 디렉터리 생성

하둡 클러스터를 구동했다면 사용자들이 하둡 클러스터에 접근할 수 있도록 해야 한다. 먼저 각 사용자별로 홈 디렉터리를 생성하고 해당 디렉터리에 대한 소유 권한을 부여한다.

```
% hadoop fs -mkdir /user/username
% hadoop fs -chown username:username /user/username
```

다음에는 각 디렉터리에 대한 사용량 제한을 설정한다. 다음 명령을 수행하면 특정 사용자의 디렉터리 용량을 1TB로 제한할 수 있다.

```
% hdfs dfsadmin -setSpaceQuota 1t /user/username
```

10.3 하둡 환경 설정

[표 10-1]은 하둡 설치 과정에서 환경 설정에 필요한 중요 파일의 목록이다.

표 10-1 하둡 설정 파일

파일명	형식	설명
hadoop-env.sh	Bash 스크립트	하둡을 구동하는 스크립트에서 사용되는 환경변수
mapred-env.sh	Bash 스크립트	맵리듀스를 구동하는 스크립트에서 사용되는 환경변수 (hadoop-env.sh에서 재정의)
yarn-env.sh	Bash 스크립트	YARN을 구동하는 스크립트에서 사용되는 환경변수 (hadoop-env.sh에서 재정의)
core-site.xml	하둡 설정 XML	HDFS, 맵리듀스, YARN에서 공통적으로 사용되는 I/O 설정과 같은 하둡 코어를 위한 환경 설정 구성
hdfs-site.xml	하둡 설정 XML	네임노드, 보조 네임노드, 데이터노드 등과 같은 HDFS 데몬을 위한 환경 설정 구성
mapred-site.xml	하둡 설정 XML	잡 히스토리 서버 같은 맵리듀스 데몬을 위한 환경 설정 구성
yarn-site.xml	하둡 설정 XML	리소스 매니저, 웹 애플리케이션 프록시 서버, 노드 매니저와 같은 YARN 데몬을 위한 환경 설정 구성
slaves	일반 텍스트	데이터노드와 노드 매니저를 구동할 컴퓨터의 목록(행당 하나)
hadoop-metrics2.properties	자바 속성	메트릭의 표시를 제어하기 위한 속성(11.2.2절 '메트릭과 JMX' 참조)
log4j.properties	자바 속성	시스템 로그, 네임노드 감사 로그, JVM 프로세스의 작업 로그 (6.5.6절 '하둡 로그' 참조)
hadoop-policy.xml	하둡 설정 XML	하둡을 보안 모드로 구동할 때 사용되는 접근제어 목록에 대한 환경 설정 구성

이 파일들은 하둡 기본 디렉터리 아래의 etc/hadoop/ 디렉터리에 있다. --config 옵션 (HADOOP_CONF_DIR 환경변수 설정과 동일한 기능)으로 로컬 파일시스템의 특정 디렉터리를 지정하여 데몬을 실행하면 설정 디렉터리를 다른 곳으로 옮길 수 있다(하둡 기본 디렉터리가 아닌 외부의 경로를 지정하면 업그레이드할 때 유리하다).

10.3.1 환경 설정 관리

하둡에서는 환경 설정 정보를 단일 또는 전역 장소에서 관리하지 않는다. 그 대신 클러스터에 있는 각 하둡 노드는 자신만의 환경 설정 파일을 가지고 있다. 따라서 관리자는 이 파일들을 전체 클러스터에 동기화할 수 있어야 한다. 이런 동기화 작업은 dsh나 pdsh 같은 병렬 쉘 도구를 이용하면 쉽게 할 수 있다. 전체 클러스터에 변경 내역을 적용하는 것은 클라우데라 매니저나 아파치 암바리와 같은 하둡 클러스터 관리 도구의 가장 큰 장점이다.

하둡은 모든 마스터와 워커 컴퓨터가 하나의 환경 설정 파일 집합을 사용할 수 있도록 설계되었다. 이러한 단순성은 개념(하나의 환경 설정 파일만 다루면 됨) 측면이나 운영(하둡 스크립트는 하나의 환경 설정 파일만 관리하면 됨) 측면에서 매우 큰 장점이다.

획일적인 one-size-fits-all 환경 설정 모델이 적합하지 않은 클러스터는 설정을 좀 더 세분화할 필요가 있다. 예를 들어 기존 컴퓨터와 다른 더 좋은 성능과 하드웨어 사양을 가진 컴퓨터를 클러스터에 추가하여 확장한다면 새로운 컴퓨터의 시스템 자원을 효율적으로 활용할 수 있는 새로운 설정이 필요할 것이다.

이러한 경우 컴퓨터의 **등급** class 개념을 적용하여 각 등급별로 다른 환경 설정을 관리하면 된다. 하둡은 등급별로 환경 설정을 관리하는 도구를 별도로 제공하지 않지만 등급별 설정 관리를 정확하게 할 수 있는 셰프 Chef, 퍼펫 Puppet, CFEngine, Bcfg2와 같은 훌륭한 도구가 있다.

클러스터 규모에 상관없이 모든 컴퓨터를 동기화 상태로 유지한다는 것은 결코 쉬운 일이 아니다. 변경된 내용을 보낸 시점에 해당 컴퓨터가 불능 상태가 되었다면 어떤 일이 생길지 한번 고민해보자. 그 컴퓨터가 복구되었을 때 변경된 내용을 받았다는 것을 누가 보장할 수 있는가? 이것은 중대한 문제고 설치 오류로 이어질 수 있다. 하둡을 관리하기 위해 하둡용 제어 스크립트를 사용하고 있더라도 클러스터를 관리할 수 있는 설정 관리 도구를 별도로 사용하는 것이 좋다. 이런 설정 관리 도구는 보안 취약점을 해결하기 위한 패치 및 시스템 패키지 업데이트 등 일상적인 유지 보수를 위해서도 매우 유용하다.

10.3.2 환경 설정

이 절에서는 hadoop-env.sh 스크립트의 변수를 설정하는 방법을 다룬다. 맵리듀스와 YARN의 설정 파일은 각각 mapred-env.sh, yarn-env.sh며, 각 구성요소에 관한 변수를 설정할 수 있다. hadoop-env.sh 파일에서 설정한 속성의 값은 맵리듀스와 YARN의 설정 파일에서 재정의할 수 있다.

자바

자바 라이브러리의 위치는 hadoop-env.sh의 JAVA_HOME에 정의한다. 만약 hadoop-env.sh에 설정이 없다면 쉘의 환경변수인 JAVA_HOME을 찾는다. 쉘의 환경변수보다는 hadoop-env.

sh에 그 위치를 명확하게 설정하여 전체 클러스터가 동일한 버전의 자바를 사용할 수 있도록 보장하는 것이 더 좋은 방법이다.

메모리 힙 크기

하둡은 각 데몬 당 1000MB(1GB)의 메모리를 기본으로 할당한다. 이 메모리 크기는 hadoop-env.sh의 HADOOP_HEAPSIZE에 의해 제어된다. 또한 각 데몬의 힙 크기를 변경할 수 있는 환경변수도 있다. 예를 들어 yarn-env.sh 스크립트에 있는 YARN_RESOURCE_HEAPSZE를 설정하면 리소스 매니저의 힙 크기를 재정의할 수 있다.

네임노드에 더 많은 힙 메모리를 할당하는 것은 일반적인 일이지만 HDFS 데몬에는 이에 상응하는 환경변수가 놀랍게도 존재하지 않는다. 네임노드의 힙 메모리 크기를 설정하는 다른 방법이 있다. 다음 글상자에 설명되어 있다.

네임노드는 얼마나 많은 메모리를 필요로 하나?

각 파일의 개별 블록에 대한 참조 값은 모두 메모리상에서 관리되기 때문에 네임노드는 충분한 메모리가 필요하다. 메모리 사용량은 파일당 블록 수, 파일명 길이, 파일시스템의 디렉터리 수에 의해 결정되기 때문에 여기서 정확한 공식을 제시하기는 어렵다. 심지어 하둡 버전에 따라 달라지기도 한다.

기본 1,000MB의 네임노드 메모리는 일반적으로 수백만 개의 파일을 다룰 때는 충분하다. 메모리 용량의 산정 경험을 바탕으로 어림잡아 계산해보면 저장소 백만 블록당 1,000MB 정도의 메모리가 필요하다.

예를 들어 노드당 24TB 디스크로 구성된 200-노드 클러스터에서 블록 사이즈는 128MB고 복제 수준$^{replication\ factor}$이 3으로 설정되어 있다면 대략 1,250만 개의 블록을 수용할 수 있다(200 × 24,000,000MB/(128MB×3)). 이 경우 네임노드 메모리의 초기 설정 값으로는 12,000MB가 적절하다.

hadoop-env.sh의 HADOOP_NAMENODE_OPTS 속성에 JVM 옵션으로 메모리 용량을 설정하면 다른 하둡 데몬에 할당된 메모리 용량에 영향을 주지 않고 네임노드의 메모리 용량만 증가시킬 수 있다. 또한 HADOOP_NAMENODE_OPTS 속성을 이용하면 네임노드의 JVM에 추가적인 옵션도 전달할 수 있다. 예를 들어 Sun JVM을 사용하는 경우 -Xmx2000m 옵션을 지정하면 2,000MB의 메모리를 네임노드에 할당한다.

네임노드에 할당할 메모리 용량을 변경했다면 보조 네임노드도 동일하게 변경해야(HADOOP_SECONDARYNAMENODE_OPTS 변수를 사용해서) 한다는 것을 잊으면 안 된다. 보조 네임노드의 메모리 용량은 주 네임노드와 같아야 하기 때문이다.

각 데몬에 필요한 메모리 용량 외에도 노드 매니저는 애플리케이션에 컨테이너를 할당해야 하므로 워커 컴퓨터의 전체 메모리 용량을 산정할 때 이 점을 반드시 고려해야 한다(10.3.3절의 'YARN과 맵리듀스의 메모리 설정' 참조).

시스템 로그파일

하둡이 생성하는 시스템 로그파일은 별도로 지정하지 않으면 $HADOOP_HOME/logs에 저장된다. 로그파일의 경로는 hadoop-env.sh의 환경변수인 HADOOP_LOG_DIR로 변경할 수 있다. 하둡이 설치된 디렉터리와 로그파일을 저장하는 디렉터리는 서로 분리하는 것이 좋다. 이렇게 변경하면 업그레이드 작업으로 설치 디렉터리가 변경된 후에도 동일한 곳에 로그파일을 유지할 수 있다. 보통 로그파일은 /var/log/hadoop에 저장하며, hadoop-env.sh에 다음과 같이 추가하면 된다.

```
export HADOOP_LOG_DIR=/var/log/hadoop
```

지정한 로그 디렉터리가 존재하지 않으면 자동으로 생성된다(생성되지 않으면 관련된 하둡 사용자 계정에 생성 권한이 있는지 확인하라). 컴퓨터에서 실행 중인 각 하둡 데몬은 두 개의 로그파일을 생성한다. 첫 번째는 log4j를 통해 출력되는 로그파일이다. 이 파일의 확장자는 .log며, 애플리케이션의 로그 메시지는 대부분 이곳에 기록되므로 문제가 발생하면 제일 먼저 살펴볼 필요가 있다. 표준 하둡 log4j 설정은 로그파일의 순환을 위해 일일 순환 파일 추가자^{appender}를 사용한다. 하둡은 오래된 로그파일을 자동으로 삭제하지 않기 때문에 로컬 노드에 저장 공간이 모자라지 않도록 로그파일을 주기적으로 삭제하거나 보관하는 계획을 세워야 한다.

두 번째는 표준 출력과 표준 에러 로그가 함께 기록되는 로그파일이다. 이 로그파일의 확장자는 .out이며, 하둡은 log4j를 이용하여 로그를 저장하기 때문에 보통 비어 있거나 적은 양의 로그만 기록된다. 이 로그파일은 데몬이 재시작될 때만 순환되고 최근 다섯 개의 로그만 보관한다. 순환된 로그의 파일명은 끝에 1부터 5까지 번호가 붙으며, 가장 오래된 파일의 번호는 5다.

두 종류의 로그파일의 이름은 데몬을 수행하는 사용자 이름, 데몬 이름, 머신의 호스트명의 조합이다. 예를 들어 순환 후 생성된 로그파일의 이름을 보면 hadoop-hdfs-datanode-ip-10-45-174-112.log.2014-09-20과 같을 것이다. 실제로 모든 로그의 파일명은 유일하므로 이러한 명명 구조를 사용하면 클러스터에 속한 모든 머신의 로그를 모아서 하나의 디렉터리에 보관하는 것도 가능하다.

로그파일의 이름에 포함된 사용자 이름은 hadoop-env.sh에 있는 HADOOP_IDENT_STRING 속성의 값을 기본으로 따른다. 로그파일의 이름을 변경하고 싶으면 HADOOP_IDENT_STRING의 값을 변경하여 하둡 인스턴스에 다른 ID를 부여하면 된다.

SSH 설정

제어 스크립트를 사용하면 SSH를 통해 마스터 노드에서 원격에 있는 워커 노드에 명령을 내릴 수 있다. SSH를 잘 설정하면 다양한 목적으로 유용하게 사용할 수 있다. 예를 들어 Connect Timeout 옵션으로 연결 타임아웃 시간을 줄이면 제어 스크립트가 죽은 노드로부터 응답을 계속 기다리지 않아도 된다. 여기서 타임아웃 시간을 너무 짧게 설정하면 바쁜 노드를 건너뛰게 되는 원치 않은 상황이 생길 수도 있다.

또 다른 유용한 SSH 설정은 StrictHostKeyChecking 속성이다. 알려진 호스트 파일known_host에 새로운 호스트를 자동으로 추가하고 싶다면 이 속성을 no로 설정하면 된다. 이 속성의 기본값은 ask로, 검증된 키 지문key fingerprint인지 사용자에게 물어본다. 이러한 설정은 대규모 클러스터 환경에 적합한 설정은 아니다.[12]

그 밖에 SSH에 추가적인 옵션을 설정하려면 hadoop-env.sh의 HADOOP_SSH_OPTS 환경변수를 이용하면 된다. 자세한 SSH 설정은 ssh와 ssh_config 매뉴얼을 참고하기 바란다.

10.3.3 중요한 하둡 데몬 속성

하둡에는 수많은 환경 설정 속성이 있다. 이 절에서는 실무에서 운영되는 모든 클러스터에서 반드시 정의해야 하는(최소한 기본 설정 값이 왜 적절한지 이해할 필요가 있는) 속성을 살펴볼 것

------

12 SSH 호스트 키 보안에 대해 더 자세히 알고 싶으면 브라이언 해치의「SSH Host Key Protection」(http://www.symantec.com/connect/articles/ssh-host-key-protection)을 참고하라.

이다. 이러한 속성은 하둡 사이트 파일인 core-site.xml, hdfs-site.xml, yarn-site.xml에 설정한다. [예제 10-1], [예제 10-2], [예제 10-3]은 설정 파일의 전형적인 예제다.[13] 하둡 설정 파일의 구성에 대해서는 6.1절 '환경 설정 API'에서 자세한 내용을 확인할 수 있다.

실행 중인 데몬의 실제 환경 설정을 확인하려면 해당 데몬 웹서버의 /conf 페이지에 접속하면 된다. 예를 들어 http://resource-manager-host:8088/conf에 접속하면 실행 중인 리소스 매니저의 환경 설정을 볼 수 있다. 이 페이지는 실행 중인 데몬의 기본 구성 파일과 연결된 사이트의 링크를 보여준다. 또한 각각의 속성이 어떤 파일에서 가져온 것인지도 표시한다.

예제 10-1 전형적인 core-site.xml 환경 설정 파일

```
<?xml version="1.0"?>
<!-- core-site.xml -->
<configuration>
  <property>
    <name>fs.defaultFS</name>
    <value>hdfs://namenode/</value>
  </property>
</configuration>
```

예제 10-2 전형적인 hdfs-site.xml 환경 설정 파일

```
<?xml version="1.0"?>
<!-- hdfs-site.xml -->
<configuration>
  <property>
    <name>dfs.namenode.name.dir</name>
    <value>/disk1/hdfs/name,/remote/hdfs/name</value>
  </property>

  <property>
    <name>dfs.datanode.data.dir</name>
    <value>/disk1/hdfs/data,/disk2/hdfs/data</value>
  </property>

  <property>
    <name>dfs.namenode.checkpoint.dir</name>
```

----

13 맵리듀스 데몬이 잡 히스토리 서버밖에 없기 때문에 맵리듀스에 대한 사이트 파일이 없음을 유념하자. 기본 설정만으로도 충분하다.

```
        <value>/disk1/hdfs/namesecondary,/disk2/hdfs/namesecondary</value>
    </property>
</configuration>
```

예제 10-3 전형적인 yarn-site.xml 환경 설정 파일

```
<?xml version="1.0"?>
<!-- yarn-site.xml -->
<configuration>
    <property>
        <name>yarn.resourcemanager.hostname</name>
        <value>resourcemanager</value>
    </property>

    <property>
        <name>yarn.nodemanager.local-dirs</name>
        <value>/disk1/nm-local-dir,/disk2/nm-local-dir</value>
    </property>

    <property>
        <name>yarn.nodemanager.aux-services</name>
        <value>mapreduce.shuffle</value>
    </property>

    <property>
        <name>yarn.nodemanager.resource.cpu-vcores</name>
        <value>16</value>
    </property>
</configuration>
```

HDFS

HDFS를 구동하기 위해서는 네임노드용 머신을 하나 지정해야 한다. 여기서 fs.defaultFS 속성에는 HDFS 파일시스템의 URI를 지정하면 된다. URI의 호스트는 네임노드의 호스트명이나 IP 주소고 그 포트는 RPC(원격 프로시저 호출)를 위해 대기하는 네임노드의 포트 번호다. 포트 번호를 명시하지 않으면 8020을 기본으로 사용한다.

또한 fs.defaultFS 속성은 기본 파일시스템을 지정하는 역할을 한다. 기본 파일시스템을 상대경로로 지정하면 자동으로 해석되므로(따라서 특정 네임노드의 주소 전체를 정확히 입력하지

않아도 된다) 타이핑 오류를 줄일 수 있다. 예를 들어 [예제 10-1]에 정의된 기본 파일시스템의 상대 URI인 /a/b는 hdfs://namenode/a/b로 해석된다.

> **NOTE_** HDFS를 구동할 때 fs.defaultFS 속성이 HDFS 네임노드와 기본 파일시스템을 지정하는 데 모두 사용된다는 것은 서버 환경 설정에서 HDFS가 기본 파일시스템이 되어야 한다는 것을 의미한다. 그러나 사용자 환경 설정에서 편의상 다른 파일시스템을 기본 파일시스템으로 지정하는 것도 가능하다는 점을 명심하라.
>
> 예를 들어 HDFS와 S3 파일시스템을 모두 사용한다면 사용자 환경 설정에서 상대 URI로는 기본 파일시스템인 HDFS를 참고하고 절대 URI로는 다른 파일시스템을 참고하도록 지정할 수 있다.

이 외에도 HDFS에 반드시 설정해야 하는 환경 설정 속성으로는 네임노드와 데이터노드의 저장 디렉터리 설정이 있다. dfs.namenode.name.dir 속성에는 영속적인 파일시스템의 메타데이터 (에디트 로그, 파일시스템 이미지)를 저장할 디렉터리 목록을 지정한다. 각 메타데이터 파일의 복제본은 이중화를 위해 dfs.namenode.name.dir 속성에 나열된 각 디렉터리에 저장된다. 일반적으로 네임노드의 메타데이터를 NFS로 마운트된 원격 디스크뿐만 아니라 하나 이상의 로컬 디스크에 저장하도록 dfs.namenode.name.dir를 설정하는 것을 권장한다. 이렇게 설정하면 로컬 디스크에 장애가 발생하거나 네임노드 머신에 장애가 발생할 때도 시스템을 보호할 수 있다. 두 경우 모두 파일 복구가 가능하고 새로운 네임노드를 구동할 수 있다(보조 네임노드는 주 네임노드의 메타데이터에 대해 주기적으로 체크포인트를 수행한다. 보조 네임노드는 주 네임노드에 대한 최신 백업 데이터를 제공하지 않는다는 점을 유의해야 한다).

또한 데이터노드가 블록을 저장할 디렉터리 목록을 지정하기 위해 dfs.datanode.data.dir 속성을 설정해야 한다. 네임노드가 장애에 대비하기 위한 이중화를 목적으로 여러 개의 디렉터리를 사용하는 반면 데이터노드는 여러 개의 저장 디렉터리에 라운드 로빈 방식으로 쓰기 작업을 한다. 좋은 성능을 내기 위해서는 각각의 물리적인 로컬 디스크별로 저장 디렉터리를 지정해야 한다. 읽기 성능 또한 여러 개의 디스크를 사용함으로써 높아질 수 있다. 블록이 다중 디스크에 퍼져서 분포되면 각 블록에 대응하는 다중 디스크로부터 동시에 읽을 수 있기 때문이다.

> **TIP** 성능을 극대화하려면 저장 디스크를 noatime 옵션으로 마운트해야 한다. 이 옵션을 적용하면 파일을 읽을 때 마지막으로 접근한 시간 정보를 기록하지 않으므로 성능상 많은 이점이 있다.

마지막으로, 보조 네임노드가 파일시스템의 체크포인트를 저장할 곳을 설정해야 한다. dfs.namenode.checkpoint.dir 속성은 체크포인트 데이터가 저장될 디렉터리를 지정한다. 네임노드 메타데이터의 다중 복제본을 여러 디렉터리에 저장하는 것처럼 체크포인트가 수행된 파일시스템 이미지는 장애 대비를 위해 지정된 여러 체크포인트 디렉터리에 각각 저장된다.

[표 10-2]에 중요한 HDFS 환경 설정 속성을 요약했다.

표 10-2 중요한 HDFS 데몬 속성

속성명	종류	기본값	설명
fs.defaultFS	URI	file:///	기본 파일시스템. URI는 호스트명과 네임노드의 RPC 서버가 실행되는 포트 번호를 정의한다. 기본 포트 번호는 8020이다. 이 속성은 core-site.xml에 지정되어 있다.
dfs.namenode.name.dir	콤마로 구분된 디렉터리 이름	file://${hadoop.tmp.dir}/dfs/name	네임노드가 영속적인 메타데이터를 저장할 디렉터리 목록을 지정한다. 네임노드는 메타데이터의 복제본을 목록에 디렉터리별로 저장한다.
dfs.datanode.data.dir	콤마로 구분된 디렉터리 이름	file://${hadoop.tmp.dir}/dfs/data	데이터노드가 블록을 저장할 디렉터리의 목록. 각 블록은 이 디렉터리 중 오직 한 곳에만 저장된다.
dfs.namenode.checkpoint.dir	콤마로 구분된 디렉터리 이름	file://${hadoop.tmp.dir}/dfs/namesecondary	보조 네임노드가 체크포인트를 저장하는 디렉터리 목록. 목록에 있는 각 디렉터리에 체크포인트의 복제본을 저장한다.

> **CAUTION_** HDFS의 저장 디렉터리는 별도로 지정하지 않으면 하둡의 임시 디렉터리 하위에 위치한다 (hadoop.tmp.dir 속성으로 지정하며 기본값은 /tmp/hadoop-${user.name}이다). 따라서 시스템에서 임시 디렉터리를 정리할 경우 데이터를 유실하지 않도록 이러한 속성을 설정하는 것은 매우 중요하다.

YARN

YARN을 구동하기 위해서는 컴퓨터 하나를 리소스 매니저로 지정해야 한다. 가장 간단한 방법은 yarn.resourcemanager.hostname 속성을 리소스 매니저를 수행할 머신의 호스트명이나 IP 주소로 설정하는 것이다. 여러 개의 리소스 매니저의 서버 주소를 이 속성에서 가져올 수 있다. 예를 들어 yarn.resourcemanager.address는 호스트-포트 쌍의 형식을 취하며, 호스트 기본값은 yarn.resourcemanager.hostname이다. 맵리듀스 사용자 환경 설정에서 이 속성은 RPC로, 리소스 매니저에 접속하는 데 사용된다.

맵리듀스 작업이 수행되는 동안 중간 데이터 및 작업 파일은 임시 로컬 파일로 기록된다. 이런 데이터는 매우 큰 맵 작업의 출력을 포함할 수 있기 때문에 YARN 컨테이너의 로컬 임시 저장소 위치를 제어하는 yarn.nodemanager.local-dirs 속성을 반드시 확인해야 한다. 이 속성은 콤마로 분리된 디렉터리 이름 목록을 그 값으로 취한다. 가능한 모든 로컬 디스크를 사용하여 디스크 I/O가 분산되도록 해야 한다(각 디렉터리는 라운드 로빈 방식으로 사용됨). 일반적으로 데이터노드 블록 저장으로 사용하는 YARN 로컬 저장소는 동일한 디스크와 파티션(그러나 다른 디렉터리)을 사용하며 이전에 논의한 dfs.datanode.data.dir 속성으로 제어한다.

맵리듀스 1과 달리 YARN은 맵 출력을 리듀스 태스크에 제공하는 태스크트래커가 없다. 그래서 이러한 기능은 노드 매니저에서 수행되는 보조 서비스인 셔플 핸들러$^{shuffle\ handler}$가 제공한다. YARN은 범용 서비스이기 때문에 맵리듀스 셔플 핸들러를 yarn-site.xml에서 명시적으로 활성화해두어야 한다(yarn.nodemanager.aux-services 속성을 mareduce_shuffle로 설정하여 활성화한다).

[표 10-3]에 YARN의 중요한 환경 설정 속성을 요약했다. 자원과 연관된 설정은 다음 절에서 좀 더 자세히 다루겠다.

표 10-3 중요 YARN 데몬 속성

속성명	종류	기본값	설명
yarn.resourcemanager.hostname	호스트명	0.0.0.0	리소스 매니저가 수행된 머신의 호스트명. 아래에 ${y.rm.hostname} 축약형으로 표기
yarn.resourcemanager.address	호스트명과 포트	${y.rm.hostname}:8032	리소스 매니저의 RPC 서버가 동작하는 호스트명과 포트
yarn.nodemanager.local-dirs	콤마로 분리된 디렉터리명	${hadoop.tmp.dir}/nm-local-dir	컨테이너가 임시데이터를 저장하도록 노드 매니저가 정한 디렉터리 목록. 애플리케이션이 종료되면 데이터가 지워진다.
yarn.nodemanager.aux-services	콤마로 분리된 서비스명		노드 매니저가 수행하는 보조 서비스 목록. 서비스는 yarn.nodemanager.aux-services.service-name.class 속성으로 정의된 클래스로 구현된다. 기본적으로 보조 서비스가 지정되지 않는다.
yarn.nodemanager.resource.memory-mb	int	8192	노드 매니저가 수행할 컨테이너에 할당되는 물리 메모리양(MB 단위)

속성명	종류	기본값	설명
yarn.nodemanager. vmem-pmem-ratio	float	2.1	컨테이너에 대한 가상/물리 메모리 비율. 가상 메모리 사용량은 이 비율에 따라 초과 할당될 수 있다.
yarn.nodemanager. resource.cpu-vcores	int	8	노드 매니저가 컨테이너에 할당할 수 있는 CPU 코어의 수

YARN과 맵리듀스의 메모리 설정

맵리듀스 1에서 사용하던 슬롯 기반 모델과 달리 YARN은 메모리를 좀 더 세밀한 방식으로 다룬다. 한 노드에서 한번에 수행할 수 있는 맵과 리듀스 슬롯의 고정된 최대 숫자를 지정하기보다 YARN은 애플리케이션이 태스크 수행에 필요한 임의의 메모리양을 제한을 넘지 않는 범위에서 요청하도록 한다. YARN 모델에서 노드 매니저는 메모리 풀에서 메모리를 할당하므로 특정 노드에서 동작하는 태스크 수는 단순히 고정된 슬롯의 수가 아닌 필요한 메모리양의 총합에 의해 결정된다.

컨테이너를 실행할 노드 매니저에 필요한 메모리는 컴퓨터의 물리적 메모리의 총량에 의해 결정된다. 각 하둡 데몬은 1,000MB를 사용하므로 하나의 데이터노드와 하나의 노드 매니저는 총 2,000MB를 사용한다. 컴퓨터에서 실행할 다른 프로세스를 위한 충분한 메모리를 확보하고 나머지는 yarn.nodemanager.resource.memory-mb 환경 설정 속성을 사용하여 노드 매니저의 컨테이너 전용으로 할당한다(기본값은 8,192MB로 일반적으로 대부분의 설정에서 매우 낮은 메모리양이다).

다음에는 개별 작업에 대한 메모리 옵션을 설정한다. 여기서는 중요한 두 가지를 관리해야 한다. 하나는 YARN이 할당하는 컨테이너의 크기고, 다른 하나는 컨테이너 내에서 동작하는 자바 프로세스의 힙 크기다.

> **NOTE_** 맵리듀스의 메모리 제어는 클라이언트의 잡 환경 설정을 통해서 한다. YARN 설정은 클러스터 설정으로, 클라이언트가 수정할 수는 없다.

컨테이너의 크기는 mapreduce.map.memory.mb와 mapreduce.reduce.memory.mb 속성으로 결정된다. 둘 다 기본값은 1,024MB다. 이 두 가지 속성은 애플리케이션 마스터가 클러스터에서 필요한 자원을 협상할 때, 그리고 노드 매니저가 태스크 컨테이너를 수행하고 모니터링할 때 사용된다. 자바 프로세스의 힙 크기는 mapred.child.java.opts로 설정하고 기본값은 200MB다. 맵과 리듀스 태스크에 별도로 자바 옵션을 설정할 수 있다([표 10-4] 참조).

표 10-4 맵리듀스 잡의 메모리 속성(클라이언트에서 설정)

속성 이름	종류	기본값	설명
mapreduce.map.memory.mb	int	1024	맵 컨테이너의 메모리 총량
mapreduce.reduce.memory.mb	int	1024	리듀스 컨테이너의 메모리 총량
mapred.child.java.opts	String	-Xmx200m	맵과 리듀스 태스크를 실행하는 컨테이너 프로세스를 시작하는 데 사용되는 JVM 옵션. 이 속성은 메모리 설정 외에도 디버깅 목적의 JVM 속성을 포함할 수 있다.
mapreduce.map.java.opts	String	-Xmx200m	맵 태스크를 실행하는 자식 프로세스에서 사용되는 JVM 옵션
mapreduce.reduce.java.opts	String	-Xmx200m	리듀스 태스크를 실행하는 자식 프로세스에서 사용되는 JVM 옵션

예를 들어 mapred.child.java.opts 속성을 -Xmx800m으로 설정하고 mapreduce.map.memory.mb 속성을 기본값인 1,204MB로 두었다고 가정하면 맵 태스크 수행 시 노드 매니저는 컨테이너에 1,024MB를 할당하고(태스크 수행 동안 메모리 풀에서 그만큼 감소시킨다) 최대 힙 크기가 800MB로 설정된 태스크 JVM을 시작할 것이다. JVM 프로세스가 힙 크기보다 더 많은 메모리 공간을 가지는 것을 유념하자. 오버헤드는 내부적으로 사용하는 원시 라이브러리, 영구 세대 영역permanent generation space의 크기 등에 따라 달라진다. 중요한 것은 JVM 프로세스가 사용하는 물리 메모리다. JVM 프로세스가 생성한 스트리밍 프로세스와 같은 것을 포함한 메모리 사용량이 할당량(여기서는 1,024MB)을 초과하면 안 된다. 만약 컨테이너가 할당받은 메모리 이상을 사용하면 노드 매니저는 컨테이너를 종료시키고 실패로 표시한다.

YARN 스케줄러는 메모리 할당memory allocation의 최소 또는 최대 용량을 지정할 수 있다. 기본 최솟값은 1,024MB(yarn.scheduler.minimum-allocation-mb 속성으로 설정)고 기본 최댓값은 8,192MB(yarn.scheduler.maximum-allocation-mb 속성으로 설정)다.

컨테이너가 지켜야 하는 가상 메모리 제약도 있다. 컨테이너의 가상 메모리 사용량이 할당된 물리 메모리의 특정 배수 이상이면 노드 매니저는 프로세스를 종료한다. 배수 값을 정해주는 속성은 yarn.nodemanager.vmem-pmem-ratio로, 기본값은 2.1이다. 앞서 살펴본 예제의 경우 태스크가 종료될 수 있는 가상 메모리의 한계치는 2,150MB(2.1 × 1,024MB)다.

메모리 매개변수를 설정할 때 작업이 실행되는 동안 태스크의 실제 메모리 사용량을 모니터링하면 매우 유용하다. 맵리듀스의 태스크 카운터를 통해 이러한 작업을 할 수 있다. `PHYSICAL_MEMORY_BYTES`, `VIRTUAL_MEMORY_BYTES`, `COMMITTED_HEAP_BYTES` 카운터([표 9-2] 참조)는 메모리 사용에 대한 스냅숏을 제공하므로 태스크 수행 과정을 관찰하기 적합하다.

하둡의 맵리듀스 연산에서 사용되는 메모리의 가용량을 제어하는 설정도 있다. 이러한 설정은 작업별로 할 수 있으며 7.3절 '셔플과 정렬'에서 다루었다.

YARN과 맵리듀스의 CPU 설정

메모리 설정 외에도 YARN은 CPU 사용량에 대한 자원 관리를 수행한다. 애플리케이션은 필요한 코어 수를 요청할 수 있다. 노드 매니저가 컨테이너에 할당하는 코어의 수는 `yarn.nodemanager.resource.cpu-vcores` 속성으로 제어한다. 이 속성은 머신의 전체 코어 수로 설정해야 하며 머신에서 실행되는 각 데몬 프로세스(데이터노드, 노드 매니저, 다른 장기 수행 프로세스)에 대해서는 하나의 코어를 뺀다.

맵리듀스 작업은 맵과 리듀스 컨테이너에 할당되는 CPU 코어의 수를 제어할 수 있다. `mapreduce.map.cpu.vcores`와 `mapreduce.reduce.cpu.vcores` 속성을 설정하면 된다. 두 가지 속성 모두 기본값은 1이다. 단일 코어만 사용할 수 있는 일반적인 단일-스레드 맵리듀스 태스크에 적합한 설정이다.

> **CAUTION_** 스케줄링하는 동안 코어 수는 기록이 되지만(그러므로 CPU 코어가 남아 있지 않은 머신에는 컨테이너가 할당되지 않는다) 노드 매니저는 기본적으로 실행 중인 컨테이너의 실제 CPU 사용률을 제한하지 않는다. 그러므로 컨테이너가 주어진 CPU보다 더 많은 CPU를 남용하여 같은 호스트의 다른 컨테이너가 CPU 자원 할당을 못 받게 할 수 있다. YARN은 리눅스 cgroup을 이용하여 CPU 사용을 제한하는 것을 지원한다. 노드 매니저의 컨테이너 실행 클래스(yarn.nodemanager.containerexecutor.class)는 cgroup을 사용하도록 설정된 LinuxContainerExecutor 클래스를 이용하도록 반드시 설정해야 한다 (yarn.nodemanager.linux-container-executor 하위 속성 참고).

10.3.4 하둡 데몬 주소 및 포트

하둡 데몬은 데몬 사이의 통신을 위한 RPC 서버([표 10-5])와 사용자가 이용하는 웹 페이지를 제공하는 HTTP 서버([표 10-6])를 일반적으로 모두 실행한다. 각각의 서버는 네트워크 주소와 대기하는 포트 번호 설정으로 구성한다. 포트 번호가 0이면 서버가 포트 번호와 상관없이 기동되지만 클러스터 전체에 걸친 방화벽 정책 세팅에 맞지 않아 일반적으로 권장하지 않는다.

보통 서버의 RPC와 HTTP 주소를 설정하는 속성은 두 가지 기능을 제공한다. 서버가 연결할 네트워크 인터페이스를 결정하고 사용자나 클러스터 내 다른 컴퓨터에서 서버로 접속하는 기능을 제공한다. 예를 들어 노드 매니저는 yarn.resourcemanager.resource-tracker.address 속성을 사용하여 리소스 매니저의 주소를 찾는다.

서버를 다수의 네트워크 인터페이스와 연결하는 것은 바람직하나 서버의 네트워크 주소를 0.0.0.0으로 설정하면 두 번째 기능을 제공할 수 없게 된다. 클라이언트나 클러스터 내 다른 컴퓨터에서 주소를 해석할 수 없기 때문이다. 한 가지 해결 방안은 클라이언트와 서버를 위한 별도의 구성을 하는 것이다. 하지만 더 좋은 방법은 서버에 바인드 호스트를 설정하는 것이다. yarn. resourcemanager.hostname을 외부에서 해석 가능한 호스트명이나 IP 주소로 설정하고, yarn.resourcemanager.bind-host를 0.0.0.0으로 설정한다. 여러분은 리소스 매니저가 노드 매니저와 클라이언트에 해석 가능한 주소를 제공함과 동시에 컴퓨터상의 모든 주소와 바인드되는 것을 확인해야 한다.

RPC 서버 외에도, 데이터노드는 블록 전송을 위해 TCP/IP 서버를 실행한다. 서버 주소와 포트는 dfs.datanode.address 속성으로 설정하며 기본값은 0.0.0.0:50010이다.

표 10-5 RPC 서버 속성

속성 이름	기본값	설명
fs.defaultFS	file:///	HDFS URI 설정 시 이 속성은 네임노드의 RPC 서버의 주소와 포트를 정의한다. 지정하지 않으면 기본 포트는 8020이다.
dfs.namenode.rpc-bind-host		네임노드의 RPC 서버가 바인드할 주소. 설정하지 않으면 바인드 주소는 fs.defaultFS 속성의 값으로 정의된다. 0.0.0.0으로 설정하면 네임노드가 모든 인터페이스에 대해 대기하도록 할 수 있다.
dfs.datanode.ipc.address	0.0.0.0:50020	데이터노드의 RPC 서버 주소와 포트
mapreduce.jobhistory.address	0.0.0.0:10020	잡 히스토리 서버의 RPC 서버 주소와 포트. 이 속성은 클라이언트(일반적으로 클러스터 외부)가 잡 히스토리를 쿼리하기 위해 사용한다.

속성 이름	기본값	설명
mapreduce. jobhistory.bind- host		잡 히스토리 서버의 RPC와 HTTP 서버가 바인드할 주소
yarn. resourcemanager. hostname	0.0.0.0	리소스 매니저가 수행될 머신의 호스트명. 아래에 ${y. rm.hostname} 축약형으로 표기
yarn. resourcemanager. bind-host		리소스 매니저의 RPC와 HTTP 서버가 바인드하는 주소
yarn. resourcemanager. address	${y.rm.hostname}:8032	리소스 매니저의 RPC 서버 주소와 포트. 이 속성은 클라 이언트(일반적으로 클러스터 외부)가 리소스 매니저와 통 신하기 위해 사용한다.
yarn. resourcemanager. admin.address	${y.rm.hostname}:8033	리소스 매니저의 admin RPC 서버 주소와 포트. admin 클라이언트(일반적으로 클러스터 외부에서 yarn rmadmin으로 수행)가 리소스 매니저와 통신하기 위해 사 용한다.
yarn. resourcemanager. scheduler.address	${y.rm.hostname}:8030	리소스 매니저 스케줄러의 RPC 서버의 주소와 포트. 이 속성은 클러스터 내 애플리케이션 마스터가 리소스 매니저 와 통신하기 위해 사용한다.
yarn. resourcemanager. resource-tracker. address	${y.rm.hostname}:8031	리소스 매니저 리소스 트래커의 RPC 서버 주소 및 포트. 이 속성은 클러스터 내 노드 매니저가 리소스 매니저와 통 신하기 위해 사용한다.
yarn.nodemanager. hostname	0.0.0.0	노드 매니저가 수행되는 머신의 호스트명. 아래에 ${y. nm.hostname} 축약형으로 표기
yarn.nodemanager. bind-host		노드 매니저의 RPC와 HTTP 서버가 바인드할 주소
yarn.nodemanager. address	${y.nm.hostname}:0	노드 매니저의 RPC 서버 주소와 포트. 이 속성은 클러스 터 내 애플리케이션 마스터가 노드 매니저와 통신하기 위 해 사용한다.
yarn.nodemanager. localizer.address	${y.nm.hostname}:8040	노드 매니저 로컬라이저의 RPC 서버 주소와 포트

표 10-6 HTTP 서버 속성

속성 이름	기본값	설명
dfs.namenode.http- address	0.0.0.0:50070	네임노드의 HTTP 서버 주소와 포트

속성 이름	기본값	설명
dfs.namenode.http-bind-host		네임노드의 HTTP 서버가 바인드할 주소
dfs.namenode.secondary.http-address	0.0.0.0:50090	보조 네임노드의 HTTP 서버 주소와 포트
dfs.datanode.http.address	0.0.0.0:50075	네임노드의 HTTP 서버 주소와 포트. (속성명이 네임노드의 속성명과 일치하지 않음을 주의하자.)
mapreduce.jobhistory.webapp.address	0.0.0.0:19888	맵리듀스 잡 히스토리 서버의 주소와 포트. 이 속성은 mapred-site.xml에서 설정한다.
mapreduce.shuffle.port	13562	셔플 핸들러의 HTTP 포트 번호. 이 속성은 맵 출력을 처리하는 데 사용되며 웹 UI로 사용자가 접근할 수 없다. 이 속성은 mapred-site.xml에서 설정한다.
yarn.resourcemanager.webapp.address	${y.rm.hostname}:8088	리소스 매니저의 HTTP 서버 주소 및 포트
yarn.nodemanager.webapp.address	${y.nm.hostname}:8042	노드 매니저의 HTTP 서버 주소 및 포트
yarn.web-proxy.address		웹 애플리케이션 프록시 서버의 HTTP 서버 주소와 포트. 설정하지 않으면 기본으로 웹 애플리케이션 프록시 서버가 리소스 매니저 프로세스 내에서 수행된다.

또한 데이터노드가 IP 주소(HTTP와 RPC 서버용)로 사용하는 네트워크 인터페이스를 제어하는 설정이 있다. 관련 속성으로 dfs.datanode.dns.interface가 있으며, 기본 네트워크 인터페이스를 사용하도록 default로 설정되어 있다. 특정 인터페이스의 주소를 알리기 위해 이 속성을 명시적으로 설정할 수 있다(예를 들면 eth0).

10.3.5 다른 하둡 속성

이 절에서는 설정을 고려할 만한 다른 속성에 대해 설명한다.

클러스터 멤버십

향후 노드 추가 및 삭제를 쉽게 하기 위해 데이터노드나 노드 매니저 역할로 클러스터에 연결이 인증된 컴퓨터의 리스트를 기재할 수 있다. 이 파일은 dfs.hosts(데이터노드)와 yarn.reso urcemanager.nodes.include-path 속성(노드 매니저)으로 지정할 수 있으며, 이와는 반대의 속성인 dfs.hosts.exclude와 yarn.resourcemanager.nodes.exclude-path는 지정된 파일 을 이용해서 클러스터에서 노드를 퇴역시킨다. 더 자세한 내용은 11.3.2절 '노드의 추가와 퇴역' 을 참조하라.

버퍼 크기

하둡은 I/O 연산에 4KB(4,096바이트) 크기의 버퍼를 사용한다. 이 버퍼 크기는 요즘의 운영 체제와 하드웨어 수준에 비해 보수적인 수치라서 크기를 증가시키면 성능상의 이점을 얻을 수 있 다. 일반적으로 128KB(131,072바이트)를 사용하며 core-site.xml의 io.file.buffer.size 속성을 사용해서 바이트 단위로 설정한다.

HDFS 블록 크기

HDFS 블록의 기본 크기는 128MB지만 많은 클러스터가 더 큰 크기(예를 들면 256MB, 즉 268,435,456바이트)를 사용하여 네임노드의 메모리 부담을 줄이면서 매퍼가 더 많은 데이터를 처리할 수 있게 한다. 블록 크기는 hdfs-site.xml의 dfs.blocksize 속성을 사용해서 바이트 단 위로 설정한다.

예약된 저장 공간

기본적으로 데이터노드는 지정된 저장 디렉터리의 가용한 모든 공간을 사용하려 한다. HDFS가 아닌 다른 용도로 저장 볼륨에 일정 공간을 남겨두고 싶다면 dfs.datanode.du.reserved 속성 을 이용하여 바이트 단위로 남겨두고 싶은 용량만큼 지정하면 된다.

휴지통

하둡 파일시스템은 휴지통 기능이 있어서 삭제된 파일이 실제로 삭제되지 않고 trash 디렉터 리로 이동한다. 시스템이 영구적으로 삭제하기 전에 이곳에 최소 기간 동안 보관된다. 파일이 trash 디렉터리에 보관되는 최소 기간은 분 단위로 지정할 수 있으며 core-site.xml에 있는 fs.trash.interval 속성으로 설정한다. 휴지통의 기본 보관 주기는 0이며, 이 경우 휴지통 기능이 비활성화된다.

다른 많은 운영체제처럼 하둡의 휴지통 기능은 사용자 수준의 기능이다. 즉, 파일시스템 쉘로 삭제된 파일만 휴지통으로 옮겨진다. 프로그램 방식으로 삭제된 파일은 휴지통으로 가지 않고 즉시 삭제된다. 하지만 Trash 인스턴스를 생성한 후 moveToTrash() 메서드에 삭제하려는 파일의 경로를 인자로 해서 호출하면 프로그램 방식으로 휴지통 기능을 사용할 수 있다. 이 메서드는 성공 여부를 알려주는 값을 반환한다. 휴지통이 비활성화되어 있거나 삭제하려는 파일이 이미 삭제되어 휴지통에 있는 경우에는 false를 반환한다.

휴지통이 활성화되어 있을 때 사용자는 자신의 홈 디렉터리에 .Trash라는 사용자 소유의 휴지통 디렉터리를 가지며 파일 복구는 간단하다. .Trash의 서브디렉터리에서 파일을 찾아 서브디렉터리 밖으로 이동시키면 된다.

HDFS는 휴지통 폴더에 들어 있는 파일은 자동으로 삭제하지만, 다른 파일시스템은 파일을 자동으로 삭제하지 않기 때문에 주기적으로 삭제하도록 해야 한다. 파일시스템 쉘에서 아래 명령을 실행하여 휴지통을 비우면 휴지통에 보관된 최소 기간보다 오래된 파일을 삭제할 수 있다.

```
% hadoop fs -expunge
```

Trash 클래스는 동일한 효과의 expunge() 메서드를 제공한다.

잡 스케줄러

특히 다중 사용자 설정에서는 각 그룹의 대기열 설정과 같은 사용자 조직의 요구사항을 반영하여 잡 스케줄러 대기열 구성을 변경하는 것을 고려해야 한다. 4.3절 'YARN 스케줄링'을 참조하라.

느린 리듀스 시작

기본 설정의 스케줄러는 잡에서 맵 태스크의 5%가 완료될 때까지 기다렸다가 동일한 잡의 리듀스 태스크를 스케줄링한다. 규모가 큰 잡에서는 맵 태스크가 끝나기를 기다리는 동안 리듀스 컨테이너를 시작하기 때문에 클러스터 운용에 문제가 발생할 수 있다. mapreduce.job.reduce.slowstart.completedmaps 속성을 0.8(80%)과 같이 큰 값으로 설정하면 처리량을 증가시킬 수 있다.

단락 지역 읽기

HDFS에서 파일을 읽을 때 클라이언트는 데이터노드와 교신하며 TCP 연결을 통해 클라이언트로 데이터를 전송한다. 만약 읽어야 하는 블록이 클라이언트와 동일한 노드에 있다면 네트워크를 거치지 않고 디스크에서 직접 해당 블록 데이터를 읽는 것이 더 효과적이다. 이것을 **단락 지역 읽기**short-circuit local read라고 하며, 이를 사용하면 HBase와 같은 애플리케이션의 성능이 향상된다.

dfs.client.read.shortcircuit 속성을 true로 설정하면 단락 지역 읽기를 활성화할 수 있다. 단락 지역 읽기는 유닉스 도메인 소켓으로 구현되었고 클라이언트-데이터노드 통신에 로컬 경로를 사용한다. 경로는 dfs.domain.socket.path 속성으로 설정한다. 그리고 속성의 값은 /var/run/hadoop-hdfs/dn_socket처럼 데이터노드 사용자(일반적으로 hdfs)나 루트 계정이 만들 수 있는 경로여야 한다.

10.4 보안

하둡의 초기 버전은 공동 사용자가 HDFS와 맵리듀스 클러스터를 안전한 환경에서 사용한다고 가정했다. 하둡의 접근 제한 기준은 권한 없이 데이터에 접근하는 것을 막기보다는 불의의 사고로 인한 데이터 유실을 막기 위한 목적으로 설계되었다. 예를 들어 사용자가 프로그램의 버그나 실수로 hadoop fs -rmr /을 입력하여 전체 파일시스템을 삭제하는 경우는 막을 수 있지만 악의적인 사용자가 루트를 가장하여 클러스터의 모든 데이터에 접근하거나 삭제하는 것은 막지 못한다.

보안 용어로 설명하면, 신뢰할 만한 사용자만이 하둡 클러스터에서 작업을 수행하는 것을 보증하기 위한 **보안 인증**authentication 메커니즘이 누락되어 있다는 것이다. HDFS 파일의 권한은 특정 사용자가 특정 파일에 수행할 수 있는 작업을 제어하는 **권한 부여**authorization 메커니즘만 제공한다. 예를 들어 어떤 파일은 특정 사용자 그룹만 읽을 수 있기 때문에 그 그룹에 속하지 않은 사용자는 이 파일을 읽을 수 없다. 하지만 하둡 시스템은 클러스터에 대한 네트워크 접근 권한을 획득할 수 있는 악의적인 사용자의 스푸핑spoofing 가능성이 여전히 남아 있기 때문에 권한 부여만으로는 충분하지 않다.

일반적으로 개인을 식별할 수 있는 정보(예를 들면 사용자의 이름이나 IP 주소)를 포함하는 데이터는 해당 정보에 접근 권한이 있는 기관 내 소수의 사용자(해당 클러스터의)만 접근할 수 있다. 덜 민감한(또는 익명 처리된) 데이터는 더 많은 사용자가 이용할 수 있다. 다른 보안 수준을 가지는 데이터셋이 동일 클러스터에 섞여 있으면 관리가 편리하다(특히 낮은 보안 수준의 데이터셋은 공유될 수 있기 때문에). 하지만 데이터 보호에 대한 규제 요건을 충족하기 위해서는 공유 클러스터에 대한 보안 인증이 준비되어 있어야 한다.

2009년에 이런 상황에 직면한 야후는 사내 엔지니어 팀에 하둡에 필요한 보안 인증을 구현하도록 요청했다. 그들은 하둡에 완성도 높은 공개 소프트웨어 네트워크 인증 프로토콜인 커버로스 Kerberos를 도입하여 하둡에서 사용자 인증을 위한 자격 증명을 직접 관리하지 않도록 설계했다. 커버로스는 권한을 관리하지 않기 때문에 사용자가 주장하는 권한을 그대로 인정한다. 따라서 사용자가 특정 작업을 수행할 수 있는 권한을 가졌는지 결정하는 것은 전적으로 하둡의 몫이다.

하둡 보안과 관련해서는 내용이 상당히 많으므로 이 절에서는 주요한 사항만 다룰 것이다. 더 많은 내용을 원하는 독자는 벤 스피비 Ben Spivey와 조이 에체베리아 Joey Echeverria의 『Hadoop Security』(O'Reilly, 2014)를 참고하기 바란다.

10.4.1 커버로스와 하둡

간단히 설명하면, 커버로스를 사용할 때 클라이언트가 이 서비스를 이용하려면 각 단계에서 서버와의 메시지 교환을 수반하는 다음 세 단계를 거쳐야 한다.

1 **인증.** 클라이언트는 인증 서버에 자신을 인증한다. 그리고 시간 정보가 포함된 티켓-승인 티켓 Ticket-Granting Ticket (TGT)을 수신한다.

2 **권한 부여.** 클라이언트는 TGT를 이용하여 티켓 승인 서버에 서비스 티켓을 요청한다.

3 **서비스 요청.** 클라이언트는 서비스 티켓을 이용하여 클라이언트가 사용할 서비스를 제공하는 서버에 자신을 인증한다. 하둡의 경우 이 서버는 네임노드나 리소스 매니저가 될 것이다.

인증 서버와 함께 티켓 승인 서버는 **키 분배 센터** Key Distribution Center (KDC)를 구성한다. 이 과정을 시각화하면 [그림 10-2]와 같다.

그림 10-2 커버로스 티켓 교환 프로토콜의 3단계 절차

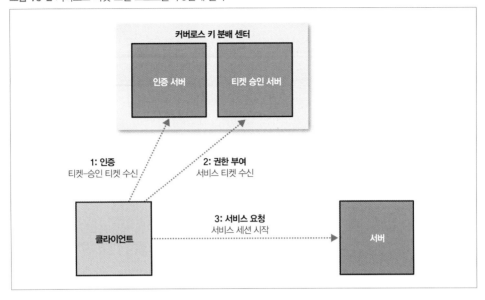

권한 부여 및 서비스 요청은 사용자 수준의 동작이 아니다. 즉, 클라이언트가 사용자를 대신하여 이러한 절차를 수행한다. 하지만 인증 단계에서 사용자는 암호 입력이 필요한 kinit 명령을 이용하여 직접 수행한다. 그렇다고 해서 잡을 실행하거나 HDFS에 접근할 때마다 매번 암호를 입력할 필요는 없다. TGT는 기본 10시간 동안 유효하기 때문이다(최대 한 주 동안 사용 가능하도록 할 수 있다). 일반적으로 운영시스템 로그인 시에 인증을 자동화하므로 하둡에 **통합 인증**single sign-on을 제공할 수 있다.

예를 들어 작업자 없이 맵리듀스 잡을 수행하기 위해 암호를 자동으로 입력하고 싶다면 ktutil 명령을 이용하여 커버로스 keytab 파일을 생성하면 된다. keytab은 암호를 저장하는 파일로, kinit 명령어 수행 시 -t 옵션과 함께 지정하여 사용한다.

예제

실행 절차의 예를 살펴보자. 첫 번째 단계로 core-site.xml의 hadoop.security.authentication 속성 값을 Kerberos로 설정하여 커버로스 인증을 활성화한다.[14] 기본 설정 값 simple은

---

[14] 하둡에서 커버로스 인증을 사용하기 위해서는 KDC(하둡과 함께 제공되지 않는다)를 설치, 구성, 실행해야 한다. 여러분의 기관에 이미 사용 가능한 KDC가 있을 수 있다(예를 들면 액티브 디렉터리 설치와 같은). 그렇지 않으면 MIT 커버로스 5 KDC를 구성해야 한다.

이전 버전과 호환되는(하지만 불안정) 방식으로 운영 체제의 사용자 계정을 이용하여 신분을 확인한다.

또한 core-site.xml의 hadoop.security.authorization 속성 값을 true로 설정하여 서비스수준의 권한 부여도 활성화해야 한다. hadoop-policy.xml 환경 설정 파일 안에 접근 제어 목록access control list(ACL)을 구성하여 어느 사용자와 그룹이 각 하둡 서비스에 연결할 수 있는 권한을 가지는지 설정할 수 있다. 서비스는 프로토콜 수준에서 정의되므로 맵리듀스 잡 제출, 네임노드 통신 등을 위한 속성이 각각 존재한다. 기본적으로 모든 접근 제어 리스트는 * 값으로 설정되는데, 이는 모든 사용자가 각 서비스에 접근할 수 있는 권한을 가진다는 의미다. 하지만 실제클러스터에서는 접근이 필요한 사용자 및 그룹으로만 접근 제어 리스트를 통제해야 한다.

접근 제어 리스트는 콤마로 구분된 사용자명, 공백, 콤마로 구분된 그룹 이름으로 구성된다. 예를들어 preston,howard directors,inventors는 preston, howard라는 사용자와 directors, inventors라는 그룹에 대한 접근 권한을 부여한다.

커버로스 인증을 활성화하여 로컬 파일을 HDFS로 복사할 때 어떤 일이 발생하는지 확인해보자.

```
% hadoop fs -put quangle.txt .
10/07/03 15:44:58 WARN ipc.Client: Exception encountered while connecting to
the server: javax.security.sasl.SaslException: GSS initiate failed [Caused by
GSSException: No valid credentials provided (Mechanism level: Failed to find
any Kerberos tgt)]
Bad connection to FS. command aborted. exception: Call to localhost/
127.0.0.1:8020 failed on local exception: java.io.IOException: javax.security.
sasl.SaslException: GSS initiate failed [Caused by GSSException: No valid
credentials provided
(Mechanism level: Failed to find any Kerberos tgt)]
```

커버로스 티켓이 없으므로 복사 작업은 실패한다. kinit 명령어를 사용해서 KDC에 대한 인증을 획득할 수 있다.

```
% kinit
Password for hadoop-user@LOCALDOMAIN: password
% hadoop fs -put quangle.txt .
% hadoop fs -stat %n quangle.txt
quangle.txt
```

이제 파일이 성공적으로 HDFS에 복사되었다. 여기서 주목할 점은 파일시스템 명령을 두 번 실행했음에도 커버로스 티켓이 10시간 동안 유효하기 때문에 kinit 명령어를 한번만 호출하면 된다는 것이다(참고로 klist 명령어를 이용하면 티켓의 유효 시간을 확인할 수 있고, kdestroy 명령어를 사용해서 티켓을 무효화시킬 수 있다). 티켓을 발급받고 나면 모든 하둡의 기능은 평소처럼 작동한다.

10.4.2 위임 토큰

HDFS나 맵리듀스와 같은 분산 시스템에서는 클라이언트-서버 사이의 통신이 빈번하며 각각의 통신은 반드시 인증되어야 한다. 예를 들어 HDFS 읽기 연산은 여러 번의 네임노드 호출과 하나 이상의 데이터노드 호출을 하게 된다. 각 호출을 인증하는 데 사용 중인 클러스터의 KDC에 높은 부하를 발생시키는 3단계의 커버로스 티켓 교환 프로토콜을 사용하는 대신 하둡은 KDC에 다시 접근하지 않고 이에 대한 사후 인증을 허용하는 **위임 토큰**을 사용한다. 위임 토큰은 사용자 편의를 위해 하둡이 생성하고 내부적으로 사용되므로 kinit 명령어로 사용자 로그인하는 것 외에는 사용자가 해야 할 작업은 없다. 하지만 어떻게 쓰는지 기본 개념을 알아두면 유용하다.

위임 토큰은 서버에 의해 생성되며(이 경우 네임노드) 클라이언트와 서버 사이에 공유되는 비밀과 같다. 클라이언트가 처음 네임노드로 RPC 호출을 할 때는 위임 토큰을 가지고 있지 않기 때문에 커버로스를 사용한 인증을 수행하며 응답의 일부로 네임노드로부터 위임 토큰을 얻는다. 후속 호출에서 클라이언트는 네임노드가 확인할 수 있는 위임 토큰을 제공한다(비밀 키를 사용하여 위임 토큰을 생성했기 때문에). 지금부터 클라이언트는 서버에 대해 인증된 상태다.

클라이언트가 HDFS 블록에 대한 연산을 수행할 때 네임노드가 메타데이터 요청에 대한 응답으로 전달한 **블록 접근 토큰**block access token이라는 특별한 종류의 위임 토큰을 사용한다. 클라이언트는 블록 접근 토큰을 사용하여 데이터노드에 자신을 인증한다. 이는 블록 접근 토큰을 검증할 수 있도록 네임노드가 블록 접근 토큰을 생성하기 위해 사용한 비밀 키를 데이터노드와 공유하기 때문에 가능하다(비밀 키는 하트비트 메시지 속에 실어 보낸다). 따라서 HDFS 블록은 네임노드에서 받은 유효한 블록 접근 토큰을 가진 클라이언트만 접근할 수 있다. 이런 방식은 블록에 접근 시 블록 ID만 사용했던 안전하지 않은 하둡의 보안 취약점을 해소한다. 이 속성은 dfs.block.access.token.enable을 true로 설정해서 작성한다.

맵리듀스에서 잡 리소스와 메타데이터(JAR 파일, 입력 분할, 구성 파일과 같은)는 애플리케이션 마스터가 접근할 수 있도록 HDFS에서 공유된다. 그리고 사용자 코드는 노드 매니저 상에서 실행되어 HDFS의 파일에 접근한다(7.1절 '맵리듀스 잡 실행 상세분석' 참조). 잡이 실행되는 동안 애플리케이션 마스터와 노드 매니저는 HDFS에 접근하기 위해 위임 토큰을 이용한다. 잡이 종료되면 위임 토큰도 무효화된다.

위임 토큰은 기본 HDFS 인스턴스를 자동으로 얻게 되며, 만약 잡이 다른 HDFS 클러스터에 접근할 필요가 있다면 mapreduce.job.hdfs-servers 잡 속성 값에 콤마로 구분된 HDFS URI 리스트를 설정하여 다른 HDFS에 대한 위임 토큰을 가져올 수 있다.

10.4.3 다른 보안 강화 사항

리소스에 무단으로 접근하지 못하도록 하둡 스택 전반에 걸쳐 보안이 강화되었다. 주목할 만한 기능은 다음과 같다.

- 노드 매니저를 실행한 사용자 계정이 아닌 잡을 제출한 사용자의 운영 체제 계정으로 태스크를 실행할 수 있다. 이것은 실행되는 태스크를 운영 체제로 격리한다는 것을 의미한다. 그래서 태스크는 서로 신호를 보낼 수 없다(예를 들면 다른 사용자의 태스크를 종료시키기 위해). 그리고 태스크 데이터와 같은 로컬 정보는 로컬 파일시스템 권한으로 비공개된다.

  이 기능은 yarn.nodemanager.container-executor.class를 org.apache.hadoop.yarn.server.nodemanager.LinuxContainerExecutor로 설정하여 활성화한다.[15] 추가로 관리자는 일반적으로 LDAP을 사용하여 클러스터 내 모든 노드에 각 사용자 계정이 존재하도록 확인해야 한다.

- 태스크가 잡을 제출한 사용자 권한으로 실행될 때 분산 캐시(9.4.2절 '분산 캐시' 참조)는 안전하다. 누구나 읽을 수 있는 파일은 공유 캐시(기본적으로 별도의 접근 제어가 없어서 보안상 안전하지 않은 캐시)에 저장되는 반면 소유자만 읽을 수 있는 파일은 비공개 캐시에 보관된다.

- 사용자는 자신이 소유한 잡만 보거나 수정할 수 있으며, 이 기능은 mapreduce.cluster.acls.enabled 속성을 true로 설정하여 활성화한다. 잡 설정 속성에는 mapreduce.job.acl-view-job과 mapreduce.job.acl-modify-job이 있는데, 이 속성들은 특정 잡을 조회하거나 변경할 수 있는 권한을 가질 사용자를 콤마로 구분된 리스트로 설정한다.

- 악의적인 사용자가 다른 사용자의 맵 출력 결과를 요청할 수 없기 때문에 셔플은 안전하다.

- 적합한 구성을 하면 악의적인 사용자가 클러스터에 접속해서 저장되어 있는 데이터를 훼손하는 악성의 보조 네임노드, 데이터노드, 혹은 노드 매니저를 실행하는 것을 방지할 수 있다. 접속을 하려는 데몬은 반드시 마스

---

[15] LinuxTaskController는 bin 디렉터리에 있는 container-executor라는 setuid 실행 파일을 이용한다. 이 바이너리는 root가 소유해야 하며 setuid 비트가 설정되어 있어야 한다(chmod +s로).

터 노드와 인증 과정을 거쳐야 한다.

이 기능을 사용하려면 우선 ktutil 명령어로 이전에 생성한 keytab을 하둡이 사용하도록 구성해야 한다. 예를 들어 데이터노드에서는 dfs.datanode.keytab.file 속성은 keytab 파일명으로 설정하고 dfs.datanode.kerberos.principal 속성은 데이터노드를 사용하는 사용자명으로 설정해야 한다. 마지막으로, DataNodeProtocol(데이터노드와 네임노드의 통신용 프로토콜)의 ACL이 security.datanode.protocol.acl을 데이터노드의 사용자명으로 제한하도록 hadoop-policy.xml에 반드시 설정되어야 한다.

- 데이터노드는 특권 포트^{privileged port}(1024이하 포트)에서 실행될 수 있으므로 클라이언트는 데이터노드가 안전하게 시작되었다는 것을 합리적으로 확신할 수 있다.

- 태스크는 오직 부모 애플리케이션 마스터와 통신할 수 있으며 따라서 공격자가 다른 사용자의 잡에서 맵리듀스 데이터를 획득하는 것을 방지한다.

- RPC(hadoop.rpc.protection), HDFS 블록 전송(dfs.encrypt.data.transfer), 맵리듀스 셔플 (mapreduce.shuffle.ssl.enabled), 웹 UI(hadokop.ssl.enabled)를 포함한 하둡의 다양한 부분이 네트워크 데이터를 암호화하도록 구성할 수 있다. 또한 예를 들어 HDFS 블록을 암호화된 형식으로 저장할 수 있도록 '저장된' 데이터에 대한 암호화 작업 역시 진행 중이다.

10.5 하둡 클러스터 벤치마크

클러스터가 제대로 설치되었을까? 이 질문에 대한 최고의 답변은 잡을 몇 개 실행해서 예상한 결과가 나오는지 확인해보는 것이다. 벤치마크를 사용하면 교차 검증^{sanity check}을 통해 다른 클러스터와 비교할 수 있는 수치를 얻을 수 있고 새로운 클러스터의 성능이 기대한 만큼 나오는지 확인할 수 있다. 벤치마크 결과를 이용하면 최고의 성능이 나오도록 클러스터를 튜닝할 수 있다. 벤치마크를 수행할 때 모니터링 시스템을 활용하면 클러스터 전체의 자원 사용량을 직접 확인해볼 수 있다(11.2절 '모니터링' 참조).

최상의 결과를 얻으려면 다른 사용자가 사용하지 않는 상태에서 벤치마크를 수행해야 한다. 실무 환경에서는 클러스터가 서비스를 시작하거나 다른 사용자가 사용하기 전에 테스트를 수행해야 한다. 사용자가 클러스터에서 주기적인 작업 일정을 잡으면 클러스터를 사용하지 않는 시간을 찾는 것은 거의 불가능하다(정비 시간을 미리 알려주기 전에는). 따라서 이런 일이 생기기 전에 충분한 벤치마크를 수행해야 한다.

경험적으로 보면 새로운 시스템에 생기는 하드웨어 장애의 대부분은 하드 디스크 장애다. 뒤에서 다룰 I/O 과부하 벤치마크를 수행하면 하둡 클러스터를 본격적으로 운영하기 전에 장애가 발생할 가능성이 높은 하드웨어를 골라낼 수 있다(번인^{burn in} 테스트).

10.5.1 하둡 벤치마크

하둡은 간단한 설정으로 쉽게 돌려볼 수 있는 몇 개의 벤치마크 기능을 포함하고 있다. 벤치마크 프로그램은 tests.jar로 끝나는 JAR 파일에 패키징되어 있다. 다음과 같이 JAR 파일을 인자 없이 호출하면 벤치마크 목록과 설명을 볼 수 있다.

```
% hadoop jar $HADOOP_HOME/share/hadoop/mapreduce/hadoop-mapreduce-*-tests.jar
```

다음과 같이 벤치마크를 지정하고 인자 없이 호출하면 사용 방법을 볼 수 있다.

```
% hadoop jar $HADOOP_HOME/share/hadoop/mapreduce/hadoop-mapreduce-*-tests.jar \
  TestDFSIO
TestDFSIO.1.7
Missing arguments.
Usage: TestDFSIO [genericOptions] -read [-random | -backward |
-skip [-skipSize Size]] | -write | -append | -clean [-compression codecClassName]
[-nrFiles N] [-size Size[B|KB|MB|GB|TB]] [-resFile resultFileName]
[-bufferSize Bytes] [-rootDir]
```

TeraSort를 이용한 맵리듀스 벤치마킹

하둡은 입력 데이터 전체를 정렬하는 맵리듀스 프로그램인 TeraSort를 제공한다.[16] TeraSort 프로그램은 셔플을 통해 전체 데이터셋을 전송하기 때문에 HDFS와 맵리듀스를 동시에 벤치마킹할 때 매우 유용하다. 이 프로그램은 임의의 데이터 생성, 정렬 수행, 결과 확인의 3단계로 구성되어 있다.

먼저 teragen(tests 디렉터리가 아닌 examples 디렉터리의 JAR 파일에 있다)을 이용하여 임의의 데이터를 생성한다. 이 프로그램은 지정된 개수의 바이너리 데이터를 생성하는 맵 단독 잡을 실행한다. 각 행의 길이는 100바이트며, 1,000개의 매퍼를 이용하여 1테라바이트의 데이터를 생성하려면 다음과 같이 실행하면 된다(10테라를 줄여서 10t로 표시).

```
% hadoop jar \
  $HADOOP_HOME/share/hadoop/mapreduce/hadoop-mapreduce-examples-*.jar \
```

---

16 TeraSort는 2008년에 1TB 데이터 정렬 세계 기록을 수립했다. 1.6절 '아파치 하둡의 간략한 역사' 참조

```
teragen -Dmapreduce.job.maps=1000 10t random-data
```

다음과 같이 terasort를 실행한다.

```
% hadoop jar \
  $HADOOP_HOME/share/hadoop/mapreduce/hadoop-mapreduce-examples-*.jar \
  terasort random-data sorted-data
```

우리가 가장 중요하게 생각하는 성능 지표는 정렬에 걸리는 총 수행 시간이다. 웹 UI(http://resource-manager-host:8088/)에서 잡의 진행 과정을 관찰해보면 잡의 각 단계에서 걸리는 시간에 대한 감각을 익힐 수 있을 것이다. 또한 6.6절 '잡 튜닝하기'에서 언급한 매개변수 조정도 큰 도움이 될 것이다.

마지막 단계는 교차 검증으로 sorted-data에 있는 데이터가 정확히 정렬되었는지 확인해보는 것이다.

```
% hadoop jar \
  $HADOOP_HOME/share/hadoop/mapreduce/hadoop-mapreduce-examples-*.jar \
  teravalidate sorted-data report
```

이 명령은 정렬된 데이터를 대상으로 정확하게 정렬되었는지 확인하기 위해 일련의 검사를 수행하는 간단한 맵리듀스 잡을 실행한다. 에러가 발생하면 출력 파일인 report/part-r-00000에서 확인할 수 있다.

다른 벤치마크

TeraSort 외에도 많은 하둡 벤치마크가 있으며, 아래에 소개한 벤치마크는 널리 사용되는 것들이다.

- **TestDFSIO**: HDFS의 I/O 성능을 테스트한다. 편의 메서드를 이용하여 병렬로 파일 읽기와 쓰기를 하는 맵리듀스 잡을 사용하여 테스트한다.
- **MRBench**: mrbench로 호출되며 작은 잡을 여러 번 수행한다. MRBench는 TeraSort와 대조되는 작업으로, 클러스터에서 작은 잡이 잘 실행되는지 점검하는 것이다.
- **NNBench**: nnbench로 호출되며 네임노드 하드웨어의 부하 테스트에 사용된다.

- **Grixmix**: 실제 환경에서 관찰된 다양한 데이터 접근 패턴을 모방하여 실제 클러스터의 작업부하[workload]를 모델링하기 위해 고안된 벤치마크 모음이다. Gridmix의 사용 방법은 배포된 문서를 참고하라.
- **SWIM**[Statistical Workload Injector for MapReduce]: 실제 맵리듀스 작업부하의 저장소다. 시스템을 대표하는 테스트 작업부하를 생성할 때 사용한다.
- **TPCx-HS**[17]: 트랜잭션 처리 성능 평의회[Transaction Processing Performance Council]에서 만든 TeraSort 기반의 표준화된 벤치마크다.

10.5.2 사용자 잡

튜닝을 제대로 하기 위해서는 표준 벤치마크를 이용하는 것도 좋지만 사용자가 만든 대표적인 잡을 몇 개 포함하여 클러스터를 튜닝해보는 것이 가장 좋은 방법이다. 이번이 여러분이 만든 첫 번째 하둡 클러스터고 아직 아무런 사용자 작업이 없다면 Grimix나 SWIM이 좋은 대안이 될 수 있다.

직접 작성한 사용자 잡으로 벤치마크를 수행할 때는 매번 다른 데이터셋을 선택하여 벤치마크에 걸리는 시간을 서로 비교할 수 있어야 한다. 새로운 클러스터를 설치했거나 클러스터를 업그레이드할 때는 이전에 실행했을 때와 성능을 비교할 수 있도록 동일한 데이터셋을 사용하는 것이 좋다.

---

17 http://www.tpc.org/tpcx-hs/

## CHAPTER 11

하둡 관리

앞 장에서는 하둡 클러스터를 설정하는 방법을 다루었다. 이 장에서는 하둡 클러스터를 원활히 운영하기 위한 절차를 살펴보겠다.

11.1 HDFS

11.1.1 영속적인 데이터 구조

하둡 관리자는 HDFS의 컴포넌트인 네임노드, 보조 네임노드, 데이터노드가 영속적으로 사용하는 데이터를 디스크에 구성하는 방식을 이해할 필요가 있다. 어떤 파일이 어느 위치에 있는지 아는 것은 장애를 진단하고 해결하는 데 도움이 되기 때문이다.

네임노드 디렉터리 구조

운영 중인 네임노드의 디렉터리 구조는 오른쪽 그림과 같다.

```
${dfs.namenode.name.dir}/
├── current
│   ├── VERSION
│   ├── edits_0000000000000000001-0000000000000000019
│   ├── edits_inprogress_0000000000000000020
│   ├── fsimage_0000000000000000000
│   ├── fsimage_0000000000000000000.md5
│   ├── fsimage_0000000000000000019
│   ├── fsimage_0000000000000000019.md5
│   └── seen_txid
└── in_use.lock
```

10장에서 살펴본 dfs.namenode.name.dir 속성은 디렉터리의 목록으로, 각 디렉터리에는 동일한 내용이 복제되어 있다는 점을 상기하자. 이런 메커니즘은 특히 이 디렉터리 중 하나가 NFS 마운트로 구성되어 있다면(권장사항) 장애복구^resilience 능력을 제공한다.

VERSION은 자바 속성 파일로, 구동 중인 HDFS 버전에 대한 정보를 포함한다. 일반적인 파일의 내용은 다음과 같다.

```
#Mon Sep 29 09:54:36 BST 2014
namespaceID=1342387246
clusterID=CID-01b5c398-959c-4ea8-aae6-1e0d9bd8b142
cTime=0
storageType=NAME_NODE
blockpoolID=BP-526805057-127.0.0.1-1411980876842
layoutVersion=-57
```

layoutVersion은 HDFS의 영속적인 데이터 구조의 버전을 음의 정수로 정의한다. 이 숫자는 하둡 배포판의 릴리즈 버전과는 아무런 관계가 없다. 레이아웃이 변경될 때마다 버전 숫자는 줄어든다(예를 들어 -57 다음 버전은 -58이다). 새로운 네임노드(또는 데이터노드)의 저장소 레이아웃이 너무 오래된 버전이면 제대로 동작하지 않기 때문에 레이아웃이 변경되면 HDFS를 업그레이드해야 한다. HDFS를 업그레이드하는 방법은 11.3.3절 '업그레이드'에서 다룬다.

namespaceID는 파일시스템 네임스페이스의 유일한 식별자로, 네임노드를 처음 포맷할 때 생성된다. clusterID는 HDFS 클러스터 전체의 유일한 식별자로, 특히 HDFS 페더레이션^federation 을 구성할 때 중요한 역할을 한다(3.2.4절 'HDFS 페더레이션' 참조). HDFS 페더레이션을 사용하는 클러스터는 여러 개의 네임스페이스로 구성되며 각 네임스페이스는 하나의 네임노드가 관리한다. blockpoolID는 네임노드가 관리하는 네임스페이스의 모든 파일이 들어 있는 블록 풀의 유일한 식별자다.

cTime 속성은 네임노드 저장소의 생성 시간을 표시한다. 새롭게 포맷된 저장소의 cTime 속성 값은 항상 0이다. 이후 파일시스템이 업그레이드되면 cTime 속성의 값은 갱신된 시점의 타임스탬프로 변경된다.

storageType은 해당 저장소의 디렉터리가 네임노드의 데이터 구조를 가진다는 것을 나타낸다.

in_use.lock 파일은 네임노드가 저장소 디렉터리를 잠그는 데 사용하는 잠금 파일^lock file 이다. 이 파일은 다른 네임노드의 인스턴스가 동일한 저장소 디렉터리에서 실행되는 것(파일시스템의 손상)을 방지하는 역할을 한다.

네임노드 저장소 디렉터리에는 edits, fsimage, seen_txid와 같은 파일이 있다. 이러한 파일들이 어디에 사용되는지 이해하려면 네임노드의 동작 방식을 좀 더 깊이 알아보아야 한다.

파일시스템 이미지와 에디트 로그

파일시스템의 클라이언트가 쓰기 동작(파일 생성이나 이동)을 하면 일단 에디트 로그에 해당 내역이 기록된다. 네임노드는 파일시스템의 메타데이터를 인메모리$^{in-memory}$(파일과 메모리 양쪽에 데이터를 유지하는 방식)로 관리하는데, 에디트 로그를 먼저 변경한 후 메모리상의 메타데이터도 변경한다. 클라이언트의 읽기 요청에는 인메모리 메타데이터만 사용된다.

에디트 로그는 개념적으로는 단일 개체지만 디스크에서는 다수의 파일로 관리된다. 각 파일을 **세그먼트**라고 하며 접두사 edits와 트랜잭션 ID를 의미하는 접미사로 구성되어 있다. 한번에 하나의 파일만 쓰기를 위해 열리며(예제에서 에디트 로그파일의 이름은 edits_inprogress_0000000000000000020이다), 네임노드는 쓰기 동작이 끝날 때마다 성공했다는 결과를 클라이언트에 알려주기 전에 에디트 로그를 플러시^{flush}하여 동기화시킨다. 네임노드는 여러 개의 디렉터리에 에디트 로그를 기록할 수 있기 때문에 변경 내역을 모든 에디트 로그 복제본 파일에 플러시하고 동기화한 후에 성공했다는 것을 알려주어야 한다. 이는 어떠한 기계적 결함에도 데이터가 손실되지 않도록 하기 위함이다.

각각의 fsimage 파일은 파일시스템 메타데이터의 완전하고 영속적인 체크포인트다(fsimage 파일의 접미사는 파일시스템 이미지의 마지막 트랜잭션을 나타낸다). 파일시스템에서 쓰기 동작이 있을 때마다 fsimage 파일을 변경하지는 **않는데**, fsimage 파일이 기가바이트 크기로 커지면 성능이 매우 느려지기 때문이다. fsimage 파일을 바로 갱신하지 않더라도 하둡의 장애복구 능력이 저하되는 것은 아니다. 만약 네임노드에 장애가 발생하면 먼저 fsimage를 메모리에 로드하고 에디트 로그파일에서 특정 지점 이후에 발생한 변경 내역들을 메모리에 반영하여 파일시스템의 메타데이터를 최신의 상태로 복원할 수 있기 때문이다. 실제로 이와 동일한 과정이 네임노드 서비스가 시작될 때 수행된다(11.1.2절 '안전 모드' 참조).

앞에서 설명한 것처럼 에디트 로그파일은 무한정 커질 수 있다(여러 개의 물리적 edits 파일로 분산되더라도). 에디트 로그파일이 커지더라도 네임노드가 구동 중일 때는 특별한 영향을 주지 않는다. 하지만 네임노드가 재시작될 경우 매우 큰 에디트 로그의 변경 내역을 모두 적용하기 위해서는 상당한 시간이 소요된다. 이 작업을 수행하는 동안은 파일시스템을 사용하지 못하는 원치 않는 상황에 처하게 된다.

> **NOTE_** 각 fsimage 파일은 파일시스템에 존재하는 모든 디렉터리와 파일의 아이노드[inode] 정보를 직렬화한 파일이다. 각 아이노드는 파일이나 디렉터리 메타데이터의 내부 구조를 나타내며 파일의 복제 수준, 변경 및 접근 시간, 접근 권한, 블록 크기, 파일을 구성하는 블록 집합과 같은 정보를 가지고 있다. 디렉터리에는 파일과 달리 변경 시간, 권한, 할당 크기와 같은 메타데이터 정보가 저장되어 있다.
>
> 블록이 실제 저장된 데이터노드에 대한 정보는 fsimage 파일에 기록되지 **않는다**. 대신 네임노드는 매핑 정보(어떤 블록이 어느 데이터노드에 저장되어 있는지)를 메모리에서 따로 관리한다. 네임노드는 클러스터에 데이터노드가 추가될 때마다 블록 목록에 대한 정보를 데이터노드에 요청하여 매핑 정보를 구성하며, 주기적으로 네임노드의 블록 매핑 정보를 최신 상태로 갱신한다.

이러한 문제의 해결책은 보조 네임노드를 운영하는 것이다. 보조 네임노드의 용도는 주 네임노드의 메모리에 있는 파일시스템 메타데이터의 체크포인트를 만드는 것이다.[1] 체크포인팅 작업의 절차는 다음과 같으며, [그림 11-1]은 에디트 로그와 fsimage 파일에 관한 내용을 도식화한 것이다.

1 보조 네임노드는 주 네임노드에 사용 중인 edits 파일을 순환할 것을 요청한다. 이제부터 새로 발생하는 edits 로그는 새로운 파일에 저장된다. 주 네임노드는 모든 저장소 디렉터리의 seen_txid 파일을 변경한다.

2 보조 네임노드는 HTTP GET 방식으로 주 네임노드에 있는 최신 fsimage와 edits 파일을 가져온다.

3 보조 네임노드는 fsimage 파일을 메모리에 올리고 edits 파일의 각 변경 내역을 적용한다. 그리고 병합된 새로운 fsimage 파일을 생성한다.

4 보조 네임노드는 새로운 fsimage 파일을 HTTP PUT 방식으로 주 네임노드에 전송하고, 주 네임노드는 받은 파일을 .ckpt라는 확장자를 가진 임시 파일로 저장한다.

5 주 네임노드는 임시 저장한 fsimage 파일의 이름을 변경하여 사용 가능하게 만든다.

마지막 단계까지 완료되면 주 네임노드는 최신 fsimage 파일과 작은 edits 파일을 가지게 된다. 이때 edits 파일은 빈 파일이 아닐 수도 있는데, 보조 네임노드에서 체크포인팅 작업이 진행되는 동안 몇 번의 edits 변경 요청을 받았을 수 있기 때문이다. hdfs dfsadmin -saveNamespace 명령을 이용하면 관리자는 네임노드를 안전 모드로 변환하여 체크포인팅 절차를 수동으로 실행할 수 있다.

---

1 네임노드를 -checkpoint 옵션으로 시작하면 또 다른 (주) 네임노드에 대한 체크포인팅 프로세스를 실행할 수 있다. 이런 방식은 보조 네임노드를 실행하는 것과 기능은 동일하며, 실행 시간을 보면 보조 네임노드와 거의 차이가 없다. 보조 네임노드는 가장 검증되고 믿을 수 있는 옵션이다. 고가용성 환경(3.2.5절 'HDFS 고가용성' 참조)에서는 대기(standby) 네임노드가 체크포인팅 절차를 수행한다.

이러한 체크포인팅 절차를 알게 되면 왜 보조 네임노드가 주 네임노드와 비슷한 메모리 용량을 요구하는지 명확하게 알 수 있으며(fsimage 파일을 메모리에 올려야 하기 때문), 이런 이유로 대형 클러스터에서는 보조 네임노드 전용의 컴퓨터가 반드시 필요하다.

체크포인팅 절차는 두 개의 환경 설정 매개변수를 사용해서 제어한다. 보조 네임노드는 매 시간(dfs.namenode.checkpoint.period, 초 단위)마다 체크포인트를 생성하거나, 매 분(dfs.namenode.checkpoint.check.period, 초 단위)마다 에디트 로그를 확인하여 마지막 체크포인트 이후에 기록된 변경 내역의 개수가 1백만 개(dfs.namenode.checkpoint.txns)를 넘으면 새로운 체크포인트를 생성한다.

그림 11-1 체크포인팅 절차

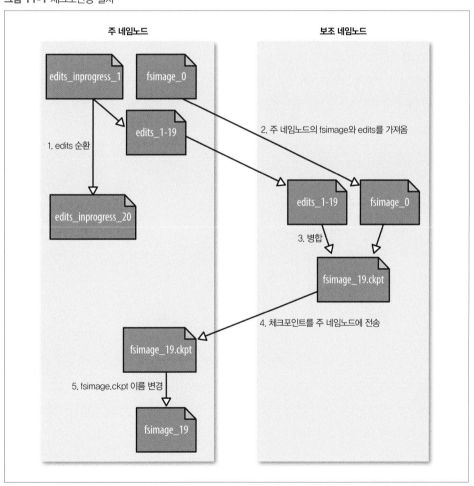

보조 네임노드 디렉터리 구조

보조 네임노드의 체크포인트 디렉터리(dfs.namenode.checkpoint.dir)의 구조는 주 네임노드의 체크포인트 디렉터리와 동일하다. 주 네임노드 전체에 장애(NFS에도 복구할 수 있는 백업본이 없을 때)가 생기더라도 보조 네임노드를 이용해서 복구할 수 있도록 설계되었기 때문이다. 해당 저장소 디렉터리를 새로운 네임노드에 복사하여 복구하거나, 보조 네임노드를 시작할 때 -importCheckpoint 옵션을 사용하여 새로운 주 네임노드 역할을 맡길 수도 있다. -importCheckpoint 옵션은 dfs.namenode.checkpoint.dir 속성으로 정의된 디렉터리에 있는 가장 최근의 체크포인트의 네임노드 메타데이터를 불러온다. 하지만 이 작업은 dfs.namenode.name.dir 디렉터리에 메타데이터가 없을 때만 수행되므로 중요한 메타데이터를 겹쳐 쓸 위험은 없다.

데이터노드 디렉터리 구조

네임노드와 달리 데이터노드는 명시적으로 포맷할 필요가 없다. 각 머신에서 데이터노드가 처음 시작될 때 자동으로 저장소 디렉터리를 생성하기 때문이다. 데이터노드의 주요 파일과 디렉터리를 살펴보자.

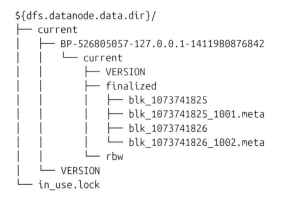

```
${dfs.datanode.data.dir}/
├── current
│   ├── BP-526805057-127.0.0.1-1411980876842
│   │   └── current
│   │       ├── VERSION
│   │       ├── finalized
│   │       │   ├── blk_1073741825
│   │       │   ├── blk_1073741825_1001.meta
│   │       │   ├── blk_1073741826
│   │       │   └── blk_1073741826_1002.meta
│   │       └── rbw
│   └── VERSION
└── in_use.lock
```

HDFS의 각 블록은 blk_로 시작되는 파일에 저장되며, 각 파일은 저장된 파일의 일부분을 원시raw 바이트 형태로 저장한다.[2] 각 블록은 blk_로 시작되는 파일 외에도 .meta로 끝나는 연관 메타데이터 파일을 가진다. 메타데이터 파일은 버전 및 타입 정보를 가진 헤더와 일련의 블록 구간별 체크섬checksum으로 구성되어 있다.

---

2 옮긴이_ HDFS에 저장된 파일은 논리적으로 하나의 파일로 보이나 내부적으로는 데이터노드에 blk_ 접두사가 붙은 여러 개의 물리적인 파일로 분리되어 저장된다.

각 블록은 블록 풀에 속해 있고, 각 블록 풀은 블록 ID(네임노드의 VERSION 파일에 있는 블록 풀 ID와 동일)로 된 저장소 디렉터리를 가진다.

하나의 디렉터리에 저장된 블록의 수가 지정된 개수(기본값은 64고, dfs.datanode.numblocks 속성으로 설정)를 넘어서면 데이터노드는 새로운 서브디렉터리를 생성하여 새로운 블록과 메타데이터를 저장한다. 결과적으로 넓은 부채꼴 형태의 트리 구조가 되며, 매우 많은 블록을 가진 시스템이더라도 디렉터리의 계층 구조는 몇 단계에 불과하다. 이런 정책을 바탕으로 데이터노드는 디렉터리별로 파일의 수를 제어할 수 있으며, 대부분의 운영체제에서 단일 디렉터리에 대량의 파일(수만 또는 수십만)을 저장할 때 발생하는 문제를 사전에 방지할 수 있다.

환경 설정 속성인 dfs.datanode.data.dir에 다른 물리적 드라이브를 가진 다수의 디렉터리를 지정하면 라운드-로빈^{round-robin} 방식으로 각 블록을 저장한다. 블록은 단일 데이터노드의 각 드라이브에 복제되는 것이 **아니라** 분리된 서로 다른 데이터노드에 복제된다는 점을 유념해야 한다.

11.1.2 안전 모드

네임노드를 시작할 때 첫 번째로 수행되는 일은 이미지 파일(fsimage)을 메모리상에 로드하고 에디트 로그(edits)의 변경 내역을 반영하는 것이다. 일관된 파일시스템 메타데이터의 인메모리 이미지를 재구성하였다면 네임노드는 새로운 fsimage 파일(보조 네임노드에 맡기지 않고 자체적으로 체크포인팅 작업을 수행하는 것이 더 효율적이다)과 빈 에디트 로그를 생성한다. 이러한 과정이 수행되는 동안 네임노드는 **안전 모드**로 동작하는데, 안전 모드에서 클라이언트는 읽기 동작만 할 수 있다.

> **CAUTION_** 엄밀히 말해, 안전 모드에서는 파일시스템 메타데이터에 대한 접근 작업(예를 들면 디렉터리 목록 조회)은 잘 작동한다. 파일을 읽는 것도 해당 블록이 클러스터의 현재 데이터노드 집합에 있다면 가능하다. 하지만 파일을 변경하는 작업(쓰기, 삭제, 이름 변경)은 안전 모드에서 수행할 수 없다.

네임노드는 시스템에 있는 블록의 정확한 위치를 저장하지 않는다는 것을 상기하자(디스크에 영구히 저장하지 않는다). 블록의 위치 정보는 데이터노드에 있으며 블록 목록 형태로 저장된다. 시스템이 정상적으로 운영 중일 때 네임노드는 블록 위치의 맵 정보를 메모리에 저장한다. 안전 모드에서는 데이터노드가 자신의 블록 목록을 네임노드에 등록할 시간적 여유가 필요하다. 안전 모드에서 데이터노드로부터 블록 목록을 받으면 네임노드는 파일시스템을 효율적으로 운영하기 위한 충분한 블록 위치 정보를 확보하게 된다. 만약 네임노드가 데이터노드의 블록 정보 등록을 오랫동안 기다리는 것이 어려운 상황이라면 네임노드는 블록을 새로운 데이터노드에 복제하는 프로세스를 실행해야 한다. 하지만 이렇게 복제 프로세스를 실행하는 것은 대부분 불필요하며(남은 데이터노드가 등록할 때까지 조금만 기다리면 되므로) 클러스터의 자원을 심하게 낭비하게 된다. 실제 안전 모드에서 네임노드는 어떠한 블록 복제나 삭제 명령도 데이터노드에 내리지 않는다.

최소 복제 조건^{minimal replication condition}을 만족한 후 30초가 지나면 안전 모드가 해제된다. 최소 복제 조건은 전체 파일시스템의 블록이 최소 복제 수준(기본값은 1이며, dfs.namenode.replication.min 속성에서 설정, [표 11-1] 참조)의 99.9%를 넘을 때를 말한다.

새로 포맷된 HDFS 클러스터를 시작할 때는 시스템에 블록이 하나도 없으므로 네임노드는 안전 모드로 들어가지 않는다.

표 11-1 안전 모드 속성

속성명	자료형	기본값	설명
dfs.namenode. replication.min	int	1	쓰기 작업이 성공하기 위해 완료되어야 하는 최소 복제본의 수
dfs.namenode.safemode. threshold-pct	float	0.999	네임노드가 안전 모드에서 해제되기 위한 dfs.namenode.replication.min 속성에 정의된 최소 복제 수준에 대한 시스템 블록의 비율. 이 값을 0이나 그 이하로 설정하면 네임노드는 안전 모드 없이 시작된다. 이 값을 1보다 크게 하면 네임노드는 안전 모드 상태에서 벗어나지 않게 된다.
dfs.namenode.safemode. extension	int	30000	dfs.namenode.safemode.threshold-pct 속성에 정의된 최소 복제 조건을 만족한 후 안전 모드를 계속 유지하는 시간을 밀리세컨드 단위로 지정한다. 작은 클러스터(수십 개의 노드)는 0초로 설정해도 된다.

안전 모드 진입과 해제

네임노드가 안전 모드 상태인지 확인하려면 dfsadmin 명령을 사용하면 된다.

```
% hdfs dfsadmin -safemode get
Safe mode is ON
```

HDFS 웹 UI 첫 페이지에서도 네임노드의 안전 모드 여부를 확인할 수 있다.

때로는 특정 스크립트에 다음과 같은 명령어를 추가하여 네임노드가 안전 모드에서 벗어날 때까지 기다릴 필요가 있다. 다음과 같이 wait 옵션을 주면 된다.

```
% hdfs dfsadmin -safemode wait
# command to read or write a file
```

관리자는 언제라도 네임노드를 안전 모드로 진입 혹은 해제시킬 수 있다. 안전 모드 기능은 클러스터 유지 보수 작업을 하거나 클러스터를 업그레이드한 다음 데이터를 읽을 수 있는지 확인할 때 유용하다. 안전 모드에 진입하려면 다음 명령어를 사용한다.

```
% hdfs dfsadmin -safemode enter
Safe mode is ON
```

네임노드가 시작된 후 안전 모드 상태에 있을 때 계속 안전 모드 상태를 유지하기 위해 위 명령을 사용할 수도 있다. 네임노드를 안전 모드 상태로 유지하는 또 다른 방법은 dfs.namenode.safemode.threshold-pct 속성의 값을 1보다 크게 하는 것이다.

네임노드를 안전 모드에서 해제하려면 다음 명령을 사용하면 된다.

```
% hdfs dfsadmin -safemode leave
Safe mode is OFF
```

11.1.3 감사 로깅

HDFS는 모든 파일시스템의 접근 요청을 기록할 수 있으며 이런 기능은 조직에서 감사를 할 때 필요하다. 감사 로깅[audit logging]은 INFO 수준의 log4j 로깅을 이용하여 구현되어 있다. 기본 설정은 감사 로깅을 하지 않는 것이다. 그러나 hadoop-env.sh에 아래 내용을 추가하면 쉽게 감사 로깅을 활성화할 수 있다.

```
export HDFS_AUDIT_LOGGER="INFO,RFAAUDIT"
```

HDFS 이벤트가 발생하면 감사 로그(hdfs-audit.log)에 한 줄의 로그가 기록된다. 다음은 /user/tom 디렉터리에 대한 요청을 조회하는 예제다.

```
2014-09-30 21:35:30,484 INFO FSNamesystem.audit: allowed=true    ugi=tom
  (auth:SIMPLE)    ip=/127.0.0.1   cmd=listStatus  src=/user/tom    dst=null
  perm=null        proto=rpc
```

11.1.4 도구

dfsadmin

dfsadmin 도구는 HDFS의 상태 정보를 확인하고 HDFS에서 다양한 관리 작업을 수행할 수 있는 다목적 도구다. 슈퍼유저superuser 권한이 필요하며 hdfs dfsadmin 명령으로 실행할 수 있다.

[표 11-2]에 dfsadmin으로 가능한 명령에 대한 설명이 있다. 자세한 내용은 -help 명령을 사용하면 알 수 있다.

표 11-2 dfsadmin 명령

명령	설명
-help	입력받은 명령어에 대한 도움말을 보여준다. 명령어를 지정하지 않으면 모든 명령어를 표시한다.
-report	파일시스템 통계(웹 UI에서 본 것과 유사)와 연결된 데이터노드 정보를 보여준다.
-metasave	연결된 데이터노드 리스트와 복제되거나 삭제된 블록 정보를 하둡 로그 디렉터리 내에 파일로 저장한다.
-savemode	안전 모드의 상태를 변경하거나 조회한다. 11.1.2절 '안전 모드' 참조
-saveNamespace	현재 메모리상에 있는 파일시스템 이미지를 새로운 fsimage 파일에 저장하고 edits 파일을 초기화한다. 이 동작은 안전 모드에서만 수행 가능하다.
-fetchImage	네임노드에서 가장 최신의 fsimage를 찾아 로컬 파일로 저장한다.
-refreshNodes	네임노드에 접속이 허가된 데이터노드 집합을 갱신한다. 11.3.2절 '노드의 추가와 퇴역' 참조
-upgradeProgress	HDFS 업그레이드 진행에 대한 정보를 가져오거나 업그레이드를 강제로 진행한다. 11.3.3절 '업그레이드' 참조
-finalizeUpgrade	이전 버전의 네임노드와 데이터노드 저장 디렉터리를 제거한다. 업그레이드가 적용되고 새로운 버전으로 클러스터가 성공적으로 실행된 후에 사용할 수 있다. 11.3.3절 '업그레이드' 참조

명령	설명
-setQuota	디렉터리 할당량을 설정한다. 디렉터리 할당량은 디렉터리 트리 내의 파일과 디렉터리 이름의 개수를 제한한다. 디렉터리 할당량은 사용자가 많은 수의 작은 파일을 생성하는 것을 방지하는 데 유용하며, 네임노드의 메모리를 유지하는 데 도움이 된다(파일시스템의 모든 파일, 디렉터리, 블록 정보는 메모리에 저장된다는 것을 상기하자).
-clrQuota	지정된 디렉터리 할당량을 지운다.
-setSpaceQuota	디렉터리에 용량기준 할당량을 설정한다. 이는 디렉터리 트리 내에 저장할 수 있는 파일의 크기를 제한한다. 사용자에게 제한된 용량의 저장 공간을 제공하는 데 유용하다.
-clrSpaceQuota	디렉터리에 지정된 용량기준 할당량을 지운다.
-refreshServiceAcl	네임노드의 서비스 수준 인가 정책 파일을 갱신한다.
-allowSnapshot	지정된 디렉터리에 스냅숏을 생성하는 것을 허락한다.
-disallowSnapshot	지정된 디렉터리에 스냅숏을 생성하는 것을 불허한다.

파일시스템 점검(fsck)

하둡은 HDFS에 저장된 파일의 상태 점검을 위해 fsck 유틸리티를 제공한다. 이 도구를 사용해서 적게 혹은 많이 복제된 블록뿐만 아니라 모든 데이터노드에서 사라진 블록을 찾을 수 있다. 다음은 작은 클러스터의 전체 파일시스템을 점검하는 예제다.

```
% hdfs fsck /
.....................Status: HEALTHY
 Total size: 511799225 B
 Total dirs: 10
 Total files: 22
 Total blocks (validated): 22 (avg. block size 23263601 B)
 Minimally replicated blocks: 22 (100.0 %)
 Over-replicated blocks: 0 (0.0 %)
 Under-replicated blocks: 0 (0.0 %)
 Mis-replicated blocks:  0 (0.0 %)
 Default replication factor: 3
 Average block replication: 3.0
 Corrupt blocks:  0
 Missing replicas:  0 (0.0 %)
 Number of data-nodes:  4
 Number of racks:  1


The filesystem under path '/' is HEALTHY
```

fsck는 입력받은 경로(이 예제에서는 파일시스템의 루트)를 시작으로 파일시스템 네임스페이스를 재귀적으로 순회하면서 찾은 파일들을 점검한다. 각 파일을 점검할 때마다 점을 출력한다. fsck는 파일을 점검하기 위해 파일 블록의 메타데이터를 추출한 다음 문제점이나 불일치를 확인한다. fsck는 네임노드에서 파일의 모든 정보를 추출하며, 실제로 블록 데이터를 얻기 위해 데이터노드와 통신하는 일은 없다는 점을 유의하자.

fsck의 출력 결과는 따로 설명할 필요가 없을 정도로 명확하지만 몇 가지 확인해야 할 상태가 있다.

- **초과 복제 블록**

  이는 파일을 구성하는 블록 중에서 목표 복제 개수를 초과하는 블록이다. 일반적으로 초과 복제는 문제가 되지 않는다. 그리고 HDFS는 초과 블록 복제본을 자동으로 삭제한다.

- **복제 기준 미만의 블록**

  이는 파일을 구성하는 블록 중에서 목표 복제 개수에 미치지 못하는 블록으로, HDFS는 목표 복제 개수가 될 때까지 복제 기준에 미달하는 블록의 새로운 복제본을 자동으로 생성한다. hdfs dfsadmin -metasave 명령을 이용하면 복제가 되고 있거나 대기 상태에 있는 블록 정보를 확인할 수 있다.

- **잘못 복제된 블록**

  이는 블록 복제 배치 정책(3.6.2절의 '복제본 배치' 글상자 참조)을 만족하지 않는 블록이다. 예를 들어 복제 수준이 3인 멀티랙 클러스터에서 3개의 복제본 모두가 동일한 랙에 있다면 해당 블록은 잘못 복제된 블록이 된다. 복제본이 장애 복구 능력을 갖기 위해서는 최소 2개의 랙에 분산되어 있어야 한다. HDFS는 잘못 복제된 블록을 자동으로 다시 복제하여 랙 배치 정책을 준수하게 만든다.

- **손상된 블록**

  모든 복제본을 사용할 수 없으면 손상된 블록corrupt block이다. 적어도 한 개의 정상적인 복제본을 가진 블록은 손상된 것으로 보고되지 않는다. 네임노드는 손상되지 않은 블록을 목표 복제 개수에 도달할 때까지 복제한다.

- **누락된 복제본**

  누락된 블록missing block은 클러스터 어디에서도 복제본을 찾을 수 없는 블록이다.

손상되거나 누락된 블록이 가장 큰 문제가 된다. 이러한 블록은 데이터가 없어진 것을 의미하기 때문이다. 기본적으로 fsck는 손상되거나 누락된 블록이 있는 파일을 그냥 내버려둔다. 하지만 이러한 파일을 대상으로 다음 동작 중 하나를 수행할 수 있다.

- -move 옵션을 사용해서 문제의 파일을 HDFS의 /lost+found 디렉터리로 **이동**시킨다. 파일은 연속된 블록의 체인 형태로 관리되어 가능한 한 모든 복구가 이루어질 수 있도록 한다.

- -delete 옵션을 사용해서 문제의 파일을 **삭제**한다. 삭제된 후에는 파일을 복구할 수 없다.

파일의 블록 찾기. fsck 툴은 특정 파일에 어떤 블록이 속하는지 쉽게 찾을 수 있는 방법을 제공한다. 예를 들면 다음과 같다.

```
% hdfs fsck /user/tom/part-00007 -files -blocks -racks
/user/tom/part-00007 25582428 bytes, 1 block(s): OK
0. blk_-3724870485760122836_1035 len=25582428 repl=3 [/default-rack/10.251.43.2:
50010,/default-rack/10.251.27.178:50010, /default-rack/10.251.123.163:50010]
```

예제를 보면 /user/tome/part-00007 파일은 한 개의 블록으로 구성되어 있다는 것을 알 수 있고 블록이 위치한 데이터노드도 볼 수 있다. 다음과 같이 fsck 옵션을 사용할 수 있다.

- -files 옵션은 파일명, 크기, 블록의 개수, 상태 정보(누락된 블록이 있는지 여부)를 보여준다.
- -blocks 옵션은 파일의 각 블록에 대한 정보를 한 행씩 보여준다.
- -racks 옵션은 각 블록의 랙의 위치와 데이터노드의 주소를 보여준다.

아무런 인자 없이 hdfs fsck를 실행하면 전체 사용법에 대한 설명을 볼 수 있다.

데이터노드 블록 스캐너

모든 데이터노드는 **블록 스캐너**^{block scanner}를 실행하여 데이터노드에 저장된 모든 블록을 주기적으로 점검한다. 이를 통해 클라이언트가 블록을 읽기 전에 문제가 있는 블록을 탐지하고 수리할 수 있다. 블록 스캐너는 점검할 블록의 목록을 관리하며 체크섬 오류를 찾기 위해 모든 블록을 확인한다. 스캐너는 데이터노드의 디스크 대역폭을 유지하기 위한 조절 메커니즘^{throttling mechanism}을 사용한다.

시간이 지남에 따라 발생하는 디스크 오류에 대처하기 위해 3주마다 전체 블록을 점검한다. 검사 주기는 dfs.datanode.scan.period.hours 속성으로 설정하며, 기본값은 504시간이다. 손상된 블록이 있으면 네임노드에 보고한다(손상된 블록을 고치는 작업은 네임노드가 관리한다).

데이터노드의 웹 인터페이스인 http://datanode:50075/blockScannerReport를 방문하면 블록 점검 보고서를 얻을 수 있다. 다음은 굳이 설명할 필요가 없는 보고서의 예다.

```
Total Blocks              :  21131
Verified in last hour     :     70
Verified in last day      :   1767
Verified in last week     :   7360
Verified in last four weeks :  20057
Verified in SCAN_PERIOD   :  20057
Not yet verified          :   1074
Verified since restart    :  35912
Scans since restart       :   6541
Scan errors since restart :      0
Transient scan errors     :      0
Current scan rate limit KBps :  1024
Progress this period      :   109%
Time left in cur period   : 53.08%
```

만약 http://datanode:50075/blockScannerReport?listblocks와 같이 `listblocks` 매개 변수를 명시하면 데이터노드의 모든 블록의 목록을 최신 점검 상태와 함께 볼 수 있다. 다음은 블록 목록의 일부다(페이지에 맞추기 위해 행을 구분하였다).

```
blk_6035596358209321442     : status : ok      type : none    scan time :
 0                      not yet verified
blk_3065580480714947643     : status : ok      type : remote  scan time :
 1215755306400       2008-07-11 05:48:26,400
blk_8729669677359108508     : status : ok      type : local   scan time :
 1215755727345       2008-07-11 05:55:27,345
```

첫 번째 컬럼은 블록 ID고, 그다음에는 키-값 쌍으로 된 정보가 있다. 상태 정보^{status}는 해당 블록의 최근 스캔에서 체크섬 오류의 발생 여부에 따라 `failed` 혹은 `ok`가 된다. 스캔의 유형^{type}은 백그라운드 스레드로 수행되었다면 `local`, 클라이언트나 원격의 데이터노드가 수행했다면 `remote`, 아직 블록을 스캔하지 않았다면 `none`으로 표시된다. 마지막 정보는 스캔 시간$^{scan\ time}$이다. 스캔 시간은 1970년 1월 1일 자정 이후의 밀리세컨드와 일반적인 날짜 형식으로 표시된다.

밸런서

시간이 지남에 따라 데이터노드 사이의 블록의 분포는 불균형 상태가 될 수 있다. 불균형 상태의 클러스터는 맵리듀스의 지역성^{locality}에 영향을 받게 되므로 자주 사용되는 데이터노드에 큰 부하를 주게 된다. 따라서 불균형 상태가 되지 않도록 해야 한다.

밸런서 프로그램은 블록을 재분배하기 위해 사용률이 높은 데이터노드의 블록을 사용률이 낮은 데이터노드로 옮기는 하둡 데몬이다. 블록 복제본을 다른 랙에 두어서 데이터 유실을 방지하는 블록 복제본 배치 정책은 그대로 고수한다(3.6.2절의 '복제본 배치' 글상자 참조). 밸런서는 클러스터가 균형 상태가 될 때까지 블록을 이동시킨다. 여기서 균형 상태란 각 데이터노드의 사용률(노드의 총 가용 공간과 사용된 공간의 비율)이 클러스터의 사용률(클러스터의 총 가용 공간과 사용된 공간의 비율)과 비교하여 지정된 임계치 비율 이내일 때를 의미한다. 밸런서는 다음과 같이 실행할 수 있다.

```
% start-balancer.sh
```

-threshold 인자에는 클러스터의 균형 상태를 의미하는 임계치 비율을 지정한다. 이 플래그는 선택사항이며, 지정하지 않으면 임계치는 10%다. 클러스터에는 오직 하나의 밸런서만 실행될 수 있다.

밸런서는 클러스터가 균형 상태가 될 때까지 수행된다. 더 이상 블록을 이동시킬 수 없거나 네임노드와 통신이 단절될 수 있기 때문에 표준 로그 디렉터리에 로그파일을 생성하고 재분배 작업이 순환될 때마다 기록을 남긴다. 아래는 작은 클러스터에서 아주 짧은 시간 동안 밸런서를 실행한 결과다(페이지에 맞추기 위해 조금 변경했다).

```
Time Stamp        Iteration# Bytes Already Moved  ...Left To Move  ...Being Moved
Mar 18, 2009 5:23:42 PM  0              0 KB          219.21 MB        150.29 MB
Mar 18, 2009 5:27:14 PM  1         195.24 MB          22.45 MB        150.29 MB
The cluster is balanced. Exiting...
Balancing took 6.072933333333333 minutes
```

밸런서는 클러스터에 과도한 부하를 주지 않고 클러스터를 사용하는 다른 클라이언트에 방해가 되지 않기 위해 백그라운드로 실행되도록 설계되었다. 밸런서는 한 노드에서 다른 노드로 블록을 복제할 때 필요한 대역폭을 제한할 수 있다. 기본값은 1MB/s지만 hdfs-site.xml 파일의 dfs.datanode.balance.bandwidthPerSec 속성에 바이트 단위로 값을 지정하면 대역폭을 변경할 수 있다.

11.2 모니터링

모니터링은 시스템 관리에서 중요한 부분이다. 이 절에서는 하둡의 모니터링 기능을 살펴보고 외부 모니터링 시스템과 어떻게 연동하는지 알아보겠다.

모니터링의 목적은 클러스터가 기대하는 수준의 서비스를 제공하지 못하는 시점을 감지하는 것이다. 주 네임노드, 보조 네임노드, 리소스 매니저와 같은 마스터 데몬이 가장 중요한 모니터링 대상이다. 대형 클러스터에서는 특히 데이터노드와 노드 매니저에 장애가 발생할 수 있기 때문에 일부 노드의 장애에 항상 대처할 수 있도록 추가 가용량을 제공해야 한다.

다음에 설명하는 기능 외에도 관리자는 클러스터의 상태를 점검하기 위해 주기적으로 테스트 작업을 수행해야 한다.

11.2.1 로깅

모든 하둡 데몬은 로그파일을 생성하기 때문에 시스템에 어떤 일이 일어났는지 파악하는 데 매우 유용하다. 10.3.2절의 '시스템 로그파일'에서 로그파일을 설정하는 방법을 다루었다.

로그 수준 설정

문제를 파악할 때 시스템의 특정 컴포넌트의 로그 수준을 임시로 변경할 수 있으면 매우 편리하다.

하둡 데몬은 log4j 로그파일(각 데몬의 웹 UI의 /logLevel에서 찾을 수 있다)의 로그 수준을 변경할 수 있는 웹 페이지를 제공한다. 일반적으로 하둡의 로그파일의 이름은 로깅을 수행하는 클래스명과 관련이 있지만 예외도 있다. 따라서 로그파일의 이름을 알기 위해서는 소스 코드를 직접 확인해야 한다.

특정 접미사로 시작하는 모든 패키지는 로깅을 활성화시킬 수 있다. 예를 들어 리소스 매니저와 관련된 모든 클래스의 디버그 로깅을 활성화하려면 http://resource-manager-host:8088/logLevel에 접속해서 로그파일 이름 org.apache.hadoop.yarn.server.resourcemanager를 DEBUG 수준으로 설정하면 된다.

다음 명령으로 동일한 작업을 수행할 수 있다.

```
% hadoop daemonlog -setlevel resource-manager-host:8088 \
  org.apache.hadoop.yarn.server.resourcemanager DEBUG
```

이런 방식으로 변경된 로그 수준은 데몬을 다시 시작할 때 재설정된다. 이는 일반적으로 선호하는 방식이다. 하지만 변경된 로그 수준을 지속적으로 유지하고 싶으면 환경 설정 디렉터리에 있는 log4j.properties 파일을 변경해야 한다. 다음과 같이 한 행을 추가한다.

```
log4j.logger.org.apache.hadoop.yarn.server.resourcemanager=DEBUG
```

스택 트레이스 얻기

하둡 데몬은 JVM에서 실행되는 모든 스레드에 대해 덤프를 생성할 수 있는 웹 페이지(웹 UI의 /stacks)를 제공한다. 예를 들어 리소스 매니저의 스레드 덤프를 http://resource-manager-host:8088/stacks에서 얻을 수 있다.

11.2.2 메트릭과 JMX

하둡 데몬은 **메트릭**^{metric}으로 알려진 이벤트와 측정치에 대한 정보를 수집한다. 예를 들면 데이터노드는 기록된 바이트 수, 복제된 블록 수, 클라이언트의 읽기 요청 수(로컬과 원격 포함) 등의 메트릭을 수집한다.

> **NOTE_** 하둡 버전 2 이후의 메트릭 시스템을 지금은 사용 중단 안내된 구버전의 메트릭 시스템과 구분하기 위해 **메트릭2**^{metrics2}라고 부른다.

메트릭은 dfs, mapred, yarn, rpc 등 여러 **콘텍스트**에 속해 있다. 하둡 데몬은 보통 여러 콘텍스트에 있는 메트릭을 수집한다. 예를 들어 데이터노드는 dfs와 rpc 콘텍스트에서 메트릭을 수집한다.

메트릭과 카운터의 차이점

메트릭과 카운터의 가장 큰 차이점은 수집하는 정보의 범위다. 메트릭은 하둡 데몬이 수집하지만 카운터(9.1절 '카운터' 참조)는 맵리듀스 태스크가 수집하고 전체 잡을 위해 집계된다. 또한 서비스의 대상도 다른데, 메트릭은 관리자, 카운터는 맵리듀스 사용자를 위해 정보를 수집한다.

그리고 수집되고 집계되는 방식도 서로 다르다. 카운터는 맵리듀스의 기능이다. 맵리듀스 시스템은 태스크 JVM에서 생성된 카운터의 값을 애플리케이션 마스터로 전달하고 최종적으로 맵리듀스 잡을 실행한 클라이언트로 전달되는 것을 보장한다(카운터는 RPC 하트비트heartbeat를 통해 전달된다. 7.1.5절 '진행 상황과 상태 갱신' 참조). 태스크 프로세스와 애플리케이션 마스터 둘 다 집계 작업을 수행한다.

메트릭의 수집 메커니즘은 갱신된 결과를 전달받는 컴포넌트와 분리되어 있다. 로컬 파일, 갱글리아Ganglia, JMX 등 다양한 방식으로 결과를 얻을 수 있다. 메트릭을 수집하는 데몬은 결과를 보내기 전에 집계 작업을 수행한다.

모든 하둡 메트릭은 JMXJava Management Extension로 게재되기 때문에 JDK에 포함된 JConsole과 같은 표준 JMX 도구를 사용해서 메트릭을 볼 수 있다. 원격 모니터링을 하기 위해서는 외부 접속을 허용하는 JMX 시스템 속성인 com.sun.management.jmxremote.port(그리고 다른 보안 속성)를 적절히 설정해야 한다. 네임노드를 원격 모니터링하기 위해서는 다음과 같이 hadoop-env.sh에 설정하면 된다.

```
HADOOP_NAMENODE_OPTS="-Dcom.sun.management.jmxremote.port=8004"
```

하둡 데몬의 /jmx 웹 페이지에 접속하면 해당 데몬이 수집한 JSON 형식으로 된 JMX 메트릭을 직접 볼 수 있다. 이 방식을 활용하면 디버깅을 쉽게 할 수 있다. 예를 들어 http://namenode-host:50070/jmx에 접속하면 네임노드의 메트릭 정보를 볼 수 있다.

하둡은 로컬 파일이나 갱글리아 모니터링 시스템과 같은 외부 시스템에 메트릭 정보를 게재하기 위해 다양한 메트릭 싱크sink 기능을 제공한다. 싱크 기능은 hadoop-metrics2.properties 파일에서 설정하며, 이 파일에는 설정 예제도 들어 있다.

11.3 유지 보수

11.3.1 일상적인 관리 절차

메타데이터 백업

네임노드의 영속적인 메타데이터가 손실되거나 훼손되면 전체 파일시스템을 사용할 수 없게 된다. 따라서 이러한 파일을 백업하는 것은 매우 중요하다. 네임노드에서 현재 작업 중인 파일이나 복사본의 손상을 방지하기 위해서는 서로 다른 시간대별(한 시간, 하루, 한 주, 한 달 등)로 다수의 복사본을 보관하는 것이 좋다.

백업을 하는 간단한 방법은 dfsadmin 명령어를 사용하여 네임노드의 최신 fsimage의 복사본을 내려받는 것이다.

```
% hdfs dfsadmin -fetchImage fsimage.backup
```

fsimage의 아카이브 사본을 저장하기 위해 원격에서 이 명령을 실행하는 스크립트를 작성할 수 있다. 이 스크립트는 반드시 복사본의 정합성을 추가로 검증해야 한다. 로컬 네임노드 데몬을 시작하고 fsimage와 edits 파일을 읽어 메모리에 성공적으로 입력한 것을 확인하는 방법으로 정확성을 검증할 수 있다. 예를 들어 네임노드의 로그에 적절한 성공 메시지가 있는지 찾아보면 된다.[3]

데이터 백업

HDFS는 데이터를 안전하게 저장하도록 설계되었지만 다른 저장소 시스템처럼 데이터 손실이 발생할 가능성이 있다. 따라서 백업 전략은 필수다. 하둡에 저장할 수 있는 데이터의 크기는 엄청나기 때문에 어떤 데이터를 백업하고 어디에 저장할지 결정하는 것은 매우 힘든 일이다. 여기에서 핵심은 데이터의 우선순위를 정하는 것이다. 가장 높은 우선순위는 다시 만들 수 없고 비즈니스에 중요한 데이터다. 데이터를 다시 만들 수 있거나 비즈니스 가치가 제한적이어서 버려질 가능성이 높은 데이터는 가장 낮은 우선순위를 가진다. 이러한 데이터는 백업하지 않아도 된다.

---

3 하둡은 오프라인 이미지 뷰어와 오프라인 에디트 뷰어를 제공하기 때문에 fsimage와 edits 파일의 정합성을 검사할 때 이 두 뷰어를 사용할 수 있다. 두 뷰어는 해당 파일의 예전 포맷도 지원하기 때문에 구버전의 하둡 배포판에서 생성된 파일에 대한 문제점도 진단할 수 있다. 이 도구를 실행하려면 hdfs oiv와 hdfs oev 명령을 입력하면 된다.

CAUTION_ HDFS의 데이터 복제 기능이 백업을 대체한다고 생각하는 잘못을 저지를 수 있다. HDFS의 버그나 하드웨어의 장애로 인해 복제본의 데이터도 유실될 수 있다. 하둡은 하드웨어 장애로 인해 데이터 유실이 발생하지 않도록 특별히 설계되었지만 데이터 유실 가능성을 완전히 배제할 수는 없다. 특히 소프트웨어 버그나 사람의 실수가 결합되었을 때를 주의해야 한다.

HDFS의 백업은 RAID와 같은 방식이라고 생각하면 된다. 개별 RAID 디스크가 손상되더라도 데이터에는 문제가 없다. 하지만 RAID 컨트롤러가 고장나거나 버그가 있거나(일부 데이터를 겹쳐 쓰는) 전체 디스크 배열이 손상되면 모든 데이터가 사라질 수 있다.

HDFS의 사용자 디렉터리별로 정책을 수립하는 것은 일반적이다. 예를 들어 파일시스템 공간의 최대 할당량을 설정할 수 있고 야간에 백업을 수행할 수도 있다. 정책이 무엇이든 사용자에게 이를 알려주어야 예상되는 결과도 미리 인지할 수 있다.

distcp 도구는 파일을 병렬로 복사하기 때문에 다른 HDFS 클러스터(가능하면 HDFS 버그로 인한 데이터 손실을 막기 위해 다른 소프트웨어 버전에서 실행되는)나 다른 하둡 파일시스템(S3와 같은)에 백업을 만들 때 매우 유용하다. 대안으로는 3.4절 '하둡 파일시스템'에서 설명한 것처럼 HDFS에서 데이터를 추출하는 메서드 중 하나를 사용해서 완전히 다른 저장소 시스템을 백업용으로 활용하는 방법이 있다.

HDFS는 관리자와 사용자가 파일시스템의 **스냅숏**을 생성하는 것을 지원한다. 스냅숏은 특정 시점의 파일시스템 서브트리의 읽기 전용 사본이다. 스냅숏은 데이터를 복사하지 않기 때문에 매우 효율적으로 동작한다. 스냅숏은 파일의 메타데이터와 블록의 목록만 저장한다. 스냅숏을 이용하면 스냅숏을 생성한 특정 시점으로 파일시스템을 완전히 되돌릴 수 있다.

스냅숏은 데이터 백업을 대체하는 것이 아니라 사용자의 실수로 삭제된 파일을 특정 시점으로 복구하는 데 유용한 도구다. 주기적으로 스냅숏을 찍고 시기에 따라 일정 기간 동안 보관하도록 정책을 수립할 수 있다. 예를 들어 하루 전은 시간대별로 스냅숏을 유지하고, 이전 달은 일별로 스냅숏을 보관하는 정책을 세우는 방법이 있다.

파일시스템 점검(fsck)

전체 파일시스템에서 누락되거나 손상된 블록을 사전에 찾기 위해 HDFS의 fsck 도구를 정기적으로(즉, 매일) 실행하는 것을 권장한다. 11.1.4절의 '파일시스템 점검(fsck)'을 참조하라.

파일시스템 밸런서

파일시스템의 데이터노드를 균등한 상태로 유지하기 위해 밸런서 도구(11.1.4절의 '밸런서' 참조)를 정기적으로 실행하라.

11.3.2 노드의 추가와 퇴역

하둡 클러스터의 관리자는 간혹 노드를 추가하거나 제거해야 한다. 예를 들면 클러스터에 가용한 저장 공간을 늘리기 위해 새로운 노드를 추가commission할 수 있다. 반대로 클러스터의 크기를 줄이고 싶다면 노드를 퇴역decommission 시키면 된다. 간혹 비정상적으로 동작하는 노드를 해제할 필요도 있다. 어쩌면 평상시보다 더 자주 문제가 생기거나 성능이 현저하게 느려지는 노드가 대상이 될 수 있다.

노드는 보통 데이터노드와 노드 매니저 모두 실행하기 때문에 일반적으로 동시에 추가되거나 퇴역한다.

새로운 노드 추가하기

hdfs-site.xml 파일에 네임노드를, yarn-site.xml 파일에 리소스 매니저를 시정하여 환경을 구성하고 데이터노드와 리스소 매니저 데몬을 시작하여 새로운 노드를 간단히 추가할 수 있다. 하지만 추가를 허용하는 노드 목록을 따로 만들어두는 것이 제일 좋은 방식이다.

그냥 아무 컴퓨터나 네임노드에 접속해서 데이터노드로 동작하면 잠재적으로 보안에 위협이 된다. 데이터를 볼 수 있는 권한이 없는 컴퓨터가 접근할 수 있기 때문이다. 게다가 그 컴퓨터는 진짜 데이터노드도 아니고 여러분의 통제 아래에 있지도 않고 아무 때나 멈출 수 있고 데이터 유실을 잠재적으로 일으킬 수도 있다(그런 노드가 많이 연결되어 있고, 어떤 데이터 블록은 오직 그런 '외계인' 노드에만 존재한다면 어떤 일이 벌어질지 상상해보라!). 이러한 시나리오라면 클러스터가 방화벽 안에 있다 하더라도 여전히 위험하다. 잘못된 구성의 가능성이 있기 때문에 모든 운영 클러스터에서는 데이터노드(그리고 노드 매니저)를 명시적으로 관리해야 한다.

네임노드에 연결이 허용된 데이터노드는 dfs.hosts 속성으로 지정된 파일에 명시된다. 이 파일은 네임노드의 로컬 파일시스템에 있다. 네트워크 주소(데이터노드가 보고하는 네트워크 주소로, 네임노드의 웹 UI를 보면 무엇인지 알 수 있다)로 데이터노드를 명시하고 한 행에 한 개의 데이터노드를 기재한다. 데이터노드를 여러 개의 네트워크 주소로 명시해야 한다면 공백으로 구분해서 한 행에 주소를 명시하면 된다.

이와 유사하게 리소스 매니저에 접속하는 노드 매니저는 yarn.resourcemanager.nodes.include-path 속성에 지정된 파일에 넣어주면 된다. 클러스터의 노드는 데이터노드와 노드 매니저 데몬을 모두 실행하므로 대개 **include 파일** 방식으로 참조하는 한 개의 공유 파일을 두고 dfs.host와 yarn.resourcemanager.nodes.include-path에서 이를 참조하는 것이 좋다.

> **NOTE_** dfs.host와 yarn.resourcemanager.nodes.include-path 속성에서 명시한 파일은 slaves 파일과는 다르다. 전자는 네임노드와 리소스 매니저가 워커 노드의 접속 허용 여부를 결정할 때 사용된다. slaves 파일은 클러스터 재시작과 같이 하둡의 제어 스크립트가 클러스터 전역에 걸친 작업을 수행하는 데 사용된다. 하둡 데몬은 slaves 파일을 절대 사용하지 않는다.

클러스터에 새로운 노드를 추가하는 절차는 다음과 같다.

1 include 파일에 새로운 노드의 네트워크 주소를 추가한다.

2 아래 명령어를 사용하여 새로 허가된 데이터노드 집합을 네임노드에 반영한다.

```
% hdfs dfsadmin -refreshNodes
```

3 아래 명령어를 사용하여 새로 허가된 노드 매니저 집합을 리소스 매니저에 반영한다.

```
% yarn rmadmin -refreshNodes
```

4 새로 추가된 노드를 slaves 파일에 반영하여 하둡 제어 스크립트가 새로 추가된 노드를 향후에 다룰 수 있도록 한다.

5 새로운 데이터노드와 노드 매니저를 시작한다.

6 새로운 데이터노드와 노드 매니저가 웹 UI에 표시되는지 확인한다.

HDFS는 클러스터 균형을 맞추려고 오래된 데이터노드에서 신규 데이터노드로 블록을 자동으로 이동시키지는 않는다. 이것을 하려면 11.1.4절의 '밸런서'에서 설명한 밸런서를 직접 실행해야 한다.

오래된 노드의 퇴역

데이터노드 장애 발생 시 내고장성을 갖도록 HDFS를 설계했지만 이는 대량의 데이터노드가 중단되더라도 아무런 부작용이 없다는 것은 아니다. 복제 수준이 3이어도 서로 다른 랙에 있는 세 개의 데이터노드를 동시에 중단하면 데이터가 유실될 가능성은 매우 높다. 데이터노드를 클러스터에서 퇴역시키는 방법은 네임노드에 제외하고자 하는 노드를 알려주는 것이다. 그러면 해당 데이터노드를 중단하기 전에 다른 데이터노드로 블록을 복제할 수 있다.

하둡은 노드 매니저의 장애 발생에 대해서는 더욱 주의 깊게 처리한다. 만약 맵리듀스 작업을 수행하던 노드 매니저가 중단되면 애플리케이션 마스터는 장애를 탐지하고 다른 노드로 해당 맵리듀스 작업을 재할당한다.

노드를 하둡 클러스터에서 퇴역시키는 절차는 exclude 파일로 제어하며 HDFS는 dfs.hosts. exclude 속성에, YARN은 yarn.resourcemanager.nodes.exclude-path 속성에 파일명을 설정한다. 흔히 이러한 속성은 같은 파일을 참조하도록 설정한다. exclude 파일에는 하둡 클러스터에 접속이 허가되지 않는 노드를 열거한다.

노드 매니저가 리소스 매니저에 접속 가능 여부를 판단하는 규칙은 간단하다. 노드 매니저가 include 파일에는 있고 exclude 파일에는 **없을** 경우에만 리소스 매니저에 접속할 수 있다. include 파일을 지정하지 않거나 파일 자체가 비었으면 모든 노드가 include 파일 리스트에 있다고 간주한다.

HDFS의 경우 규칙이 약간 다르다. 데이터노드가 include와 exclude 파일의 목록에 모두 있으면 접속할 수는 있지만 곧 해제된다. [표 11-3]에 데이터노드가 include와 exclude 파일에 서로 다른 조합으로 명시된 경우를 요약하였다. 노드 매니저는 include 파일이 비어 있거나 파일을 지정하지 않으면 모든 노드가 include에 기재된 것으로 간주한다.

표 11-3 HDFS의 include와 exclude 파일 우선순위

include 파일에 노드 기재	exclude 파일에 노드 기재	해석
아니오	아니오	접속 불가능 노드
아니오	예	접속 불가능 노드
예	아니오	접속 가능 노드
예	예	접속 가능 노드, 그러나 곧 해제됨

하둡 클러스터에서 노드를 퇴역시키는 절차는 다음과 같다.

1 exclude 파일에 해제할 노드의 네트워크 주소를 추가한다. 이 시점에는 include 파일을 갱신하지 않는다.

2 아래 명령어를 사용해서 새롭게 허가된 데이터노드 집합으로 네임노드를 갱신한다.

```
% hdfs dfsadmin -refreshNodes
```

3 아래 명령어를 사용해서 새롭게 허가된 노드 매니저 집합으로 리소스 매니저를 갱신한다.

```
% yarn rmadmin -refreshNodes
```

4 웹 UI에 접속해서 퇴역시킬 데이터노드의 관리 상태가 'Decommission In Progress^{해제 진행 중}'으로 변했는지 확인한다. 대상 데이터노드는 자신의 블록을 클러스터의 다른 데이터노드로 복제하는 작업을 시작한다.

5 모든 데이터노드의 관리 상태가 'Decommissioned^{해제됨}'가 되면 모든 블록의 복제가 완료된 것이다. 이제 퇴역시킨 노드를 중단시킨다.

6 include 파일에서 해당 노드를 삭제하고 다음 명령어를 수행한다.

```
% hdfs dfsadmin -refreshNodes
% yarn rmadmin -refreshNodes
```

7 slaves 파일에서 해당 노드를 삭제한다.

11.3.3 업그레이드

하둡 클러스터를 업그레이드할 때는 철저한 계획을 세워야 한다. 특히 HDFS를 업그레이드할 때가 매우 중요하다. 파일시스템의 레이아웃 버전이 변경되면 파일시스템의 데이터와 메타데이터를 새로운 버전과 호환되는 형식으로 자동으로 마이그레이션^{migration}(이관 작업)한다. 데이터 마이그레이션을 수반하는 여느 절차와 마찬가지로 데이터 유실의 위험성이 존재하므로 데이터와 메타데이터 전체가 백업되었는지 반드시 확인해야 한다(11.3.1절 '일상적인 관리 절차' 참조).

업그레이드 계획을 수립할 때는 작은 테스트 클러스터에 잃어버려도 괜찮은 작은 데이터를 복사해서 테스트하는 작업을 포함하는 것이 좋다. 이러한 테스트를 수행하여 업그레이드 절차에 익숙해지면 특정 클러스터 설정과 도구에 맞게 적용할 수 있다. 그리고 운영 클러스터에서 업그레이드 절차를 수행하기 전에 예기치 못한 문제점을 제거할 수 있다. 또한 테스트 클러스터는 클라이언트 업그레이드를 검증해볼 수 있는 장점도 제공한다. 다음 글상자는 클라이언트에서의 일반적인 호환성에 대한 고려사항이다.

호환성

하둡 배포판의 버전을 변경할 때는 필요한 업그레이드 단계를 생각해야 한다. API 호환성, 데이터 호환성, 연결 호환성 등 몇 가지 측면에서 고려해야 할 사항이 있다.

API 호환성은 사용자 코드와 배포된 하둡 API(자바 맵리듀스 API와 같은) 간 연동 문제를 고려하는 것이다. 큰 변화가 있는 메이저 릴리즈(예를 들면 1.x.y에서 2.0.0으로)에서는 API 호환성

이 보장되지 않기 때문에 사용자 프로그램을 수정하고 재컴파일해야 할 수도 있다. 마이너 릴리즈(예를 들면 1.0.x에서 1.1.0으로)와 포인트 릴리즈(예를 들면 1.0.1에서 1.0.2로)에서는 호환성을 보장한다.

> NOTE_ 하둡은 API 요소의 안정성을 표시하기 위해 해당 속성에 대한 분류 체계를 이용한다. API 호환성을 위한 선행 규칙은 InterfaceStability.Stable을 API 요소에 표기하는 것이다. 그러나 공개된 하둡 API 중 어떤 요소는 InterfaceStability.Evolving이나 InterfaceStability. Unstable 주석(이러한 모든 주석은 org.apache.hadoop.classification 패키지에 있다)이 표기되어 있는데 이는 마이너와 포인트 릴리즈 각각에 대해 호환성을 제공하지 않을 수도 있다는 의미다.

데이터 호환성은 영속적 데이터와 메타데이터 형식에 관한 문제를 고려하는 것이다. HDFS 네임노드에서 영속적 데이터를 저장하는 형식을 예로 들 수 있다. 네임노드에서 저장하는 형식은 마이너나 메이저 릴리즈 과정에서 변경될 수 있으나 업그레이드 과정에서 데이터 이행이 자동으로 실행되기 때문에 이러한 변화를 사용자가 인지하지 못할 수도 있다. 업그레이드 절차에는 일부 제약사항이 있고 자세한 내용은 릴리즈 노트에 기재되어 있다. 예를 들어 최종 버전으로 바로 업그레이드하기보다는 중간 릴리즈를 거친 업그레이드가 필요한 경우도 있다.

연결 호환성은 클라이언트와 서버 간의 통신 프로토콜(RPC나 HTTP 같은)에 문제를 고려하는 것이다. 연결 호환성을 제공하기 위해 클라이언트는 서버와 메이저 릴리즈 버전이 동일해야 한다. 마이너나 포인트 릴리즈 번호는 다를 수 있다(예를 들어 클라이언트 버전 2.0.2는 서버 2.0.1이나 2.1.0과는 작동하나 서버 3.0.0과는 작동하지 않는다).

> NOTE_ 이전 버전의 하둡에서는 연결 호환성 규칙이 달랐다. 이전 버전에서는 내부 클라이언트(데이터노드와 같은)를 서버와 동일한 버전으로 업그레이드해야 했다. 하둡 2에서는 내부 클라이언트와 서버 버전이 혼합된 순환rolling 업그레이드도 지원한다.

전체 호환성 규칙의 내용은 아파치 소프트웨어 재단의 웹사이트[4]에서 볼 수 있다.

파일시스템 레이아웃의 변경이 없을 때 클러스터를 업그레이드하는 것은 매우 간단하다. 클러스터에 새로운 버전의 하둡 설치(동시에 클라이언트에도), 오래된 버전의 데몬 중지, 환경 설정 파일 갱신, 새 데몬을 시작하고 클라이언트가 새로운 라이브러리를 사용하도록 변경한다. 이 과

---

4 http://hadoop.apache.org/docs/current/hadoop-project-dist/hadoop-common/Compatibility.html

정은 역으로 수행할 수도 있어 업그레이드 이전 상태로 복원도 간단하다.

모든 업그레이드 과정이 성공적으로 수행된 후 몇 가지 최종 정리 단계를 수행해야 한다.

1 오래된 설치 및 설정 파일을 클러스터에서 삭제한다.
2 코드와 환경 설정에서 발생하는 모든 사용 중단deprecation 경고를 고친다.

클라우데라 매니저와 아파치 암바리 같은 하둡 클러스터 관리 도구에서는 하둡 클러스터를 업그레이드하는 기능을 제공한다. 이런 관리 도구를 이용하면 업그레이드 절차를 단순화하고 업그레이드 대상이 되는 노드를 일괄로(마스터 노드는 차례로) 순환 업그레이드할 수 있다. 따라서 클라이언트는 중단 없는 서비스를 제공받을 수 있다.

HDFS 데이터와 메타데이터 업그레이드

앞에서 설명한 새로운 버전의 HDFS로 업그레이드하는 절차를 사용해도 레이아웃 버전이 다르면 네임노드는 실행되지 않을 것이다. 이때에는 다음과 같은 메시지가 네임노드 로그에 나타날 것이다.

```
File system image contains an old layout version -16.
An upgrade to version -18 is required.
Please restart NameNode with -upgrade option.
```

파일시스템 업그레이드의 필요 여부를 확인할 수 있는 가장 확실한 방법은 테스트 클러스터에서 시도해보는 것이다.

HDFS 업그레이드는 이전 버전의 메타데이터와 데이터의 복사본을 만들지만 업그레이드를 수행하는 동안 클러스터의 저장 공간이 2배로 필요한 것은 아니다. 데이터노드는 동일한 블록에 대해 두 개의 참조(현재와 과거 버전)를 유지하는 하드 링크 방식을 사용한다. 이러한 설계로 인해 필요시 이전 버전의 파일시스템으로 쉽게 롤백할 수 있다. 업그레이드가 완료된 시스템의 데이터에서 발생된 변경은 이전 버전으로 롤백이 끝나면 업그레이드 이전 상태로 복원된다.

여러분은 오직 바로 직전 버전의 파일시스템만 유지할 수 있다. 즉, 직전 파일시스템보다 이전으로 롤백하는 것은 불가능하다. 따라서 HDFS 데이터와 메타데이터를 다른 버전으로 업그레이드하려면 이전 버전을 삭제해야 하고, **업그레이드 최종 승인**finalizing the upgrade 과정을 수행해야 한다. 업그레이드가 최종 승인되면 이전 버전으로 롤백할 수 없다.

일반적으로 중간 릴리즈를 생략하고 업그레이드할 수 있다. 그러나 때로는 중간 릴리즈를 반드시 거쳐야 하는데, 이런 과정이 필요한 경우는 릴리즈 노트에 명확하게 명시되어 있으므로 반드시 확인할 필요가 있다.

업그레이드는 아무런 문제가 없는 파일시스템에 대해서만 시도해야 한다. 업그레이드를 수행하기 전에 전수 **파일 검사**를 수행하라(11.1.4절의 '파일시스템 점검(fsck)' 참조). 만약의 경우를 대비해서 전체 파일과 블록에 대한 fsck 명령의 수행 결과를 별도로 보관해두면 업그레이드가 끝난 후의 결과와 비교해볼 수 있다.

업그레이드를 하기 전에 HDFS의 맵리듀스 시스템 디렉터리와 로컬 파일시스템의 임시 파일을 모두 정리할 필요도 있다.

이러한 사전 준비 작업이 끝나면 파일시스템의 레이아웃을 변경하는 클러스터 업그레이드의 상위 수준 절차를 수행해야 한다.

1 진행한 업그레이드가 모두 완료되었는지 확인한 후 다른 업그레이드 작업을 진행한다.

2 YARN과 맵리듀스 데몬을 종료한다.

3 HDFS를 종료하고 네임노드 디렉터리를 백업한다.

4 클러스터와 클라이언트에 새로운 버전의 하둡을 설치한다.

5 -upgrade 옵션으로 HDFS를 시작한다.

6 업그레이드가 끝날 때까지 대기한다.

7 HDFS에서 교차 검증을 수행한다.

8 YARN과 맵리듀스 데몬을 시작한다.

9 롤백을 하거나 업그레이드를 최종 승인한다(선택사항).

업그레이드 절차를 수행할 때 PATH 환경변수에서 하둡 스크립트를 제거하는 것도 좋은 방법이다. 이를 통해 어떤 버전의 스크립트를 실행할지 명확히 할 수 있다. 새로운 설치 디렉터리에 OLD_HADOOP_HOME과 NEW_HADOOP_HOME 등 2개의 환경변수를 정의하는 것이 더 편리하다.

업그레이드 시작. 업그레이드를 수행하려면 다음 명령어를 실행하라(상위 수준 업그레이드 절차 중 5단계).

```
% $NEW_HADOOP_HOME/bin/start-dfs.sh -upgrade
```

명령어를 실행하면 네임노드는 메타데이터를 업그레이드하고 dfs.namenode.name.dir 속성에 지정된 디렉터리 하위에 previous라는 새로운 디렉터리를 만들고 이전 버전을 옮긴다. 유사한 방식으로 데이터노드는 저장 디렉터리를 업그레이드하고, previous 디렉터리에 이전 버전의 복사본을 보관한다.

업그레이드 완료 대기. 업그레이드 절차는 즉시 완료되지 않으므로 dfsadmin 명령어로 업그레이드 진행 상황을 확인해야 한다(6단계). 업그레이드 이벤트 또한 데몬의 로그파일에 기록된다.

```
% $NEW_HADOOP_HOME/bin/hdfs dfsadmin -upgradeProgress status
Upgrade for version -18 has been completed.
Upgrade is not finalized.
```

업그레이드 확인. 업그레이드가 잘 끝났는지 확인한다. 이 단계에서는 파일시스템에서 몇 가지 교차 검증을 수행해야 한다(7단계). 예를 들면 fsck 명령어로 파일과 블록을 검사하고 기본적인 파일 동작을 테스트해본다. 이런 검사를 수행할 때 다른 사용자가 파일시스템을 변경하지 못하도록 HDFS를 안전 모드로 전환할 수 있다(11.1.2절 '안전 모드' 참조).

업그레이드 롤백(선택사항). 업그레이드 작업 후 새로 설치된 하둡 버전이 정상 작동하지 않는다면 이전 버전으로 롤백할 수 있다(9단계). 이 작업은 업그레이드 최종 승인을 하지 않았을 때만 가능하다.

> **CAUTION_** 롤백은 파일시스템 상태를 업그레이드 수행 직전으로 되돌리기 때문에 그 사이에 이루어진 변경은 적용되지 않는다. 다시 말해, 파일시스템의 현재 상태를 이전 버전으로 다운그레이딩하는 것이 아니라 파일시스템의 이전 상태로 되돌리는 것이다.

먼저 새로운 데몬을 중단한다.

```
% $NEW_HADOOP_HOME/bin/stop-dfs.sh
```

그다음에는 이전 버전의 HDFS를 -rollback 옵션으로 시작한다.

```
% $OLD_HADOOP_HOME/bin/start-dfs.sh -rollback
```

이 명령어를 실행하면 네임노드와 데이터노드의 현재 저장 디렉터리를 이전 복사본으로 교체한다. 따라서 파일시스템도 이전 상태로 돌아간다.

업그레이드 최종 승인(선택사항). 새로운 버전의 HDFS가 문제없이 잘 작동한다면 업그레이드를 최종 승인하고(9단계) 백업된 이전 디렉터리를 제거한다.

> **CAUTION_** 업그레이드를 최종 승인하면 이전 버전으로 롤백할 수 없다.

또 다른 업그레이드를 수행하기 전에 다음 단계를 수행해야 한다.

```
% $NEW_HADOOP_HOME/bin/hdfs dfsadmin -finalizeUpgrade
% $NEW_HADOOP_HOME/bin/hdfs dfsadmin -upgradeProgress status
There are no upgrades in progress.
```

이제 HDFS가 완전히 새로운 버전으로 업그레이드되었다.

Part **IV**

관련 프로젝트

4부에서는 하둡 기반의 전용 프로젝트와 관련 프로젝트를 다룬다. 각 장마다 하나의 프로젝트를 다루고 다른 장과 크게 의존성이 없으므로 어떤 순서로도 읽어도 상관없다.

Part IV

관련 프로젝트

## CHAPTER 12

에이브로

아파치 에이브로[Apache Avro][1]는 특정 언어에 종속되지 않는 언어 중립적 데이터 직렬화 시스템이다. 하둡의 창시자인 더그 커팅이 하둡 Writable(직렬화 방식)의 주요 단점인 언어 이식성[language portability]을 해결하기 위해 만든 프로젝트다. 에이브로는 현재 C, C++, C#, 자바, 자바스크립트, 펄, PHP, 파이썬, 루비 등의 언어로 처리할 수 있는 새로운 데이터 포맷을 제공하기 때문에 단일 언어에 얽매이지 않고 다양한 언어로 데이터셋을 쉽게 공유할 수 있다. 에이브로는 데이터를 읽고 쓰는 어떤 언어가 사라지더라도 계속 사용할 수 있기 때문에 기존 방식에 비해 미래 지향적이라고 할 수 있다.

그런데 새로운 데이터 직렬화 시스템이 필요한 이유는 무엇일까? 에이브로는 아파치 쓰리프트[Apache Thrift]나 구글의 프로토콜 버퍼[Protocol Buffer]와 같은 다른 직렬화 시스템과 차별화된 특성을 가지고 있다.[2] 에이브로의 데이터는 다른 시스템과 비슷하게 언어 독립 **스키마**[schema]로 기술된다. 하지만 다른 시스템과 달리 에이브로에서 코드를 생성하는 것은 선택사항이다. 이것은 여러분 코드가 특정 스키마를 사전에 알지 못하더라도 해당 스키마에 부합하는 데이터를 읽고 쓸 수 있음을 의미한다. 이러한 기능을 제공하기 위해 에이브로는 읽고 쓰는 시점에 스키마가 항상 존재한다고 가정한다. 이렇게 하면 인코드한 값은 필드 식별자로 태깅할 필요가 없어 매우 간결한 인코딩이 가능하다.

에이브로의 스키마는 보통 JSON으로 작성하며, 데이터는 바이너리 포맷으로 인코딩한다. 물론

---

1 에이브로는 1910년 설립된 영국의 항공기 제조업체의 이름을 따서 명명한 것이다. http://avro.apache.org/

2 벤치마크에 의하면 에이브로는 다른 직렬화 라이브러리보다 훨씬 좋은 성능을 보여준다.

다른 선택사항도 있다. 에이브로는 개발자에게 익숙한 C와 유사한 언어로 스키마를 작성할 수 있는 에이브로 IDL이라는 고수준 언어를 제공한다. 또한 사람이 읽기 쉬운 JSON 기반 데이터 인코더도 제공하는데, 에이브로 데이터를 시범적으로 사용하거나 디버깅하는 데 유용하다.

에이브로 명세[3]를 보면 모든 구현체가 지원해야 하는 바이너리 포맷에 대한 자세한 내용을 알 수 있다. 이 명세에는 구현체에 필요한 에이브로의 수많은 기능도 명시되어 있다. 에이브로 명세에서 다루지 않는 영역이 하나 있는데, 바로 API다. 각 API는 특정 언어에 따라 다르게 작성되기 때문에 구현체는 에이브로 데이터를 다루는 API를 완전히 자유롭게 만들 수 있다. 하나의 바이너리 포맷만 지원한다는 사실도 매우 중요하다. 이를 통해 새로운 언어의 바인딩 편의성을 높이고, 프로그래밍 언어와 포맷의 수많은 조합의 발생으로 상호운영성이 저하되는 문제를 해결할 수 있다.

에이브로는 풍부한 **스키마 해석**schema resolution 기능이 있다. 신중하게 정의된 어떠한 제약조건에서도 데이터를 읽는 데 사용되는 스키마와 데이터를 쓰는 데 사용되는 스키마가 같지 않아도 된다. 이것이 바로 에이브로가 제공하는 스키마 변형schema evolution 메커니즘이다. 예를 들어 과거 데이터를 읽을 때 사용한 스키마에 새로운 필드를 추가할 수 있다. 새로운 사용자와 기존 사용자는 모두 과거의 데이터를 문제없이 읽을 수 있으며, 새로운 사용자는 새로운 필드가 추가된 데이터를 쓸 수 있다. 반대로 기존 사용자는 새로운 데이터를 보게 되는데, 이때 새로운 필드는 적당히 무시하고 기존 데이터 작업처럼 처리할 수 있다.

에이브로는 하둡의 시퀀스 파일과 유사한 연속적 객체를 위한 **객체 컨테이너 포맷**object container format을 제공한다. **에이브로 데이터 파일**Avro data file은 스키마가 저장된 메타데이터 섹션을 포함하고 있어 자신을 설명하는 파일이 된다. 에이브로 데이터 파일은 압축과 분할 기능을 제공한다. 이것은 맵리듀스의 데이터 입력 포맷에 있어서 매우 중요한 기능이다. 사실 맵리듀스 그 이상을 지원한다. 피그, 하이브, 크런치, 스파크 등 이 책에 소개된 모든 데이터 처리 프레임워크는 에이브로 데이터 파일을 읽고 쓸 수 있다.

이 책에서는 다루지 않지만 에이브로는 RPC로 사용될 수도 있다. 에이브로 명세를 보면 더 많은 정보를 얻을 수 있다.

---

3 http://avro.apache.org/docs/current/spec.html

12.1 에이브로 자료형과 스키마

에이브로는 소수의 기본 자료형을 제공한다. 사용자는 기본 자료형을 이용한 스키마를 작성하여 특정 애플리케이션을 위한 새로운 자료구조를 만들 수 있다. 구현체는 상호운영성을 위해 모든 에이브로 자료형을 지원해야 한다.

[표 12-1]에서 에이브로의 기본 자료형을 볼 수 있다. 기본 자료형은 다음과 같이 type 속성으로 정의한다.

```
{ "type": "null" }
```

표 12-1 에이브로 기본 자료형

자료형	설명	스키마
null	값 없음	"null"
boolean	바이너리 값	"boolean"
Int	부호 있는 32비트 정수	"int"
long	부호 있는 64비트 정수	"long"
float	단정밀도(32비트) IEEE 754 부동소수점 숫자	"float"
double	배정밀도(64비트) IEEE 754 부동소수점 숫자	"double"
bytes	순차 8비트 부호 없는 바이트	"bytes"
string	순차 유니코드 문자	"string"

또한 에이브로는 복합 자료형도 정의할 수 있다. [표 12-2]에서 에이브로가 지원하는 복합 자료형과 대표적인 예제를 볼 수 있다.

표 12-2 에이브로 복합 자료형

자료형	설명	스키마 예제
array	순서 있는 객체 집합. 배열의 모든 객체는 동일한 스키마를 가져야 한다.	```{ "type": "array", "items": "long" }```
map	순서 없는 키-값 쌍의 집합. 키는 반드시 문자열이고, 값은 어떤 자료형도 될 수 있다. 단, 특정 맵의 모든 값은 동일한 스키마를 가져야 한다.	```{ "type": "map", "values": "string" }```

자료형	설명	스키마 예제
record	임의의 자료형으로 명명된 필드의 집합	```{ "type": "record", "name": "WeatherRecord", "doc": "A weather reading.", "fields": [{"name": "year", "type": "int"}, {"name": "temperature", "type": "int"}, {"name": "stationId", "type": "string"}] }```
enum	명명된 값의 집합	```{ "type": "enum", "name": "Cutlery", "doc": "An eating utensil.", "symbols": ["KNIFE", "FORK", "SPOON"] }```
fixed	고정길이의 8비트 부호 없는 바이트	```{ "type": "fixed", "name": "Md5Hash", "size": 16 }```
union	스키마의 유니온. 유니온은 JSON 배열로 표현되며, 배열의 각 요소는 스키마임. 유니온으로 표현되는 데이터는 유니온에 포함된 스키마 중 하나와 반드시 일치해야 한다.	```["null", "string", {"type": "map", "values": "string"}]```

에이브로 자료형을 표현하는 에이브로 언어 API는 개별 프로그래밍 언어에 따라 다르다. 예를 들어 에이브로의 double 형은 C, C++, 자바에서는 double로 파이썬에서는 float로 루비에서는 Float로 표현된다.

게다가 언어별로 하나 이상의 표현이나 매핑이 있을 수 있다. 모든 프로그래밍 언어는 런타임 직전에 스키마를 결정할 수 없을 때 동적 매핑을 사용한다. 자바에서는 이것을 **제네릭 매핑**Generic mapping이라고 한다.

추가로 자바와 C++ 구현체는 에이브로 스키마의 데이터를 표현하는 코드를 생성한다. 자바에서는 코드 생성을 **구체적 매핑**Specific mapping이라고 하며, 데이터를 읽거나 쓰기 전에 스키마의 사본이 있을 때 유용한 최적화 방식이다. 파생 클래스는 제네릭 매핑에 비해 좀 더 도메인 지향적인 API를 제공한다.

자바는 리플렉션을 이용하여 에이브로 자료형을 기존의 자바 자료형으로 매핑하는 **리플렉트 매핑**Reflect mapping을 지원한다. 리플렉트 매핑은 제네릭이나 구체적 매핑에 비해 느리지만 에이브로가 자동으로 스키마를 유추하기 때문에 자료형을 쉽게 정의할 수 있는 장점이 있다.

자바의 자료형 매핑은 [표 12-3]에서 볼 수 있다. 표에서 구체적 매핑에 별다른 명시가 없으면 제네릭 매핑과 동일하다(그리고 리플렉트 매핑에 별다른 명시가 없으면 구체적 매핑과 동일하다). 구체적 매핑과 제네릭 매핑은 record, enum, fixed에 대해서만 다르며, 각 자료형은 파생 클래스를 갖는다(자료형의 이름은 name과 선택적인 namespace 속성으로 제어된다).

표 12-3 에이브로 자바 자료형 매핑

에이브로 자료형	제네릭 자바 매핑	구체적 자바 매핑	리플렉트 자바 매핑
null	null type		
boolean	Boolean		
int	int		byte, short, int 또는 char
long	long		
float	float		
double	double		
bytes	java.nio.ByteBuffer		byte의 배열
string	org.apache.avro.util.Utf8 또는 java.lang.String		java.lang.String
array	org.apache.avro.generic.GenericArray		Array 또는 java.util.Collection
map	java.util.Map		
record	org.apache.avro.generic.GenericRecord	org.apache.avro.specific.SpecificRecord를 구현한 파생 클래스	인자 없는 생성자를 갖는 임의의 사용자 클래스. 상속받은 모든 영구 인스턴스 필드가 사용됨.

에이브로 자료형	제네릭 자바 매핑	구체적 자바 매핑	리플렉트 자바 매핑
enum	java.lang.String	생성된 자바 열거형	임의의 자바 열거형
fixed	org.apache.avro. generic.GenericFixed	org.apache.avro. specific.SpecificFixed 를 구현한 파생 클래스	org.apache.avro. generic.GenericFixed
union	java.lang.Object		

> **NOTE_** 에이브로 string은 자바 String이나 에이브로 Utf8 자바 자료형으로 표현할 수 있다. Utf8은 가변적이고 단일 Utf8 인스턴스는 일련의 값을 읽거나 쓸 때 재사용할 수 있기 때문에 Utf8을 사용하는 것이 더 효율적이다. 자바 String은 객체를 생성하는 시점에 UTF-8을 해석하지만, 에이브로는 Utf8을 나중에 해석하여 어떤 경우에는 더 좋은 성능을 보인다.
>
> Utf8은 자바 라이브러리와의 상호운영성을 허용하는 java.lang.CharSequence 인터페이스를 구현한다. 가끔은 toString() 메서드를 호출하여 Utf8 인스턴스를 String 객체로 변환해야 할 때도 있다.
>
> 제네릭 매핑과 구체적 매핑에서는 Utf8이 기본이지만, 특정한 매핑에서는 String을 사용할 수도 있다. 이를 위한 방법이 몇 가지 있다. 첫 번째 방법은 스키마의 avro.java.string 속성을 String으로 지정하는 것이다.
>
> ```
> { "type": "string", "avro.java.string": "String" }
> ```
>
> 또는 구체적 매핑을 위해 String 기반의 getter와 setter 클래스를 생성할 수 있다. 에이브로 메이븐 플러그인을 사용할 때는 string 자료형의 속성을 String으로 설정하면 된다(12.2.1절 '구체적인 API' 참조).
>
> 마지막으로, 자바의 리플렉트 매핑은 성능이 아닌 자바 호환성을 위해 만들어졌기 때문에 항상 String 객체를 사용한다는 점을 유념하자.

12.2 인메모리 직렬화와 역직렬화

에이브로는 직렬화와 역직렬화 API를 지원하기 때문에 메시징 시스템과 같이 구성 포맷이 미리 정의된 기존 시스템과 에이브로를 쉽게 통합할 수 있다. 또 다른 사례로 에이브로 데이터 파일 포맷을 고려해보자.

에이브로 데이터를 스트림에 읽고 쓰는 자바 프로그램을 하나 작성해보자. 두 개의 문자열을 가진 레코드를 표현하기 위해 다음과 같이 간단한 에이브로 스키마를 작성했다.

```
{
  "type": "record",
  "name": "StringPair",
  "doc": "A pair of strings.",
  "fields": [
    {"name": "left", "type": "string"},
    {"name": "right", "type": "string"}
  ]
}
```

이러한 스키마가 저장된 StringPair.avsc(.avsc는 에이브로 스키마의 기본 확장자) 파일을 클래스경로에 저장한 후 다음에 나오는 두 줄짜리 코드를 사용해서 이 파일을 로드해보자.

```
Schema.Parser parser = new Schema.Parser();
Schema schema = parser.parse(getClass().
    getResourceAsStream("StringPair.avsc"));
```

다음에 나오는 제네릭 API를 사용하여 에이브로 레코드의 인스턴스를 생성한다.

```
GenericRecord datum = new GenericData.Record(schema);
datum.put("left", "L");
datum.put("right", "R");
```

이어서 출력 스트림에 레코드를 직렬화한다.

```
ByteArrayOutputStream out = new ByteArrayOutputStream();
DatumWriter<GenericRecord> writer =
    new GenericDatumWriter<GenericRecord>(schema);
Encoder encoder = EncoderFactory.get().binaryEncoder(out, null);
writer.write(datum, encoder);
encoder.flush();
out.close();
```

여기에는 DatumWriter와 Encoder라는 두 가지 중요한 객체가 있다. DatumWriter는 데이터 객체를 Encoder가 이해할 수 있는 자료형으로 변환하여 나중에 출력 스트림에 쓰도록 한다. 예제의 GenericDatumWriter는 GenericRecord의 필드를 Encoder로 전달한다. 이전에 생성된 encoder를 재사용하지 않기 때문에 encoder 팩토리에 null을 전달한다.

예제에서는 오직 하나의 객체만 스트림에 기록했다. 하지만 필요하다면 스트림을 닫기 전에 더 많은 객체의 write() 함수를 호출할 수 있다.

데이터 객체에서 어떤 값을 읽어서 기록할 것인지 결정할 수 있도록 GenericDatumWriter에 스키마를 전달해야 한다. writer의 write() 메서드를 호출한 후 encoder를 플러시하고 출력 스트림을 닫는다.

이 과정을 반대로 수행하면 바이트 버퍼에서 해당 객체를 읽을 수 있다.

```
DatumReader<GenericRecord> reader =
    new GenericDatumReader<GenericRecord>(schema);
Decoder decoder = DecoderFactory.get().binaryDecoder(out.toByteArray(),
    null);
GenericRecord result = reader.read(null, decoder);
assertThat(result.get("left").toString(), is("L"));
assertThat(result.get("right").toString(), is("R"));
```

이번에는 객체(디코더 또는 레코드)를 재사용하지 않기 때문에 binaryDecoder()와 read()를 호출할 때 null을 넘긴다.

result.get("left")와 result.get("right")가 반환하는 객체는 Utf8 자료형이다. 따라서 객체에 toString() 메서드를 호출하여 자바 String 객체로 변환한다.

12.2.1 구체적인 API

동일한 기능의 API를 더 구체적으로 다시 작성해보자. 스키마를 컴파일하기 위해 에이브로의 메이븐 플러그인을 사용하면 스키마 파일에서 StringPair 클래스를 생성할 수 있다. 다음은 메이븐 프로젝트 객체 모델^{Project Object Model}(POM)의 관련 부분이다.

```
<project>
  ...
  <build>
    <plugins>
      <plugin>
        <groupId>org.apache.avro</groupId>
        <artifactId>avro-maven-plugin</artifactId>
```

```
      <version>${avro.version}</version>
      <executions>
        <execution>
          <id>schemas</id>
          <phase>generate-sources</phase>
          <goals>
            <goal>schema</goal>
          </goals>
          <configuration>
            <includes>
              <include>StringPair.avsc</include>
            </includes>
            <stringType>String</stringType>
            <sourceDirectory>src/main/resources</sourceDirectory>
            <outputDirectory>${project.build.directory}/generated-sources/java
            </outputDirectory>
          </configuration>
        </execution>
      </executions>
    </plugin>
  </plugins>
 </build>
  ...
</project>
```

메이븐 대신 에이브로의 Ant 태스크인 org.apache.avro.specific.SchemaTask나 에이브로 명령행 도구[4]를 사용하여 자바로 된 스키마 코드를 생성할 수 있다.

직렬화와 역직렬화 코드에서 GenericRecord 대신 StringPair 인스턴스를 생성한 후 Specific DatumWriter를 사용하여 스트림에 기록한다. 그리고 SpecificDatumReader를 이용하여 다시 읽을 수 있다.

```
StringPair datum = new StringPair();
datum.setLeft("L");
datum.setRight("R");

ByteArrayOutputStream out = new ByteArrayOutputStream();
DatumWriter<StringPair> writer =
```

---

4 에이브로는 소스와 바이너리 형식으로 내려받을 수 있다(http://avro.apache.org/releases.html). java -jar avro-tools-*.jar를 입력하여 에이브로 도구에 대한 사용 설명을 확인하라.

```
        new SpecificDatumWriter<StringPair>(StringPair.class);
Encoder encoder = EncoderFactory.get().binaryEncoder(out, null);
writer.write(datum, encoder);
encoder.flush();
out.close();

DatumReader<StringPair> reader =
    new SpecificDatumReader<StringPair>(StringPair.class);
Decoder decoder = DecoderFactory.get().binaryDecoder(out.toByteArray(),
    null);
StringPair result = reader.read(null, decoder);
assertThat(result.getLeft(), is("L"));
assertThat(result.getRight(), is("R"));
```

12.3 에이브로 데이터 파일

에이브로의 객체 컨테이너 파일 포맷은 에이브로 객체의 시퀀스를 저장할 때 사용한다. 5.4.1절 'SequenceFile'에서 설명한 하둡의 시퀀스 파일 포맷과 매우 유사하다. 가장 큰 차이점은 에이브로 데이터 파일은 다양한 언어로 쉽게 이식할 수 있도록 설계되었다는 점이다. 예를 들어 파이썬으로 만든 파일을 C로 읽을 수 있다(다음 절에서 다룬다).

데이터 파일은 에이브로 스키마와 **싱크 마커**sync marker를 포함한 메타데이터가 있는 헤더, 직렬화된 에이브로 객체가 있는 일련의 블록(선택적으로 압축된)으로 구성된다. 블록은 파일 내에서 유일한 싱크 마커로 구분된다(특정 파일의 마커는 헤더에 있다). 이를 이용하면 파일 내 특정 지점을 찾은 후 HDFS 블록 경계처럼 블록 경계 정보를 가지고 신속하게 재동기화를 할 수 있다. 이와 같이 에이브로 파일은 분할이 가능하기 때문에 효율적으로 맵리듀스 처리를 할 수 있다.

에이브로 객체를 데이터 파일에 기록하는 방식은 스트림에 기록하는 방식과 비슷하다. 앞의 예제와 같이 DatumWriter를 사용한다. 다만 Encoder 대신 DatumWriter를 이용하여 DataFileWriter 인스턴스를 생성한다. 그다음에 새로운 데이터 파일(.avro 확장자가 기본이다)을 생성하고 그 파일에 객체를 추가할 수 있다.

```
File file = new File("data.avro");
DatumWriter<GenericRecord> writer =
```

```
    new GenericDatumWriter<GenericRecord>(schema);
DataFileWriter<GenericRecord> dataFileWriter =
    new DataFileWriter<GenericRecord>(writer);
dataFileWriter.create(schema, file);
dataFileWriter.append(datum);
dataFileWriter.close();
```

데이터 파일에 기록된 객체는 파일의 스키마와 반드시 일치해야 한다. 그렇지 않으면 append( )를 호출할 때 예외가 발생한다.

이 예제는 로컬 파일(이전 예제의 java.io.file)에 기록하지만 DataFileWriter의 오버로드된 create( ) 메서드를 사용하면 모든 java.io.OutputStream에 기록할 수 있다. 예를 들어 HDFS에 파일을 기록하기 위해서는 FileSystem 클래스의 create( ) 메서드를 호출하여 OutputStream을 가져올 수 있다(3.5.3절 '데이터 쓰기' 참조).

데이터 파일에서 객체를 다시 읽는 것은 앞에서 예를 든 인메모리 스트림에서 객체를 읽는 방식과 유사하다. 한 가지 중요한 차이점은 파일에 포함된 메타데이터를 참조하여 데이터를 읽으면 되기 때문에 스키마를 따로 정의할 필요가 없다는 것이다. 실제로 getSchema( )를 이용하면 DataFileReader 인스턴스의 스키마 정보를 얻을 수 있고 원본 객체를 기록할 때 사용한 스키마와 같은지 확인할 수 있다.

```
DatumReader<GenericRecord> reader=new GenericDatumReader<GenericRecord>();
DataFileReader<GenericRecord> dataFileReader =
    new DataFileReader<GenericRecord>(file, reader);
assertThat("Schema is the same", schema, is(dataFileReader.getSchema()));
```

DataFileReader는 정규 자바 반복자로, hasnext( )와 next( ) 메서드를 반복적으로 호출해서 모든 데이터 객체를 순환할 수 있다. 다음은 레코드가 한 개만 있는지 확인하고 그 레코드에 기대한 필드 값이 있는지 확인하는 코드다.

```
assertThat(dataFileReader.hasNext(), is(true));
GenericRecord result = dataFileReader.next();
assertThat(result.get("left").toString(), is("L"));
assertThat(result.get("right").toString(), is("R"));
assertThat(dataFileReader.hasNext(), is(false));
```

일반적인 next( ) 메서드를 사용하기보다는 반환될(예제의 GenericRecord) 객체의 인스턴스를 취하는 오버로드된 메서드를 사용하는 것이 더 좋다. 그렇게 하면 객체를 재사용할 수 있고 객체를 많이 포함하고 있는 파일의 메모리 할당 및 가비지 컬렉션 비용을 줄일 수 있다. 다음은 관용적인 소스 코드다.

```
GenericRecord record = null;
while (dataFileReader.hasNext()) {
  record = dataFileReader.next(record);
  // 레코드 처리
}
```

객체를 재사용할 필요가 없으면 다음과 같이 코드를 줄일 수 있다.

```
for (GenericRecord record : dataFileReader) {
  // 레코드 처리
}
```

하둡 파일시스템에 있는 파일을 읽는 일반적인 상황에서는 하둡 Path 객체를 이용하여 입력 파일을 지정하는 에이브로의 FsInput을 사용하면 된다. DataFileReader는 seek( )와 sync( ) 메서드를 통해 에이브로 데이터 파일에 대한 임의 접근을 제공한다. 하지만 대부분의 경우 순차 스트리밍 접근만으로 충분하며 이때에는 DataFileStream을 사용하면 된다. DataFileStream은 모든 자바 InputStream에서 데이터를 읽을 수 있다.

12.4 상호운영성

에이브로의 언어 상호운영성을 설명하기 위해 하나의 언어(파이썬)를 사용하여 데이터 파일을 기록하고 다른 언어(자바)로 읽어보자.

12.4.1 파이썬 API

[예제 12-1]은 표준 입력에서 콤마로 구분된 문자열을 읽고 그것을 에이브로 데이터 파일에

StringPair 레코드로 기록한다. 데이터 파일을 기록하는 자바 코드와 비슷하게 DatumWriter 와 DataFileWriter 객체를 생성했다. 파일에서 스키마를 읽는 것은 같지만, 코드 안에 에이브로 스키마를 내장하였다는 점을 주의하자.

파이썬은 에이브로 레코드를 사전으로 표현한다. 표준 입력에서 읽은 각 행은 dict 객체로 변환되고 DataFileWriter에 추가된다.

예제 12-1 에이브로 레코드 쌍을 데이터 파일에 기록하는 파이썬 프로그램

```
import os
import string
import sys

from avro import schema
from avro import io
from avro import datafile

if __name__ == '__main__':
  if len(sys.argv) != 2:
    sys.exit('Usage: %s <data_file>' % sys.argv[0])
  avro_file = sys.argv[1]
  writer = open(avro_file, 'wb')
  datum_writer = io.DatumWriter()
  schema_object = schema.parse("\
{ "type": "record",
  "name": "StringPair",
  "doc": "A pair of strings.",
  "fields": [
    {"name": "left", "type": "string"},
    {"name": "right", "type": "string"}
  ]
}")
  dfw = datafile.DataFileWriter(writer, datum_writer, schema_object)
  for line in sys.stdin.readlines():
    (left, right) = string.split(line.strip(), ',')
    dfw.append({'left':left, 'right':right});
  dfw.close()
```

프로그램을 실행하기 전에 파이썬용 에이브로를 설치해야 한다.

```
% easy_install avro
```

프로그램을 실행하기 위해 출력할 파일의 이름을(pairs.avro) 지정하고 표준 입력으로 입력 데이터 쌍을 보낸다. 파일의 마지막을 표시하기 위해 Ctrl-D를 입력한다.

```
% python ch12-avro/src/main/py/write_pairs.py pairs.avro a,1
c,2
b,3
b,2
^D
```

12.4.2 에이브로 도구

이어서 자바로 작성된 에이브로 도구를 사용하여 pairs.avro의 내용을 출력한다. JAR 도구는 에이브로 웹사이트에서 얻을 수 있다. 로컬 디렉터리인 $AVRO_HOME에 에이브로 도구가 있다고 가정한다. tojson 명령어는 에이브로 데이터 파일을 JSON으로 변환하고 콘솔에 출력한다.

```
% java -jar $AVRO_HOME/avro-tools-*.jar tojson pairs.avro
{"left":"a","right":"1"}
{"left":"c","right":"2"}
{"left":"b","right":"3"}
{"left":"b","right":"2"}
```

파이썬과 자바로 작성된 두 개의 에이브로 구현체 사이에 복잡한 데이터를 성공적으로 교환했다.

12.5 스키마 해석

우리는 기록할 때 사용한 writer의 스키마와 다른 reader의 스키마를 이용하여 데이터를 다시 읽을 수 있다. 이는 스키마 변경^{evolution}을 가능하게 하는 강력한 기능이다. description 필드가 추가된 문자열 쌍에 대한 새로운 스키마를 고려해보자.

```
{
  "type": "record",
  "name": "StringPair",
  "doc": "A pair of strings with an added field.",
  "fields": [
    {"name": "left", "type": "string"},
    {"name": "right", "type": "string"},
    {"name": "description", "type": "string", "default": ""}
  ]
}
```

이 스키마를 이용하여 이전에 직렬화했던 데이터를 읽을 수 있다. description 필드에 기본값
(빈 문자열)[5]을 부여했기 때문이다. 에이브로는 읽고 있는 레코드에 필드에 대한 정의가 없다
면 기본값을 사용한다. default 속성을 생략하면 이전 데이터를 읽을 때 에러가 발생한다.

> **NOTE_** 기본값을 빈 문자열이 아닌 null 값으로 하려면 description 필드를 null 에이브로 자료형을
> 갖는 유니온union으로 정의한다.
>
> ```
> {"name": "description", "type": ["null", "string"], "default": null}
> ```

reader의 스키마가 writer와 다를 때는 두 개의 스키마 객체를 매개변수로 받는 GenericDatum
Reader의 생성자를 사용한다. 첫 번째는 writer의 스키마고 두 번째는 reader의 스키마다.

```
DatumReader<GenericRecord> reader =
    new GenericDatumReader<GenericRecord>(schema, newSchema);
Decoder decoder = DecoderFactory.get().binaryDecoder(out.toByteArray(), null);
GenericRecord result = reader.read(null, decoder);
assertThat(result.get("left").toString(), is("L"));
assertThat(result.get("right").toString(), is("R"));
assertThat(result.get("description").toString(), is(""));
```

데이터 파일을 처리할 때 writer의 스키마는 메타데이터에 저장되기 때문에 reader의 스키마
만 명시적으로 지정하면 된다. 다음 코드처럼 writer의 스키마에 대해서는 null을 인자로 전달
한다.

---

5 필드의 기본값은 JSON을 이용하여 인코딩한다. 각 자료형별 인코딩 명세를 확인하려면 에이브로 명세를 보면 된다.

```
DatumReader<GenericRecord> reader =
    new GenericDatumReader<GenericRecord>(null, newSchema);
```

다른 reader 스키마를 사용하는 일반적인 사례는 레코드에서 필드를 추출하는 **프로젝션**[projection] 작업이다. 프로젝션은 많은 필드가 있는 레코드에서 몇 개의 필드만 읽을 때 매우 유용하다. 예를 들어 다음 스키마는 StringPair의 right 필드만 가져온다.

```
{
  "type": "record",
  "name": "StringPair",
  "doc": "The right field of a pair of strings.",
  "fields": [
    {"name": "right", "type": "string"}
  ]
}
```

스키마 해석 규칙은 현재 버전에서 다음 버전으로 스키마를 어떻게 변경할 것인지와 직접 관련이 있으며, 모든 에이브로 자료형에 대한 규칙은 에이브로 명세에 자세히 설명되어 있다. reader와 writer(혹은 서버와 클라이언트)의 관점에서 레코드 변경에 대한 규칙을 [표 12-4]에 요약하였다.

표 **12-4** 레코드 스키마 해석

신규 스키마	Writer	Reader	동작
추가된 필드	기존	신규	writer가 기록한 필드가 아니므로 reader는 신규 필드의 기본값을 이용한다.
	신규	기존	reader는 writer가 기록한 신규 필드를 모르기 때문에 신규 필드를 무시한다(프로젝션).
제거된 필드	기존	신규	reader는 삭제된 필드를 무시한다(프로젝션).
	신규	기존	writer는 제거된 필드를 기록하지 않는다. 이전 스키마가 해당 필드에 대해 정의된 기본값을 갖는다면 reader는 이 필드를 사용하고, 그렇지 않으면 오류가 발생한다. 이러한 사례에서는 reader의 스키마를 writer의 스키마와 같거나 이전 시점으로 갱신하는 것이 최선이다.

에이브로 스키마 변경을 활용하는 다른 유용한 기법은 **별칭**[alias]을 사용하는 것이다. 별칭을 사용하면 원래 데이터 기록에 사용된 것과 다른 이름을 에이브로 데이터를 읽는 스키마에서 사용할

수 있다. 예를 들어 다음의 reader 스키마는 left와 right 대신 first와 second라는 새로운 필드명으로 StringPair 데이터를 읽을 수 있다.

```
{
  "type": "record",
  "name": "StringPair",
  "doc": "A pair of strings with aliased field names.",
  "fields": [
    {"name": "first", "type": "string", "aliases": ["left"]},
    {"name": "second", "type": "string", "aliases": ["right"]}
  ]
}
```

별칭은 읽는 시점에 writer의 스키마를 reader의 스키마로 변환하는 데 사용된다는 점에 유의하라. 그러나 reader에서는 별칭을 사용할 수 없다. 예제에서 left와 right라는 필드명은 first와 second라는 필드명으로 이미 변환되었기 때문에 reader는 이러한 별칭을 사용할 수 없다.

12.6 정렬 순서

에이브로는 객체의 정렬 순서를 정의할 수 있다. 대부분의 에이브로 객체의 정렬 순서는 우리가 예상하는 방식과 같다. 예를 들어 수치형은 오름차순으로 값을 정렬한다. 다른 자료형은 좀 더 정교한데, 예를 들어 열거형^{enum}은 심벌 문자열의 값이 아닌 해당 심벌이 정의된 순서를 기준으로 정렬된다.

에이브로 명세에는 record를 제외한 모든 자료형에 대한 정렬 순서가 이미 정해져 있다. 정렬 순서는 사용자가 변경할 수 없다. 하지만 레코드는 필드에 order 속성을 명시하는 방법으로 정렬 순서를 제어할 수 있다. 이것은 오름차순(기본), 내림차순(역순), 무시(비교할 때 제외되는 필드) 세 가지 값 중 하나를 가진다.

예를 들어 다음 스키마(SortedStringPair.avsc)는 StringPair 레코드의 순서를 right 필드의 내림차순으로 정의한다. left 필드는 정렬을 위한 용도로는 사용되지 않지만 프로젝션에는 여전히 존재한다.

```
{
  "type": "record",
  "name": "StringPair",
  "doc": "A pair of strings, sorted by right field descending.",
  "fields": [
    {"name": "left", "type": "string", "order": "ignore"},
    {"name": "right", "type": "string", "order": "descending"}
  ]
}
```

reader 스키마의 문서 순으로 쌍을 지어 레코드의 필드를 비교했다. 따라서 적합한 reader 스키마를 지정하면 데이터 레코드에 임의의 순서를 부여할 수 있다. 이 스키마(SwitchedString Pair.avsc)는 우선 right 필드로 정렬하고 그다음에 left 필드로 정렬한다.

```
{
  "type": "record",
  "name": "StringPair",
  "doc": "A pair of strings, sorted by right then left.",
  "fields": [
    {"name": "right", "type": "string"},
    {"name": "left", "type": "string"}
  ]
}
```

에이브로는 효율적인 바이너리 비교를 제공한다. 즉, 에이브로는 바이트 스트림 상에서 직접 수행되기 때문에 비교를 수행하기 위해 바이너리 데이터를 객체로 역직렬화할 필요가 없다.[6] 예를 들어 (order 속성이 없는) 원본 StringPair 스키마를 사용할 때 에이브로는 다음처럼 바이너리 비교를 수행한다.

첫 번째 필드 left는 UTF-8로 인코드된 문자열이라서 에이브로가 바이트 비교를 사전식으로 할 수 있다. 만약 값이 다르면 순서가 결정되고 에이브로는 거기에서 비교를 멈출 수 있다. 그렇지 않고 두 바이트 순서가 같다면 두 번째 필드(right)도 UTF-8 문자열이기 때문에 두 번째 필드를 다시 바이트 수준에서 사전식으로 비교한다.

비교 함수에 대한 설명은 5.3.3절의 '성능 향상을 위해 RawComparator 구현하기'에서

---

[6] 이 속성의 유용한 결과물은 객체나 바이너리 표현(BinaryData의 정적 hashcode() 메서드를 사용한다)에서 에이브로 데이터의 해시코드를 계산할 수 있다는 것이며, 두 방식 모두 같은 결과를 얻는다.

Writable을 위해 작성했던 바이너리 비교자^{comparator}와 완전히 같은 로직임을 주목하자. 다행스럽게도 에이브로는 비교자를 제공하므로 이런 코드를 직접 작성하거나 유지할 필요는 없다. reader의 스키마를 수정하여 정렬 순서를 변경하는 것도 매우 쉽다. SortedStringPair.avsc와 SwitchedStringPair.avsc 스키마에 대해 에이브로가 사용하는 비교 함수는 조금 전에 설명했던 방식과 근본적으로 동일하다. 차이점이라고는 대상 필드, 필드 순서, 정렬 순서의 오름차순 혹은 내림차순 여부 정도다.

이 장의 뒷부분에서는 에이브로 데이터 파일을 병렬로 정렬하기 위해 맵리듀스와 함께 에이브로의 정렬 로직을 사용할 것이다.

12.7 에이브로 맵리듀스

에이브로는 다수의 클래스를 제공하므로 에이브로 데이터로 맵리듀스 프로그램을 쉽게 실행할 수 있다. 여기서는 org.apache.avro.mapreduce 패키지의 새로운 맵리듀스 API 클래스를 사용한다. 구버전의 맵리듀스 클래스는 org.apache.avro.mapred 패키지에서 찾을 수 있다.

날씨 데이터셋에서 연도별 최고 기온을 찾는 맵리듀스 프로그램을 다시 작성해보자. 이번에는 에이브로 맵리듀스 API를 이용한다. 날씨 레코드는 다음과 같은 스키마로 표현할 수 있다.

```json
{
  "type": "record",
  "name": "WeatherRecord", "doc": "A weather reading.",
  "fields": [
    {"name": "year", "type": "int"},
    {"name": "temperature", "type": "int"},
    {"name": "stationId", "type": "string"}
  ]
}
```

[예제 12-2]는 텍스트 입력(이전 장에서 살펴본 형식)을 읽어서 날씨 레코드를 포함한 에이브로 데이터 파일을 만든다.

```java
public class AvroGenericMaxTemperature extends Configured implements Tool {

  private static final Schema SCHEMA = new Schema.Parser().parse(
      "{" +
      "  \"type\": \"record\"," +
      "  \"name\": \"WeatherRecord\"," +
      "  \"doc\": \"A weather reading.\"," +
      "  \"fields\": [" +
      "    {\"name\": \"year\", \"type\": \"int\"}," +
      "    {\"name\": \"temperature\", \"type\": \"int\"}," +
      "    {\"name\": \"stationId\", \"type\": \"string\"}" +
      "  ]"+
      "}"
  );

  public static class MaxTemperatureMapper
      extends Mapper<LongWritable, Text, AvroKey<Integer>,
          AvroValue<GenericRecord>> {
    private NcdcRecordParser parser = new NcdcRecordParser();
    private GenericRecord record = new GenericData.Record(SCHEMA);

    @Override
    protected void map(LongWritable key, Text value, Context context)
        throws IOException, InterruptedException {
      parser.parse(value.toString());
      if (parser.isValidTemperature()) {
        record.put("year", parser.getYearInt());
        record.put("temperature", parser.getAirTemperature());
        record.put("stationId", parser.getStationId());
        context.write(new AvroKey<Integer>(parser.getYearInt()),
            new AvroValue<GenericRecord>(record));
      }
    }
  }

  public static class MaxTemperatureReducer
      extends Reducer<AvroKey<Integer>, AvroValue<GenericRecord>,
          AvroKey<GenericRecord>, NullWritable> {

    @Override
    protected void reduce(AvroKey<Integer> key, Iterable<AvroValue<GenericRecord>>
        values, Context context) throws IOException, InterruptedException {
      GenericRecord max = null;
```

```
      for (AvroValue<GenericRecord> value : values) {
        GenericRecord record = value.datum();
        if (max == null ||
            (Integer) record.get("temperature") > (Integer) max.get("temperature")) {
          max = newWeatherRecord(record);
        }
      }
      context.write(new AvroKey(max), NullWritable.get());
    }
    private GenericRecord newWeatherRecord(GenericRecord value) {
      GenericRecord record = new GenericData.Record(SCHEMA);
      record.put("year", value.get("year"));
      record.put("temperature", value.get("temperature"));
      record.put("stationId", value.get("stationId"));
      return record;
    }
  }
}


@Override
public int run(String[] args) throws Exception {
  if (args.length != 2) {
    System.err.printf("Usage: %s [generic options] <input> <output>\n",
        getClass().getSimpleName());
    ToolRunner.printGenericCommandUsage(System.err);
    return -1;
  }

  Job job = new Job(getConf(), "Max temperature");
  job.setJarByClass(getClass());

  job.getConfiguration().setBoolean(
      Job.MAPREDUCE_JOB_USER_CLASSPATH_FIRST, true);

  FileInputFormat.addInputPath(job, new Path(args[0]));
  FileOutputFormat.setOutputPath(job, new Path(args[1]));

  AvroJob.setMapOutputKeySchema(job, Schema.create(Schema.Type.INT));
  AvroJob.setMapOutputValueSchema(job, SCHEMA);
  AvroJob.setOutputKeySchema(job, SCHEMA);

  job.setInputFormatClass(TextInputFormat.class);
  job.setOutputFormatClass(AvroKeyOutputFormat.class);

  job.setMapperClass(MaxTemperatureMapper.class);
  job.setReducerClass(MaxTemperatureReducer.class);
```

```
      return job.waitForCompletion(true) ? 0 : 1;
    }

    public static void main(String[] args) throws Exception {
      int exitCode = ToolRunner.run(new AvroGenericMaxTemperature(), args);
      System.exit(exitCode);
    }
  }
```

이 프로그램은 에이브로의 제네릭 매핑을 사용한다. 레코드를 표현하기 위해 자료형 안정성^{type} ^{safety}만 확인하고 별도의 코드를 만들지는 않았다(필드명은 "temperature"처럼 문자열값을 참조한다).[7] 날씨 레코드 스키마는 편의상 코드 내부에서 바로 처리했다(그리고 SCHEMA 상수에 입력했다). 하지만 실제 환경에서는 드라이버 코드에서 로컬 파일의 스키마를 읽고 하둡 잡 설정을 통해 매퍼와 리듀서에 전달하는 방법이 더 좋다(자세한 내용은 9.4절 '사이드 데이터 분배'를 참조하라).

에이브로 맵리듀스 API는 일반 하둡 맵리듀스 API와 두 가지 차이점이 있다. 첫 번째는 에이브로 자바 자료형에 맞는 래퍼를 사용한다는 것이다. 이 맵리듀스 프로그램에서 키는 연도(정수), 값은 에이브로의 GenericRecord로 표현된 날씨 레코드다. 이 키와 값은 맵 출력(그리고 리듀스 입력)에서 키 자료형은 AvroKey<Integer>로, 값 자료형은 AvroValue<GenericRecord>로 변환된다.

MaxTemperatureReducer는 각 키(연도)별 레코드를 순환하면서 가장 높은 온도를 찾는다. 반복자는 효율성을 위해 인스턴스를 재사용하기 때문에(오직 필드만 수정됨) 지금까지 찾은 최고 기온 레코드의 사본을 만들어야 한다.

두 번째 차이점은 잡을 설정하는 데 AvroJob 클래스를 사용한다는 것이다. AvroJob 클래스는 입력, 맵 출력, 최종 출력 데이터에 대한 에이브로 스키마를 정의하는 데 편리하다. 이 프로그램에서는 텍스트 파일에서 데이터를 읽기 때문에 입력 스키마는 설정하지 않았다. 맵 출력키 스키마는 에이브로 정수며, 값 스키마는 날씨 레코드 스키마다. 최종 출력키 스키마는 날씨 레코드의 스키마며, 출력 포맷은 키를 에이브로 데이터 파일에 기록하고 값은 무시하는(NullWritable) AvroKeyOutputFormat이다.

---

7 파생 클래스로 구체적 매핑을 사용하는 예를 보고 싶으면 예제 코드의 AvroSpecificMaxTemperature 클래스를 참조하라.

다음 명령어는 작은 샘플 데이터셋으로 프로그램을 실행하는 방법을 보여준다.

```
% export HADOOP_CLASSPATH=avro-examples.jar
% export HADOOP_USER_CLASSPATH_FIRST=true # override version of Avro in Hadoop
% hadoop jar avro-examples.jar AvroGenericMaxTemperature \
  input/ncdc/sample.txt output
```

작업이 끝나면 에이브로 도구를 사용해서 에이브로 데이터 파일을 행당 하나의 JSON 레코드로
출력할 수 있다.

```
% java -jar $AVRO_HOME/avro-tools-*.jar tojson output/part-r-00000.avro
{"year":1949,"temperature":111,"stationId":"012650-99999"}
{"year":1950,"temperature":22,"stationId":"011990-99999"}
```

이 예제에서는 텍스트 파일에서 데이터를 읽고 에이브로 데이터 파일을 생성했다. 하지만 다른
조합도 가능하기 때문에 에이브로 포맷과 다른 포맷(예를 들면 SequenceFiles) 사이의 변환
에 유용하게 사용할 수 있다. 세부 내용은 에이브로 맵리듀스 패키지에 대한 문서를 참고하라.

12.8 에이브로 맵리듀스를 이용하여 정렬하기

에이브로의 정렬 기능을 맵리듀스와 합쳐서 에이브로 데이터 파일을 정렬하는 프로그램을 작성
해보자(예제 12-3).

예제 12-3 에이브로 데이터 파일을 정렬하는 맵리듀스 프로그램

```
public class AvroSort extends Configured implements Tool {

  static class SortMapper<K> extends Mapper<AvroKey<K>, NullWritable,
      AvroKey<K>, AvroValue<K>> {
    @Override
    protected void map(AvroKey<K> key, NullWritable value,
        Context context) throws IOException, InterruptedException {
      context.write(key, new AvroValue<K>(key.datum()));
    }
  }
```

```
static class SortReducer<K> extends Reducer<AvroKey<K>, AvroValue<K>,
    AvroKey<K>, NullWritable> {
  @Override
  protected void reduce(AvroKey<K> key, Iterable<AvroValue<K>> values,
      Context context) throws IOException, InterruptedException {
    for (AvroValue<K> value : values) {
      context.write(new AvroKey(value.datum()), NullWritable.get());
    }
  }
}
}

@Override
public int run(String[] args) throws Exception {

  if (args.length != 3) {
    System.err.printf(
        "Usage: %s [generic options] <input> <output> <schema-file>\n",
        getClass().getSimpleName());
    ToolRunner.printGenericCommandUsage(System.err);
    return -1;
  }

  String input = args[0];
  String output = args[1];
  String schemaFile = args[2];

  Job job = new Job(getConf(), "Avro sort");
  job.setJarByClass(getClass());

  job.getConfiguration().setBoolean(
      Job.MAPREDUCE_JOB_USER_CLASSPATH_FIRST, true);

  FileInputFormat.addInputPath(job, new Path(input));
  FileOutputFormat.setOutputPath(job, new Path(output));

  AvroJob.setDataModelClass(job, GenericData.class);

  Schema schema = new Schema.Parser().parse(new File(schemaFile));
  AvroJob.setInputKeySchema(job, schema);
  AvroJob.setMapOutputKeySchema(job, schema);
  AvroJob.setMapOutputValueSchema(job, schema);
  AvroJob.setOutputKeySchema(job, schema);

  job.setInputFormatClass(AvroKeyInputFormat.class);
```

```
      job.setOutputFormatClass(AvroKeyOutputFormat.class);

      job.setOutputKeyClass(AvroKey.class);
      job.setOutputValueClass(NullWritable.class);

      job.setMapperClass(SortMapper.class);
      job.setReducerClass(SortReducer.class);

      return job.waitForCompletion(true) ? 0 : 1;
    }

    public static void main(String[] args) throws Exception {
      int exitCode = ToolRunner.run(new AvroSort(), args);
      System.exit(exitCode);
    }
  }
```

이 프로그램은 에이브로의 제네릭 매핑을 사용하기 때문에 어떤 코드도 생성할 필요가 없다. 또한 자바에서 제네릭 자료형 매개변수인 K로 표현되는 모든 종류의 에이브로 레코드를 정렬할 수 있다. 키와 같은 값을 선택해서 값이 키로 그룹핑되었을 때 그 값 중 하나 이상이 같은 키를 공유한다면(정렬 함수에 의해) 어떤 레코드도 잃어버리지 않고 모든 값을 내보낼 수 있다.[8] 매퍼는 단순히 입력키를 AvroKey와 AvroValue로 랩핑하여 내보낸다. 리듀서는 아이덴티티^{identity} 리듀서처럼 동작하며, 값을 출력키로 전달하여 에이브로 데이터 파일에 기록한다.

정렬은 맵리듀스 셔플 과정에서 일어나며, 정렬 기능은 프로그램에 전달된 에이브로의 스키마에 의해 정해진다. right 필드를 내림차순으로 정렬하는 SortedStringPair.avsc 스키마를 이용하여 이전에 생성한 pairs.avro 파일을 정렬하는 프로그램을 사용해보자. 먼저 에이브로 도구를 사용하여 입력 데이터를 점검한다.

```
% java -jar $AVRO_HOME/avro-tools-*.jar tojson input/avro/pairs.avro
{"left":"a","right":"1"}
{"left":"c","right":"2"}
{"left":"b","right":"3"}
{"left":"b","right":"2"}
```

---

8 만약 여기서 아이덴티티 매퍼와 리듀서를 사용했다면 이 프로그램은 정렬과 키 중복 제거를 동시에 할 수 있다. 값 객체로 만든 키에서 중복 정보에 대한 처리 방안은 9.2.4절 '2차 정렬'에서 다룬다.

그리고 정렬을 한다.

```
% hadoop jar avro-examples.jar AvroSort input/avro/pairs.avro output \
  ch12-avro/src/main/resources/SortedStringPair.avsc
```

마지막으로 출력 결과를 보고 제대로 정렬되었는지 확인한다.

```
% java -jar $AVRO_HOME/avro-tools-*.jar tojson output/part-r-00000.avro
{"left":"b","right":"3"}
{"left":"b","right":"2"}
{"left":"c","right":"2"}
{"left":"a","right":"1"}
```

12.9 다양한 언어에서 에이브로 사용하기

자바 외에 다른 언어와 프레임워크에서 에이브로로 작업할 수 있는 몇 가지 방법이 있다.

AvroAsTextInputFormat은 하둡 스트리밍 프로그램에서 에이브로 데이터 파일을 읽을 수 있도록 설계되어 있다. 파일의 각 데이터는 JSON 규칙을 따르는 문자열로 변환되거나 자료형이 에이브로 bytes면 원시 바이트[raw byte]로 변환된다. 다른 방법은 스트리밍 잡에서 bytes 스키마를 갖는 에이브로 데이터 파일을 생성할 수 있는 AvroTextOutputFormat을 출력 포맷으로 지정하는 것이다. 스트리밍 잡의 출력으로 발생하는 각 데이터는 탭으로 구분된 키-값 쌍이다. 두 클래스는 모두 org.apache.avro.mapred 패키지에 있다.

에이브로 처리를 수행하기 위해 피그, 하이브, 크런치, 스파크와 같은 다른 프레임워크를 고려해볼 가치가 있다. 이러한 프레임워크는 적합한 저장 포맷을 지정하면 에이브로 데이터 파일을 읽고 쓸 수 있다. 자세한 내용은 이 책에서 관련 장을 참조하라.

## CHAPTER 13

파케이

아파치 파케이^{Apache Parquet}[1]는 중첩된 데이터를 효율적으로 저장할 수 있는 컬럼 기준 저장 포맷이다.

컬럼 기준 포맷은 **파일 크기**와 **쿼리 성능** 측면 모두에서 효율성이 높은 장점이 있다. 이는 동일한 컬럼의 값을 나란히 모아서 저장하기 때문에 인코딩 효율이 높다. 따라서 컬럼 기준 포맷의 파일 크기는 행 기반 포맷에 비해 일반적으로 작다. 예를 들어 타임스탬프 컬럼을 저장할 때 첫 번째 값과 다음 값과의 차이를 저장하는 방법으로 인코딩할 수 있다(거의 동시에 들어온 레코드는 나란히 붙어서 저장되기 때문에 시간적 지역성이 매우 작은 경향이 있다). 또한 쿼리 엔진은 쿼리에 필요하지 않은 컬럼은 처리하지 않아도 되기 때문에 쿼리 성능도 높다(그림 5-4). 이 장에서는 파케이를 자세히 살펴볼 것이다. 하지만 하이브 프로젝트의 일부인 ORCFile^{Optimized Record Columnar File}과 같이 하둡에서 사용하는 다른 컬럼 기준 포맷도 있다.

파케이의 가장 큰 장점은 진정한 컬럼 기반 방식으로 **중첩** 구조의 데이터를 저장할 수 있다는 것이다. 현실 세계의 시스템에는 여러 단계의 중첩 구조를 지닌 스키마가 흔히 있기 때문에 이러한 기능은 매우 중요하다. 파케이는 구글의 엔지니어가 드레멜 논문에서 소개한 '적은 오버헤드로 단층 컬럼 기준 포맷에 중첩된 구조를 저장하는' 새로운 기술을 사용했다.[2] 그 결과 파케이는 중첩된 필드를 다른 필드와 상관없이 독립적으로 읽을 수 있게 되었으며 따라서 상당한 성능 향상을 얻을 수 있었다.

----

1 http://parquet.incubator.apache.org/

2 세르게이 멜니크(Sergey Melnik) 공저 「드레멜: 웹-규모 데이터셋의 대화형 분석(Dremel: Interactive Analysis of Web-Scale Datasets)」(2010년 제36회 VLDBVeryLargeDataBases 국제 컨퍼런스 논문집)

파케이의 또 다른 특징은 **파케이 포맷**을 지원하는 수많은 도구가 있다는 것이다. 파케이를 만든 트위터와 클라우데라의 엔지니어는 기존의 데이터를 쉽게 처리할 수 있는 새로운 도구를 원했다. 따라서 프로젝트를 언어 중립 방식으로 파일 포맷을 정의하는 명세 부분과 다양한 언어(자바와 C++)로 파케이 파일을 읽거나 쓰는 도구를 쉽게 만들 수 있는 명세의 구현체 부분으로 나누었다. 사실 이 책에서 다루는 데이터 처리 컴포넌트(맵리듀스, 피그, 하이브, 캐스케이딩, 크런치, 스파크)는 대부분 파케이 포맷을 지원한다. 또한 이러한 유연성은 인메모리 표현까지 확장된다. 자바 구현체는 단일 표현에 얽매이지 않기 때문에 파케이 파일에서 데이터를 읽고 쓰는 데 에이브로, 쓰리프트, 프로토콜 버퍼의 인메모리 데이터 모델을 사용할 수 있다.

13.1 데이터 모델

파케이에는 [표 13-1]에서 볼 수 있는 것처럼 몇 개의 기본 자료형이 있다.

표 **13-1** 파케이 기본 자료형

타입	설명
boolean	바이너리 값
int32	부호 있는 32비트 정수
int64	부호 있는 64비트 정수
int96	부호 있는 96비트 정수
float	단정밀도(32비트) IEEE 754 부동소수점 숫자
double	배정밀도(64비트) IEEE 754 부동소수점 숫자
binary	순차 8비트 부호 없는 바이트
fixed_len_byte_array	고정길이 8비트 부호 없는 바이트

파케이 파일에 저장된 데이터는 루트에 필드 그룹을 포함한 message를 갖는 스키마로 정의된다. 각 필드는 반복자^{repetition}(required, optional 또는 repeated), 타입, 이름으로 되어 있다. 다음은 날씨 레코드에 대한 간단한 파케이 스키마다.

```
message WeatherRecord {
  required int32 year;
  required int32 temperature;
  required binary stationId (UTF8);
}
```

여기에 기본 문자열 자료형이 없다는 점을 주의하자. 대신 파케이는 기본 자료형에 대한 해석 방식을 정의한 논리 자료형을 제공한다. 따라서 직렬화 표현(기본 자료형)과 애플리케이션에 특화된 시맨틱(논리 자료형)은 차이가 있다. 문자열은 UTF-8 어노테이션을 가진 binary 기본 자료형으로 표현된다. [표 13-2]에서 파케이에 정의된 논리 자료형과 예제 스키마를 볼 수 있다. 부호 있는 정수, 부호 없는 정수, 날짜와 시간 자료형, JSON과 BSON 문서 자료형에 대한 자세한 내용은 파케이 명세를 참고하라.

표 13-2 파케이 논리 자료형

논리 자료형 어노테이션	설명	스키마 예제
UTF8	UTF-8 캐릭터 문자열. 표기: binary	```message m { required binary a (UTF8); }```
ENUM	명명된 값의 집합. 표기: binary	```message m { required binary a (ENUM); }```
DECIMAL(*precision,scale*)	부호 있는 임의 정밀도 십진수. 표기: int32, int64, binary, fixed_len_byte_array	```message m { required int32 a (DECIMAL(5,2)); }```
DATE	시간 값이 없는 날짜. 표기: int32. 1970년 1월 1일 (Unix epoch) 이후의 일수로 표현	```message m { required int32 a (DATE); }```
LIST	순서 있는 값의 집합. 표기: group	```message m { required group a (LIST) { repeated group list { required int32 element; } } }```
MAP	순서 없는 키-값 쌍의 집합. 표기: group	```message m { required group a (MAP) { repeated group key_value { required binary key (UTF8); optional int32 value; } } }```

파케이의 복합 자료형은 중첩 계층이 추가된 group 자료형으로 생성한다.[3] 어노테이션이 없는 그룹은 단순한 중첩 레코드다.

리스트와 맵은 [표 13-2]와 같이 특이한 두 단계 그룹 구조의 그룹으로 만든다. 리스트는 element 필드가 포함된 (list라는 이름의) 중첩된 반복 그룹을 가진 LIST 그룹으로 표현된다. 예제에서 32-비트 정수형리스트는 required int32 element 필드로 되어 있다. 맵은 MAP으로 표기된 외부의 그룹으로, 내부의 반복 그룹인 key_value를 포함하고 있다. 내부의 반복 그룹은 key와 value 필드로 되어 있다. 예제에서 value는 optional로 표시되어 있으므로 맵은 null 값을 가질 수 있다.

13.1.1 중첩 인코딩

컬럼 기준 저장 방식에서 동일한 컬럼의 모든 값은 함께 저장된다. 날씨 레코드 스키마와 같이 중첩과 반복이 없는 단층 테이블은 각 컬럼이 모두 동일한 개수의 값을 가지고 있기 때문에 각 값이 어떤 행에 속하는지 결정하는 것은 매우 간단하다.

일반적으로 맵 스키마와 같은 중첩 또는 반복이 있는 컬럼은 중첩 구조를 인코딩해야 하므로 처리하기 힘들다. 일부 컬럼 기준 포맷은 구조 단층화 기법을 통해 이러한 문제를 피할 수 있다. 하이브의 RC 파일에서 사용되는 이 기법은 최상위 컬럼만 컬럼 우선 방식으로 저장한다. 중첩된 컬럼이 있는 맵은 키와 값을 상호배치^{interleave} 방식으로 저장하므로 값을 메모리에 올리지 않고 키만 읽는 것은 불가능하다.

드레멜의 인코딩을 사용하는 파케이는 스키마의 모든 기본 자료형 필드의 값을 별도의 컬럼에 저장하고, 그 구조는 명세 수준과 반복 수준의 두 정수로 인코딩한다.[4] 세부적인 사항은 매우 복잡하지만,[5] 단층 레코드는 null을 사용하고 중첩이나 반복 수준이 올라가면 null이 아닌 값을 사용해서 비트 필드를 인코딩하는 일반적인 기법으로 명세 수준과 반복 수준을 저장한다고 생각하면 편하다.

---

3 프로토콜 버퍼(Protocol Buffers)(https://developers.google.com/protocol-buffers/)에서 사용된 모델을 기반으로 한다. 프로토콜 버퍼는 리스트나 맵 같은 복합 자료형을 정의할 때 그룹을 사용한다.

4 옮긴이_ 명세 수준은 스키마의 루트 0에서 컬럼의 최대 수준까지 증가한다. 반복 수준은 새로운 레코드의 시작은 0, 레벨 1의 엔트리는 1, 레벨 2의 엔트리는 2와 같은 방법으로 표시한다. 반복이 없는 단층 스키마의 경우 반복 수준은 0이다.

5 줄리언 르 뎀(Julien Le Dem)은 트위터 블로그(https://blog.twitter.com/2013/dremel-made-simple-with-parquet)에 매우 훌륭한 상세한 해설을 작성했다.

이러한 인코딩 방식을 이용하면 중첩 컬럼을 포함한 어떤 컬럼도 다른 컬럼과 상관없이 읽을 수 있다. 예를 들어 파케이의 맵은 어떤 값도 읽지 않고 키만 읽을 수도 있기 때문에 성능을 크게 높일 수 있다. 특히 필드가 많은 중첩 레코드와 같이 컬럼의 값이 매우 큰 경우에는 그 효과도 크다.

13.2 파케이 파일 포맷

파케이 파일은 헤더, 하나 이상의 블록, 꼬리말 순으로 구성된다. 헤더는 파케이 포맷의 파일임을 알려주는 4바이트 매직 숫자인 PAR1만 포함하고 있다. 파일의 모든 메타데이터는 꼬리말에 저장된다. 꼬리말 메타데이터는 포맷 버전, 스키마, 추가 키-값 쌍, 파일의 모든 블록에 대한 메타데이터와 같은 정보를 포함하고 있다. 꼬리말의 마지막 두 필드는 꼬리말 메타데이터의 길이를 인코딩한 4바이트 필드와 매직 숫자인 PAR1이다.

꼬리말에 메타데이터를 저장했기 때문에 파케이 파일을 읽을 때는 먼저 메타데이터의 길이를 알기 위해 파일의 끝에서 8바이트의 값을 읽어야 한다. 그다음에는 꼬리말의 메타데이터를 읽기 위해 지정된 길이만큼 반대 방향으로 가야 한다. 메타데이터를 머리말에 저장하고 블록을 구분하기 위해 싱크 마커를 사용하는 시퀀스 파일이나 에이브로 데이터 파일과 달리 파케이 파일은 블록의 경계를 꼬리말의 메타데이터에 저장하기 때문에 싱크 마커가 필요 없다. 모든 블록이 기록된 후 메타데이터를 기록하기 때문에 싱크 마커가 군이 필요 없으며, 기록기는 파일을 닫을 때까지 블록의 경계 위치를 메모리에 유지한다. 따라서 꼬리말을 읽으면 블록의 위치를 알 수 있기 때문에 파케이 파일은 분할이 가능하고 병렬(예를 들면 맵리듀스를 이용하여)로 처리할 수 있다.

파케이 파일의 각 블록은 **행 그룹**을 저장한다. 행 그룹은 행에 대한 컬럼 데이터를 포함한 **컬럼 청크**로 되어 있다. 각 컬럼 청크의 데이터는 **페이지**에 기록된다. [그림 13-1]에서 이러한 구조를 볼 수 있다.

각 페이지는 동일한 컬럼의 값만 포함하고 있다. 따라서 페이지에 있는 값은 비슷한 경향이 있기 때문에 페이지를 압축할 때 매우 유리하다. 압축의 첫 번째 단계는 값을 인코드하는 방식으로 수행된다. 가장 간단한 인코딩은 그 값을 그대로 기록하는 일반 인코딩인데(예를 들면 int32의 값을 4바이트의 리틀엔디안^{little-endian} 형식으로 기록하는 방식), 이 방식은 어떤 압축도 제공하지 않는다.

그림 13-1 파케이 파일의 내부 구조

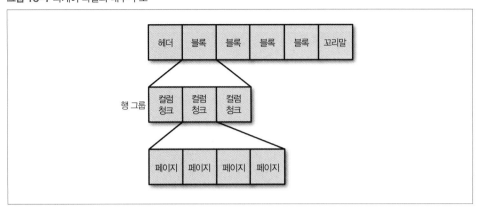

파케이는 델타 인코딩(값의 차이를 저장), 연속길이run-length 인코딩(동일한 값이 연속으로 나오면 그 값과 빈도를 저장), 사전dictionary 인코딩(값의 사전을 만들어 인코딩한 후 사전의 인덱스를 나타내는 정수로 그 값을 저장)을 비롯하여 압축률이 높은 다양한 인코딩을 지원한다. 또한 작은 몇 개의 값을 한 바이트에 저장하여 공간을 절약하는 비트 패킹bit packing과 같은 기술도 적용할 수 있다.

파케이는 파일을 기록할 때 컬럼의 자료형을 기준으로 적합한 인코딩을 자동으로 선택한다. 예를 들어 논리Boolean 값은 연속길이 인코딩과 비트 패킹의 조합으로 기록한다. 그 외 대부분의 자료형은 사전 인코딩을 주로 이용한다. 하지만 사전이 지나치게 커지면 일반 인코딩으로 대체된다. 이런 일이 발생하는 임계 크기는 **사전 페이지의 크기**와 관련이 있으며 그 크기는 페이지 크기와 동일하다. 임계 크기가 결국 페이지의 크기와 같은 이유는 한 페이지에 사전이 모두 들어가야 하기 때문이다. 실제 사용된 인코딩 방식은 파일의 메타데이터에 반드시 저장되어야 한다. 그래야 나중에 리더가 정확인 인코딩을 사용할 수 있다.

압축의 두 번째 단계는 인코드된 페이지 바이트에 표준 압축 알고리즘을 추가로 적용하는 것이다. 압축을 적용하지 않는 것이 기본이지만 스내피Snappy, gzip, LZO 압축을 모두 지원한다.

중첩 데이터의 각 페이지는 페이지에 포함된 모든 값에 대한 명세와 반복 수준을 저장한다. 두 수준의 값은 작은 정수이기 때문에(최댓값은 스키마에 지정된 중첩의 정도에 따라 결정된다) 비트패킹 연속길이 인코딩으로 효율적으로 인코딩할 수 있다.

13.3 파케이 설정

파케이 파일의 속성은 파일 기록 시점에 정해진다. [표 13-3]은 맵리듀스(13.5절 '파케이 맵리듀스'에서 논의한 포맷 사용), 크런치, 피그, 하이브에서 파케이 파일을 생성할 때 필요한 속성의 목록이다.

표 13-3 ParquetOutputFormat 속성

속성명	타입	기본값	설명
parquet.block.size	int	134217728 (128MB)	블록의 바이트 크기(행 그룹)
parquet.page.size	int	1048576 (1MB)	페이지의 바이트 크기
parquet.dictionary.page.size	int	1048576 (1MB)	일반 인코딩으로 돌아가기 전의 사전의 최대 허용 바이트 크기
parquet.enable.dictionary	boolean	true	사전 인코딩 사용 여부
parquet.compression	String	UNCOMPRESSED	파케이 파일에서 사용할 압축 종류: UNCOMPRESSED, SNAPPY, GZIP, LZO. mapreduce.output.fileoutputformat.compress 대신 사용함

블록 크기를 설정할 때 스캔 효율성과 메모리 사용률 사이의 트레이드오프 관계를 고려해야 한다. 블록의 크기를 크게 하면 더 많은 행을 가지므로 순차 I/O의 성능을 높일 수 있어 효율적으로 스캔할 수 있다(각 컬럼 청크를 설정하는 부담을 줄인다). 하지만 개별 블록을 읽고 쓸 때 모든 데이터가 메모리에 저장되어야 하기 때문에 너무 큰 블록을 사용하는 것은 한계가 있다. 블록의 기본 크기는 128MB다.

파케이 블록은 하나의 HDFS 블록(그리고 하나의 데이터노드)에서 읽을 수 있어야 하므로 파케이 파일의 블록 크기는 HDFS 블록 크기보다 크면 안 된다. 파케이 블록과 HDFS 블록을 동일하게 설정하는 것이 일반적이며, 실제 두 블록의 기본값은 128MB다.

페이지는 파케이 파일의 최소 저장 단위로, 원하는 행(쉽게 설명하면 한 개의 컬럼에 있는)을 읽기 위해서는 그 행을 포함한 페이지의 압축을 해제하고 디코딩해야 한다. 단일 행 검색은 페이지가 작을수록 효율적인데, 원하는 값을 찾기 전에 읽어야 하는 값이 더 적어지기 때문이다. 하지만 페이지의 크기가 작으면 필요한 페이지의 수가 늘어남으로써 발생하는 추가적인 메타데이터(오프셋, 사전)로 인해 저장 용량과 처리 시간이 증가하는 단점이 있다. 페이지의 기본 크기는 1MB다.

13.4 파케이 파일 쓰기와 읽기

파케이 파일은 대부분 피그, 하이브, 임팔라와 같은 고수준 도구를 이용하여 처리한다. 그러나 이 절에서 다루는 저수준 순차 접근이 간혹 필요하다.

파케이에는 다양한 도구와 컴포넌트로 파케이 파일 포맷을 쉽게 통합할 수 있는 장착형^{pluggable} 인메모리 데이터 모델이 있다. 자바는 ReadSupport와 WriteSupport로 파케이 파일 포맷을 통합한다. 이러한 클래스의 구현체는 도구 또는 컴포넌트에서 사용된 객체와 파케이 타입의 스키마로 표현된 객체 사이의 변환을 수행한다.

설명을 위해 파케이에 포함된 parquet.example.data와 parquet.example.data.simple 패키지에 있는 간단한 인메모리 모델을 사용할 것이다. 그리고 다음 절에서 에이브로 표현으로 같은 일을 수행할 것이다.

> **NOTE_** 이름이 말해주듯이 파케이에 있는 예제 클래스는 파케이 파일의 작동 방식을 설명하는 객체 모델이다. 실무에서는 에이브로, 프로토콜 버퍼, 쓰리프트와 같은 지원 프레임워크 중 하나를 사용해야 한다.

파케이 파일에 쓰기 위해서는 parquet.schema.MessageType 인스턴스로 표현된 파케이 스키마를 먼저 정의해야 한다.

```
MessageType schema = MessageTypeParser.parseMessageType(
    "message Pair {\n" +
    "  required binary left (UTF8);\n" +
    "  required binary right (UTF8);\n" +
    "}");
```

그리고 파일에 기록할 각 레코드에 대한 파케이 메시지의 인스턴스를 생성해야 한다. parquet.example.data 패키지에서 메시지는 GroupFactory를 사용해서 구성된 Group 인스턴스로 표현된다.

```
GroupFactory groupFactory = new SimpleGroupFactory(schema);
Group group = groupFactory.newGroup()
    .append("left", "L")
    .append("right", "R");
```

메시지에서 값은 UTF8 논리 자료형이고 Group은 자바 String의 자동 변환을 제공한다는 점을 유의하자.

다음 코드는 파케이 파일을 생성하고 파케이 파일에 메시지를 쓰는 방법을 보여준다. write() 메서드는 다수의 메시지를 파일에 쓰는 반복문 안에서 호출된다. 하지만 여기서는 한번만 쓴다.

```
Configuration conf = new Configuration();
Path path = new Path("data.parquet");
GroupWriteSupport writeSupport = new GroupWriteSupport();
GroupWriteSupport.setSchema(schema, conf);
ParquetWriter<Group> writer = new ParquetWriter<Group>(path, writeSupport,
    ParquetWriter.DEFAULT_COMPRESSION_CODEC_NAME,
    ParquetWriter.DEFAULT_BLOCK_SIZE,
    ParquetWriter.DEFAULT_PAGE_SIZE,
    ParquetWriter.DEFAULT_PAGE_SIZE, /* dictionary page size */
    ParquetWriter.DEFAULT_IS_DICTIONARY_ENABLED,
    ParquetWriter.DEFAULT_IS_VALIDATING_ENABLED,
    ParquetProperties.WriterVersion.PARQUET_1_0, conf);
writer.write(group);
writer.close();
```

ParquetWriter 생성자는 WriteSupport 인스턴스가 필요하다. 이 인스턴스는 메시지의 자료형을 파케이 자료형으로 변환하는 방법을 정의한다. 예제에서는 Group 메시지 자료형을 사용했기 때문에 GroupWriteSupport를 사용했다. 파케이 스키마는 GroupWriteSupport의 setSchema() 정적 메서드를 호출해서 Configuration 객체로 설정한다. 그리고 Configuration 객체는 ParquetWriter로 전달된다는 점을 주목하자. 이 예제는 또한 [표 13-3]에 나열한 파케이 파일의 속성도 보여준다.

파케이 파일을 읽는 것은 쓰기에 비해 단순하다. 파케이 파일에 쓸 때는 스키마를 정의하는 과정이 필요하지만 읽을 때는 필요 없기 때문이다. 하지만 프로젝션을 통해 파일에 있는 일부 컬럼을 얻기 위해서는 **읽기 스키마**read schema를 지정해야 한다. 또한 파일 속성도 쓰는 시점에 설정되므로 파케이 파일을 읽을 때는 필요 없다.

```
GroupReadSupport readSupport = new GroupReadSupport();
ParquetReader<Group> reader = new ParquetReader<Group>(path, readSupport);
```

ParquetReader는 다음 메시지를 읽기 위한 read() 메서드가 있다. 이 메서드는 파일의 끝에 도달하면 null을 반환한다.

```
Group result = reader.read();
assertNotNull(result);
assertThat(result.getString("left", 0), is("L"));
assertThat(result.getString("right", 0), is("R"));
assertNull(reader.read());
```

필드에 반복되는 값이 있을 수 있으므로 0 파라미터를 getString() 메서드에 전달하여 검색할 필드의 인덱스를 지정한다는 것을 주의하자.

13.4.1 에이브로, 프로토콜 버퍼, 쓰리프트

대부분의 애플리케이션은 에이브로, 프로토콜 버퍼, 쓰리프트와 같은 프레임워크로 모델을 정의하는 것을 선호하므로 파케이는 이를 위한 서비스를 제공하고 있다. ParquetWriter와 ParquetReader 대신 AvroParquetWriter, ProtoParquetWriter, ThriftParquetWriter와 각각의 reader 클래스를 사용한다. 이런 클래스는 에이브로, 프로토콜 버퍼, 쓰리프트 스키마와 파케이 스키마 사이의 변환을 책임진다. 또한 프레임워크 자료형과 파케이 자료형 사이의 동등한 매핑도 수행한다. 이는 여러분이 파케이 스키마를 직접 다룰 필요가 없다는 것을 의미한다.

12.2절 '인메모리 직렬화와 역직렬화'에서 보았던 예제를 에이브로 제네릭 API로 다시 실행해보자. 에이브로 스키마는 다음과 같다.

```
{
  "type": "record",
  "name": "StringPair",
  "doc": "A pair of strings.",
  "fields": [
    {"name": "left", "type": "string"},
    {"name": "right", "type": "string"}
  ]
}
```

다음과 같이 스키마 인스턴스와 제네릭 레코드를 생성한다.

```
Schema.Parser parser = new Schema.Parser();
Schema schema = parser.parse(getClass().getResourceAsStream("StringPair.avsc"));

GenericRecord datum = new GenericData.Record(schema);
datum.put("left", "L");
datum.put("right", "R");
```

그러면 파케이 파일에 쓸 수 있다.

```
Path path = new Path("data.parquet");
AvroParquetWriter<GenericRecord> writer =
    new AvroParquetWriter<GenericRecord>(path, schema);
writer.write(datum);
writer.close();
```

AvroParquetWriter는 에이브로 스키마를 파케이 스키마로 변환한다. 그리고 각 에이브로 GenericRecord 인스턴스를 일치하는 파케이 자료형으로 변환하여 파케이 파일에 쓴다. 이 파일은 정규 파케이 파일로, 에이브로 스키마를 저장하기 위한 추가 메타데이터 부분을 제외하곤 이전 절에서 GroupWriteSupport와 함께 ParquetWriter로 작성했던 것과 동일하다. 파케이의 명령행 도구를 사용하면 파일의 메타데이터를 확인할 수 있다.[6]

```
% parquet-tools meta data.parquet
...
extra:        avro.schema = {"type":"record","name":"StringPair", ...
...
```

이와 유사하게 다음 명령어를 입력하면 에이브로 스키마에서 생성된 파케이 스키마를 볼 수 있다.

```
% parquet-tools schema data.parquet
message StringPair {
  required binary left (UTF8);
```

---

6 파케이 도구는 파케이 메이븐 레포지토리에서 바이너리 타르볼 형태로 내려받을 수 있다. http://search.maven.org에서 'parquet-tools'를 검색하면 된다.

```
  required binary right (UTF8);
}
```

AvroParquetReader를 사용해서 파케이 파일을 다시 읽는다. 그리고 에이브로 GenericRecord 객체를 돌려받는다.

```
AvroParquetReader<GenericRecord> reader =
    new AvroParquetReader<GenericRecord>(path);
GenericRecord result = reader.read();
assertNotNull(result);
assertThat(result.get("left").toString(), is("L"));
assertThat(result.get("right").toString(), is("R"));
assertNull(reader.read());
```

프로젝션과 스키마 읽기

파일에 있는 일부 컬럼만 읽을 필요가 흔히 있는데, 이것이 시간과 I/O 비용을 줄이는 파케이와 같은 컬럼 기준 포맷이 존재하는 **진짜 이유**이다. 이때에는 읽고 싶은 컬럼만 선택하기 위해 프로젝션 스키마를 사용하면 된다. 예를 들어 다음 스키마는 StringPair의 right 필드만 읽는다.

```
{
  "type": "record",
  "name": "StringPair",
  "doc": "The right field of a pair of strings.",
  "fields": [
      {"name": "right", "type": "string"}
  ]
}
```

프로젝션 스키마를 사용하기 위해서는 AvroReadSupport의 setRequestedProjection() 정적 편의 메서드[static convenience method]를 이용하여 환경 설정을 해야 한다.

```
Schema projectionSchema = parser.parse(
    getClass().getResourceAsStream("ProjectedStringPair.avsc"));
Configuration conf = new Configuration();
AvroReadSupport.setRequestedProjection(conf, projectionSchema);
```

그리고 AvroParquetReader의 생성자에 환경 설정을 넘긴다.

```
AvroParquetReader<GenericRecord> reader =
    new AvroParquetReader<GenericRecord>(conf, path);
GenericRecord result = reader.read();
assertNull(result.get("left"));
assertThat(result.get("right").toString(), is("R"));
```

프로토콜 버퍼와 쓰리프트 구현체 모두 비슷한 방식으로 프로젝션을 지원한다. 추가적으로 에이브로 구현체는 AvroReadSupport의 setReadSchema() 메서드를 호출하여 reader의 스키마 지정이 가능하다. 이 스키마는 [표 12-4]에 나열된 규칙에 따라 에이브로 레코드를 해석하는 데 사용된다.

에이브로가 프로젝션 스키마와 reader의 스키마를 모두 갖는 이유는 프로젝션이 파케이 파일을 기록할 때 사용된 스키마의 부분집합이어야 하기 때문이다. 따라서 프로젝션을 새로운 필드를 추가하여 스키마를 변경하는 데 사용하면 안 된다.

두 스키마의 용도는 서로 다르지만 함께 사용할 수 있다. 프로젝션 스키마는 파케이 파일을 읽을 때 컬럼을 필터링하기 위해 사용된다. 에이브로 스키마로 표현되지만, 프로젝션 스키마는 단순히 다시 읽을 파케이 컬럼의 목록으로 볼 수 있다. 반면 reader의 스키마는 에이브로 레코드를 해석하는 데 사용된다. reader의 스키마는 파케이 파일에서 읽는 컬럼의 선택과는 상관이 없기 때문에 파케이 스키마로 변환되지 않는다. 예를 들어 에이브로 스키마에 description 필드를 추가하고(12.5절 '스키마 해석'에서와 같이) 에이브로 reader의 스키마로 사용한다면 파케이 파일에 description 필드가 없더라도 레코드는 해당 필드의 기본값을 가지게 된다.

13.5 파케이 맵리듀스

파케이는 맵리듀스 잡에서 파케이 파일을 읽고 쓰기 위한 맵리듀스 입력과 출력 포맷을 제공하며 에이브로, 프로토콜 버퍼, 쓰리프트 스키마 및 데이터도 사용할 수 있다.

[예제 13-1]은 텍스트 파일을 읽어 파케이 파일을 쓰는 맵-단독 잡이다. 각 레코드는 파일에서의 행 오프셋(에이브로의 long으로부터 변환된 int64로 표현됨)과 행 내용(문자열)이다. 예

제는 에이브로의 제네릭 API를 인메모리 데이터 모델로 사용한다.

예제 13-1 텍스트 파일을 AvroParquetOutputFormat을 이용하여 파케이 파일로 변환하는 맵리듀스 프로그램

```
public class TextToParquetWithAvro extends Configured implements Tool {

    private static final Schema SCHEMA = new Schema.Parser().parse(
        "{\n" +
        "  \"type\": \"record\",\n" +
        "  \"name\": \"Line\",\n" +
        "  \"fields\": [\n" +
        "    {\"name\": \"offset\", \"type\": \"long\"},\n" +
        "    {\"name\": \"line\", \"type\": \"string\"}\n" +
        "  ]\n"+
        " }");

    public static class TextToParquetMapper
        extends Mapper<LongWritable, Text, Void, GenericRecord> {

        private GenericRecord record = new GenericData.Record(SCHEMA);

        @Override
        protected void map(LongWritable key, Text value, Context context)
            throws IOException, InterruptedException {
            record.put("offset", key.get());
            record.put("line", value.toString());
            context.write(null, record);
        }
    }

    @Override
    public int run(String[] args) throws Exception {
        if (args.length != 2) {
            System.err.printf("Usage: %s [generic options] <input> <output>\n",
                getClass().getSimpleName());
            ToolRunner.printGenericCommandUsage(System.err);
            return -1;
        }

        Job job = new Job(getConf(), "Text to Parquet");
        job.setJarByClass(getClass());

        FileInputFormat.addInputPath(job, new Path(args[0]));
```

```
      FileOutputFormat.setOutputPath(job, new Path(args[1]));

      job.setMapperClass(TextToParquetMapper.class);
      job.setNumReduceTasks(0);

      job.setOutputFormatClass(AvroParquetOutputFormat.class);
      AvroParquetOutputFormat.setSchema(job, SCHEMA);

      job.setOutputKeyClass(Void.class);
      job.setOutputValueClass(Group.class);

      return job.waitForCompletion(true) ? 0 : 1;
    }

    public static void main(String[] args) throws Exception {
      int exitCode = ToolRunner.run(new TextToParquetWithAvro(), args);
      System.exit(exitCode);
    }
  }
```

잡의 출력 포맷은 AvroParquetOutputFormat으로 설정된다. 에이브로의 제네릭 API를 사용하기 때문에 출력키와 값의 타입은 각각 Void와 GenericRecord로 설정한다. 여기서 Void는 키가 항상 null로 설정되는 타입이다.

이전 절에서 사용한 AvroParquetWriter처럼 AvroParquetOutputFormat은 에이브로 스키마를 파케이 스키마로 자동 변환한다. 에이브로 스키마는 Job 인스턴스에서 설정한다. 그래서 맵리듀스 태스크는 파일을 쓸 때 에이브로 스키마를 찾을 수 있다.

매퍼가 하는 일은 간단하다. 매퍼는 파일의 오프셋(키)과 행(값)을 받아서 에이브로 Generic Record 객체를 만든다. 맵리듀스 콘텍스트 객체는 값(키는 항상 null)을 출력한다. AvroParquetOutputFormat은 에이브로 GenericRecord를 파케이 파일 포맷 인코딩으로 변환한다.

CAUTION_ 파케이는 컬럼 기준 포맷으로 행을 메모리에 임시 저장한다. 예제의 매퍼는 값만 전달하므로 큰 문제는 없겠지만, 파케이 writer는 각 블록(행 그룹)을 저장할 수 있는 충분한 메모리가 반드시 필요하다. 메모리의 기본 크기는 128MB다. 메모리 부족 에러로 작업이 실패하면 writer의 파케이 파일 블록 크기를 parquet.block.size로 변경해야 한다([표 13-3] 참조). 또한 10.3.3절의 'YARN과 맵리듀스의 메모리 설정'에서 논의했던 설정으로 맵리듀스 태스크 메모리 할당(읽기 또는 쓰기 작업 시)을 변경할 수 있다.

다음은 네 개의 행을 가진 텍스트 파일(quangle.txt)을 읽어서 처리하는 명령이다.

```
% hadoop jar parquet-examples.jar TextToParquetWithAvro \
  input/docs/quangle.txt output
```

파케이 명령행 도구로 파케이 파일을 덤프^{dump}하면 자세한 내용을 확인할 수 있다.

```
% parquet-tools dump output/part-m-00000.parquet
INT64 offset
--------------------------------------------------------------------------------
*** row group 1 of 1, values 1 to 4 ***
value 1: R:0 D:0 V:0
value 2: R:0 D:0 V:33
value 3: R:0 D:0 V:57
value 4: R:0 D:0 V:89

BINARY line
--------------------------------------------------------------------------------
*** row group 1 of 1, values 1 to 4 ***
value 1: R:0 D:0 V:On the top of the Crumpetty Tree
value 2: R:0 D:0 V:The Quangle Wangle sat,
value 3: R:0 D:0 V:But his face you could not see,
value 4: R:0 D:0 V:On account of his Beaver Hat.
```

행 그룹에 있는 값이 함께 표시되는 점을 주목하자. 여기서 V는 값, R은 반복 수준, D는 정의 수준을 의미한다. 이 스키마에는 중첩된 컬럼이 없기 때문에 R과 D의 값은 0이다.

## CHAPTER 14

플룸

하둡은 대용량 데이터를 처리하기 위한 목적으로 만들어졌다. 보통 데이터가 이미 HDFS에 있거나 대량의 데이터를 HDFS에 복사할 수 있다고 가정한다. 하지만 이 가정에 맞지 않는 시스템도 많은데 하둡으로 수집, 저장, 분석하려는 데이터의 스트림을 만드는 시스템이 여기에 속한다. 아파치 플룸$^{Apache\ Flume}$[1]은 이러한 목적을 만족하는 가장 이상적인 시스템이다.

플룸은 이벤트 기반의 대용량 데이터를 하둡으로 수집하기 위해 개발되었다. 다수의 웹 서버에서 로그파일을 수집하고 해당 파일의 로그 이벤트를 처리하기 위해 HDFS에 위치한 새로운 통합 파일로 옮기는 것은 플룸을 사용하는 전형적인 예다. 일반적인 최종 목적지(또는 플룸의 **싱크**)는 HDFS지만 플룸은 HBase나 솔라^{Solr}와 같은 다른 시스템에도 이벤트를 기록할 수 있다.

플룸을 사용하려면 플룸 **에이전트**^{agent}를 실행해야 한다. 플룸 에이전트는 **채널**^{channel}로 연결된 **소스**^{source}와 **싱크**^{sink}를 실행하는 장기 실행 자바 프로세스다. 플룸에서 소스는 **이벤트**^{event}를 만들고 이를 채널로 전달한다. 채널은 싱크로 전송할 때까지 이벤트를 저장한다. 소스-채널-싱크의 조합이 플룸의 기본 구성요소$^{building\ block}$다.

플룸은 분산형 토폴로지에서 실행되는 연결된 에이전트의 집합으로 구성된다. 시스템의 가장자리에 있는 에이전트(웹 서버에서 실행되는)는 데이터를 수집한 다음 이를 집계하는 에이전트로 전송하고 마지막으로 최종 목적지에 데이터를 저장한다. 이를 위해서는 각 에이전트에 특정 소스와 싱크의 집합이 실행되도록 설정해야 한다. 따라서 플룸을 사용할 때 핵심은 개별 요소가 함

---

1 http://flume.apache.org/

께 유기적으로 동작할 수 있도록 설정하는 것이다. 이 장에서는 하둡 파이프라인의 일부로 사용할 수 있는 데이터 수집용 플룸 토폴로지를 구축하는 방법을 살펴보겠다.

14.1 플룸 설치

플룸 다운로드 페이지[2]에서 플룸 바이너리 배포판의 안정 버전을 내려받아 적절한 위치에서 타르볼을 푼다.

```
% tar xzf apache-flume-x.y.z-bin.tar.gz
```

플룸을 쉽게 사용하도록 플룸 바이너리 경로를 환경변수인 PATH에 추가한다.

```
% export FLUME_HOME=~/sw/apache-flume-x.y.z-bin
% export PATH=$PATH:$FLUME_HOME/bin
```

플룸 에이전트는 flume-ng 명령으로 시작할 수 있다.

14.2 예제

이제부터 플룸의 사용법을 살펴보겠다. 시작 단계는 다음과 같다.

1 새로운 텍스트 파일을 처리하기 위한 로컬 디렉터리를 주시한다.

2 파일이 추가되면 파일의 각 행을 콘솔로 전송한다.

예제에서는 파일을 직접 추가하겠지만, 플룸이 계속해서 데이터를 수집할 수 있도록 웹 서버처럼 새로운 파일을 생성하는 프로세스가 있다고 가정하자. 물론 실제 시스템에서는 파일 내용을 단순히 기록하기보다는 후처리를 위해 그 내용을 HDFS에 저장할 것이다. 후처리 방법은 이 장 뒷부분에서 살펴볼 것이다.

----

2 http://flume.apache.org/download.html

이 예제에서 플룸 에이전트는 자바 속성 파일을 사용해서 설정된 단일 소스-채널-싱크를 실행한다. 설정은 사용할 소스, 싱크, 채널의 종류와 그들의 연결 방법을 제어한다. 예제에서는 [예제 14-1]의 설정을 이용할 것이다.

예제 14-1 스풀링 디렉터리 소스와 로거 싱크를 사용하는 플룸 설정

```
agent1.sources = source1
agent1.sinks = sink1
agent1.channels = channel1

agent1.sources.source1.channels = channel1
agent1.sinks.sink1.channel = channel1

agent1.sources.source1.type = spooldir
agent1.sources.source1.spoolDir = /tmp/spooldir

agent1.sinks.sink1.type = logger

agent1.channels.channel1.type = file
```

속성 이름은 최상위 수준인 에이전트 이름을 시작으로 계층적으로 구성된다. 예제에는 agent1이라는 단일 에이전트만 있다. 에이전트의 다른 구성요소의 이름은 그다음 수준에서 정의한다. 예제의 agent1.sources에는 agent1에서 실행될 소스의 이름을 나열한다(여기서는 단일 소스인 source1). 이와 비슷하게 agent1은 싱크(sink1)와 채널(channel1)을 하나씩 갖는다.

각 컴포넌트의 속성은 계층의 다음 수준에서 정의한다. 컴포넌트에서 사용할 수 있는 설정 속성은 컴포넌트의 종류에 따라 다르다. 이 사례에서는 agent1.sources.source1.type을 spooldir로 설정했다. spooldir는 새로운 파일의 전송을 위해 스풀링 디렉터리를 검사하는 스풀링 디렉터리 소스다. spoolDir 속성에 스풀링 디렉터리 소스를 지정한다. 따라서 source1의 전체 키는 agent1.sources.source1.spoolDir다. 소스의 채널로는 agent1.sources.source1.channels를 지정했다.

예제의 싱크는 콘솔에 이벤트를 기록하는 로거 싱크$^{logger\ sink}$다. 싱크는 반드시 채널과 연결되어야 한다(agent1.sinks.sink1.channel 속성으로).[3] 파일 채널을 사용하면 채널의 이벤트를 디

---

3 소스는 channels 속성을 가지나 싱크는 channel 속성을 가진다는 점을 주목하자. 소스는 하나 이상의 채널에 데이터를 공급할 수 있으나(14.5절 '분기' 참조) 싱크는 오직 하나의 채널에서만 데이터를 받을 수 있기 때문이다. 여러 개의 싱크로 데이터를 전송하는 채널도 물론 가능하다. 자세한 내용은 14.7절 '싱크 그룹'에서 다룬다.

스크에 저장하기 때문에 지속성^{durability}을 보장할 수 있다. [그림 14-1]에 시스템을 나타냈다.

그림 14-1 파일 채널로 연결된 스풀링 디렉터리 소스와 로거 싱크가 있는 플룸 에이전트

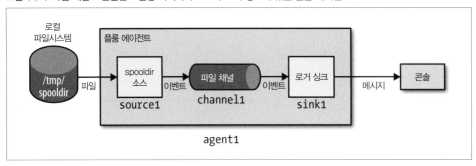

예제를 실행하기 전에 로컬 파일시스템에 반드시 스풀링 디렉터리를 만들어야 한다.

```
% mkdir /tmp/spooldir
```

그러면 flume-ng 명령어를 이용해서 플룸 에이전트를 시작할 수 있다.

```
% flume-ng agent \
  --conf-file spool-to-logger.properties \
  --name agent1 \
  --conf $FLUME_HOME/conf \
  -Dflume.root.logger=INFO,console
```

[예제 14-1]의 플룸 속성 파일은 --conf-file 플래그로 지정한다. 에이전트 이름은 반드시 --name으로 전달해야 한다(플룸 속성 파일은 다수의 에이전트를 정의할 수 있기 때문에 어떤 것을 실행할 것인지 알려줘야 한다). --conf 플래그에는 환경 설정과 같은 일반적인 설정의 위치를 지정한다.

새로운 터미널을 열고 스풀링 디렉터리에 파일을 하나 생성하자. 스풀링 디렉터리 소스는 이 파일의 내용이 절대 변경되지 않을 것으로 예상한다. 일부분만 쓰여진 파일을 소스가 읽어가는 것을 방지하기 위해 일단 숨김 파일에 전체 내용을 기록한다.[4] 그다음에 소스가 읽을 수 있도록 파일명을 변경한다.[5]

---

4 옮긴이_ 리눅스에서 앞에 .이 붙은 파일은 숨김 파일이다. 따라서 /tmp/spooldir/.file1.txt는 숨김 파일이 된다.
5 파일 내용이 계속 추가되는 로그파일은 주기적으로 회전시키고 오래된 파일은 스풀링 디렉터리로 옮겨서 해당 파일을 플룸이 읽도록 한다.

```
% echo "Hello Flume" > /tmp/spooldir/.file1.txt
% mv /tmp/spooldir/.file1.txt /tmp/spooldir/file1.txt
```

에이전트를 실행한 터미널로 돌아와서 플룸이 이 파일을 감지하고 처리한 것을 직접 확인해보자.

```
Preparing to move file /tmp/spooldir/file1.txt to
 /tmp/spooldir/file1.txt.COMPLETED
Event: { headers:{} body: 48 65 6C 6C 6F 20 46 6C 75 6D 65          Hello Flume }
```

스풀링 디렉터리 소스는 파일을 행으로 나누고 각 행마다 플룸 이벤트를 생성하는 방식으로 데이터를 수집한다. 이벤트는 선택사항인 헤더와 텍스트 행을 UTF-8로 표현한 바이너리 본문으로 되어 있다. 로거 싱크는 본문을 16진수와 문자열 형태로 기록한다. 스풀링 디렉터리에 놓아둔 파일은 오직 한 행만 가지므로 하나의 이벤트만 기록된다. 또한 소스가 파일의 이름을 file1. txt.COMPLETED로 변경한 것을 확인할 수 있는데, 이렇게 하면 플룸이 처리를 완료했음을 가리키고 이미 처리를 완료한 파일은 다시 접근할 수 없게 된다.

14.3 트랜잭션과 신뢰성

플룸은 소스에서 채널까지와 채널에서 싱크까지의 전송을 보장하기 위해 분리된 트랜잭션을 사용한다. 이전 절의 예제에서 스풀링 디렉터리 소스는 파일의 각 행마다 이벤트를 생성한다. 이벤트를 채널로 전송하는 캡슐화encapsulating 트랜잭션이 성공적으로 커밋된 후에만 소스는 파일을 '완료'로 표시한다.

비슷하게, 채널에서 싱크로 이벤트를 전송할 때도 트랜잭션이 사용된다. 만약 예상치 못한 오류로 이벤트를 기록할 수 없다면 트랜잭션은 롤백roll back되고 해당 이벤트는 나중에 다시 전송할 수 있도록 그대로 채널에 남게 된다.

우리가 사용하고 있는 채널은 **파일 채널**file channel로, 지속성이 있다. 이벤트가 일단 채널에 기록되면 에이전트가 재시작하더라도 해당 이벤트는 유실되지 않는다. 플룸은 또한 **메모리 채널** memory channel도 제공한다. 이벤트는 메모리에 저장되기 때문에 메모리 채널은 지속성이 없다. 메모리 채널 방식을 사용할 때 에이전트가 재시작하면 해당 이벤트는 유실된다. 메모리 채널은 이런 방식이 허용되는 애플리케이션에만 사용해야 한다. 메모리 채널은 파일 채널에 비해 높은 처리량을 가지므로 서로 트레이드오프 관계에 있다.

파일 채널 방식을 이용하면 소스가 생성한 모든 이벤트가 최종적으로 싱크에 도착하게 되는 전체적인 효과를 얻을 수 있다. 여기서 주의해야 할 사항은 모든 이벤트는 싱크에 **적어도 한번**^{at} least once은 도착하게 된다는 것이다. 즉, 중복 전송 가능성이 있다. 중복은 소스 또는 싱크에서 모두 발생할 수 있다. 예를 들어 에이전트가 재시작된 후 스풀링 디렉터리 소스는 예전에 채널로 일부 또는 전부가 커밋되었더라도 전송이 완료되지 않은 파일의 이벤트는 다시 전송한다. 로거 싱크 또한 에이전트가 재시작되면 기록은 성공했지만 커밋되지 않은 이벤트를 다시 기록한다 (만약 에이전트가 채널과 싱크 작업 중간에 종료되었다면 이러한 일이 발생할 수 있다).

적어도 한번이라는 시맨틱은 한계처럼 보일 수 있으나 현실에서는 성능을 위해 받아들일 수밖에 없는 타협안이다. 더 엄격한 **정확히 한번**^{exactly once} 시맨틱은 고비용의 두 단계 커밋 프로토콜이 필요하다. 이 선택은 대용량 병렬 이벤트 수집 시스템인 플룸(적어도 한번 시맨틱)과 전통적인 기업형 메시징 시스템(정확히 한번 시맨틱)과의 차이점이다. 적어도 한번 시맨틱에서 중복된 이벤트는 이후 데이터 처리 파이프라인에서 제거할 수 있다. 맵리듀스 또는 하이브로 애플리케이션에 적합한 중복 제거 잡을 작성하면 된다.

14.3.1 배치

효율성을 위해 플룸은 각 트랜잭션에서 이벤트를 한 건씩 처리하기보다는 가능하다면 배치로 처리하려고 한다. 모든 트랜잭션은 로컬 디스크 쓰기와 fsync 호출이 필요하므로 배치로 처리하면 파일 채널의 성능을 크게 높일 수 있다.

배치 크기는 해당 컴포넌트에 따라 다르며 다양한 설정이 가능하다. 예를 들어 스풀링 디렉터리 소스는 100행 단위로 파일을 읽는다(batchSize 속성으로 변경 가능). 이와 유사하게 에이브로 싱크(14.6절 '분배: 에이전트 계층' 참조)는 RPC를 통해 이벤트를 보내기 전에 채널에서 100개의 이벤트를 읽으려 시도한다. 물론 그보다 적어도 차단하지는 않는다.

14.4 HDFS 싱크

플룸의 핵심은 대량의 데이터를 하둡 데이터 저장소에 전달하는 것이다. 그럼 HDFS 싱크로 이벤트를 전송하기 위해 플룸 에이전트를 어떻게 설정해야 하는지 알아보자. [예제 14-2]에 있는 설정은 이전 예제를 HDFS 싱크를 사용하기 위해 수정한 것이다. 변경해야 하는 두 개의 설정은 싱크의 종류(hdfs)와 파일이 위치할 디렉터리를 지정하는 hdfs.path다(예제에서처럼 경로에 파일시스템을 명시하지 않으면 일반적으로 하둡의 fs.defaultFS 속성을 따른다). 중요한 파일 접두사나 접미사도 지정할 수 있으며, 이벤트를 텍스트 포맷으로 쓰게 할 수도 있다.

예제 14-2 스풀링 디렉터리 소스와 HDFS 싱크를 사용하는 플룸 설정

```
agent1.sources = source1
agent1.sinks = sink1
agent1.channels = channel1

agent1.sources.source1.channels = channel1
agent1.sinks.sink1.channel = channel1

agent1.sources.source1.type = spooldir
agent1.sources.source1.spoolDir = /tmp/spooldir

agent1.sinks.sink1.type = hdfs
agent1.sinks.sink1.hdfs.path = /tmp/flume
agent1.sinks.sink1.hdfs.filePrefix = events
agent1.sinks.sink1.hdfs.fileSuffix = .log
agent1.sinks.sink1.hdfs.inUsePrefix = _
agent1.sinks.sink1.hdfs.fileType = DataStream

agent1.channels.channel1.type = file
```

spool-to-hdfs.properties 설정을 적용하기 위해 에이전트를 다시 시작한 후 스풀링 디렉터리에 새로운 파일을 만들자.

```
% echo -e "Hello\nAgain" > /tmp/spooldir/.file2.txt
% mv /tmp/spooldir/.file2.txt /tmp/spooldir/file2.txt
```

이제 이벤트는 HDFS 싱크로 전송되고 파일에 기록될 것이다. 기록 중인 파일은 아직 완료되지

않았다는 것을 보여주기 위해 파일명에 .tmp 접미사가 붙는다. 예제에서는 hdfs.inUsePrefix 속성을 _(언더스코어, 기본값은 없다)로 설정해서 기록되고 있는 파일명 앞에 접두사를 추가했다. 맵리듀스는 언더스코어 접두사가 있는 파일은 무시한다. 따라서 전형적인 임시 파일명은 _events.1399295780136.log.tmp와 같은 형태가 될 것이다. 여기서 숫자는 HDFS 싱크가 생성한 타임스탬프 값이다.

HDFS 싱크는 지정된 시간(기본은 30초, hdfs.rollInterval 속성으로 제어), 크기(기본은 1,024바이트, hdfs.rollSize로 설정), 이벤트의 개수(기본은 10개, hdfs.rollCount로 설정) 중 어느 하나를 만족할 때까지 파일을 열린 상태로 유지한다. 만약 상기의 기준 중 어떤 것이라도 충족되면 파일은 닫히고 사용된 접두사와 접미사는 제거된다. 새로운 이벤트는 새로운 파일에 기록된다(파일을 회전하기 전에는 접두사와 접미사가 붙어 있다).

30초가 지나면 파일이 회전하므로 해당 파일의 내용을 볼 수 있다.

```
% hadoop fs -cat /tmp/flume/events.1399295780136.log
Hello
Again
```

hdfs.proxyUser 속성을 설정하지 않았다면 HDFS 싱크는 플룸 에이전트를 실행하는 사용자의 계정으로 파일을 기록한다. hdfs.proxyUser 속성을 설정했다면 지정된 사용자 계정으로 파일을 기록한다.

14.4.1 파티셔닝과 인터셉터

대량의 데이터셋은 자주 파티션으로 구조화된다. 파티션을 사용하면 데이터의 일부만 질의할 때 특정 파티션에 국한된 데이터 처리가 가능하다. 플룸 이벤트 데이터는 주로 시간을 기준으로 파티셔닝된다. 프로세스를 주기적으로 실행하여 완료된 파티션으로 변환할 수 있다(예를 들면 중복 이벤트를 제거하기 위해).

시간 포맷 확장 문자열을 사용한 서브디렉터리가 포함되도록 hdfs.path 속성을 설정하면 파티션에 데이터를 저장할 수 있게 예제를 간단히 변경할 수 있다.

```
agent1.sinks.sink1.hdfs.path = /tmp/flume/year=%Y/month=%m/day=%d
```

이 예제에서는 날짜 단위의 파티션을 선택했으나 디렉터리 구조 스키마를 다른 형식으로 지정하면 시간 단위를 변경할 수 있다(하이브에서 디스크의 파티션을 배치하는 방법은 17.6.2절 '파티션과 버킷'을 참조하라). 포맷 확장 문자의 전체 목록은 플룸 사용자 가이드[6]의 HDFS 싱크 부분을 참고하라.

플룸 이벤트가 기록될 파티션은 이벤트의 `timestamp` 헤더로 결정된다. 이벤트는 기본적으로 이런 헤더가 없지만 플룸 **인터셉터**[interceptor]를 사용하면 추가할 수 있다. 인터셉터는 전송 중인 이벤트의 내용을 수정하거나 삭제할 수 있는 컴포넌트다. 인터셉터는 소스에 달려 있으며, 이벤트가 채널에 도착하기 전에 실행된다.[7] 소스에서 생성되는 모든 이벤트에 `timestamp` 헤더를 추가하기 위해서는 다음과 같이 source1에 타임스탬프 인터셉터를 추가하는 설정을 하면 된다.

```
agent1.sources.source1.interceptors = interceptor1
agent1.sources.source1.interceptors.interceptor1.type = timestamp
```

타임스탬프 인터셉터를 사용하면 이벤트가 생성된 시점과 가까운 타임스탬프를 반영할 수 있다. 일부 애플리케이션에서는 이러한 타임스탬프만 사용해도 이벤트가 언제 HDFS에 기록되있는지 알 수 있다. 하지만 플룸 에이전트를 다중 계층으로 구성하면 장애가 발생했을 때 이벤트의 생성 시간과 기록 시간 사이에는 큰 차이가 있을 수 있다는 점을 명심해야 한다. 이런 사례에서는 HDFS 싱크를 `hdfs.useLocalTimeStamp`로 설정해서 HDFS 싱크를 실행하는 플룸 에이전트가 생성한 타임스탬프를 사용하는 것이 좋다.

14.4.2 파일 포맷

데이터를 저장할 때는 바이너리 포맷을 사용하는 것이 좋다. 텍스트 파일을 사용할 때보다 최종 파일의 크기가 더 작아지기 때문이다. HDFS 싱크의 파일 포맷은 `hdfs.fileType` 속성과 일부 다른 속성의 조합으로 제어된다.

`hdfs.fileType` 속성을 지정하지 않으면 이 속성은 기본값인 SequenceFile로 설정된다. 이는 이벤트를 이벤트 타임스탬프(`timestamp` 헤더가 없으면 현재 시간)를 포함한 LongWritable

---

6 http://flume.apache.org/FlumeUserGuide.html
7 [표 14-1]에 플룸에서 제공하는 인터셉터에 대한 설명이 있다.

키와 이벤트 본문을 포함한 BytesWritable 값으로 시퀀스 파일에 쓴다. hdfs.writeFormat 속성을 Text로 설정하면 BytesWritable 대신 Text Writable 값을 사용하여 시퀀스 파일을 사용할 수 있다.

에이브로 파일의 설정은 조금 다르다. hdfs.fileType 속성을 일반 텍스트와 같이 DataStream으로 설정한다. 추가로 serializer(hdfs. 접두사가 없다는 점을 주의하라)를 반드시 avro_event로 지정해야 한다. 압축을 위해서는 serializer.compressionCodec 속성에 원하는 압축 방식을 설정하면 된다. 다음 예제는 HDFS 싱크에 스내피^{Snappy}로 압축된 에이브로 파일을 쓰도록 설정한 것이다.

```
agent1.sinks.sink1.type = hdfs
agent1.sinks.sink1.hdfs.path = /tmp/flume
agent1.sinks.sink1.hdfs.filePrefix = events
agent1.sinks.sink1.hdfs.fileSuffix = .avro
agent1.sinks.sink1.hdfs.fileType = DataStream
agent1.sinks.sink1.serializer = avro_event
agent1.sinks.sink1.serializer.compressionCodec = snappy
```

이벤트는 두 개의 필드로 된 에이브로 레코드로 표현된다. headers는 문자열 값의 에이브로 맵이고 body는 에이브로 바이트 필드다.

커스텀 에이브로 스키마를 사용할 때는 몇 가지 선택사항이 있다. 플룸으로 전송할 에이브로 인메모리 객체가 있다면 Log4jAppender가 가장 적합하다. 이를 선택하면 log4j Logger를 이용하여 에이브로 제네릭, 구체적 또는 리플랙트 객체를 기록할 수 있고 그것을 플룸 에이전트에서 실행 중인 에이브로 소스에 보낼 수 있다(14.6절 '분배: 에이전트 계층' 참조). 이때에는 반드시 HDFS 싱크에 serializer 속성을 org.apache.flume.sink.hdfs.AvroEventSerializer$Builder로 설정하고, 헤더에 에이브로 스키마를 설정해야 한다(클래스 문서 참고).

에이브로 객체에서 이벤트를 추출한 것이 아니라면 플룸 이벤트를 커스텀 스키마를 가진 에이브로 객체로 변환하는 커스텀 직렬화기^{serializer}를 직접 작성하는 방안도 있다. org.apache.flume.serialization 패키지에 있는 AbstractAvroEventSerializer 헬퍼 클래스를 참고하면 도움이 될 것이다.

14.5 분기

분기[fan out]는 하나의 소스에서 발생하는 이벤트를 여러 개의 채널로 전송하는 것을 뜻하는 용어다. 그 결과 여러 개의 싱크에 동일한 이벤트가 도착한다. 예를 들어 [예제 14-3]의 설정은 이벤트를 HDFS 싱크(channel1a를 통해 sink1a에)와 로거 싱크(channel1b를 통해 sink1b에) 두 곳에 전송한다.

예제 14-3 스풀링 디렉터리 소스를 사용하고, HDFS 싱크와 로거 싱크로 분기하는 플룸 설정

```
agent1.sources = source1
agent1.sinks = sink1a sink1b
agent1.channels = channel1a channel1b

agent1.sources.source1.channels = channel1a channel1b
agent1.sinks.sink1a.channel = channel1a
agent1.sinks.sink1b.channel = channel1b

agent1.sources.source1.type = spooldir
agent1.sources.source1.spoolDir = /tmp/spooldir

agent1.sinks.sink1a.type = hdfs
agent1.sinks.sink1a.hdfs.path = /tmp/flume
agent1.sinks.sink1a.hdfs.filePrefix = events
agent1.sinks.sink1a.hdfs.fileSuffix = .log
agent1.sinks.sink1a.hdfs.fileType = DataStream

agent1.sinks.sink1b.type = logger

agent1.channels.channel1a.type = file
agent1.channels.channel1b.type = memory
```

가장 중요한 변경사항은 agent1.sources.source1.channels 속성을 공란으로 구분된 채널 이름 목록(channel1a와 channel1b)으로 설정하여 이벤트를 여러 개의 채널로 전송하게 소스를 설정했다는 점이다. 여기서 로거 싱크(channel1b)에 데이터를 전달하는 채널은 메모리 채널이다. 디버깅 목적의 이벤트 저장은 에이전트의 재시작으로 이벤트를 유실해도 문제가 없다. 물론 각 채널은 앞에 나온 예제와 같이 하나의 싱크에 데이터를 전달하도록 설정했다. 전체적인 처리 흐름을 [그림 14-2]에 나타냈다.

그림 14-2 스풀링 디렉터리 소스에서 HDFS 싱크와 로거 싱크로 분기되는 플룸 에이전트

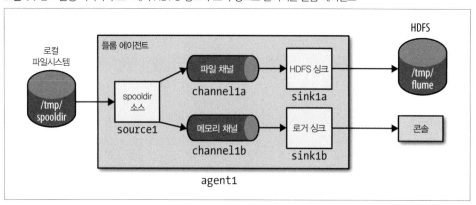

14.5.1 전송 보장

플룸은 각 배치 이벤트를 스풀링 디렉터리 소스에서 각 채널로 전송하기 위해 별도의 트랜잭션을 사용한다. 예제에서는 HDFS 싱크로 가는 채널에 이벤트를 전송하기 위해 트랜잭션을 하나 사용했고, 동일한 배치 이벤트를 로거 싱크를 위한 채널에 전송하기 위해 다른 트랜잭션을 사용했다. 두 트랜잭션 중 어느 하나가 실패하면(예를 들면 채널이 꽉 차서) 소스에 남아 있는 이벤트는 제거되지 않고 나중에 다시 전송을 시도할 것이다.

이 사례에서는 일부 이벤트가 로거 싱크로 전송되지 않아도 괜찮기 때문에 해당 채널을 **선택적** 채널로 지정했다. 이 채널과 관련된 트랜잭션이 실패하면 소스에 이벤트가 남아 있어도 재전송되지 않는다(**양쪽** 채널 트랜잭션이 모두 커밋되기 전에 에이전트가 실패하면 해당 이벤트는 에이전트가 다시 가동되면 재전송될 것이다. 커밋되지 않은 채널은 선택사항으로 표시했더라도 이러한 방식이 자동으로 적용된다는 점을 주의해야 한다). 선택적 채널을 사용하기 위해서는 소스의 selector.optional 속성에 공백으로 구분된 채널 목록을 설정하면 된다.

```
agent1.sources.source1.selector.optional = channel1b
```

준 실시간 색인

분기를 사용하는 좋은 사례 중 하나는 검색을 목적으로 이벤트를 색인하는 것이다. 검색 색인을 구축(선택적 채널을 사용해서)하기 위해서는 이벤트 소스를 HDFS 싱크(이벤트의 주 저장소이

므로 required 채널 사용)와 솔라^{Solr}(또는 엘라스틱서치^{Elasticsearch}) 싱크에 전송하면 된다.

MorphlineSolrSink는 플룸 이벤트에서 필드를 추출한 후 운영 중인 솔라 검색 서버에 로드할 솔라 문서로 변환한다(Morphline 설정 파일을 사용하여). 입력된 데이터가 검색 결과에 바로 나타나기 때문에 **준 실시간**^{near real time}이라고 한다.

14.5.2 복제와 다중화 선택기

통상적인 분기 흐름에서 이벤트는 모든 채널에 복제된다. 하지만 선택적 행동이 필요할 때가 가끔 있다. 어떤 이벤트는 특정 채널로 전송하고 다른 이벤트는 다른 채널로 전송하는 것이다. 선택적 전송을 위해서는 소스에 다중화 선택기^{multiplexing selector}를 설정하고, 특정 이벤트 헤더 값을 채널에 매핑하는 라우팅 규칙을 정의한다. 자세한 설정은 플룸 사용자 가이드[8]를 참고하라.

14.6 분배: 에이전트 계층

플룸 에이전트의 집합을 확장하는 방법은 무엇일까? 원시 데이터를 생산하는 모든 노드마다 한 개의 에이전트가 실행 중이고 앞에서 설명한 설정대로라면 특정 시간에 HDFS에 기록되는 각각의 파일에는 한 노드에서 발생하는 이벤트만 있을 것이다. 단일 노드가 아닌 노드 그룹에서 발생하는 이벤트를 하나의 파일로 모으는 방법이 더 좋은데 그 이유는 더 적은 수의 큰 파일을 만들 수 있기 때문이다(HDFS의 부하가 감소하고 맵리듀스에서 효율적으로 처리할 수 있다. 8.2.1절의 '작은 파일과 CombineFileInputFormat' 참조). 또한 필요하다면 매우 많은 노드에서 이벤트가 들어오기 때문에 파일을 더 자주 회전시키면 이벤트가 발생한 시간과 이벤트를 분석하는 시간의 간격도 줄일 수 있다.

여러 노드의 플룸 이벤트를 모으려면 플룸 에이전트 **계층**^{tier}을 구성해야 한다. 첫 번째 계층에서는 웹서버와 같은 원천 소스에서 이벤트를 수집한다. 그리고 그것을 두 번째 계층에 있는 소수의 에이전트로 전송한다. 두 번째 계층에서는 첫 번째 계층에서 받은 이벤트를 모두 모은 후 HDFS에 쓴다([그림 14-3] 참조). 소스 노드가 매우 많으면 더 많은 계층으로 확장해야 한다.

---

8 http://flume.apache.org/FlumeUserGuide.html

그림 14-3 첫 번째 계층의 플룸 이벤트를 집계하기 위해 두 번째 계층을 이용

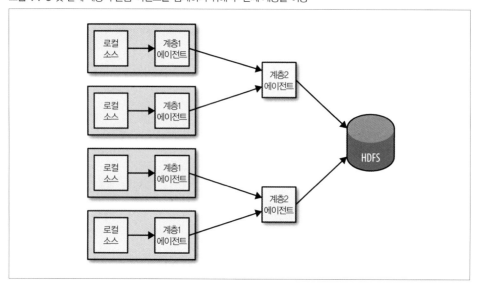

계층은 네트워크에 이벤트를 전송하는 싱크와 이벤트를 받는 관련 소스로 구성된다. 에이브로 싱크는 에이브로 RPC 방식으로 다른 플룸 에이전트에서 실행 중인 에이브로 소스로 이벤트를 보낸다. 쓰리프트 RPC로 비슷한 기능을 하는 쓰리프트 싱크도 있으며 이는 쓰리프트 소스와 쌍을 이룬다.[9]

> **CAUTION_** 이름 때문에 헷갈리면 안 된다. 에이브로 싱크와 소스는 에이브로 파일을 쓰거나 읽는 기능을 제공하지 않는다. 단지 에이전트 계층 사이에서 이벤트를 분배하는 데 사용되며 통신을 위해 에이브로 RPC를 사용할 뿐이다(에이브로란 이름을 사용한 이유). 이벤트를 에이브로 파일에 기록하려면 14.4.2절 '파일 포맷'에서 설명한 HDFS 싱크를 사용하면 된다.

[예제 14-4]에서 두 개의 계층으로 구성된 플룸 설정을 볼 수 있다. 두 개의 에이전트를 각각 agent1과 agent2라는 이름으로 설정 파일에 정의했다. 첫 번째 계층에서 수행되는 agent1에는 파일 채널로 연결된 spooldir 소스와 에이브로 싱크가 있다. 두 번째 계층에서 수행되는 agent2에는 agent1의 에이브로 싱크가 이벤트를 전송하는 포트를 수신하는 에이브로 소스가 있다. agent2의 싱크는 [예제 14-2]와 동일한 HDFS 싱크 설정을 사용한다.

---

9 에이브로 싱크-소스 쌍은 쓰리프트 싱크-소스 쌍보다 먼저 개발되었다. 에이브로는 암호화와 같이 쓰리프트에서는 지원하지 않는 몇 가지 기능도 제공한다.

동일한 컴퓨터에서 두 개의 파일 채널을 실행하기 때문에 서로 다른 데이터와 체크포인트 디렉터리(기본적으로 사용자의 홈 디렉터리에 있다)를 사용하도록 설정했다. 이런 방식을 사용하면 두 에이전트는 서로의 파일을 겹쳐 쓰지 않는다.

예제 14-4 스풀 디렉터리 소스와 HDFS 싱크를 사용하는 두 계층의 플룸 설정

```
# 첫 번째 계층의 에이전트

agent1.sources = source1
agent1.sinks = sink1
agent1.channels = channel1

agent1.sources.source1.channels = channel1
agent1.sinks.sink1.channel = channel1

agent1.sources.source1.type = spooldir
agent1.sources.source1.spoolDir = /tmp/spooldir

agent1.sinks.sink1.type = avro
agent1.sinks.sink1.hostname = localhost
agent1.sinks.sink1.port = 10000

agent1.channels.channel1.type = file
agent1.channels.channel1.checkpointDir=/tmp/agent1/file-channel/checkpoint
agent1.channels.channel1.dataDirs=/tmp/agent1/file-channel/data

# 두 번째 계층의 에이전트

agent2.sources = source2
agent2.sinks = sink2
agent2.channels = channel2

agent2.sources.source2.channels = channel2
agent2.sinks.sink2.channel = channel2

agent2.sources.source2.type = avro
agent2.sources.source2.bind = localhost
agent2.sources.source2.port = 10000

agent2.sinks.sink2.type = hdfs
agent2.sinks.sink2.hdfs.path = /tmp/flume
agent2.sinks.sink2.hdfs.filePrefix = events
```

```
agent2.sinks.sink2.hdfs.fileSuffix = .log
agent2.sinks.sink2.hdfs.fileType = DataStream

agent2.channels.channel2.type = file
agent2.channels.channel2.checkpointDir=/tmp/agent2/file-channel/checkpoint
agent2.channels.channel2.dataDirs=/tmp/agent2/file-channel/data
```

전체적인 처리 흐름을 [그림 14-4]에 나타냈다.

그림 14-4 에이브로 싱크-소스 쌍으로 연결된 두 개의 플룸 에이전트

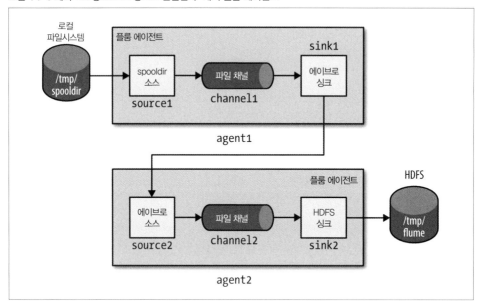

각 에이전트를 동일한 `--conf-file` 매개변수와 서로 다른 `--name` 에이전트 매개변수로 각각 실행한다. 먼저 agent1을 실행한다.

```
% flume-ng agent --conf-file spool-to-hdfs-tiered.properties --name agent1 ...
```

그리고 agent2를 실행한다.

```
% flume-ng agent --conf-file spool-to-hdfs-tiered.properties --name agent2 ...
```

14.6.1 전송 보장

플룸은 일단의 이벤트를 소스에서 채널로, 채널에서 싱크로 전송하는 것을 보장하기 위해 트랜 잭션을 사용한다. 에이브로 싱크-소스의 연결 관점에서 보면 트랜잭션은 한 에이전트에서 다음 에이전트로 이벤트를 전달하는 것을 보장한다.

에이브로 싱크는 agent1의 파일 채널에서 일단의 이벤트를 읽는 작업을 하나의 트랜잭션으로 처리한다. 트랜잭션은 에이브로 싱크가 에이브로 소스의 RPC 종단점^{endpoint}까지 쓰기를 완료 했다는 통보(동기식)를 수신했을 때만 커밋된다. 여기서 통보는 일괄 이벤트를 파일 채널에 쓰 는 연산을 래핑한 agent2의 트랜잭션이 성공적으로 커밋될 때만 보내진다. 따라서 에이브로 싱 크-소스 쌍은 이벤트가 한 플룸 에이전트의 채널에서 다른 플룸 에이전트의 채널로 전송하는 것 을 보장한다(적어도 한번).

에이전트 중 하나가 동작하지 않는다면 분명히 이벤트는 HDFS로 전달되지 않았을 것이다. 예 를 들어 만약 agent1이 중단되면 스풀 디렉터리에 파일이 계속 쌓일 것이다. agent1을 다시 가동하면 파일에 저장된 이벤트를 다시 처리하게 된다. 또한 파일 채널은 지속성 보장^{durability} ^{guarantee}을 제공하기 때문에 에이전트가 중단된 시점에 에이전트의 파일 채널에 있는 모든 이벤 트는 에이전트를 다시 가동하면 바로 사용할 수 있다.

만약 agent2가 중단되면 이벤트는 agent2가 다시 가동될 때까지 agent1의 파일 채널에 저장된 다. 채널은 용량 제한이 있기 때문에 agent2가 중단된 상태에서 agent1의 채널이 가득 차면 새 로운 이벤트는 모두 유실된다. 파일 채널은 기본적으로 백만 건 이상의 이벤트를 복구하지 않 도록 설정되어 있다(capacity 속성으로 변경할 수 있다). 그리고 체크포인트 디렉터리의 디 스크 여유 공간이 500MB 밑으로 떨어지면 이벤트를 더 이상 받지 않는다(minimumRequired Space 속성으로 제어).

두 시나리오 모두 에이전트가 결국은 복구된다는 가정을 하고 있으나 항상 그런 것은 아니다(예 를 들면 에이전트가 실행 중인 하드웨어에 장애 발생). 만약 agent1을 복구할 수 없다면 그 피 해는 agent1 중단 이전에 agent2로 전달하지 못한 agent1의 파일 채널에 있는 이벤트로 제한 된다. 여기서 설명한 아키텍처를 보면 첫 번째 계층에는 agent1과 같은 에이전트가 여러 개 있 다. 따라서 동일한 계층에 있는 다른 노드가 장애가 발생한 노드의 기능을 넘겨받을 수 있다. 예 를 들어 특정 노드가 부하 분산된 웹 서버를 실행하고 있다면 장애가 발생한 웹 서버의 트래픽을 다른 노드가 흡수할 수 있고 agent2로 전달할 새로운 플룸 메시지를 생성할 수 있다. 따라서 새로운 이벤트는 유실되지 않는다.

복구할 수 없는 agent2의 장애는 좀 더 심각한데, 첫 번째 계층 에이전트(agent1 인스턴스) 채
널의 모든 이벤트는 유실될 것이다. 그리고 이런 에이전트가 생성하는 모든 이벤트 역시 전달되
지 않을 것이다. 이 문제를 해결하는 방법은 agent1의 **싱크 그룹**^{sink group}에 여러 개의 중복된
에이브로 싱크를 지정하는 것이다. 이렇게 하면 수신자인 agent2의 에이브로 종단점을 사용할
수 없을 때 그룹의 다른 싱크로 시도할 수 있다. 다음 절에서 자세히 알아보자.

14.7 싱크 그룹

싱크 그룹은 여러 개의 싱크를 마치 하나의 싱크처럼 처리하므로 장애 복구나 부하 분산에 활용
할 수 있다([그림 14-5] 참조). 두 번째 계층의 에이전트 중 하나가 작동하지 않아도 중단 없이
이벤트를 다른 두 번째 계층의 에이전트에 전송할 수 있고 이어서 HDFS에 저장할 수 있다.

그림 14-5 다수의 싱크를 사용한 부하 분산 또는 장애 복구

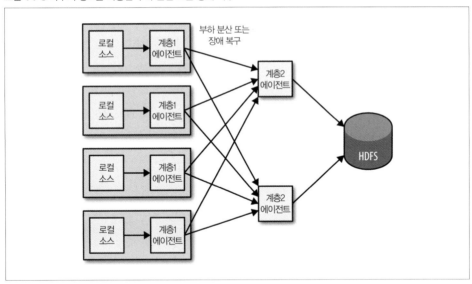

싱크 그룹을 설정하려면 에이전트의 sinkgroups 속성을 싱크 그룹의 이름으로 정의한다. 그다
음에 싱크 그룹에 속한 싱크의 목록을 작성하고, 싱크 프로세서의 유형과 싱크를 선택하는 정책

을 설정한다. 두 에이브로 종단점 사이의 부하 분산을 위한 설정을 [예제 14-5]에서 볼 수 있다.

예제 14-5 두 에이브로 종단점 사이의 부하 분산을 위해 싱크 그룹을 사용한 플룸 설정

```
agent1.sources = source1
agent1.sinks = sink1a sink1b
agent1.sinkgroups = sinkgroup1
agent1.channels = channel1

agent1.sources.source1.channels = channel1
agent1.sinks.sink1a.channel = channel1
agent1.sinks.sink1b.channel = channel1

agent1.sinkgroups.sinkgroup1.sinks = sink1a sink1b
agent1.sinkgroups.sinkgroup1.processor.type = load_balance
agent1.sinkgroups.sinkgroup1.processor.backoff = true

agent1.sources.source1.type = spooldir
agent1.sources.source1.spoolDir = /tmp/spooldir

agent1.sinks.sink1a.type = avro
agent1.sinks.sink1a.hostname = localhost
agent1.sinks.sink1a.port = 10000

agent1.sinks.sink1b.type = avro
agent1.sinks.sink1b.hostname = localhost
agent1.sinks.sink1b.port = 10001

agent1.channels.channel1.type = file
```

예제에서 두 개의 에이브로 싱크로 sink1a와 sink1b를 정의했다. 이 두 에이브로 싱크는 접속하는 에이브로 종단점만 다르다(모든 예제를 로컬호스트에서 실행하기 때문에 포트만 다르게했다. 분산 환경에서는 호스트는 다르고 포트는 같게 한다). 또한 싱크 그룹인 sinkgroup1을정의했고, 싱크로는 sink1a와 sink1b를 지정했다.

프로세서 유형은 load_balance로 설정했다. load_balance는 라운드-로빈 선택 메커니즘을사용하여 그룹에 속한 두 개의 싱크에 이벤트를 분배한다(processor.selector 속성으로 변경할 수 있다). 한 싱크가 동작하지 않으면 다음 싱크에 다시 시도한다. 모든 싱크가 실패해도 단일싱크의 사례와 동일하게 이벤트를 채널에서 즉시 제거되지는 않는다. 기본적으로 싱크 프로세서

는 불가용 싱크를 기억하고 있지 않으므로 일단의 이벤트를 전송할 때마다 실패한 싱크에도 다시 시도한다. 이런 방식은 비효율적이므로 지수적으로 증가하는 타임아웃 시간(최대 30초까지 processor.selector.maxTimeOut 속성으로 제어한다) 증가를 막기 위해 실패한 싱크를 블랙리스트에 포함하도록 processor.backoff를 설정하는 것이 좋다.

> **NOTE_** 여러 싱크로 부하를 분산하는 load_balance 대신 가용한 싱크를 선호하는 failover라는 다른 프로세스 유형도 있다. 선호하는 싱크에 장애가 발생하면 다른 가용 싱크로 변경하는 방식으로 장애를 복구한다. failover 싱크 프로세서는 그룹에 속한 싱크에 대한 우선순위를 유지하며, 우선순위에 따라 전송을 시도한다. 가장 높은 우선순위의 싱크가 실패하면 다음 순위의 싱크로 내려가면서 시도한다.

[예제 14-6]에서 두 번째 계층의 에이전트 중 하나인 agent2a의 설정을 볼 수 있다.

예제 14-6 부하 분산 시나리오의 두 번째 계층 에이전트에 대한 플룸 설정

```
agent2a.sources = source2a
agent2a.sinks = sink2a
agent2a.channels = channel2a

agent2a.sources.source2a.channels = channel2a
agent2a.sinks.sink2a.channel = channel2a

agent2a.sources.source2a.type = avro
agent2a.sources.source2a.bind = localhost
agent2a.sources.source2a.port = 10000

agent2a.sinks.sink2a.type = hdfs
agent2a.sinks.sink2a.hdfs.path = /tmp/flume
agent2a.sinks.sink2a.hdfs.filePrefix = events-a
agent2a.sinks.sink2a.hdfs.fileSuffix = .log
agent2a.sinks.sink2a.hdfs.fileType = DataStream

agent2a.channels.channel2a.type = file
```

agent2b 설정은 HDFS 싱크가 생성하는 파일의 접두사 외에는 에이브로 소스 포트(예제를 로컬호스트에서 실행하기 때문)와 동일하다. 파일 접두사는 두 번째 계층의 서로 다른 에이전트가 생성한 HDFS 파일이 충돌하지 않도록 보장하기 위해 사용했다.

에이전트를 다른 컴퓨터에서 실행하는 일반적인 사례에서는 호스트 인터셉터([표 14-1] 참조)
를 설정하기 위한 유일한 파일 이름을 생성하거나 파일 경로나 접두사에 %{host} 확장 문자를
포함하기 위해 호스트명을 사용한다.

```
agent2.sinks.sink2.hdfs.filePrefix = events-%{host}
```

전체 시스템의 다이어그램은 [그림 14-6]에서 볼 수 있다.

그림 14-6 두 에이전트의 부하 분산

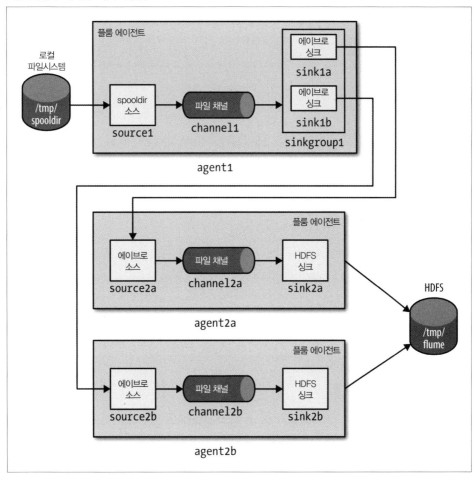

14.8 애플리케이션과 플룸의 통합

에이브로 소스는 플룸 이벤트를 받는 RPC 종단점이므로 이벤트를 종단점으로 보내는 RPC 클라이언트를 작성할 수 있으며, 이를 플룸에 이벤트를 내보내는 모든 애플리케이션에 내장할 수 있다.

플룸 SDK는 에이브로 종단점(보통 다른 계층의 플룸 에이전트에서 실행되는 에이브로 소스)으로 이벤트 객체를 전송하는 자바 `RpcClient` 클래스를 제공하는 모듈이다. 클라이언트는 종단점 사이의 장애 복구나 부하 분산을 설정할 수 있으며, 쓰리프트 종단점(쓰리프트 소스) 역시 지원한다.

이와 유사한 기능을 제공하는 플룸 **내장 에이전트**는 자바 애플리케이션에서 실행되는 간소화된 cut-down 플룸 에이전트다. 내장 에이전트는 애플리케이션에서 EmbeddedAgent 객체의 메서드를 호출하여 플룸 Event 객체를 전송하는 특별한 소스를 지원한다. 내장 에이전트의 싱크는 에이브로 싱크만 지원하며 장애 복구나 부하 분산을 위해 다수의 싱크로 구성할 수도 있다.

SDK와 내장형 에이전트에 대한 자세한 내용은 플룸 개발자 가이드[10]를 참고하기 바란다.

14.9 컴포넌트 목록

이 장에서는 일부 플룸 컴포넌트만 사용했다. 플룸은 수많은 컴포넌트를 제공하며 간단한 설명은 [표 14-1]에서 볼 수 있다. 설정 방법과 사용법에 대한 자세한 내용은 플룸 사용자 가이드[11]를 참고하기 바란다.

표 14-1 플룸 컴포넌트

구분	컴포넌트	설명
소스	Avro	에이브로 싱크 또는 플룸 SDK가 에이브로 RPC로 전송한 이벤트를 포트에서 수신한다.
	Exec	유닉스 명령어를 실행하고(`tail -F /path/to/file`) 표준 출력에서 읽은 행을 이벤트로 변환한다. Exec 소스는 이벤트를 채널까지 전달하는 것을 보장하지 않는다는 점을 주의하자. 좋은 대안으로 스풀링 디렉터리 소스 또는 플룸 SDK를 참고하라.

---

10 http://flume.apache.org/FlumeDeveloperGuide.html

11 http://flume.apache.org/FlumeUserGuide.html

구분	컴포넌트	설명
	HTTP	포트에서 수신하고 장착형 핸들러를 사용해서 HTTP 요청을 이벤트로 변환한다(예를 들면 JSON 핸들러 또는 바이너리 blob 핸들러).
	JMS	JMS 큐 또는 토픽에서 메시지를 읽고 해당 메시지를 이벤트로 변환한다.
	Netcat	포트에서 수신해서 각 텍스트 행을 이벤트로 변환한다.
	Sequence generator	증가하는 카운터에서 이벤트를 생성한다. 테스트할 때 유용하다.
	Spooling directory	스풀 디렉터리에 위치한 파일에서 행을 읽어 이벤트로 변환한다.
	Syslog	syslog에서 행을 읽어 이벤트로 변환한다.
	Thrift	쓰리프트 싱크 또는 플룸 SDK에 의해 쓰리프트 RPC로 전송된 이벤트를 포트에서 수신한다.
	Twitter	트위터의 스트리밍 API(firehose의 1%)에 접속하고 트윗을 이벤트로 변환한다.
싱크	Avro	이벤트를 에이브로 RPC를 통해 에이브로 소스에 전송한다.
	Elasticsearch	이벤트를 logstash 포맷으로 엘라스틱서치 클러스터에 기록한다.
	File roll	이벤트를 로컬 파일시스템에 기록한다.
	HBase	직렬화기를 선택하여 HBase에 이벤트를 기록한다.
	HDFS	이벤트를 HDFS에 텍스트, 시퀀스 파일, 에이브로 또는 커스텀 포맷으로 기록한다.
	IRC	이벤트를 IRC 채널로 전송한다.
	Logger	SLF4J로 INFO 수준의 이벤트를 기록한다. 테스트할 때 유용하다.
	Morphline (Solr)	Morphline 명령어 작업 체인을 통해 이벤트를 실행한다. 일반적으로 솔라에 데이터를 로드할 때 사용한다.
	Null	모든 이벤트를 폐기한다.
	Thrift	이벤트를 쓰리프트 RPC를 통해 쓰리프트 소스에 보낸다.
채널	File	이벤트를 로컬 파일시스템의 트랜잭션 로그에 저장한다.
	JDBC	이벤트를 데이터베이스(내장 더비)에 저장한다.
	Memory	이벤트를 인메모리 큐에 저장한다.
인터셉터	Host	에이전트의 호스트명이나 주소를 포함하는 host 헤더를 모든 이벤트에 설정한다.
	Morphline	Morphline 설정 파일로 이벤트를 필터링한다. 조건부로 이벤트를 제거하거나 패턴 매칭 기반으로 헤더를 추가하거나 콘텐트를 추출할 때 유용하다.
	Regex extractor	지정한 정규표현식을 사용하여 이벤트 본문 텍스트에서 추출한 헤더를 설정한다.
	Regex filtering	지정한 정규표현식을 이벤트 본문 텍스트에 매칭해서 이벤트를 추가하거나 제외시킨다.

구분	컴포넌트	설명
	Static	모든 이벤트에 고정 헤더와 값을 설정한다.
	Timestamp	에이전트가 이벤트를 처리할 때 밀리초 단위의 시간을 포함하는 `timestamp` 헤더를 설정한다.
	UUID	모든 이벤트에서 유일한 식별자를 포함하는 `id` 헤더를 설정한다. 나중에 중복을 제거할 때 유용하다.

14.10 참고 도서

이 장에서는 플룸의 간단한 개요를 다뤘다. 더 자세한 내용을 알고 싶으면 하리 쉬리다란[Hari Shreedharan]의 『플룸 사용법[Using Flume]』(O'Reilly, 2014)을 참고하라. 또한 마크 그로버[Mark Grover], 테드 말라스카[Ted Malaska], 조나단 시드먼[Jonathan Seidman], 그웬 샤피라[Gwen Shapira]의 『하둡 애플리케이션 아키텍처[Hadoop Application Architectures]』(O'Reilly, 2014)를 보면 데이터 수집 파이프라인 설계와 하둡 애플리케이션 구축에 관한 실용적인 정보를 얻을 수 있다.

## CHAPTER 15

스쿱

아론 킴벌 Aaron Kimball

하둡 플랫폼의 강력함은 다양한 데이터 타입을 다룰 수 있다는 데 있다. HDFS는 수많은 소스의 로그와 데이터를 안정적으로 저장할 수 있다. 맵리듀스 프로그램은 다양한 비정형 데이터 포맷을 파싱하여 적절한 정보를 추출하고 여러 데이터셋을 결합하여 우리가 원하는 결과를 얻을 수 있다.

하지만 HDFS 외부의 스토리지 저장소에 있는 데이터에 접근하려면 맵리듀스 프로그램은 외부 API를 이용해야 한다. 회사의 주요 데이터는 관계형 데이터베이스 관리 시스템 relational database management system (RDBMS)과 같은 구조적인 데이터 저장소에 주로 저장된다. 아파치 스쿱 Apache Sqoop[1] 은 구조화된 데이터 저장소에서 데이터를 추출해서 하둡으로 보내 처리할 수 있도록 해주는 오픈 소스 도구다. 이러한 처리는 맵리듀스 프로그램이나 하이브 같은 다른 고차원 도구로도 할 수 있다. 또한 관계형 데이터베이스의 데이터를 HBase로 옮기는 데 스쿱을 사용할 수 있다. 분석 파이프라인을 거쳐 최종 산출물이 나오면 스쿱은 이 산출물을 다시 데이터 저장소로 보내 다른 사용자가 사용할 수 있도록 해준다.

이 장에서는 스쿱의 작동 방식과 데이터 처리 파이프라인에서 스쿱을 활용하는 방법을 살펴볼 것이다.

---

1 http://sqoop.apache.org/

15.1 스쿱 얻기

스쿱은 여러 곳에서 내려받을 수 있다. 스쿱은 아파치 소프트웨어 재단^{Apache Software Foundation}의 최상위 프로젝트다. 이 레포지토리에는 모든 스쿱 소스 코드와 문서가 있다. 또한 현재 개발 중인 버전의 소스 코드 뿐만 아니라 공식적인 릴리즈도 구할 수 있으며, 프로젝트를 컴파일하는 자세한 방법도 포함하고 있다. 공식 프로젝트 사이트 외에 하둡 벤더 배포판에서도 스쿱을 얻을 수 있다.

아파치에서 릴리즈를 내려받은 후 /home/yourname/sqoop-x.y.z/와 같은 디렉터리에 저장한다. 이 디렉터리를 $SQOOP_HOME이라고 하면 $SQOOP_HOME/bin/sqoop 스크립트로 스쿱을 실행할 수 있다.

하둡 벤더 배포판으로 설치했다면 /usr/bin/sqoop과 같은 표준 위치에 스쿱 스크립트가 저장되어 있을 것이다. 따라서 명령행에서 단순히 sqoop이라고 입력하면 스쿱을 실행할 수 있다. 스쿱을 설치하는 방법과 상관없이 /usr/bin/ 디렉터리 밑에 스쿱 스크립트를 배치하는 것이 좋다.

스쿱 2

스쿱 2는 스쿱 1의 구조적 한계를 해결하기 위해 개발되었다. 예를 들어 스쿱 1은 명령행 도구고 자바 API를 제공하지 않았기 때문에 다른 프로그램에 내장하기 어려웠다. 또한 스쿱 1의 모든 커넥터는 모든 출력 포맷에 대한 정의를 포함해야 하므로 새로운 커넥터를 작성하는 것은 매우 어려웠다. 스쿱 2는 잡을 실행하는 서버 컴포넌트뿐만 아니라 명령행 인터페이스^{command-line interface}(CLI), 웹 UI, REST API, 자바 API 등 다양한 클라이언트를 제공한다. 또한 스쿱 2는 스파크와 같은 대체 실행 엔진을 사용할 수도 있다. 스쿱 2의 명령행 인터페이스는 스쿱 1과 호환되지 않는다는 점을 주의하자.

이 장에서는 스쿱 1의 안정적인 릴리즈를 사용할 것이다. 현재 스쿱 2의 개발은 매우 활발하나 스쿱 1과 비교했을 때 부족한 점이 일부 있다. 따라서 스쿱 2를 사용할 때는 원하는 기능을 지원하는지 반드시 확인해야 한다.

인자 없이 스쿱을 실행하면 아무것도 하지 않는다.

```
% sqoop
Try sqoop help for usage.
```

스쿱은 도구와 명령어의 집합으로 구성되어 있다. 도구를 선택하지 않으면 스쿱은 무엇을 해야 할지 모른다. help도 이러한 도구 중 하나며, 이는 다음과 같이 사용할 수 있는 도구의 목록을 보여준다.

```
% sqoop help
usage: sqoop COMMAND [ARGS]

Available commands:
  codegen            Generate code to interact with database records
  create-hive-table  Import a table definition into Hive
  eval               Evaluate a SQL statement and display the results
  export             Export an HDFS directory to a database table
  help               List available commands
  import             Import a table from a database to HDFS
  Import-all-tables  Import tables from a database to HDFS
  job                Work with saved jobs
  list-databases     List available databases on a server
  list-tables        List available tables in a database
  merge              Merge results of incremental imports
  metastore          Run a standalone Sqoop metastore
  version            Display version information

See 'sqoop help COMMAND' for information on a specific command.
```

help 도구는 특정 도구의 이름을 인자로 지정하면 해당 도구에 대한 구체적인 사용법을 알려준다.

```
% sqoop help import
usage: sqoop import [GENERIC-ARGS] [TOOL-ARGS]

Common arguments:
   --connect <jdbc-uri>     Specify JDBC connect string
   --driver <class-name>    Manually specify JDBC driver class to use
   --hadoop-home <dir>      Override $HADOOP_HOME
   --help                   Print usage instructions
-P                          Read password from console
   --password <password>    Set authentication password
   --username <username>    Set authentication username
   --verbose                Print more information while working
...
```

인자로 도구를 지정하는 방법 외에 스쿱은 도구별 스크립트도 제공하고 있다. 도구별 스크립트는 sqoop-help, sqoop-import와 같이 'sqoop-도구명'으로 되어 있다. 명령행에서 이런 스크립트를 실행하는 것은 sqoop help나 sqoop import를 실행했을 때와 같은 결과를 낸다.

15.2 스쿱 커넥터

스쿱은 대용량 데이터 전송 기능이 있는 외부 저장 시스템에 데이터를 임포트하고 익스포트하는 확장 프레임워크다. 스쿱 **커넥터**는 이 프레임워크를 사용하여 스쿱이 임포트와 익스포트하게 해주는 모듈식 컴포넌트다. 스쿱은 MySQL, PostgreSQL, 오라클, SQL 서버, DB2, 네티자Netezza 등 다양한 관계형 데이터베이스에서 작동하는 커넥터를 제공한다. 또한 자바의 JDBC 프로토콜을 지원하는 어떤 데이터베이스에도 연결할 수 있도록 제네릭 JDBC 커넥터도 제공한다. 스쿱은 데이터베이스에 특화된 API를 사용하는 MySQL, PostgreSQL, 오라클, 네티자 커넥터를 제공하므로 대량 전송을 효율적으로 수행할 수 있다. 자세한 사항은 15.5.4절 '직접 모드 임포트'에서 다룬다.

내장 스쿱 커넥터 외에도 테라데이터, 오라클 등의 엔터프라이즈 데이터 웨어하우스enterprise data warehouse에서 Couchbase 같은 NoSQL 저장소에 이르기까지 다양한 데이터 저장소에서 동작하는 서드파티 커넥터를 사용할 수 있다. 이러한 커넥터는 따로 내려받아야 하며 각 커넥터에 포함된 지침에 따라 설치하면 스쿱에 추가할 수 있다.

15.3 임포트 예제

스쿱을 설치하면 하둡에 데이터를 임포트할 수 있다. 이 장의 예제에서는 다양한 플랫폼을 지원하며 사용하기 쉬운 MySQL을 사용한다.

MySQL을 설치하고 설정하는 방법은 온라인 문서[2]를 참고하라. 특히 2장 'Installing and Upgrading MySQL'이 유용할 것이다. 데비안 기반의 리눅스 시스템(예를 들면 우분투) 사용

---

2 http://dev.mysql.com/doc/

자는 sudo apt-get install mysql-client mysql-server 명령으로 설치하고, 레드햇 사용자는 sudo yum install mysql mysql-server 명령으로 설치할 수 있다.

MySQL을 설치했으면 로그인하여 [예제 15-1]과 같이 데이터베이스를 생성하자.

예제 15-1 새로운 MySQL 데이터베이스 스키마 생성하기

```
% mysql -u root -p
Enter password:
Welcome to the MySQL monitor. Commands end with ; or \g.
Your MySQL connection id is 235
Server version: 5.6.21 MySQL Community Server (GPL)

Type 'help;' or '\h' for help. Type '\c' to clear the current input
statement.

mysql> CREATE DATABASE hadoopguide;
Query OK, 1 row affected (0.00 sec)

mysql> GRANT ALL PRIVILEGES ON hadoopguide.* TO ''@'localhost';
Query OK, 0 rows affected (0.00 sec)

mysql> quit;
Bye
```

예제의 패스워드 프롬프트는 root 사용자 암호를 물어본다. 이는 쉘로 로그인할 때 암호를 물어보는 것과 비슷하다. root로 직접 로그인할 수 없는 우분투나 또 다른 종류의 리눅스라면 MySQL을 설치할 때 선택한 암호를 입력하면 된다(암호를 설정하지 않았다면 그냥 리턴키를 누른다).

예제에서는 hadoopguide라는 새로운 데이터베이스 스키마를 생성했는데, 이 데이터베이스를 이 장 전체에서 사용할 것이다. 또한 hadoopguide 스키마의 내용을 로컬 사용자가 보고 수정할 수 있도록 권한을 준 후 세션을 종료했다.[3]

root가 아닌 일반 계정으로 다시 데이터베이스에 로그인하고, [예제 15-2]와 같이 HDFS로 임포트할 테이블을 하나 생성하자.

----

3 물론 운영 환경에서는 매우 신중하게 접근 제어를 설정해야 한다. 여기서는 시연이 목적이므로 크게 고려하지 않았으며, 권한 부여는 의사 분산 하둡 인스턴스를 실행하는 것으로 가정했다. 완전분산 하둡 클러스터에서 작업할 때는 원격으로 접근할 수 있도록 최소 한 명의 사용자에게 권한을 부여해야 해당 계정으로 스쿱 임포트와 익스포트를 수행할 수 있다.

```
% mysql hadoopguide
Welcome to the MySQL monitor. Commands end with ; or \g.
Your MySQL connection id is 257
Server version: 5.6.21 MySQL Community Server (GPL)

Type 'help;' or '\h' for help. Type '\c' to clear the current input statement.

mysql> CREATE TABLE widgets(id INT NOT NULL PRIMARY KEY AUTO_INCREMENT,
    -> widget_name VARCHAR(64) NOT NULL,
    -> price DECIMAL(10,2),
    -> design_date DATE,
    -> version INT,
    -> design_comment VARCHAR(100));
Query OK, 0 rows affected (0.00 sec)

mysql> INSERT INTO widgets VALUES (NULL, 'sprocket', 0.25, '2010-02-10',
    -> 1, 'Connects two gizmos');
Query OK, 1 row affected (0.00 sec)

mysql> INSERT INTO widgets VALUES (NULL, 'gizmo', 4.00, '2009-11-30', 4,
    -> NULL);
Query OK, 1 row affected (0.00 sec)

mysql> INSERT INTO widgets VALUES (NULL, 'gadget', 99.99, '1983-08-13',
    -> 13, 'Our flagship product');
Query OK, 1 row affected (0.00 sec)

mysql> quit;
```

예제에서 widgets라는 새로운 테이블을 생성하고 데이터를 입력했다. 이 장의 다른 예제도 위젯이라는 가상의 제품 데이터베이스를 사용할 것이다. widgets 테이블은 다양한 데이터 유형을 가진 여러 개의 필드로 되어 있다.

다음 단계로 넘어가기 전에 MySQL용 JDBC 드라이버 JAR 파일(Connector/J)을 내려받고, 이를 스쿱의 lib 디렉터리에 저장한다(스쿱의 클래스경로에 추가하는 방법도 있다).

이제 스쿱을 사용해서 이 테이블을 HDFS로 임포트해보자.

```
% sqoop import --connect jdbc:mysql://localhost/hadoopguide \
> --table widgets -m 1
...
14/10/28 21:36:23 INFO tool.CodeGenTool: Beginning code generation ...
14/10/28 21:36:28 INFO mapreduce.Job: Running job: job_1413746845532_0008
14/10/28 21:36:35 INFO mapreduce.Job: Job job_1413746845532_0008 running in
uber mode : false
14/10/28 21:36:35 INFO mapreduce.Job:  map 0% reduce 0%
14/10/28 21:36:41 INFO mapreduce.Job:  map 100% reduce 0%
14/10/28 21:36:41 INFO mapreduce.Job: Job job_1413746845532_0008 completed
successfully
...
14/10/28 21:36:41 INFO mapreduce.ImportJobBase: Retrieved 3 records.
```

스쿱의 import 도구는 맵리듀스 잡을 실행하여 MySQL 데이터베이스에 접속하고 테이블을 읽는다. 일반적으로 임포트 처리 성능을 향상시키기 위해 맵 태스크 네 개를 병렬로 실행할 것을 권장한다. 각 태스크는 임포트된 결과를 지정된 디렉터리 아래에 각각 다른 이름의 파일로 저장한다. 이 예제에서는 임포트할 행이 3개밖에 없으므로 스쿱이 하나의 맵 태스크(-m 1)만 사용하도록 설정했고, 따라서 HDFS에는 하나의 파일만 생성된다.

이 파일의 내용은 다음과 같이 확인할 수 있다.

```
% hadoop fs -cat widgets/part-m-00000
1,sprocket,0.25,2010-02-10,1,Connects two gizmos
2,gizmo,4.00,2009-11-30,4,null
3,gadget,99.99,1983-08-13,13,Our flagship product
```

NOTE_ 예제에 나온 접속 문자열(jdbc:mysql://localhost/hadoopguide)은 로컬 머신의 데이터베이스에 접근한다. 분산 하둡 클러스터를 사용할 때 접속 문자열에 localhost를 지정하면 안 된다. 데이터베이스와 동일한 머신에서 실행되지 않은 맵 태스크는 데이터베이스 접속에 실패할 것이다. 스쿱이 데이터베이스 서버와 같은 호스트에서 구동되더라도 반드시 전체 호스트명을 명시해야 한다.

기본적으로 스쿱은 임포트한 데이터로 콤마로 구분된 텍스트 파일을 생성한다. 컬럼 구분자는 명시적으로 지정할 수 있으며, 필드 내용을 구분하는 데 필드 포함^{enclosing} 및 구분^{escape} 문자를 사용할 수 있다. 컬럼 구분자, 파일 포맷, 압축, 임포트 세부 제어에 대한 명령행 인자 설명은 스쿱 사용자 가이드[4]와 온라인 help(sqoop help import 또는 man sqoop-import)에서 볼 수 있다.

15.3.1 텍스트와 바이너리 파일 포맷

스쿱은 텍스트 파일 외에 다른 파일 포맷으로도 임포트한 데이터를 저장할 수 있다. 기본인 텍스트 파일은 사람이 판독할 수 있는 형태로 데이터를 표현하며, 플랫폼 독립적이고, 단순한 구조를 지니고 있다. 하지만 텍스트 파일은 바이너리 필드(데이터베이스의 VARBINARY 컬럼)를 가질 수 없고, (null 값의 표현을 제어하는 --null-string 임포트 옵션을 사용하더라도) null 값과 문자열 "null" 값을 갖는 문자열 필드를 구분할 수 없다.

이를 해결하기 위해 스쿱은 시퀀스 파일, 에이브로 데이터 파일, 파케이 파일을 지원한다. 이런 바이너리 포맷은 임포트된 데이터를 가장 정확하게 표현해준다. 또한 데이터를 압축해서 저장하면서도, 동일한 파일의 다른 영역을 병렬 처리하는 맵리듀스 기능을 그대로 사용할 수 있다. 그러나 스쿱의 현재 버전은 에이브로 데이터 파일 또는 시퀀스 파일을 하이브에 로드할 수 없다 (단, 에이브로 데이터 파일은 수동으로 하이브에 로드할 수 있으며, 파케이 데이터 파일은 스쿱을 사용해서 하이브에 바로 로드할 수 있다). 시퀀스 파일의 다른 단점은 자바 기반이라는 것이다. 물론 에이브로와 파케이 파일은 다양한 언어로 처리할 수 있다.

15.4 생성된 코드

데이터베이스 테이블의 내용을 HDFS에 저장하는 것 외에도 스쿱은 로컬 디렉터리에 자바 소스 파일(widgets.java)을 생성한다(예제의 sqoop import 명령어를 실행한 후 ls widgets. java를 실행하면 이 파일을 볼 수 있다).

15.5절 '임포트 자세히 살펴보기'에서 배우겠지만, 스쿱은 HDFS에 쓰기 전에 데이터베이스 원본의 특정 테이블 데이터를 역직렬화하기 위해 미리 생성된 자바 코드를 사용한다.

생성된 클래스(widgets)는 임포트된 테이블에서 가져온 레코드를 유지할 수 있다. 이 클래스

---

4 아파치 소프트웨어 재단 웹사이트(http://sqoop.apache.org/)에서 구할 수 있다.

는 맵리듀스에서 레코드를 처리하거나 레코드를 HDFS에 시퀀스 파일로 저장할 때 사용된다. 시퀀스 파일에 저장하는 임포트 과정에서 스쿱은 생성된 클래스를 사용해서 시퀀스 파일의 키-값 쌍 포맷의 '값' 항목에 임포트한 각 행을 저장한다.

클래스의 각 인스턴스는 오직 단일 레코드만 참조하므로 생성된 클래스를 widgets라고 명명하고 싶지 않을 수 있다. 다른 스쿱 도구를 사용하면 임포트를 실제 수행하지 않고도 자바 소스 코드를 생성할 수 있다. 이렇게 생성된 코드는 각 필드별로 적합한 자료형을 정하기 위해 데이터베이스 테이블의 스키마를 점검한다.

```
% sqoop codegen --connect jdbc:mysql://localhost/hadoopguide \
> --table widgets --class-name Widget
```

codegen 도구는 전체 임포트를 하지 않고 단순히 코드만 생성한다. 여기서는 Widget이라는 이름의 클래스를 생성하겠다고 지정했다. 이 클래스는 Widget.java 파일에 기록된다. 또한 --class-name과 다른 코드 생성 인자를 앞서 수행했던 임포트 과정에서 지정할 수도 있다. 여러분이 실수로 소스 파일을 지우거나 임포트 과정에서 사용했던 설정과 다르게 코드를 생성하면 이 도구를 이용해서 코드를 재생성할 수 있다.

임포트한 레코드를 시퀀스 파일에 저장하려면(시퀀스 파일 저장소에서 데이터를 역직렬화하기 위해) 반드시 생성된 클래스를 사용해야 한다. 텍스트 파일 기반의 레코드를 다룰 때는 생성된 코드를 사용하지 않아도 된다. 15.6절 '불러온 데이터로 작업하기'에서 보겠지만 스쿱의 생성된 코드는 임포트한 데이터를 처리하는 데 유용하게 사용될 것이다.

15.4.1 추가적인 직렬화 시스템

스쿱의 현재 버전은 에이브로 기반의 직렬화와 스키마 생성을 지원하므로(12장 참조), 생성된 코드를 통합하는 과정을 굳이 거치지 않아도 프로젝트에서 스쿱을 사용할 수 있다.

15.5 임포트 자세히 살펴보기

앞에서 언급했듯이 스쿱은 테이블에서 행을 추출하는 맵리듀스 잡을 실행하여 데이터베이스에서 테이블을 임포트하고 HDFS에 그 레코드를 기록한다. 맵리듀스가 각 행을 읽는 방법은 무엇일까? 이 절에서는 스쿱의 작동 방식에 대해 설명한다.

[그림 15-1]은 스쿱이 데이터베이스 원본 및 하둡과 상호작용하는 방식을 잘 보여주고 있다. 스쿱도 하둡처럼 자바로 작성되었다. 자바는 JDBC^Java Database Connectivity라고 불리는 API를 제공한다. 이 API는 애플리케이션이 RDBMS에 저장된 데이터에 접근할 수 있도록 해주며, 그 데이터의 특성을 파악하는 기능을 제공한다. 대부분의 데이터베이스 벤더는 JDBC API를 제공하고 자사의 데이터베이스 서버에 접속하는 데 필요한 코드가 포함된 JDBC **드라이버**를 제공한다.

그림 15-1 스쿱의 임포트 처리

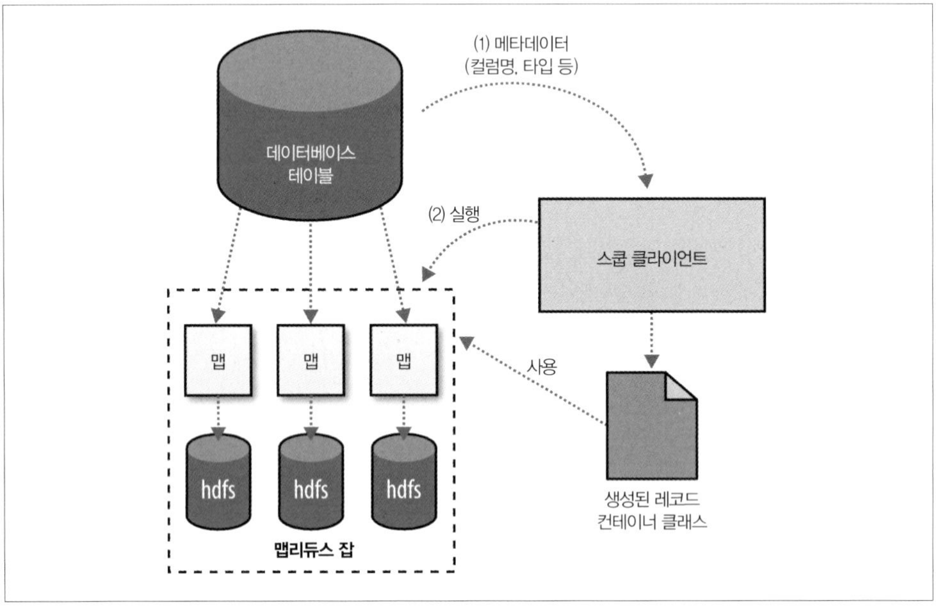

NOTE_ 스쿱은 데이터베이스에 접속할 때 사용된 접속 문자열의 URL을 기반으로 어떤 드라이버를 로드할지 예측한다. 따라서 필요한 JDBC 드라이버를 내려받아 스쿱 클라이언트에 미리 설치해야 한다. 스쿱이 어떤 JDBC 드라이버가 적합한지 모를 때는 --driver 인자에 명시적으로 지정해주어야 한다. 스쿱은 이러한 장점을 지니기 때문에 수많은 데이터베이스 플랫폼에서 작동할 수 있다.

스쿱은 임포트를 시작하기 전에 JDBC로 임포트 대상 테이블을 검사하며, 모든 컬럼의 목록과 SQL 데이터 타입을 추출한다. 그리고 SQL 데이터 타입(VARCHAR, INTEGER 등)을 맵리듀스 애플리케이션의 필드에 적용될 자바 자료형(String, Integer 등)으로 매핑한다. 스쿱의 코드 생성기는 이 정보를 이용하여 테이블에서 추출한 레코드에 적용할 테이블 특화 클래스를 생성한다.

앞에서 다룬 Widget 클래스에는 추출한 레코드의 각 컬럼을 가져오는 다음과 같은 메서드가 있다.

```
public Integer get_id();
public String get_widget_name();
public java.math.BigDecimal get_price();
public java.sql.Date get_design_date();
public Integer get_version();
public String get_design_comment();
```

임포트 시스템의 핵심은 JDBC와 상호작용하는 Widget 클래스를 위한 DBWritable 인터페이스를 구성하는 직렬화 메서드다.

```
public void readFields(ResultSet __dbResults) throws SQLException;
public void write(PreparedStatement __dbStmt) throws SQLException;
```

JDBC의 ResultSet 인터페이스는 쿼리에서 레코드를 하나씩 추출하는 커서를 제공한다. 여기에서 readFields() 메서드는 ResultSet 데이터의 한 행에 있는 컬럼을 읽어서 Widget 객체의 필드 값을 채운다. 스쿱은 write() 메서드로 새로운 Widget 행을 테이블에 추가하며 이러한 과정을 **익스포팅**exporting이라고 한다. 익스포트는 15.8절 '익스포트 수행하기'에서 다룬다.

스쿱이 구동시킨 맵리듀스 잡은 JDBC를 통해 데이터베이스의 테이블을 읽을 때 InputFormat을 이용한다. 하둡에 포함된 DataDrivenDBInputFormat은 쿼리 결과를 여러 개의 맵 태스크로 나눈다.

테이블을 읽을 때 다음과 같이 단순한 쿼리를 수행한다.

```
SELECT col1,col2,col3,... FROM tableName
```

이러한 쿼리를 다수의 노드에 분산시키면 임포트 성능을 높일 수 있다. 쿼리를 분리하기 위해서는 **분할 기준 컬럼**splitting column이 중요하다. 스쿱은 테이블의 메타데이터 정보를 기반으로 분할에 적합한 컬럼을 예상한다. 테이블에 기본 키primary key가 있으면 이 컬럼을 분할 기준 컬럼으로

사용한다. 기본 키 컬럼의 최댓값과 최솟값을 조회한 후 태스크 수를 기준으로 각 맵 태스크가
수행할 쿼리를 정한다.

예를 들어 100,000개의 엔트리가 있는 widgets 테이블이 있다고 가정하자. 이 테이블에는 0
부터 99,999까지의 값이 있는 id 컬럼이 있다. 이 테이블을 임포트할 때 스쿱은 id를 테이블
의 기본 키 컬럼으로 결정할 것이다. 맵리듀스 잡을 시작할 때 임포트를 수행하는 데 사용되는
DataDrivenDBInputFormat은 SELECT MIN(id), MAX(id) FROM widgets와 같은 쿼리문을
수행한다. 이 쿼리의 결괏값으로 전체 데이터의 범위를 산정할 수 있다. 병렬로 실행하는 맵 태
스크 수를 다섯 개로(-m 5) 지정했다면 각 맵 태스크는 SELECT id, widget_name, ... FROM
widgets WHERE id >= 0 AND id < 20000, SELECT id, widget_name, ... FROM widgets
WHERE id >= 20000 AND id < 40000 등과 같은 쿼리를 수행할 것이다.

병렬 작업을 효율적으로 수행하기 위한 핵심은 분할 컬럼을 선택하는 것이다. 만약 id 컬럼이
균등하게 분포되지 않았다면(예를 들어 50,000에서 75,000 사이의 id 값이 없다면) 일부 맵
태스크는 많은 데이터를 처리하지만 다른 맵 태스크는 처리할 데이터가 적거나 없을 수 있다. 사
용자가 임포트 잡을 실행할 때 데이터의 실제 분포를 반영할 수 있도록 특정 분할 컬럼을 지정할
수 있다(--split-by 인자로). 물론 '-m 1' 옵션으로 임포트 잡을 단일(순차) 태스크로 실행하
면 이러한 분할 과정은 일어나지 않는다.

역직렬화 코드를 생성하고 InputFormat을 설정한 후 스쿱은 맵리듀스 클러스터에 잡을 보낸
다. 맵 태스크는 쿼리를 실행하고 ResultSet의 행을 생성된 클래스의 인스턴스로 역직렬화한
다. 이 인스턴스는 시퀀스 파일에 바로 저장되거나 구분자가 있는 텍스트로 변환되어 HDFS에
저장된다.

15.5.1 임포트 제어하기

스쿱으로 전체 테이블을 한번에 임포트할 수 있지만 테이블의 일부 컬럼만 지정할 수도 있다.
또한 -where 인자에 WHERE 절을 지정하면 원하는 행의 범위를 제한할 수 있다. 예를 들어 지난
달에 0부터 99,999까지의 위젯을 임포트했고, 이달에 1,000개의 위젯이 추가되었다면 WHERE
id >= 100000 절을 지정하여 임포트하면 된다. 이렇게 하면 이전에 수행한 임포트 이후에 원
본 데이터베이스에 새로 추가된 행을 추출하는 임포트 잡이 실행될 것이다. 사용자가 지정한

WHERE 절은 태스크 분할이 수행되기 전에 적용되며, 각 태스크에서 실행되는 쿼리에 모두 반영된다.

컬럼 변환과 같은 세밀한 제어를 수행할 필요가 있으면 --query 인자로 지정하면 된다.

15.5.2 임포트와 일관성

HDFS에 데이터를 임포트할 때 원본 데이터의 일관된 스냅숏에 대한 접근을 보장하는 것은 매우 중요하다. 데이터베이스를 조회하는 맵 태스크는 독립된 프로세스에서 병렬로 실행되므로 데이터베이스의 단일 트랜잭션을 공유할 수 없다. 이러한 데이터 일관성 문제를 해결하는 가장 좋은 방법은 임포트를 수행하는 동안 테이블의 기존 행을 수정하는 프로세스의 실행을 막는 것이다.

15.5.3 증분 임포트

HDFS에 있는 데이터와 데이터베이스에 저장된 데이터의 동기화를 유지하기 위해 주기적으로 임포트 작업을 수행한다. 이러한 작업이 가능하려면 새로운 데이터를 확인할 필요가 있다. 스쿱은 --check-column으로 지정된 컬럼의 값이 특정 값(--last-value로 지정한)보다 큰 행을 임포트하는 기능을 제공한다.

--last-value 인자로 지정한 값은 계속 증가하는 행의 ID와 같다. 예를 들어 MySQL의 AUTO_INCREMENT로 지정한 기본 키 컬럼이 좋은 예다. 이런 방식은 데이터베이스 테이블에 새로운 행이 계속 추가되지만 기존 행의 값이 변경되지 않을 때 적합하다. 이런 모드를 **추가 모드**^{append} ^{mode}라고 하며 --incremental append 옵션을 지정하여 사용할 수 있다. 다른 옵션은 시간을 기반으로 증분 임포트(--incremental lastmodified를 지정해서)를 수행하는 것으로, 기존 행의 값이 변경될 수 있고 해당 레코드에 최종 수정 시간을 기록하는 컬럼(체크 컬럼)이 있을 때 적합한 방식이다.

증분 임포트를 실행하면 스쿱은 출력의 마지막 부분에 다음 임포트에서 --last-value로 지정할 값을 보여준다. 물론 이 값은 증분 임포트를 수동으로 수행할 때 유용하며, 주기적으로 임포트를 실행할 때는 스쿱의 잡 저장 기능을 활용하는 것이 좋다. 이 기능은 마지막 값을 자동으로 저장하고 다음 잡을 수행할 때 그 값을 이용한다. 쉘에서 `sqoop job -help`를 입력하면 잡 저장 기능에 대한 자세한 설명을 볼 수 있다.

15.5.4 직접 모드 임포트

스쿱은 임포트를 수행하는 다양한 전략을 선택할 수 있는 구조로 되어 있다. 대부분의 데이터베이스는 앞에서 언급한 `DataDrivenDBInputFormat` 기반의 접근 방법을 사용한다. 일부 데이터베이스는 데이터를 매우 빨리 추출할 수 있는 특정 도구를 제공하기도 한다. 예를 들어 MySQL의 `mysqldump` 애플리케이션은 JDBC 채널보다 훨씬 빨리 테이블을 읽을 수 있다. 이러한 외부 도구의 사용법은 스쿱 문서의 **직접 모드**[direct mode]를 참고하기 바란다. 직접 모드는 JDBC 방식과 같은 범용이 아니기 때문에 사용자가 직접 `--direct` 인자로 지정해주어야 한다. MySQL의 직접 모드는 CLOB나 BLOB 컬럼과 같은 대형 객체를 처리할 수 없기 때문에 주의해야 한다(스쿱은 대형 객체 컬럼의 데이터를 HDFS에 저장할 때 JDBC 기반 API를 이용하기 때문).

이러한 도구를 제공하는 데이터베이스는 스쿱의 성능을 크게 높일 수 있다. MySQL의 직접 모드 임포트는 JDBC 기반의 임포트보다 효율이 높다(맵 태스크와 걸리는 시간 측면에서). 직접 모드도 다수의 맵 태스크를 병렬로 실행한다. 각 태스크는 `mysqldump` 프로그램의 인스턴스를 생성하고 그 결과를 읽는다. MySQL 외에 PostgreSQL, 오라클, 네티자도 직접 모드 임포트를 지원한다.

데이터베이스의 내용에 접근하는 데 직접 모드를 사용하더라도 메타데이터 정보는 JDBC를 통해 조회된다.

15.6 불러온 데이터로 작업하기

HDFS에 데이터가 저장되면 일반 맵리듀스 프로그램으로 처리할 수 있다. 텍스트 기반의 임포트로 저장된 데이터는 하둡 스트리밍 스크립트나 기본 `TextInputFormat`으로 실행되는 맵리듀스 잡으로 쉽게 처리할 수 있다.

임포트된 레코드의 개별 필드를 사용하기 위해서는 먼저 필드 구분자(분리/포함^{escape/enclosing} 문자)로 파싱하여 필드 값을 추출하고 적절한 데이터 타입으로 변환해야 한다. 예를 들어 'sprocket' 위젯의 ID는 문자열 "1"로 표현되지만 자바에서는 Integer나 int 변수로 변환되어야 한다. 스쿱이 제공하는 생성 테이블 클래스는 이런 과정을 자동으로 처리해주므로 개발자는 실행할 맵리듀스 잡에만 신경 쓰면 된다. 자동으로 생성된 클래스는 parse()란 이름의 메서드를 가지며 Text, CharSequence, char[] 등 일반 타입으로 데이터를 변환한다.

MaxWidgetId라는 맵리듀스 애플리케이션은 가장 높은 ID를 갖는 위젯을 찾는 프로그램이다. 클래스는 예제 코드와 함께 들어 있는 메이븐 POM을 이용해서 Widget.java와 함께 JAR 파일로 컴파일된다. JAR 파일은 sqoop-examples.jar고 다음과 같이 실행된다.

```
% HADOOP_CLASSPATH=$SQOOP_HOME/sqoop-version.jar hadoop jar \
> sqoop-examples.jar MaxWidgetId -libjars $SQOOP_HOME/sqoop-version.jar
```

이 명령행은 MaxWidgetId.run() 메서드가 실행되거나 클러스터에서 맵 태스크가 수행될 때 (-libjars 인자를 통해) 스쿱이 로컬 클래스경로($HADOOP_CLASSPATH를 통해)에 있도록 보장해준다.

잡을 실행하면 HDFS의 maxwidget 디렉터리에 우리가 원하는 다음 결과가 저장된 part-r-00000 파일이 생성될 것이다.

```
3,gadget,99.99,1983-08-13,13,Our flagship product
```

이 맵리듀스 예제 프로그램에서 Widget 객체를 매퍼에서 리듀서로 전달했다는 점을 주목하자. 자동 생성된 Widget 클래스는 하둡이 제공하는 Writable 인터페이스의 구현체로, 시퀀스 파일을 읽거나 쓸 수 있으며 하둡의 직렬화 메커니즘을 통해 객체도 전달할 수 있다.

MaxWidgetId 예제는 새로운 맵리듀스 API로 구현되었다. 스쿱 생성 코드를 기반으로 작성된 맵리듀스 애플리케이션은 새로운 API나 기존 API 모두로 구현할 수 있지만 일부 발전된 기능 (대형 객체의 지원)이 필요할 때는 새로운 API가 더 편리하다.

에이브로 기반의 임포트는 12.7절 '에이브로 맵리듀스'에 기술된 API로 처리할 수 있다. 제네릭 에이브로 매핑을 사용한 맵리듀스 프로그램은 스키마 정의 생성 코드를 사용할 필요가 없다

(물론 에이브로 지정 컴파일러를 사용하는 것은 선택사항이다. 하지만 스쿱은 코드를 생성하지는 않는다). 예제 코드는 MaxWidgetIdGenericAvro 프로그램을 포함하는데, 이 프로그램은 가장 높은 ID를 가진 위젯을 찾아서 에이브로 데이터 파일에 그 결과를 저장한다.

15.6.1 임포트한 데이터와 하이브

17장에서 보겠지만, 데이터를 분석할 때 관계형 연산을 지원하는 하이브와 같은 시스템을 활용하면 분석 파이프라인의 개발이 매우 쉬워진다. 특히 관계형 데이터 저장소에서 데이터를 가져온 경우 하이브를 사용하는 것은 당연한 선택이라고 볼 수 있다. 하이브와 스쿱을 함께 사용하면 분석 수행을 위한 강력한 툴체인을 갖출 수 있다.

웹 기반의 위젯 구매 시스템에서 들어오는 다른 로그 데이터가 시스템에 있다고 가정하자. 이 시스템에는 위젯 ID, 수량, 배송 주소, 주문 날짜가 포함된 로그파일이 있다.

다음은 로그의 일부다.

```
1,15,120 Any St.,Los Angeles,CA,90210,2010-08-01
3,4,120 Any St.,Los Angeles,CA,90210,2010-08-01
2,5,400 Some Pl.,Cupertino,CA,95014,2010-07-30
2,7,88 Mile Rd.,Manhattan,NY,10005,2010-07-18
```

하둡으로 판매 로그를 분석하면 영업 활동에 유용한 정보를 얻을 수 있다. 이러한 로그 데이터를 widgets 테이블과 같은 관련 데이터와 결합하면 더 좋은 효과를 얻을 수 있다. 예제에서 우리는 영업팀이 가장 집중해야 하는 지역을 알려주기 위해 우편번호를 기준으로 가장 매출이 높을 지역을 찾을 것이다. 이 작업을 하려면 판매 로그와 widgets 테이블이 필요하다.

작업을 하기 전에 앞에서 본 테이블을 sales.log란 이름의 로컬 파일로 저장해야 한다.

먼저 판매 데이터를 하이브로 로드하자.

```
hive> CREATE TABLE sales(widget_id INT, qty INT,
    > street STRING, city STRING, state STRING,
    > zip INT, sale_date STRING)
    > ROW FORMAT DELIMITED FIELDS TERMINATED BY ',';
OK
```

```
Time taken: 5.248 seconds
hive> LOAD DATA LOCAL INPATH "ch15-sqoop/sales.log" INTO TABLE sales;
...
Loading data to table default.sales
Table default.sales stats: [numFiles=1, numRows=0, totalSize=189, rawDataSize=0]
OK
Time taken: 0.6 seconds
```

스쿱은 기존 관계형 데이터 저장소의 테이블을 기반으로 하이브 테이블을 자동으로 생성할 수 있다. 이미 widgets 데이터를 HDFS로 불러왔기 때문에 하이브 테이블을 직접 생성하고 HDFS에 저장된 데이터를 하이브에 로드하자.

```
% sqoop create-hive-table --connect jdbc:mysql://localhost/hadoopguide \
> --table widgets --fields-terminated-by ','
...
14/10/29 11:54:52 INFO hive.HiveImport: OK
14/10/29 11:54:52 INFO hive.HiveImport: Time taken: 1.098 seconds 14/10/29
11:54:52 INFO hive.HiveImport: Hive import complete.
% hive
hive> LOAD DATA INPATH "widgets" INTO TABLE widgets;
Loading data to table widgets
OK
Time taken: 3.265 seconds
```

이미 불러온 특정 데이터셋으로 하이브 테이블을 생성할 때는 데이터셋에 사용된 구분자를 지정해야 한다. 그렇지 않으면 스쿱은 하이브의 기본 구분자(스쿱과 하이브의 기본 구분자는 서로 다르다)를 채택할 것이다.

> **NOTE_** 하이브에서 제공하는 자료형은 일반적인 SQL 시스템에 비해 매우 적다. SQL 타입과 완전히 대응되는 하이브 자료형은 많지 않다. 임포트를 위해 하이브 테이블을 정의할 때 스쿱은 컬럼의 값을 저장할 수 있는 최선의 하이브 타입을 선택한다. 따라서 정확도는 다소 떨어질 수 있다. 이런 문제가 발생하면 스쿱은 다음과 같은 경고 메시지를 출력한다.
>
> ```
> 14/10/29 11:54:43 WARN hive.TableDefWriter:
> Column design_date had to be
> cast to a less precise type in Hive
> ```

HDFS에 데이터를 임포트하고, 하이브 테이블을 생성하고, HDFS에 저장된 데이터를 하이브로 로드하는 세 단계의 작업을 데이터베이스에서 바로 하이브로 임포트하는 한번의 작업으로 그 단계를 줄일 수 있다. 임포트를 수행할 때 스쿱은 하이브 테이블을 생성한 후 데이터를 로드한다. 임포트를 처음 수행하는 것이라면 MySQL의 테이블 스키마를 기반으로 하이브에 widgets 테이블을 생성하는 명령을 실행할 수 있다.

```
% sqoop import --connect jdbc:mysql://localhost/hadoopguide \
> --table widgets -m 1 --hive-import
```

NOTE_ --hive-import 인자로 sqoop import를 실행하면 원천 데이터베이스에서 하이브로 데이터를 바로 로드하고, 원천 데이터베이스에 있는 해당 테이블의 스키마를 기반으로 하이브 스키마를 자동으로 추론한다. 이러한 방법을 활용하면 한번의 명령으로 데이터를 하이브로 가져올 수 있다.

어떤 데이터 임포트 방식을 선택했는지에 상관없이 우편번호를 기준으로 가장 매출이 높은 지역을 찾는 데 widgets 데이터셋과 sales 데이터셋을 함께 사용할 수 있다. 다음과 같이 나중을 위해 쿼리 결과를 다른 테이블에 저장해둔다.

```
hive> CREATE TABLE zip_profits
    > AS
    > SELECT SUM(w.price * s.qty) AS sales_vol, s.zip FROM SALES s
    > JOIN widgets w ON (s.widget_id = w.id) GROUP BY s.zip;
...
Moving data to: hdfs://localhost/user/hive/warehouse/zip_profits
...
OK

hive> SELECT * FROM zip_profits ORDER BY sales_vol DESC;
...
OK
403.71   90210
28.0     10005
20.0     95014
```

15.7 대용량 객체 임포트하기

대부분의 데이터베이스는 단일 필드에 대용량 데이터를 저장하는 기능을 제공한다. 이런 데이터가 텍스트인지 바이너리인지에 따라서 데이터베이스 테이블에서 CLOB 또는 BLOB 컬럼으로 표현된다. 이러한 '대용량 객체'는 보통 데이터베이스 자체적으로 특별한 방식으로 처리된다. 특히 대부분의 테이블은 [그림 15-2]처럼 물리적으로 디스크에 구성된다. 특정 쿼리 기준에 부합하는 행을 선택하기 위해 행을 스캐닝할 때 보통 디스크의 행별로 모든 컬럼을 읽는다. 대용량 객체가 이런 방식, 즉 '인라인' 형태로 저장된다면 스캔 성능에 심각한 영향을 끼칠 것이다. 그렇기 때문에 대용량 객체는 보통 [그림 15-3]처럼 행 외부에 저장된다. 대용량 객체를 접근할 때 행에 포함된 참조값을 따라 객체를 여는 과정이 추가로 필요하다.

그림 15-2 데이터베이스 테이블은 행의 배열로 표현되며, 행의 모든 컬럼은 서로 인접하게 저장된다.

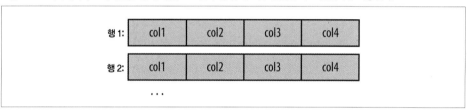

그림 15-3 대용량 객체는 저장소의 별도 영역에 저장된다. 행의 주 저장소에는 대용량 객체에 대한 참조값이 저장된다.

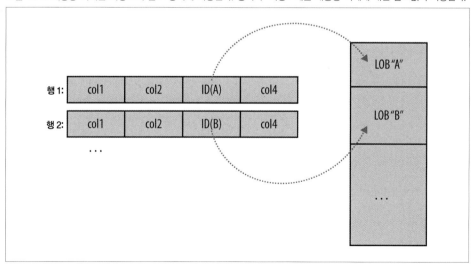

데이터베이스에서 관리하기 어려운 대용량 객체는 하둡과 같은 시스템에서 처리하는 것이 좋다. 하둡은 대용량 또는 복잡한 데이터 객체를 저장하고 처리하는 데 적합한 이상적인 저장소다. 스쿱은 테이블에서 대용량 객체를 추출하여 HDFS에 저장할 수 있다.

데이터베이스처럼 맵리듀스는 모든 레코드를 매퍼로 보내기 전에 **실체화**^{materialize}한다. 그런데 개별 레코드가 너무 크면 비효율적일 수 있다.

앞에서 보았던 것처럼 스쿱으로 불러온 레코드는 데이터베이스의 내부 구조와 유사하게 디스크에 배치된다. 즉, 레코드의 모든 필드는 사슬처럼 이어진 일종의 레코드의 배열로 저장된다. 맵리듀스 프로그램이 불러온 레코드를 처리할 때 각 맵 태스크는 입력 스플릿의 각 레코드의 모든 필드를 완전히 실체화해야 한다. 대용량 객체 필드의 내용이 맵리듀스 프로그램의 입력으로 사용되는 전체 레코드에서 매우 작은 부분만 차지한다면 모든 레코드를 완전히 실체화하는 것은 비효율적이다. 더욱이 대용량 객체의 크기가 너무 크면 메모리에 실체화하는 것이 불가능할 수도 있다.

이러한 어려움을 극복하기 위해 스쿱은 불러온 대용량 객체의 크기가 임계치인 16MB(sqoop. inline.lob.length.max에서 바이트 단위로 지정)보다 크면 LobFile이라고 하는 별도의 파일에 저장한다. LobFile 포맷은 매우 큰 크기(64비트 주소 공간이 사용됨)의 개별 레코드를 저장한다. LobFile 포맷의 각 레코드는 단일 대용량 객체를 유지한다. LobFile 포맷은 사용자가 레코드 내용에 직접 접근하는 것이 아니라 레코드의 참조값을 가진다. 레코드 내용에 접근할 때는 java.io.InputStream(바이너리 객체용)이나 java.io.Reader(텍스트 객체용)를 사용하면 된다.

레코드를 불러온 후 '일반' 필드는 텍스트 파일에 바로 실체화되며, CLOB이나 BLOB 컬럼은 LobFile에 저장되고 텍스트 파일에는 그 참조값이 저장된다. 설명을 위해 widgets 테이블에 각 위젯에 대한 계통도^{schematic diagram}를 갖고 있는 schematic이라는 BLOB 필드가 있다고 가정하자.

불러온 레코드는 다음과 같을 것이다.

```
2,gizmo,4.00,2009-11-30,4,null,externalLob(lf,lobfile0,100,5011714)
```

externalLob(...) 텍스트는 외부에 저장된 대용량 객체의 참조값이다. 이는 lobfile0이라는 파일에 LobFile 포맷(lf)으로 저장되며, 해당 파일의 바이트 오프셋과 길이가 명시되어 있다.

이런 레코드를 다루는 작업을 할 때 `Widget.get_schematic()` 메서드는 실제 내용은 없이 schematic 컬럼만 참조하는 BlobRef 타입의 객체를 반환할 것이다. `BlobRef.getDataStream()` 메서드는 실제로 LobFile을 열고 InputStream을 반환하여 schematic 필드의 내용에 접근한다.

매우 많은 Widget 레코드를 처리하는 맵리듀스 잡을 실행할 때 접근이 필요한 schematic 필드를 포함한 레코드는 몇 개 되지 않을 수도 있다. 이러한 시스템은 대용량 객체에 대한 내용을 직접 접근할 때만 I/O 비용이 발생하는 방식이며, 특히 개별 schematics 필드의 크기가 수 메가바이트나 그 이상이면 많은 비용을 절약할 수 있다.

BlobRef와 ClobRef 클래스는 맵 태스크에서 관련된 LobFile에 대한 참조값을 임시로 저장한다. 몇몇 순차적으로 정렬된 레코드의 schematic 필드에 접근한다면 다음 레코드를 접근할 때 기존 파일 포인터 배열의 장점을 이용할 수 있을 것이다.

15.8 익스포트 수행하기

스쿱에서 **임포트**^{import}는 데이터베이스 시스템에서 HDFS로의 데이터 이동을 의미한다. 반면 **익스포트**^{export}는 데이터 소스로는 HDFS를, 목적지로는 원격 데이터베이스를 사용한다. 이전 절에서는 데이터를 불러와서 하이브로 분석 작업을 수행했다. 이러한 분석 결과를 다른 도구에서 사용하도록 데이터베이스에 익스포트할 수 있다.

HDFS에서 데이터베이스로 테이블을 익스포트하기 전에 데이터를 받을 수 있는 타깃 테이블을 미리 준비해야 한다. 스쿱은 SQL 데이터 자료형을 유지하는 데 적합한 자바 타입을 추론할 수 있지만 이러한 데이터 전환이 양방향 모두 가능한 것은 아니다(예를 들어 자바 String 타입의 데이터를 담을 수 있는 SQL 컬럼 정의에는 CHAR(64), VARCHAR(200) 등이 있다). 가장 적합한 타입을 결정하는 것은 결국 사용자의 몫이다.

하이브에서 zip_profits 테이블을 익스포트해보자. 먼저 적합한 SQL 타입을 가진 타깃 컬럼을 순서대로 정의한 테이블을 MySQL에 생성해야 한다.

```
% mysql hadoopguide
mysql> CREATE TABLE sales_by_zip (volume DECIMAL(8,2), zip INTEGER);
Query OK, 0 rows affected (0.01 sec)
```

그다음에는 export 명령을 실행한다.

```
% sqoop export --connect jdbc:mysql://localhost/hadoopguide -m 1 \
> --table sales_by_zip --export-dir /user/hive/warehouse/zip_profits \
> --input-fields-terminated-by '\0001'
...
14/10/29 12:05:08 INFO mapreduce.ExportJobBase: Transferred 176 bytes in 13.5373
seconds (13.0011 bytes/sec)
14/10/29 12:05:08 INFO mapreduce.ExportJobBase: Exported 3 records.
```

마지막으로 익스포트가 잘 되었는지 MySQL에서 확인해보자.

```
% mysql hadoopguide -e 'SELECT * FROM sales_by_zip'
+-------+------+
| volume | zip  |
+-------+------+
|  28.00 | 10005 |
| 403.71 | 90210 |
|  20.00 | 95014 |
+-------+------+
```

하이브에서 zip_profits 테이블을 생성했을 때 어떤 구분자도 지정하지 않았다. 그래서 하이브는 필드 구분자로 기본 구분자인 Ctrl-A 문자(유니코드 0x0001)를 사용했고 각 레코드의 끝에는 개행 문자를 사용했다. 하이브에서 SELECT 문으로 테이블의 내용에 접근하면 하이브는 이 구분자를 탭으로 변환하여 콘솔에 표시한다. 하지만 파일에서 직접 테이블을 읽을 때는 어떤 구분자를 사용하는지 스쿱에 알려줘야 한다. 스쿱은 개행 문자로 레코드를 구분한다고 가정하지만 Ctrl-A 필드 구분자를 스쿱에 명시적으로 전달해야 한다. sqoop export에 --input-fields-terminated-by 인자로 필드 구분자를 지정하면 된다. 스쿱은 구분자를 지정할 때 백슬래시(\) 문자로 시작하는 이스케이프 시퀀스escape sequence를 지원한다.

예제 구문에서 이스케이프 시퀀스는 작은따옴표로 둘러싸여 있어서 쉘이 문자 그대로 처리하는 것을 보장한다. 따옴표가 없다면 첫 번째 백슬래시 자체를 제어해야 한다(예를 들면 --input-fields-terminated-by \\0001). [표 15-1]은 스쿱이 지원하는 이스케이프 시퀀스의 목록이다.

표 15-1 이스케이프 시퀀스는 스쿱의 필드와 레코드 구분자로 사용되는 인쇄 불가능한 문자를 지정하는 데 사용된다.

이스케이프 시퀀스	설명
\b	백스페이스
\n	개행
\r	캐리지 리턴
\t	탭
\'	작은따옴표
\"	큰따옴표
\\	백슬래시
\0	필드나 행 사이에 NUL 문자를 입력함. 또는 --enclosed-by, --optionally-enclosed-by, --escaped-by 인자를 사용하면 에워싸기/분리하기[enclosing/escaping]를 비활성화시킴
\0ooo	유니코드 문자 코드 포인트의 8진수 표현. ooo는 8진수 값이다.
\0xhhh	유니코드 문자 코드 포인트의 16진수 표현. hhh는 16진수 값이다. 예를 들어 --fields-terminated-by '\0x10'은 캐리지 리턴 문자를 지정한다.

15.9 익스포트 자세히 살펴보기

스쿱의 익스포트 방식은 임포트를 수행하는 방식과 매우 유사하다([그림 15-4] 참조). 익스포트를 수행하기 전에 스쿱은 데이터베이스 접속 문자열을 기반으로 전략을 선택한다. 스쿱은 대부분의 시스템에 JDBC를 사용해서 접근한다. 그리고 대상 테이블 정의를 기반으로 자바 클래스를 생성한다. 생성된 클래스는 텍스트 파일에서 레코드를 분석하고 테이블에 적합한 타입의 값을 입력하는 데 사용된다(ResultSet에서 컬럼을 읽는 기능도 갖고 있다). 이후 맵리듀스 잡이 실행되어 HDFS의 원천 데이터 파일을 읽고 생성된 클래스를 사용해서 레코드를 분석한 다음 선택한 익스포트 전략을 수행한다.

JDBC 기반의 익스포트 전략은 배치 INSERT 문을 만들어 대상 테이블에 한번에 다수의 레코드를 추가하는 것이다. 대부분의 데이터베이스 시스템은 하나의 SQL 문으로 다수의 레코드를 입력하는 방식이 단일 행 INSERT 문보다 훨씬 빠르다. HDFS에서 데이터를 읽고 데이터베이스와 통신하는 데 별도의 스레드를 사용하면 시스템에 대한 I/O 동작이 동시에 최대한 많이 일어나게 된다.

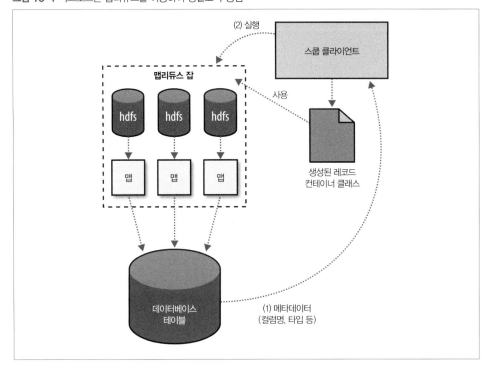

그림 15-4 익스포트는 맵리듀스를 이용하여 병렬로 수행됨

MySQL에 익스포트할 때 스쿱은 `mysqlimport`를 이용한 직접 모드 전략을 사용할 수 있다. 각 맵 태스크는 `mysqlimport` 프로세스를 생성하고 로컬 파일시스템의 특정 FIFO 파일을 통해 통신한다. 그리고 FIFO 채널을 통해 데이터를 `mysqlimport`로 보내 데이터베이스에 반영한다.

HDFS에서 데이터를 읽는 대부분의 맵리듀스 잡은 처리해야 할 파일의 크기와 개수를 기준으로 병렬도(맵 태스크 수)를 선택하지만, 스쿱의 익스포트 시스템은 사용자가 태스크 수를 명시적으로 제어하는 방식이다. 익스포트의 성능은 데이터베이스의 병렬 쓰기 개수에 영향을 받는다. 따라서 스쿱은 `CombineFileInputFormat` 클래스를 사용하여 입력 파일을 적은 수의 맵 태스크로 나눠서 처리할 수 있도록 그룹화한다.

15.9.1 익스포트와 트랜잭션

프로세스의 병렬성 때문에 익스포트는 원자적 연산이 될 수 없다. 스쿱은 데이터의 각 부분을 병렬로 익스포트하도록 다수의 태스크를 생성한다. 태스크가 종료되는 시점은 서로 다를 수 있으며, 따라서 태스크 내부에서 트랜잭션을 사용해도 어떤 태스크의 결과는 보이지만 다른 태스크의 결과는 보이지 않을 수 있다. 더욱이 데이터베이스는 보통 고정길이 버퍼를 사용해서 트랜잭션을 저장한다. 그 결과 하나의 트랜잭션은 반드시 태스크에 의해 수행되는 모든 동작을 포함하지 않아도 된다. 스쿱은 수천 개의 행 단위로 결과를 반영하여 메모리 부족이 발생하지 않도록 한다. 익스포트가 진행되는 동안 이러한 중간 결과를 볼 수 있다. 익스포트의 결과를 사용하는 애플리케이션은 익스포트 과정이 완전히 끝나기 전에 시작하면 안 된다. 이 경우 부분적인 결과만 보게 될 것이다.

스쿱은 이러한 문제에 대한 해결책을 가지고 있다. 스쿱은 임시 스테이징^{staging}(중간 단계) 테이블에 일단 데이터를 익스포트한 다음, 익스포트가 성공하면 잡이 종료될 때 단일 트랜잭션으로 스테이징 테이블의 데이터를 목표 테이블로 옮기는 기능을 제공한다. 익스포트할 때 --staging-table 옵션으로 스테이징 테이블을 지정할 수 있다. 스테이징 테이블은 사전에 생성해야 하며 목표 테이블과 동일한 스키마를 가져야 한다. --clear-staging-table 옵션을 지정하지 않을 때는 반드시 스테이징 테이블을 비워두어야 한다.

> **NOTE_** 스테이징 테이블을 활용하면 먼저 스테이징 테이블에, 다음으로 목표 테이블에 데이터를 두 번 쓰기 때문에 성능은 더 느려진다. 또한 임시 스테이징 데이터를 목표 테이블로 복사하는 동안 두 벌의 데이터가 있어야 하기 때문에 더 많은 공간을 사용하는 단점이 있다.

15.9.2 익스포트와 시퀀스 파일

앞의 예제에서는 하이브 테이블(HDFS에 구분된 텍스트 파일로 저장된)에서 원천 데이터를 읽어서 익스포트를 수행했다. 스쿱은 하이브 테이블이 아닌 구분된 텍스트 파일도 익스포트할 수 있다. 예를 들면 맵리듀스 잡의 결과인 텍스트 파일도 익스포트할 수 있다.

약간의 제약사항은 있지만 스쿱은 또한 시퀀스 파일에 저장된 레코드를 출력 테이블에 익스포트할 수 있다. 시퀀스 파일은 임의의 레코드 타입을 포함할 수 없다. 스쿱의 익스포트 도구는 시퀀스 파일에서 객체를 읽어 OutputCollector로 직접 보낸다. OutputCollector는 OutputFormat에서 지정한 대로 객체를 데이터베이스로 전달한다. 스쿱으로 작업하기 위해 레코드는 시퀀스 파일의 키-값 쌍 포맷에서 '값' 영역에 저장되어 있어야 한다. 그리고 org.apache.sqoop.lib. SqoopRecord 추상 클래스의 서브클래스여야 한다(스쿱으로 생성한 모든 클래스가 이 레코드를 사용한다).

codegen 도구(sqoop-codegen)로 익스포트 타깃 테이블의 레코드를 위한 SqoopRecord 구현체를 생성했다면 이 클래스의 인스턴스를 생성하고 시퀀스 파일에 저장하는 맵리듀스 프로그램을 작성할 수 있다. sqoop-export는 시퀀스 파일을 데이터베이스 테이블로 익스포트하는 기능을 제공한다. 데이터베이스 테이블에서 HDFS로 데이터를 임포트했다면 시퀀스 파일에 SqoopRecord 인스턴스가 있을 것이다. 데이터를 일정한 방식으로 수정한 후 그 결과를 시퀀스 파일에 저장하면 같은 자료형의 레코드를 유지할 수 있다.

이 사례에서 스쿱은 텍스트 기반의 레코드를 데이터베이스 행으로 전환할 때와 달리 새로운(임시) 레코드 컨테이너를 생성해서 익스포트를 수행하지 않았다. 대신 기존 클래스 정의를 재사용해서 시퀀스 파일에서 데이터를 읽었다. 코드를 생성하는 대신 --class-name과 --jar-file 인자를 스쿱에 넘겨 기존 레코드 클래스와 JAR를 사용했다. 스쿱은 레코드를 익스포트할 때 지정한 JAR에서 불러온 지정된 클래스를 사용한다.

다음 예제는 widgets 테이블을 시퀀스 파일로 다시 임포트한다. 그리고 데이터베이스의 다른 테이블로 익스포트한다.

```
% sqoop import --connect jdbc:mysql://localhost/hadoopguide \
> --table widgets -m 1 --class-name WidgetHolder --as-sequencefile \
> --target-dir widget_sequence_files --bindir .
...
14/10/29 12:25:03 INFO mapreduce.ImportJobBase: Retrieved 3 records.

% mysql hadoopguide
mysql> CREATE TABLE widgets2(id INT, widget_name VARCHAR(100),
    -> price DOUBLE, designed DATE, version INT, notes VARCHAR(200));
Query OK, 0 rows affected (0.03 sec)

mysql> exit;

% sqoop export --connect jdbc:mysql://localhost/hadoopguide \
> --table widgets2 -m 1 --class-name WidgetHolder \
> --jar-file WidgetHolder.jar --export-dir widget_sequence_files
...
14/10/29 12:28:17 INFO mapreduce.ExportJobBase: Exported 3 records.
```

임포트할 때 시퀀스 파일 포맷을 지정하고 현재 디렉터리에 JAR 파일을 두어(--bindir로) 재사용할 수 있도록 하였다. 그렇지 않으면 JAR 파일은 임시 디렉터리에 위치했을 것이다. 그리고 익스포트를 위한 대상 테이블을 생성했는데 그 스키마는 이전 스키마와 조금 다르다(비록 원래 데이터와 호환성은 있지만). 마지막으로 기존에 생성된 코드를 사용해서 시퀀스 파일에서 레코드를 읽고 해당 레코드를 데이터베이스에 저장했다.

15.10 참고 도서

스쿱에 대한 자세한 내용은 캐슬린 팅^{Kathleen Ting}과 자렉 자르섹 세초^{Jarek Jarcec Cecho}의 『Apache Sqoop Cookbook』(O'Reilly, 2013)을 참고하라.

CHAPTER 16

피그

아파치 피그^{Apache Pig}**1**를 이용하면 대용량 데이터셋을 더 높은 추상 수준으로 처리할 수 있다. 맵리듀스는 개발자가 맵 함수 다음에 리듀스 함수가 오게 할 수 있다. 하지만 이러한 패턴으로 데이터를 처리하려면 여러 단계의 맵리듀스 잡을 순차적으로 처리해야 하므로 매우 어려운 작업이 될 수 있다. 피그를 사용하면 다중값이나 중첩된 형태의 데이터 구조를 처리할 수 있고 데이터 변환도 쉽게 할 수 있다. 예를 들어 피그는 조인 기능을 기본으로 포함하고 있는데, 이는 맵리듀스에서는 쉽게 하기 이려운 기능이다.

피그는 크게 두 부분으로 이루어져 있다.

- 데이터의 흐름을 표현하기 위해 사용하는 피그 라틴^{Pig Latin} 언어
- 피그 라틴 프로그램을 수행하는 실행 환경. 단일 JVM에서의 로컬 실행 환경과 하둡 클러스터 상의 분산 실행 환경을 지원한다.

피그 라틴 프로그램은 입력 데이터를 처리하여 출력 결과를 생성하는 일련의 연산^{operation} 및 변환^{transformation}으로 구성되어 있다. 전체적으로 보면 각각의 연산은 데이터의 연속적인 흐름을 표현하며, 피그의 실행 환경은 이를 실행 가능한 표현으로 변환한 후 실제 수행한다. 피그는 내부적으로 이러한 과정을 일련의 맵리듀스 잡으로 변환한다. 개발자는 이러한 내용을 자세히 몰라도 되며 실행 방식 자체보다는 데이터에 더욱 집중할 수 있다.

피그는 대용량 데이터셋을 다루는 스크립트 언어다. 맵리듀스는 개발 주기가 매우 길다는 단점

---

1 http://pig.apache.org/

이 있다. 매퍼와 리듀서를 작성해서 코드를 컴파일하고 패키징한 후 잡을 실행하고 그 결과를 확인하려면 오랜 시간이 걸린다. 이는 컴파일과 패키징이 필요 없는 하둡 스트리밍 방식을 사용하더라도 마찬가지다. 하지만 피그를 사용하면 콘솔 화면에서 대여섯 줄 정도의 피그 라틴 코드만 작성하면 수 테라바이트의 데이터를 곧바로 처리할 수 있다. 실제로 피그는 야후에서 연구원과 엔지니어가 대규모 데이터셋을 더 쉽게 분석할 수 있도록 만들었다. 피그는 개발자가 작성한 프로그램의 데이터 구조를 자세히 검토할 수 있는 여러 명령어를 제공하므로 쿼리를 쉽게 작성할 수 있다. 피그는 입력 데이터를 대표하는 부분 집합에 대해 표본 실행을 수행하는 기능을 지원하므로 전체 데이터셋을 처리하기 전에 오류가 있는지 미리 점검할 수 있다.

피그는 확장성이 높다. 처리 과정의 모든 부분(로딩, 저장, 필터링, 그룹핑, 조인)은 사용자 정의 함수$^{user-defined function}$(UDF)로 변경할 수 있다. 이러한 함수는 피그의 중첩 데이터 모델 위에서 동작하므로 피그의 연산자와 매우 긴밀히 통합될 수 있다. 또한 UDF는 맵리듀스 프로그램을 위해 개발된 라이브러리보다 재사용성이 높은 장점이 있다.

경우에 따라서 피그가 맵리듀스로 작성된 프로그램만큼 좋은 성능을 내지 못하기도 한다. 하지만 피그 팀은 피그의 관계형 연산의 구현체에 사용되는 알고리즘을 지능적으로 고도화하고 있기 때문에 새로운 릴리즈가 나올 때마다 그 성능의 차이는 줄어들고 있다. 자바 맵리듀스 코드의 최적화에 많은 시간과 노력을 들일 생각이 없다면 피그 라틴으로 쿼리를 작성하는 편이 시간 절약에 보탬이 될 것이다.

16.1 피그의 설치 및 실행

피그는 클라이언트 측 애플리케이션이다. 피그를 하둡 클러스터에서 실행할 때 추가로 다른 것을 설치할 필요는 없다. 피그는 맵리듀스 잡을 구동시키고 HDFS나 다른 하둡 파일시스템과 상호작용한다.

피그의 설치는 간단하다. 아파치 피그[2]에서 안정 버전을 내려받고, 적절한 위치에서 타르볼 파일을 풀면 된다.

---

2 http://pig.apache.org/releases.html

```
% tar xzf pig-x.y.z.tar.gz
```

다음과 같이 피그의 홈 디렉터리와 바이너리 디렉터리를 명령행 경로에 추가하는 것이 좋다.

```
% export PIG_HOME=~/sw/pig-x.y.z
% export PATH=$PATH:$PIG_HOME/bin
```

또한 정확한 자바 설치 경로를 환경변수인 JAVA_HOME에 지정해야 한다.

피그의 사용 방법은 pig -help 명령을 실행하면 알 수 있다.

16.1.1 실행 유형

피그는 로컬 모드와 맵리듀스 모드 등 두 종류의 실행 유형(또는 모드)이 있다. 아파치 테즈와 스파크(19장 참조)에서 실행하는 모드는 이 책을 쓰는 시점에 개발 중이다. 둘 다 맵리듀스 모드에 비해 상당히 높은 성능을 보장하므로 가능하다면 현재 사용하고 있는 피그 버전에서 한번 시도해보자.

로컬 모드

로컬 모드에서 피그는 단일 JVM과 로컬 파일시스템에서 실행된다. 로컬 모드는 주로 작은 데이터셋 또는 테스트를 위한 용도로 사용된다.

실행 유형은 -x 또는 -exectype 옵션으로 지정할 수 있다. 로컬 모드로 실행할 때는 옵션을 local로 지정하면 된다.

```
% pig -x local
grunt>
```

이를 실행하면 피그의 대화형 셸인 그런트^{grunt}가 시작된다.

맵리듀스 모드

맵리듀스 모드에서 피그는 쿼리를 맵리듀스 잡으로 변환하고 이를 하둡 클러스터에서 실행한다.

여기서 클러스터는 의사분산 또는 완전분산 클러스터를 의미한다. 완전분산 클러스터에서 실행되는 맵리듀스 모드는 대용량 데이터셋을 피그로 처리할 때 사용된다.

맵리듀스 모드를 사용하려면 먼저 피그와 사용하고 있는 하둡의 버전이 서로 호환되는지 확인해야 한다. 피그는 특정 하둡 버전에서만 작동하며, 자세한 내용은 릴리즈 노트에서 확인할 수 있다.

피그는 실행할 하둡 클라이언트를 찾고자 HADOOP_HOME이란 환경변수를 참고한다. HADOOP_HOME이 없으면 피그는 번들로 들어 있는 하둡 라이브러리를 사용한다. 현재 클러스터에서 실행되는 하둡 버전과 맞지 않을 수도 있으므로 HADOOP_HOME을 명시적으로 지정하는 것이 좋다.

다음으로 피그에 클러스터의 네임노드와 리소스 매니저의 위치를 알려주어야 한다. HADOOP_HOME에 하둡 설치 경로를 미리 설정했으면 이 작업은 필요 없다. 그렇지 않으면 fs.defaultFS, yarn.resourcemanager.address, mapreduce.framework.name을 정의한 하둡 사이트 파일을 포함한 디렉터리를 HADOOP_CONF_DIR로 지정하면 된다.

대안으로 피그의 conf 디렉터리(또는 PIG_CONF_DIR 환경변수에 지정된 디렉터리)에 있는 pig.properties 파일에 이러한 속성을 설정하는 방법이 있다. 다음은 의사분산 환경 설정의 예다.

```
fs.defaultFS=hdfs://localhost/
mapreduce.framework.name=yarn
yarn.resourcemanager.address=localhost:8032
```

피그와 하둡 클러스터가 연결되도록 설정했으면 피그를 시작할 수 있다. -x 옵션으로 mapreduce를 지정하거나 옵션을 생략하면 기본 맵리듀스 모드로 시작된다. 로그파일에 타임스탬프를 생략하려면 -brief 옵션을 사용하면 된다.

```
% pig -brief
Logging error messages to: /Users/tom/pig_1414246949680.log
Default bootup file /Users/tom/.pigbootup not found
Connecting to hadoop file system at: hdfs://localhost/
grunt>
```

위와 같이 피그는 연결된 파일시스템을 출력으로 보여준다(YARN의 리소스 매니저는 출력하지 않는다).

맵리듀스 모드에서 옵션으로 **자동 로컬 모드**^{auto-local mode}(`pig.auto.local.enabled`를 true로 설정)를 지정할 수 있는데, 이 모드는 100MB(`pig.auto.local.input.maxbytes`로 지정, 기본 값은 100,000,000바이트)보다 적은 데이터나 리듀서가 1개일 때 로컬에서 잡을 실행할 수 있 도록 해준다.

16.1.2 피그 프로그램 실행

피그 프로그램을 실행하는 방법은 세 가지가 있으며, 로컬 모드 및 하둡 모드에서 작동한다.

- **스크립트**

  피그는 피그 명령어가 포함된 스크립트 파일을 실행할 수 있다. 예를 들어 리눅스 쉘에서 `pig script.pig` 명 령을 실행하면 피그는 로컬 파일인 script.pig에 포함된 명령어를 실행한다. 다른 방법으로, 명령행에서 `-e` 옵션으로 간단한 스크립트를 문자열로 지정하면 이를 실행할 수 있다.

- **그런트**

  그런트는 피그 명령어를 실행하는 대화형 쉘이다. 그런트는 피그가 실행할 스크립트 파일을 지정하지 않았거 나 `-e` 옵션을 사용하지 않았을 때 시작된다. run과 exec를 사용하면 그런트 내에서도 피그 스크립트 파일을 실행할 수 있다.

- **내장형**

  자바에서 JDBC로 SQL 프로그램을 실행하는 것처럼 PigServer 클래스를 사용하면 자바에서 피그 프로그 램을 실행할 수 있다. 또한 프로그램에서 그런트에 접근하려면 PigRunner를 이용하면 된다.

16.1.3 그런트

그런트에는 bash 쉘이나 다른 명령행 애플리케이션에서 주로 쓰는 GNU의 Readline과 같은 행 편집 기능이 있다. 예를 들어 Ctrl-E 키 조합은 커서를 행의 끝으로 이동시킨다. 또한 그런트 는 명령어 이력을 기억하므로[3] Ctrl-P/Ctrl-N 키나 위/아래 화살표 키를 이용해서 이전과 이후 명령어를 각각 불러올 수 있다.

다른 편리한 특징으로 자동 완성 기능이 있다. 탭 키를 누르면 피그 라틴의 키워드를 완성해서 보여준다. 예를 들어 다음은 불완전한 문장이다.

----

3 이력은 사용자 홈 디렉터리의 .pig_history 파일에 저장된다.

```
grunt> a = foreach b ge
```

여기서 탭 키를 누르면 ge는 피그 라틴의 키워드인 generate로 확장된다.

```
grunt> a = foreach b generate
```

자동 완성 방식을 설정하려면 autocomplete라는 이름의 파일을 피그의 클래스경로(피그 설치 디렉터리의 conf 디렉터리 같은 곳) 또는 그런트를 호출한 디렉터리에 두면 된다. 이 파일은 행당 하나의 토큰으로 구성되어야 하고 공백 문자는 허용되지 않으며 대소문자도 구분되어야 한다. 피그는 파일 이름에 대한 자동 완성은 지원하지 않는다. 따라서 주로 사용하는 파일 경로를 추가하거나 생성한 사용자 정의 함수의 이름을 추가하면 매우 편리하다.

help 명령을 사용하면 명령어의 목록을 볼 수 있다. 그런트 세션은 quit 명령어나 단축키인 \q 로 종료할 수 있다.

16.1.4 피그 라틴 편집기

이클립스^{Eclipse}, 인텔리J^{IntelliJ}, 이데아^{IDEA}, 빔^{Vim}, 이맥스^{Emacs}, 텍스트메이트^{TextMate} 등 다양한 피그 라틴 편집기가 있다. 자세한 내용은 피그 위키[4]를 참고하라.

많은 하둡 배포판은 피그 스크립트를 편집하고 구동할 수 있는 Hue 웹 인터페이스[5]를 제공하고 있다.

16.2 예제

2장 맵리듀스의 예제와 동일하게 날씨 데이터셋에서 연도별 최고 기온을 계산하는 프로그램을 피그 라틴으로 다시 작성해보겠다. 프로그램의 전체 코드는 겨우 몇 줄 밖에 되지 않는다.

---

[4] https://cwiki.apache.org/confluence/display/PIG/PigTools
[5] http://gethue.com/

```
-- max_temp.pig: 연도별 최고 기온 찾기
records = LOAD 'input/ncdc/micro-tab/sample.txt'
  AS (year:chararray, temperature:int, quality:int);
filtered_records = FILTER records BY temperature != 9999 AND
  quality IN (0, 1, 4, 5, 9);
grouped_records = GROUP filtered_records BY year;
max_temp = FOREACH grouped_records GENERATE group,
  MAX(filtered_records.temperature);
DUMP max_temp;
```

피그의 그런트 해석기로 프로그램의 진행 과정을 살펴보자. 프로그램의 작동 방식을 이해하기 위해 대화식으로 코드를 한 줄씩 입력해보겠다. 일단 로컬 모드로 그런트를 시작한 후 피그 스크립트의 첫 번째 행을 입력하자.

```
grunt> records = LOAD 'input/ncdc/micro-tab/sample.txt'
>>    AS (year:chararray, temperature:int, quality:int);
```

입력은 탭으로 구분된 텍스트고, 각 행은 연도, 기온, 특성 항목으로 되어 있다(뒤에서 보겠지만 피그는 입력 포맷을 이보다 더 유연하게 처리할 수 있다). 우리는 행 단위로 입력 데이터를 처리하면 된다. 예제의 year:chararray와 같은 표기법으로 항목의 이름과 자료형을 기술한다. 여기서 chararray, int는 각각 자바의 String, int와 같다. LOAD 연산자는 입력으로 URI 인자를 받는데, 여기서는 로컬 파일을 사용하지만 HDFS URI를 참조할 수도 있다. 옵션인 AS 절은 다음 문장에서 쉽게 참조할 수 있도록 항목의 이름을 지정하는 데 사용된다.

LOAD 연산자의 결과는 피그 라틴의 다른 연산자와 같이 튜플의 집합으로 된 **관계자**[relation]다.[6] **튜플**은 데이터베이스 테이블의 한 행(레코드)과 같으며, 순서를 가진 다수의 항목(컬럼)으로 되어 있다. 예제에서 LOAD 함수는 입력 파일에 있는 (연도, 기온, 특성)의 집합을 생성한다. 한 행당 하나의 튜플을 가진 관계자를 만들었고, 튜플은 괄호 안에 콤마로 구분된 항목으로 표현되었다.

```
(1950,0,1)
(1950,22,1)
(1950,-11,1)
(1949,111,1)
```

---

6 피그에서만 사용하는 관계자란 용어는 대부분의 프로그램 언어에서 사용하고 있는 변수라고 생각하면 된다.

관계자는 지정된 이름, 즉 **별칭**^{alias}으로 참조할 수 있는데, 여기서 이 관계자의 별칭은 records 다. DUMP 연산자에 별칭을 지정하면 그 내용을 확인할 수 있다.

```
grunt> DUMP records;
(1950,0,1)
(1950,22,1)
(1950,-11,1)
(1949,111,1)
(1949,78,1)
```

마찬가지로 DESCRIBE 연산자에 별칭을 지정하면 관계자의 구조(관계자의 **스키마**)를 확인할 수 있다.

```
grunt> DESCRIBE records;
records: {year: chararray,temperature: int,quality: int}
```

결과를 보면 records는 AS 절에서 지정한 이름인 year, temperature, quality 별칭의 세 항목으로 되어 있음을 알 수 있다. 또한 항목은 AS 절에서 지정한 자료형도 가지고 있다. 피그의 자료형은 뒤에서 자세히 다룬다.

두 번째 문장은 기온 항목의 값이 누락되었거나(9999) 잘못된 특성을 가진 레코드를 제거하는 구문이다. 데이터가 적어서 제거된 레코드가 하나도 없다.

```
grunt> filtered_records = FILTER records BY temperature != 9999 AND
>>    quality IN (0, 1, 4, 5, 9);
grunt> DUMP filtered_records;
(1950,0,1)
(1950,22,1)
(1950,-11,1)
(1949,111,1)
(1949,78,1)
```

세 번째 문장은 year 항목을 기준으로 records 관계자를 그룹화하고자 GROUP 함수를 사용했다. DUMP 연산자를 사용하여 그 결과를 확인해보자.

```
grunt> grouped_records = GROUP filtered_records BY year;
grunt> DUMP grouped_records;
(1949,{(1949,78,1),(1949,111,1)})
(1950,{(1950,-11,1),(1950,22,1),(1950,0,1)})
```

이제 두 개의 행(또는 튜플)이 되었다(입력 데이터가 연도별로 하나의 행으로 묶였다). 각 튜플의 첫 번째 항목은 그룹의 기준이 되는 항목, 즉 year고, 두 번째 항목은 해당 연도에 대한 튜플의 백이다. **백**bag이란 정렬되지 않은 튜플의 집합이며, 피그 라틴은 이를 중괄호로 표현한다(튜플은 괄호).

이런 방식으로 데이터를 그룹화하면 각 연도마다 하나의 행이 생성된다. 이제 각 백의 튜플에서 최고 기온을 찾기만 하면 된다. 최고 기온을 찾기 전에 grouped_records 관계자의 구조를 살펴보자.

```
grunt> DESCRIBE grouped_records;
grouped_records: {group: chararray,filtered_records: {year: chararray,
temperature: int,quality: int}}
```

결과를 보면 피그는 그룹의 기준이 되는 항목에 group이라는 별칭을 지정했고, 두 번째 항목은 그룹화된 filtered_records 관계자와 동일한 구조를 가진다는 것을 알 수 있다. 이러한 정보를 이용하여 네 번째 변환을 시도해보자.

```
grunt> max_temp = FOREACH grouped_records GENERATE group,
>>      MAX(filtered_records.temperature);
```

FOREACH는 모든 행을 처리하여 새로운 행의 집합을 생성한다. 새로운 행의 항목은 GENERATE 절로 정의할 수 있다. 예제에서 첫 번째 항목은 group, 즉 연도다. 두 번째 항목은 조금 복잡한데, grouped_records 관계자에서 filtered_records 백의 temperature 항목을 선택하기 위해 filtered_records.temperature를 참조했다. MAX는 백에 있는 항목에서 최곳값을 계산하는 내장 함수다. 예제에서는 각 filtered_records 백의 항목에서 최고 기온을 계산한다. 결과는 다음과 같다.

```
grunt> DUMP max_temp;
(1949,111)
(1950,22)
```

연도별 최고 기온을 정확히 계산했다.

16.2.1 예제 생성하기

이 예제에서 우리는 데이터의 흐름을 추적하고 디버깅을 쉽게 하기 위해 매우 작은 샘플 데이터 셋을 사용했다. 데이터셋을 축소하는 것은 매우 어려운 일인데, 이상적으로는 다양한 사례를 모두 포함할 수 있을 정도로 충분히 큰 것이 좋지만(**완벽한** 속성) 프로그래머가 추론할 수 있을 만큼만 있으면 된다(**간결한** 속성). 일반적으로 임의의 샘플을 이용하면 제대로 작동하지 않는 경우가 많은데, 조인이나 필터 연산자를 사용하면 모든 데이터가 제거되어 결과가 하나도 없을 때가 있기 때문이다. 따라서 일반적인 데이터 흐름을 제대로 설명해주지 못하게 된다.

피그는 적당히 완전하면서도 간결한 데이터셋을 생성하기 위한 도구로 ILLUSTRATE 연산자를 제공한다. 다음은 데이터셋에 ILLUSTRATE를 실행한 결과다(페이지에 맞게 정리했다).

```
grunt> ILLUSTRATE max_temp;
---------------------------------------------------------------------------
| records          | year:chararray  | temperature:int  | quality:int     |
---------------------------------------------------------------------------
|                  | 1949            | 78               | 1               |
|                  | 1949            | 111              | 1               |
|                  | 1949            | 9999             | 1               |
---------------------------------------------------------------------------

---------------------------------------------------------------------------
| filtered_records | year:chararray  | temperature:int  | quality:int     |
---------------------------------------------------------------------------
|                  | 1949            | 78               | 1               |
|                  | 1949            | 111              | 1               |
---------------------------------------------------------------------------

---------------------------------------------------------------------------
| grouped_records  | group:chararray | filtered_records:bag{:tuple(        |
|                  |                 |   year:chararray,temperature:int,   |
|                  |                 |   quality:int)}                     |
---------------------------------------------------------------------------
```

```
|                   | 1949          | {(1949, 78, 1), (1949, 111, 1)}        |
--------------------------------------------------------------------------------
--------------------------------------------------------
| max_temp  | group:chararray       | :int    |
----------------------------------------------------------
|                   | 1949          | 111     |
----------------------------------------------------------
```

피그는 당연히 원본 데이터의 일부를 사용하지만(데이터셋의 현실성을 유지하기 위해 중요함) 새로운 데이터도 만들어냈다는 점을 주의해야 한다. 피그는 쿼리에서 9999란 특별한 값을 감지했고, FILTER 문장에 사용하기 위해 이 값을 포함한 튜플을 하나 생성했다.

요약하면 ILLUSTRATE의 결과는 데이터의 흐름을 쉽게 추적하고 쿼리가 하는 일이 무엇인지 개발자가 이해할 수 있도록 도와주는 것이다.

16.3 데이터베이스와 비교

피그를 실제로 사용해보면 피그 라틴과 SQL이 매우 유사하다는 사실을 발견할 수 있을 것이다. 특히 GROUP BY나 DESCRIBE 같은 연산자가 있으므로 이런 인상이 강하게 들 것이다. 하지만 두 언어(피그 라틴과 SQL), 그리고 피그와 관계형 데이터베이스 관리 시스템(RDBMS)은 일반적으로 몇 가지 차이가 있다.

가장 큰 차이는 피그 라틴은 데이터 흐름을 중시하는 프로그래밍 언어지만, SQL은 서술형 프로그래밍 언어라는 점이다. 다시 말해, 피그 라틴 프로그램은 각 단계가 하나의 변환으로 구성된 입력 관계에 대한 단계적 연산의 집합이다. 반면 SQL 문은 모두 하나로 결합되어 출력을 정의하는 제약 조건의 집합이다. 여러 면에서 피그 라틴 프로그래밍은 서술형 문장을 단계적으로 변환시키는 방법을 찾는 것이므로 RDBMS의 쿼리 플래너 수준의 작업과 비슷하다고 볼 수 있다.

RDBMS는 엄격히 정의된 스키마를 가진 테이블에 데이터를 저장한다. 피그는 데이터를 유연하게 처리하기 때문에 실행할 때 스키마를 정의할 수 있다(옵션). 근본적으로 피그는 어떤 종류의 튜플이든 처리할 수 있다(예를 들면 다수의 파일에서 데이터를 병렬로 읽을 수 있다). 이때 가공하지 않은 데이터에서 튜플을 읽기 위해서는 UDF를 사용하면 된다.[7] 가장 일반적인 형식

---

[7] 피그의 철학(http://pig.apache.org/philosophy.html)으로 설명하면 '돼지는 잡식성이다'는 말로 표현할 수 있다.

은 탭으로 구분된 항목을 가진 텍스트 파일이며, 피그는 이러한 형식을 지원하기 위한 내장 로드[load] 함수를 제공한다. 피그와 전통적인 데이터베이스의 차이점은, RDBMS는 데이터를 로드하는 과정이 필요 없다는 것이다. 반면 피그는 첫 번째 처리 단계에서 데이터를 파일시스템(HDFS 등)에서 로드해야 한다.

피그는 복잡하고 중첩된 데이터 구조를 지원한다. 이런 면에서 평면적인 데이터 구조를 지원하는 SQL과 차별화된다. 또한 피그 라틴은 언어와 밀접하게 통합된 UDF 및 스트리밍 연산자와 중첩된 데이터 구조를 지원하기 때문에 일반적인 SQL 문법보다 최적화하기 쉽다.

RDBMS는 대화형 및 빠른 쿼리를 지원하며, 피그에는 없는 트랜잭션이나 인덱스와 같은 기능을 제공한다. 앞에서 언급했듯이 피그는 임의 읽기나 수십 밀리초 이내의 쿼리는 지원하지 않는다. 또한 임의 쓰기나 일부 데이터의 수정도 허용하지 않는다. 피그는 맵리듀스처럼 대용량 스트리밍 쓰기만 지원한다.

다음 장에서 다룰 하이브는 피그와 기존 RDBMS의 중간에 위치한다. 하이브는 피그와 마찬가지로 HDFS를 저장소로 사용하지만 피그와 큰 차이점이 있다. 하이브의 쿼리 언어인 HiveQL은 SQL을 기반으로 개발되었기 때문에 SQL에 익숙한 사람들은 큰 어려움 없이 HiveQL로 쿼리를 작성할 수 있다. RDBMS와 유사하게 하이브는 별도로 관리되는 스키마를 가진 테이블에 저장된 데이터를 처리한다. 또한 HDFS에 이미 저장되어 있는 데이터의 스키마를 지정할 수 있다. 따라서 하이브의 로드 작업은 선택사항이다. 피그는 HCatalog를 이용하여 하이브 테이블을 처리할 수 있다. 자세한 내용은 16.4.5절의 'HCatalog로 하이브 테이블 사용하기'에서 다룬다.

16.4 피그 라틴

이 절에서는 피그 라틴 프로그래밍 언어의 문법과 시맨틱[semantics](의미론)에 대해 간략하게 기술한다.[8] 피그 라틴 언어에 대한 완전한 레퍼런스를 제공하지는 않지만,[9] 피그 라틴의 구조를 이해하기에는 충분할 것이다.

---

8 언어 게임인 피그 라틴과 혼동해서는 안 된다. 영어 단어의 첫 자음을 단어의 끝으로 옮기고 'ay' 음을 추가하면 피그 라틴으로 변환할 수 있다. 예를 들어 'pig'는 'ig-pay'가 되고, 'hadoop'은 'Adoop-hay'가 된다.

9 피그 라틴은 정형화된 언어 명세를 제공하지 않는다. 하지만 피그 웹사이트(http://pig.apache.org/)의 링크를 참고하면 피그 라틴 언어를 충분히 이해할 수 있을 것이다.

16.4.1 구조

피그 라틴 프로그램은 문장의 집합으로 이루어져 있다. 한 문장은 하나의 연산 또는 명령어로 생각하면 된다.[10] 예를 들어 GROUP 연산은 일종의 문장이다.

```
grouped_records = GROUP records BY year;
```

또한 하둡 파일시스템에서 파일의 목록을 출력하는 명령어도 일종의 문장이다.

```
ls /
```

GROUP 문장의 예와 같이 보통 문장은 세미콜론으로 끝난다. 사실 이 예제는 반드시 세미콜론으로 끝나야 하는 문장이다(생략하면 문법 오류가 난다). ls와 같은 명령어는 세미콜론으로 끝나지 않아도 된다. 일반적인 지침에 의하면 그런트에서 대화식으로 사용하기 위한 문장 또는 명령어는 세미콜론으로 마칠 필요가 없다. 대화형 하둡 명령어와 DESCRIBE와 같은 진단 연산자가 이러한 그룹에 속하는데, 세미콜론으로 문장을 마쳐도 오류는 발생하지 않는다. 궁금하면 세미콜론을 넣어서 실행해보는 것도 좋다.

세미콜론으로 종료되는 문장은 가독성을 높이기 위해 다음과 같이 여러 줄로 분리할 수 있다.

```
records = LOAD 'input/ncdc/micro-tab/sample.txt'
  AS (year:chararray, temperature:int, quality:int);
```

피그 라틴에 주석을 다는 두 가지 방법이 있다. 이중 하이픈(-)은 한 줄 주석을 뜻한다. 피그 라틴 해석기는 첫 번째 하이픈부터 그 줄 끝까지 모든 문자를 무시한다.

```
-- My program
DUMP A; -- What's in A?
```

/*와 */ 표시를 사용하여 주석의 시작과 끝 블록을 구분하는 C 언어 형식의 주석은 훨씬 더 유연하다. 이 방식의 주석은 여러 줄에 걸치거나 한 줄 안에 포함될 수 있다.

---

10 피그 라틴 문서에서는 이러한 용어들이 혼용되고 있다. 예를 들면 'GROUP 명령어', 'GROUP 연산', 'GROUP 문장'을 혼용하여 사용하고 있다.

```
/*
 * Description of my program spanning
 * multiple lines.
 */
A = LOAD 'input/pig/join/A';
B = LOAD 'input/pig/join/B';
C = JOIN A BY $0, /* ignored */ B BY $1;
DUMP C;
```

피그 라틴에는 특별한 의미를 지닌 몇 개의 키워드가 있는데, 이는 식별자로 사용할 수 없다. 연산자(LOAD, ILLUSTRATE), 명령어(cat, ls), 표현식(matches, FLATTEN), 함수(DIFF, MAX) 등이 여기에 해당한다. 이에 대해서는 다음 절에서 다룬다.

피그 라틴은 대소문자 구분에 혼합 규칙을 사용한다. 연산자 및 명령어는 대소문자를 구분하지 않는다(대화형으로 사용할 때 편리하다). 하지만 별칭 및 함수 이름은 대소문자를 구분한다.

16.4.2 문장

피그 라틴 프로그램을 실행하면 각 문장은 순차적으로 해석된다. 문법 오류나 정의되지 않은 별칭과 같은 의미상의 문제가 발생하면 해석기는 동작을 중단하고 오류 메시지를 출력할 것이다. 해석기는 모든 관계형 연산에 대한 **논리 계획**을 수립하는데, 이것이 바로 피그 라틴 프로그램의 핵심이다. 한 문장에 대한 논리 계획은 전체 프로그램에 대한 논리 계획에 더해지게 되고, 해석기는 이어서 다음 문장에 대한 해석을 진행한다.

여기서 전체 프로그램에 대한 논리적인 계획이 만들어지기 전에는 실제로 데이터를 처리하지 않는다는 점을 주의해야 한다. 다시 첫 번째 예제의 피그 라틴 프로그램을 예로 들어보자.

```
-- max_temp.pig: 연도별 최고 기온 찾기
records = LOAD 'input/ncdc/micro-tab/sample.txt'
  AS (year:chararray, temperature:int, quality:int);
filtered_records = FILTER records BY temperature != 9999 AND
  quality IN (0, 1, 4, 5, 9);
grouped_records = GROUP filtered_records BY year;
max_temp = FOREACH grouped_records GENERATE group,
  MAX(filtered_records.temperature);
DUMP max_temp;
```

피그 라틴 해석기는 LOAD 문장이 포함된 첫 번째 문장을 보고 문법 및 의미가 올바르다고 판단하여 그 내용을 논리 계획에 추가한다. 하지만 파일에서 실제 데이터를 읽어오지는 **않는다**(심지어는 파일이 존재하는지도 확인하지 않는다). 실제로 파일의 내용을 어디로 읽어 들이는 것일까? 메모리로 읽어 들이는 것인가? 메모리에 넘치지 않게 읽더라도 그 데이터를 가지고 무엇을 할 것인가? 어쩌면 모든 입력 데이터가 필요하지 않을 수도 있고(예를 들어 다음 문장에서 filter를 사용하므로) 데이터를 읽어 들이는 것이 무의미할 수도 있다. 요점은 모든 흐름이 정의되기 전에 어떤 처리를 시작하는 것은 아무런 의미가 없다는 것이다. 이와 비슷하게, 피그는 GROUP과 FOREACH...GENERATE 문장을 확인한 후에도 그 내용을 실행하지 않고 논리 계획에만 추가한다. 드디어 마지막 DUMP 문장이 피그가 데이터 처리를 시작하도록 지시한다. 이 시점에 전체 논리 계획이 물리 계획으로 변환되고 실제 실행된다.

다중쿼리 실행

DUMP는 진단 도구이기 때문에 실행을 항상 트리거[trigger]할 것이다. 하지만 STORE 명령은 다르다. 대화형 모드에서 STORE는 DUMP처럼 동작하며 항상 실행을 트리거하지만(run 명령이 여기에 포함된다), 배치 모드에서는 실행을 트리거(exec 명령이 여기에 포함된다)하지 않는다. 이렇게 하는 이유는 효율성 때문이다. 배치 모드에서 피그는 디스크로 쓰거나 읽는 데이터양을 줄이기 위해 전체 스크립트의 구문을 분석해서 최대한 최적화를 수행한다. 다음 예제를 보자.

```
A = LOAD 'input/pig/multiquery/A';
B = FILTER A BY $1 == 'banana';
C = FILTER A BY $1 != 'banana';
STORE B INTO 'output/b';
STORE C INTO 'output/c';
```

관계 B와 C는 둘 다 A에서 유추한 것으로, 피그는 A를 두 번 읽는 것을 피하기 위해 단일 맵리듀스 잡으로 이 스크립트를 실행한다. 이렇게 하면 A를 한 번만 읽은 후 B와 C를 위한 출력 파일 두 개를 만들 수 있다. 이런 기능을 **다중쿼리 실행**[multiquery execution]이라고 한다.

이전 버전에는 다중쿼리 실행 기능이 없었다. 따라서 배치 모드에서는 스크립트에 있는 각각의 STORE 문에 대해 잡을 실행해야 했었다. 이전 버전처럼 동작하기 원한다면 pig에 -M이나 -no_multiquery 옵션을 주어 다중쿼리 실행 기능을 비활성화시키면 된다.

피그의 물리 계획은 일련의 맵리듀스 잡이다. 로컬 모드 피그는 로컬 JVM에서 실행되고, 맵리듀스 모드 피그는 하둡 클러스터에서 실행된다.

피그의 논리 계획의 일부인 관계형 연산자를 [표 16-1]에 정리했다. 연산자는 16.6절 '데이터 처리 연산자'에서 자세히 다룬다.

표 16-1 피그 라틴의 관계형 연산자

종류	연산자	설명
로드 및 저장	LOAD	파일시스템 또는 다른 저장소로부터 데이터를 관계자로 로드한다.
	STORE	관계자를 파일시스템 또는 다른 저장소에 저장한다.
	DUMP(\d)	콘솔에 관계자의 내용을 출력한다.
필터링	FILTER	관계자에서 원하지 않는 행을 삭제한다.
	DISTINCT	관계자에서 중복된 행을 삭제한다.
	FOREACH...GENERATE	관계자에 항목을 추가하거나 삭제한다.
	MAPREDUCE	관계자를 입력으로 사용하여 맵리듀스 잡을 실행한다.
	STREAM	외부 프로그램을 사용하여 관계자를 변환한다.
	SAMPLE	관계자에서 무작위 샘플을 추출한다.
	ASSERT	관계자의 모든 행의 조건이 true인지 검증한다. 아니면 실패한다.
그룹화 및 조인	JOIN	두 개 이상의 관계자를 조인한다.
	COGROUP	두 개 이상의 관계자의 데이터를 그룹화한다.
	GROUP	단일 관계자의 데이터를 그룹화한다.
	CROSS	두 개 이상의 관계자에 대한 교차곱을 생성한다.
	CUBE	단일 관계자의 특정 컬럼을 기준으로 모든 조합을 구한 후 집계를 생성한다.
정렬	ORDER	한 개 이상의 항목을 기준으로 관계자를 정렬한다.
	RANK	단일 관계자의 각 튜플의 순위를 매긴다. 첫 번째 항목을 기준으로 정렬한다.
	LIMIT	튜플의 최대 개수를 지정하여 관계자의 크기를 제한한다.
결합과 분할	UNION	두 개 이상의 관계자를 하나로 결합한다.
	SPLIT	단일 관계자를 두 개 이상의 관계자로 분할한다.

논리 계획에 추가되지 않는 문장도 있다. 예를 들어 진단 연산자인 DESCRIBE, EXPLAIN, ILLUST RATE는 디버깅을 목적으로 논리 계획을 확인하는 기능을 제공한다([표 16-2] 참조). DUMP도 역시 일종의 진단 연산자로, 작은 결과 데이터셋 또는 매우 큰 관계자는 LIMIT를 사용하여 일부 행만 추출하는 방법으로 대화형 디버깅을 수행할 때 사용한다. STORE 문장은 콘솔 대신 파일에 그 결과를 저장하며, 출력의 크기가 매우 클 때 사용해야 한다.

표 16-2 피그 라틴의 진단 연산자

연산자(단축)	설명
DESCRIBE(\de)	관계자의 스키마를 출력한다.
EXPLAIN(\e)	논리 및 물리 계획을 출력한다.
ILLUSTRATE(\i)	입력의 부분 집합을 이용하여 논리 계획에 대한 단순한 실행 결과를 보여준다.

피그 라틴은 피그 스크립트에 매크로와 사용자 정의 함수를 적용할 수 있도록 REGISTER, DEFINE, IMPORT 문장을 제공한다([표 16-3] 참조).

표 16-3 피그 라틴의 매크로와 UDF 문장

문장	설명
REGISTER	피그 실행 시에 사용할 JAR 파일을 등록한다.
DEFINE	매크로, UDF, 스트리밍 스크립트, 명령어에 대한 별칭을 생성한다.
IMPORT	외부 파일에 정의된 매크로를 스크립트로 가져온다.

관계자를 처리하지 않는 명령어는 논리 계획에 추가되지 않고 즉시 실행된다. 피그는 하둡 파일시스템(피그로 처리하기 전과 후에 데이터를 이동하거나 삭제하는 작업을 쉽게 할 수 있다)과 맵리듀스와 상호작용하는 명령어와 몇몇 유틸리티 명령어를 제공한다([표 16-4]에서 확인할 수 있다).

표 16-4 피그 라틴의 명령어

종류	명령어	설명
하둡 파일시스템	cat	한 개 이상의 파일 내용을 출력한다.
	cd	현재 작업 경로를 변경한다.
	copyFromLocal	로컬 파일 또는 디렉터리를 하둡 파일시스템으로 복사한다.
	copyToLocal	하둡 파일시스템의 파일 또는 디렉터리를 로컬 파일시스템으로 복사한다.
	cp	파일 또는 디렉터리를 다른 디렉터리에 복사한다.

종류	명령어	설명
	fs	하둡 파일시스템 쉘에 접근한다.
	ls	파일을 조회한다.
	mkdir	새로운 디렉터리를 생성한다.
	mv	파일 또는 디렉터리를 다른 디렉터리로 이동시킨다.
	pwd	현재 작업 디렉터리의 경로를 출력한다.
	rm	파일 또는 디렉터리를 삭제한다.
	rmf	파일 또는 디렉터리를 강제로 삭제한다(파일 또는 디렉터리가 존재하지 않더라도 실패하지 않음).
하둡 맵리듀스 유틸리티	kill	맵리듀스 잡을 중단한다.
	clear	그런트의 화면을 초기화한다.
	exec	스크립트를 새로운 그런트 쉘에서 배치 모드로 실행한다.
	help	사용할 수 있는 명령어와 옵션을 보여준다.
	history	현재 그런트 세션에서 실행한 쿼리 문장을 모두 출력한다.
	quit(\q)	인터프리터(해석기)를 종료한다.
	run	현재 그런트 쉘에서 스크립트를 실행한다.
	set	피그 옵션과 맵리듀스 잡 속성을 설정한다.
	sh	그런트에서 쉘 명령을 수행한다.

파일시스템 명령어는 모든 하둡 파일시스템의 파일 또는 디렉터리에 대해 동작하며, hadoop fs 명령어와 매우 유사하다(둘 다 하둡 FileSystem 인터페이스의 단순한 래퍼^{wrapper}이므로 그리 놀라운 것도 아니다). 하둡 파일시스템의 모든 쉘 명령어는 피그의 fs 명령어로 사용할 수 있다. 예를 들어 fs -ls(쉘에서는 hadoop fs -ls)는 파일의 목록을 보여주고 fs -help는 모든 명령어의 목록을 보여준다.

사용되는 하둡 파일시스템은 하둡 코어의 사이트 파일에 있는 fs.defaultFs 속성에 의해 결정된다. 자세한 내용은 3.3절 '명령행 인터페이스'를 참조하라.

일부 맵리듀스 잡 속성과 피그의 동작을 제어하는 옵션을 설정하는 set 명령을 제외하면 이들 명령어는 매우 명확하다. debug 옵션은 스크립트에서 디버그 로그 저장 기능을 켜거나 끄기 위해 사용된다(로그 수준은 피그를 시작할 때 -d 또는 -debug 옵션으로 제어할 수 있다).

```
grunt> set debug on
```

또 다른 유용한 기능으로 공용 하둡 클러스터 상에서 실행되는 피그 맵리듀스 잡을 구분하기 쉽도록 피그 잡에 의미 있는 이름을 부여하는 job.name 옵션이 있다. 피그가 그런트의 대화형 쿼리 대신 쉘에서 스크립트를 실행하면 잡의 이름은 스크립트 이름을 기준으로 설정된다.

피그 스크립트를 실행하는 명령어는 exec와 run이 있다([표 16-4] 참조). exec 명령어로 스크립트를 실행하면 새로운 그런트 쉘을 하나 열고 배치 모드로 실행된다. 따라서 스크립트가 종료된 후에는 그 안에서 사용된 별칭을 다시 접근할 방법이 없다. 반면 run으로 스크립트를 실행하면 스크립트의 문장을 수동으로 입력한 것과 동일하게 동작하기 때문에 스크립트의 모든 문장이 명령어 이력에 남게 된다. 피그가 한번에 모든 문장을 처리할 수 있는 다중쿼리 실행(16.4.2절의 '다중쿼리 실행' 글상자 참조)은 run이 아닌 exec로만 가능하다.

제어 흐름

설계상의 이유로 피그 라틴은 기본적인 제어 흐름 문장을 작성하기 어렵다. 조건문이나 반복문을 포함하고 싶으면 파이썬, 자바스크립트, 자바 언어로 제어 흐름을 관리하는 프로그램을 작성한 후 피그 라틴에 추가하면 된다. 이러한 모델에서 호스트 스크립트는 피그 스크립트를 실행하고 그 상태를 얻어오기 위해 compile-bind-run API를 사용한다. API에 대한 자세한 사항은 피그 문서를 참고하라

추가된 피그 프로그램은 항상 JVM에서 수행된다. 따라서 pig 명령어 뒤에 스크립트 이름을 지정하여 파이썬이나 자바스크립트를 사용할 때는 Jython(파이썬에서)이나 Rhino(자바스크립트에서)와 같은 적당한 자바 스크립트 엔진을 선택해야 한다.

16.4.3 표현식

표현식^{expression}은 계산 후 어떤 값을 산출하는 것을 말한다. 피그에서 표현식은 관계형 연산자를 포함한 문장에서 사용할 수 있다. 피그는 다양한 표현식을 지원하고 있으며, 다른 프로그래밍 언어와 매우 유사하다. [표 16-5]에 간단한 설명과 예제가 있으며, 이 장에서 다양한 표현식을 사용한 예제를 볼 수 있다.

표 16-5 피그 라틴의 표현식

종류	표현식	설명	예제
상수	리터럴	상숫값([표 16-6]의 '리터럴 예제' 항목 참조)	1.0, 'a'
항목(위치)	$n	위치 n의 항목(0에서 시작)	$0
항목(이름)	f	f란 이름의 항목	year
항목(구체화)	r::f	그룹화 및 조인된 관계자 r의 f란 이름의 필드	A::year
프로젝션	c.$n, c.f	컨테이너 c(관계자, 백, 튜플)의 항목의 위치와 이름	records.$0, records.year
맵 룩업	m # k	맵 m의 키 k와 연관된 값	items#'Coat'
형변환	(t) f	항목 f를 t 자료형으로 형변환	(int) year
산술	x + y, x - y	덧셈, 뺄셈	$1 + $2, $1 - $2
	x * y, x / y	곱셈, 나눗셈	$1 * $2, $1 / $2
	x % y	x를 y로 나눈 나머지	$1 % $2
	+x, -x	긍정, 부정	+1, -1
조건절	x ? y : z	3항 연산: x가 참이면 y, 그 밖에는 z	quality == 0 ? 0 : 1
	CASE	다중 조건문	CASE q WHEN 0 THEN 'good' ELSE 'bad' END
비교	x == y, x != y	같다, 같지 않다.	quality == 0, temperature != 9999
	x > y, x < y	~보다 크다, ~보다 작다	quality > 0, quality < 10
	x >= y, x <= y	~보다 크거나 같다, ~보다 작거나 같다.	quality >= 1, quality <= 9
	x matches y	정규표현식과 일치하는 패턴	quality matches '[01459]'
	x is null	null 값이다.	temperature is null
	x is not null	null 값이 아니다.	temperature is not null
논리	x OR y	논리 연산 OR	q==0 OR q==1
	x AND y	논리 연산 AND	q==0 AND r==0
	NOT x	논리 연산 NOT	NOT q matches '[01459]'
	IN x	포함 집합	q IN (0, 1, 4, 5, 9)
함수	fn(f1, f2, ...)	f1, f2 등의 매개변수를 지닌 함수 fn을 호출	isGood(quality)
평탄자	FLATTEN(f)	백과 튜플의 중첩 수준을 제거	FLATTEN(group)

16.4.4 자료형

앞에서 int와 chararray 같은 피그의 간단한 자료형을 다루었다. 여기서는 피그의 내장 자료형을 좀 더 자세하게 다루겠다.

피그가 지원하는 숫자 자료형으로 int, long, float, double, biginteger, bigdecimal이 있으며, 이는 자바 자료형과 동일하다. 피그에는 blob 이진 데이터를 표현하는 자바의 byte 배열 자료형과 같은 bytearray 형과 UTF-16 형식(저장은 UTF-8로 가능)으로 텍스트 데이터를 표현하는 java.lang.String과 같은 chararray 형이 있다. datetime 형은 날짜와 시간을 밀리초 단위로 저장하고 타임존을 포함한다.

피그는 자바의 기본 자료형인 byte, short, char 형을 지원하지 않는다. byte, short 형은 int 형, char 형은 chararray 형으로 표현할 수 있다.

불린, 숫자, 텍스트, 이진, 시간 자료형은 기본 자료형이다. 피그 라틴에는 중첩 구조를 표현하기 위한 튜플(tuple), 백(bag), 맵(map) 등 세 개의 복합 자료형이 있다. [표 16-6]에서 피그 라틴의 모든 자료형을 볼 수 있다.

표 16-6 피그 라틴의 자료형

종류	자료형	설명	예제
불린	boolean	true/false 값	true
숫자	int	32비트 부호 있는 정수	1
	long	64비트 부호 있는 정수	1L
	float	32비트 부동소수점수	1.0F
	double	64비트 부동소수점수	1.0
	biginteger	임의 정밀도 정수	'10000000000'
	bigdecimal	임의 정밀도 부호화 10진수	'0.110001000000000000000001'
텍스트	chararray	UTF-16 형식의 문자 배열	'a'
이진	bytearray	바이트 배열	지원하지 않음
시간	datetime	시간대가 있는 날짜와 시간	지원하지 않음. ToDate 내장 함수 사용
복합	tuple	다양한 자료형의 순차 항목	(1, 'pomegranate')
	bag	정렬되지 않은 튜플의 집합(중복 가능)	{(1, 'pomegranate'),(2)}
	map	key-value 쌍의 집합. key는 chararray 자료형만 가능하고, value는 모든 자료형 가능	['a'#'pomegranate']

복합 자료형은 파일에서 로드하거나 관계형 연산자를 통해 만들어진다. 피그 라틴 프로그램에서 상숫값을 생성할 때는 [표 16-6]의 리터럴 형식이 사용된다. 파일의 원본 형식과 표준 PigStorage 로더로 읽어 들인 관계자의 형식은 다를 수 있다. 예를 들어 [표 16-6]의 백과 같은 형식의 파일이 있고, 그 내용은 {(1, pomegranate),(2)}이라고 가정하자. 적합한 스키마를 사용하면 이 파일은 값의 자료형이 백이고 단일 필드와 행으로 된 관계자로 로드될 것이다.

피그는 표현식을 튜플, 백, 맵으로 바꾸는 내장 함수인 TOTUPLE, TOBAG, TOMAP을 제공한다.

관계자와 백은 (정렬되지 않은 튜플 집합으로) 개념적으로는 동일하지만, 실제로 피그는 이 둘을 조금 다르게 취급한다. 관계자는 최상위 구조체고, 백은 관계자에 포함되어야 한다. 크게 고민하지 않아도 되지만 모르면 실수할 수 있는 제약사항이 일부 있다. 예를 들어 백 형태로 관계자를 생성하는 것은 불가능하다. 다음 예제는 오류를 일으킨다.

```
A = {(1,2),(3,4)};  -- 오류
```

가장 간단한 해결 방법은 LOAD 문장을 이용하여 파일로부터 데이터를 로드하는 것이다.

다른 예로, 관계자를 백처럼 취급하여 하나의 필드로 새로운 관계자를 만드는 것은 불가능하다. 다음 예제에서 $0은 위치 표기법으로 A의 첫 번째 항목을 참조한다.

```
B = A.$0;
```

이때에는 다음과 같이 관계형 연산자를 사용하여 관계자 A를 관계자 B로 변환하면 된다.

```
B = FOREACH A GENERATE $0;
```

아마 피그 라틴의 차기 버전에서는 이런 모순점을 없애고 관계와 백을 동일한 방식으로 취급할 수도 있을 것이다.

16.4.5 스키마

피그의 관계자는 연관 스키마를 가질 수 있으며 따라서 항목에 이름과 자료형을 부여할 수 있다. 우리는 앞에서 관계자에 스키마를 부여하기 위해 LOAD 문장에서 AS 절을 사용하는 방법을 살펴보았다.

```
grunt> records = LOAD 'input/ncdc/micro-tab/sample.txt'
>>    AS (year:int, temperature:int, quality:int);
grunt> DESCRIBE records;
records: {year: int,temperature: int,quality: int}
```

파일은 같지만, 이번에는 연도(year)를 chararray가 아닌 int 형으로 지정했다. 연도를 산술
적으로 다루고 싶을 때는 int가 더 적합하고 때로는 timestamp로 변형하는 것도 좋은 방법이다.
하지만 단순한 식별자로 사용할 때는 chararray로 표현하는 것이 더 적합하다. 피그는 시스템
에 데이터를 로드하기 전에 미리 스키마를 정의해야 하는 전통적인 SQL 데이터베이스와 달리
스키마를 매우 우연하게 정의할 수 있다. 피그는 연관된 자료형 정보가 없는 일반적인 입력 파일
을 분석할 목적으로 설계되었기 때문에 RDBMS와 달리 항목의 자료형을 나중에 선택하는 것
은 매우 자연스러운 일이다.

또한 자료형의 정의를 완전히 생략할 수도 있다.

```
grunt> records = LOAD 'input/ncdc/micro-tab/sample.txt'
>>    AS (year, temperature, quality);
grunt> DESCRIBE records;
records: {year: bytearray,temperature: bytearray,quality: bytearray}
```

예제에서는 연도(year), 기온(temperature), 특성(quality) 스키마에 항목의 이름만 지정했
다. 이와 같이 항목의 자료형을 지정하지 않으면 이진 문자열을 표현하는 가장 일반적인 자료형
인 bytearray로 정의된다.

모든 항목에 대해 자료형을 지정할 필요는 없다. 다음 예제의 연도(year)처럼 자료형을 지정하
지 않으면 bytearray로 간주된다.

```
grunt> records = LOAD 'input/ncdc/micro-tab/sample.txt'
>>    AS (year, temperature:int, quality:int);
grunt> DESCRIBE records;
records: {year: bytearray,temperature: int,quality: int}
```

하지만 이러한 방식으로 스키마를 지정할 경우 모든 항목을 반드시 지정해야 한다. 또한 항목
의 이름을 지정하지 않고 자료형만 지정하는 것은 불가능하다. 스키마의 지정은 선택사항이므로
AS 절을 명시하지 않으면 스키마를 생략할 수 있다.

```
grunt> records = LOAD 'input/ncdc/micro-tab/sample.txt';
grunt> DESCRIBE records;
Schema for records unknown.
```

스키마가 없는 관계자의 항목을 위치 표기법으로 참조할 수 있다. $0은 관계자의 첫 번째 항목을
참조하고, $1은 두 번째 항목을 참조한다. 이러한 항목의 자료형은 기본적으로 bytearray다.

```
grunt> projected_records = FOREACH records GENERATE $0, $1, $2;
grunt> DUMP projected_records;
(1950,0,1)
(1950,22,1)
(1950,-11,1)
(1949,111,1)
(1949,78,1)
grunt> DESCRIBE projected_records;
projected_records: {bytearray,bytearray,bytearray}
```

항목에 자료형을 지정하지 않는 것이 더 편리하긴 하지만(특히 쿼리를 처음 작성할 때), 자료형
을 지정하는 것이 피그 라틴 프로그램의 명확성과 효율성을 더 높일 수 있으므로 일반적으로 이
를 권장하고 있다.

HCatalog로 하이브 테이블 사용하기

쿼리에 스키마를 정의하면 매우 유연하게 사용할 수 있지만 스키마 선언을 재사용할 수는 없다.
동일한 입력 데이터를 처리하는 피그 쿼리는 각 쿼리마다 동일한 스키마를 반복적으로 사용해야
한다. 쿼리가 처리하는 항목의 개수가 매우 크면 반복적으로 사용하는 것은 관리적인 면에서 어
려움이 있다.

하이브의 컴포넌트인 HCatalog는 하이브 메타스토어에 접근하는 기능을 제공하므로 이러한
문제를 해결할 수 있다. 따라서 피그 쿼리는 매번 스키마를 지정하는 대신 스키마의 이름을 참
조하기만 하면 된다. 예를 들어 데이터를 records라는 하이브 테이블에 로드하기 위해 17.2절
'예제'를 실행한 후 피그를 사용하여 테이블의 스키마와 데이터에 다음과 같이 접근할 수 있다.

```
% pig -useHCatalog
grunt> records = LOAD 'records' USING org.apache.hcatalog.pig.HCatLoader();
```

```
grunt> DESCRIBE records;
records: {year: chararray,temperature: int,quality: int}
grunt> DUMP records;
(1950,0,1)
(1950,22,1)
(1950,-11,1)
(1949,111,1)
(1949,78,1)
```

검증 및 null 값

SQL 데이터베이스에서 데이터를 로드할 때는 테이블 스키마에 제약사항이 있다. 예를 들어 정수 자료형으로 선언된 컬럼에 문자열을 로드하려 하면 에러가 발생한다. 피그는 스키마에 지정된 대로 값이 변환되지 않으면 그 값을 null로 대체한다. 정수 대신 'e' 문자가 들어 있는 아래의 날씨 데이터가 어떻게 작동하는지 확인해보자.

```
1950 0    1
1950 22   1
1950 e    1
1949 111  1
1949 78   1
```

피그는 잘못된 값을 null로 변환한다. 따라서 화면에 출력하거나 STORE로 저장하면 그 값은 없는 것으로 표시된다.

```
grunt> records = LOAD 'input/ncdc/micro-tab/sample_corrupt.txt'
>>    AS (year:chararray, temperature:int, quality:int);
grunt> DUMP records; (1950,0,1)
(1950,22,1)
(1950,,1)
(1949,111,1)
(1949,78,1)
```

피그는 인식할 수 없는 항목에 대해 경고는 하지만 처리를 중단하지는 않는다. 대용량 데이터셋에는 손상되거나 인식할 수 없거나 예상하지 못한 데이터가 있을 수 있으며, 파싱할 수 없는 레코드를 모두 찾아서 고치는 것은 거의 불가능하다. 대신 부적절한 레코드를 한번의 처리로 찾아낼 수 있으므로 프로그램을 수정하거나(오류를 일으키므로) 해당 레코드를 제거하는(데이터를 사용할 수 없으므로) 방법으로 해결할 수 있다.

```
grunt> corrupt_records = FILTER records BY temperature is null;
grunt> DUMP corrupt_records;
(1950,,1)
```

예제에서는 SQL에서 주로 사용하는 is null 연산자를 사용했다. 실무에서는 불량 데이터에 대한 분석을 돕기 위해 원래의 레코드에서 처리할 수 없는 식별자와 값과 같은 추가적인 정보를 계산할 수 있다.

다음과 같이 관계자에서 행의 개수를 계산하는 구문을 이용하면 손상된 레코드 수를 확인할 수 있다.

```
grunt> grouped = GROUP corrupt_records ALL;
grunt> all_grouped = FOREACH grouped GENERATE group, COUNT(corrupt_records);
grunt> DUMP all_grouped;
(all,1)
```

GROUP과 ALL 연산은 16.6.3절의 'GROUP'에서 자세히 다룬다.

다른 좋은 방법으로는 SPLIT 연산자를 사용하여 데이터를 'good'과 'bad' 관계자로 분할하고, 각각 분석하는 방법도 있다.

```
grunt> SPLIT records INTO good_records IF temperature is not null,
>>    bad_records OTHERWISE;
grunt> DUMP good_records;
(1950,0,1)
(1950,22,1)
(1949,111,1)
(1949,78,1)
grunt> DUMP bad_records;
(1950,,1)
```

기온의 자료형을 정의하지 않은 사례로 돌아가 보면, 손상된 데이터가 null 값으로 변환되지 않았기 때문에 쉽게 발견되지 않는다.

```
grunt> records = LOAD 'input/ncdc/micro-tab/sample_corrupt.txt'
>>    AS (year:chararray, temperature, quality:int);
grunt> DUMP records;
(1950,0,1)
(1950,22,1)
(1950,e,1)
(1949,111,1)
(1949,78,1)
grunt> filtered_records = FILTER records BY temperature != 9999 AND
>>    quality IN (0, 1, 4, 5, 9);
grunt> grouped_records = GROUP filtered_records BY year;
grunt> max_temp = FOREACH grouped_records GENERATE group,
>>    MAX(filtered_records.temperature);
grunt> DUMP max_temp;
(1949,111.0)
(1950,22.0)
```

이 경우 기온 항목은 bytearray로 해석되므로 입력 데이터를 로드할 때 손상된 항목은 발견할 수 없다. MAX 함수는 숫자 자료형에만 동작하므로 MAX 함수로 데이터가 전달될 때 기온 항목은 double로 해석된다. 손상된 항목은 double로 표현할 수 없으므로 null 값이 되고 MAX 함수는 이 값을 조용히 무시한다. 일반적으로 가장 좋은 방법은 값을 읽을 때 데이터의 자료형을 지정하고 본 처리를 진행하기 전에 관계자에서 누락되거나 손상된 값을 점검하는 것이다.

일부 항목이 단순 누락되어 손상된 데이터의 튜플 크기가 작을 수 있다. 이때는 다음과 같이 SIZE 함수로 잘못된 레코드를 찾아서 제거할 수 있다.

```
grunt> A = LOAD 'input/pig/corrupt/missing_fields';
grunt> DUMP A;
(2,Tie)
(4,Coat)
(3)
(1,Scarf)
grunt> B = FILTER A BY SIZE(TOTUPLE(*)) > 1;
grunt> DUMP B;
(2,Tie)
(4,Coat)
(1,Scarf)
```

스키마 병합

피그는 데이터 흐름의 모든 새로운 관계에 대해 스키마를 선언하지 않아도 된다. 피그는 입력 관계자의 스키마를 고려하여 관계형 연산의 출력에 대한 결과 스키마를 알아서 유추한다.

새로운 관계자로 스키마를 전파하는 방법은 무엇일까? 어떤 관계형 연산자는 스키마를 변환하지 않는다. 예를 들어 (관계자의 튜플 수의 최대치를 제한하는) LIMIT 연산자로 생성되는 새로운 관계자는 이 연산자가 처리하는 관계자와 동일한 스키마를 가진다. 어떤 연산자는 매우 복잡한 상황을 만든다. 예를 들어 UNION 연산자는 두 개 이상의 관계자를 하나의 관계자로 결합하고 입력 관계자들의 스키마를 병합할 것이다. 항목의 자료형이나 개수가 달라 스키마가 호환되지 않으면 UNION의 결과로 생성되는 관계자의 스키마는 알 수 없다.

DESCRIBE 연산자를 사용하면 데이터 흐름의 모든 관계자의 스키마를 확인할 수 있다. 관계자의 스키마를 재정의하려면 AS 절에서 FOREACH...GENERATE를 사용하여 입력 관계자의 일부 또는 전체 항목의 스키마를 다시 정의하면 된다.

스키마에 대한 자세한 내용은 16.5절 '사용자 정의 함수'를 참조하라.

16.4.6 함수

피그에는 네 종류의 함수가 있다.

- **평가 함수**

  하나 이상의 표현식을 받아 다른 표현식을 반환하는 함수다. 내장 평가 함수[eval function]의 예로는 백 내부 항목의 최댓값을 반환하는 MAX 함수가 있다. 어떤 평가 함수는 **집계 함수**[aggregate function]로서 백 자료형의 데이터에 대해 동작하며 스칼라값을 생성한다 (MAX도 집계 함수다). 나아가서 많은 집계 함수는 **대수**에 관한 것이므로 함수의 결과는 점진적으로 계산될 수도 있다. 맵리듀스 관점에서 대수 함수는 컴바이너를 사용할 수 있으며 따라서 더 효율적으로 계산할 수 있다 (2.4.2절 '컴바이너 함수' 참조). MAX는 대수 함수지만, 전체 값의 평균을 계산하는 함수는 대수 함수가 아니다.

- **필터 함수**

  필터 함수는 평가 함수의 특별한 종류로, 논리적인 불린값을 반환한다. 이름에서 알 수 있듯이 FILTER 연산자에 사용되며 필요 없는 행을 제거한다. 필터 함수는 불린 조건을 가진 다른 관계형 연산자에서도 사용할 수 있고, 불린식 또는 조건식을 사용한 표현식에 주로 사용된다. 내장 필터 함수로는 IsEmpty가 있는데, 이 함수는 백 또는 맵 항목의 존재 여부를 검증한다.

- **로드 함수**

  외부 저장소의 데이터를 관계자에 로드하는 방법을 지정하는 함수다.

- **저장 함수**

  관계자의 내용을 외부 저장소에 저장하는 방법을 지정하는 함수다. 가끔 로드 및 저장 함수는 동일한 자료형으로 구현된다. 예를 들어 구분된 텍스트 파일로부터 데이터를 로드하는 PigStorage 함수는 동일한 방식으로 데이터를 저장할 수 있다.

피그는 [표 16-7]에 나열된 내장 함수를 제공한다. 표준 수학, 문자열, 날짜/시간, 집합 함수 등 전체 내장 함수의 목록은 피그 릴리즈 문서에서 확인할 수 있다.

표 16-7 피그의 내장 함수

종류	함수	설명
평가	AVG	백 내 개체의 평균값을 계산한다.
	CONCAT	바이트 배열 또는 문자 배열을 연결한다.
	COUNT	백 내 null이 아닌 개체의 수를 계산한다.
	COUNT_STAR	백 내 개체의 수를 계산한다. null 항목도 포함한다.
	DIFF	두 백 집합의 차이를 계산한다. 두 인자가 백이 아닌 경우 동일할 때는 둘 다 포함하는 백을, 그렇지 않으면 빈 백을 반환한다.
	MAX	백 내 개체의 최댓값을 계산한다.
	MIN	백 내 개체의 최솟값을 계산한다.
	SIZE	자료형의 크기를 계산한다. 숫자 자료형의 크기는 항상 1이고, 문자 배열의 크기는 문자 수고, 바이트 배열의 크기는 바이트 수고, (튜플, 백, 맵) 컨테이너의 크기는 개체 수다.
	SUM	백 내 개체의 합을 계산한다.
	TOBAG	한 개 이상의 표현식을 개별 튜플로 변환한 후 백에 넣는다. ( )와 같다.
	TOKENIZE	문자 배열을 단어로 분리한 후 백에 넣는다.
	TOMAP	짝수 개의 표현을 키-값 쌍의 맵으로 변환한다. [ ]와 같다.
	TOP	백에서 상위 *n*개의 튜플을 계산한다.
	TOTUPLE	한 개 이상의 표현식을 튜플로 변환한다. { }와 같다.
필터	IsEmpty	백이나 맵이 비어 있는지 검증한다.
로드/저장	PigStorage	항목 구분자를 가진 텍스트 형식의 파일에서 관계자를 로드하거나 저장한다. 지정된 항목 구분자(기본값은 탭)로 각 행을 여러 항목으로 분리한다. PigStorage는 피그의 기본 저장소다(기본 저장소를 변경하려면 pig.default.load.func와 pig.default.store.func 속성에 로드 및 저장 함수의 클래스명을 지정하면 된다).
	TextLoader	일반적인 텍스트 형식의 파일을 로드한다. 각 행은 단일 항목을 가진 튜플이 된다.

종류	함수	설명
	JsonLoader, JsonStorage	피그에서 정의된 JSON 포맷의 파일에서 관계자를 로드하거나 저장한다. 각 튜플은 한 행으로 저장된다.
	AvroStorage	에이브로 데이터 파일에서 관계자를 로드하거나 저장한다.
	ParquetLoader, ParquetStorer	파케이 파일에서 관계자를 로드하거나 저장한다.
	OrcStorage	하이브 ORC 파일에서 관계자를 로드하거나 저장한다.
	HBaseStorage	HBase 테이블에서 관계자를 로드하거나 저장한다.

기타 라이브러리

필요한 함수가 없으면 사용자 정의 함수$^{\text{user-defined function}}$(UDF)를 직접 작성하면 된다. UDF에 대한 내용은 16.5절 '사용자 정의 함수'에서 설명한다. 직접 작성하기 전에 피그 커뮤니티에서 공유하고 피그와 함께 배포되는 피그 함수의 라이브러리인 피기 뱅크$^{\text{Piggy Bank}}$[11]를 찾아보는 것이 좋다. 예를 들어 피기 뱅크에는 CSV 파일, 하이브 RC 파일, 순차 파일, XML 파일을 위한 로드 및 저장 함수가 있다. 피그에 포함된 피기 뱅크 JAR 파일은 추가적인 설정을 하지 않아도 된다. 피그의 API 문서는 피기 뱅크가 제공하는 함수의 목록을 포함하고 있다.

아파치 데이터퓨^{DataFu}[12]도 피그 UDF의 라이브러리다. 일반적인 유틸리티 함수는 물론 기초 통계 계산, 샘플링, 추정, 해싱 등의 수행과 세션, 링크 분석 등 웹 데이터를 처리하는 다양한 함수를 포함하고 있다.

16.4.7 매크로

매크로는 재사용할 수 있는 피그 라틴 코드 조각을 피그 라틴 자체에 패키징하는 기능이다. 예를 들어 하나의 관계자를 그룹화하고 각 그룹에서 최곳값을 찾는 피그 라틴 프로그램의 일부를 추출하여 다음과 같이 매크로로 정의할 수 있다.

```
DEFINE max_by_group(X, group_key, max_field) RETURNS Y {
  A = GROUP $X by $group_key;
  $Y = FOREACH A GENERATE group, MAX($X.$max_field);
};
```

---

[11] https://cwiki.apache.org/confluence/display/PIG/PiggyBank?

[12] http://datafu.incubator.apache.org/

매크로 max_by_group은 관계자 X와 group_key와 max_field 두 항목을 매개변수로 받아 처리한 후 단일 관계자 Y를 반환한다. 매크로 본체에서 매개변수와 반환 관계자의 별칭은 $X와 같이 $ 접두사로 참조된다.

정의한 매크로는 다음과 같이 사용할 수 있다.

```
records = LOAD 'input/ncdc/micro-tab/sample.txt'
  AS (year:chararray, temperature:int, quality:int);
filtered_records = FILTER records BY temperature != 9999 AND
  quality IN (0, 1, 4, 5, 9);
max_temp = max_by_group(filtered_records, year, temperature);
DUMP max_temp
```

스크립트를 실행할 때 피그는 매크로 정의로 매크로를 확장한다. 확장한 후의 프로그램은 다음과 같은 모습이다. 확장된 부분은 굵은 문자로 표시했다.

```
records = LOAD 'input/ncdc/micro-tab/sample.txt'
  AS (year:chararray, temperature:int, quality:int);
filtered_records = FILTER records BY temperature != 9999 AND
  quality IN (0, 1, 4, 5, 9);
macro_max_by_group_A_0 = GROUP filtered_records by (year);
max_temp = FOREACH macro_max_by_group_A_0 GENERATE group,
  MAX(filtered_records.(temperature));
DUMP max_temp
```

피그는 내부적으로 확장을 수행하기 때문에 보통은 확장된 매크로를 사용자가 직접 볼 수 없다. 하지만 매크로를 작성하거나 디버깅할 때와 같은 특별한 경우에는 그 내용을 직접 확인하는 것이 좋다. pig에 -dryrun 인자를 넘겨주면 스크립트는 실행되지 않고 단순히 매크로 확장만 수행한다.

매크로에 전달된 매개변수(filtered_records, year, temperature)가 매크로 정의에 있는 매개변수의 이름으로 대체되는 것에 주목하라. 이 예제의 A처럼 $ 접두사가 없는 별칭은 매크로 정의에 있는 로컬 변수이기 때문에 프로그램의 다른 부분에서 사용하는 별칭과 충돌하는 것을 막기 위해 확장 시점에 다른 별칭으로 변경된다. 예제에서 A는 확장된 후 그 이름이 macro_max_by_group_A_0으로 바뀐다.

매크로를 별도의 파일에 정의해두면 쉽게 재사용할 수 있다. 매크로를 포함한 파일을 사용하려면 해당 스크립트에서 임포트하면 된다. 임포트 문장은 다음과 같다.

```
IMPORT './ch16-pig/src/main/pig/max_temp.macro';
```

16.5 사용자 정의 함수

피그의 설계자는 사용자 정의 코드를 추가해서 넣을 수 있는 능력이 모든 면에서 매우 중요하다는 것을 알고 있었다(가장 사소한 데이터 처리 업무를 제외하고는). 그래서 피그는 사용자 정의 함수를 정의하고 사용하기 편리하게 만들어졌다. 이 절에서는 자바 UDF만 다루지만 파이썬, 자바스크립트로, 루비, 그루비로도 UDF를 작성할 수 있으며, 모두 자바 스크립팅 API로 실행된다.

16.5.1 필터 UDF

기온의 특성이 satisfactory나 better가 아닌 레코드를 제거하는 필터 함수를 작성하는 방법을 예로 들어보자. 다음 라인을

```
filtered_records = FILTER records BY temperature != 9999 AND
  quality IN (0, 1, 4, 5, 9);
```

다음과 같이 변경한다.

```
filtered_records = FILTER records BY temperature != 9999 AND isGood(quality);
```

이 코드를 보면 피그 스크립트가 훨씬 간결해졌고 다른 스크립트에서 쉽게 재사용할 수 있도록 로직을 다른 곳에 숨겨 놓았다는 것을 알 수 있다. 만약 즉시 사용하기 위한 쿼리를 작성하고 있었다면 귀찮게 UDF를 작성하지 않았을 것이다. 같은 종류의 처리를 계속해서 하게 되면 재사용할 수 있는 UDF 사용을 고려해야 한다.

필터 UDF는 모두 EvalFunc의 서브클래스인 FilterFunc의 서브클래스다. EvalFunc에 대해서는 나중에 더 자세히 살펴보기로 하고, 당분간은 본질적으로 EvalFunc가 다음 클래스와 유사하다고 생각하면 된다.

```
public abstract class EvalFunc<T> {
  public abstract T exec(Tuple input) throws IOException;
}
```

EvalFunc의 유일한 추상 메서드인 exec( )는 하나의 튜플을 입력으로 받아서 매개변수 자료형 T의 값 하나를 출력으로 내보낸다. 표현식으로 된 입력 튜플의 항목은 함수로 전달된다. 이 경우는 단일 정수다. FilterFunc에서 T는 불린값이므로 메서드는 제거되지 않을 튜플에 대해서만 true를 반환해야 한다.

FilterFunc를 확장하고 exec( ) 메서드를 구현하여 특성 필터인 IsGoodQuality라는 클래스를 작성했다([예제 16-1] 참조). 튜플 클래스는 근본적으로 연관된 자료형을 가지는 객체의 목록이다. 여기서 우리는 첫 번째 항목에만 관심이 있기 때문에(이 함수는 하나의 인자만 가지므로), Tuple에 get( ) 메서드를 사용하여 색인으로 추출했다. 이 항목은 정수이므로 null 값이 아니면 이를 형변환하고 읽어 들인 온도의 정상 여부를 확인한 후 true 또는 false를 반환한다.

예제 16-1 이상한 기온 특성을 가진 레코드를 제거하는 FilterFunc UDF

```
package com.hadoopbook.pig;

import java.io.IOException;
import java.util.ArrayList;
import java.util.List;

import org.apache.pig.FilterFunc;

import org.apache.pig.backend.executionengine.ExecException;
import org.apache.pig.data.DataType;
import org.apache.pig.data.Tuple;
import org.apache.pig.impl.logicalLayer.FrontendException;

public class IsGoodQuality extends FilterFunc {

  @Override
  public Boolean exec(Tuple tuple) throws IOException {
```

```
    if (tuple == null || tuple.size() == 0) {
      return false;
    }
    try {
      Object object = tuple.get(0);
      if (object == null) {
        return false;
      }
      int i = (Integer) object;
      return i == 0 || i == 1 || i == 4 || i == 5 || i == 9;
    } catch (ExecException e) {
      throw new IOException(e);
    }
  }

}
```

새로운 함수를 사용하려면 이를 컴파일하고 JAR 파일로 패키지를 생성해야 한다(이 책의 부록에 있는 예제 코드에 이러한 작업을 위한 빌드 방법이 포함되어 있다). 그다음에는 REGISTER 연산자를 사용하여 파일 이름에 대한 로컬 경로를 지정(인용 부호로 감싸지 **않고**)하여 피그에 JAR 파일을 알려주면 된다.

```
grunt> REGISTER pig-examples.jar;
```

이제 함수를 호출할 수 있다.

```
grunt> filtered_records = FILTER records BY temperature != 9999 AND
>>    com.hadoopbook.pig.IsGoodQuality(quality);
```

피그는 함수 이름을 자바 클래스 이름으로 간주하고 해당 이름을 가진 클래스를 로드하는 방식으로 함수를 호출한다(이때 함수 이름의 대소문자를 구별하는데, 자바 클래스 이름이 대소문자를 구별하기 때문이다). 피그는 클래스를 탐색할 때 등록된 JAR 파일을 포함하는 클래스 로더를 사용한다. 분산 모드로 실행할 때 피그는 클러스터의 클래스경로에 JAR 파일이 있는지 확인할 것이다.

이 예제의 UDF에서 피그는 등록된 JAR 파일에서 com.hadoopbook.pig.IsGoodQuality라는 이름의 클래스를 찾을 것이다.

내장 함수에 대한 탐색도 한 가지 차이점만 제외하고는 동일하게 진행된다. 피그는 탐색하고자 하는 내장 패키지의 목록을 가지고 있기 때문에 함수를 호출할 때 패키지 이름을 포함한 전체 이름을 지정할 필요 없다. 예를 들어 MAX 함수는 실제 org.apache.pig.builtin 패키지의 MAX 클래스로 구현되어 있다. 이는 피그가 알고 있는 패키지 중 하나이므로 피그 프로그램에서 org.apache.pig.builtin.MAX 대신 MAX를 사용하면 된다.

그런트에 -Dudf.import.list=com.hadoopbook.pig 명령행 인자를 주어 실행하면 패키지 이름을 탐색 경로에 추가할 수 있다. 아니면 DEFINE 연산자를 사용하여 별칭을 정의함으로써 함수 이름을 짧게 할 수도 있다.

```
grunt> DEFINE isGood com.hadoopbook.pig.IsGoodQuality();
grunt> filtered_records = FILTER records BY temperature != 9999 AND
>>    isGood(quality);
```

동일한 스크립트에서 함수를 여러 번 사용할 때 별칭을 정의하는 것이 좋다. 이는 UDF 구현 클래스의 생성자에 인자를 전달할 때도 필요하다.

> **TIP** 사용자 홈 디렉터리에 있는 .pigbootup 파일에 JAR 파일을 등록하고 함수의 별칭을 정의해두면 피그를 시작할 때마다 자동으로 실행된다.

자료형 활용하기

이 필터는 특성 항목이 int 형으로 선언되었을 때 동작하므로 만약 형 정보가 없으면 UDF는 실패한다! 항목이 DataByteArray 클래스로 표현되는 기본 자료형인 bytearray면 이런 일이 발생할 수 있다. DataByteArray는 정수가 아니므로 형변환에 실패하기 때문이다.

이 문제를 해결하는 가장 분명한 방법은 exec() 메서드 안에서 해당 항목을 정수로 변환해주는 것이다. 함수가 예상하는 항목의 자료형을 피그에 알려주는 더 좋은 방법이 있다. 이를 위해 피그는 EvalFunc의 getArgToFuncMapping() 메서드를 제공한다. 이 메서드를 재정의하여 피그에 첫 번째 항목이 정수라는 사실을 알려줄 수 있다.

```
@Override
public List<FuncSpec> getArgToFuncMapping() throws FrontendException {
  List<FuncSpec> funcSpecs = new ArrayList<FuncSpec>();
```

```
    funcSpecs.add(new FuncSpec(this.getClass().getName(),
        new Schema(new Schema.FieldSchema(null, DataType.INTEGER))));

    return funcSpecs;
  }
```

이 메서드는 exec() 메서드에 전달된 튜플의 각 항목에 해당하는 FuncSpec 객체를 반환한다. 여기서 항목은 하나이므로 익명의 FieldSchema를 생성한다(피그는 형변환을 할 때 그 이름을 무시하므로 이름은 null 값으로 전달된다). 여기서 자료형은 피그의 DataType 클래스의 INTEGER 상수로 지정했다.

개정된 함수에서 피그는 함수에 전달된 인자를 정수로 변환할 것이다. 형변환에 실패하면 null 값이 그 항목에 전달된다. exec() 메서드는 항목이 null이면 항상 false를 반환한다. 이 예제에는 특성 항목을 이해할 수 없는 레코드를 제거해야 하므로 이러한 동작은 합당하다.

16.5.2 평가 UDF

평가 함수 작성은 필터 함수 작성보다 조금 더 어렵다. [예제 16-2]의 UDF를 보면 java.lang.String의 trim() 메서드를 이용하여 문자 배열^{chararray} 값의 앞뒤에 있는 공백 문자를 제거했다.[13]

예제 16-2 문자 배열에서 앞과 뒤의 공백 문자를 제거하는 EvalFunc UDF

```
public class Trim extends PrimitiveEvalFunc<String, String> {
  @Override
  public String exec(String input) {
    return input.trim();
  }
}
```

입력이 단일 기본 자료형이면 EvalFunc의 일종인 PrimitiveEvalFunc를 재작성하면 된다. Trim UDF의 입력과 출력 자료형은 둘 다 String 자료형이다.[14]

....
13 피그는 실제로 동일한 내장 함수인 TRIM을 제공한다.
14 이 예제와는 상관없지만 백을 처리하는 평가 함수는 청크에 있는 백을 더 효율적으로 처리하기 위해 피그의 대수(Algebraic) 및 누산기(Accumulator) 인터페이스 구현체를 추가로 제공하고 있다.

평가 함수를 작성할 때는 결과 스키마의 형태를 반드시 확인해야 한다. 다음 문장에서 B의 스키마는 udf 함수에 의해 결정된다.

```
B = FOREACH A GENERATE udf($0);
```

만약 udf 함수가 스칼라 항목으로 된 튜플을 생성하게 되면 피그는 내부 판단을 통해 B의 스키마를 결정할 수 있다. 백, 튜플, 맵과 같은 복합 자료형은 개발자의 도움이 절실히 필요하므로 outputSchema( ) 메서드를 구현하여 결과 스키마에 대한 정보를 피그에 제공해주어야 한다.

다음 예제에서 Trim UDF는 string을 반환하고, 피그는 이를 chararray로 변환한다.

```
grunt> DUMP A;
( pomegranate)
(banana )
(apple)
( lychee )
grunt> DESCRIBE A;
A: {fruit: chararray}
grunt> B = FOREACH A GENERATE com.hadoopbook.pig.Trim(fruit);
grunt> DUMP B;
(pomegranate)
(banana)
(apple)
(lychee)
grunt> DESCRIBE B;
B: {chararray}
```

A에는 맨 앞과 맨 뒤에 공백이 있는 chararray 항목이 있다. A의 첫 번째 항목(이름이 fruit)에 Trim 함수를 적용하여 B를 생성한다. B의 항목은 chararray 자료형으로 정확하게 유추된다.

동적 호출자

가끔은 UDF를 따로 작성하지 않고 자바 라이브러리가 제공하는 함수를 그대로 사용하고 싶을 때가 있다. 동적 호출자를 사용하면 피그 스크립트에서 자바 메서드를 직접 호출할 수 있다. 대신 내부적으로 리플렉션reflection을 통해 메서드를 호출하기 때문에 대용량 데이터셋의 모든 레코드에 대해 호출한다면 상당한 부하를 유발할 수 있다. 따라서 반복적으로 수행되는 스크립트에는 전용 UDF를 사용하는 것이 좋다.

다음은 apache.commons.lang.StringUtils 클래스를 이용하는 trim UDF를 정의하고 사용하는 방법을 보여준다.

```
grunt> DEFINE trim InvokeForString('org.apache.commons.lang.StringUtils.trim',
>>     'String');
grunt> B = FOREACH A GENERATE trim(fruit);
grunt> DUMP B;
(pomegranate)
(banana)
(apple)
(lychee)
```

메서드의 반환 자료형이 String이기 때문에 InvokeForString 호출자가 사용된다(InvokeFor Int, InvokeForLong, InvokeForDouble, InvokeForFloat 호출자도 있다). 호출자의 첫 번째 인자는 호출할 메서드의 전체 경로를 포함한 이름이고, 두 번째는 공백으로 구분된 메서드 인자 클래스의 목록이다.

16.5.3 로드 UDF

Unix의 cut 명령어처럼 일반 텍스트의 각 컬럼을 항목으로 읽는 로드 함수를 작성하는 방법을 살펴보자.[15]

```
grunt> records = LOAD 'input/ncdc/micro/sample.txt'
>>     USING com.hadoopbook.pig.CutLoadFunc('16-19,88-92,93-93')
>>     AS (year:int, temperature:int, quality:int);
grunt> DUMP records;
(1950,0,1)
(1950,22,1)
(1950,-11,1)
(1949,111,1)
(1949,78,1)
```

CutLoadFunc에 전달된 문자열은 각 항목이 콤마로 구분된 컬럼 형식이며, AS 절에서 그 이름과 자료형을 할당한다. [예제 16-3]은 CutLoadFunc를 구현한 예다.

....

15 피기 뱅크에는 FixedWidthLoader라는 동일한 기능을 수행하는 UDF가 있다.

```
public class CutLoadFunc extends LoadFunc {

  private static final Log LOG = LogFactory.getLog(CutLoadFunc.class);

  private final List<Range> ranges;
  private final TupleFactory tupleFactory = TupleFactory.getInstance();
  private RecordReader reader;

  public CutLoadFunc(String cutPattern) {
    ranges = Range.parse(cutPattern);
  }

  @Override
  public void setLocation(String location, Job job)
      throws IOException {
    FileInputFormat.setInputPaths(job, location);
  }

  @Override
  public InputFormat getInputFormat() {
    return new TextInputFormat();
  }

  @Override
  public void prepareToRead(RecordReader reader, PigSplit split) {
    this.reader = reader;
  }

  @Override
  public Tuple getNext() throws IOException {
    try {
      if (!reader.nextKeyValue()) {
        return null;
      }
      Text value = (Text) reader.getCurrentValue();
      String line = value.toString();
      Tuple tuple = tupleFactory.newTuple(ranges.size());
      for (int i = 0; i < ranges.size(); i++) {
        Range range = ranges.get(i);
        if (range.getEnd() > line.length()) {
          LOG.warn(String.format(
              "Range end (%s) is longer than line length (%s)",
```

```
                range.getEnd(), line.length()));
            continue;
        }
        tuple.set(i, new DataByteArray(range.getSubstring(line)));
      }
      return tuple;
    } catch (InterruptedException e) {
      throw new ExecException(e);
    }
  }
}
```

피그는 하둡처럼 매퍼가 실행되기 전에 데이터를 로드하기 때문에 입력을 각 매퍼가 독립적으로 다룰 수 있는 스플릿으로 분할하는 것이 중요하다(배경 지식은 8.2.1절 '입력 스플릿과 레코드' 참조). LoadFunc는 일반적으로 기존의 하둡 InputFormat을 이용해서 레코드를 생성하며, LoadFunc는 그 레코드를 피그의 튜플로 전환하는 로직을 제공한다.

CutLoadFunc는 각 항목의 컬럼 범위를 지정하는 문자열을 다룬다. 이 문자열을 파싱하고 컬럼의 범위를 지정한 내부 Range 객체 목록을 생성하는 로직은 Range 클래스에 포함되어 있다. 여기서 자세한 내용은 다루지 않으나 이 책에 포함된 예제 코드에서 그 내용을 볼 수 있다.

피그는 LoadFunc의 setLocation()을 호출하여 입력 위치를 로더에 보낸다. CutLoadFunc는 TextInputFormat을 사용하여 입력을 행으로 분리하기 때문에 FileInputFormat의 정적 메서드로 입력 경로를 설정하도록 위치 정보만 전달하면 된다.

> **NOTE_** 피그는 새로운 맵리듀스 API를 사용하므로 org.apache.hadoop.mapreduce 패키지의 입력 및 출력 포맷과 관련 클래스를 사용한다.

그다음에 피그는 맵리듀스와 유사하게 각 스플릿의 RecordReader를 생성하기 위해 getInputFormat() 메서드를 호출한다. 피그는 각 RecordReader를 CutLoadFunc의 prepareToRead() 메서드에 전달하여 참조값을 저장한 후 전체 레코드에 getNext() 메서드를 반복적으로 호출한다.

피그가 실제 실행되면 getNext()를 반복적으로 호출하며, 로드 함수는 리더가 스플릿의 마지막 레코드에 도달할 때까지 리더로부터 튜플을 읽는다. 마지막 레코드에 도달하면 레코드 리더는 null 값을 반환하여 더 이상 읽을 튜플이 없음을 알린다.

입력 파일의 각 행을 Tuple 객체로 변환하는 것은 getNext( ) 구현체의 몫이다. 피그의 Tuple 인스턴스 생성 클래스인 TupleFactory가 그 역할을 맡고 있다. newTuple( ) 메서드는 필요한 항목의 개수만큼(Range 클래스 개수와 같다) 새로운 튜플을 생성하며, 각 항목은 Range 객체에 의해 결정되는 행의 부분 문자열로 이루어진다.

행의 컬럼 수가 요청한 항목보다 적은 경우도 고려해야 한다. 일단 예외를 일으키고 더 이상 진행하지 않는 방법이 있다. 이 방법은 불안전하고 손상된 레코드가 절대 있으면 안 되는 상황에 적합하다. 하지만 대부분은 null 항목을 포함한 튜플을 반환하고 불완전한 데이터를 피그 스크립트가 직접 처리하도록 맡기는 것이 더 좋다. 여기서는 이 방법을 사용했는데, 지정된 범위의 끝이 행의 마지막 지점을 초과하면 for 루프를 빠져나온 후 기존 항목은 그대로 두고 튜플의 이후 항목은 기본값인 null로 채운다.

스키마 사용

이제 로그한 항목의 자료형에 대해 살펴보자. 개발자가 특정 스키마를 지정한 경우 각 항목은 적절한 자료형으로 변환되어야 한다. 하지만 피그는 이 작업을 나중에 처리하기 때문에 로더는 항상 DataByteArray 자료형을 사용해서 bytearray 자료형의 튜플을 생성해야 한다. 로드 함수는 나중에 변환을 수행할 기회가 있기 때문에 걱정하지 않아도 된다. 이러한 변환을 위해서는 LoadCaster 인터페이스의 사용자 정의 구현체를 반환하는 getLoadCaster( ) 메서드를 재작성하면 된다. 피그는 이를 위한 다양한 변환 메서드를 제공하고 있다.

CutLoadFunc는 기본 구현체가 UTF-8 형식의 부호화된 데이터와 피그 데이터 자료형의 표준 변환을 제공하는 Utf8StorageConverter를 반환하기 때문에 getLoadCaster( )를 재작성할 필요가 없다.

로드 함수 자체가 스키마를 결정할 수 있는 경우도 있다. 예를 들어 XML이나 JSON처럼 자체적인 명세를 가진 데이터를 로드할 때 그 데이터를 살펴보면 피그에 적합한 스키마를 생성할 수 있다. 또한 피그의 생성자에 외부 파일이나 다른 방식으로 정보를 전달할 수 있으면 로드 함수는 그 스키마를 알 수 있다. 이를 위해 로드 함수에 LoadFunc 인터페이스 외에 추가로 LoadMetadata 인터페이스를 구현해야 한다. 이러한 방법으로 피그 실행 시에 스키마를 제공할 수 있다. 하지만 사용자가 스키마를 LOAD 문장의 AS 절에서 제공하면 LoadMetadata 인터페이스에 지정한 스키마보다 높은 우선순위를 갖는다는 점을 주의해야 한다.

쿼리에 필요한 컬럼만을 지정하고 싶으면 로드 함수에 추가로 LoadPushDown 인터페이스를 구현하면 된다. 컬럼 지향column-oriented 저장소는 최적화 기능을 제공하므로 로더는 쿼리에 필요한 컬럼만 로드할 수 있다. CutLoadFunc는 튜플을 만들기 위해 컬럼의 부분 집합만 로드하는 방법이 없기 때문에(CutLoadFunc는 전체 행을 읽는다) 이러한 최적화 방식을 적용할 수 없다.

16.6 데이터 처리 연산자

16.6.1 데이터 로드와 저장

지금까지 피그에서 처리하기 위해 데이터를 외부 저장소로부터 로드하는 방법을 살펴봤다. 처리한 결과를 저장하는 방법 또한 매우 간단하다. 다음은 PigStorage를 사용하여 튜플을 콜론 문자로 구분된 텍스트로 저장하는 예제다.

```
grunt> STORE A INTO 'out' USING PigStorage(':');
grunt> cat out
Joe:cherry:2
Ali:apple:3
Joe:banana:2
Eve:apple:7
```

다른 내장 저장 함수는 [표 16-7]에서 설명했다.

16.6.2 데이터 필터링

일단 데이터를 관계자에 로드했으면 다음 단계는 필요 없는 데이터를 제거하기 위해 필터링을 하는 것이다. 처리 파이프라인의 앞부분에서 필터링을 수행하면 전체 시스템의 데이터 처리량을 줄일 수 있고 따라서 효율성도 증가한다.

FOREACH…GENERATE

FILTER 연산자를 간단한 표현식 및 UDF에 사용하여 관계자에서 행을 제거하는 방법은 앞에서 살펴보았다. FOREACH...GENERATE 연산자는 관계자의 모든 행을 다루기 위해 사용한다. 이 연산자는 항목을 제거하거나 새로운 항목을 생성할 때 사용할 수 있다. 다음 예제에서는 두 가지를 모두 했다.

```
grunt> DUMP A;
(Joe,cherry,2)
(Ali,apple,3)
(Joe,banana,2)
(Eve,apple,7)
grunt> B = FOREACH A GENERATE $0, $2+1, 'Constant';
grunt> DUMP B;
(Joe,3,Constant)
(Ali,4,Constant)
(Joe,3,Constant)
(Eve,8,Constant)
```

세 개의 항목을 가진 새로운 관계자인 B가 생성되었다. B의 첫 번째 항목은 A의 첫 번째 항목($0)의 값이다. B의 두 번째 항목은 A의 세 번째 항목($2)에 1을 추가한 값이고, B의 세 번째 항목은 Constant라는 chararray 값을 가지는 상수 항목이다(B의 모든 행에서 세 번째 항목은 동일하다).

FOREACH...GENERATE 연산자는 훨씬 복잡한 처리를 지원하기 위해 중첩 형식을 지원한다. 다음은 날씨 데이터셋의 다양한 통계치를 계산하는 예제다.

```
-- year_stats.pig
REGISTER pig-examples.jar;
DEFINE isGood com.hadoopbook.pig.IsGoodQuality();
records = LOAD 'input/ncdc/all/19{1,2,3,4,5}0*'
  USING com.hadoopbook.pig.CutLoadFunc('5-10,11-15,16-19,88-92,93-93')
  AS (usaf:chararray, wban:chararray, year:int, temperature:int, quality:int);

grouped_records = GROUP records BY year PARALLEL 30;

year_stats = FOREACH grouped_records {
  uniq_stations = DISTINCT records.usaf;
  good_records = FILTER records BY isGood(quality);
  GENERATE FLATTEN(group), COUNT(uniq_stations) AS station_count,
    COUNT(good_records) AS good_record_count, COUNT(records) AS record_count;
}

DUMP year_stats;
```

앞에서 작성한 cut UDF를 사용하면 입력 데이터셋의 다양한 항목을 records 관계자로 읽어올 수 있다. 그다음에 연도를 기준으로 records를 그룹화한다. 여기서는 리듀서 수를 지정하기 위해 PARALLEL 키워드를 사용했다. 이것은 클러스터에서 실행할 때 반드시 필요한 부분이다. 이어서 중첩 FOREACH...GENERATE 연산자를 이용하여 각각의 그룹을 처리한다. 첫 번째 중첩 문장은 DISTINCT 연산자를 사용해서 기상관측소에 대한 유일한 USAF 식별자로 된 관계자를 생성한다. 두 번째 중첩 문장은 FILTER 연산자와 UDF를 이용하여 '정상' 레코드의 관계자를 생성한다. 마지막 중첩 문장은 중첩된 블록에서 생성된 관계자와 그룹화된 레코드에서 관심 있는 요약 항목을 생성하는 GENERATE 문장이다. 중첩 FOREACH...GENERATE는 문장의 마지막에 반드시 GENERATE 문장이 있어야 한다.

다음은 일부 연도의 데이터로 실행한 결과다.

```
(1920,8L,8595L,8595L)
(1950,1988L,8635452L,8641353L)
(1930,121L,89245L,89262L)
(1910,7L,7650L,7650L)
(1940,732L,1052333L,1052976L)
```

결과 항목은 연도, 유일한 기상관측소 수, 전체 정상 레코드 수, 전체 입력 데이터 수다. 기상관측소 수가 시간이 지남에 따라 얼마나 증가하는지 확인할 수 있다.

STREAM

STREAM 연산자를 이용하면 관계자의 데이터를 변환할 때 외부 프로그램이나 스크립트를 활용할 수 있다. STREAM이란 이름은 맵리듀스를 위해 비슷한 기능을 제공하는 하둡 스트리밍을 유추하여 지었다(2.5절 '하둡 스트리밍' 참조).

STREAM은 내장 명령어와 인자를 사용할 수 있다. 다음은 유닉스의 cut 명령어를 사용하여 A의 튜플에서 두 번째 항목을 추출하는 예제다. 명령어와 그 인자가 역따옴표로 둘러싸여 있다.

```
grunt> C = STREAM A THROUGH `cut -f 2`;
grunt> DUMP C;
(cherry)
(apple)
```

```
(banana)
(apple)
```

STREAM 연산자는 관계자를 프로그램의 표준 입력 및 출력 스트림으로 직렬화하고 역직렬화하기 위해 PigStorage를 사용한다. A의 튜플은 탭으로 구분된 행으로 변환되어 스크립트로 전달된다. 스크립트의 출력을 한 번에 한 행씩 읽어서 탭으로 구분하고 출력 관계자 C를 위해 새로운 튜플을 생성한다. 개발자는 PigStreamingBase(org.apache.pig 패키지)의 서브클래스로 직렬화와 역직렬화를 직접 작성한 후 DEFINE 연산자를 사용하면 된다.

피그 스트리밍은 처리 스크립트를 직접 작성하고자 할 때 매우 강력하다. 다음 예제는 날씨 레코드에서 불량 데이터를 제거하는 파이썬 스크립트다.

```python
#!/usr/bin/env python

import re
import sys

for line in sys.stdin:
  (year, temp, q) = line.strip().split()
  if (temp != "9999" and re.match("[01459]", q)):
    print "%s\t%s" % (year, temp)
```

스크립트를 사용하려면 이를 클러스터로 전송해야 한다. DEFINE 절을 이용하면 이를 수행할 수 있으며, STREAM 명령어에 대한 별칭도 생성할 수 있다. 다음의 피그 스크립트에서 보는 것과 같이 STREAM 문장은 앞에서 정의한 별칭을 참조할 수 있다.

```
-- max_temp_filter_stream.pig
DEFINE is_good_quality `is_good_quality.py`
  SHIP ('ch16-pig/src/main/python/is_good_quality.py');
records = LOAD 'input/ncdc/micro-tab/sample.txt'
  AS (year:chararray, temperature:int, quality:int);
filtered_records = STREAM records THROUGH is_good_quality
  AS (year:chararray, temperature:int);
grouped_records = GROUP filtered_records BY year;
max_temp = FOREACH grouped_records GENERATE group,
  MAX(filtered_records.temperature);
DUMP max_temp;
```

16.6.3 데이터 그룹과 조인

맵리듀스에서 데이터셋을 조인하려면 프로그래머가 직접 구현해야 하지만(9.3절 '조인' 참조), 피그는 조인 연산을 기본으로 제공하고 있기 때문에 쉽게 사용할 수 있다. 피그나 맵리듀스 분석에 적합한 대용량 데이터셋은 정규화되지 않은 것이 많기 때문에 피그의 조인 연산은 SQL에서 보다 적게 사용된다.

JOIN

내부 조인^{inner join}의 예를 살펴보자. 예제에서 관계자 A는 상품 ID와 상품 이름, 관계자 B는 고객 이름과 구매한 상품의 ID다.

```
grunt> DUMP A;
(2,Tie)
(4,Coat)
(3,Hat)
(1,Scarf)
grunt> DUMP B;
(Joe,2)
(Hank,4)
(Ali,0)
(Eve,3)
(Hank,2)
```

다음과 같이 동일한 숫자 항목을 기준으로 두 관계자를 조인할 수 있다.

```
grunt> C = JOIN A BY $0, B BY $1;
grunt> DUMP C;
(2,Tie,Hank,2)
(2,Tie,Joe,2)
(3,Hat,Eve,3)
(4,Coat,Hank,4)
```

이는 전형적인 내부 조인의 예로, 두 관계자의 서로 일치하는 부분이 하나의 행으로 결합된다 (엄밀하게 말하면 조인 서술이 대등하므로 등가 조인^{equijoin}에 해당한다). 결과 항목은 두 입력 관계자의 모든 항목으로 구성된다.

조인할 모든 관계자가 메모리 용량을 초과할 정도로 매우 크다면 일반적인 조인 연산자를 반드시 사용해야 한다. 만약 관계자 중 하나가 매우 적어서 충분히 메모리에 올릴 수 있으면 **단편 복제 조인**fragment replicate join이라는 특별한 조인을 사용할 수 있다. 단편 복제 조인은 작은 입력 데이터를 모든 매퍼에 분산한 후 단편화된 대규모 관계자에 대해 인메모리 룩업 테이블lookup table을 이용하여 맵-사이드 조인을 수행한다. 피그에 단편 복제 조인 연산을 사용하도록 지정하는 특별한 구문은 다음과 같다.[16]

```
grunt> C = JOIN A BY $0, B BY $1 USING 'replicated';
```

첫 번째 관계자에는 큰 데이터셋을 가진 관계자를 지정하고 그 뒤에는 메모리에 충분히 올릴 수 있는 작은 관계자를 지정해야 한다.

또한 피그는 SQL과 유사한 문법으로 외부 조인도 지원한다(17.7.3절의 '외부 조인' 참조).

```
grunt> C = JOIN A BY $0 LEFT OUTER, B BY $1;
grunt> DUMP C;
(1,Scarf,,)
(2,Tie,Hank,2)
(2,Tie,Joe,2)
(3,Hat,Eve,3)
(4,Coat,Hank,4)
```

COGROUP

JOIN의 결과는 평평한 구조를 가진 튜플의 집합이다. COGROUP 문장은 JOIN과 비슷하지만 중첩된 튜플 집합을 생성한다(다수의 튜플 집합을 의미). COGROUP은 이후의 문장에서 그 구조를 활용하고자 할 때 유용하다.

```
grunt> D = COGROUP A BY $0, B BY $1;
grunt> DUMP D;
(0,{},{(Ali,0)})
```

---

16 USING 절에 사용할 수 있는 키워드가 몇 개 있다. 'skewed'는 편향된 키 공간(skewed keyspace)을 가진 대용량 데이터셋에 사용하고, 'merge'는 이미 조인키로 정렬된 입력을 대상으로 한 병합 조인에 효과가 있고, 'merge-sparse'는 일치하는 데이터가 1%미만일 때 효과가 있다. 이러한 특별 조인 방법에 대한 내용은 피그 문서를 참고하라.

```
(1,{(1,Scarf)},{})
(2,{(2,Tie)},{(Hank,2),(Joe,2)})
(3,{(3,Hat)},{(Eve,3)})
(4,{(4,Coat)},{(Hank,4)})
```

COGROUP은 각각의 유일한 그룹 키마다 하나의 튜플을 생성한다. 튜플의 첫 번째 항목은 키고, 나머지 항목은 일치하는 키를 가지는 각 관계자로부터 생성된 튜플의 백이다. 첫 번째 백은 관계자 A에서 같은 키를 가지는 튜플을 담고 있고, 두 번째 백은 관계자 B에서 같은 키를 가지는 튜플을 담고 있다.

어떤 관계자에 특정 키와 일치하는 키가 없으면 해당 관계자에 대한 백은 비어 있게 된다. 예제에서는 스카프 scarf(상품의 ID가 1)를 산 고객이 아무도 없으므로 해당 행의 두 번째 백은 비어 있게 된다. 이는 COGROUP의 기본 형태인 외부 조인의 예다. 이와 동일한 문장을 다음 예제와 같이 COGROUP 문장에 OUTER 키워드를 사용하여 명시할 수도 있다.

```
D = COGROUP A BY $0 OUTER, B BY $1 OUTER;
```

COGROUP의 내부 조인을 의미하는 INNER 키워드를 사용하면 빈 백을 포함한 행을 제거할 수 있다. INNER 키워드는 관계자마다 적용된다. 다음은 관계자 A와 일치하는 항목이 없을 때 해당 행을 제거하는 예제다(여기서는 상품 0이 없으므로 제거한다).

```
grunt> E = COGROUP A BY $0 INNER, B BY $1;
grunt> DUMP E;
(1,{(1,Scarf)},{})
(2,{(2,Tie)},{(Hank,2),(Joe,2)})
(3,{(3,Hat)},{(Eve,3)})
(4,{(4,Coat)},{(Hank,4)})
```

다음은 관계자 A의 상품을 구매한 사람의 목록을 찾는 예제로 FLATTEN을 이용하여 그 구조를 단순하게 만들었다.

```
grunt> F = FOREACH E GENERATE FLATTEN(A), B.$0;
grunt> DUMP F;
(1,Scarf,{})
(2,Tie,{(Hank),(Joe)})
```

```
(3,Hat,{(Eve)})
(4,Coat,{(Hank)})
```

COGROUP, INNER, FLATTEN을 함께 사용하여 중첩을 제거하면 (내부) JOIN과 유사한 효과를 낼 수 있다.

```
grunt> G = COGROUP A BY $0 INNER, B BY $1 INNER;
grunt> H = FOREACH G GENERATE FLATTEN($1), FLATTEN($2);
grunt> DUMP H;
(2,Tie,Hank,2)
(2,Tie,Joe,2)
(3,Hat,Eve,3)
(4,Coat,Hank,4)
```

이 예제는 JOIN A BY $0, B BY $1과 같은 결과를 생성한다.

결합 키가 여러 개의 항목으로 구성되어 있다면 JOIN이나 COGROUP 문장의 BY 절에 모든 항목을 지정하면 된다(항목을 괄호로 묶어야 한다). 물론 각 BY 절의 항목 수는 반드시 같아야 한다.

다음은 조인의 다른 예제로, 특정 기간의 모든 기상관측소의 최고 기온을 계산하는 피그 스크립트다.

```
-- max_temp_station_name.pig
REGISTER pig-examples.jar;
DEFINE isGood com.hadoopbook.pig.IsGoodQuality();

stations = LOAD 'input/ncdc/metadata/stations-fixed-width.txt'
  USING com.hadoopbook.pig.CutLoadFunc('1-6,8-12,14-42')
  AS (usaf:chararray, wban:chararray, name:chararray);

trimmed_stations = FOREACH stations GENERATE usaf, wban, TRIM(name);

records = LOAD 'input/ncdc/all/191*'
  USING com.hadoopbook.pig.CutLoadFunc('5-10,11-15,88-92,93-93')
  AS (usaf:chararray, wban:chararray, temperature:int, quality:int);

filtered_records = FILTER records BY temperature != 9999 AND isGood(quality);
grouped_records = GROUP filtered_records BY (usaf, wban) PARALLEL 30;
max_temp = FOREACH grouped_records GENERATE FLATTEN(group),
  MAX(filtered_records.temperature);
```

```
max_temp_named = JOIN max_temp BY (usaf, wban), trimmed_stations BY (usaf, wban)
  PARALLEL 30;
max_temp_result = FOREACH max_temp_named GENERATE $0, $1, $5, $2;

STORE max_temp_result INTO 'max_temp_by_station';
```

앞에서 작성한 cut UDF로 기상관측소 ID(USAF와 WBAN 식별자)와 이름을 가진 관계자와 기상관측소 ID를 기준으로 모든 날씨 레코드를 담은 관계자를 생성했다. 필터를 거친 날씨 레코드를 기상관측소 ID를 기준으로 그룹화하고 최고 기온을 구한 후 기상관측소 정보와 조인했다. 최종 결과는 USAF, WBAN, 기상관측소 이름, 최고 기온 항목을 가진다.

1910년의 일부 결과는 다음과 같다.

```
228020          99999          SORTAVALA       322
029110          99999          VAASA AIRPORT   300
040650          99999          GRIMSEY         378
```

기상관측소의 메타데이터가 적다면 이 쿼리에 단편 복제 조인을 이용하여 더 좋은 성능을 얻을 수 있다.

CROSS

피그 라틴은 데카르트곱Cartesian product으로 알려진 CROSS라는 교차곱cross-product 연산자를 지원한다. CROSS는 특정 관계자의 모든 튜플과 두 번째 관계자의 모든 튜플을 조인한다(세 개 이상도 가능하다). 출력의 크기는 입력 크기의 곱(size A × size B)이기 때문에 출력은 매우 클 가능성이 높다.

```
grunt> I = CROSS A, B;
grunt> DUMP I;
(2,Tie,Joe,2)
(2,Tie,Hank,4)
(2,Tie,Ali,0)
(2,Tie,Eve,3)
(2,Tie,Hank,2)
(4,Coat,Joe,2)
(4,Coat,Hank,4)
(4,Coat,Ali,0)
```

```
(4,Coat,Eve,3)
(4,Coat,Hank,2)
(3,Hat,Joe,2)
(3,Hat,Hank,4)
(3,Hat,Ali,0)
(3,Hat,Eve,3)
(3,Hat,Hank,2)
(1,Scarf,Joe,2)
(1,Scarf,Hank,4)
(1,Scarf,Ali,0)
(1,Scarf,Eve,3)
(1,Scarf,Hank,2)
```

대용량 데이터셋을 다룰 때는 임시 데이터의 크기가 2차^{quadratic} (x의 제곱) 이상인 연산은 피하는 것이 좋다. 전체 입력 데이터셋을 대상으로 교차곱을 구하는 사례는 거의 드물다.

예를 들어 문서의 말뭉치를 기준으로 문서의 유사도를 계산할 때 먼저 모든 문서의 쌍이 필요하다고 생각할 것이다. 하지만 문서 쌍의 유사도가 대부분 0(서로 관계가 없다)이라고 가정하고 시작하면 더 좋은 알고리즘을 찾을 수 있을 것이다.

이 사례의 핵심은 유사도를 계산할 때 문서의 단어와 같은 특정 항목에 초점을 두고 알고리즘을 개발하면 된다는 것이다. 실제로 두 문서를 구분하는 데 필요 없는 단어, 즉 불용어$^{stop-word}$를 제거하면 공간 문제를 줄일 수 있다. 대략 100만(10^6) 개의 문서를 분석할 때 불용어를 제거하는 방법을 사용하면 10억(10^9) 개의 임시 문서 쌍이 생성되고 기존의 방식대로 교차곱을 사용하면 1조(10^{12}) 개의 쌍이 생성된다.[17]

GROUP

COGROUP은 두 개 이상의 관계자의 데이터를 그룹화하지만 GROUP은 단일 관계자의 데이터를 그룹화한다. GROUP은 동일 키 외에 표현식이나 사용자 정의 함수를 그룹 키로 사용할 수 있는 기능을 제공한다. 다음과 같은 관계자 A가 있다고 하자.

```
grunt> DUMP A;
```

---

[17] 태머 엘세이드(Tamer Elsayed), 지미 린(Jimmy Lin), 더글라스 W. 오어드(Douglas W. Oard)의 「맵리듀스로 대용량 데이터의 문서 쌍 유사도 계산(Pairwise Document Similarity in Large Collections with MapReduce)」, 46회 ACL(Association of Computational Linguistics) 연례 모임, 2008년 6월

```
(Joe,cherry)
(Ali,apple)
(Joe,banana)
(Eve,apple)
```

두 번째 항목의 문자 수를 기준으로 그룹화하자.

```
grunt> B = GROUP A BY SIZE($1);
grunt> DUMP B;
(5,{(Eve,apple),(Ali,apple)})
(6,{(Joe,banana),(Joe,cherry)})
```

GROUP은 그룹 기준 항목이 첫 번째 항목인 새로운 관계자를 생성하는데, 첫 번째 항목의 별칭은 group이다. 두 번째 항목은 원래의 관계자(여기서는 관계자 A)와 동일한 스키마를 가진 해당 그룹 기준 항목을 포함한 백이다.

ALL과 ANY 두 개의 특별한 그룹 연산이 있다. ALL은 마치 GROUP 함수가 상수인 것처럼 관계자의 모든 튜플을 하나의 그룹으로 만든다.

```
grunt> C = GROUP A ALL;
grunt> DUMP C;
(all,{(Eve,apple),(Joe,banana),(Ali,apple),(Joe,cherry)})
```

GROUP 문장에 BY가 없다는 점을 주의하자. ALL 그룹 방식은 16.4.5절의 '검증 및 null 값'에서 본 것과 같이 특정 관계자의 튜플 수를 세는 데 주로 사용된다.

ANY 키워드는 특정 관계자의 튜플을 임의로 그룹화할 때 사용되는데, 이는 샘플을 추출할 때 유용하다.

16.6.4 데이터 정렬

피그에서 관계자는 정렬되지 않은 상태로 있다. 관계자 A를 보자.

```
grunt> DUMP A;
(2,3)
```

```
(1,2)
(2,4)
```

각 행이 처리되는 순서는 알 수 없다. 특히 DUMP나 STORE로 A의 내용을 저장할 때는 임의의 순서대로 기록된다. 처리 결과를 순서대로 출력하고 싶으면 ORDER 연산자를 사용하여 한 개 이상의 항목을 기준으로 정렬할 수 있다. 기본적인 정렬의 순서는 동일한 자료형이면 자연 순서 natural ordering 에 따라 비교하고, 다른 자료형이면 임의이면서도 결정적인 순서(예를 들어 튜플은 백보다 적다)를 따른다.

다음 예제는 관계자 A를 첫 번째 항목을 기준으로 오름차순으로 정렬하고, 두 번째 항목은 내림차순으로 정렬한다.

```
grunt> B = ORDER A BY $0, $1 DESC;
grunt> DUMP B;
(1,2)
(2,4)
(2,3)
```

정렬된 관계자를 이후에 다시 처리하면 순서는 더 이상 보장되지 않는다. 다음 예제를 보자.

```
grunt> C = FOREACH B GENERATE *;
```

관계자 C가 관계자 B와 똑같은 내용을 가지더라도 튜플은 DUMP 또는 STORE를 사용하면 임의의 순서로 표현될 수 있다. 이런 이유로 출력하기 바로 직전에 보통 ORDER 연산을 수행한다.

LIMIT 문장은 결과의 개수를 제한할 때 사용되며, 빠르고 쉬운 방법으로 특정 관계자의 표본을 얻을 수 있다. 또한 SAMPLE 연산자로 임의의 표본을 얻거나 ILLUSTRATE 명령어로 원형 prototype 을 얻을 수도 있다. ORDER 문장 다음에 바로 LIMIT를 사용하면 정렬된 처음 n개의 튜플을 추출할 수 있다. 일반적으로 LIMIT는 특정 관계자에서 임의의 n개 튜플을 선택하지만, ORDER 문장 바로 다음에 사용하면 정렬 순서는 유지된다(정렬된 관계자를 처리하면 순서가 유지되지 않는다는 규칙의 예외 조항이다).

```
grunt> D = LIMIT B 2;
grunt> DUMP D;
```

```
(1,2)
(2,4)
```

limit의 값이 관계자의 튜플 수보다 클 때는 모든 튜플이 반환된다. 따라서 LIMIT의 효과는 없다.

LIMIT를 사용하면 피그는 처리에 필요한 데이터 용량을 최소화하기 위해 처리 파이프라인의 최대한 앞부분에 제한을 적용하려 하기 때문에 쿼리의 성능을 매우 높일 수 있다. 이런 이유로 전체 출력 결과를 확인해야 하는 경우가 아니면 LIMIT를 사용하는 것이 좋다.

16.6.5 데이터 결합과 분할

가끔 여러 개의 관계자를 하나로 결합하고 싶을 때가 있다. 이를 위해 피그는 UNION 문장을 제공한다. 다음 예제를 보자.

```
grunt> DUMP A;
(2,3)
(1,2)
(2,4)
grunt> DUMP B;
(z,x,8)
(w,y,1)
grunt> C = UNION A, B;
grunt> DUMP C;
(2,3)
(z,x,8)
(1,2)
(w,y,1)
(2,4)
```

C는 관계자 A와 B를 결합한 새로운 관계자로, 관계자들이 정렬되지 않으므로 C의 튜플 순서를 알 수 없다. 또한 이 예제처럼 스키마가 다르거나 항목 수가 다르더라도 두 관계자를 결합할 수 있다. 피그는 UNION을 처리할 때 관계자의 스키마를 병합하는 시도를 한다. 이 사례에서는 스키마가 서로 다르기 때문에 C는 스키마를 가질 수 없다.

```
grunt> DESCRIBE A;
A: {f0: int,f1: int}
```

```
grunt> DESCRIBE B;
B: {f0: chararray,f1: chararray,f2: int}
grunt> DESCRIBE C;
Schema for C unknown.
```

출력 관계자에 스키마가 없을 때는 항목의 수나 자료형이 가변적인 튜플을 스크립트에서 직접 처리할 수 있어야 한다.

SPLIT 연산자는 UNION과는 정반대로, 한 관계자를 두 개 이상의 관계자로 분리한다. 자세한 사용법은 16.4.5절의 '검증 및 null 값'을 참조하라.

16.7 피그 실무

피그 프로그램을 개발하고 실행할 때 알면 유익한 실무 기술이 있다. 이 절에서는 이러한 실무 기술을 다룬다.

16.7.1 병렬성

맵리듀스 모드에서 실행할 때 병렬성의 정도는 데이터셋의 크기에 좌우된다. 피그는 기본적으로 입력 데이터의 크기로 리듀서 수를 결정하는데, 1GB 입력 데이터당 리듀서 하나를 사용하고 최대 999개까지 늘릴 수 있다. 이 매개변수의 값을 변경하려면 pig.exec.reducers.bytes.per.reduce(기본값은 1,000,000,000바이트)와 pig.exec.reducers.max(기본값은 999) 속성의 값을 수정하면 된다.

각 잡에서 실행되는 리듀서 수를 명시적으로 지정하고 싶으면 리듀스 단계에서 실행되는 연산자에 PARALLEL 절을 지정하면 된다. 해당 연산자에는 모든 그룹화 및 결합 연산자(GROUP, COGROUP, JOIN, CROSS)뿐만 아니라 DISTINCT와 ORDER도 포함된다. 다음 문장은 GROUP 연산에 리듀서 수를 30으로 지정했다.

```
grouped_records = GROUP records BY year PARALLEL 30;
```

대안으로는 다음과 같이 default_parallel 옵션을 설정하여 이후의 모든 작업에 적용하는 방법이 있다.

```
grunt> set default_parallel 30
```

자세한 내용은 8.1.1절의 '리듀서 수 선택' 글상자를 참조하라.

맵 태스크 수는 입력의 크기에 따라 설정되며(HDFS 블록당 맵 하나) PARALLEL 절의 영향을 받지는 않는다.

16.7.2 익명 관계자

가장 최근에 정의한 관계자를 DUMP나 DESCRIBE 명령어와 같은 진단 명령어로 확인하는 경우가 많다. 이를 위해 피그는 바로 앞에서 사용한 관계자를 참조하는 단축키로 @을 지원한다. 그런트 해석기에서 사용할 때 각 관계의 이름을 기억하고 입력하는 것은 상당히 귀찮은 일이다. 또한 피그는 별칭을 사용하지 않는 관계자를 생성할 수 있도록 => 구문을 특별히 허용하는데, 이때에는 @으로만 관계자를 참조할 수 있다.

```
grunt> => LOAD 'input/ncdc/micro-tab/sample.txt';
grunt> DUMP @
(1950,0,1)
(1950,22,1))
(1950,-11,1)
(1949,111,1)
(1949,78,1)
```

16.7.3 매개변수 대체

정기적으로 실행하는 피그 스크립트가 있으면 동일한 스크립트에 다른 매개변수를 주어 실행하고 싶을 것이다. 예를 들어 매일 실행되는 스크립트에서 처리할 입력 파일을 선택하려면 매개변수로 해당 일자를 이용하는 방법이 있다. 피그는 스크립트의 매개변수의 값이 실제 실행될 때 대체될 수 있도록 **매개변수 대체**parameter substitution를 지원한다. 매개변수는 $ 문자를 접두어로 하는 식별자로 표시한다. 예를 들어 다음에 나오는 스크립트에서 $input과 $output은 입력과 출력 경로를 지정하기 위해 사용된 매개변수다.

```
-- max_temp_param.pig
records = LOAD '$input' AS (year:chararray, temperature:int, quality:int);
filtered_records = FILTER records BY temperature != 9999 AND
  quality IN (0, 1, 4, 5, 9);
grouped_records = GROUP filtered_records BY year;
max_temp = FOREACH grouped_records GENERATE group,
  MAX(filtered_records.temperature);
STORE max_temp into '$output';
```

매개변수는 피그를 실행할 때 지정할 수 있으며, 각 매개변수마다 -param 옵션으로 이름과 값을 지정하면 된다.

```
% pig -param input=/user/tom/input/ncdc/micro-tab/sample.txt \
>     -param output=/tmp/out \
>     ch16-pig/src/main/pig/max_temp_param.pig
```

파일에 매개변수를 지정해두고, 이 파일을 -param_file 옵션으로 피그에 전달하여 실행하는 방법도 있다. 예를 들어 다음과 같이 파일에 매개변수를 정의해두면 위 명령과 동일한 결과를 얻을 수 있다.

```
# 입력 파일
input=/user/tom/input/ncdc/micro-tab/sample.txt
# 출력 파일
output=/tmp/out
```

다음과 같이 pig를 호출한다.

```
% pig -param_file ch16-pig/src/main/pig/max_temp_param.param \
>     ch16-pig/src/main/pig/max_temp_param.pig
```

-param_file 옵션을 반복적으로 사용하여 매개변수 파일을 여러 개 지정할 수도 있다. -param 과 -param_file 옵션을 동시에 사용할 수 있는데, 매개변수를 매개변수 파일과 명령행 모두에서 지정한 경우 명령행의 마지막 값이 사용된다.

동적 매개변수

-param 옵션으로 지정된 매개변수는 스크립트에서 명령을 실행할 때 그 값이 동적으로 설정된다. 유닉스 쉘은 역따옴표로 둘러싸인 명령어에 대한 명령어 대체를 지원하는데, 이러한 기능을 활용하여 다음과 같이 출력 경로를 날짜 기준으로 설정할 수 있다.

```
% pig -param input=/user/tom/input/ncdc/micro-tab/sample.txt \
>     -param output=/tmp/`date "+%Y-%m-%d"`/out \
>     ch16-pig/src/main/pig/max_temp_param.pig
```

피그는 매개변수 파일에서도 역따옴표로 둘러싸인 명령어를 쉘에서 실행할 때 그 출력 결과를 대체값으로 사용할 수 있도록 해준다. 명령어나 스크립트가 0이 아닌 최종 상태를 가지면 에러 메시지가 출력되면서 동작을 멈춘다. 매개변수 파일에서의 역따옴표 지원은 유용한 기능이다. 이는 매개변수가 파일 또는 명령행에서 같은 방식으로 정의될 수 있다는 것을 의미한다.

매개변수 대체 처리

매개변수 대체는 스크립트를 실행하기 전에 일어나는 작업이다. 피그를 -dryrun 옵션과 함께 실행하면 전처리기의 대체 동작을 확인할 수 있다. dry run 모드에서 피그는 매개변수 대체(매크로 확장 포함)를 수행하여 원본 스크립트에서 그 값을 대체하는 복사본을 생성하지만 스크립트를 실제로 실행하지는 않는다. 정상 모드에서 실행하기 전에 생성된 스크립트를 검토하고(동적으로 생성된 값) 매개변수 대체가 제대로 되었는지 확인할 수 있다.

16.8 참고 도서

이 장에서는 피그를 사용하기 위한 기본 개요를 다뤘다. 자세한 내용은 알랜 게이트[Alan Gates]의 『피그 프로그래밍[Programming Pig]』(오라일리, 2011)을 참고하기 바란다.

## CHAPTER 17

하이브

제프 해머바처[Jeff Hammerbacher]는 '정보 플랫폼과 데이터 과학자의 출현'[1]에서 정보 플랫폼을 '정보를 획득하고 처리하고 생성하기 위한 노력의 소산'으로 기술했고, 나아가 '데이터 과학자가 경험적인 데이터로부터 학습 진행을 가속화하는 방법'까지 정보 플랫폼의 범주에 넣었다.

페이스북에서 일하는 제프의 팀이 개발한 정보 플랫폼 중 가장 중요한 구성요소가 바로 아파치 하이브[Apache Hive][2]다. 하이브는 하둡 기반의 데이터 웨어하우징 프레임워크로, 빠른 속도로 성장하는 페이스북의 소셜 네트워크에서 매일같이 생산되는 대량의 데이터를 관리하고 학습하기 위해 개발되었다. 제프의 팀은 여러 시스템을 검토한 후 데이터를 저장하고 처리하는 용도로 하둡을 선택했는데, 하둡은 비용이 저렴하고 확장성도 높았기 때문이다.

하이브는 자바 프로그래밍 기술은 부족하지만 강력한 SQL 기술을 가진 분석가가 페이스북의 HDFS에 저장된 대량의 데이터를 분석할 수 있도록 개발되었다. 현재 하이브는 많은 조직에서 범용의 확장성 있는 데이터 처리 플랫폼으로 채택된 성공적인 아파치 프로젝트가 되었다.

물론 모든 빅데이터 문제에 SQL이 이상적인 것은 아니다. 예를 들어 복잡한 머신러닝 알고리즘을 구현하기에는 적합하지 않다. 하지만 다양한 분석을 하는 데 제격이고 산업계에 매우 유명한 기술이라는 큰 장점을 지니고 있다. 더욱이 SQL은 비즈니스 인텔리전스 분야의 도구에서 사용되는 **공통 언어**[lingua franca]이기 때문에(예를 들어 ODBC는 공통 인터페이스다) 해당 분야의 상용 제품과 쉽게 통합할 수 있다.

---

1 토비 세가란(Toby Segaran), 제프 해머바처(Jeff Hammerbacher) 공저 『아름다운 데이터: 우아한 데이터 솔루션 뒤에 숨은 이야기(Beautiful Data: The Stories Behind Elegant Data Solutions)』(오라일리, 2009)

2 https://hive.apache.org/

이 장에서는 하이브를 사용하는 방법을 다룬다. 따라서 SQL에 대한 실전 경험과 일반적인 데이터베이스 구조에 대한 지식이 요구된다. 또한 하이브의 특성과 전통적인 RDBMS와의 비교도 다룰 것이다.

17.1 하이브 설치하기

일반적으로 하이브는 사용자의 워크스테이션에서 실행되고, 작성된 SQL 쿼리는 일련의 맵리듀스 잡으로 변환되어 하둡 클러스터에서 구동된다. 하이브는 HDFS에 저장된 데이터(디렉터리/파일)에 구조(스키마)를 입히는 방식으로 데이터를 테이블로 구조화시킨다. 테이블 스키마와 같은 메타데이터는 **메타스토어**^{metastore}라 불리는 데이터베이스에 저장된다.

하이브를 처음 사용할 때는 사용자의 로컬 머신에서 메타스토어를 실행하는 것이 좋다. 이러한 로컬 메타스토어 방식은 사용자가 만든 하이브 테이블 명세가 로컬 머신에 있으므로 다른 사용자와 그 명세를 공유할 수 없다. 실제 운영 환경에서 주로 사용되는 공유 원격 메타스토어에 대한 설정 방법은 17.3.3절 '메타스토어'에서 다룰 것이다.

하이브를 설치하는 작업은 단순하다. 현재 운영 중인 클러스터에 설치된 것과 동일한 버전의 하둡이 사용자의 로컬 워크스테이션에 설치되어 있으면 된다.[3] 물론 하이브를 처음 다룰 때는 로컬 머신에서 하둡을 독립 또는 의사분산 모드로 실행할 수 있다. 이러한 옵션은 부록 A에서 다룬다.

하이브와 하둡 버전의 호환성

하이브의 모든 배포판은 여러 버전의 하둡과 문제없이 작동하도록 설계되었다. 일반적으로 하이브는 릴리즈 목록에 열거된 예전 버전을 지원할 뿐만 아니라 안정된 최신 하둡 배포판에서도 잘 동작한다. 하이브에 사용할 하둡의 버전을 굳이 알려주지 않아도 되며, 단지 하둡의 실행 파일이 실행 경로^{PATH}에 있고 HADOOP_HOME 환경변수가 설정되어 있으면 된다.

---

3 사용자 워크스테이션과 하둡 클러스터는 네트워크로 연결되어 있어야 한다. 하이브를 실행하기 전에 로컬 머신에 하둡을 설치하고 hadoop fs 명령어로 일부 HDFS 명령어를 수행해보면 제대로 연결되었는지 확인할 수 있다.

하이브를 내려받고,[4] 사용자 워크스테이션의 적절한 위치에서 타르볼 파일을 푼다.

```
% tar xzf apache-hive-x.y.z-bin.tar.gz
```

사용자 경로에 하이브를 넣어두면 실행하기 편리하다.

```
% export HIVE_HOME=~/sw/apache-hive-x.y.z-bin
% export PATH=$PATH:$HIVE_HOME/bin
```

다음과 같이 hive 명령어를 실행하여 하이브 쉘을 구동하자.

```
% hive
hive>
```

17.1.1 하이브 쉘

하이브 쉘은 HiveQL 명령어로 하이브와 상호작용하는 하이브의 기본 도구다. HiveQL은 SQL과 유사한 하이브의 질의 언어다. HiveQL은 MySQL에 큰 영향을 받았기 때문에 MySQL에 익숙한 사용자는 하이브가 쉽게 느껴질 것이다.

처음 하이브를 사용할 때는 테이블 목록을 조회하는 명령을 수행하여 하이브의 동작 여부를 확인하는 것이 좋다. 처음에는 어떤 테이블도 없는 것이 정상이다. 명령어는 반드시 세미콜론(;)으로 끝나야 하며, 세미콜론을 만나면 하이브는 그 명령어를 실행한다.

```
hive> SHOW TABLES;
OK
Time taken: 0.473 seconds
```

SQL처럼 HiveQL은 일반적으로 대소문자를 구분하지 않는다(문자열 비교는 제외). 따라서 show tables;라고 입력해도 문제없이 작동한다. 탭 키를 사용하면 하이브가 제공하는 예약어와 함수를 자동 완성할 수 있다.

---

4 http://hive.apache.org/downloads.html

처음 설치하고 이 명령어를 실행하면 사용자 머신에 메타스토어 데이터베이스를 만들기 때문에 수 초가 걸린다. 데이터베이스는 사용자가 hive 명령어를 실행한 위치에 metastore_db라는 디렉터리를 만들어 필요한 파일을 저장한다.

사용자는 하이브 셸을 비대화식 모드로 실행할 수도 있다. 다음과 같이 -f 옵션을 사용하면 지정한 파일에 대해서만 hive 명령어가 실행된다(여기서는 script.q 파일을 지정했다).

```
% hive -f script.q
```

간단한 스크립트는 -e 옵션을 이용하여 명령행에 직접 입력하는 방법도 있다. 이 경우 스크립트 끝에 세미콜론을 붙이지 않아도 된다.

```
% hive -e 'SELECT * FROM dummy'
OK
X
Time taken: 1.22 seconds, Fetched: 1 row(s)
```

> **NOTE_** SELECT 구문의 기능을 간단한 문자 데이터로 테스트할 때 쿼리 검증을 위한 작은 데이터 테이블이 있으면 매우 유용하다(17.5.2절 '연산자와 함수' 참조). 다음은 단일 행으로 이뤄진 작은 테이블을 생성하는 방법이다.
>
> ```
> % echo 'X' > /tmp/dummy.txt
> % hive -e "CREATE TABLE dummy (value STRING); \
>   LOAD DATA LOCAL INPATH '/tmp/dummy.txt' \
>   OVERWRITE INTO TABLE dummy"
> ```

하이브는 실행 과정에서 부수적으로 발생하는 정보(쿼리를 실행할 때 소요된 시간)를 대화형과 비대화형 모드에서 모두 표준 에러로 출력한다. 실행 시 -S 옵션을 붙이면 불필요한 메시지의 출력을 막아 쿼리에 대한 출력 결과만 볼 수 있다.

```
% hive -S -e 'SELECT * FROM dummy'
X
```

그 밖에 다른 유용한 하이브 셸의 특성으로 명령어 앞에 !를 붙여 호스트 운영체제의 명령어를 실행하는 기능과 dfs 명령어로 하둡 파일시스템을 조작하는 기능이 있다.

17.2 예제

앞에서 사용한 기상 데이터셋을 하이브로 다루는 방법을 살펴보자. 먼저 하이브의 관리 저장소로 데이터를 옮겨야 한다. 여기서는 하이브의 저장소로 로컬 파일시스템을 사용할 것이다. 나중에 테이블을 HDFS에 저장하는 방법도 볼 것이다.

RDBMS와 마찬가지로 하이브는 데이터를 테이블로 관리한다. CREATE TABLE 구문으로 기상 데이터를 저장하기 위한 테이블을 생성하자.

```
CREATE TABLE records (year STRING, temperature INT, quality INT)
ROW FORMAT DELIMITED
  FIELDS TERMINATED BY '\t';
```

첫 번째 줄은 year, temperature, quality 컬럼으로 구성된 records 테이블을 선언한다. 각 컬럼의 자료형을 반드시 지정해야 한다. 여기서 year는 문자열, 다른 두 컬럼은 정수형이다.

HiveQL에서만 사용되는 ROW FORMAT 절을 제외하면 지금까지 사용된 SQL은 매우 익숙할 것이다. 이 선언문은 데이터 파일의 각 행은 탭으로 분리된 텍스트임을 의미한다. 하이브는 탭과 개행 문자로 필드와 행을 각각 구분하고, 각 행에는 세 개의 필드(테이블의 컬럼에 상응하는)가 존재한다고 가정한다.

이제 하이브로 데이터를 다룰 수 있다. 다음은 하이브를 소개하기 위한 간단한 예제다.

```
LOAD DATA LOCAL INPATH 'input/ncdc/micro-tab/sample.txt'
OVERWRITE INTO TABLE records;
```

이 명령어를 실행하면 지정된 로컬 파일을 하이브의 웨어하우스 디렉터리에 로드한다. 이 명령은 단순한 파일시스템 조작이다. 여기서 하이브는 특별한 파일 포맷을 요구하지 않기 때문에 파일을 파싱하고 그것을 내부 데이터베이스 포맷으로 저장하는 방식의 시도는 전혀 하지 않는다. 파일은 그대로 저장되고 하이브는 아무것도 변경하지 않는다.

이 예제는 하이브 테이블을 로컬 파일시스템(fs.defaultFS 속성의 값을 기본값인 file:///로 설정)에 저장한다. 테이블은 하이브의 웨어하우스 디렉터리(hive.metastore.warehouse.dir 속성으로 설정하며, 기본값은 /user/hive/warehouse)의 하위 디렉터리로 저장된다.

따라서 records 테이블의 데이터 파일은 로컬 파일시스템의 /user/hive/warehouse/records 디렉터리에서 찾을 수 있다.

```
% ls /user/hive/warehouse/records/
sample.txt
```

이 예제에서는 sample.txt라는 하나의 파일만 존재하지만 더 많은 파일이 존재할 수도 있다. 하이브는 특정 테이블을 질의할 때 모든 파일을 읽는다.

LOAD DATA 구문의 OVERWRITE 키워드는 해당 테이블의 디렉터리에 존재하는 모든 파일을 삭제하는 기능이다. OVERWRITE를 생략하면 새로운 파일은 단순히 그 테이블의 디렉터리에 추가된다. 이때 동일한 이름의 파일이 있으면 이전 파일을 덮어쓴다.

이제 하이브에 데이터가 준비되었고, 쿼리를 실행할 수 있다.

```
hive> SELECT year, MAX(temperature)
    > FROM records
    > WHERE temperature != 9999 AND quality IN (0, 1, 4, 5, 9)
    > GROUP BY year;
1949    111
1950    22
```

위 SQL 쿼리는 매우 평범하다. 연도별 최고 기온을 구하기 위해 MAX( ) 집계 함수를 사용하고, year를 기준으로 그룹 짓기 위해 GROUP BY와 SELECT 구문을 사용한다. 하이브가 이 쿼리를 사용자 대신 맵리듀스 잡으로 변환하여 실행하고 그 결과를 콘솔에 출력한다는 사실에 주목하자. 이 예제는 하이브가 지원하는 SQL 구조와 사용자가 쿼리를 통해 요청할 수 있는 데이터의 포맷과 같은 일부 제약사항을 보여주지만(이 장에서는 그 일부를 확인해볼 것이다) 이것이 바로 원시 데이터를 대상으로 SQL 쿼리를 실행하는 하이브의 능력이다.

17.3 하이브 실행하기

이 절에서는 하둡 클러스터와 공유 메타스토어를 대상으로 하이브를 설정하는 방법과 하이브 실행에 필요한 실무적인 내용을 다룬다. 따라서 하이브의 아키텍처를 자세히 살펴볼 필요가 있다.

17.3.1 하이브 설정하기

하이브는 하둡과 같이 XML 설정 파일을 사용하여 환경 설정을 한다. 관련 파일은 hive-site.xml 이고 하이브의 conf 디렉터리에 위치한다. 이 파일은 사용자가 하이브를 실행할 때마다 필요한 속성을 설정할 수 있다. 같은 디렉터리에 하이브가 보유하고 있는 속성과 기본값을 기록한 hive-default.xml 파일도 있다.

사용자는 hive 명령어에 --config 옵션을 추가하여 하이브가 hive-site.xml 파일을 찾는 설정 디렉터리를 재정의할 수 있다.

```
% hive --config /Users/tom/dev/hive-conf
```

이 옵션은 hive-site.xml 파일 자체가 아니라 그것을 포함하고 있는 디렉터리를 지정한다는 사실에 주의하라. 이러한 방식은 여러 개의 클러스터를 위한 각 사이트 파일을 규칙적으로 전환하려 할 때 유용하다. HIVE_CONF_DIR 환경변수에 설정 디렉터리를 지정해도 동일한 효과가 있다.

hive-site.xml은 클러스터 연결을 위한 세부사항을 정의한 파일이다. 사용자는 일반적인 하둡 속성인 fs.defaultFS와 yarn.resourcemanager.address에 파일시스템과 자원 관리자를 각 각 지정할 수 있다(하둡 환경 설정에 대한 자세한 내용은 부록 A를 참조하라). 별다른 설정을 하지 않으면 기본적으로 로컬 파일시스템과 로컬 프로세스 잡 실행자가 지정되는데, 이것은 작은 실습 데이터셋으로 하이브를 실행하기에 좋은 방법이다. 또한 메타스토어에 대한 환경 설정 (17.3.3절 '메타스토어' 참조)도 hive-site.xml에 있다.

> **CAUTION_** 만일 하둡 클러스터 하나를 여러 명의 사용자가 공유해야 한다면 모든 사용자가 파일을 쓸 수 있는 디렉터리를 만들어야 한다. 아래 일련의 명령은 디렉터리를 생성하고 적절한 권한을 부여하는 예제다.
>
> ```
> % hadoop fs -mkdir /tmp
> % hadoop fs -chmod a+w /tmp
> % hadoop fs -mkdir -p /user/hive/warehouse
> % hadoop fs -chmod a+w /user/hive/warehouse
> ```
>
> 만일 모든 사용자가 같은 그룹이라면 웨어하우스 디렉터리에 g+w 권한을 부여하는 것만으로도 충분하다.

hive 명령과 함께 -hiveconf 옵션을 사용하면 세션 기반의 속성을 설정할 수 있다. 예를 들어 다음 명령어는 세션이 지속되는 동안만 클러스터를 의사분산 클러스터로 설정한다.

```
% hive -hiveconf fs.defaultFS=hdfs://localhost \
  -hiveconf mapreduce.framework.name=yarn \
  -hiveconf yarn.resourcemanager.address=localhost:8032
```

또한 사용자는 하나의 세션 내에서 SET 명령어를 사용하여 환경 설정을 변경할 수 있다. 특정 쿼리에 대해 하이브 설정을 변경하는 방식은 매우 유용하다. 예를 들어 다음 명령은 테이블 정의에 따라 버킷의 사용을 보장한다(17.6.2절의 '버킷' 참조).

```
hive> SET hive.enforce.bucketing=true;
```

어떤 속성이든 현재 값을 보고 싶으면 SET 다음에 속성 이름을 입력하면 된다.

```
hive> SET hive.enforce.bucketing;
hive.enforce.bucketing=true
```

SET은 하이브에 설정된 모든 속성과 그 값을 출력할 것이다. 이때 이 절에서 다룬 방식으로 기본 설정된 속성을 재정의하지 않았다면 기본 속성이 출력되지 않는다는 점을 기억하라. 하둡 기본 값을 포함한 시스템의 모든 속성을 출력하려면 SET -v를 사용하라.

속성을 설정할 때는 우선순위가 존재한다. 다음 목록에서 낮은 숫자가 높은 숫자보다 우선순위가 높다.

1 하이브 SET 명령어

2 명령행 -hiveconf 옵션

3 hive-site.xml과 하둡 site 파일(core-site.xml, hdfs-site.xml, mapred-site.xml, yarn-site.xml)

4 하이브 기본 파일과 하둡 기본 파일(core-default.xml, hdfs-default.xml, mapred-default.xml, yarn-default.xml)

하둡의 환경 속성을 설정하는 자세한 방법은 6.2.2절의 '어떤 속성을 설정할 수 있는가?' 글상자에서 다루었다.

실행 엔진

하이브는 원래 실행 엔진으로 맵리듀스를 사용하도록 작성되었고, 여전히 기본 엔진은 맵리듀스다. 실행 엔진으로 아파치 테즈^Apache Tez [5]를 사용해서 하이브를 실행할 수 있으며, 스파크(19장 참조)를 지원하는 작업도 현재 진행되고 있다.[6] 테즈와 스파크는 맵리듀스보다 더 높은 성능과 유연성을 제공하는 범용 방향성 비순환 그래프^directed acyclic graph (DAG) 엔진이다. 예를 들면 잡의 임시 출력을 HDFS에 저장하는 맵리듀스와 달리 테즈와 스파크는 임시 출력을 로컬 디스크에 기록하거나 하이브 플래너의 요청으로 메모리에 저장하는 방식으로 복제 오버헤드를 피할 수 있다.

실행 엔진의 종류는 hive.execution.engine 속성으로 제어한다. 기본값은 mr(맵리듀스)이다. 실행 엔진은 쿼리 단위로 쉽게 전환할 수 있기 때문에 특정 쿼리로 다양한 엔진의 성능을 확인할 수 있다. 다음과 같이 하이브의 실행 엔진을 테즈로 설정한다.[7]

```
hive> SET hive.execution.engine=tez;
```

먼저 하둡 클러스터에 테즈를 설치해야 한다. 설치 방법에 대한 자세한 내용은 하이브 문서를 참고하라.

로깅

하이브의 에러 로그는 로컬 파일시스템의 ${java.io.tmpdir}/${user.name}/hive.log에서 찾을 수 있다. 이 로그는 환경 설정 문제나 다른 유형의 에러를 진단할 때 매우 유용하다. 또한 하둡의 맵리듀스 태스크 로그 역시 문제 해결을 위한 정보로 유용하다. 로그의 위치는 6.5.6절 '하둡 로그'를 참조하라.

대부분의 시스템에서 ${java.io.tmpdir}는 /tmp로 되어 있다. 하지만 로깅 디렉터리를 다른 위치로 설정하고 싶다면 아래와 같은 방법을 사용하면 된다.

```
% hive -hiveconf hive.log.dir='/tmp/${user.name}'
```

---

5 http://tez.apache.org/

6 옮긴이_ 스파크를 실행 엔진으로 사용하는 하이브는 2016년 4월 클라우데라의 CDH 5.7 버전부터 GA(General Availability)로 배포되었다.

7 옮긴이_ 클라우데라 CDH5.7 이상 버전에서는 set hive.execution.engine=spark로 설정하면 하이브의 실행 엔진으로 스파크를 사용할 수 있다. 자세한 설정 방법은 클라우데라 문서를 참고하라.

로깅 설정 파일은 conf/hive-log4j.properties고, 로그 수준과 다른 로깅 관련 설정을 변경하고 싶으면 이 파일을 변경하면 된다. 하지만 가끔은 세션 단위로 로깅을 설정하는 방법이 더 편할 수 있다. 예를 들어 다음과 같이 하이브를 실행하면 디버그 메시지를 콘솔로 보낼 수 있다.

```
% hive -hiveconf hive.root.logger=DEBUG,console
```

17.3.2 하이브 서비스

하이브 셸은 hive 명령어를 실행할 수 있는 여러 서비스 중 하나다. 사용자는 --service 옵션으로 실행할 서비스를 지정할 수 있다. 하이브가 제공하는 서비스 목록을 얻고 싶으면 hive --service help를 실행하면 된다. 이제부터 유용한 하이브 서비스를 하나씩 살펴보겠다.

- **cli**

  하이브 셸에 대한 명령행 인터페이스며 기본 서비스다.

- **하이브서버2**

  다른 언어로 개발된 클라이언트와 연동할 수 있도록 하이브를 쓰리프트 서비스로 실행한다. 하이브서버2는 기존 하이브서버를 개선하여 인증과 다중 사용자 동시성을 지원한다. 쓰리프트, JDBC, ODBC 연결자를 사용하는 애플리케이션은 하이브와 통신하기 위해 먼저 하이브 서버를 실행해야 한다. 서버의 수신 포트(기본값은 10000)는 hive.server2.thrift.port 속성에 설정한다.

- **beeline**

  일반적인 CLI처럼 내장형 모드로 작동하거나 JDBC로 하이브서버2 프로세스에 접근할 수 있는 하이브의 명령행 인터페이스다.

- **hwi**

  하이브 웹 인터페이스Hive Web Interface다. CLI의 대안으로 클라이언트 소프트웨어를 설치하지 않고 하이브를 접근할 수 있는 간단한 웹 인터페이스다. 또한 하이브 쿼리를 수행하고 하이브 메타스토어를 탐색하는 애플리케이션을 포함한 하둡의 웹 인터페이스인 Hue[8]를 참고하라.

- **jar**

  hadoop jar와 상응하는 하이브 jar 방식이다. 클래스경로에 하둡과 하이브 클래스 모두를 포함한 자바 애플리케이션을 실행할 때 편리하다.

---

8 http://gethue.com/

- **메타스토어**

기본적으로 메타스토어는 하이브 서비스와 동일한 프로세스에서 실행된다. 이 서비스는 메타스토어를 독립형 원격 프로세스로 실행한다. 환경변수인 METASTORE_PORT를 설정하거나 -p 명령행 옵션으로 서버의 수신 포트를 지정할 수 있다(기본값은 9083).

하이브 클라이언트

사용자가 hive --service hiveserver2 명령으로 하이브 서버를 실행한 후에는 다양한 방법으로 애플리케이션과 하이브를 연결할 수 있다. [그림 17-1]에서 하이브 클라이언트와 하이브 서비스의 관계를 볼 수 있다.

- **쓰리프트 클라이언트**

하이브 서버는 쓰리프트 서비스를 제공하므로 쓰리프트를 지원하는 프로그래밍 언어는 무엇이든 하이브 서버와 연결할 수 있다. 파이썬과 루비용 클라이언트를 제공하는 서드파티 프로젝트가 있다. 자세한 내용은 하이브 위키[9]를 참고하라.

- **JDBC 드라이버**

하이브는 org.apache.hadoop.hive.jdbc.HiveDriver 클래스에 정의된 Type 4(순수 자바) JDBC 드라이버를 제공한다. JDBC URI를 jdbc:hive2://*host*:*port*/*dbname* 형식으로 설정하면 자바 애플리케이션은 지정된 호스트 및 포트에서 별도 프로세스로 실행되는 하이브 서버와 연결할 수 있다. 내부적으로 JDBC 드라이버는 자바 쓰리프트 바인딩으로 하이브 쓰리프트 클라이언트를 구현한 인터페이스를 호출한다.

Jdbc:hive2:// 형식의 URI를 사용하여 **내장형 모드**embedded mode에서 JDBC를 통해 하이브와 연결하는 대안도 있다. 이 모드에서 하이브는 애플리케이션과 동일한 JVM에서 실행된다. 쓰리프트 서비스나 하이브 쓰리프트 클라이언트를 사용하지 않으므로 독립형 서버로 시작할 필요는 없다.

Beeline CLI는 JDBC 드라이버로 하이브와 통신한다.

- **ODBC 드라이버**

비즈니스 인텔리전스 소프트웨어처럼 ODBC 프로토콜을 지원하는 애플리케이션은 ODBC 드라이버로 하이브에 접속할 수 있다. 아파치 하이브 배포판은 ODBC 드라이버를 제공하지는 않지만, 무료로 사용할 수 있는 드라이버를 제공하는 몇몇 벤더가 있다. JDBC 드라이버와 마찬가지로 ODBC 드라이버는 하이브 서버와 통신할 때 쓰리프트를 사용한다.

---

9 https://cwiki.apache.org/confluence/display/Hive/HiveServer2+Clients

그림 17-1 하이브 아키텍처

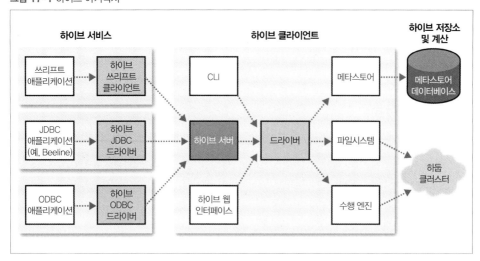

17.3.3 메타스토어

메타스토어^{metastore}는 하이브 메타데이터의 핵심 저장소다. 메타스토어는 서비스와 데이터 보관 저장소로 나뉜다. 기본적으로 메타데이터 서비스는 하이브 서비스와 동일한 JVM에서 실행되고 로컬 디스크에 저장되는 내장형 더비^{Derby} 데이터베이스 인스턴스를 포함한다. 이를 **내장형 메타스토어**^{embedded metastore} 설정이라고 한다([그림 17-2] 참조).

내장형 메타스토어는 하이브를 처음 시작할 때 쉽게 사용할 수 있는 방식이다. 그러나 내장형 더비 데이터베이스 인스턴스는 한번에 디스크에 위치한 데이터베이스 파일 하나에만 접근할 수 있다. 이것은 사용자가 동일한 메타스토어를 공유하는 그 순간에 단 하나의 하이브 세션만 사용할 수 있다는 의미다. 두 번째 세션을 시작하면 메타스토어와의 연결을 얻기 위한 시도는 실패하고 에러가 발생한다.

다중 세션, 즉 다중 사용자를 지원하는 방법은 독립형 데이터베이스를 사용하는 것이다. 이러한 설정 방식을 **로컬 메타스토어**^{local metastore}라고 한다. 메타스토어 서비스는 하이브 서비스와 동일한 프로세스에서 실행되지만 동일 머신이나 원격 머신에서 별도의 프로세스로 실행되는 데이터베이스와 연결할 수 있다. JDBC와 호환되는 모든 데이터베이스는 [표 17-1]에 열거된

javax.jdo.option.* 속성을 설정하는 방식으로 사용할 수 있다.[10]

그림 17-2 메타스토어 구성

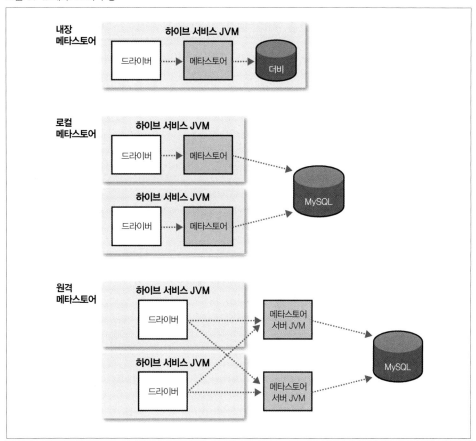

MySQL은 독립형^standalone 메타스토어로 가장 많이 사용되는 데이터베이스다. MySQL을 사용하려면 javax.jdo.option.ConnectionURL 속성은 jdbc:mysql://host/dbname?createDatabaseIfNotExist=true로, javax.jdo.option.ConnectionDriverName 속성은 com.mysql.jdbc.Driver로 설정하면 된다. 또한 사용자 이름과 암호도 설정해야 한다. MySQL(Connector/J)을 위한 JDBC 드라이버 JAR 파일은 하이브의 클래스경로에 반드시 존재해야 하는데, 하이브의 lib 디렉터리에 그 파일을 넣어두면 간단히 해결된다.

---

10 메타스토어는 자바 객체를 저장하기 위해 자바 데이터 객체(JDO, Java Data Object) API로 구현되었기 때문에 그 속성은 javax.jdo 접두사를 가진다. 특히 이것은 JDO의 DataNucleus로 구현되었다.

조금 더 깊게 들어가 보면 **원격 메타스토어**remote metastore라 불리는 다른 메타스토어 설정이 있는데, 하나 이상의 메타스토어 서버가 하이브 서비스와는 별도의 프로세스로 실행된다. 원격 메타스토어를 설정해두면 데이터베이스 계층이 방화벽의 역할을 대신하고, 따라서 클라이언트는 데이터베이스 자격 증명을 더 이상 얻을 필요가 없기 때문에 관리성과 보안성이 더 높아진다.

하이브 서비스는 hive.metastore.uris를 메타스토어 서버 URI로 설정하여 원격 메타스토어를 사용하도록 설정한다. 이때 다수의 메타스토어 서버를 설정하려면 콤마로 구분하면 된다. 메타스토어 서버 URI는 thrift://*host:port* 형식으로 지정한다. 여기서 포트는 메타스토어 서버를 구동할 때 METASTORE_PORT에 설정된 포트 중 하나를 지정하면 된다(17.3.2절 '하이브 서비스' 참조).

표 17-1 중요한 메타스토어 환경 설정 속성

속성명	형식	기본값	설명
hive.metastore.warehouse.dir	URI	/user/hive/warehouse	관리 테이블이 저장되는 fs.defaultFS의 디렉터리
hive.metastore.uris	콤마로 구분된 URI	정해진 값 없음	설정하지 않으면(기본) 인-프로세스 메타스토어를 사용한다. 설정하면 URI 목록에 지정한 하나 또는 그 이상의 원격 메타스토어에 연결한다. 여러 원격 서버가 있으면 클라이언트는 순차 순환 방식으로 연결한다.
javax.jdo.option.ConnectionURL	URI	jdbc:derby:;databaseName=metastore_db;create=true	메타스토어 데이터베이스의 JDBC URL
javax.jdo.option.ConnectionDriverName	String	org.apache.derby.jdbc.EmbeddedDriver	JDBC 드라이버 클래스명
javax.jdo.option.ConnectionUserName	String	APP	JDBC 사용자명
javax.jdo.option.ConnectionPassword	String	mine	JDBC 암호

17.4 전통적인 데이터베이스와의 비교

하이브는 전통적인 데이터베이스와 여러 면에서(SQL 인터페이스 지원 등) 비슷하다. 하지만 하이브는 HDFS와 맵리듀스를 기반으로 개발되었고, 이는 하이브가 제공하는 기능에 직접적으로 영향으로 주기 때문에 아키텍처 측면에 일부 차이가 있을 수밖에 없다. 하지만 시간이 흘러 이러한 제약은 점차 사라지고 있으며, 그 결과 하이브는 해가 지날수록 전통적인 데이터베이스와 점차 비슷해지고 있다.

17.4.1 읽기 스키마와 쓰기 스키마의 비교

전통적인 데이터베이스에서 테이블의 스키마는 데이터를 로드하는 시점에 검증된다. 만일 로드 중인 데이터가 스키마에 부합되지 않으면 해당 데이터를 거부한다. 이러한 설계 방식을 **쓰기 스키마**schema on write라고 부르는데, 데이터베이스에 쓰는 시점에 데이터의 스키마를 검증하기 때문이다.

한편 하이브는 로드 시점이 아니라 쿼리를 실행할 때 그 데이터를 검증한다. 이를 **읽기 스키마**schema on read라고 한다.

두 방식은 서로 상충 관계trade-off가 있다. 읽기 스키마는 데이터베이스 내부 형식으로 데이터를 읽거나 파싱하거나 디스크에 직렬화할 필요가 없기 때문에 초기에 매우 빠른 속도로 데이터를 로드할 수 있다. 따라서 로드 조작을 위해서는 단순히 파일을 복사하거나 이동하기만 하면 된다. 데이터 분석의 목적에 따라 동일한 데이터를 두 스키마로 다룰 때를 생각해보면 읽기 스키마는 매우 유연하다는 것을 알 수 있다. 또한 하이브는 외부 테이블도 사용할 수 있다(17.6.1절 '관리 테이블과 외부 테이블'을 참조하라).

쓰기 스키마는 데이터베이스가 컬럼 단위의 데이터 색인과 압축을 제공하기 때문에 더 빠르게 쿼리를 수행할 수 있다. 하지만 상대적으로 데이터베이스에 데이터를 로드하는 시간은 더 오래 걸린다. 더욱이 쿼리가 정해지지 않아서 로드 시점에 스키마를 지정할 수 없고 색인도 적용할 수 없는 경우도 빈번하다. 이런 상황에서는 하이브가 빛을 발하게 된다.

17.4.2 갱신, 트랜잭션, 색인

갱신, 트랜잭션, 색인은 전통적인 데이터베이스의 핵심 기능이다. 그럼에도 최근까지 하이브는 이러한 특성을 고려하지 않았다. 그 이유는 하이브가 맵리듀스를 사용하는 HDFS에 저장된 데이터를 다루기 때문이다. 이러한 환경에서 하이브의 기본 기능은 전체 테이블을 스캔하는 방식으로만 구현되어 있다. 여기서 실제 테이블의 갱신은 아예 새로운 테이블을 만들어 데이터를 변환하는 방식으로 구현된다는 점에 주목하자. 이것은 대량의 데이터셋을 대상으로 실행되는 데이터웨어하우징 애플리케이션에서 잘 작동하는 방식이다.

최근까지 하이브에서 기존 테이블에 새로운 열을 추가하는 기능은 INSERT INTO를 이용하여 테이블에 새로운 데이터 파일을 추가하는 방식만 가능했다. 하지만 0.14.0 버전부터는 INSERT INTO TABLE...VALUES를 이용하여 SQL로 계산된 작은 값의 집합을 추가하는 것도 지원하기 시작했다. 게다가 테이블의 행에 대해 UPDATE 및 DELETE 조작도 가능하다.

HDFS는 기존 파일의 갱신을 지원하지 않기 때문에 삽입, 변경, 삭제로 인한 갱신 내역은 별도의 작은 델타 파일에 저장된다. 델타 파일은 메타스토어에서 백그라운드로 실행되는 맵리듀스 잡에 의해 기존 테이블과 주기적으로 병합된다. 이 기능은 하이브 0.13.0에서 처음 도입된 트랜잭션 콘텍스트에서만 작동하고, 트랜잭션이 활성화된 테이블에만 적용된다. 테이블을 읽는 쿼리는 일관된 테이블 스냅숏을 보장받는다.

하이브는 추가로 테이블과 파티션 수준의 잠금을 지원한다. 예를 들어 잠금은 특정 프로세스가 테이블을 읽는 도중에 다른 프로세스가 테이블을 삭제하는 것을 방지할 수 있다. 잠금은 주키퍼에 의해 투명하게 관리되므로 사용자가 직접 주키퍼를 조작하여 잠금을 적용하거나 해제할 수는 없다. 하지만 SHOW LOCKS 구문을 통해 잠금의 적용 여부에 대한 정보는 얻을 수 있다. 잠금 기능은 기본적으로 활성화되어 있지 않다.

하이브는 특정한 경우에 쿼리의 속도를 높일 수 있는 색인을 지원한다. 예를 들어 SELECT * from t WHERE x = a와 같은 쿼리는 x 컬럼에 대한 색인을 이용할 수 있기 때문에 해당 테이블 파일의 일부만 읽어 들인다. 현재 **콤팩트**compact 색인과 **비트맵**bitmap 색인을 지원한다. 색인은 플러그인 방식으로 구현되었기 때문에 다른 방식의 색인도 추가할 수 있다.

콤팩트 색인은 각 값을 파일 오프셋이 아닌 HDFS 블록 넘버로 저장한다. 따라서 디스크 공간을 많이 차지하지 않으면서도 인접한 행 사이에 분포된 특정 컬럼에 대한 값을 색인하는 데 매우 효율적이다. 비트맵 색인은 특정 값이 출현하는 행을 효율적으로 저장하기 위해 압축된 비트셋bitset을 사용한다. 일반적으로 이 방식은 성별이나 국가처럼 값의 종류가 적은 컬럼에 적합하다.

17.4.3 SQL-on-Hadoop 대안

하이브가 개발된 지 수년이 지났고, 그동안 하이브의 한계를 해결하기 위해 많은 SQL-on-

Hadoop 엔진이 등장했다. 오픈 소스 인터랙티브[interactive](대화식) SQL 엔진인 클라우데라의 임팔라[Impala][11]는 최초의 엔진 중 하나로 맵리듀스 기반으로 실행되는 하이브에 비해 성능이 한 단계 향상되었다. 임팔라는 클러스터의 각 데이터노드에서 실행되는 전용 데몬을 사용한다. 클라이언트가 임팔라 데몬이 실행되는 임의의 노드에 접속하여 특정 쿼리를 실행하면 그 노드는 해당 쿼리를 총괄하는 코디네이터[coordinator] 노드의 역할을 맡게 된다. 코디네이터는 클러스터에 있는 다른 여러 개의 임팔라 데몬으로 작업을 보내고 각 데몬의 수행 결과를 해당 쿼리의 최종 결과 집합으로 결합한다. 임팔라는 하이브의 메타스토어를 이용하고 하이브 포맷과 대부분의 HiveQL 구문(SQL-92 포함)을 지원한다. 따라서 실질적으로 두 시스템이 통합되어 있다고 볼 수 있고, 동일한 클러스터에서 하이브와 임팔라를 둘 다 실행할 수 있다.

임팔라가 등장한 후 호튼웍스는 새로운 실행 엔진인 테즈[Tez]를 통해 하이브의 성능을 향상시키는 '스팅거[Stinger]' 이니셔티브를 시작했다. 테즈는 성능을 개선하기 위해 벡터 쿼리 엔진을 추가했다.

하이브의 대안으로 개발된 유명한 오픈 소스로는 페이스북의 프레스토[Presto][12], 아파치 드릴[Apache Drill][13], 스파크 SQL[14]이 있다. 프레스토와 드릴은 임팔라와 비슷한 아키텍처를 가지고 있지만, 드릴은 HiveQL 대신 SQL:2011을 지원한다. 스파크 SQL은 스파크를 기반 엔진으로 이용하고, 스파크 프로그램에 내장 SQL 쿼리를 허용한다.

> **NOTE_** 스파크 SQL과 하이브에서 스파크 실행 엔진을 사용하는 것은 서로 다르다(17.3.1절의 '실행 엔진' 참조). 스파크 기반의 하이브는 하이브 프로젝트의 일부이므로 모든 하이브의 기능을 제공한다. 반면 스파크 SQL은 일정 수준에서 하이브와의 호환성을 제공하는 새로운 SQL 엔진이다.

아파치 피닉스[Apache Phoenix][15]는 완전히 다른 접근 방식을 취한다. 피닉스는 HBase 기반의 SQL을 제공한다. JDBC 드라이버를 통해 SQL을 요청하면 HBase의 scan( ) 메서드로 변환되어 해당 쿼리가 처리되므로 서버 측 집계를 수행하는 HBase의 보조프로세서의 장점을 취할 수 있다. 메타데이터 역시 HBase에 저장된 것을 활용한다.

----

11 http://impala.io/
12 http://prestodb.io/
13 http://drill.apache.org/
14 https://spark.apache.org/sql/
15 http://phoenix.apache.org/

17.5 HiveQL

하이브의 SQL 언어인 HiveQL은 SQL-92, MySQL, 오라클 SQL을 혼합한 것이다. 시간이 지나면서 SQL-92의 지원 수준이 향상되었으며 앞으로도 계속 좋아질 것이다. HiveQL은 SQL:2003의 분석 함수로 유명한 윈도우 함수와 같은 후기 SQL 표준을 제공하고 있다. 하이브의 비표준 확장 SQL 중 일부는 다중 테이블 삽입(17.6.4절의 '다중테이블 INSERT' 참조)과 TRANSFORM, MAP, REDUCE 절(17.7.2절 '맵리듀스 스크립트' 참조)과 같은 맵리듀스에서 영감을 얻었다.

이 장에서는 HiveQL의 완벽한 레퍼런스는 제공하지 않는다. 필요하면 하이브 문서[16]를 참고하라. 대신 하이브의 일반적인 특징과 SQL-92 또는 MySQL와 같은 유명한 데이터베이스와 하이브의 차이점에 대해 초점을 두겠다. [표 17-2]에 SQL과 HiveQL의 차이점을 요약했다.

표 17-2 SQL과 HiveQL 비교

특징	SQL	HiveQL	참고
갱신	UPDATE, INSERT, DELETE	UPDATE, INSERT, DELETE	17.6.4절의 'INSERT', 17.4.2절 '갱신, 트랜잭션, 색인'
트랜잭션	지원	제한된 지원	
색인	지원	지원	
자료형	정수형, 부동소수점, 고정소수점, 텍스트와 바이너리 문자열, 날짜/시간	불린형, 정수형, 부동소수점, 고정소수점, 텍스트와 바이너리 문자열, 날짜/시간, 배열, 맵, 구조체	17.5.1절 '자료형'
함수	수백 개의 내장 함수	수백 개의 내장 함수	17.5.2절 '연산자와 함수'
다중 테이블 삽입	지원하지 않음	지원	17.6.4절의 '다중테이블 INSERT'
CREATE TABLE...AS SELECT	SQL-92 표준 명세를 따르지 않음(일부 데이터베이스는 지원)	지원	17.6.4절의 'CREATE TABLE...AS SELECT'
SELECT	SQL-92	SQL-92. SORT BY는 부분 정렬, LIMIT는 반환되는 레코드 수 제한	17.7절 '데이터 질의하기'
조인	SQL-92 또는 변형(FROM 절에서 테이블 조인, WHERE 절에서 조건 조인)	내부 조인, 외부 조인, 세미 조인, 맵 조인, 크로스 조인	17.7.3절 '조인'

---

16 http://bit.ly/languagemanual

특징	SQL	HiveQL	참고
서브쿼리	모든 절에서 지원(연관 서브쿼리 또는 비연관 서브쿼리)	FROM, WHERE, HAVING 절에서 지원(비연관 서브쿼리는 지원하지 않음)	17.7.4절 '서브쿼리'
뷰	갱신 가능(실체화된 뷰 또는 비실체화된 뷰)	읽기 전용(실체화된 뷰는 지원하지 않음)	17.7.5절 '뷰'
확장성	사용자 정의 함수 및 저장 프로시저	사용자 정의 함수, 맵리듀스 스크립트	17.8절 '사용자 정의 함수', 17.7.2절 '맵리듀스 스크립트'

17.5.1 자료형

하이브는 기본 자료형과 복합 자료형을 모두 지원한다. 기본형은 숫자형, 불린형, 문자열형, 타임스탬프형을 포함한다. 복합 자료형은 배열, 맵, 구조체를 포함한다. 하이브의 자료형은 [표 17-3]에 열거되어 있다. 예시된 표기법은 HiveQL에서 사용되는 표현이지 테이블의 저장 포맷에서 사용되는 직렬화 형식은 아니다(17.6.3절 '저장 포맷' 참조).

표 17-3 하이브 자료형

분류	자료형	설명	표기법 예시
기본형	BOOLEAN	true/false 값	TRUE
	TINYINT	1바이트(8비트) 부호형 정수(-128~127)	1Y
	SMALLINT	2바이트(16비트) 부호형 정수 (-32,768~32,767)	1S
	INT	4바이트(32비트) 부호형 정수 (-2,147,483,648~2,147,483,647)	1
	BIGINT	8바이트(64비트) 부호형 정수 (-9,223,372,036,854,775,808~ 9,223,372,036,854,775,807)	1L
	FLOAT	4바이트(32비트) 단정밀도 부동소수점수	1.0
	DOUBLE	8바이트(64비트) 배정밀도 부동소수점수	1.0
	DECIMAL	임의 정밀도 부호형 숫자	1.0
	STRING	길이 제한이 없는 문자열	'a', "a"
	VARCHAR	가변길이 문자열	'a', "a"
	CHAR	고정길이 문자열	'a', "a"
	BINARY	바이트 배열	지원하지 않음
	TIMESTAMP	10억 분의 1초의 정밀도를 가진 타임스탬프	1325502245000, '2012-01-02 03:04:05.123456789'

분류	자료형	설명	표기법 예시
	DATE	날짜	`'2012-01-02'`
복합형	ARRAY	순서가 있는 필드의 집합. 필드의 모든 원소는 동일한 자료형이어야 한다.	`array(1, 2)`[a]
	MAP	순서가 없는 키-값 쌍의 집합. 키는 기본형만 가능하고, 값은 모든 자료형이 가능하다. 특정 맵에서는 키와 값이 모두 동일한 자료형이어야 한다.	`map('a', 1, 'b', 2)`
	STRUCT	이름을 가진 필드의 집합. 필드의 원소는 서로 다른 자료형일 수 있다.	`struct('a', 1, 1.0),`[b] `named_struct('col1', 'a', 'col2', 1, 'col3', 1.0)`
	UNION	임의의 자료형을 지닌 값. 자료형을 지시하는 정수 인덱스로 그 값을 표시할 수 있다.	`create_union(1, 'a', 63)`

[a] ARRAY, MAP, STRUCT, UNION의 표기 방식은 함수로 제공된다. 각각의 하이브 내장 함수로는 `array()`, `map()`, `struct()`, `create_union()`이 있다.

[b] 컬럼의 이름은 col1, col2, col3 순으로 명명된다.

기본형

하이브의 기본형은 자바의 기본 자료형에 대부분 상응한다. 하지만 일부 자료형의 이름은 MySQL의 자료형이나 SQL-92에 영향을 받았다. BOOLEAN은 true나 false 값을 가진다. 네 개의 부호 있는 정수형인 TINYINT, SMALLINT, INT, BIGINT는 1바이트, 2바이트, 4바이트, 8바이트 부호 있는 정수에 해당되는 자바의 기본형인 byte, short, int, long에 각각 대응한다.

하이브의 부동소수점 자료형인 FLOAT과 DOUBLE은 각각 자바의 float과 double에 해당되는 32비트와 64비트 부동소수점수다.

DECIMAL 자료형은 자바의 BigDecimal과 같은 임의 정밀도 숫자를 표현하며, 통화값을 나타낼 때 주로 사용된다. DECIMAL의 값은 비정밀도 숫자로 저장된다. 여기서 **정밀도**[precision]는 정수의 자릿수, **스케일**[scale]은 소수점 이하의 자릿수다. 예를 들어 DECIMAL(5,2)는 –999.99에서 999.99 사이의 숫자를 저장한다. 스케일을 생략하면 기본값은 0이므로 DECIMAL(5)는 –99,999에서 99,999(즉, 정수)의 범위를 가진다. 정밀도가 생략되면 기본값은 10이므로 DECIMAL은 DECIMAL(10,0)과 같다. 최대 정밀도는 38이며, 스케일은 정밀도보다 절대로 클 수 없다.

텍스트를 저장하는 하이브의 자료형은 3개다. STRING은 최대 길이를 지정하지 않은 가변길이 문자열이다(의미는 없지만 최대 길이는 2GB다. 스쿱은 대형 객체를 지원한다. 15.7절 '대용량 객체 임포트하기' 참조). VARCHAR는 최대 길이를 1에서 65355까지 지정할 수 있는 문자열이다(예를 들면 VARCHAR(100)). CHAR는 고정길이 문자열로, 필요하면 후행 공백 문자로 채워진다(예를 들면 CHAR(100)). CHAR의 값을 비교할 때 후행 공백 문자는 무시된다.

BINARY 자료형은 가변 길이 바이너리 자료를 저장한다.

TIMESTAMP 자료형은 10억 분의 1초의 정밀도를 가진 타임스탬프를 저장한다. 하이브는 일반적인 날짜 연산을 쉽게 다룰 수 있도록 하이브 타임스탬프, 유닉스 타임스탬프(유닉스 초창기부터 시작된 초 단위의 값), 문자열의 상호 변환이 가능한 UDF를 제공한다. TIMESTAMP는 타임존을 포함하지 않지만 to_utc_timestamp와 from_utc_timestamp 함수로 타임존을 변경할 수 있다.

DATE 자료형은 년, 월, 일로 날짜를 저장한다.

복합형

하이브는 ARRAY, MAP, STRUCT, UNION 등 네 개의 복합형을 제공한다. ARRAY와 MAP은 자바에 동일한 이름의 자료형이 있다. STRUCT는 이름을 가진 필드의 집합을 포함한 레코드 자료형이다. UNION은 필드의 자료형을 자유롭게 선택할 수 있지만 그 값은 모두 반드시 동일한 자료형이어야 한다.

복합형은 임의 수준의 중첩을 허용한다. 복합형의 선언은 꺾쇠괄호(<, >) 표기를 이용하여 필드의 자료형을 반드시 지정해야 한다. 아래 테이블 선언은 4개의 컬럼으로 구성되었다.

```
CREATE TABLE complex (
  c1 ARRAY<INT>,
  c2 MAP<STRING, INT>,
  c3 STRUCT<a:STRING, b:INT, c:DOUBLE>,
  c4 UNIONTYPE<STRING, INT>
);
```

[표 17-3]의 '표기법 예시'(17.6.3절 '저장 포맷'에 있는 파일 포맷이 필요함)에 있는 ARRAY, MAP, STRUCT, UNION의 한 행을 테이블에 로드한 후 다음 쿼리와 같이 각 자료형에 대한 필드 접근 연산자를 사용하면 그 값을 확인해볼 수 있다.

```
hive> SELECT c1[0], c2['b'], c3.c, c4 FROM complex;
1    2    1.0    {1:63}
```

17.5.2 연산자와 함수

하이브는 관계 연산자(동등성 검증을 위한 x = 'a', null 값 검증을 위한 x IS NULL, 패턴 일치를 위한 x LIKE 'a%'), 산술 연산자(증가를 위한 x + 1), 논리 OR 연산자(논리 연산을 위한 x OR y)를 지원한다. 하이브 연산자는 SQL-92에서 파생된 MySQL의 연산자와 거의 일치한다. 따라서 || 연산자는 문자열 연결이 아닌 논리 OR 연산자다. 대신 MySQL과 하이브는 문자열 연결을 위해 concat 함수를 제공한다.

하이브는 산술 및 통계 함수, 문자열 함수, 날짜 함수(날짜의 문자열 표기를 지원하는), 조건부 함수, 집계 함수, XML(xpath 함수를 이용하는) 및 JSON을 지원하는 함수 등 다양한 분류의 내장 함수를 제공한다.

하이브 쉘에서 SHOW FUNCTIONS를 입력하면 전체 함수 목록을 볼 수 있다.[17] 특정 함수에 대한 간단한 사용법은 다음과 같이 DESCRIBE 명령으로 확인할 수 있다.

```
hive> DESCRIBE FUNCTION length;
length(str | binary) - Returns the length of str or number of bytes in binary
  data
```

원하는 기능을 지원하는 내장 함수가 없으면 직접 작성할 수 있다. 17.8절 '사용자 정의 함수'를 참조하라.

형변환

함수와 연산 표현식 내부에서 계층 구조를 형성하는 기본형은 하이브에 의해 암묵적인 형변환이 수행된다. 예를 들어 TINYINT는 표현식이 INT를 요구하면 INT로 변환될 것이다. 그러나 역변환은 불가능하고 CAST 연산자를 사용하지 않으면 오류가 발생한다.

암묵적 변환 규칙은 다음과 같이 요약할 수 있다. 모든 숫자형은 더 큰 숫자형 또는 텍스트형(STRING, VARCHAR, CHAR)으로 암묵적으로 변환될 수 있다. 모든 텍스트형은 다른 텍스트형으로 암묵적으로 변환될 수 있다. 심지어 DOUBLE이나 DECIMAL로도 변환될 수 있다. 불린형은 다른 자료형으로 변환될 수 없으며, 어떤 표현식으로도 암묵적으로 변환될 수 없다. TIMESTAMP와 DATE는 텍스트형으로 암묵적으로 변환될 수 있다.

---

17 또는 하이브 함수 참조문서(http://hive.apache.org)를 참고하라.

CAST를 사용하여 명시적 형변환을 수행할 수 있다. 예를 들어 CAST('1' AS INT)는 문자열 '1' 을 정숫값 1로 변환한다. CAST('X' AS INT)와 같이 하여 형변환이 실패하면 표현식은 NULL을 반환한다.

17.6 테이블

하이브 테이블은 '저장된 데이터'와 '테이블에서 데이터의 배치^{layout}를 기술하는 관련 메타데이 터'로 논리적으로 구성된다. 데이터는 로컬 파일시스템이나 S3를 포함하여 어떠한 하둡 파일시 스템에도 둘 수 있지만 일반적으로는 HDFS에 둔다. 하이브는 HDFS가 아닌 관계형 데이터베 이스에 메타데이터를 저장한다(17.3.3절 '메타스토어' 참조).

이 절에서는 테이블을 생성하는 방법, 하이브가 제공하는 다양한 물리적 저장 포맷, 데이터를 테 이블로 임포트하는 방법에 대해 자세히 살펴볼 것이다.

다중 데이터베이스/스키마 지원

많은 관계형 데이터베이스는 사용자와 애플리케이션이 다수의 데이터베이스나 스키마로 분리될 수 있도록 다중 네임스페이스 기능을 지원한다. 하이브 역시 다중 네임스페이스 기능을 지원하고 CREATE DATABASE *dbname*, USE *dbname*, DROP DATABASE *dbname*과 같은 명령을 제공한다. 데이 터베이스를 포함한 테이블 이름을 사용하고 싶으면 *dbname.tablename* 형식으로 지정하면 된 다. 데이터베이스를 지정하지 않으면 테이블은 default 데이터베이스에 포함된다.

17.6.1 관리 테이블과 외부 테이블

테이블을 생성할 때 하이브는 기본적으로 데이터를 직접 관리하게 되는데, 이는 하이브가 데이 터를 자신이 관리하는 웨어하우스 디렉터리로 이동시킨다는 의미다. 반대로 사용자는 **외부 테 이블**$^{external\ table}$을 생성하여 웨어하우스 디렉터리 외부의 데이터를 참조할 수도 있다.

두 종류의 테이블은 LOAD와 DROP에 대한 해석에서 차이점이 있다. 먼저 관리 테이블부터 살펴 보자.

사용자가 데이터를 관리 테이블에 로드할 때 그 데이터는 하이브의 웨어하우스 디렉터리로 이동하게 된다. 다음 예제를 보자.

```
CREATE TABLE managed_table (dummy STRING);
LOAD DATA INPATH '/user/tom/data.txt' INTO table managed_table;
```

이 예제는 hdfs://user/tom/data.txt 파일을 managed_table 테이블에 대한 하이브의 웨어하우스 디렉터리인 hdfs://user/hive/warehouse/managed_table로 **이동**시킨다.[18]

> **NOTE_** LOAD 연산은 파일시스템에서 파일을 단순히 이동시키거나 이름을 변경하는 것이기 때문에 매우 빠르다. 하지만 하이브는 해당 테이블의 디렉터리에 있는 파일과 관리 테이블을 위해 선언된 스키마의 정합성을 미리 점검하지 않는다는 사실을 잊어서는 안 된다. 만일 정합성에 문제가 있다면 쿼리 시점에 누락된 필드에 대해 **NULL**을 반환한다. 사용자는 테이블에서 몇 개의 행을 얻을 수 있는 **SELECT** 구문을 실행하여 데이터가 제대로 해석되는지 검증할 수 있다.

다음과 같이 DROP TABLE 구문을 사용하여 생성된 테이블을 제거할 수 있다.

```
DROP TABLE managed_table;
```

DROP 구문으로 테이블을 제거하면 메타스토어와 함께 그 **데이터**도 삭제된다. 앞에서 실행한 LOAD 구문은 파일의 이동 조작을 수행한 것이고, DROP은 파일의 삭제 조작을 수행한 것이기 때문에 데이터는 어디에도 존재하지 않을 것이다. 이것이 바로 하이브가 데이터를 관리하는 방법이다.

외부 테이블은 관리 테이블과 다르다. 사용자가 데이터의 생성과 삭제를 직접 제어해야 한다. 외부 데이터의 위치는 테이블을 생성하는 시점에 지정된다.

```
CREATE EXTERNAL TABLE external_table (dummy STRING)
  LOCATION '/user/tom/external_table';
LOAD DATA INPATH '/user/tom/data.txt' INTO TABLE external_table;
```

----

18 원본과 대상 파일시스템이 동일할 때만 이동이 성공한다. 특이한 사례로 LOCAL 키워드를 사용하면 로컬 파일시스템에 있는 파일을 하이브의 웨어하우스 디렉터리(동일한 로컬 파일시스템일 수도 있음)로 **복사**한다. 이를 제외한 다른 모든 경우에 LOAD는 이동 조작이며, 예상대로 작동한다.

테이블을 생성할 때 EXTERNAL 키워드를 추가하면 하이브는 데이터를 직접 관리할 필요가 없기 때문에 그 데이터를 웨어하우스 디렉터리로 이동시키지 않는다. 사실 하이브는 테이블을 선언하는 시점에 외부 테이블의 디렉터리가 존재하는지 여부도 확인하지 않는다. 이렇게 하면 테이블을 생성한 후 데이터를 생성해도 문제가 없다.

외부 테이블을 삭제할 때 하이브는 데이터는 절대 건드리지 않고 메타데이터만 삭제한다.

따라서 어떤 종류의 테이블을 생성할지 선택할 필요가 있다. DROP을 해석하는 방법은 다르지만 두 종류의 테이블은 큰 차이가 없기 때문에 이것은 선호의 문제가 된다. 경험적으로 보면 하이브에서만 데이터를 처리한다면 관리 테이블을, 동일한 데이터셋을 하이브를 비롯해서 다른 도구와 함께 사용한다면 외부 테이블을 주로 선택한다. 일반적으로 HDFS에 다른 프로세스가 생성하여 저장한 초기 데이터셋을 접근할 때는 외부 테이블을 사용하고, 나중에 그 데이터를 하이브 관리 테이블로 이동시킬 때는 하이브 변환을 사용할 수 있다. 다른 방식도 가능한데, 데이터를 다른 애플리케이션에서 사용할 수 있도록 익스포트할 때 외부 테이블을 사용할 수도 있다.[19]

외부 테이블을 사용하는 또 다른 이유는 동일한 데이터셋과 관련된 다중 스키마를 적용하기 위해서다.

17.6.2 파티션과 버킷

하이브는 테이블을 **파티션**^{partition}으로 구조화할 수 있다. 파티션이란 테이블의 데이터를 날짜와 같은 **파티션 컬럼**$^{partition\ column}$의 값을 기반으로 큰 단위$^{coarse-grained}$로 분할하는 방식이다. 파티션을 사용하면 데이터의 일부를 매우 빠르게 질의할 수 있다.

테이블과 파티션은 효율적인 쿼리를 위해 데이터에 추가된 구조인 **버킷**^{bucket}으로 더욱 세분화될 수 있다. 예를 들어 사용자 ID를 기준으로 버킷을 생성하면 전체 사용자 중에서 무작위 데이터 샘플을 뽑아 사용자가 작성한 쿼리가 제대로 실행되는지 빠르게 평가할 수 있다.

파티션

파티션이 주로 사용되는 예를 들기 위해 각 레코드가 타임스탬프를 포함하고 있는 로그파일이 있다고 가정하자. 만일 날짜 기반으로 파티션을 했다면 같은 날짜의 레코드는 동일한 파티션에

---

19 하둡 파일시스템에 데이터를 익스포트하기 위해 INSERT OVERWRITE DIRECTORY를 사용할 수 있다.

저장될 것이다. 이 방식의 장점은 특정 날짜나 기간으로 국한된 쿼리는 오직 관련된 파티션의 파일만 읽기 때문에 매우 효율적으로 결과를 얻을 수 있다는 데 있다. 파티션이 있다고 해도 광범위한 쿼리를 배제하는 것은 절대 아니라는 점도 염두에 두어야 한다. 많은 파티션에 걸쳐 있는 전체 데이터셋에 쿼리를 던지는 것도 당연히 가능하다.

테이블은 다중 차원으로 파티션될 수 있다. 예를 들어 먼저 날짜를 기준으로 로그를 파티션하고 그다음에 지역별로 효율적인 쿼리를 수행하기 위해 각 날짜별 파티션에 국가별 **서브파티션**을 추가할 수 있다.

파티션은 테이블을 생성하는 시점에 PARTITIONED BY 절을 이용하여 선언한다.[20] 다음은 가상의 로그파일 예제를 위해 타임스탬프와 로그 행 자체로 구성된 레코드를 가진 테이블을 정의한 구문이다.

```
CREATE TABLE logs (ts BIGINT, line STRING)
PARTITIONED BY (dt STRING, country STRING);
```

파티션이 정의된 테이블로 데이터를 로드할 때는 파티션 값을 명시적으로 지정해야 한다.

```
LOAD DATA LOCAL INPATH 'input/hive/partitions/file1'
INTO TABLE logs
PARTITION (dt='2001-01-01', country='GB');
```

파일시스템 수준에서 보면 파티션은 단순히 테이블 디렉터리에 내포된 서브디렉터리다. Logs 테이블로 파일 몇 개를 로드한 후 디렉터리 구조를 보면 오른쪽 그림과 같을 것이다.

Logs 테이블은 dt=2001-01-01과 dt=2001-01-02로 명명된 서브디렉터리에 해당하는 두 개의 날짜 파티션 2001-01-01과 2001-01-02를 가지고 있다. 또한 country=GB와 country=US로 명명된 내포된 서브디렉터리에 해당하는 두 개의 국가 서브파티션인 GB와 US도 있다. 데이터 파일은 단말 leaf 디렉터리에 저장된다.

```
/user/hive/warehouse/logs
├── dt=2001-01-01/
|   ├── country=GB/
|   |   ├── file1
|   |   └── file2
|   └── country=US/
|       └── file3
└── dt=2001-01-02/
    ├── country=GB/
    |   └── file4
    └── country=US/
        ├── file5
        └── file6
```

----

20 ALTER TABLE 구문을 이용하여 테이블을 생성한 후 파티션을 추가하거나 제거할 수도 있다.

SHOW PARTITIONS로 테이블에 포함된 파티션의 목록을 하이브에 요청할 수 있다.

```
hive> SHOW PARTITIONS logs;
dt=2001-01-01/country=GB
dt=2001-01-01/country=US
dt=2001-01-02/country=GB
dt=2001-01-02/country=US
```

PARTITIONED BY 절의 컬럼 정의는 파티션 컬럼이라 불리는 온전한full-fledged 테이블 컬럼이라는 점을 염두에 두어야 한다. **파티션 컬럼**에 대한 값은 디렉터리 이름으로 유추할 수 있기 때문에 데이터 파일 자체에는 포함되어 있지 않다.

일반적으로 파티션 컬럼은 SELECT 문에서 사용될 수 있다. 하이브는 해당 파티션만 읽기 위해 **입력 가지치기**input pruning를 수행한다. 예를 들어 다음 SELECT 구문은 file1, file2, file4만 스캔할 것이다.

```
SELECT ts, dt, line
FROM logs
WHERE country='GB';
```

이 쿼리는 dt 파티션 컬럼의 값(하이브는 이 값이 데이터 파일에 없으므로 디렉터리 이름에서 읽는다)도 반환한다.

버킷

테이블을 버킷으로 구조화하려는 이유는 두 가지다. 하나는 매우 효율적인 쿼리가 가능하기 때문이다. 버킷팅은 테이블에 대한 추가 구조를 부여하고, 하이브는 어떤 쿼리를 수행할 때 이 추가 구조를 이용할 수 있다. 특히 동일한 컬럼(조인할 컬럼)에 대한 버킷을 가진 두 테이블을 조인할 때 맵 조인을 구현하면 매우 효율적이다.

테이블을 버킷팅하는 두 번째 이유는 효율적인 샘플링에 유리하기 때문이다. 매우 큰 데이터셋을 대상으로 개발하거나 개선하는 과정에서 데이터셋의 일부만으로 쿼리를 수행할 수 있으면 매우 편리하다. 이 절의 마지막에서 효율적인 샘플링 방법을 다룰 것이다.

먼저 테이블을 버킷팅하는 방법을 살펴보자. CLUSTERED BY 절로 버킷 수와 버킷 기준 컬럼을 지정한다.

```
CREATE TABLE bucketed_users (id INT, name STRING)
CLUSTERED BY (id) INTO 4 BUCKETS;
```

이 예제는 사용자 ID를 기준으로 버킷을 결정한다. 하이브는 사용자 ID의 값을 해싱하고, 그 값을 버킷 수로 나눈 나머지를 버킷의 번호로 선택한다. 그러면 각 버킷은 사용자의 무작위 집합을 포함하는 효과가 있다.

동일한 방식으로 버킷된 두 개의 테이블에 맵 조인을 수행하면 왼쪽 테이블의 버킷을 처리하는 매퍼는 상응하는 행이 오른쪽 테이블의 버킷에 있다는 것을 사전에 인지하고 있기 때문에 조인을 수행할 때 오른쪽 테이블에 저장된 전체 데이터의 작은 일부만 추출한다. 두 테이블의 버킷 수가 정확하게 같으면 좋겠지만 서로 달라도 최적화가 가능하다. 버킷된 두 개의 테이블을 조인하는 HiveQL은 17.7.3절의 '맵 조인'에서 볼 수 있다.

버킷에 포함된 데이터는 하나 이상의 컬럼으로 정렬될 수 있다. 이렇게 하면 각 버킷을 조인할 때 효율적인 병합 정렬이 가능하므로 맵 조인의 속도를 더 향상시킬 수 있다. 정렬된 버킷을 가진 테이블을 정의하는 구문은 다음과 같다.

```
CREATE TABLE bucketed_users (id INT, name STRING)
CLUSTERED BY (id) SORTED BY (id ASC) INTO 4 BUCKETS;
```

해당 테이블의 데이터가 버킷되었다는 사실을 어떻게 확인할 수 있을까? 하이브 외부에서 생성된 데이터를 버킷된 테이블로 로드하는 방법도 있지만, 기존에 존재하는 테이블에서 하이브가 버킷팅을 수행하는 방법이 때로는 더 쉽다.

> **CAUTION_** 하이브는 디스크에 저장된 데이터 파일에 있는 버킷이 테이블 정의(버킷 컬럼이나 개수)에 기반한 버킷과 정확히 일치하는지 검증하지 않는다. 일치하지 않으면 에러가 발생하거나 쿼리 시점에 예측하지 못한 결과가 발생할 수 있다. 이러한 이유로 하이브가 직접 버킷팅을 수행하도록 권고하고 있다.

다음과 같이 버킷을 적용하지 않은 테이블이 있을 때

```
hive> SELECT * FROM users;
0       Nat
2       Joe
3       Kay
4       Ann
```

이를 버킷된 테이블로 변경하려면 먼저 hive.enforce.bucketing 속성을 true로 설정하여 테이블 정의에 선언된 개수만큼 버킷을 생성하도록 하이브에 알려주어야 한다. 그러고 나서 아래와 같이 단순히 INSERT 명령을 실행하면 된다.

```
INSERT OVERWRITE TABLE bucketed_users
SELECT * FROM users;
```

물리적으로 각 버킷은 테이블이나 파티션 디렉터리 안에 있는 하나의 파일이다. 파일의 이름은 중요하지 않지만 사전순으로 배치될 때 버킷 n은 n번째 파일이라는 점을 기억하자. 사실 버킷은 맵리듀스 출력 파일 파티션에 상응한다. 다른 말로 하면 잡은 리듀스 태스크와 동일한 개수의 버킷(출력 파일)을 생성한다. 아래 명령을 실행하여 bucketed_users 테이블의 배치를 확인해 보자.

```
hive> dfs -ls /user/hive/warehouse/bucketed_users;
```

아래와 같은 이름을 가진 네 개의 파일이 하이브에 의해 생성되었다.

```
000000_0
000001_0
000002_0
000003_0
```

첫 번째 버킷은 사용자 ID가 0과 4인 레코드를 가진다. INT의 해시는 정수 그 자체고, 버킷 수인 4로 나눈 나머지가 바로 버킷의 번호다(값이 0, 4, 8인 레코드의 버킷 번호는 모두 0이다).[21]

---

21 원시 파일을 콘솔에 출력할 때 필드 값이 붙어서 나온 이유는 분리 문자가 화면에 보이지 않는 제어 문자이기 때문이다. 제어 문자는 다음 절에서 설명한다.

```
hive> dfs -cat /user/hive/warehouse/bucketed_users/000000_0;
0Nat
4Ann
```

전체 테이블이 아니라 테이블의 일부 버킷만 사용하는 쿼리로 제한하는 TABLESAMPLE 절을 이용하여 해당 테이블을 샘플링하면 동일한 결과를 얻을 수 있다.

```
hive> SELECT * FROM bucketed_users
    > TABLESAMPLE(BUCKET 1 OUT OF 4 ON id);
4    Ann
0    Nat
```

여기서 버킷 번호는 1이 기준이다. 따라서 이 쿼리는 네 개의 버킷 중 첫 번째 버킷의 사용자만 검색한다. 데이터가 고르게 분포된 매우 큰 데이터셋에서는 테이블에 있는 전체 행의 4분의 1 가량이 반환될 것이다. 비율을 다르게 지정하면 더 많은 버킷도 샘플링할 수 있다. 어차피 샘플링 자체가 정밀한 연산을 의미하지 않기 때문에 버킷 수를 엄격하게 지정할 필요는 없다. 예를 들어 다음 쿼리는 버킷의 절반(1/2)을 반환한다.

```
hive> SELECT * FROM bucketed_users
    > TABLESAMPLE(BUCKET 1 OUT OF 2 ON id);
4    Ann
0    Nat
2    Joe
```

버킷된 테이블의 샘플링은 TABLESAMPLE 절에 해당되는 버킷만 읽으면 되기 때문에 매우 효율적이다. 버킷이 없는 테이블을 rand() 함수로 샘플링할 때와 한번 비교해보자. 이 경우에는 매우 작은 샘플만 필요하지만 전체 입력 데이터셋을 읽어야 한다.

```
hive> SELECT * FROM users
    > TABLESAMPLE(BUCKET 1 OUT OF 4 ON rand());
2    Joe
```

17.6.3 저장 포맷

하이브는 두 개의 차원, 즉 **로우 포맷**^{row format}과 **파일 포맷**^{file format}으로 테이블 저장소를 관리한다. 로우 포맷은 행과 특정 행의 필드가 저장된 방식을 지시한다. 로우 포맷은 직렬자-역직렬자 ^{Serializer-Deserializer}를 혼합한 하이브 전문 용어인 SerDe로 정의된다.

테이블을 질의하는 경우와 같이 역직렬화를 수행할 때 SerDe는 파일에 저장된 바이트의 데이터 행을 하이브에서 내부적으로 사용되는 객체로 역직렬화하여 그 데이터에 대한 연산을 수행한다. INSERT나 CTAS(17.6.4절 '데이터 임포트하기' 참조)를 수행하는 경우와 같이 직렬화를 수행할 때 하이브에서 내부적으로 표현되는 데이터 행은 출력 파일에 저장될 바이트로 직렬화된다.

파일 포맷은 행에 포함된 필드의 포맷을 지시한다. 가장 단순한 포맷은 일반 텍스트 파일 포맷이 지만, 행 기반과 컬럼 기반 바이너리 포맷도 사용할 수 있다.

기본 저장 포맷: 구분 텍스트

ROW FORMAT이나 STORED AS 절을 지정하지 않고 테이블을 생성하면 테이블의 포맷은 기본 포맷 인 한 줄이 한 행이 되는 구분 텍스트^{delimited text}가 된다.[22]

기본 행 구분자는 탭 문자가 아니고, 아스키 제어 코드의 Ctrl-A 문자다(아스키코드는 1). 간혹 문서에서 ^A로 표시되는 Ctrl-A가 행 구분자로 선정된 이유는 탭 문자보다 필드 텍스트에 나올 가능성이 적기 때문이다. 하이브에서 구분자로 확장 문자^{escape character}를 사용하면 문제가 생길 수 있기 때문에 데이터 필드에서 거의 사용되지 않는 문자를 선택하는 것이 좋다.

ARRAY 또는 STRUCT의 항목이나 MAP의 키-값 쌍을 구분하기 위해 사용되는 기본 컬렉션 항목의 구분자는 Ctrl-B 문자다. MAP에서 키와 값을 구분하기 위해 사용되는 기본적인 맵 키의 구분자 는 Ctrl-C 문자다. 테이블의 행은 개행 문자로 구분된다.

> **CAUTION_** 구분자의 선행 기술은 기본형만 포함하고 있는 복합형의 나열적 데이터 구조^{flat data structure}에 적 합하다. 그러나 중첩형은 조금 다른데 중첩 **수준**에 따라 다른 구분자를 사용해야 한다.
>
> 예를 들어 배열의 배열이면 외부 배열의 구분자는 Ctrl-B 문자고 내부 배열의 구분자는 그다음 구분자인 Ctrl-C 문자다. 만일 특정 중첩 구조에서 하이브가 사용하는 구분자를 모르겠으면 다음과 같은 명령을 실행 해보면 된다.

---

22 기본 포맷을 변경하고 싶으면 `hive.default.fileformat` 속성을 변경하면 된다.

```
CREATE TABLE nested
AS
SELECT array(array(1, 2), array(3, 4))
FROM dummy;
```

먼저 테이블을 생성한 후 출력 파일의 구분자를 검사하기 위한 hexdump 등의 명령을 실행한다.

하이브는 실제로 아스키코드 1부터 8에 해당하는 8단계의 구분자를 제공하지만 앞에 있는 3개의 구분자만 재정의할 수 있다.

다음 구문은

```
CREATE TABLE...;
```

아래와 같이 보다 명시적으로 지정할 수 있다.

```
CREATE TABLE ...
ROW FORMAT DELIMITED
  FIELDS TERMINATED BY '\001'
  COLLECTION ITEMS TERMINATED BY '\002'
  MAP KEYS TERMINATED BY '\003'
  LINES TERMINATED BY '\n'
STORED AS TEXTFILE;
```

구분 문자를 8진수 형태로 사용할 수 있다. 예를 들어 Ctrl-A는 001로, Ctrl-B는 002로 사용할 수 있다.

내부적으로 하이브는 8장에서 다뤘던 행 기반 맵리듀스 텍스트 입출력 포맷과 더불어 LazySimpleSerDe로 명명된 SerDe를 구분 포맷을 위해 사용한다. 접두사 'lazy'는 필드가 실제 사용되는 시점에서만 역직렬화되기 때문에 붙여진 것이다. 그러나 불린형은 필드의 값이 true 또는 false와 같은 산문체 형식으로 저장되기 때문에 LazySimpleSerDe는 간결^{compact} 포맷은 아니다.

저장 포맷의 단순함은 맵리듀스 프로그램이나 스트리밍을 포함한 다양한 도구로 데이터를 쉽게 처리할 수 있다는 장점이 있다. 그러나 사용자가 고려해볼 만한 매우 간결하고 실용적인 바이너리 저장 포맷도 있다.

바이너리 저장 포맷: 시퀀스 파일, 에이브로 데이터 파일, 파케이 파일, RCFile, ORCFile

바이너리 포맷을 사용할 때는 CREATE TABLE 구문에서 STORED AS 절만 변경하면 된다. 바이너리 포맷은 행의 형식이 특정 바이너리 포맷에 따라 결정되므로 ROW FORMAT을 지정할 필요가 없다.

바이너리 포맷은 행 기반 포맷과 컬럼 기반 포맷으로 크게 구분된다. 일반적으로 컬럼 기반 포맷은 해당 테이블의 소수의 컬럼만 접근할 때 적합하고, 행 기반 포맷은 한 행에 있는 대부분의 컬럼에 모두 접근할 때 적합하다고 할 수 있다.

하이브에서 기본으로 제공하는 행 기준 포맷은 에이브로 데이터 파일(12장 참조)과 시퀀스 파일(5.4.1절 'SequenceFile' 참조)이 있다. 둘 다 범용, 분할 가능, 압축 포맷이다. 에이브로는 추가로 스키마 확장 및 다중 언어 바인딩을 제공한다. 에이브로 포맷은 하이브 0.14.0부터 지원한다.

```
SET hive.exec.compress.output=true;
SET avro.output.codec=snappy;
CREATE TABLE ... STORED AS AVRO;
```

위 예제와 같이 관련 속성을 설정하면 압축을 활성화시킬 수 있다.

이와 유사하게 하이브에서 시퀀스 파일을 사용하려면 STORED AS SEQUENCEFILE 선언을 하면 된다. 압축과 관련된 설정은 5.2.3절 '맵리듀스에서 압축 사용하기'를 참조하라.

하이브는 컬럼 기반 포맷(5.4.3절 '기타 파일 포맷과 컬럼 기반 파일 포맷' 참조)으로 파케이(13장 참조), RCFile, ORCFile을 기본으로 제공한다. 아래 예제와 같이 CREATE TABLE...AS SELECT(17.6.4절의 'CREATE TABLE...AS SELECT' 참조)을 이용하면 기존 테이블을 복사하여 새로운 파케이 포맷 테이블을 생성할 수 있다.

```
CREATE TABLE users_parquet STORED AS PARQUET
AS
SELECT * FROM users;
```

커스텀 SerDe 사용예: RegexSerDe

데이터를 로드하기 위한 커스텀 SerDe의 사용법을 살펴보자. 텍스트 파일에서 고정폭의 관측소 메타데이터를 읽기 위해 정규표현식을 사용하는 SerDe를 사용할 것이다.

```
CREATE TABLE stations (usaf STRING, wban STRING, name STRING)
ROW FORMAT SERDE 'org.apache.hadoop.hive.contrib.serde2.RegexSerDe'
WITH SERDEPROPERTIES (
  "input.regex" = "(\\d{6}) (\\d{5}) (.{29}) .*"
);
```

이전에 나온 구분 텍스트 예제에서는 구분자로 분리된 텍스트를 참조하기 위해 ROW FORMAT 절에 DELIMITED 키워드를 사용했다. 이번 예제에서는 그 대신 SERDE 키워드와 SerDe를 구현한 자바 클래스의 전체 경로를 포함한 클래스명(org.apache.hadoop.hive.contrib.serde2.RegexSerDe)으로 SerDe를 지정했다.

SerDe는 WITH SERDEPROPERTIES 절을 사용하여 추가적인 속성을 설정할 수 있다. 이 예제에서는 RegexSerDe로 한정된 input.regex 속성을 설정했다.

input.regex는 행을 이루는 한 줄의 텍스트를 컬럼 집합으로 전환하는 역직렬화 과정에서 사용되는 정규표현식 패턴이다. 여기서 자바 정규표현식 구문은 일치하는 문자열을 추출하기 위함이고, 각 컬럼은 괄호로 묶인 부분을 갈무리^{capturing group}하여 얻게 된다.[23] 이 예제에서는 usaf(여섯 자리 숫자의 식별자), wban(다섯 자리 숫자의 식별자), name(29개의 문자로 이루어진 고정폭의 컬럼)을 추출하기 위해 세 개의 갈무리를 사용한다.

이제 테이블을 로드하기 위해 LOAD DATA 구문을 사용하자.

```
LOAD DATA LOCAL INPATH "input/ncdc/metadata/stations-fixed-width.txt"
INTO TABLE stations;
```

LOAD DATA는 하이브의 웨어하우스 디렉터리로 파일을 복사하거나 이동한다는 사실을 기억하라(이 경우에는 원본 데이터가 로컬 파일시스템에 있기 때문에 복사를 할 것이다). 로드 연산에는 SerDe가 사용되지 않는다.

테이블에서 데이터를 검색할 때 역직렬화를 위해 SerDe가 호출된다. 간단한 쿼리를 실행하여 각 행에서 필드를 정확하게 해석하는지 확인해보자.

----

23 간혹 정규표현식 생성을 위한 괄호가 괄호로 묶인 부분을 갈무리하는 일이 아닌 다른 용도로 사용하길 원할 때도 있다. 예를 들어 패턴 (ab)+는 하나 이상의 ab 문자로 이루어진 문자열과 일치시키기 위해 사용된다. 괄호로 묶인 부분을 갈무리하지 않는 방법은 첫 번째 괄호 뒤에 ? 문자를 추가하는 것이다. 다양한 갈무리 회피 방법(자바 문서 참고)이 존재하지만, 이 예제에서는 하이브가 괄호로 묶인 부분을 갈무리하여 컬럼으로 인식하지 않도록 (?:ab)+를 사용할 수 있다.

```
hive> SELECT * FROM stations LIMIT 4;
010000    99999    BOGUS NORWAY
010003    99999    BOGUS NORWAY
010010    99999    JAN MAYEN
010013    99999    ROST
```

이 예제에서 알 수 있듯이 RegexSerDe는 하이브로 데이터를 가져올 때는 유용하지만 효율성은 떨어지기 때문에 범용 저장소로 사용하면 안 된다. 그 대신 데이터를 바이너리 포맷으로 복사하는 방식을 권장한다.

저장소 제어기

저장소 제어기^{storage handler}는 HBase와 같이 하이브가 기본적으로 접근할 수 없는 다른 저장소 시스템에 사용된다. 저장소 제어기는 ROW FORMAT과 STORED AS 절 대신 STORED BY 절을 이용하여 지정된다. HBase와 연결하는 자세한 방법은 하이브 위키[24]를 참고하기 바란다.

17.6.4 데이터 임포트하기

앞에서 파일을 테이블 디렉터리로 복사하거나 이동하는 방식으로 하이브 테이블에 데이터를 임포트하기 위해 LOAD DATA 조작을 사용하는 방법을 배웠다. 또한 INSERT 구문이나 테이블 생성 시점에 CTAS(CREATE TABLE...AS SELECT) 구문을 사용하여 다른 하이브 테이블의 데이터를 불러와서 특정 테이블에 데이터를 추가할 수도 있다.

하이브로 관계형 데이터베이스의 데이터를 직접 임포트하고 싶으면 15.6.1절 '임포트한 데이터와 하이브'를 참조하라.

INSERT

다음은 INSERT 구문의 예다.

```
INSERT OVERWRITE TABLE target
SELECT col1, col2
  FROM source;
```

---

24 http://bit.ly/hbase_int

파티션된 테이블은 PARTITION 절을 통해 데이터를 삽입할 파티션을 지정할 수 있다.

```
INSERT OVERWRITE TABLE target
PARTITION (dt='2001-01-01')
SELECT col1, col2
  FROM source;
```

OVERWRITE 키워드는 target 테이블(첫 번째 예제)이나 2001-01-01 파티션(두 번째 예제)의 기존 내용이 SELECT 구문의 실행 결과로 새로 갱신된다는 것을 의미한다. 기존 데이터가 있는 테이블이나 파티션에 레코드를 추가하려면 INSERT INTO TABLE을 사용하면 된다.

다음과 같이 SELECT 구문에 파티션 값을 지정하면 파티션을 동적으로 결정할 수 있다.

```
INSERT OVERWRITE TABLE target
PARTITION (dt)
SELECT col1, col2, dt
  FROM source;
```

이것이 바로 **동적 파티션 삽입**^{dynamic-partition insert}이다.

> **NOTE_** 하이브 0.14.0부터는 INSERT INTO TABLE...VALUES 구문으로 작은 레코드를 삽입할 수 있다.

다중테이블 INSERT

HiveQL에서 INSERT 구문은 FROM 절 앞뒤 모두에 올 수 있다.

```
FROM source
INSERT OVERWRITE TABLE target
  SELECT col1, col2;
```

FROM 절을 앞에 사용하는 방식은 단일 쿼리에서 다수의 INSERT 절을 사용할 수 있기 때문에 매우 유용하다. **다중테이블 삽입**^{multitable insert}은 INSERT 삽입 구문보다 훨씬 효율적인데, 다수의 분리된 출력을 생산할 때 입력 테이블을 한 번만 읽으면 되기 때문이다.

다음은 기상 데이터셋에 대한 다양한 통계치를 산출하는 예제다.

```
FROM records2
INSERT OVERWRITE TABLE stations_by_year
  SELECT year, COUNT(DISTINCT station)
  GROUP BY year
INSERT OVERWRITE TABLE records_by_year
  SELECT year, COUNT(1)
  GROUP BY year
INSERT OVERWRITE TABLE good_records_by_year
  SELECT year, COUNT(1)
  WHERE temperature != 9999 AND quality IN (0, 1, 4, 5, 9)
  GROUP BY year;
```

여기서 원본 테이블(records2)은 한 개만 있지만, 세 개의 다른 쿼리의 결과를 담는 세 개의 테이블을 볼 수 있다.

CREATE TABLE...AS SELECT

하이브 쿼리의 결과를 새로운 테이블에 저장해두면 유용할 때가 있다. 이는 쿼리의 결과가 너무 커서 콘솔에서 보기 힘들거나 그 결과를 이용하여 추가적인 처리 작업이 필요한 경우에 적합하다.

새로운 테이블의 컬럼 정의는 SELECT 절의 결과로부터 유추할 수 있다. 다음 쿼리에서 대상 테이블은 col1과 col2로 명명된 두 개의 컬럼을 가지는데 각 컬럼의 자료형은 source 테이블과 동일하다.

```
CREATE TABLE target
AS
SELECT col1, col2
FROM source;
```

CTAS 연산은 원자적이기 때문에 SELECT 쿼리가 어떤 이유로 실패한다면 그 테이블은 생성되지 않는다.

17.6.5 테이블 변경하기

하이브는 읽기 시점 스키마를 적용하기 때문에 테이블을 생성한 후에도 테이블 정의를 변경할 수 있는 유연성이 있다. 하지만 새로운 구조를 반영하여 기존 데이터를 변경하는 책임은 사용자에게 있기 때문에 상당히 주의해야 한다.

ALTER TABLE 구문을 사용하면 테이블의 이름을 변경할 수 있다.

```
ALTER TABLE source RENAME TO target;
```

ALTER TABLE은 테이블의 메타데이터를 변경할 뿐만 아니라 새로운 이름을 반영하기 위해 기존 테이블 디렉터리를 변경한다. 이 예제에서 /user/hive/warehouse/source는 /user/hove/warehouse/target으로 변경된다. 외부 테이블의 기존 디렉터리는 변경되지 않고 그 메타데이터만 갱신된다.

하이브는 컬럼에 대한 정의를 변경하고, 새로운 컬럼을 추가하고, 심지어는 테이블의 모든 기존 컬럼을 완전히 교체하는 것도 허용한다.

다음은 새로운 컬럼을 추가하는 예제다.

```
ALTER TABLE target ADD COLUMNS (col3 STRING);
```

새로운 컬럼인 col3는 기존 컬럼의 뒷부분에 추가된다. 데이터 파일은 갱신되지 않기 때문에 쿼리를 실행하면 col3의 모든 값에 대해 null을 반환할 것이다(물론 그 파일에 추가된 필드가 존재하지 않는 경우에만 해당한다). 하이브는 기존 레코드의 갱신을 허락하지 않기 때문에 기존 파일을 다른 방식으로 갱신하도록 준비할 필요가 있다. 이런 이유로 SELECT 구문을 사용하여 새로운 테이블을 생성할 때 새로운 컬럼을 정의하고 기존 레코드를 그대로 유지하는 방식이 주로 사용된다.

컬럼에 대한 이름이나 자료형과 같은 컬럼의 메타데이터를 변경하는 작업은 '기존 자료형을 새로운 자료형으로 해석할 수 있다'라고 가정하면 매우 단순해진다.

파티션을 추가하거나 삭제하고, 컬럼을 변경하거나 대체하고, 테이블과 SerDe 속성을 변경하는 작업 등 테이블의 구조를 변경하는 방법을 자세히 알고 싶으면 하이브 위키[25]를 참고하라.

----
25 http://bit.ly/data_def_lang

17.6.6 테이블 삭제하기

DROP TABLE 구문은 테이블의 데이터와 메타데이터를 모두 삭제한다. 외부 테이블은 메타데이터만 삭제된다. 데이터는 그대로 남는다.

테이블 정의를 그대로 유지하면서 테이블의 전체 데이터만 삭제하는 방법도 있다. 다음은 TRUNCATE TABLE 구문으로 특정 테이블의 데이터만 삭제하는 예제다.

```
TRUNCATE TABLE my_table;
```

TRUNCATE TABLE 구문은 외부 테이블에는 적용되지 않는다. 대신 하이브 쉘에서 dfs -rmr 명령을 실행하면 외부 테이블 디렉터리를 직접 제거할 수 있다.

비슷한 결과를 만드는 또 다른 방법은 LIKE 키워드를 사용하여 기존 테이블과 동일한 스키마를 가진 새로운 빈 테이블을 생성하는 것이다.

```
CREATE TABLE new_table LIKE existing_table;
```


17.7 데이터 질의하기

이 절에서는 다양한 SELECT 구문을 이용하여 하이브에서 데이터를 추출하는 방법을 살펴보겠다.

17.7.1 정렬과 집계

하이브의 데이터 정렬은 표준 ORDER BY 절로 수행할 수 있다. ORDER BY는 9.2.3절 '전체 정렬'에서 설명한 것과 같이 입력에 대한 전체 정렬을 병렬로 수행한다. 전체적으로 정렬된 결과가 반드시 필요한 경우가 아니면(대개 그렇다) 하이브의 비표준 확장인 SORT BY를 대신 사용하는 것이 좋다. SORT BY는 리듀서별로 정렬된 파일을 생성한다.

특정 행을 하나의 리듀서로 모이게 제어하고 싶을 때가 있다. 그다음에 집계 연산을 수행하는 것이 일반적이다. 이것은 바로 하이브의 DISTRIBUTE BY 절이 하는 역할이다. 다음 예제는 기상 데이터셋을 연도와 기온을 기준으로 정렬하는데, 이러한 방식을 사용하면 특정 연도의 모든 행이 동일한 리듀서 파티션으로 가도록 보장할 수 있다.[26]

```
hive> FROM records2
    > SELECT year, temperature
    > DISTRIBUTE BY year
    > SORT BY year ASC, temperature DESC;
1949    111
1949    78
1950    22
1950    0
1950    -11
```

이 쿼리에 내포된 서브쿼리(17.7.4절 '서브쿼리' 참조)나 후행 쿼리는 연도별로 모든 기온이 동일한 파일에 모여 있고 내림차순 정렬되어 있다는 사실을 기반으로 데이터를 처리할 수 있다.

SORT BY와 DISTRIBUTE BY에 사용되는 컬럼이 동일하다면 약식으로 CLUSTER BY를 사용할 수 있다.

17.7.2 맵리듀스 스크립트

하둡 스트리밍과 같은 방식을 사용하면 TRANSFORM, MAP, REDUCE 절을 통해 외부 스크립트나 프로그램을 하이브에서 호출할 수 있다. 어떤 조건을 만족하지 못하는 행을 걸러내기 위해 [예제 17-1]과 같이 잘못된 관측치를 제거하는 스크립트를 사용하는 것을 고려해보자.

예제 17-1 잘못된 기상 레코드를 걸러내기 위한 파이썬 스크립트

```
#!/usr/bin/env python

import re
import sys

for line in sys.stdin:
  (year, temp, q) = line.strip().split()
  if (temp != "9999" and re.match("[01459]", q)):
    print "%s\t%s" % (year, temp)
```

----

26 이 예제는 9.2.4절 '2차 정렬'에서 소개한 것을 하이브로 다시 구현한 것이다.

이 파이썬 스크립트는 아래와 같이 하이브에서 사용할 수 있다.

```
hive> ADD FILE /Users/tom/book-workspace/hadoop-book/ch17-hive/
src/main/python/is_good_quality.py;
hive> FROM records2
    > SELECT TRANSFORM(year, temperature, quality)
    > USING 'is_good_quality.py'
    > AS year, temperature;
1950    0
1950    22
1950    -11
1949    111
1949    78
```

쿼리를 실행하기 전에 해당 스크립트를 하이브에 미리 등록해야 한다. 이렇게 해야 하이브가 이 파일을 하둡 클러스터에 미리 보내 준비시킨다(9.4.2절 '분산 캐시' 참조).

이 쿼리는 year, temperature, quality 필드를 탭으로 구분하여 is_good_quality.py 스크립트로 내보내고, 탭으로 구분된 출력을 이 쿼리의 출력 형식에 맞게 year와 temperature 필드로 분리한다.

이 예제는 리듀서가 없다. 이 쿼리를 중첩된 형식으로 사용하면 맵과 리듀스 함수를 지정할 수 있다. 이번에는 MAP과 REDUCE 키워드를 사용했는데, 두 경우 모두 SELECT TRANSFORM을 사용해도 그 결과는 같다. [예제 2-10]에서 다룬 max_temperature_reduce.py 스크립트의 코드를 참고하라.

```
FROM (
  FROM records2
  MAP year, temperature, quality
  USING 'is_good_quality.py'
  AS year, temperature) map_output
REDUCE year, temperature
USING 'max_temperature_reduce.py'
AS year, temperature;
```

17.7.3 조인

맵리듀스 대신 하이브를 사용할 때의 장점 중 하나는 일반적으로 사용되는 연산을 매우 간단히 수행할 수 있다는 것이다. 조인 연산이 좋은 예인데, 맵리듀스로 조인을 구현하는 일이 얼마나 어려운지 안다면 이해하기 쉬울 것이다(9.3절 '조인' 참조).

내부 조인

가장 단순한 종류의 조인은 두 개의 입력 테이블에서 일치한 행을 하나의 행으로 출력하는 내부 조인[inner join]이다. 예시를 위해 준비한 두 개의 테이블을 한번 보자. sales 테이블에는 고객의 이름과 구입한 상품 ID가 있고, things 테이블에는 상품 ID와 그 이름이 있다.

```
hive> SELECT * FROM sales;
Joe     2
Hank    4
Ali     0
Eve     3
Hank    2
hive> SELECT * FROM things;
2       Tie
4       Coat
3       Hat
1       Scarf
```

다음은 두 테이블에 내부 조인을 수행한 결과다.

```
hive> SELECT sales.*, things.*
    > FROM sales JOIN things ON (sales.id = things.id);
Joe     2    2    Tie
Hank    4    4    Coat
Eve     3    3    Hat
Hank    2    2    Tie
```

FROM 절의 sales 테이블은 JOIN 절의 things 테이블과 ON 절의 서술자[predicate]를 기준으로 조인된다. 하이브는 동등 조인[equijoin]만 지원하는데, 이는 조인 서술자로 등호(=)만 사용할 수 있다는 것을 의미한다. 이 예제에서는 두 테이블의 id 컬럼이 같을 때만 하나로 연결된다.

하이브는 조인 서술자에 AND 키워드로 분리된 일련의 표현식을 사용하여 여러 개의 컬럼에 대한 조인을 수행할 수 있다. 또한 서브쿼리로 JOIN...ON... 절을 지원하므로 두 개 이상의 테이블도 조인할 수 있다. 하이브는 조인을 수행할 때 필요한 맵리듀스 잡의 수를 지능적으로 최소화한다.

> **NOTE_** 하이브는 (MySQL이나 오라클 같이) SELECT 구문의 FROM 절에 조인할 여러 개의 테이블을 나열하고 WHERE 절에 조인 조건을 지정하는 방식을 지원한다. 다음 예제는 앞에서 본 쿼리를 다른 방식으로 작성한 것이다.
>
> ```
> SELECT sales.*, things.*
> FROM sales, things
> WHERE sales.id = things.id;
> ```

하나의 조인은 맵리듀스 잡 하나로 구현되지만, 조인 조건에 같은 컬럼이 사용되는 여러 개의 조인은 각 조인당 하나 이하의 맵리듀스 잡이 수행될 수 있다.[27] 쿼리 앞에 EXPLAIN 키워드를 추가하면 특정 쿼리에 얼마나 많은 맵리듀스 잡이 사용되는지 확인할 수 있다.

```
EXPLAIN
SELECT sales.*, things.*
FROM sales JOIN things ON (sales.id = things.id);
```

EXPLAIN의 출력을 보면 쿼리의 실행 계획에 상세한 내용, 하이브가 실행할 각 단계의 의존성 그래프인 추상 구문 트리, 각 단계에 대한 정보 등을 알 수 있다. 여기서 각 단계는 하나의 맵리듀스 잡 또는 파일 이동과 같은 조작이다. 자세한 내용은 쿼리 앞에 EXPLAIN EXTENDED 추가하여 실행해보면 확인할 수 있다.

하이브는 현재 쿼리를 실행할 방법을 결정하기 위해 규칙 기반의 쿼리 옵티마이저를 사용하고 있다. 하이브 0.14.0부터는 비용 기반의 옵티마이저도 사용할 수 있다.

외부 조인

외부 조인[outer join]은 조인할 상대 테이블에 일치하지 않는 데이터를 찾는 것도 허용한다. 앞의 예제에서 내부 조인을 수행하면 Ali와 관련된 행은 출력되지 않는다. Ali가 구입한 상품의 ID가

---

27 JOIN 절에 있는 테이블의 순서는 매우 중요하다. 일반적으로 가장 큰 테이블을 맨 마지막에 두는 것이 좋다. 자세한 내용은 하이브 위키 (http://bit.ly/hive_joins_docs)를 참고하기 바란다. 그곳에서는 하이브 플래너에 힌트를 주는 방법도 알 수 있다.

things 테이블에 하나도 없기 때문이다. 여기서 조인 유형을 LEFT OUTER JOIN으로 바꾸면 이 쿼리는 조인할 things 테이블에 일치하는 행이 없어도 왼쪽에 있는 sales 테이블의 모든 행을 반환할 것이다.

```
hive> SELECT sales.*, things.*
    > FROM sales LEFT OUTER JOIN things ON (sales.id = things.id);
Joe     2   2     Tie
Hank    4   4     Coat
Ali     0   NULL NULL
Eve     3   3     Hat
Hank    2   2     Tie
```

things 테이블에 일치하는 행이 없기 때문에 Ali가 나오는 행의 컬럼에 NULL이 반환되었다는 사실을 주목하라.

하이브는 왼쪽 외부 조인[left outer join]과 반대 역할을 하는 오른쪽 외부 조인[right outer join]도 지원한다. 다음과 같이 오른쪽 외부 조인 예제를 실행하면 things 테이블의 모든 아이템이 출력되는데, 심지어 어느 누구도 구입하지 않았던 스카프[scarf]도 나타난다.

```
hive> SELECT sales.*, things.*
    > FROM sales RIGHT OUTER JOIN things ON (sales.id = things.id);
Joe     2      2   Tie
Hank    2      2   Tie
Hank    4      4   Coat
Eve     3      3   Hat
NULL    NULL   1   Scarf
```

마지막 조인은 조인할 두 테이블의 각 행에 대해 적어도 하나의 행을 출력하는 완전 외부 조인[full outer join]이다.

```
hive> SELECT sales.*, things.*
    > FROM sales FULL OUTER JOIN things ON (sales.id = things.id);
Ali     0      NULL NULL
NULL    NULL   1    Scarf
Hank    2      2    Tie
Joe     2      2    Tie
Eve     3      3    Hat
Hank    4      4    Coat
```

세미 조인

sales 테이블에 있는 things 테이블의 모든 상품을 찾는 IN 서브쿼리도 한번 고려해보자.

```
SELECT *
FROM things
WHERE things.id IN (SELECT id from sales);
```

이것을 다음과 같이 재작성할 수 있다.

```
hive> SELECT *
    > FROM things LEFT SEMI JOIN sales ON (sales.id = things.id);
2    Tie
4    Coat
3    Hat
```

LEFT SEMI JOIN 쿼리에서 반드시 지켜야 할 제약사항은 오른쪽 테이블(sales)은 ON 절에만 사용될 수 있다는 것이다. 예를 들면 SELECT 표현식에는 오른쪽 테이블을 절대 참조할 수 없다.

맵 조인

앞에서 작성한 내부 조인을 다시 한번 보자.

```
SELECT sales.*, things.*
FROM sales JOIN things ON (sales.id = things.id);
```

이 예제와 같이 특정 테이블의 내용이 메모리에 모두 들어갈 수 있을 정도로 작으면 하이브는 각 매퍼에서 조인을 수행할 수 있도록 모든 데이터를 메모리에 로드한다. 이러한 방식을 맵 조인이라고 한다.

이 쿼리를 실행하는 잡은 리듀서가 필요하지 않다. 따라서 이러한 방식의 쿼리는 RIGHT JOIN이나 FULL OUTER JOIN에는 제대로 작동하지 않는다. 일치의 부재는 전체 입력을 대상으로 집계(리듀스)를 수행하는 과정에서만 탐지할 수 있기 때문이다.

맵 조인은 버킷 테이블(17.6.2절의 '버킷' 참조)을 활용할 수 있는 장점이 있다. 왼쪽 테이블의 버킷을 처리하는 매퍼는 조인을 수행할 때 오른쪽 테이블의 관련 버킷만 불러오면 된다. 조인 구문은 앞에서 본 인메모리 예제와 같다. 맵 조인을 사용하기 위해서는 다음과 같이 최적화 설정을 미리 활성화시켜 두어야 한다.

```
SET hive.optimize.bucketmapjoin=true;
```

17.7.4 서브쿼리

서브쿼리는 다른 SQL 구문에 내포된 SELECT 구문이다. 하이브는 서브쿼리를 제한적으로 지원하는데, SELECT 구문의 FROM 절과 WHERE 절에서만 서브쿼리를 사용할 수 있다.

> **NOTE_** 하이브는 WHERE 절에서 IN이나 EXISTS 구문으로 참조되는 자체 포함 쿼리와 같은 비연관 서브쿼리를 허용한다. 외부 쿼리를 참조하는 연관 서브쿼리는 현재 지원하지 않는다.

다음 쿼리는 관측소와 연도별 최고 기온의 평균을 찾는 예제다.

```
SELECT station, year, AVG(max_temperature)
FROM (
  SELECT station, year, MAX(temperature) AS max_temperature
  FROM records2
  WHERE temperature != 9999 AND quality IN (0, 1, 4, 5, 9)
  GROUP BY station, year
) mt
GROUP BY station, year;
```

FROM 절의 서브쿼리는 각 기상관측소/날짜 조합을 기준으로 최고 기온을 구한다. 그다음에 외부 쿼리는 각 기상관측소/날짜 조합에 대한 최고 기온 측정치의 평균을 구하기 위해 집계 함수인 AVG를 사용한다.

외부 쿼리는 서브쿼리의 결과를 일종의 테이블과 같이 다룬다. 서브쿼리의 결과에 별칭(mt)을 부여하는 이유가 바로 여기에 있다. 서브쿼리의 컬럼은 외부 쿼리가 참조할 수 있도록 고유한 이름을 가져야 한다.

17.7.5 뷰

뷰[view]는 SELECT 문으로 정의된 일종의 '가상 테이블[virtual table]'이다. 뷰는 사용자에게 디스크에 실제 저장된 것과 다른 방식으로 데이터를 보여주는 데 사용된다. 기존 테이블의 데이터는 추가적인 처리가 쉽도록 특정 방식으로 단순화되어 있거나 모여 있다. 뷰는 사용자가 보기 권한이 있는 테이블의 특정 부분에만 접근할 수 있도록 제한하는 데 사용될 수도 있다.

하이브에서 뷰는 생성될 때 디스크에 실체화되지 않는다. 대신 SELECT 구문에서 해당 뷰를 참조하는 쿼리가 실행될 때 실체화된다. 만일 뷰가 기본 테이블에 대한 광범위한 변환을 수행하거나 자주 사용된다면 그 뷰의 내용을 생성된 새로운 테이블에 저장하는 방식으로 직접 실체화하는 방법도 있다(17.6.4절의 'CREATE TABLE…AS SELECT' 참조).

각 연도와 기상관측소별로 최고 기온의 평균을 찾기 위한 쿼리를 다시 작성할 때 다음과 같이 뷰를 사용할 수 있다. 먼저 유효한 레코드, 즉 특정 특성값을 가지는 레코드에 대한 뷰를 생성하자.

```
CREATE VIEW valid_records
AS
SELECT *
FROM records2
WHERE temperature != 9999 AND quality IN (0, 1, 4, 5, 9);
```

뷰가 생성될 때 쿼리가 실제 실행되는 것은 아니고, 단지 메타스토어에만 저장된다. SHOW TABLES 명령을 실행하면 뷰도 볼 수 있다. 뷰를 정의한 쿼리를 포함하여 원하는 뷰에 대한 상세한 정보를 얻고 싶으면 DESCRIBE EXTENDED *view_name* 명령을 실행하면 된다.

이제 각 기상관측소와 연도별 최고 기온을 얻기 위한 두 번째 뷰를 만들어보자. 아래의 max_temperatures 뷰는 앞에서 만든 valid_records 뷰를 기반으로 만들었다.

```
CREATE VIEW max_temperatures (station, year, max_temperature)
AS
SELECT station, year, MAX(temperature)
FROM valid_records
GROUP BY station, year;
```

뷰의 정의를 보면 컬럼 이름을 명시적으로 표시한 것을 알 수 있다. 최고 기온 컬럼은 집계 연산 (MAX)을 사용하기 때문이다. 만일 컬럼 이름을 명시적으로 표시하지 않으면 하이브는 _c2와 같은 별칭을 대신 생성해준다. 지금까지의 예제는 SELECT에 AS 절을 사용하여 컬럼 이름을 명시적으로 부여했다.

뷰를 제대로 만들었으면 이제 뷰를 사용한 쿼리를 실행할 수 있다.

```
SELECT station, year, AVG(max_temperature)
FROM max_temperatures
GROUP BY station, year;
```

이 쿼리의 결과는 서브쿼리를 사용한 것과 같다. 또한 하이브가 생성한 맵리듀스 잡의 수는 각 GROUP BY별로 할당되었기 때문에 똑같이 두 개다. 이 예제는 하이브가 뷰에 해당하는 쿼리를 포함하여 일련의 잡으로 결합할 수 있다는 것을 보여준다. 이렇게 하면 뷰가 없는 쿼리를 작성한 것과 동일한 결과를 얻는다. 다른 말로 하면, 실행 시점에도 뷰를 쓸데없이 실체화하지 않는다는 것이다.

하이브에서 뷰는 읽기 전용이다. 따라서 뷰를 이용하여 원래의 기존 테이블에 데이터를 로드하거나 삽입할 수는 없다.

17.8 사용자 정의 함수

하이브가 제공하는 내장 함수로 원하는 쿼리를 쉽게 또는 전혀 작성할 수 없는 경우가 있다. 하이브는 **사용자 정의 함수**[user-defined function] (UDF)를 통해 사용자 자신의 데이터 처리 코드를 플러그인하고 하이브 쿼리에서 그 함수를 호출할 수 있는 방식을 제공한다.

UDF는 하이브가 개발된 언어인 자바로 작성해야 한다. 다른 언어를 사용하려면 사용자 정의 스크립트(17.7.2절 '맵리듀스 스크립트' 참조)로 데이터를 내보내는(하둡 스트리밍 방식) SELECT TRANSFORM 절을 사용해야 한다.

하이브는 정규 UDF, 사용자 정의 집계 함수[user-defined aggregate function] (UDAF), 사용자 정의 테이블 생성 함수[user-defined table-generating function] (UDTF) 등 세 종류의 UDF를 지원한다. 세 종류의 차이점은 입력으로 받는 행과 출력되는 행의 개수가 다르다는 것이다.

- 정규 UDF는 단일 행을 처리한 후 단일 행을 출력한다. 수학 함수나 문자열 함수와 같은 대부분의 함수가 여기에 해당한다.
- UDAF는 다수의 입력 행을 처리한 후 단일 행을 출력한다. COUNT나 MAX 같은 집계 함수가 여기에 해당한다.
- UDTF는 단일 로우를 처리한 후 다수의 행(테이블)을 출력한다.

테이블 생성 함수는 다른 두 종류의 함수에 비해 잘 알려지지 않았다. 예제를 통해 살펴보자. 문자열의 배열을 포함하는 단일 컬럼 x를 가진 테이블을 고려해보자. 테이블을 정의하고 관리하는 방법을 대충 살펴볼 것이다.

```
CREATE TABLE arrays (x ARRAY<STRING>)
ROW FORMAT DELIMITED
  FIELDS TERMINATED BY '\001'
  COLLECTION ITEMS TERMINATED BY '\002';
```

ROW FORMAT 절에서 배열의 원소를 Ctrl-B 문자로 구분한다고 명시한 점을 주목하자. 일단 아래 내용을 예제 파일로 불러들여 저장하자. 여기서 Ctrl-B 문자를 콘솔에 출력하면 ^B로 표시된다.

```
a^Bb
c^Bd^Be
```

LOAD DATA 명령을 실행한 후 다음 쿼리를 통해 데이터가 제대로 로드되었는지 확인한다.

```
hive> SELECT * FROM arrays;
["a","b"]
["c","d","e"]
```

그다음에 이 테이블을 변형하기 위해 explode UDTF를 사용할 수 있다. 이 함수는 배열의 각 원소를 단일 행으로 내보내는데, 여기서 출력 컬럼 y의 자료형은 STRING이다. 이 테이블을 처리한 결과는 총 5개의 행에 고르게 펴진다.

```
hive> SELECT explode(x) AS y FROM arrays;
a
b
c
d
e
```

UDTF를 사용한 SELECT 구문은 일부 제약사항을 가지고 있어서 실무에는 별로 도움이 되지 않는다(예를 들어 추가적인 컬럼에 대한 표현식을 얻을 수 없다). 이러한 이유로 하이브는 더욱 강력한 LATERAL VIEW 쿼리를 지원한다. 여기에서 LATERAL VIEW 쿼리는 다루지 않는다. 하이브 위키[28]에서 자세한 내용을 볼 수 있다.

17.8.1 UDF 작성하기

UDF를 작성하고 사용하는 과정을 살펴보기 위해 문자열의 끝에 있는 공백 문자를 잘라내는 간단한 UDF를 작성해보자. 하이브에는 이미 trim이라는 내장 함수가 있기 때문에 이 예제에서는 strip이라는 이름을 사용했다. Strip 자바 클래스의 코드는 [예제 17-2]에서 볼 수 있다.

예제 17-2 문자열의 끝에 있는 공백 문자를 제거하는 UDF

```java
package com.hadoopbook.hive;

import org.apache.commons.lang.StringUtils;
import org.apache.hadoop.hive.ql.exec.UDF;
import org.apache.hadoop.io.Text;

public class Strip extends UDF {
  private Text result = new Text();

  public Text evaluate(Text str) {
    if (str == null) {
      return null;
    }
    result.set(StringUtils.strip(str.toString()));
    return result;
  } public Text evaluate(Text str, String stripChars) {
    if (str == null) {
      return null;
    }
    result.set(StringUtils.strip(str.toString(), stripChars));
    return result;
  }
}
```

---

28 http://bit.ly/lateral_view

UDF는 다음 두 속성을 충족시켜야 한다.

- UDF는 org.apache.hadoop.hive.ql.exec.UDF의 서브클래스여야 한다.
- UDF는 최소 하나의 evaluate( ) 메서드를 구현해야 한다.

evaluate( ) 메서드는 입력 인자의 개수, 자료형, 반환 자료형을 자유롭게 정할 수 있기 때문에 인터페이스로 정의되지 않는다. 하이브는 호출되는 하이브 함수와 일치하는 evaluate( ) 메서드를 찾기 위해 UDF를 조사한다.

Strip 클래스는 두 개의 evaluate( ) 메서드를 가진다. 첫 번째 메서드는 입력에서 선행과 후행 공백 문자를 잘라낸다. 두 번째 메서드는 문자열의 끝에 있는 주어진 문자 집합을 잘라낸다. 실제 문자열 처리는 아파치 공통^{Apache Commons} 프로젝트의 StringUtils 클래스에 위임했기 때문에 단지 하둡 Writable 라이브러리의 Text 사용법만 신경 쓰면 된다. 하이브는 실제로 UDF에 자바 기본형과 java.util.List 및 java.util.Map과 같은 자료형을 지원한다. 따라서 다음과 같이 표기할 수 있다.

```
public String evaluate(String str)
```

이 예제는 제대로 작동할 것이다. 그러나 Text를 사용하면 객체를 재사용하여 효율성을 높일 수 있다. 따라서 이러한 방식을 주로 선호한다.

하이브에서 UDF를 사용하려면 먼저 컴파일된 자바 클래스를 JAR 파일에 반드시 포함시켜야 한다. 이 책의 예제 코드에 있는 mvn package 명령을 사용하면 된다. 그다음에 메타스토어에 그 함수를 등록하고 CREATE FUNCTION 구문으로 함수에 이름을 부여해야 한다.

```
CREATE FUNCTION strip AS 'com.hadoopbook.hive.Strip'
USING JAR '/path/to/hive-examples.jar';
```

하이브를 로컬에서 사용할 때는 로컬 파일 경로만 있으면 되지만, 클러스터에서 사용할 때는 반드시 JAR 파일을 HDFS에 복사하고 USING JAR 절에 HDFS URI를 지정해야 한다.

이제부터 UDF를 내장 함수처럼 사용할 수 있다.

```
hive> SELECT strip(' bee ') FROM dummy;
bee
hive> SELECT strip('banana', 'ab') FROM dummy;
nan
```

UDF의 이름은 대소문자를 구별하지 않는다.

```
hive> SELECT STRIP(' bee ') FROM dummy;
bee
```

DROP FUNCTION을 사용하여 함수를 제거할 수 있다.

```
DROP FUNCTION strip;
```

TEMPORARY 키워드를 사용하면 사용자 정의 함수를 메타스토어에 영구적으로 보관하지 않으므로 하이브 세션이 연결된 동안만 사용자 정의 함수를 사용하는 것도 물론 가능하다.

```
ADD JAR /path/to/hive-examples.jar;
CREATE TEMPORARY FUNCTION strip AS 'com.hadoopbook.hive.Strip';
```

임시 함수를 사용할 때 홈 디렉터리에 직접 만든 UDF를 선언하는 명령을 포함한 .hiverc 파일을 미리 만들어두는 것도 유용하다. 이 파일은 하이브 세션을 시작할 때 자동으로 실행된다.

> **NOTE_** 시작 시점에 ADD JAR를 호출하는 방법의 대안으로, 특정 경로를 지정하여 하이브가 클래스경로에 있는 보조 JAR 파일을 찾을 수 있도록 하는 방법도 있다(태스크 클래스경로 포함). 이러한 기법은 하이브를 실행할 때 사용자가 만든 UDF 라이브러리를 자동으로 추가하는 효과가 있다.
>
> 경로를 지정하는 두 가지 방법이 있다. 첫 번째는 hive 명령에 --auxpath 옵션을 전달하는 것이다.
>
> ```
> % hive --auxpath /path/to/hive-examples.jar
> ```
>
> 두 번째는 하이브를 호출하기 전에 HIVE_AUX_JARS_PATH 환경변수를 설정하는 것이다. 보조 경로는 쉼표로 구분된 JAR 파일 경로의 목록이거나 JAR 파일이 들어 있는 디렉터리다.

17.8.2 UDAF 작성하기

집계 함수는 정규 UDF보다 만들기 힘들다. 수많은 태스크에 걸쳐 있는 청크에서 그 값을 모두 모아야 하기 때문이다. 따라서 부분 집계를 다시 최종 결과로 결합할 수 있는 기능을 반드시 구현해야 한다. 이를 위한 코드는 다음 예제를 보면 충분히 이해할 수 있을 것이다. [예제 17-3]을 보면 정수 집합의 최댓값을 계산하는 간단한 UDAF가 어떻게 구현되는지 알 수 있다.

예제 17-3 정수 집합에서 최댓값을 계산하기 위한 UDAF

```
package com.hadoopbook.hive;

import org.apache.hadoop.hive.ql.exec.UDAF;
import org.apache.hadoop.hive.ql.exec.UDAFEvaluator;
import org.apache.hadoop.io.IntWritable;

public class Maximum extends UDAF {

  public static class MaximumIntUDAFEvaluator implements UDAFEvaluator {

    private IntWritable result;

    public void init() {
      result = null;
    }

    public boolean iterate(IntWritable value) {
      if (value == null) {
        return true;
      }
      if (result == null) {
        result = new IntWritable(value.get());
      } else {
        result.set(Math.max(result.get(), value.get()));
      }
      return true;
    }

    public IntWritable terminatePartial() {
      return result;
    }

    public boolean merge(IntWritable other) {
```

```
      return iterate(other);
    }

    public IntWritable terminate() {
      return result;
    }
  }
}
```

클래스 구조는 UDF와 조금 다르다. UDAF는 org.apache.hadoop.hive.ql.exec.
UDAF(UDAF의 'A'를 주목하라)의 서브클래스로 정의해야 하고 org.apache.hadoop.hive.
ql.exec.UDAFEvaluator를 구현한 하나 이상의 중첩된 정적 클래스를 반드시 포함해야 한다.
이 예제에는 MaximumIntUDAFEvaluator라는 중첩 클래스가 하나만 있다. 하지만 long 값이나
float 값 등의 집합에서 최댓값을 구하려면 재정의된 UDAF를 제공해야 하므로 MaximumLong
UDAFEvaluator, MaximumFloatUDAFEvaluator와 같은 평가자를 추가할 필요가 있다.

평가자는 아래 순서대로 기술된 다섯 개의 메서드를 구현해야 한다([그림 17-3] 참조).

- **init()**

  init() 메서드는 평가자를 초기화하고 내부 상태를 재설정한다. MaximumIntUDAFEvaluator에서는 최종
  결과를 유지할 IntWritable 객체를 null로 설정한다. 아직 어떤 값도 집계되지 않았다는 의미로 null을
  사용했는데, 이는 공집합empty set에 대한 최댓값을 NULL로 설정하는 실질적인 효과가 있다.

- **iterate()**

  iterate() 메서드는 집계할 값이 나올 때마다 호출된다. 평가자는 집계 결과와 함께 내부 상태를 갱신해야
  한다. iterate()의 인자는 그 함수가 호출된 하이브 함수의 인자와 대응된다. 이 예제에서는 인자가 하나뿐
  이다. 먼저 인자의 값이 null인지 확인하여 null이면 무시한다. 그렇지 않고 값이 있을 때 처음으로 값을 처
  리하는 것이라면 result 인스턴스 변수에 그 값을 설정하고, 그전에 하나 이상의 값이 처리되었으면 현재 결
  과와 그 값을 비교하여 더 큰 값으로 설정한다. 입력값이 유효하면 true를 반환한다.

- **terminatePartial()**

  terminatePartial() 메서드는 하이브가 부분 집계 결과를 얻을 때 호출된다. 이 메서드는 집계 상태를 요
  약한 객체를 반환해야 한다. 이 예제에는 최댓값이나 처리된 값이 없으면 null을 반환하는 IntWritable이
  하나 있다.

- **merge()**

  merge() 메서드는 하이브가 여러 개의 부분 집계를 결합할 때 호출된다. 이 메서드는 terminatePartial()
  메서드의 반환 자료형과 대응하는 자료형을 가진 단일 객체를 가진다. 이 예제에서 merge() 메서드는 단일

값을 집계하는 방식과 부분 집계를 처리하는 방식이 같기 때문에 단순히 iterate( ) 메서드로 위임했다. 이러한 방식은 일반적인 사례는 아니며(나중에 일반적인 예제를 다루겠다), 이 메서드는 평가자의 상태와 부분 집계의 상태를 결합하기 위한 로직을 구현해야 한다.

- **terminate( )**

  terminate( ) 메서드는 집계의 최종 결과를 얻을 때 호출된다. 평가자는 그 상태를 하나의 값으로 반환해야 한다. 이 예제에서는 result 인스턴스 변수가 반환된다.

이제 새로 만든 함수를 실행해보자.

```
hive> CREATE TEMPORARY FUNCTION maximum AS 'com.hadoopbook.hive.Maximum';
hive> SELECT maximum(temperature) FROM records;
111
```

그림 17-3 UDAF를 위한 부분 결과를 가진 데이터 흐름

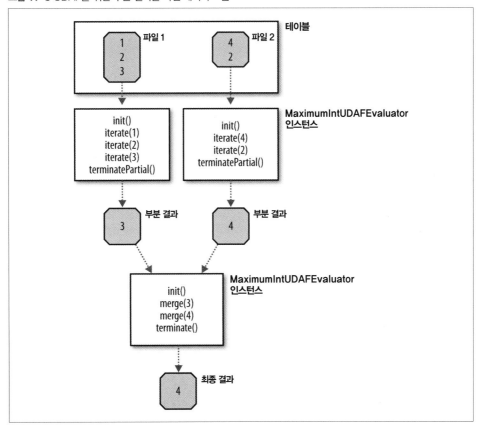

매우 복잡한 UDAF

이전 예제는 같은 타입(IntWritable)을 사용하여 부분적인 집계를 최종 결과로 활용할 수 있다는 점에서 특이하다. 일반적으로 더 복잡한 집계 함수를 다루는 경우에는 이전 예제와 같이 부분적인 집계를 최종 결과로 사용할 수 없는데, double 값에 대한 집합의 평균값을 계산하기 위해 UDAF를 고려할 때가 그렇다. 결국 부분적인 평균값을 최종 평균값으로 병합하는 것은 수학적으로 불가능하다(2.4.2절 '컴바이너 함수' 참조). 그 대신 지금까지 처리했던 double 값의 누적 합계와 그 값의 개수를 한 쌍의 값으로 표현하여 부분 집계에 활용할 수는 있다.

이러한 발상을 [예제 17-4]의 UDAF에 구현했다. 부분적인 집계는 PartialResult로 명명된 중첩된 정적 클래스인 'struct'로 구현된다는 점을 주목하라. 이 예제에서는 하이브가 다룰 수 있는(이 경우에는 자바 기본형) 필드 타입을 사용하기 때문에 하이브는 지능적으로 직렬화와 역직렬화를 수행한다.

이 예제에서 merge( ) 메서드는 iterate( )와 다르다. merge( )는 부분적인 합계와 부분적인 총계를 쌍으로 병합한다. 또한 terminatePartial( )의 반환형은 (이 함수를 호출한 사용자에게 보이지 않는) PartialResult고, terminate( )의 반환형은 (사용자에게 보이는 최종 결과인) DoubleWritable이다.

예제 17-4 실수 집합의 평균을 계산하는 UDAF

```
package com.hadoopbook.hive;

import org.apache.hadoop.hive.ql.exec.UDAF;
import org.apache.hadoop.hive.ql.exec.UDAFEvaluator;
import org.apache.hadoop.hive.serde2.io.DoubleWritable;

public class Mean extends UDAF {

  public static class MeanDoubleUDAFEvaluator implements UDAFEvaluator {

    public static class PartialResult {
      double sum;
      long count;
    }

    private PartialResult partial;
```

```
    public void init() {
      partial = null;
    }

    public boolean iterate(DoubleWritable value) {
      if (value == null) {
        return true;
      }
      if (partial == null) {
        partial = new PartialResult();
      }
      partial.sum += value.get();
      partial.count++;
      return true;
    }

    public PartialResult terminatePartial() {
      return partial;
    }

    public boolean merge(PartialResult other) {
      if (other == null) {
        return true;
      }
      if (partial == null) {
        partial = new PartialResult();
      }
      partial.sum += other.sum;
      partial.count += other.count;
      return true;
    }

    public DoubleWritable terminate() {
      if (partial == null) {
        return null;
      }
      return new DoubleWritable(partial.sum / partial.count);
    }
  }
}
```

17.9 참고 도서

하이브에 대한 자세한 내용은 에드워드 카프리올로[Edward Capriolo], 딘 웜플러[Dean Wampler], 제이슨 러더글렌[Jason Rutherglen]의 『하이브 완벽 가이드[Programming Hive]』(오라일리, 2012)를 참고하라.

## CHAPTER 18

크런치

아파치 크런치[Apache Crunch][1]는 맵리듀스 파이프라인을 작성하는 고수준 API다. 맵리듀스 대신 크런치를 사용하면 String이나 POJO[plain old Java object]와 같은 프로그래머에게 익숙한 자바 자료형, 풍부한 데이터 변환 기능, 여러 단계의 파이프라인에 집중할 수 있는 장점이 있다(워크플로에 있는 개별 맵리듀스 잡을 직접 관리할 필요가 없다).

이러한 관점에서 크런치는 피그의 자바 버전과 상당히 유사해 보인다. 피그에서 사용자 정의 함수는 자바나 파이썬과 같은 언어로 작성하고 피그 스크립트는 피그 라틴 언어로 작성한다. 따라서 두 개의 서로 다른 표현과 언어를 그때마다 전환해야 하는 분리된 개발 경험을 가지게 되므로 피그를 사용하면 매일 소스 코드의 마찰이 생긴다. 하지만 크런치는 이를 피할 수 있다. 피그와 달리 크런치 프로그램과 UDF는 모두 단일 언어(자바 또는 스칼라)로 작성되고 프로그램 속에 UDF를 바로 넣을 수 있다. 크런치를 보면 분산 프로그램이 아닌 일반적인 프로그램과 같은 느낌이 든다. 크런치는 피그와 여러 면에서 비슷하지만 정확히 말하면 FlumeJava에서 영감을 얻었다. FlumeJava는 맵리듀스 파이프라인을 구축하기 위해 구글에서 개발한 자바 라이브러리다.

> **NOTE_** FlumeJava와 14장에서 다룬 스트리밍 이벤트 데이터를 수집하는 시스템인 아파치 플룸[Apache Flume]을 혼동해서는 안 된다. FlumeJava에 관한 자세한 내용은 크레이그 챔버[Craig Chambers] 공저 「FlumeJava: 쉽고 효율적인 데이터 병렬 파이프라인[FlumeJava: Easy, Efficient Data Parallel Pipelines]」[2]에서 볼 수 있다.

---

[1] https://crunch.apache.org/
[2] http://bit.ly/data-parallel_pipelines

고수준의 크런치 파이프라인은 복잡한 구성이 가능하고 공통 함수는 라이브러리로 추출하여 다른 프로그램에서 다시 사용할 수 있다. 이 점이 코드의 재사용이 어려운 맵리듀스와의 차이점이다. 식별 함수나 간단한 집계(LongSumReducer) 함수를 호출하는 단순한 사례를 제외한 맵리듀스 프로그램의 대부분은 사용자가 직접 구현한 매퍼와 리듀서로 되어 있다. 정렬이나 조인과 같은 다른 유형의 변환 작업을 위해 매퍼와 리듀서 라이브러리를 작성하는 것은 맵리듀스에서는 쉽지 않지만 크런치에서는 굉장히 편하다. 예를 들어 org.apache.crunch.lib.Sort 라이브러리 클래스는 전달된 모든 크런치의 컬렉션을 정렬할 수 있는 sort( ) 메서드를 포함하고 있다.

크런치는 초기에 하둡의 맵리듀스 실행 엔진을 수행하기 위해 작성되었다. 그러나 맵리듀스에만 국한되지 않고 지금은 분산 실행 엔진인 아파치 스파크(19장 참조)를 사용하여 크런치 파이프라인을 실행할 수 있다. 엔진마다 그 특성이 다른데 예를 들어 스파크는 잡과 잡 사이에 전달되는 중간 데이터가 많을 때 맵리듀스보다 더 효율적이다. 스파크는 데이터를 디스크에 쓰는 맵리듀스와 달리 메모리에 보관할 수 있기 때문이다. 프로그램을 변경하지 않고 동일한 파이프라인을 여러 엔진에서 실행할 수 있다는 것은 매우 강력한 기능이다. 이러한 기능을 활용하면 실행 효율성의 문제는 별개로 두고 프로그램에만 집중할 수 있다(일반적으로 시간이 지나면서 엔진의 성능도 좋아지기 때문).

이 장에서는 크런치로 데이터 처리 프로그램을 작성하는 방법을 다룬다. 자세한 정보는 크런치 사용자 가이드[3]에서 얻을 수 있다.

18.1 예제

기본 개념을 설명하기 위해 간단한 크런치 파이프라인 예제를 하나 살펴보자. [예제 18-1]은 2장에 나온 날씨 데이터셋에서 연도별 최고 기온을 계산하는 프로그램을 크런치 버전으로 다시 작성한 것이다.

예제 18-1 크런치를 사용해서 최고 기온을 구하는 애플리케이션

```
public class MaxTemperatureCrunch {
```

___

3 http://crunch.apache.org/user-guide.html

```
public static void main(String[] args) throws Exception {
  if (args.length != 2) {
    System.err.println("Usage: MaxTemperatureCrunch <input path> <output path>");
    System.exit(-1);
  }

  Pipeline pipeline = new MRPipeline(getClass());
  PCollection<String> records = pipeline.readTextFile(args[0]);

  PTable<String, Integer> yearTemperatures = records
      .parallelDo(toYearTempPairsFn(), tableOf(strings(), ints()));
  PTable<String, Integer> maxTemps = yearTemperatures
      .groupByKey()
      .combineValues(Aggregators.MAX_INTS());

  maxTemps.write(To.textFile(args[1]));
  PipelineResult result = pipeline.done();
  System.exit(result.succeeded() ? 0 : 1);
}

static DoFn<String, Pair<String, Integer>> toYearTempPairsFn() {
  return new DoFn<String, Pair<String, Integer>>() {
    NcdcRecordParser parser = new NcdcRecordParser();
    @Override
    public void process(String input, Emitter<Pair<String, Integer>> emitter) {
      parser.parse(input);
      if (parser.isValidTemperature()) {
        emitter.emit(Pair.of(parser.getYear(), parser.getAirTemperature()));
      }
    }
  };
}

}
```

명령행의 인자를 먼저 확인한 후 원하는 계산 코드가 들어간 크런치 Pipeline 객체를 생성하는
순으로 프로그램이 시작된다. 이름에서도 알 수 있듯이 파이프라인은 여러 단계로 될 수 있다.
이 예제는 단일 단계의 파이프라인이지만 다수의 입력과 출력, 가지(분기), 반복 연산이 모두
가능하다. 여기서는 파이프라인을 실행하기 위해 맵리듀스를 사용할 것이므로 MRPipeline을
생성하지만 테스트 목적으로 메모리상에서 파이프라인을 실행할 수 있는 MemPipeline이나 동
일한 계산을 스파크에서 수행하는 SparkPipeline을 선택할 수도 있다.

파이프라인은 하나 이상의 입력 소스로부터 데이터를 전달받을 수 있다. 예제에서 입력 소스는 명령행의 첫 번째 인자인 args[0]의 이름을 가진 텍스트 파일 하나다. Pipeline 클래스는 텍스트 파일을 String 객체의 PCollection으로 변환하는 편의 메서드인 readTextFile( )를 제공한다. 여기서 String 객체는 텍스트 파일의 한 행이다. PCollection<S>는 크런치의 가장 핵심적인 자료형이며, 불변하고 정렬되지 않았으며 분산된 S 타입 항목의 컬렉션으로 표현된다. PCollection<S>는 실체화되지 않은(항목을 메모리에 읽어 들이지 않기 때문) java.util.Collection과 동일하다고 볼 수 있다. 이 예제에서 입력은 텍스트 파일에 있는 행의 분산 컬렉션이며 PCollection<String>으로 표현된다.

크런치는 PCollection에 대해 계산을 수행한 후 새로운 PCollection을 만든다. 가장 먼저 해야 할 일은 입력 파일의 각 행을 파싱하고 부적합한 레코드를 걸러내는 것이다. 이를 위해 PCollection의 parallelDo( ) 메서드를 사용하면 PCollection의 모든 항목에 함수를 적용하고 새로운 PCollection을 돌려받게 된다. 메서드 원형은 다음과 같다.

```
<T> PCollection<T> parallelDo(DoFn<S,T> doFn, PType<T> type);
```

S 타입의 인스턴스를 하나 이상의 T 타입 인스턴스로 변환하는 DoFn 구현체를 작성하면 크런치는 PCollection의 모든 항목에 이 함수를 적용한다. 이러한 동작은 맵리듀스 잡의 맵 태스크에서 병렬로 수행된다. parallelDo( ) 메서드의 두 번째 인자는 T에 사용될 자바 자료형과 이 자료형을 직렬화하는 방법을 크런치에 알려주는 PType<T> 객체다.

실제로는 PCollection을 확장한 PTable<K, V>를 생성하는 parallelDo( )의 오버로드 버전을 사용할 것이다. PTable<K, V>는 키-값 쌍의 분산 **다중맵**^{multi-map}(중복 키-값 쌍을 가질 수 있는 맵)이다. 따라서 연도를 키로 기온을 값으로 표현할 수 있고 파이프라인의 후반부에서 그룹별로 집계하는 데 활용될 것이다. 이 메서드의 원형은 다음과 같다.

```
<K, V> PTable<K, V> parallelDo(DoFn<S, Pair<K, V>> doFn, PTableType<K, V> type);
```

이 예제에서 DoFn은 입력 행을 파싱하고 연도-기온 쌍을 내보낸다.

```
static DoFn<String, Pair<String, Integer>> toYearTempPairsFn() {
    return new DoFn<String, Pair<String, Integer>>() {
```

```
    NcdcRecordParser parser = new NcdcRecordParser();
    @Override
    public void process(String input, Emitter<Pair<String, Integer>> emitter) {
      parser.parse(input);
      if (parser.isValidTemperature()) {
        emitter.emit(Pair.of(parser.getYear(), parser.getAirTemperature()));
      }
    }
  };
}
```

함수를 적용한 후에 연도-기온 쌍 테이블을 얻을 수 있다.

```
PTable<String, Integer> yearTemperatures = records
    .parallelDo(toYearTempPairsFn(), tableOf(strings(), ints()));
```

parallelDo()의 두 번째 인자는 PTableType<K, V> 객체로 크런치의 Writables 클래스의 정적 메서드를 사용해서 생성된다(크런치가 작성하는 중간 데이터를 하둡 Writable 직렬화로 선택했기 때문). tableOf() 메서드는 주어진 키와 값 타입으로 PTableType을 생성한다. strings() 메서드는 키를 메모리의 자바 String 객체로 표현하고 하둡 Text로 직렬화되도록 선언한다. 그 값은 자바 정수형이며 하둡 IntWritable로 직렬화된다.

이 시점에서 더욱 구조적인 형태의 데이터를 가지게 된다. 그리고 입력 파일의 모든 행이 yearTemperatures 테이블의 항목과 일치하므로 레코드의 수는 변함이 없다. 데이터셋에서 연도별 최고 기온을 계산하려면 테이블 항목을 연도별로 그룹화한 후 최고 기온을 찾으면 된다. 다행히 크런치는 이러한 기능을 PTable의 API로 제공한다. groupByKey() 메서드는 키별로 항목을 그룹짓기 위해 맵리듀스 셔플을 수행하고 세 번째 PCollection 타입인 PGroupedTable<K, V>를 반환한다. PGroupedTable<K, V>는 맵리듀스의 리듀서처럼 키별로 모든 값의 집계를 수행하는 combineValues() 메서드를 가진다.

```
PTable<String, Integer> maxTemps = yearTemperatures
    .groupByKey()
    .combineValues(Aggregators.MAX_INTS());
```

combineValues() 메서드는 일련의 값을 집계할 수 있는 모든 종류의 표현을 제공하는 단순한 인터페이스인 크런치 Aggregator 인스턴스를 전달받는다. 그러면 정수 집합에서 최댓값을 찾을 수 있는 Aggregators 클래스의 내장 집계기인 MAX_INTS를 사용할 수 있다.

파이프라인의 마지막 단계는 To라는 정적 팩토리를 이용하여 생성한 텍스트 목표 파일 객체를 인자로 갖는 write( ) 메서드를 호출하여 maxTemps 테이블의 내용을 파일에 기록하는 것이다. 크런치는 실제로 이 작업에서 하둡의 TextOutputFormat을 사용한다. 즉, 각 출력 행의 키와 값은 탭으로 구분된다.

```
maxTemps.write(To.textFile(args[1]));
```

지금까지는 파이프라인 구축에만 관심을 두어 프로그램을 작성했다. 이제 파이프라인을 실행하기 위해 done( ) 메서드를 호출해야 한다. 이 시점에 프로그램은 파이프라인이 종료될 때까지 기다리게 된다. 크런치는 파이프라인에서 수행된 잡에 대한 다양한 통계와 파이프라인의 성공 여부를 포함한 PipelineResult 객체를 반환한다. 프로그램의 종료 코드를 설정할 때 후자의 정보를 활용할 수 있다.

샘플 데이터셋으로 프로그램을 수행하면 다음 결과를 얻는다.

```
% hadoop jar crunch-examples.jar crunch.MaxTemperatureCrunch \
  input/ncdc/sample.txt output
% cat output/part-r-00000
1949 111
1950 22
```

18.2 크런치 핵심 API

이 절에서는 크런치의 핵심 인터페이스를 다룰 것이다. 크런치의 API는 고수준으로 설계되었기 때문에 프로그래머는 세부적인 실행 방식보다는 계산을 위한 논리 연산에만 집중할 수 있다.

18.2.1 기본 연산자

크런치의 핵심 데이터 구조는 PCollection<S>로, 불변하고 정렬되지 않았으며 분산된 S 타입 항목의 컬렉션이다. 이 절에서는 PCollection과 이것의 파생 클래스인 PTable과 PGrouped Table의 기본 연산자에 대해 살펴볼 것이다.

union( )

가장 간단한 크런치의 기본 연산자인 union( )은 호출한 PCollection과 인자로 전달된 PCollection의 모든 항목을 포함하는 새로운 PCollection을 반환한다. 다음 예제를 보자.

```
PCollection<Integer> a = MemPipeline.collectionOf(1, 3);
PCollection<Integer> b = MemPipeline.collectionOf(2);
PCollection<Integer> c = a.union(b);
assertEquals("{2,1,3}", dump(c));
```

MemPipeline의 collectionOf( ) 메서드는 보통 테스트나 예시를 위해 작은 항목을 가진 PCollection 객체를 생성할 때 사용된다. 여기서 dump( ) 메서드는 유틸리티 메서드로, 작은 PCollection의 내용을 문자열로 표현하기 위해 사용했다(크런치의 일부는 아니며 이 책의 예제 코드에 있는 PCollection 클래스에서 찾을 수 있다). PCollection은 정렬되지 않았기 때문에 c 항목의 순서는 알 수 없다.

두 개의 PCollection을 결합할 때 이들은 동일한 파이프라인에서 생성되어야 하고(그렇지 않으면 런타임에 작업이 실패할 것이다) 동일한 타입을 가져야 한다. 후자의 조건은 컴파일 타임에 강제된다. 왜냐하면 PCollection이 매개변수화된 타입이고 union의 PCollection의 타입 인자는 모두 일치해야 하기 때문이다.

parallelDo( )

두 번째 기본 연산자는 입력 PCollection<S>의 모든 항목에 대해 함수를 호출하고 함수의 호출 결과를 포함한 새로운 출력인 PCollection<T>을 반환하는 parallelDo( )다. 가장 간단한 형태의 parallelDo( )는 두 개의 인자를 받는다. 첫 번째는 S 타입의 항목을 T 타입으로 변환하는 함수를 정의한 DoFn<S, T> 구현체고, 두 번째는 출력 타입인 T를 정의한 PType<T> 객체다(PType은 18.2.2절 '자료형'에서 자세히 설명한다).

다음 코드는 문자열 PCollection에 문자열 길이 함수를 적용하는 parallelDo( )의 사용법을 보여주고 있다.

```
PCollection<String> a = MemPipeline.collectionOf("cherry", "apple", "banana");
PCollection<Integer> b = a.parallelDo(new DoFn<String, Integer>() {
  @Override
  public void process(String input, Emitter<Integer> emitter) {
    emitter.emit(input.length());
  }
}, ints());
assertEquals("{6,5,6}", dump(b));
```

이 사례에서 정수인 PCollection의 출력은 입력과 동일한 수의 항목을 가지므로 1:1로 매핑되는 DoFn의 서브클래스인 MapFn을 사용했다.

```
PCollection<Integer> b = a.parallelDo(new MapFn<String, Integer>() {
  @Override
  public Integer map(String input) {
    return input.length();
  }
}, ints());
assertEquals("{6,5,6}", dump(b));
```

parallelDo()의 용도 중 하나는 이후 처리 단계에서 불필요한 데이터를 걸러내는 것이다. 이러한 목적을 위해 크런치는 FilterFn이라는 특별한 DoFn을 인자로 받는 filter() 메서드를 제공한다. 이 메서드를 이용하면 제거되지 않고 출력되는 항목을 지정하는 accept() 메서드만 사용자가 직접 구현하면 된다. 예를 들어 다음 코드는 문자열의 길이가 짝수인 것만 삭제하지 않고 남겨둔다.

```
PCollection<String> b = a.filter(new FilterFn<String>() {
  @Override
  public boolean accept(String input) {
    return input.length() % 2 == 0; // 짝수
  }
});
assertEquals("{cherry,banana}", dump(b));
```

출력 PCollection의 타입은 입력과 동일하므로 filter() 메서드의 원형에는 PType이 생략되었다는 점을 주의하라.

DoFn 구현체가 PCollection의 크기를 상당히 변화시킬 때는 scaleFactor() 메서드를 오버라이드하여
출력의 상대적인 비율에 대한 추정치를 크런치 계획자에게 힌트로 전달해주면 효율성을 더 높일 수 있다.

FilterFn의 scaleFactor() 메서드는 0.5를 반환한다. 다시 말해, 이러한 가정은 구현체가 PCollection
의 항목 중 절반을 걸러낸다는 것을 의미한다. 만약 filter 함수가 이보다 훨씬 많거나 적게 선택한다면 이 메서
드를 변경하면 된다.

PCollection에서 PTable을 생성하는 parallelDo()의 오버로드 구현체도 있다. 앞의 예제에
서 PTable<K, V>는 키-값 쌍의 다중맵이고, 자바 자료형의 언어에서 PTable<K, V>는 Pair<K,
V>가 크런치의 쌍 클래스인 PCollection<Pair<K, V>>다.

다음 코드는 입력 문자열을 키-값 쌍(키는 문자열의 길이고, 값은 문자열 그 자체다)으로 변환
하는 DoFn을 사용해서 PTable을 생성한다.

```
PTable<Integer, String> b = a.parallelDo(
    new DoFn<String, Pair<Integer, String>>() {
  @Override
  public void process(String input, Emitter<Pair<Integer, String>> emitter) {
    emitter.emit(Pair.of(input.length(), input));
  }
}, tableOf(ints(), strings()));
assertEquals("{(6,cherry),(5,apple),(6,banana)}", dump(b));
```

PTable을 만들기 위해 PCollection의 값으로부터 키를 추출하는 것은 크런치가 제공하는
by() 메서드로 충분히 처리할 수 있는 작업이다. 이 메서드는 입력값 S를 K 키로 매핑하기 위
해 MapFn<S, K>를 인자로 받는다.

```
PTable<Integer, String> b = a.by(new MapFn<String, Integer>() {
  @Override
  public Integer map(String input) {
    return input.length();
  }
}, ints());
assertEquals("{(6,cherry),(5,apple),(6,banana)}", dump(b));
```

groupByKey()

세 번째 기본 연산자는 PTable<K, V>에서 동일한 키를 가진 모든 값을 모으는 groupByKey()다. 이 연산자는 맵리듀스의 셔플과 같다고 보면 되며, 실제로 맵리듀스 실행 엔진에서 구현된 방식과 동일하다. groupByKey()는 PGroupedTable<K, V>를 반환하는데, 크런치 자료형에서는 PCollection<Pair<K, Iterable<V>>>, 즉 키와 반복되는 값의 컬렉션 쌍을 가진 다중맵이다.

이전 코드에 이어서 길이-문자열 매핑인 PTable을 키로 그룹지으면 다음과 같은 결과를 얻을 수 있다(대괄호 안의 항목은 반복 컬렉션을 의미한다).

```
PGroupedTable<Integer, String> c = b.groupByKey();
assertEquals("{(5,[apple]),(6,[banana,cherry])}", dump(c));
```

크런치는 groupByKey() 작업에 사용할 파티션 수(맵리듀스의 리듀스 태스크)를 설정하기 위해 테이블의 크기 정보를 이용한다. 대부분은 기본값으로도 괜찮지만, 필요하면 오버로드된 groupByKey(int) 메서드를 이용하여 파티션 수를 명시적으로 설정할 수 있다.

combineValues()

이름과 달리 PGroupedTable은 사실 PTable의 서브클래스가 아니므로 groupByKey()와 같은 메서드를 호출할 수 없다. 이미 키로 묶여진 PTable을 다시 키로 묶을 수 없기 때문이다. PGroupedTable을 조금 다르게 생각해보면 새로운 PTable을 생성하기 전에 임시로 사용된 구조라고 볼 수 있다. 키를 기준으로 값을 묶는 이유는 결국 각 키의 값을 이용하여 어떠한 작업을 할 수 있기 때문이다. 이것이 바로 네 번째 기본 연산자인 combineValues()가 필요한 이유다.

대부분의 일반적인 형태에서 combineValues()는 DoFn<Pair<K, Iterable<V>>, Pair<K, V>>를 간결하게 바꾼 컴바인 함수 CombineFn<K, V>를 받고 PTable<K, V>를 반환한다. 실제로 동작하는 것을 보기 위해 세미콜론 구분자를 이용해서 키의 모든 문자열 값을 합치는 컴바인 함수를 하나 만들어보자.

```
PTable<Integer, String> d = c.combineValues(new CombineFn<Integer, String>() {
  @Override
  public void process(Pair<Integer, Iterable<String>> input,
      Emitter<Pair<Integer, String>> emitter) {
```

```
    StringBuilder sb = new StringBuilder();
    for (Iterator i = input.second().iterator(); i.hasNext(); ) {
      sb.append(i.next());
      if (i.hasNext()) { sb.append(";"); }
    }
    emitter.emit(Pair.of(input.first(), sb.toString()));
  }
});
assertEquals("{(5,apple),(6,banana;cherry)}", dump(d));
```

process() 메서드의 원형에 Pair 객체를 사용하면서 코드가 다소 어수선해졌다. 이 객체들은 first()와 second()를 호출하여 풀어야 하며, 새로운 키-값 쌍을 내보내기 위해 새로운 Pair 객체가 생성된다. 결합 함수는 키를 변경하지 않으므로 값에 대해서만 작업하고 키는 그대로 통과시키는 Aggregator 객체를 받는 오버로드된 combineValues()를 사용할 수 있다. 이때 Aggregators 클래스에 있는 문자열 합치기를 수행하는 내장된 Aggregator 구현체를 사용할 수 있다. 이제 다음과 같은 코드가 되었다.

```
PTable<Integer, String> e = c.combineValues(Aggregators.STRING_CONCAT(";",
    false));
assertEquals("{(5,apple),(6,banana;cherry)}", dump(e));
```

가끔은 PGroupedTable의 값을 집계한 후 그룹의 값과 다른 자료형을 갖는 결과를 반환하고 싶을 때도 있다. 이를 위해서는 MapFn과 함께 mapValues() 메서드를 사용하여 반복 컬렉션을 다른 객체로 변환하면 된다. 예를 들어 다음은 키 별로 값의 개수를 계산하는 예제다.

```
PTable<Integer, Integer> f = c.mapValues(new MapFn<Iterable<String>, Integer>() {
  @Override
  public Integer map(Iterable<String> input) {
    return Iterables.size(input);
  }
}, ints());
assertEquals("{(5,1),(6,2)}", dump(f));
```

값의 자료형은 문자열이지만 맵 함수를 적용한 결과는 구아바^{Guava}의 Iterables 클래스를 사용하여 계산된 반복 컬렉션의 크기를 나타내는 정수다.

이미 강력한 mapValues() 메서드가 있는데 굳이 combineValues()가 필요한지 궁금할 것이다. 그 이유는 combineValues()는 맵리듀스의 컴바이너로 실행할 수 있으므로(즉, 맵에서 컴바이너 메서드를 실행) 셔플로 전송되는 데이터양을 크게 줄일 수 있어서 성능을 높일 수 있기 때문이다(2.4.2절 '컴바이너 함수' 참조). mapValues() 메서드는 parallelDo() 연산으로 해석되고 이러한 맥락에서는 리듀스 측에서만 실행되므로 컴바이너를 사용해서 성능을 개선할 가능성은 없어진다.

마지막으로, PGroupedTable의 다른 동작은 groupByKey()와 반대로 PGroupedTable<K, V>를 PTable<K, V>로 돌려놓는 ungroup()이다. 이것은 기본 연산은 아니지만 parallelDo()로 구현되어 있다. PTable의 groupByKey()와 ungroup()을 차례로 호출하면 테이블을 키를 기준으로 부분 정렬하는 효과를 얻을 수 있다. 하지만 다양한 정렬 옵션과 함께 전체 정렬을 구현한 Sort 라이브러리를 사용하는 것이 더 편리하다.

18.2.2 자료형

모든 PCollection<S>는 PCollection 항목의 자료형에 대한 정보를 포함한 연관 클래스인 PType<S>를 가진다. PType<S>는 PCollection 항목의 자바 클래스인 S와 영구 저장소로부터 데이터를 읽어 PCollection으로 바꾸거나 반대로 PCollection을 영구 저장소에 기록하는 직렬화 포맷을 정의한다.

크런치에는 하둡 Writables와 Avro 두 계열의 PType이 있다. 어떤 것을 사용할 지는 파이프라인에서 사용하는 파일 포맷에 따라 결정되는데 시퀀스 파일은 Writables, 에이브로 데이터 파일은 Avro를 사용한다. 두 계열 모두 텍스트 파일을 지원한다. 파이프라인은 다른 계열의 PType을 혼용할 수 있지만(PType은 파이프라인이 아닌 PCollection과 연관되어 있다), 파일 포맷 변환과 같이 두 계열을 함께 사용하는 일을 제외하고는 거의 필요하지 않다.

일반적으로 크런치는 서로 다른 직렬화 포맷의 차이를 숨기려고 노력하기 때문에 코드에 사용되는 자료형은 자바 프로그래머에게 익숙할 것이다. 또한 사용되는 직렬화 계열을 몰라도 되므로 크런치 컬렉션을 처리하는 라이브러리와 유틸리티를 쉽게 작성할 수 있다는 장점이 있다. 예를 들어 텍스트 파일에서 읽은 행은 Writable Text의 변형[variant]이나 Avro Utf8 객체 대신 평범한 자바 String 객체로 표현된다.

PCollection에서 사용되는 PType은 PCollection이 생성될 때 지정되는데, 추정 상태로 남아 있는 경우도 가끔 있다. 예를 들어 텍스트 파일을 읽을 때는 Writables를 기본으로 사용한다. 다음 예제에서 확인해보자.

```
PCollection<String> lines = pipeline.read(From.textFile(inputPath));
assertEquals(WritableTypeFamily.getInstance(), lines.getPType().getFamily());
```

하지만 textFile( ) 메서드에 적절한 PType을 전달하여 Avro 직렬화를 사용하도록 명시할 수도 있다. 여기서는 Avros의 정적 팩토리 메서드를 사용하여 PType<String>을 Avro 형식으로 표현했다.

```
PCollection<String> lines = pipeline.read(From.textFile(inputPath,
    Avros.strings()));
```

이와 비슷하게, 새로운 PCollection을 생성하는 연산자는 PType을 지정하고 PCollection의 타입 매개변수를 맞추어 주어야 한다.[4] 예를 들어 앞의 예제에서 PCollection<String>에서 정수형 키를 추출하고 그것을 PTable<Integer, String>으로 변환하는 parallelDo( ) 연산자는 다음과 같이 일치하는 PType을 지정했다.

```
tableOf(ints(), strings())
```

세 메서드 모두 Writables로부터 정적 임포트된다.

레코드와 튜플

크런치에서 다수의 필드를 가진 복잡한 객체를 다룰 때 레코드와 튜플 중 하나를 선택할 수 있다. 레코드는 이름으로 필드에 접근할 수 있는 클래스로, 에이브로의 GenericRecord, POJO[plain old Java object](Avro Specific 또는 Reflect와 대응함), 사용자 정의 Writable이 있다. 반면 튜플은

---

4 PType을 요구하지 않는 연산자가 몇 개 있는데, 그 이유는 PCollection으로부터 추정할 수 있기 때문이다. 예를 들어 filter()는 원본과 동일한 PType으로 PCollection을 반환한다.

위치로 필드에 접근하며, 크런치는 Tuple 인터페이스와 적은 개수의 항목을 가진 튜플을 위한 편의 클래스인 Pair<K, V>, Tuple3<V1, V2, V3>, Tuple4<V1, V2, V3, V4>, TupleN(임의의 고정된 개수의 값을 가진 튜플)을 제공한다.

가능하다면 튜플보다는 레코드를 권장하는데, 크런치 프로그램의 결과를 읽거나 이해하기 더 쉽기 때문이다. 날씨 레코드를 연도, 기온, 기상관측소 ID 필드를 가진 WeatherRecord 클래스로 표현하기 위해서는 다음과 같이 자료형을 지정하면 된다.

```
Emitter<Pair<Integer, WeatherRecord>>
```

이는 아래보다 더 간단하다.

```
Emitter<Pair<Integer, Tuple3<Integer, Integer, String>>
```

정확한 명세를 가진 WeatherRecord와 달리 후자는 자료형의 이름만 있기 때문에 의미를 가진 어떤 정보도 전달하지 못한다.

이 예제를 잘 보면 크런치의 Pair 객체를 완전히 피하는 방법은 없다는 것을 알 수 있는데, 이는 크런치가 테이블 컬렉션을 표현하는 가장 기본적인 방식이기 때문이다(PTable<K, V>는 PCollection<Pair<K, V>>와 같다는 것을 명심하자). 그러나 Pair 객체의 사용을 제한할 수 있는 기회가 많이 있으며, 이를 통해 코드의 가독성을 높일 수 있다. 예를 들어 PCollection의 값과 동일한 테이블을 생성할 때 parallelDo( ) 대신 PCollection의 by( ) 메서드를 사용하거나(18.2.1절의 'parallelDo( )' 참조) CombineFn 대신 PGroupedTable의 combineValues( )를 Aggregator와 함께 사용하는 방법이 있다(18.2.1절의 'combineValues( )' 참조).

크런치 파이프라인에서 레코드를 사용하는 가장 쉬운 방법은 다음의 WeatherRecord 클래스처럼 Avro Reflect가 직렬화할 수 있는 필드와 인자가 없는 생성자를 가진 자바 클래스를 정의하는 것이다.

```java
public class WeatherRecord {
  private int year;
  private int temperature;
  private String stationId;
```

```
  public WeatherRecord() {
  }

  public WeatherRecord(int year, int temperature, String stationId) {
    this.year = year;
    this.temperature = temperature;
    this.stationId = stationId;
  }

  // ... getter는 생략
}
```

이제 각 행을 WeatherRecord 객체로 파싱하는 parallelDo( )를 사용하여 PCollection
<String>으로부터 PCollection<WeatherRecord>를 쉽게 생성할 수 있게 되었다.

```
PCollection<String> lines = pipeline.read(From.textFile(inputPath));
PCollection<WeatherRecord> records = lines.parallelDo(
    new DoFn<String, WeatherRecord>() {
  NcdcRecordParser parser = new NcdcRecordParser();
  @Override
  public void process(String input, Emitter<WeatherRecord> emitter) {
    parser.parse(input);
    if (parser.isValidTemperature()) {
      emitter.emit(new WeatherRecord(parser.getYearInt(),
          parser.getAirTemperature(), parser.getStationId()));
    }
  }
}, Avros.records(WeatherRecord.class));
```

records( ) 팩토리 메서드는 이 예제와 같이 Avro Reflect 데이터 모델을 위한 크런치 PType
을 반환한다. 또한 Avro Specific과 Generic 데이터 모델도 지원한다. 그 대신 Avro Specific
을 사용하길 원한다면 Avro 스키마 파일을 이용해서 사용자 정의 자료형을 정의하고, 자바 클
래스를 생성한 다음, 이 클래스와 함께 records( )를 호출하면 된다. Avro Generic은 이 클래
스가 GenericRecord가 되도록 선언해야 한다.

Writables 또한 사용자 정의 Writable 타입을 사용하기 위한 records( ) 팩토리 메서드를 제
공한다. 그러나 직렬화 로직을 직접 작성해야 하므로 정의하는 작업은 조금 번거로울 수 있다
(5.3.3절 '커스텀 Writable 구현하기' 참조).

레코드 컬렉션을 직접 다룰 때 크런치 라이브러리 또는 레코드 컬렉션 계산을 수행하는 자신만의 함수를 사용할 수 있다. 다음 예제는 필드 순으로(연도, 기온, 기상관측소 ID 순) 날씨 레코드의 전체 정렬을 수행한다.

```
PCollection<WeatherRecord> sortedRecords = Sort.sort(records);
```

18.2.3 소스와 타깃

이 절에서는 크런치의 다양한 소스와 타깃 및 그 사용법을 다룬다.

소스에서 읽기

크런치 파이프라인은 저장소의 위치를 지정하는 하나 이상의 Source<T> 객체와 입력 데이터의 PType<T>로 시작한다. 텍스트 파일을 읽는 간단한 작업은 파이프라인의 readTextFile( ) 메서드를 사용하면 된다. 다른 형식의 소스는 Source<T> 객체를 받는 read( ) 메서드를 사용한다. 사실 다음 코드는

```
PCollection<String> lines = pipeline.readTextFile(inputPath);
```

아래 코드의 축약이다.

```
PCollection<String> lines = pipeline.read(From.textFile(inputPath));
```

From 클래스(org.apache.crunch.io 패키지에 존재)는 입력 파일을 위한 정적 팩토리 메서드의 컬렉션 역할을 한다. 여기서 텍스트 파일은 단지 하나의 예제일 뿐이다.

Writable 키-값 쌍의 시퀀스 파일을 읽는 것은 그다음으로 흔한 일이다. 여기서 소스는 키-값 쌍으로 된 TableSource<K, V>고 PTable<K, V>를 반환한다. 예를 들어 IntWritable 키와 Text 값을 포함하는 시퀀스 파일은 PTable<Integer, String>을 반환한다.

```
TableSource<Integer, String> source =
    From.sequenceFile(inputPath, Writables.ints(), Writables.strings());
PTable<Integer, String> table = pipeline.read(source);
```

또한 다음과 같이 Avro 데이터 파일을 읽어서 PCollection으로 변환할 수 있다.

```
Source<WeatherRecord> source =
    From.avroFile(inputPath, Avros.records(WeatherRecord.class));
PCollection<WeatherRecord> records = pipeline.read(source);
```

크런치가 하둡이 지원하는 수많은 파일 포맷에 접근할 수 있다면 어떠한 맵리듀스 FileInput
Format(새로운 MapReduce API에서)이더라도 From의 formattedFile() 메서드를 통해
TableSource로 사용할 수 있다. 크런치에는 다음을 포함하여 From 클래스에 있는 것보다 더
많은 소스 구현체가 존재한다.

- 파케이 파일을 Avro PType으로 읽기 위한 AvroParquetFileSource
- FromHBase에는 HBase 테이블로부터 로우^{row}(행)를 읽어 PTable<ImmutableBytesWritable,
  Result> 컬렉션으로 변환하는 table() 메서드가 있다. ImmutableBytesWritable은 로우 키를 바이트
  로 나타내는 HBase 클래스다. Result는 스캔한 로우 셀을 포함하고 있는데, 특정 컬럼이나 컬럼 패밀리의
  셀만 반환하도록 설정할 수 있다.

타깃에 쓰기

Target에 PCollection을 쓰는 작업은 원하는 Target과 함께 PCollection의 write() 메서
드를 호출하면 될 정도로 간단하다. 가장 흔한 것으로 타깃이 하나의 파일이고 파일의 형식은
To 클래스의 정적 팩토리 메서드로 고를 수 있다. 예를 들어 다음 행은 에이브로 파일을 기본 파
일시스템 내의 output이라는 디렉터리에 쓴다.

```
collection.write(To.avroFile("output"));
```

다음은 좀 더 편리한 방법이다.

```
pipeline.write(collection, To.avroFile("output"));
```

에이브로 파일에 PCollection이 써지므로 반드시 Avro에 속한 PType을 가져야 하며 그렇지 않으면 파이프라인은 실패할 것이다.

To 팩토리는 텍스트 파일, 시퀀스 파일, 그리고 모든 MapReduceFileOutputFormat을 생성할 수 있는 메서드를 가진다. 또한 크런치는 파케이 파일 포맷(AvroParquetFileTarget)과 HBase (ToHBase)를 위한 내장된 Target 구현체를 제공한다.

> **NOTE_** 크런치는 컬렉션의 형태에 따라 가장 적합한 타깃 파일을 찾으려 노력한다. 예를 들어 PTable은 해당 키와 값 필드를 가진 Pair 레코드 스키마를 사용하는 에이브로 파일에 써진다. 비슷하게, PCollection의 값은 시퀀스 파일의 값(키는 null)에 써지고 PTable은 탭으로 구분된 키와 값으로 텍스트 파일에 써진다.

출력 파일이 이미 존재

만약 파일 기반의 타깃이 이미 존재하면 크런치는 write() 메서드를 호출할 때 CrunchRuntimeException을 던질 것이다. 사용자의 직접적인 지시가 없다면 맵리듀스의 동작 원리와 동일하게 기존 결과를 덮어쓰지 않고 그대로 보존한다(2.3.2절 '자바 맵리듀스' 참조).

다음처럼 write() 메서드에 출력을 덮어쓸지 여부를 알려주는 표시를 전달할 수 있다.

```
collection.write(To.avroFile("output"), Target.WriteMode.OVERWRITE);
```

OVERWRITE 모드를 지정하면 파이프라인이 실행되기 전에 기존 출력 파일이 삭제될 것이다.

다른 쓰기 모드인 APPEND는 출력 디렉터리에 이전 실행 결과를 그대로 남겨둔 채 새로운 파일을 추가한다.[5] 크런치는 새로운 실행으로 인해 기존 실행 파일을 덮어쓸 가능성을 피하기 위해 파일 이름에 유일한 식별자를 사용한다.[6]

마지막 쓰기 모드인 CHECKPOINT를 이용하면 새로운 파이프라인을 처음부터가 아니라 파일을 저장한 시점에서부터 작업을 시작할 수 있다. 이 모드는 18.3.5절 '파이프라인 체크포인트'에서 다룬다.

---

5 이름과는 달리 APPEND는 기존 출력 파일에 추가하지 않는다.

6 HBaseTarget은 기존 출력을 확인하지 않으므로 APPEND 모드를 사용하는 것처럼 동작한다.

소스와 타깃의 결합

때로는 타깃에 출력된 결과를 다시 소스로 읽고 싶을 때가 있다(동일한 프로그램의 다른 파이프라인 내에서). 이를 위해 크런치는 Source<T>이면서 동시에 Target인 SourceTarget<T> 인터페이스를 제공한다. At 클래스는 텍스트 파일, 시퀀스 파일, 에이브로 파일을 위해 SourceTarget 객체를 생성하는 정적 팩토리 메서드를 제공한다.

18.2.4 함수

모든 크런치 프로그램의 중심에는 PCollection을 다른 형태로 변환하는 함수(DoFn으로 나타내는)가 존재한다. 이 절에서는 사용자 정의 함수를 작성할 때 고려해야 할 사항을 알아본다.

함수 직렬화

맵리듀스 프로그램을 작성할 때는 사용자가 매퍼와 리듀서 코드를 직접 잡 JAR 파일에 패키징하여 하둡이 태스크 클래스패스 상에서 사용자 코드를 가용하도록 만들었다(6.5.1절 '잡 패키징' 참조). 하지만 크런치는 다른 접근 방법을 가진다. 파이프라인이 실행될 때 모든 DoFn 객체는 파일에 직렬화되어 하둡의 분산 캐시 메커니즘을 사용하는 태스크 노드에 분산되고(9.4.2절 '분산 캐시'에서 설명했음), DoFn이 호출될 수 있도록 태스크가 스스로 이를 역직렬화한다.

결론적으로 사용자는 작업을 패키징할 필요가 전혀 없다. 대신 DoFn 구현이 표준 자바 직렬화 메커니즘으로 직렬화가 가능한지 확인만 하면 된다.[7]

대부분은 추가적인 작업이 필요하지 않는데, 그 이유는 DoFn의 기반 클래스가 java.io.Serializable 인터페이스를 구현하도록 선언되었기 때문이다. 그러므로 함수가 상태 정보를 유지하지 않는다면 직렬화할 필드가 존재하지 않으므로 문제없이 직렬화될 것이다.

여기서 주의할 두 가지 문제가 있다. 첫 번째 문제는 Serializable을 구현하지 않은 외부 클래스에 DoFn을 익명 클래스처럼 내부 클래스(비정적 내포 클래스nonstatic nested class로 불린다)로 정의할 때 발생한다.

---

7 http://bit.ly/interface_serializable의 문서를 참고하라.

```
public class NonSerializableOuterClass {

  public void runPipeline() throws IOException {
    // ...
    PCollection<String> lines = pipeline.readTextFile(inputPath);
    PCollection<String> lower = lines.parallelDo(new DoFn<String, String>() {
      @Override
      public void process(String input, Emitter<String> emitter) {
        emitter.emit(input.toLowerCase());
      }
    }, strings());
    // ...
  }
}
```

내부 클래스는 그들을 둘러싼 외부 객체에 대한 참조를 암묵적으로 가지는데, 만약 외부 클래스의 직렬화가 불가능하다면 결국 이 함수는 직렬화될 수 없으므로 파이프라인은 CrunchRuntimeException과 함께 실패할 것이다. 이 함수를 (이름 있는) 정적으로 내포된 클래스나 최상위 클래스로 만들면 이러한 문제를 쉽게 해결할 수 있다. 또한 외부 클래스에서 Serializable을 구현하는 방법도 있다.

또 다른 문제는 함수가 Serializable이 아닌 클래스의 인스턴스 변수 형태로 만들어져서 직렬화가 불가능한 상태에 의존할 때다. 이때는 직렬화가 불가능한 인스턴스 변수를 transient로 표시하여 자바가 직렬화 시도를 하지 않도록 만들고 DoFn의 initialize() 메서드 내에서 할당해야 한다. 크런치는 process() 메서드가 호출되기 전에 initialize() 메서드를 맨 처음으로 호출할 것이다.

```
public class CustomDoFn<S, T> extends DoFn<S, T> {

  transient NonSerializableHelper helper;

  @Override
  public void initialize() {
    helper = new NonSerializableHelper();
  }

  @Override
  public void process(S input, Emitter<T> emitter) {
```

```
    // 여기에 helper를 사용
    }
  }
```

여기에서 코드를 직접 보여주지는 않았지만 일시적^{transient} 인스턴스 변수를 초기화하기 위해 문자열과 같은 비일시적^{nontransient} 인스턴스 변수를 이용하여 그 상태를 전달하는 것도 가능하다.

객체 재사용

맵리듀스에서 리듀서의 값 반복자에 존재하는 객체는 효율성을 위해 재사용된다(객체 할당 오버헤드를 피하기 위해). 크런치는 PGroupedTable의 combineValues( )와 mapValues( ) 메서드 내에서 사용되는 반복자에도 동일한 기법을 적용했다. 그러므로 반복자의 몸체 외부 객체에서 참조를 유지하려면 객체 유일성 오류를 피하기 위해 복사할 것을 권장한다.

PTable 내에서 각 키별로 유일한 값들의 집합을 찾을 수 있는 일반적인 목적의 유틸리티를 작성하여 이 동작 방식을 알아볼 수 있다. 다음 예제를 보자.

예제 18-2 PTable 내에서 각 키별로 유일한 값들의 집합 찾기

```java
public static <K, V> PTable<K, Collection<V>> uniqueValues(PTable<K, V> table) {
  PTypeFamily tf = table.getTypeFamily();
  final PType<V> valueType = table.getValueType();
  return table.groupByKey().mapValues("unique",
      new MapFn<Iterable<V>, Collection<V>>() {
        @Override
        public void initialize() {
          valueType.initialize(getConfiguration());
        }

      @Override
      public Set<V> map(Iterable<V> values) {
        Set<V> collected = new HashSet<V>();
        for (V value : values) {
          collected.add(valueType.getDetachedValue(value));
        }
        return collected;
      }
    }, tf.collections(table.getValueType()));
}
```

아이디어는 키로 그룹 짓고 각 키와 연관된 값들에 대해 순환하면서 Set 내에서 유일한 값들을 모으는 것이다. 그러면 자동으로 중복이 제거된다. 반복자 외부에서 값을 유지하길 원하므로 집합에 값을 넣기 전에 복사할 필요가 있다.

다행히 모든 자바 클래스별로 복사를 수행하는 방법을 알려주는 코드를 작성할 필요는 없다. 크런치가 정확히 이러한 의도에 맞게 테이블의 값 타입으로부터 얻을 수 있는 PType의 getDetatchedValue() 메서드를 제공하기 때문이다. 또한 PType이 복사를 수행하기 위해 환경 설정에 접근할 수 있도록 DoFn의 initialize() 메서드 내에서 PType을 초기화해야 함을 명심하라.

String이나 Integer 같은 불변 객체를 위해 getDetachedValue()를 호출하면 실제 아무런 작업도 하지 않지만, 가변 Avro 또는 Writable 타입이라면 각 값의 깊은 복제가 만들어진다.

18.2.5 실체화

실체화Materialization는 PCollection의 값을 가용하게 만들어 프로그램에서 읽을 수 있도록 하는 과정이다. 예를 들어 PCollection의 모든 값을 읽은 다음 크런치Crunch 타깃에 쓰는 대신 이들을 보여주거나 프로그램의 다른 부분으로 보낼 때 사용할 수 있다. PCollection을 실체화하는 다른 이유는 추가적인 처리 과정이 필요한지 결정하기 위해서는 그 내용을 알아야 하기 때문이다. 예를 들면 반복적 알고리즘에서 수렴을 테스트할 때 사용할 수 있다(18.3.4절 '반복적 알고리즘'을 참조).

PCollection을 실체화하는 몇 가지 방법이 있다. 가장 직접적인 방법은 값의 Iterable 컬렉션을 반환하는 materialize()를 호출하는 것이다. 만약 PCollection이 아직 실체화되지 않았다면 크런치는 PCollection 안의 객체들이 계산된 다음에 반복될 수 있는 임시 중간 파일에 저장되었음을 보장하기 위해 파이프라인을 실행해야 한다.[8]

텍스트 파일의 행을 소문자로 바꾸는 아래의 크런치 프로그램을 살펴보자.

```
Pipeline pipeline = new MRPipeline(getClass());
PCollection<String> lines = pipeline.readTextFile(inputPath);
PCollection<String> lower = lines.parallelDo(new ToLowerFn(), strings());
```

8 이 예제는 명시적으로 run() 또는 done()을 호출하지 않고 파이프라인을 실행하고 있지만 중간 파일을 폐기할 수 있도록 파이프라인이 종료되었을 때 done()을 호출하는 것이 좋다.

```
Iterable<String> materialized = lower.materialize();
for (String s : materialized) { // 파이프라인이 실행된다.
  System.out.println(s);
}
pipeline.done();
```

텍스트 파일의 행은 ToLowerFn 함수를 사용해서 변환되며, 이 함수는 나중에 재사용할 수 있도록 별도로 정의했다.

```
public class ToLowerFn extends DoFn<String, String> {
  @Override
  public void process(String input, Emitter<String> emitter) {
    emitter.emit(input.toLowerCase());
  }
}
```

lower 변수에 materialize()를 호출하면 Iterable<String>을 반환하지만, 이 메서드 호출로 파이프라인이 실행되진 않는다. Iterable에서 Iterator가 생성되면서(for 문에 의해 암시적으로) 크런치가 파이프라인을 단 한 번 실행한다. 파이프라인이 완료되었을 때 반복문은 실체화된 PCollection을 처리할 수 있다. 이 예제에서는 소문자로 변환된 행이 콘솔에 출력된다.

PTable은 materializeToMap() 메서드를 가지는데, materialize()와 비슷한 방식으로 동작할 것으로 기대했을 것이다. 그러나 두 가지 중요한 차이점이 존재한다. 첫째, 반복자 대신 Map<K, V>를 반환하기 때문에 전체 테이블은 메모리에 즉시 로드된다. 따라서 매우 큰 컬렉션에 적용하면 안 된다. 둘째, PTable은 다중맵이지만 Map 인터페이스는 단일 키에 대해 여러 개의 값을 지원하지 않는다. 따라서 테이블이 동일한 키에 대해 여러 개의 값을 가진다면 반환되는 맵에는 하나만 남고 나머지는 모두 잃게 될 것이다.

이러한 제약에서 벗어나려면 테이블에 단순히 materialize()를 호출해서 Iterable<Pair<K, V>>를 얻으면 된다.

PObject

PCollection을 실체화하는 또 다른 방법은 PObject를 사용하는 것이다. PObject<T>는 **미래**future로, 프로그램이 실행되는 도중 PObject가 생성되는 시점에 완료되지 않을 수 있는 T 타입의 계산 값이다. 이 계산 값은 PObject의 getValue( )를 호출하여 얻을 수 있다. 이 함수는 계산이 완료되어(크런치 파이프라인을 실행함으로써) 값을 반환하기 전까지 기다린다.

PObject의 getValue( ) 호출은 PCollection의 materialize( ) 호출과 유사한데, 두 가지 호출 모두 필요한 컬렉션을 실체화하기 위해 파이프라인 실행을 유발한다. 텍스트 파일의 행을 소문자로 변환하는 프로그램을 PObject를 사용하여 다음과 같이 재작성할 수 있다.

```
Pipeline pipeline = new MRPipeline(getClass());
PCollection<String> lines = pipeline.readTextFile(inputPath);
PCollection<String> lower = lines.parallelDo(new ToLowerFn(), strings());

PObject<Collection<String>> po = lower.asCollection();
for (String s : po.getValue()) { // 파이프라인이 실행된다.
  System.out.println(s);
}
pipeline.done();
```

asCollection( ) 메서드는 PCollection<T>를 일반 자바 Collection<T>로 변환한다.[9] PObject를 사용했기 때문에 변환 작업은 필요에 따라 프로그램 실행의 후반부로 미뤄질 수 있다. 이 예제에서는 반복적으로 결과 컬렉션^{Collection}을 구하기 위해 PObject를 얻은 직후 PObject의 getValue( )를 호출했다.

> **CAUTION_** asCollection()은 PCollection의 모든 객체를 메모리상에 실체화하기 때문에 적은 수의 객체만 포함하는 계산 결과와 같은 작은 PCollection 객체만 호출해야 한다. materialize()를 사용하면 즉시 메모리에 전체 컬렉션을 올리지 않고 컬렉션에 대해 반복 실행하므로 이러한 제약은 존재하지 않는다.

이 글을 작성하는 시점에는 크런치가 DoFn 내에서 from과 같이 파이프라인 실행 도중에 PObject를 평가하는 방법은 제공하지 않는다. PObject는 파이프라인이 종료된 이후에만 조사할 수 있다.

18.3 파이프라인 실행

파이프라인을 구축할 때 크런치는 내부 실행 계획을 만드는데, 이 계획은 사용자에 의해 명시적

---

9 PTable<K, V>의 asMap( ) 메서드 또한 PObject<Map<K, V>> 타입의 객체를 반환한다.

으로 또는 크런치에 의해 암시적으로 실행된다(18.2.5절 '실체화'에서 설명한 대로). 실행 계획은 PCollection에 대한 연산자로 이루어진 방향성 비순환 그래프^{directed acyclic graph}며, 계획 내에서 각 PCollection은 이것을 생성하는 연산자의 참조와 연산자의 인자로 PCollection을 가진다. 더불어 각 PCollection은 실체화 여부를 기록하는 내부 상태를 가진다.

18.3.1 파이프라인 수행하기

파이프라인 동작은 Pipeline의 run( ) 메서드를 호출하여 명시적으로 실행되며 다음과 같은 단계로 수행된다.

첫째, 여러 단계로 실행 계획을 최적화한다. 최적화에 대한 자세한 내용은 실행 엔진에 따라 다르다. 예를 들면 맵리듀스에 최적화된 계획은 스파크에 최적화된 계획과 다르다.

둘째, 최적화된 계획에서 각 단계를 실행하여(가능하면 병렬로) 결과 PCollection을 실체화한다. Target에 쓰일 PCollection은 타깃 자체(HDFS의 출력 파일 또는 HBase의 테이블)에 실체화된다. 중간 PCollection은 HDFS 내에서 임시 중간 파일에 컬렉션의 직렬화된 객체를 기록함으로써 실체화된다.

마지막으로, run( ) 메서드는 실행되는 각 단계에 대한 정보(실행 시간과 맵리듀스 카운터[10]), 파이프라인의 성공 여부(succeeded( ) 메서드를 통해)와 함께 PipelineResult 객체를 호출자에 반환한다.

clean( ) 메서드는 PCollection을 실체화하기 위해 생성된 모든 임시 중간 파일을 삭제한다. 파이프라인이 종료된 이후에 HDFS의 디스크 공간을 풀어주기 위해 반드시 호출해야 한다. 이 메서드는 임시 파일의 강제 삭제 여부를 가리키는 불리언 매개변수를 가진다. 이 값이 false라면 임시 파일은 파이프라인의 모든 출력이 생성된 이후에만 삭제된다.

run( )과 clean(false)를 연달아 호출하기보다는 동일한 효과를 내는 done( )을 호출하는 것이 더 편리하다. 이는 파이프라인이 실행된 다음에 더 이상 필요 없으면 정리하라는 신호를 보낸다.

---

10 DoFn의 increment( ) 메서드를 사용하여 크런치로부터 자신의 사용자 정의 카운터를 증가시킬 수 있다.

비동기 실행

run() 메서드는 파이프라인이 종료될 때까지 반환하지 않고 기다리는 대기 호출이다. 여기에 대응되는 메서드로 파이프라인이 시작된 이후에 즉시 반환하는 runAsync()가 있다. 다음과 같이 구현된 run()을 생각해볼 수 있다.

```
public PipelineResult run() {
  PipelineExecution execution = runAsync();
  execution.waitUntilDone();
  return execution.getResult();
}
```

runAsync() 메서드를 직접 사용하길 원하는 순간이 있다. 당연히 대부분은 파이프라인이 종료되기를 기다리는 동안 다른 코드를 실행하길 원할 때지만, PipelineExecution이 노출하는 메서드를 이용해서 실행 계획을 조사해보거나, 실행 상태를 알아보거나, 실행 도중에 파이프라인을 중단하려 할 때도 있다.

PipelineExecution은 Future<PipelineResult>(java.util.concurrent로부터)의 구현체며, 다음에 나오는 간단한 코드로 백그라운드 작업을 수행할 수 있다.

```
PipelineExecution execution = pipeline.runAsync();
// 그 사이에 여기서 다른 작업을 수행
PipelineResult result = execution.get(); // 블록
```

디버깅

실패 이벤트 발생 시 맵리듀스 태스크 로그에서 더 많은 디버그 정보를 얻기 위해 Pipeline 객체의 enableDebug()를 호출할 수 있다.

또한 환경 설정 속성인 crunch.log.job.progress도 사용할 수 있다. 이 속성을 true로 설정하면 각 단계의 맵리듀스 잡의 진행 상황을 콘솔에 보여준다.

```
pipeline.getConfiguration().setBoolean("crunch.log.job.progress", true);
```

18.3.2 파이프라인 정지하기

때로는 파이프라인이 완료되기 전에 중단할 필요가 있다. 아마도 파이프라인이 시작된 이후 코드에 프로그래밍 오류가 있다는 것을 알게 된다면 즉시 파이프라인을 중단하고 문제를 해결한 다음 다시 시작하고 싶을 것이다.

만약 파이프라인이 대기 함수 run() 또는 done() 호출로 실행되었다면 표준 자바 스레드 인터럽트 메커니즘을 사용해서 run() 또는 done() 메서드를 반환할 수 있다. 그러나 클러스터에서 실행 중인 잡은 계속해서 실행될 것이며, 크런치에 의해 강제 종료되지 **않을** 것이다.

대신 파이프라인을 제대로 중단하려면 PipelineExecution 객체에 대한 참조를 보관하기 위해 비동기적으로 시작해야 한다.

```
PipelineExecution execution = pipeline.runAsync();
```

파이프라인과 해당 잡을 중단하려면 단순히 PipelineExecution의 kill() 메서드를 호출하고 파이프라인이 완료될 때까지 기다리면 된다.

```
execution.kill();
execution.waitUntilDone();
```

이 시점에서 PipelineExecution의 상태는 PipelineExecution.Status.KILLED가 되며, 클러스터에서 실행 중인 파이프라인의 모든 잡은 강제로 종료될 것이다. 이러한 방식이 효과적으로 적용된 예로는 Ctrl-C로 자바 애플리케이션을 종료할 때 자바 가상 머신 셧다운 훅에서 현재 실행 중인 파이프라인을 안전하게 멈추는 것이 있다.

> **NOTE_** PipelineExecution은 Future<PipelineResult>를 구현하며, 따라서 kill() 호출은 cancel(true) 호출과 동일한 효과가 있다.

18.3.3 크런치 계획 조사하기

때론 최적화된 실행 계획을 조사하는 것은 유용하며 적어도 이해하는 데 도움이 된다. 다음 코드는 파이프라인 연산자 그래프의 DOT 파일의 내용을 문자열로 얻어 파일에 기록하는 방법을 보여준다(구아바의 `Files` 유틸리티 클래스 사용). 이는 파이프라인의 비동기 실행으로부터 반환된 PipelineExecution에 대한 접근이 필요하다.

```
PipelineExecution execution = pipeline.runAsync();
String dot = execution.getPlanDotFile();
Files.write(dot, new File("pipeline.dot"), Charsets.UTF_8);
execution.waitUntilDone();
pipeline.done();
```

dot 명령행 도구는 DOT 파일을 쉽게 조사하기 위해 그것을 PNG와 같은 그래픽 포맷으로 변환한다. 다음 호출은 현재 디렉터리 내의 모든 DOT 파일을 PNG 포맷으로 변환하므로 pipeline. dot 파일은 pipeline.dot.png 파일로 변환된다.

```
% dot -Tpng -O *.dot
```

NOTE_ 파이프라인을 비동기 또는 암시적으로 실행(18.2.5절 '실체화' 참조)할 때와 같이 Pipeline Execution 객체가 존재하지 않을 때 DOT 파일을 얻을 수 있는 방법이 하나 있다. 크런치는 잡 환경 설정 내에 DOT 파일 표현을 저장하기 때문에 파이프라인이 종료된 이후 이를 가져올 수 있다.

```
PipelineResult result = pipeline.done();
String dot = pipeline.getConfiguration().get("crunch.planner.dotfile");
Files.write(dot, new File("pipeline.dot"), Charsets.UTF_8);
```

inputPath에 저장된 텍스트 파일에서 단어 수를 나타내는 히스토그램을 계산하는 조금 복잡한 파이프라인의 실행 계획을 살펴보자([예제 18-3] 참조). 실제로 운영할 때 파이프라인은 다수의 맵리듀스 잡 때문에 더 길어질 수 있지만, 여기서 크런치 계획자의 몇 가지 특성을 볼 수 있다.

예제 18-3 단어 수의 히스토그램을 계산하는 크런치 파이프라인

```
PCollection<String> lines = pipeline.readTextFile(inputPath);
PCollection<String> lower = lines.parallelDo("lower", new ToLowerFn(), strings());
PTable<String, Long> counts = lower.count();
PTable<Long, String> inverseCounts = counts.parallelDo("inverse",
    new InversePairFn<String, Long>(), tableOf(longs(), strings()));
PTable<Long, Integer> hist = inverseCounts
    .groupByKey()
```

```
    .mapValues("count values", new CountValuesFn<String>(), ints());
hist.write(To.textFile(outputPath), Target.WriteMode.OVERWRITE);
pipeline.done();
```

이 파이프라인에서 생성된 계획 다이어그램은 [그림 18-1]에서 볼 수 있다.

그림 18-1 단어 수 히스토그램을 계산하는 크런치 파이프라인의 계획 다이어그램

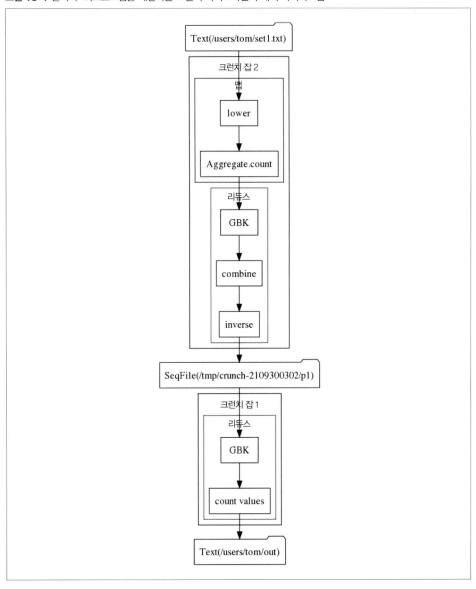

소스와 타깃은 폴더 아이콘으로 표시했다. 다이어그램의 상단은 입력 소스를 나타내고 출력 타깃은 하단에 있다. 두 개의 맵리듀스 잡이 존재하며(크런치 잡 1과 크런치 잡 2로 표시) 크런치가 하나의 잡 출력을 기록하여 다른 것들이 그것을 입력으로 읽을 수 있도록 생성하는 임시 시퀀스 파일이 존재함을 알 수 있다. 임시 파일은 파이프라인 실행 끝에서 clean( )이 호출될 때 삭제된다.

크런치 잡 2(사실 먼저 실행되지만 계획자에 의해 두 번째로 생성된다)는 맵 단계와 리듀스 단계로 구성되며 다이어그램에는 그 이름을 포함한 박스로 표시했다. 각 맵과 리듀스는 작은 연산으로 세분화되며 코드에 있는 기본 크런치 연산의 이름을 가진 박스로 표시했다. 예를 들어 처음 맵 단계에서 parallelDo( ) 동작은 lower로 명명되었고 단순히 PCollection의 각 문자열을 소문자로 변환한다.

> **TIP** PCollection과 이와 연관된 클래스의 오버로드 메서드를 사용하라. 이 메서드는 파이프라인에 있는 연산에 의미 있는 이름을 줄 수 있도록 명명했다. 이렇게 하면 계획 다이어그램을 쉽게 이해할 수 있다.

소문자 변환 작업이 끝난 후 프로그램의 다음 변환은 내장된 편의 함수 count( )로 각 문자열의 빈도수인 PTable을 생성하는 것이다. 이 메서드는 사실 세 개의 기본 크런치 연산을 수행한다(다이어그램에 있는 Aggregate.count로 명명된 parallelDo( ), GBK로 이름붙인 groupByKey( ) 작업, combine으로 이름붙인 combineValues( ) 연산자).

각 GBK 연산은 리듀스 시점에서 groupByKey( )와 combineValues( ) 기능을 사용한 맵리듀스 셔플 단계로 구현된다. Aggregate.count parallelDo( ) 기능은 맵 단계에서 실행되지만 lower 연산과 같은 맵에서 실행됨을 명심하라(크런치 계획자는 파이프라인을 실행하기 위해 필요한 맵리듀스 잡의 개수를 최소화하려고 노력한다). 비슷하게, inverseparallelDo( ) 연산은 이전 리듀스의 일부로 실행된다.[11]

마지막 변환은 도치된 개수 PTable을 가져와서 각 개수의 빈도수를 구한다. 예를 들어 세 번 나타난 문자열이 apple과 orange라면 3 값은 빈도수 2를 가진다. 이러한 변환은 또 다른 GBK 연산이며, 새로운 맵리듀스 잡(크런치 잡 1)을 강요하며 count values라고 명명된 mapValues( )

---

11 이러한 최적화를 parallelDo **융합**(fusion)이라 부르는데, 크런치가 사용하는 다른 최적화 기법과 함께 이 장 초반에 참조한 FlumeJava 논문(http://bit.ly/data-parallel_pipelines)에서 자세하게 설명했다. parallelDo 융합은 파이프라인 동작을 효율성을 잃지 않으면서 작고 논리적으로 구분된 함수들로 쪼갤 수 있도록 해준다. 크런치는 이들을 최대한 적은 맵리듀스 단계로 융합하기 때문이다.

연산이 이어진다. mapValues( ) 연산은 단순히 parallelDo( ) 연산이므로 리듀스 단계에서 실행될 수 있다.

크런치 잡 1의 맵 단계는 실행되는 기본 크런치 동작이 없기 때문에 도표에서 생략되었음을 명심하라.

18.3.4 반복적 알고리즘

PObject의 일반적인 용도는 반복적 알고리즘의 수렴을 확인하는 것이다. 분산 반복적 알고리즘의 고전적인 예로는 월드 와이드 웹[12]과 같이 각 연결된 페이지 집합의 상대적인 중요도 순위를 매기는 페이지랭크 알고리즘이 있다. 페이지랭크를 크런치로 구현한 제어 흐름은 다음과 같다.

```
PTable<String, PageRankData> scores = readUrls(pipeline, urlInput);
Float delta = 1.0f;
while (delta > 0.01) {
  scores = pageRank(scores, 0.5f);
  PObject<Float> pDelta = computeDelta(scores);
  delta = pDelta.getValue();
}
```

페이지랭크 알고리즘 자체의 연산을 더 자세히 살펴보지 않더라도, 어떻게 더 높은 수준의 프로그램이 크런치에서 실행되는지 이해할 수 있다.

입력으로 행마다 두 개의 URL(하나의 페이지와 그곳에서 외부를 가리키는 링크)을 가진 텍스트 파일이 있다. 예를 들어 다음 파일은 A는 B와 C를 가리키는 링크를 가지고 B는 D를 가리키는 링크를 가진다는 것을 나타낸다.

```
www.A.com www.B.com
www.A.com www.C.com
www.B.com www.D.com
```

코드로 다시 돌아가서, 첫 행은 입력을 읽고 유일한 각 페이지의 초기 PageRankData 객체를 계

---

12 자세한 내용은 위키피디아(http://en.wikipedia.org/wiki/PageRank)를 참고하라.

산한다. PageRankData는 점수, 이전 점수(수렴을 확인하기 위해 사용), 외부 링크 리스트를 필드로 가지는 단순 자바 클래스다.

```java
public static class PageRankData {
  public float score;
  public float lastScore;
  public List<String> urls;

  // ... 메서드 생략
}
```

이 알고리즘의 목적은 각 페이지의 점수를 계산하고 상대적인 중요도를 나타내는 것이다. 모든 페이지는 동등하게 시작하므로 페이지마다 초기 점수는 1로 설정하며 이전 점수는 0이 된다. 첫 번째 필드(page)로 입력을 그룹지은 뒤 값(외부 링크)을 리스트에 집계하는 크런치 연산을 사용하여 외부 링크 리스트를 생성할 수 있다.[13]

반복은 보통 자바의 while 루프를 이용해서 수행된다. 루프의 각 반복마다 pageRank( ) 메서드를 호출해서 점수를 갱신하며, 이 메서드는 일련의 크런치 연산 형태로 된 PageRank 알고리즘을 가진다. 이전 점수 집합과 새로운 점수 집합 사이의 차이가 충분히 작은 값(0.01)보다 작다면 점수는 수렴한 것이며 알고리즘은 종료된다. 차이는 computeDelta( ) 메서드로 계산되며, 이는 컬렉션 내의 모든 페이지에 대해 가장 큰 절대적인 점수 차이를 계산하는 크런치 집계다.

그렇다면 파이프라인은 언제 실행될까? 정답은 매번 pDelta.getValue( )를 호출할 때다. 맨 처음 루프 진입 시점에는 PCollection이 실체화되지 않았으므로 차이^{delta}를 계산하기 위해 readUrls( ), pageRank( ), computeDelta( )를 호출하는 잡이 실행되어야 한다. 다음 반복부터는 새로운 점수(pageRank( ))와 차이(computeDelta( ))를 계산하는 잡만 실행하면 된다.

> **NOTE_** 이러한 파이프라인에서 scores.materialize().iterator()가 pageRank() 호출 이후에 즉시 호출되면 크런치 계획자는 실행 계획 최적화를 더 잘 수행할 수 있다. 점수 테이블이 명확히 실체화되므로 루프의 다음 반복 시점의 실행 계획을 짤 때 이 테이블이 가용하기 때문이다. materialize() 호출이 없더라도 프로그램은 여전히 동일한 결과를 만들어내지만 다소 비효율적이다. 계획자는 이와 다른 중간 결과를 실체화하도록 결정할 수 있으며, 따라서 다음 반복에서 pageRank() 호출에 넘길 점수(scores)를 얻기 위해 일부를 다시 계산해야 한다.

---

13 PageRankIT 클래스의 크런치 통합 테스트에서 전체 소스 코드를 찾을 수 있다.

18.3.5 파이프라인 체크포인트

앞 절에서는 크런치가 과거에 파이프라인을 실행하면서 실체화된 PCollection을 동일한 파이프라인에서 재사용하는 것을 보았다. 그러나 새로운 파이프라인 객체를 생성하면 입력 소스가 동일할지라도 다른 파이프라인의 실체화된 PCollection을 자동으로 공유하지 않을 것이다. 이것이 파이프라인을 개발하는 데 다소 시간이 소요되는 이유인데, 파이프라인을 완성해가며 생기는 계산의 작은 변화로 인해 크런치가 처음부터 새로운 파이프라인을 실행하기 때문이다.

해결책은 영구 저장소(전형적으로 HDFS)에 PCollection을 **체크포인트**하여 크런치가 새로운 파이프라인의 체크포인트에서 시작할 수 있게 만드는 것이다.

텍스트 파일의 단어 수 히스토그램을 계산하는 크런치 프로그램([예제 18-3])을 떠올려보자. 크런치 계획자가 이 파이프라인을 두 개의 맵리듀스 잡으로 전환하는 것을 보았다. 만약 프로그램이 두 번 실행된다면 크런치는 두 개의 맵리듀스 잡을 다시 실행하고 원래 결과를 덮어쓸 것이다. WriteMode가 OVERWRITE로 설정되었기 때문이다.

만약 inverseCounts를 체크포인트하였다면 다음 실행에서는 단지 하나의 맵리듀스 잡(hist를 계산하는 맵리듀스, 전체적으로 inverseCounts로부터 파생되었기 때문)만 시작할 것이다. 사실 체크포인트는 단지 WriteMode를 CHECKPOINT로 설정하여 PCollection을 타깃에 쓰는 것이다.

```
PCollection<String> lines = pipeline.readTextFile(inputPath);
PTable<String, Long> counts = lines.count();
PTable<Long, String> inverseCounts = counts.parallelDo(
    new InversePairFn<String, Long>(), tableOf(longs(), strings()));
inverseCounts.write(To.sequenceFile(checkpointPath),
    Target.WriteMode.CHECKPOINT);
PTable<Long, Integer> hist = inverseCounts
    .groupByKey()
    .mapValues(new CountValuesFn<String>(), ints());
hist.write(To.textFile(outputPath), Target.WriteMode.OVERWRITE);
pipeline.done();
```

크런치는 입력 파일의 타임스탬프를 체크포인트 파일의 타임스탬프와 비교한다. 어떤 입력이 체크포인트보다 이후의 타임스탬프를 가진다면 의존 체크포인트를 자동적으로 다시 계산할 것이므로 파이프라인에서 오래된 데이터를 사용할 위험은 존재하지 않는다.

체크포인트는 파이프라인을 실행하면서 영구적으로 저장되고 크런치에 의해 정리되지 않으므로 코드가 생성한 결과에 만족한다면 이들을 직접 지워야 할 것이다.

18.4 크런치 라이브러리

크런치는 org.apache.crunch.lib 패키지 내에 강력한 라이브러리 함수 집합을 제공하며, 간단한 내용을 [표 18-1]에서 볼 수 있다.

표 18-1 크런치 라이브러리

클래스	메서드명	설명
Aggregate	length()	PObject 내에 감싸진 PCollection의 요소 수를 반환
	min()	PObject 내에 감싸진 PCollection에서 가장 값이 작은 요소를 반환
	max()	PObject 내에 감싸진 PCollection에서 가장 값이 큰 요소를 반환
	count()	빈도와 관련된 입력 PCollection의 유일 요소 테이블을 반환
	top()	값으로 정렬된 PTable 내의 최상단 또는 최하단 *N* 키-값 쌍의 테이블을 반환
	collectValues()	테이블의 각 유일 키의 값을 자바 Collection으로 그룹지어 PTable<K, Collection<V>>를 반환
Cartesian	cross()	두 개의 PCollection 또는 PTable의 외적을 계산
Channels	split()	쌍의 컬렉션(PCollection<Pair<T, U>>)을 컬렉션의 쌍 (Pair<PCollection<T>, PCollection<U>>)으로 분할
Cogroup	cogroup()	두 개 이상의 PTable 내의 요소를 키로 그룹
Distinct	distinct()	중복 요소를 제거하여 새로운 PCollection 또는 PTable을 생성
Join	join()	두 개의 PTable을 키로 내부 조인을 수행. 왼쪽, 오른쪽, 전체 조인하는 메서드도 있음.
Mapred	map()	PTable<K2, V2>를 생성하기 위해 PTable<K1, V1>의 매퍼(이전 API)를 수행
	reduce()	PTable<K2, V2>를 생성하기 위해 PGroupedTable<K1, V1>의 리듀스(이전 API)를 수행
Mapreduce	map(),reduce()	Mapred와 유사하지만, 새로운 맵리듀스 API

클래스	메서드명	설명
PTables	asPtable()	PCollection<Pair<K, V>>를 PTable<K, V>로 변환
	keys()	PTable의 키를 PCollection으로 반환
	values()	PTable의 값을 PCollection으로 반환
	mapKeys()	값은 그대로 두고 PTable 내의 모든 키에 대해 맵 함수를 적용
	mapValues()	키는 그대로 두고 PTable 또는 PGroupedTable 내의 모든 값에 대해 맵 함수를 적용
Sample	sample()	지정한 확률로 각 요소를 독립적으로 선택하여 PCollection의 샘플을 생성
	reservoirSample()	각 요소가 포함될 확률을 동등하게 가지면서 PCollection의 샘플을 지정한 크기로 생성
Secondary Sort	sortAndApply()	PTable<K, Pair<V1, V2>>를 K와 V1 순으로 정렬한 뒤 출력 PCollection 또는 PTable을 주기 위해 함수를 적용
Set	difference()	두 PCollection의 차집합인 PCollection을 반환
	intersection()	두 PCollection의 교집합인 PCollection을 반환
	comm()	두 PCollection의 각 요소가 첫 번째 컬렉션에만 존재하는지, 두 번째 컬렉션에만 존재하는지, 아니면 모든 컬렉션에 존재하는지에 따라 구분하는 세 개의 값으로 된 PCollection을 반환(유닉스의 comm 명령어와 유사)
Shard	shard()	입력 PCollection과 정확히 동일한 요소를 포함하지만 지정한 파일의 수만큼 나뉘어진 PCollection을 생성
Sort	sort()	요소의 자연스러운 순서대로 PCollection의 전체 정렬을 수행(오름차순(기본) 또는 내림차순으로). 또한 PTable을 키로 정렬하거나 쌍(Pair) 또는 튜플의 컬렉션을 지정된 컬럼순으로 정렬하는 메서드가 존재함

크런치의 가장 강력한 기능 중 하나는 필요로 하는 함수가 제공되지 않으면 보통 몇 줄의 자바 코드만으로 간단하게 직접 작성할 수 있다는 것이다. 앞의 [예제 18-2]는 PTable 내에서 각 키 별로 유일한 값들의 집합을 찾을 수 있는 일반적인 목적의 함수를 작성한 예다.

Aggregate의 length(), min(), max(), count() 메서드는 PCollection과 동일한 편의 메 서드를 가진다. 이와 유사하게 Aggregate의 top()(파생된 bottom() 메서드도 마찬가지로) 과 collectValues(), PTable의 모든 메서드, Join의 join(), CoGroup의 cogroup() 모두 PTable에 동일하게 존재한다.

[예제 18-4]는 집계 메서드의 일부 동작을 차근차근 보여준다.

예제 18-4 PCollection과 PTable의 집계 메서드 사용

```
PCollection<String> a = MemPipeline.typedCollectionOf(strings(),
    "cherry", "apple", "banana", "banana");

assertEquals((Long) 4L, a.length().getValue());
assertEquals("apple", a.min().getValue());
assertEquals("cherry", a.max().getValue());

PTable<String, Long> b = a.count();
assertEquals("{(apple,1),(banana,2),(cherry,1)}", dump(b));

PTable<String, Long> c = b.top(1);
assertEquals("{(banana,2)}", dump(c));

PTable<String, Long> d = b.bottom(2);
assertEquals("{(apple,1),(cherry,1)}", dump(d));
```

18.5 참고 도서

이 장에서는 크런치에 대한 간략한 소개를 했다. 자세한 내용은 크런치 사용자 가이드[14]를 참고하기 바란다.

----

14 http://crunch.apache.org/user-guide.html

CHAPTER 19

스파크

아파치 스파크^{Apache Spark}[1]는 대용량 데이터 처리를 위한 클러스터 컴퓨팅 프레임워크다. 이 책에서 다루는 다른 데이터 처리 프레임워크와 달리 스파크는 실행 엔진으로 맵리듀스를 사용하지 않는다. 대신 스파크는 클러스터 기반으로 작업을 실행하는 자체 분산 런타임 엔진이 있다. 하지만 스파크는 이 장에서 살펴볼 API와 수행 측면 모두에서 맵리듀스와 매우 비슷하다. 스파크는 하둡과 밀접하게 통합되어 있어서 YARN 기반으로 실행할 수 있고, 하둡 파일 포맷과 HDFS 같은 기반 저장소를 지원한다.

스파크는 **잡 사이**의 대용량 작업 데이터셋을 메모리상에 유지할 수 있는 것으로 잘 알려져 있다. 스파크는 이런 특성이 있어서 동일한 기능을 수행하지만 매번 디스크에서 데이터셋을 읽는 맵리듀스 워크플로에 비해 10배 혹은 어떤 경우에는 더 빠른 성능을 보인다.[2] 스파크의 처리 모델로 큰 효과를 얻을 수 있는 두 가지 애플리케이션이 있다. 하나는 반복적 알고리즘(종료 조건을 만족할 때까지 데이터셋에 함수를 반복해서 적용)이고 다른 하나는 대화형 분석(사용자가 데이터셋에 일련의 대화식 쿼리를 생성)이다.

인메모리 캐싱을 사용하지 않더라도 스파크는 DAG 엔진과 사용자 경험 등을 제공하기 때문에 큰 매력이 있다. 맵리듀스와 달리 스파크의 DAG 엔진은 연산자 중심의 파이프라인을 처리해서 사용자를 위한 단일 잡으로 변환한다.

----

1 https://spark.apache.org/

2 마테이 자하리아(Matei Zaharia) 공저 「탄력적인 분산 데이터셋: 인메모리 클러스터 컴퓨팅을 위한 내고장성 추상화(Resilient Distributed Datasets: A Fault-Tolerant Abstraction for In-Memory Cluster Computing)」(제9회 USENIX 컨퍼런스 네트워크 시스템 설계 및 구현 논문집, 2012년)

스파크의 사용자 경험은 독보적이다. 조인과 같은 다양한 일반적인 데이터 처리 작업을 수행하는 풍부한 API를 제공한다. 이 글을 작성하던 시점에 스파크는 스칼라, 자바, 파이썬 등 세 가지 언어의 API를 지원한다. 이 장에 나오는 대부분의 예제는 스칼라 API를 사용하는데 물론 다른 언어로도 쉽게 변환할 수 있다. 스파크는 또한 파이썬과 스칼라를 위한 REPL[read-eval-print loop] 환경을 제공하므로 빠르고 편리하게 데이터셋을 탐색할 수 있다.

스파크는 또한 분석 도구를 만들기 적합한 플랫폼을 제공한다. 이를 위해 머신러닝[MLlib], 그래프 처리[GraphX], 스트림 처리[Spark Streaming], SQL[Spark SQL] 등의 모듈을 아파치 스파크 프로젝트에 포함했다. 이 장에서는 스파크의 이러한 모듈은 다루지 않는다. 관심이 있다면 아파치 스파크 웹사이트[3]를 참고하기 바란다.

19.1 스파크 설치

스파크 다운로드 페이지[4]에서 스파크 바이너리 배포판의 안정 버전을 내려받는다(현재 사용하는 하둡의 버전에 맞는 배포 버전을 선택). 그리고 적합한 위치에서 압축을 푼다.

```
% tar xzf spark-x.y.z-bin-distro.tgz
```

스파크 바이너리 경로를 환경변수인 PATH에 추가하면 편리하다.

```
% export SPARK_HOME=~/sw/spark-x.y.z-bin-distro
% export PATH=$PATH:$SPARK_HOME/bin
```

이제 스파크 예제를 실행할 준비가 되었다.

19.2 예제

스파크를 시작하기 위해 먼저 스파크가 제공하는 스칼라 REPL인 spark-shell로 대화형 세션

---

3 http://spark.apache.org/
4 https://spark.apache.org/downloads.html

을 구동하자. 다음과 같이 셸을 시작하면 된다.

```
% spark-shell
Spark context available as sc.

scala>
```

콘솔 출력을 통해 셸이 자동으로 스칼라 변수인 sc를 생성한 것을 알 수 있다. 여기서 sc는 SparkContext 인스턴스를 저장한다. 이는 스파크의 대화 창구로 다음과 같이 sc를 이용하여 텍스트 파일을 읽을 수 있다.

```
scala> val lines = sc.textFile("input/ncdc/micro-tab/sample.txt")
lines: org.apache.spark.rdd.RDD[String] = MappedRDD[1] at textFile at
<console>:12
```

여기서 lines 변수는 **탄력적인 분산 데이터셋**^{Resilient Distributed Dataset}(RDD)을 참조한다. 이는 스파크에서 가장 중요한 개념으로, 클러스터에 있는 다수의 머신에 분할되어 저장된 읽기 전용 컬렉션이다. 전형적인 스파크 프로그램은 하나 또는 그 이상의 RDD를 입력받고, 일련의 변환 작업을 거쳐 목표 RDD 집합으로 변형된다. 이 과정에서 결과를 계산하거나 그 결과를 영구 저장소에 저장하는 액션이 수행된다. '탄력적인 분산 데이터셋'에서 '탄력적'이란 단어는 유실된 파티션이 있을 때 스파크가 RDD의 처리 과정을 다시 계산하여 자동으로 복구할 수 있다는 의미다.

> **NOTE_** RDD로 데이터를 로드하거나 트랜스포메이션^{transformation}(변형 연산)을 수행해도 실제로 데이터는 처리되지 않는다. 단지 계산을 위한 수행 계획이 만들어질 뿐이다. 실제 계산은 RDD를 처리하는 foreach()와 같은 액션을 호출할 때 수행된다.

프로그램으로 다시 돌아가자. 수행할 첫 번째 변환 작업은 각 행의 필드를 분할하는 것이다.

```
scala> val records = lines.map(_.split("\t"))
records: org.apache.spark.rdd.RDD[Array[String]] = MappedRDD[2] at map at
 <console>:14
```

RDD의 모든 항목에 함수를 적용하기 위해 RDD에 map ( ) 메서드를 적용했다. 예제에서는 각 라인(String)을 분할하여 스칼라 String 배열을 만들었다.

그다음에 잘못된 레코드를 제거하는 필터를 적용했다.

```scala
scala> val filtered = records.filter(rec => (rec(1) != "9999"
  && rec(2).matches("[01459]")))
filtered: org.apache.spark.rdd.RDD[Array[String]] = FilteredRDD[3] at filter at
  <console>:16
```

RDD의 filter ( ) 메서드는 조건절을 매개변수로 받고 불린값^{Boolean}을 반환하는 함수다. 이 메서드는 레코드를 검증하여 9999로 표기된 누락 기온이나 잘못된 특성 코드를 갖는 레코드를 제거한다.

연도별 최고 기온을 찾기 위해서는 각 연도의 모든 기온값을 처리해야 하므로 연도 필드를 기준으로 그룹짓는 연산을 먼저 수행해야 한다. 스파크는 이를 위해 reduceByKey ( ) 메서드를 제공하지만, 이 메서드는 스칼라 Tuple2로 정의된 키-값 쌍의 RDD만 가능하다는 제약이 있다. 따라서 RDD를 다른 map ( ) 메서드를 이용해서 Tuple2로 변환하는 작업을 먼저 수행해야 한다.

```scala
scala> val tuples = filtered.map(rec => (rec(0).toInt, rec(1).toInt))
tuples: org.apache.spark.rdd.RDD[(Int, Int)] = MappedRDD[4] at map at
  <console>:18
```

그다음에 집계 작업을 수행한다. reduceByKey ( ) 메서드의 인자는 값의 쌍을 입력으로 받아 이를 단일 값으로 결합하는 함수다. 예제에서는 자바의 Math.max 함수를 사용했다.

```scala
scala> val maxTemps = tuples.reduceByKey((a, b) => Math.max(a, b))
maxTemps: org.apache.spark.rdd.RDD[(Int, Int)] = MapPartitionsRDD[7] at
  reduceByKey at <console>:21
```

foreach ( ) 메서드를 호출하고 각 항목을 콘솔에 출력해주는 println ( )을 인자로 넘기면 maxTemps의 내용을 화면에서 확인할 수 있다.

```
scala> maxTemps.foreach(println(_))
(1950,22)
(1949,111)
```

foreach() 메서드는 List와 같은 표준 스칼라 컬렉션과 동일하며, RDD의 각 항목에 적용되는 함수다. 이 함수를 호출하면 스파크는 RDD의 값을 계산하는 잡을 바로 실행할 수 있으며, println() 메서드를 통해 그 값을 볼 수 있게 된다.

화면에 출력하는 대신 RDD를 파일시스템에 저장할 수도 있다.

```
scala> maxTemps.saveAsTextFile("output")
```

이 명령을 실행하면 파티션 파일을 포함한 output 디렉터리가 생성된다.

```
% cat output/part-*
(1950,22)
(1949,111)
```

saveAsTextFile() 메서드는 스파크 잡을 즉시 실행한다. 차이점은 반환값이 없다는 것이다. 대신 RDD를 계산하여 결과 파티션을 output 디렉터리에 파일로 기록한다.

19.2.1 스파크 애플리케이션, 잡, 스테이지, 태스크

예제에서 살펴본 바와 같이 스파크는 맵리듀스와 유사하게 **잡**이라는 개념이 있다. 스파크의 잡은 맵리듀스의 잡보다 훨씬 일반적이다. 하나의 맵과 하나의 리듀스로 구성된 단일 맵리듀스의 잡과 달리 스파크의 잡은 임의의 방향성 비순환 그래프 directed acyclic graph (DAG)인 **스테이지** stage 로 구성된다.

스파크가 실행될 때 스테이지는 다수의 **태스크**로 분할되고, 각 태스크는 맵리듀스의 태스크와 같이 클러스터에 분산된 RDD 파티션에서 병렬로 실행된다.

잡은 항상 RDD 및 공유변수를 제공하는 애플리케이션(SparkContext 인스턴스로 표현되는)의 콘텍스트 내에서 실행된다. 하나의 애플리케이션은 하나 이상의 잡을 수행할 수 있으며, 직렬

또는 병렬로 실행되며, 동일한 애플리케이션에서 수행된 이전 잡에서 캐싱된 RDD에 접근할 수 있는 메커니즘을 제공한다(RDD 캐싱 방법은 19.3.3절 '지속성'에서 설명함). spark-shell 세션과 같은 대화형 스파크 세션은 애플리케이션을 위한 인스턴스 중 하나에 불과하다.

19.2.2 스칼라 독립 애플리케이션

스파크 셸에서 프로그램을 개선한 후 이를 여러 번 실행할 수 있는 독립 프로그램으로 패키징할 수 있다. [예제 19-1]은 이러한 방법을 보여주는 스칼라 프로그램이다.

예제 19-1 스파크에서 최고 기온을 찾는 스칼라 애플리케이션

```scala
import org.apache.spark.SparkContext._
import org.apache.spark.{SparkConf, SparkContext}

object MaxTemperature {
  def main(args: Array[String]) {
    val conf = new SparkConf().setAppName("Max Temperature")
    val sc = new SparkContext(conf)

    sc.textFile(args(0))
      .map(_.split("\t"))
      .filter(rec => (rec(1) != "9999" && rec(2).matches("[01459]")))
      .map(rec => (rec(0).toInt, rec(1).toInt))
      .reduceByKey((a, b) => Math.max(a, b))
      .saveAsTextFile(args(1))
  }
}
```

독립 프로그램을 실행할 때는 SparkContext를 제공하는 셸이 없기 때문에 직접 만들어주어야 한다. 그리고 다양한 스파크의 속성 값을 애플리케이션에 전달할 수 있는 SparkConf라는 새로운 인스턴스도 만들어야 한다. 예제에서는 애플리케이션의 이름만 설정했다.

작은 변경사항이 있다. 첫 번째는 입력과 출력 경로를 지정하는 명령행 인자를 사용한 것이고, 두 번째는 각 RDD의 임시 변수 생성을 피하기 위해 메서드를 연결한 것이다. 이렇게 하면 프로그램을 좀 더 단순화시킬 수 있다. 필요하면 스칼라 IDE에서 각 변환 과정의 타입 정보도 확인할 수 있다.

> **NOTE_** 스파크에 정의된 모든 트랜스포메이션이 RDD 클래스 자체에서만 사용할 수 있는 것은 아니다. 예제
> 의 reducebyKey()(오직 키-값 쌍의 RDD에서만 동작)는 실제로 PairRDDFunctions 클래스에 정의되
> 어 있지만 다음과 같이 임포트를 수행하면 스칼라에서 RDD(Int, Int)를 PairRDDFunctions로 암묵적으
> 로 변환할 수 있다.
>
> ```
> import org.apache.spark.SparkContext._
> ```
>
> 이렇게 하면 다양한 암묵적 변환 함수를 스파크에 임포트할 수 있다. 따라서 당연히 프로그램에 포함시키는
> 것이 좋다.

이번에는 프로그램을 실행하기 위해 spark-submit 명령어를 사용한다. spark-submit을 실행할 때는 컴파일된 스칼라 프로그램을 포함한 애플리케이션 JAR 파일, 입력 및 출력 경로 등의 프로그램 명령행 인자를 전달한다.

```
% spark-submit --class MaxTemperature --master local \
  spark-examples.jar input/ncdc/micro-tab/sample.txt output
% cat output/part-*
(1950,22)
(1949,111)
```

두 개의 옵션을 추가로 지정했다. 첫 번째는 스파크에 애플리케이션의 클래스 이름을 전달하는 --class 옵션이고, 두 번째는 잡이 실행되는 위치를 지정한 --master 옵션이다. --master 옵션에 local이란 값을 지정하면 스파크는 로컬 머신에 있는 단일 JVM에서 잡을 실행한다. 클러스터에서 실행하는 다른 옵션은 19.6절 '익스큐터와 클러스터 매니저'에서 다룬다. 이제부터는 자바를 비롯하여 스파크에서 다른 언어를 사용하는 방법을 알아볼 것이다.

19.2.3 자바 예제

스파크는 스칼라로 구현되어 있지만 JVM 기반의 언어이기 때문에 자바와도 호환된다. 다소 장황하게 보이겠지만 동일한 예제를 자바로 작성해보겠다([예제 19-2] 참조).[5]

....

5 이 예제는 자바 8 람다 표현식으로 작성하면 더 간결해진다.

```java
public class MaxTemperatureSpark {

  public static void main(String[] args) throws Exception {
    if (args.length != 2) {
      System.err.println("Usage: MaxTemperatureSpark <input path> <output path>");
      System.exit(-1);
    }

    SparkConf conf = new SparkConf();
    JavaSparkContext sc = new JavaSparkContext("local", "MaxTemperatureSpark", conf);
    JavaRDD<String> lines = sc.textFile(args[0]);
    JavaRDD<String[]> records = lines.map(new Function<String, String[]>() {
      @Override public String[] call(String s) {
        return s.split("\t");
      }
    });
    JavaRDD<String[]> filtered = records.filter(new Function<String[], Boolean>() {
      @Override public Boolean call(String[] rec) {
        return rec[1] != "9999" && rec[2].matches("[01459]");
      }
    });
    JavaPairRDD<Integer, Integer> tuples = filtered.mapToPair(
      new PairFunction<String[], Integer, Integer>() {
        @Override public Tuple2<Integer, Integer> call(String[] rec) {
          return new Tuple2<Integer, Integer>(
              Integer.parseInt(rec[0]), Integer.parseInt(rec[1]));
        }
      }
    );
    JavaPairRDD<Integer, Integer> maxTemps = tuples.reduceByKey(
      new Function2<Integer, Integer, Integer>() {
        @Override public Integer call(Integer i1, Integer i2) {
          return Math.max(i1, i2);
        }
      }
    );
    maxTemps.saveAsTextFile(args[1]);
  }
}
```

스파크의 자바 API에서 RDD는 JavaRDD 인스턴스나 키-값 쌍 RDD의 특수한 경우인 JavaPairRDD로 표현된다. 이 두 클래스는 모두 JavaRDDLike 인터페이스의 구현체인데, RDD에서 작동하는 대부분의 메서드에서 찾을 수 있다(예를 들어 클래스 문서를 볼 때).

프로그램을 실행하는 것은 클래스 이름이 MaxTemperatureSpark인 것을 제외하고는 스칼라 버전과 동일하다.

19.2.4 파이썬 예제

스파크는 또한 PySpark라는 API로 파이썬 언어를 지원한다. 파이썬의 람다 표현식의 장점을 살려서 스칼라와 동일한 예제를 파이썬 언어로 다시 작성했다. [예제 19-3]을 보자.

예제 19-3 PySpark를 이용해서 최고 기온을 찾는 파이썬 애플리케이션

```
sc = SparkContext("local", "Max Temperature")
sc.textFile(sys.argv[1]) \
  .map(lambda s: s.split("\t")) \
  .filter(lambda rec: (rec[1] != "9999" and re.match("[01459]", rec[2]))) \
  .map(lambda rec: (int(rec[0]), int(rec[1]))) \
  .reduceByKey(max) \
  .saveAsTextFile(sys.argv[2])
```

주목할 점은 reduceByKey( ) 트랜스포메이션에 파이썬 내장 함수인 max를 사용했다는 것이다.

중요한 점은 이 프로그램이 정규 CPython으로 작성되었다는 것이다. 스파크는 사용자의 파이썬 코드를 수행하기 위해 파이썬의 서브프로세스를 포크[fork](자식 프로세스를 하나 생성)한다(구동 프로그램과 클러스터에서 사용자 태스크를 실행하는 **익스큐터**[executor] 모두 해당됨). 그리고 두 프로세스를 소켓으로 연결하면 부모 프로세스는 파이썬 코드로 처리될 RDD 파티션 데이터를 전달할 수 있다.

실행할 때는 애플리케이션 JAR 파일 대신 파이썬 파일을 지정한다.

```
% spark-submit --master local \
  ch19-spark/src/main/python/MaxTemperature.py \
  input/ncdc/micro-tab/sample.txt output
```

또한 pyspark 명령어를 사용하면 스파크를 대화형 모드로 실행할 수 있다.

19.3 탄력적인 분산 데이터셋 RDD

RDD는 스파크 프로그램의 핵심이라고 해도 과언이 아니다. 따라서 이 절에서는 RDD의 작동 방식을 자세히 살펴볼 것이다.

19.3.1 생성

RDD를 만드는 세 가지 방법이 있다. 첫 번째는 객체의 인메모리 컬렉션(**병렬**^{parallelizing} 컬렉션 으로 알려진)으로 생성하는 것이고, 두 번째는 HDFS와 같은 기존 외부 저장소의 데이터셋을 사용하는 것이며, 세 번째는 기존의 RDD를 변환하는 것이다. 첫 번째 방법은 적은 양의 입력 데이터를 병렬로 처리하는 CPU 부하 중심의 계산에 유용하다. 예를 들어 다음 예제는 1부터 10까지의 숫자에 대해 독립된 계산을 수행한다.[6]

```
val params = sc.parallelize(1 to 10)
val result = params.map(performExpensiveComputation)
```

performExpensiveComputation 함수는 입력값을 병렬로 실행한다. 병렬 처리의 수준은 spark. default.parallelism 속성으로 결정되는데, 기본값은 스파크 잡이 실행되는 위치에 따라 달라진다. 로컬에서 실행하면 해당 컴퓨터의 코어 수, 클러스터에서 실행하면 클러스터의 모든 익스큐터 노드의 총 코어 수에 따라 결정된다.

또한 parallelize()에 두 번째 인자를 지정하면 특정 계산에 대한 병렬 처리 수준을 재정의할 수 있다.

```
sc.parallelize(1 to 10, 10)
```

RDD를 만드는 두 번째 방법은 외부 데이터셋에 대한 참조를 생성하는 것이다. 앞에서 이미 텍스트 파일에서 String 객체의 RDD를 만드는 방법을 살펴보았다.

---

6 8.2.2절의 'NLineInputFormat'에서 설명한 것과 같이 맵리듀스에서 NLineInputFormat으로 매개변수 스윕(parameter sweep)을 수행한 것과 비슷하다.

```
val text: RDD[String] = sc.textFile(inputPath)
```

경로에는 로컬 파일시스템이나 HDFS 같은 하둡 파일시스템의 경로를 지정할 수 있다. 스파크는 내부적으로 파일을 읽을 때 구버전 맵리듀스 API의 TextInputFormat을 이용한다(8.2.2절의 'TextInputFormat' 참조). 스파크에서 파일을 스플릿하는 방식은 하둡과 동일하다. 따라서 HDFS의 경우 HDFS 블록당 스파크 파티션도 하나다. 물론 두 번째 인자에 스플릿 수를 지정하면 기본값을 변경할 수 있다.

```
sc.textFile(inputPath, 10)
```

다른 변형은 다수의 텍스트 파일을 전체 파일로 처리하는 것이다(8.2.1절의 '파일의 전체 내용을 하나의 레코드로 처리하기'와 유사). 이때에는 스트링 쌍을 가진 RDD를 반환받는데, 여기서 첫 번째 스트링은 파일의 경로고 두 번째는 파일의 내용이다. 이 방식은 각 파일의 모든 내용이 메모리에 저장되기 때문에 작은 파일에만 적합하다.

```
val files: RDD[(String, String)] = sc.wholeTextFiles(inputPath)
```

스파크는 텍스트 외에 다른 파일 포맷도 지원한다. 예를 들어 시퀀스 파일도 다음과 같이 읽을 수 있다.

```
sc.sequenceFile[IntWritable, Text](inputPath)
```

시퀀스 파일의 키와 Writable 타입의 값을 지정한 방법을 자세히 살펴보자. 스파크에서 일반적인 Writable 타입은 동일한 자바 타입과 연결할 수 있다. 따라서 아래와 같은 형식을 사용할 수 있다.

```
sc.sequenceFile[Int, String](inputPath)
```

임의의 하둡 InputFormat으로부터 RDD를 생성하는 두 개의 메서드가 있다. HadoopFile()은 파일 기반[file-based] 포맷에 적합하고 파일의 경로를 인자로 받는다. hadoopRDD()는 HBase의 TableInputFormat을 사용한다. 이 두 메서드는 구 맵리듀스 API를 사용하며, 새로운 API로는 newAPIHadoopFile( )과 newAPIHadoopRDD( )가 있다. 다음은 WeatherRecord 클래스에서 특정 API로 에이브로 데이터 파일을 읽는 예제다.

```
val job = new Job()
AvroJob.setInputKeySchema(job, WeatherRecord.getClassSchema)
val data = sc.newAPIHadoopFile(inputPath,
    classOf[AvroKeyInputFormat[WeatherRecord]],
    classOf[AvroKey[WeatherRecord]], classOf[NullWritable],
    job.getConfiguration)
```

newAPIHadoopFile( ) 메서드는 경로 외에도 InputFormat 타입, 키 타입, 값 타입 및 추가로 하둡 환경 설정도 필요하다. 환경 설정은 Avro 스키마를 전달하고, AvroJob 헬퍼 클래스를 사용해서 두 번째 행에 설정했다.

RDD를 만드는 세 번째 방법은 기존의 RDD를 변환하는 것으로 다음 절에서 설명한다.

19.3.2 트랜스포메이션과 액션

스파크는 RDD에 **트랜스포메이션**transformation과 **액션**action이라는 두 종류의 연산자를 제공한다. 트랜스포메이션은 기존 RDD에서 새로운 RDD를 생성한다. 반면 액션은 특정 RDD를 계산하여 어떤 결과를 만들어낸다. 그 결과는 사용자에게 보여지거나 외부 저장소에 저장될 수 있다.

액션은 즉시 실행되지만 트랜스포메이션은 그렇지 않다. 스파크는 지연 실행이라는 특별한 개념이 있어서 트랜스포메이션이 적용된 RDD에 액션이 수행될 때까지 아무런 동작도 하지 않는다. 텍스트 파일의 행을 소문자로 치환하는 예제를 한번 살펴보자.

```
val text = sc.textFile(inputPath)
val lower: RDD[String] = text.map(_.toLowerCase())
lower.foreach(println(_))
```

map( ) 메서드는 트랜스포메이션이다. 스파크는 나중에 입력 RDD(text)의 각 항목에 대해 toLowerCase( ) 함수를 내부적으로 호출한다. map( )에 정의된 이 함수는 액션인 foreach( ) 메서드를 만나기 전까지는 실제로 호출되지 않는다. 나중에 foreach( ) 메서드를 만나면 스파크는 입력 파일을 읽는 잡을 수행하고 각 행에 toLowerCase( )을 호출하여 콘솔에 그 결과를 출력한다.

어떤 연산자가 트랜스포메이션인지 액션인지 파악하는 방법 중 하나는 반환 타입을 확인하는 것이다. 만약 반환 타입이 RDD면 그 메서드는 트랜스포메이션이고, 그렇지 않으면 액션이다. org.apache.spark.rdd 패키지에 있는 RDD 문서를 살펴보는 것도 좋은 방법이다. 해당 패키지 문서에서 RDD에 적용되는 대부분의 연산을 찾을 수 있다. 키-값 쌍을 가지는 RDD에 작동하는 트랜스포메이션과 액션 연산은 PairRDDFunctions 문서에 포함되어 있다.

스파크의 라이브러리는 풍부한 연산자 집합을 제공한다. 트랜스포메이션에는 매핑, 그룹화, 집계, 재분할, 샘플링, RDD 조인 및 RDD 집합 처리 등의 메서드가 있으며 액션에는 RDD를 컬렉션으로 실체화, RDD 통계 계산, RDD에서 특정 개수의 항목을 샘플링, RDD를 외부 저장소에 저장하는 메서드가 있다. 자세한 내용은 클래스 문서를 참고하라.

스파크에서 맵리듀스

맵리듀스라는 이름에서 연상되는 것과는 달리 스파크의 map()과 reduce() 연산은 하둡 맵리듀스에 있는 동일한 이름의 함수와 정확하게 일치하지는 않는다. 8장에서 살펴본 것처럼 하둡 맵리듀스에서 맵과 리듀스의 일반적인 형식은 다음과 같다.

```
map: (K1, V1) → list(K2, V2)
reduce: (K2, list(V2)) → list(K3, V3)
```

두 함수 모두 리스트 표기법으로 표현된 다수의 출력 쌍을 반환한다는 점을 주목하자. 이 함수는 스파크에서(일반적으로 스칼라로) map()과 비슷한 flatMap() 연산으로 구현했는데, flatMap()은 중첩 계층을 제거한다.

```
scala> val l = List(1, 2, 3)
l: List[Int] = List(1, 2, 3)

scala> l.map(a => List(a))
res0: List[List[Int]] = List(List(1), List(2), List(3))

scala> l.flatMap(a => List(a))
res1: List[Int] = List(1, 2, 3)
```

스파크에서 하둡 맵리듀스와 유사하게 구현하는 단순한 방법이 있다. 맵리듀스의 셔플과 정렬을 수행하기 위해서는 두 개의 flatMap() 연산과 groupByKey()와 sortByKey()를 분리해서 호출하면 된다.

```
val input: RDD[(K1, V1)] = ...
```

```
val mapOutput: RDD[(K2, V2)] = input.flatMap(mapFn)
val shuffled: RDD[(K2, Iterable[V2])] = mapOutput.groupByKey().sortByKey()
val output: RDD[(K3, V3)] = shuffled.flatMap(reduceFn)
```

여기서 키 타입인 K2가 sortByKey() 연산을 수행하려면 스칼라의 Ordering 타입을 상속받아야 한다.

이 예제는 스파크와 맵리듀스의 관계를 이해하는 데 도움을 주기 위해 보여준 것이므로 무턱대고 적용하면 안 된다. sortByKey()는 전체 정렬을 수행하기 때문에 그 의미가 하둡 맵리듀스와 다르다. repartitionAndSortWithinPartitions()로 부분 정렬을 수행하면 이런 문제를 방지할 수 있다. 그러나 스파크는 두 개의 셔플(각각 groupByKey()와 정렬을 위한)을 수행하므로 이런 방식은 효율성이 매우 떨어진다.

맵리듀스를 재현하려고 시도하기보다는 필요한 연산만 사용하는 것이 더 좋은 방법이다. 예를 들어 키를 정렬할 필요가 없다면 sortByKey()를 호출하지 않아도 된다(일반적인 하둡 맵리듀스에서는 불가능).

가장 많이 사용되는 일반적인 메서드는 바로 groupByKey()다. 값을 집계하려면 셔플을 해야 하며 reduceByKey(), foldByKey(), aggregateByKey()를 사용해야 하는데(다음 절에서 다룬다) groupByKey()는 맵 태스크에서 컴바이너를 실행할 수 있기 때문에 매우 효율적이다. 마지막으로, 항상 flatmap()이 필요한 것은 아니다. 만약 반환하는 값이 항상 1이면 map()을 사용하고, 반환하는 값이 0 혹은 1이면 filter()를 사용하는 것이 좋다.

집계 트랜스포메이션

키-값 쌍이 있는 RDD를 키를 기준으로 집계하는 트랜스포메이션에는 reduceByKey(), foldByKey(), aggregateByKey()가 있다. 세 개의 트랜스포메이션은 조금씩 다른 방식으로 작동하지만 모두 주어진 키의 값을 집계해서 키마다 하나의 값을 만든다는 공통점이 있다(대응하는 액션인 reduce(), fold(), aggregate()는 유사한 방식으로 전체 RDD에서 하나의 값을 만든다).

가장 단순한 reduceByKey()는 하나의 값이 나올 때까지 반복적으로 키-값 쌍의 값에 이진 함수를 적용한다. 예를 들면 다음과 같다.

```
val pairs: RDD[(String, Int)] =
    sc.parallelize(Array(("a", 3), ("a", 1), ("b", 7), ("a", 5)))
val sums: RDD[(String, Int)] = pairs.reduceByKey(_+_)
assert(sums.collect().toSet === Set(("a", 9), ("b", 7)))
```

키 a에 대한 값은 (_+_) 덧셈 함수를 이용하여 (3+1)+5=9로 집계된다. 키 b는 값이 하나
만 존재하기 때문에 집계 연산이 필요 없다. 일반적으로 연산은 RDD의 다른 파티션에서 별개
의 태스크로 분산 수행되기 때문에 함수는 교환성 및 결합성을 가져야 한다. 다시 말해, 연산의
순서와 그룹화에 따라 그 결과가 달라지면 안 된다. 예제에서 5+(3+1)과 3+(1+5)의 집계
결과는 반드시 같아야 한다.

> **NOTE_** 삼중 등호 기호(===)는 ScalaTest의 **assert** 구문에서 사용된다. 그리고 일반적인 == 기호를 사
> 용할 때보다 더 유용한 오류 메시지를 제공한다.

동일한 작업을 아래와 같이 foldByKey( ) 메서드로 수행할 수 있다.

```
val sums: RDD[(String, Int)] = pairs.foldByKey(0)(_+_)
assert(sums.collect().toSet === Set(("a", 9), ("b", 7)))
```

이번에는 **제로 값**을 적용했다는 점에 주목하라. 정수를 더할 때 제로 값은 단순하게 0이지만, 다
른 자료형이나 연산에서는 다를 수 있다. 여기에서는 키 a의 값을 ((0+3)+1)+5)=9와 같
은 방법으로 집계했다(순서가 달라도 그 결과는 같다. 물론 0을 더하는 부분이 처음이라는 사실
은 변하지 않는다). 키가 b인 값에 대해서는 (0+7)=7이다.

foldByKey( ) 메서드를 사용하는 것은 reduceByKey( )를 사용하는 것과 별반 다르지 않다. 특
히 두 메서드 중 어느 것도 집계 결괏값의 자료형을 변경할 수 없다. 따라서 aggregateByKey( )
메서드가 필요하다. 예를 들어 정숫값을 set으로 집계할 수 있다.

```
val sets: RDD[(String, HashSet[Int])] =
    pairs.aggregateByKey(new HashSet[Int])(_+=_, _++=_)
assert(sets.collect().toSet === Set(("a", Set(1, 3, 5)), ("b", Set(7))))
```

set으로 덧셈을 할 때 사용하는 제로 값은 빈 set이기 때문에 new HashSet[Int]로 변경할 수

있는 새로운 set을 만들었다. aggregateByKey( ) 메서드에 두 개의 함수를 제공해야 하는데, 첫 번째 함수는 Int를 HashSet[Int]와 결합하는 방식을 제어한다. 예제에서는 덧셈과 할당 함수 _+=_를 사용해서 정수를 set에 더했다(_+_는 첫 번째 set을 변경되지 않은 상태로 유지하고 새로운 set을 반환한다).

두 번째 함수는 두 개의 HashSet[Int] 값을 결합하는(이 연산은 컴바이너가 맵 태스크에서 수행된 후에 발생하며 두 개의 파티션은 리듀스 태스크에서 집계된다) 방식을 제어하는 함수다. 그리고 여기서는 _++=_를 사용하여 두 번째 set의 모든 항목을 첫 번째 set에 더했다.

키 a에 대한 일련의 수행 결과는 다음과 같을 것이다.

```
((∅ + 3) + 1) + 5) = (1, 3, 5)
```

또는 스파크가 컴바이너를 사용하면 다음과 같이 처리된다.

```
(∅ + 3) + 1) ++ (∅ + 5) = (1, 3) ++ (5) = (1, 3, 5)
```

트랜스포메이션으로 변환된 RDD는 메모리에 캐싱할 수 있다. 이렇게 하면 이어지는 연산의 효율성이 매우 높아진다. 뒤에서 자세히 살펴보겠다.

19.3.3 지속성

19.2절의 예제로 다시 돌아가자. 연도-기온 쌍의 중간 데이터셋을 아래와 같이 메모리에 캐싱할 수 있다.

```
scala> tuples.cache()
res1: tuples.type = MappedRDD[4] at map at <console>:18
```

cache( ) 메서드를 호출해도 RDD를 메모리에 즉시 캐싱하지는 않는다. 대신 스파크 잡이 실행될 때 해당 RDD를 캐싱해야 한다고 플래그로 표시해둔다. 일단 잡을 실행해보자.

```
scala> tuples.reduceByKey((a, b) => Math.max(a, b)).foreach(println(_))
INFO BlockManagerInfo: Added rdd_4_0 in memory on 192.168.1.90:64640
INFO BlockManagerInfo: Added rdd_4_1 in memory on 192.168.1.90:64640
(1950,22)
(1949,111)
```

BlockManagerInfo 로그에서 잡 실행의 일환으로 RDD 파티션이 메모리에 보관되었다는 것을 확인할 수 있다. 로그를 보면 RDD의 번호는 4고(이 번호는 cache ( ) 메서드를 호출한 후 콘솔에 출력된다), 0과 1로 표기된 두 개의 파티션이 있다는 것을 알 수 있다. 캐싱된 데이터셋에 다른 잡을 실행해보면 RDD가 메모리에 로드된 것을 보게 될 것이다. 이번에는 연도별 최소 기온을 계산해보자.

```
scala> tuples.reduceByKey((a, b) => Math.min(a, b)).foreach(println(_))
INFO BlockManager: Found block rdd_4_0 locally
INFO BlockManager: Found block rdd_4_1 locally
(1949,78)
(1950,-11)
```

이것은 매우 작은 데이터셋을 처리한 단순한 예제지만 대용량 잡에 적용하면 시간을 크게 절약할 수 있다. 맵리듀스와 비교해보면, 맵리듀스는 다른 계산을 수행하기 위해서는 입력 데이터셋을 디스크에서 다시 불러와야 한다. 심지어 원본 데이터셋에서 비정상 레코드를 제거하고 불필요한 필드를 정리한 중간 데이터셋이 있더라도 반드시 디스크에서 다시 불러와야 하고 속도는 상대적으로 느릴 것이다. 스파크는 클러스터의 여러 머신에 있는 메모리에 데이터셋을 분산하여 캐싱할 수 있고 해당 데이터셋에 대해 수행되는 계산은 매우 빠른 속도로 처리될 것이다.

이런 방식은 대화형 데이터 탐색 작업에 매우 유용하다. 또한 반복 알고리즘과 같이 첫 번째 반복 연산의 결과를 메모리에 캐싱했다가 그다음 반복 연산에서 입력으로 사용하는 특정 알고리즘에 적합하다. 이런 알고리즘을 맵리듀스로 구현할 수 있지만 각 반복 작업은 단일 맵리듀스 잡으로 실행되므로 각 반복 연산마다 그 결과를 디스크에 저장하고 그다음 반복 연산에서 이를 디스크에서 읽어 와야 한다.

지속성 수준

cache()를 호출하면 익스큐터의 메모리에 각 RDD 파티션을 보존한다. 익스큐터에 RDD 파티션을 저장할 수 있는 충분한 메모리가 없다면 계산은 실패하지 않으나 필요에 따라 다시 계산을 수행해야 한다. 트랜스포메이션 연산이 매우 많은 복잡한 프로그램에서 다시 계산을 수행하려면 상당한 시스템 자원이 필요하다. 이러한 이유로 스파크는 StorageLevel을 인자로 지정할 수 있는 persist() 메서드로 다양한 유형의 지속성을 선택할 수 있는 기능을 제공한다.

StorageLevel의 기본값은 MEMORY_ONLY로, 일반적인 인메모리 객체 표현을 사용한다. MEMORY_ONLY_SER로 설정하면 파티션의 요소를 바이트 배열로 직렬화하여 객체를 압축된 형태로 저장할 수 있다. MEMORY_ONLY_SER 수준은 MEMORY_ONLY에 비해 더 많은 CPU를 사용한다. 하지만 일반적인 인메모리 객체 표현을 위한 충분한 메모리는 없지만 최종 직렬화 RDD 파티션을 저장하기에 적합하다면 시도해볼 만한 가치는 있다. 또한 MEMORY_ONLY_SER 레벨은 각 RDD를 큰 객체가 아닌 하나의 바이트 배열로 저장하기 때문에 가비지 컬렉션 부담을 줄일 수 있다.

RDD 파티션 직렬화는 기본적으로 일반적인 자바 직렬화를 사용한다. 그러나 다음 절에서 다룰 옵션인 크라이오[kryo] 직렬화[7]는 크기와 속도 측면에서 모두 장점이 있다. 게다가 CPU를 더 사용하지만 직렬화된 파티션을 압축하기 때문에 필요한 공간도 줄일 수 있다. 이 옵션을 선택하려면 spark.rdd.compress 속성을 true로 설정하고 spark.io.compression.codec 속성에 코덱을 지정해야 한다.

---

7 https://github.com/EsotericSoftware/kryo

메모리를 사용하는 비용이 너무 크면 MEMORY_AND_DISK(메모리에 먼저 저장하고 충분하지 않으면 디스크에 저장)나 MEMORY_AND_DISK_SER(메모리가 충분하지 않으면 디스크에 직렬화하여 저장) 옵션을 사용하는 편이 더 좋다.

또한 파티션을 클러스터에 있는 단일 노드가 아닌 여러 노드에 복제해서 저장하거나 힙 메모리를 사용하는 진보적이고 실험적인 지속성 수준도 있다. 자세한 내용은 스파크 문서를 참고하라.

19.3.4 직렬화

스파크에서는 두 가지 측면의 직렬화인 데이터 직렬화와 함수 직렬화(혹은 클로저^{closure})를 고려해야 한다.

데이터 직렬화

먼저 데이터 직렬화를 살펴보자. 기본적으로 스파크는 익스큐터에서 다른 익스큐터로 네트워크를 통해 데이터를 전송하거나 19.3.3절의 '지속성 수준'에서 설명했던 것처럼 데이터를 캐싱할 때 자바 직렬화 메커니즘을 이용한다. 개발자에게 자바 직렬화는 매우 익숙할 것이다(Java.io.Serializable 또는 java.io.Externalizable 구현체로 클래스를 만든다). 하지만 자바 직렬화는 크기나 성능 관점에서 효율성이 떨어진다.

대부분의 스파크 프로그램은 크라이오 직렬화[8]를 선택하는 편이 더 좋다. 크라이오 직렬화는 효율성이 더 높고 범용적인 자바의 직렬화 라이브러리다. 크라이오 직렬화를 사용하려면 다음과 같이 드라이버 프로그램의 SparkConf에 spark.serializer를 설정해야 한다.

```
conf.set("spark.serializer", "org.apache.spark.serializer.KryoSerializer")
```

직렬화를 위해 크라이오를 사용할 때는 java.io.Serializable과 같은 특정 인터페이스를 구현한 클래스를 만들지 않아도 된다. 따라서 크라이오 직렬화를 활성화하는 작업 외에 추가적인 작업을 하지 않아도 평범한 기존 자바 객체를 RDD에 사용할 수 있다. 이렇게 말한 이유는 사용하기 전에 크라이오를 이용한 클래스를 등록하는 것이 더 효율적이기 때문이다. 크라이오는

---

[8] https://github.com/EsotericSoftware/kryo

직렬화될 객체의 클래스를 단일 참조자에 기록한다(기록된 모든 객체에 대해 단일 참조자가 작성됨). 클래스가 등록되어 있으면 정수 식별자로, 그렇지 않으면 전체 클래스 이름으로 관리된다. 여기서 설명한 방식은 사용자가 직접 만든 클래스에만 해당된다. 스파크는 스칼라 클래스와 많은 다른 프레임워크 클래스(에이브로 제네릭이나 쓰리프트 클래스와 같은)를 사용자 대신 등록한다.

크라이오와 관련된 클래스를 등록하는 작업은 매우 간단하다. KryoRegistrator의 서브클래스를 하나 만들고 registerClasses() 메서드를 재정의하면 된다.

```
class CustomKryoRegistrator extends KryoRegistrator {
  override def registerClasses(kryo: Kryo) {
    kryo.register(classOf[WeatherRecord])
  }
}
```

마지막으로 사용자의 드라이버 프로그램에 spark.kryo.registrator 속성을 KryoRegistrator 구현체의 전체 클래스명으로 설정한다.

```
conf.set("spark.kryo.registrator", "CustomKryoRegistrator")
```

함수 직렬화

일반적으로 함수 직렬화는 '작업 자체'를 의미한다. 스칼라에서 함수는 표준 자바 직렬화 메커니즘으로 직렬화되며, 스파크는 원격 익스큐터 노드에 함수를 전송할 때 이를 사용한다. 스파크는 로컬 모드에서 실행할 때도 함수를 직렬화한다. 따라서 누군가 실수로 직렬화되지 않는 함수(nonserializable 클래스의 메서드로 변환)를 사용했다면 개발 단계에서 이를 쉽게 발견할 수 있을 것이다.

19.4 공유변수

스파크 프로그램에서 RDD가 아닌 데이터를 접근할 필요도 가끔 있다. 예를 들어 다음 프로그램은 map() 연산에서 룩업lookup 테이블을 이용한다.

```
val lookup = Map(1 -> "a", 2 -> "e", 3 -> "i", 4 -> "o", 5 -> "u")
val result = sc.parallelize(Array(2, 1, 3)).map(lookup(_))
assert(result.collect().toSet === Set("a", "e", "i"))
```

lookup 변수는 클로저의 일부로 직렬화되어 map( )에 전달되며 제대로 작동하지만 **브로드캐스트 변수**broadcast variable를 사용하면 더 효율적으로 동일한 기능을 수행할 수 있다.

19.4.1 브로드캐스트 변수

브로드캐스트 변수는 직렬화된 후 각 익스큐터에 전송되며, 나중에 태스크가 필요할 때 언제든지 접근할 수 있도록 캐싱된다. 브로드캐스트 변수는 태스크마다 한 번씩 네트워크를 통해 전달되는 클로저의 일부로 직렬화되는 일반적인 변수와는 다르다. 브로드캐스트 변수는 맵리듀스의 분산 캐시(9.4.2절 '분산 캐시' 참조)와 유사한 역할을 하지만 스파크는 메모리가 충분하면 메모리에 모두 저장하고 부족하면 나머지를 디스크에 저장한다는 차이점이 있다.

브로드캐스트 변수는 SparkContext의 broadcast( ) 메서드에 브로드캐스트할 변수를 전달해서 만든다. 이 메서드는 변수의 타입 T를 감싸는 Broadcast[T]를 반환한다.

```
val lookup: Broadcast[Map[Int, String]] =
    sc.broadcast(Map(1 -> "a", 2 -> "e", 3 -> "i", 4 -> "o", 5 -> "u"))
val result = sc.parallelize(Array(2, 1, 3)).map(lookup.value(_))
assert(result.collect().toSet === Set("a", "e", "i"))
```

RDD map( ) 연산자에서 변수에 접근하기 위해서는 브로드캐스트 변수의 value( ) 메서드를 호출해야 한다는 점을 주의하자.

이름에서 유추할 수 있듯이 브로드캐스트 변수는 드라이버에서 태스크로 단방향 전송된다. 브로드캐스트 변수의 값을 변경하거나 드라이버로 역전파하는 방법은 없다. 필요하면 다음에 나오는 **어큐뮬레이터**accumulator를 사용하면 된다.

19.4.2 어큐뮬레이터

어큐뮬레이터는 맵리듀스의 카운터(9.1절 '카운터' 참조)와 유사하게 태스크에서 그 값을 증가만 시킬 수 있는 공유변수다. 잡이 완료된 후 드라이버 프로그램에서 어큐뮬레이터의 최종값을 조회할 수 있다. 다음은 어큐뮬레이터로 정수형 RDD의 항목 수를 세고, 동시에 reduce( ) 액션으로 RDD 값의 합계를 구하는 예제다.

```
val count: Accumulator[Int] = sc.accumulator(0)
val result = sc.parallelize(Array(1, 2, 3))
  .map(i => { count += 1; i })
  .reduce((x, y) => x + y)
assert(count.value === 3)
assert(result === 6)
```

첫 번째 줄에서 어큐뮬레이터 변수인 count를 SparkContext의 accumulator( ) 메서드를 이용해서 만들었다. map( ) 연산은 count의 값을 증가시키는 부수적인 효과가 있는 항등 함수identity function다. 스파크 잡이 완료되면 value( ) 메서드를 호출하여 어큐뮬레이터 변수의 값을 얻을 수 있다.

예제에서는 어큐뮬레이터 변수로 정수형을 사용했지만 다른 수치형도 물론 가능하다. 스파크는 덧셈이 아닌 다른 방식의 결과도 허용하며(SparkContext의 accumulable( ) 메서드 참고) accumulableCollection( ) 메서드로 컬렉션의 값을 누계하는 방법도 제공한다.

19.5 스파크 잡 수행 분석

스파크 잡을 실행할 때 어떤 일이 발생하는지 살펴보자. 최상위 수준에서 보면 독립적인 두 개체인 드라이버driver와 익스큐터executor가 있다. **드라이버**는 SparkContext를 포함한 애플리케이션을 관리하고 잡의 태스크를 스케줄링한다. **익스큐터**는 애플리케이션과는 분리되어 있으며, 애플리케이션의 실행을 관장하고 애플리케이션의 태스크를 실행한다. 일반적으로 드라이버는 클러스터 매니저가 관리하지 않는 클라이언트에서 실행되지만, 익스큐터는 클러스터에 있는 머신에서 실행된다. 하지만 항상 그런 것은 아니다(19.6절 '익스큐터와 클러스터 매니저' 참조). 이 절에서는 애플리케이션의 익스큐터가 이미 구동되고 있다고 가정한다.

19.5.1 잡 제출

[그림 19-1]은 스파크가 잡을 실행하는 방법을 도식화한 것이다. 스파크 잡은 RDD에 count( )와 같은 액션이 호출될 때 자동으로 제출된다. 내부적으로는 SparkContext의 runJob( ) 메서드가 호출되고([그림 19-1]의 1단계), 그 요청을 드라이버의 일부로 실행되는 스케줄러에 전달한다(2단계). 스케줄러는 두 부분으로 구성되어 있다. DAG 스케줄러는 잡을 스테이지의 DAG로 구분하고, 태스크 스케줄러는 각 스테이지의 관련 태스크를 클러스터에 제출한다.

그림 19-1 스파크가 잡을 실행하는 방법

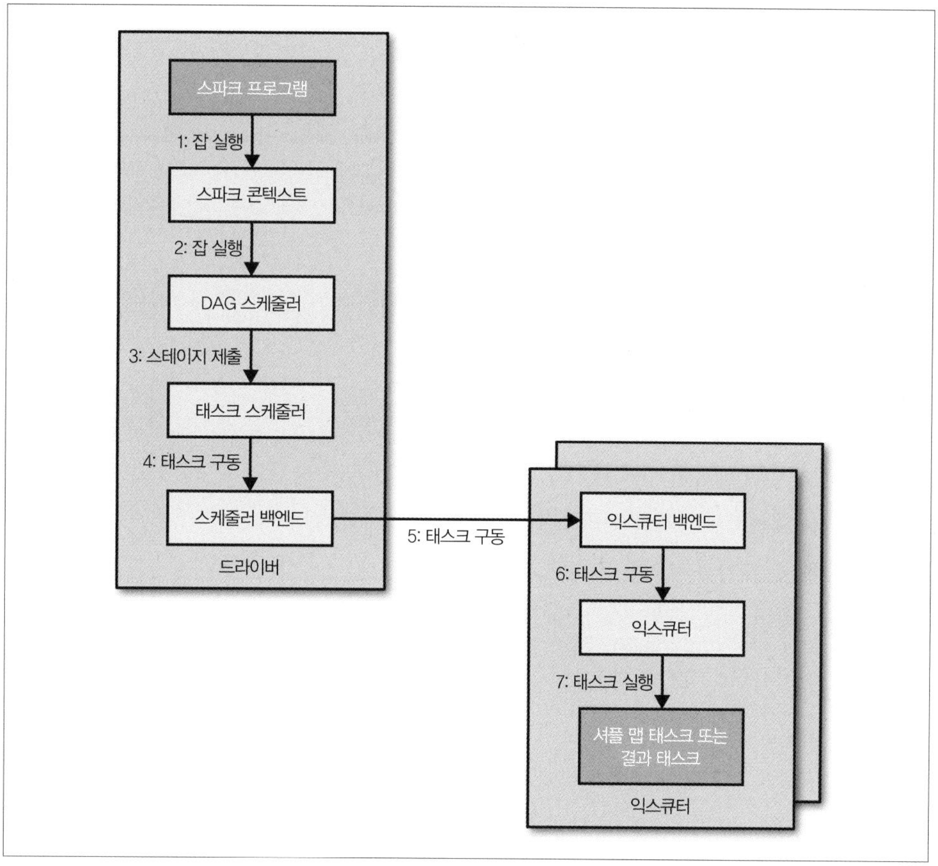

다음 절에서 DAG 스케줄러가 DAG를 구성하는 방법을 살펴보자.

19.5.2 DAG 구성

잡이 스테이지로 구분되는 방법을 이해하려면 먼저 스테이지에서 실행되는 태스크의 종류를 알아야 한다. 두 종류의 태스크가 있는데 **셔플 맵 태스크**[shuffle map task]와 **결과 태스크**[result task]다. 태스크 종류의 이름을 보면 스파크가 태스크 출력으로 무엇을 하는지 알 수 있다.

- **셔플 맵 태스크**

  이름에서 알 수 있듯이 셔플 맵 태스크는 맵리듀스 셔플의 맵 부분과 비슷하다. 각 셔플 맵 태스크는 파티셔닝 함수에 기반하여 RDD 파티션당 하나의 계산을 실행하고, 그 결과를 새로운 파티션 집합에 저장한다. 새로운 파티션의 데이터는 셔플 맵 태스크나 결과 태스크로 구성된 다음에 스테이지에서 사용된다. 셔플 맵 태스크는 마지막 스테이지를 제외한 모든 스테이지에서 실행될 수 있다.

- **결과 태스크**

  결과 태스크는 count( ) 액션의 결과처럼 그 결과를 사용자 프로그램에 돌려주는 마지막 스테이지에서 실행된다. 각 결과 태스크는 RDD 파티션에서 계산을 수행하고 그 결과를 드라이버에 돌려준다. 드라이버는 각 파티션의 결과를 하나로 모아서 최종 결과를 만든다(saveAsTextFile( )과 같은 액션은 각각의 결과를 모으지 않고 독립적으로 저장한다).

가장 단순한 스파크 잡은 셔플 단계가 없고 오직 결과 태스크로만 구성된 단일 스테이지로 되어 있다. 이 잡은 맵리듀스의 맵 단독 작업과 유사하다.

그룹화 연산을 포함하고 하나 이상의 셔플 스테이지가 있는 잡은 매우 복잡하다. 예를 들어 다음과 같이 입력 경로(inputPath)에 저장된 텍스트 파일(한 줄에 단어 하나)의 단어 수에 대한 히스토그램을 계산하는 잡을 생각해보자.

```
val hist: Map[Int, Long] = sc.textFile(inputPath)
  .map(word => (word.toLowerCase(), 1))
  .reduceByKey((a, b) => a + b)
  .map(_.swap)
  .countByKey()
```

처음 두 개의 트랜스포메이션인 map( )과 reduceByKey( )는 단어 수를 센다. 세 번째 트랜스포메이션은 map( )으로, 각 쌍에서 key와 value의 순서를 바꾸어 (count, word)의 쌍으로 만든다. 마지막 연산인 countByKey( ) 액션은 각 단어 수(여기서 key는 단어 수인 count)의 빈도를 반환한다. 즉, 단어 수의 빈도 분포를 얻을 수 있다.

스파크의 DAG 스케줄러는 이 잡을 두 개의 스테이지로 변환하는데 reduceByKey( ) 연산은 셔플 스테이지가 필요하기 때문이다.[9] [그림 19-2]에서 DAG의 결과를 볼 수 있다.

그림 19-2 단어 빈도의 히스토그램을 계산하는 스파크 잡의 스테이지와 RDD

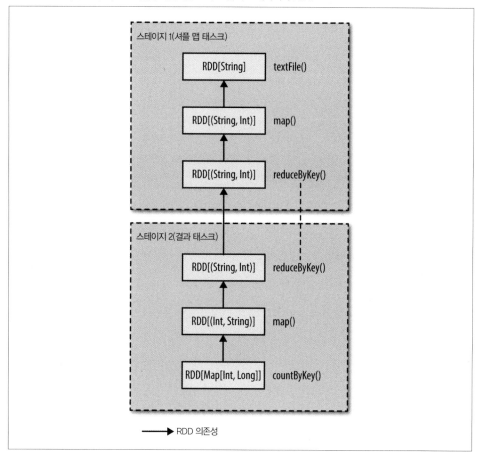

일반적으로 각 스테이지에 속한 하나 이상의 RDD 역시 DAG를 기준으로 연결된다. 다이어그램에 RDD의 종류와 그 RDD를 생성한 연산을 표시했다. 예를 들어 textFile( ) 연산은 RDD[String]을 생성한다. 다이어그램을 단순화하려고 스파크가 내부적으로 생성한 임시 RDD는 생략했다. 예를 들어 실제로 textFile( ) 연산은 HadoopRDD[LongWritable, Text]를 부모로 가진 MappedRDD[String]을 반환한다.

---

9 countByKey()는 두 번째 셔플을 실행하지 않고 드라이버 프로그램이 실행되는 로컬에서 최종 집계 작업을 수행한다는 점을 유의하자. 동일한 작업을 수행하지만 빈도를 구하기 위해 두 번째 맵리듀스 잡을 수행하는 [예제 18-3]의 크런치 프로그램과 다르다.

여기서 reduceByKey( ) 트랜스포메이션이 두 개의 스테이지에 걸쳐 있는 점을 주의하자. reduce By Key( )는 셔플로 구현되어 있으며, 이 리듀스 함수는 맵리듀스와 유사하게 맵 부분(스테이지 1)에서는 컴바이너로 동작하고 리듀스 부분(스테이지 2)에서는 리듀서로 동작하기 때문이다. 스파크에서 셔플을 구현할 때는 맵리듀스와 마찬가지로 그 결과를 심지어 인메모리 RDD를 사용하더라도 로컬 디스크에 파티션 파일로 저장한 후 그 파일을 다음 스테이지의 RDD에서 불러온다.[10]

동일한 애플리케이션(SparkContext)에서 이전에 실행한 잡의 특정 RDD를 영속화하면 DAG 스케줄러는 그 작업을 저장하고 해당 RDD를 다시 계산하는 스테이지를 생성하지 않는다(해당 RDD를 파생시킨 이전의 모든 RDD에도 적용됨).

DAG 스케줄러는 각 스테이지를 태스크로 나누어 태스크 스케줄러에 넘긴다. 예제를 보면 첫 번째 스테이지에서 입력 파일의 각 파티션을 대상으로 셔플 맵 태스크를 수행한다. reduceByKey( ) 연산에 두 번째 매개변수를 지정하면 병렬 처리 수준을 명시적으로 설정할 수 있다. 병렬 처리 수준을 지정하지 않으면 부모 RDD에 따라 결정된다. 예를 들어 이 예제에서는 입력 데이터의 파티션 수가 병렬 처리 수준이 된다.

DAG 스케줄러는 태스크 스케줄러가 데이터 지역성$^{\text{data locality}}$을 활용할 수 있도록 개별 태스크의 배치 우선권을 지정한다. 예를 들어 HDFS에 저장된 입력 RDD의 파티션을 처리하는 태스크는 파티션의 블록을 저장하고 있는 데이터노드에 배치 우선권이 주어진다(노드 로컬). 반면 메모리에 저장된 RDD의 파티션을 처리하는 태스크는 RDD 파티션을 저장하고 있는 익스큐터를 선호한다(프로세스 로컬).

[그림 19-1]로 다시 돌아가 보면 DAG 스케줄러는 전체 스테이지의 DAG를 구성한 후 개별 스테이지의 태스크 집합을 태스크 스케줄러에 넘긴다(3단계). 자식 스테이지는 부모 스테이지가 성공적으로 완료되었을 때만 수행된다.

19.5.3 태스크 스케줄링

태스크 스케줄러에 태스크의 집합을 전송할 때 태스크 스케줄러는 해당 애플리케이션이 실행

---

10 스파크의 환경 설정(http://bit.ly/shuffle_behavior)으로 셔플의 성능을 높을 수 있다. 스파크는 셔플을 위한 자체 구현 프로그램을 사용하기 때문에 맵리듀스의 셔플 코드를 공유하지 않는다는 점을 주의하자.

되는 익스큐터의 목록을 찾고 배치 우선권이 있는 익스큐터에 각 태스크를 매핑한다. 그다음에 빈 코어가 있는 익스큐터에 태스크를 할당한다(이때 동일한 애플리케이션에서 실행되는 다른 잡이 있으면 태스크가 할당되지 않을 수도 있다). 이어서 모든 태스크가 완료될 때까지 태스크 실행이 완료된 익스큐터에 계속 태스크를 할당한다. 각 태스크에는 기본적으로 코어 하나가 할당되지만 spark.task.cpus를 설정하여 변경할 수 있다.

스케줄러는 먼저 프로세스-로컬 태스크를 할당하고, 노드-로컬 태스크, 랙-로컬 태스크 순으로 할당한다. 다른 후보가 없으면 로컬이 아닌 임의 태스크를 할당하거나 투기적 태스크를 시도한다.[11]

태스크가 할당되면 스케줄러의 백엔드 backend에서 구동을 위한 작업이 시작된다([그림 19-1]의 4단계). 스케줄러 백엔드는 익스큐터 백엔드에 태스크를 구동하라는 원격 메시지를 보내고(5단계), 익스큐터는 해당 태스크를 실행한다(6단계).

> **NOTE_** 스파크는 원격 호출에 하둡 RPC를 사용하지 않고 고확장성의 이벤트 기반 분산 애플리케이션을 구축할 수 있는 액터 기반 플랫폼인 아카 Akka[12]를 사용한다.

익스큐터는 태스크가 완료되거나 실패하면 드라이버에 상태 변경 메시지를 전송한다. 실패했을 경우 태스크 스케줄러는 다른 익스큐터에 해당 태스크를 다시 보낸다. 투기적 실행이 활성화되어 있으면(기본은 비활성화) 느리게 실행되는 태스크에 대해 투기적 태스크를 시작한다.

19.5.4 태스크 수행

익스큐터는 다음과 같이 태스크를 실행한다(7단계). 첫 번째로 태스크의 JAR 및 파일 의존성을 검사하여 최신인지 확인한다. 익스큐터는 이전 태스크에서 사용된 모든 의존성을 로컬 캐시에 유지하므로 변경되었을 때만 다시 내려받는다. 두 번째로 태스크 구동 메시지의 일부로 전송된 직렬화 바이트를 사용자 함수가 포함된 태스크 코드로 역직렬화한다. 세 번째로 태스크 코드를 수행한다. 태스크는 익스큐터와 동일한 JVM에서 실행되므로 태스크 실행에 따른 프로세스

---

11 투기적 태스크는 기존 태스크를 중복해서 실행하는 것이다. 어떤 태스크가 예상보다 느리면 스케줄러는 백업을 목적으로 투기적 태스크를 실행한다. 7.4.2절 '투기적 실행'을 참조하라.

12 http://akka.io/

오버헤드는 없다는 점을 유의하자.[13]

태스크는 드라이버에 결과를 반환할 수 있다. 그 결과는 직렬화되어 익스큐터 백엔드로 전송된다. 그리고 상태 변경 메시지를 드라이버에 돌려준다. 셔플 맵 태스크는 다음 스테이지를 위해 출력 파티션에 대한 정보를 반환하고, 결과 태스크는 처리한 파티션의 결괏값을 반환한다. 드라이버는 반환된 값을 취합하여 최종 결과를 사용자 프로그램에 돌려준다.

19.6 익스큐터와 클러스터 매니저

앞에서 스파크 잡을 구성하는 태스크를 실행하기 위해 익스큐터를 어떻게 사용하는지 살펴보았다. 하지만 우리는 익스큐터가 실제로 시작되는 방법만 간략하게 살펴보았을 뿐이다. 익스큐터의 생명주기를 관리하는 것은 **클러스터 매니저**의 책임이며, 스파크는 서로 다른 특성을 가진 다양한 클러스터 매니저를 제공한다.

- **로컬**

  로컬 모드에는 드라이버와 동일한 JVM에서 실행되는 단일 익스큐터가 있다. 로컬 모드는 테스트를 하거나 작은 잡을 실행하는 데 유용하다. 로컬 모드에서 마스터 URL은 local(단일 스레드 사용), local[n](n개의 스레드 사용) 또는 local(*)(컴퓨터의 전체 코어를 사용, 코어당 하나의 스레드)다.

- **독립**

  독립 클러스터 매니저는 단일 스파크 마스터와 하나 이상의 워커로 실행되는 간단한 분산 방식이다. 스파크 애플리케이션이 시작되면 마스터는 애플리케이션을 대신해서 모든 워커에 익스큐터 프로세스를 생성하도록 요청한다. 마스터 URL은 spark://*host*:*port*다.

- **메소스**

  아파치 메소스는 범용 클러스터 자원 관리자로, 조직의 정책에 따라 다수의 애플리케이션이 세밀하게 자원을 공유할 수 있다. 기본 정책인 미세 단위^{fine-grained} 모드에서 각 스파크 태스크는 메소스 태스크로 실행된다. 미세 단위 모드는 클러스터의 자원을 매우 효율적으로 관리하지만 프로세스 구동 시 오버헤드가 있다. 반면 큰 단위^{coarse-grained} 모드에서 익스큐터는 프로세스의 내부에서 해당 태스크를 실행한다. 즉, 스파크 애플리케이션이 실행되는 동안 익스큐터 프로세스가 클러스터의 자원을 계속 유지하고 있는 것이다. 마스터 URL은 mesos://*host*:*port*다.

---

13 각 태스크를 별도의 프로세스로 실행하는 메소스의 미세 단위(fine-grained) 모드에는 적합하지 않다. 자세한 내용은 다음 절을 참조하라.

- **YARN**

  YARN은 하둡에서 사용하는 리소스 매니저다(4장 참조). 실행되는 각 스파크 애플리케이션은 YARN 애플리케이션의 인스턴스며, 각 익스큐터는 자체의 YARN 컨테이너에서 실행된다. 마스터 URL은 yarn-client 혹은 yarn-cluster다.

메소스와 YARN 클러스터 매니저는 클러스터에서 실행되는 맵리듀스와 같은 다양한 애플리케이션에 필요한 자원을 모두 고려하고, 모든 애플리케이션의 스케줄링 정책을 관리하기 때문에 단독 클러스터 매니저보다 더 우수한 기능을 제공한다. 단독 클러스터 매니저는 정적 자원 할당 정책을 사용하므로 나중에 다른 애플리케이션의 요구사항이 발생했을 때 대처하기 어렵다. 그리고 YARN은 하둡의 커버로스 보안 메커니즘과 통합된 유일한 클러스터 매니저다(10.4절 '보안' 참조).

19.6.1 YARN에서 스파크 실행

하둡 컴포넌트와 밀접한 통합을 제공하는 YARN에서 스파크를 실행하는 것은 기존에 하둡 클러스터가 있고 스파크를 추가로 사용할 때 가장 편리한 방법이다. YARN에서 스파크를 실행할 때 두 가지 배포 모드가 있다. 첫 번째는 클라이언트에서 드라이버가 실행되는 **YARN 클라이언트** 모드고, 두 번째는 드라이버가 클러스터의 YARN 애플리케이션 마스터에서 실행되는 **YARN 클러스터** 모드다.

YARN 클라이언트 모드는 spark-shell이나 pyspark와 같은 대화형 컴포넌트가 필요하다. 클라이언트 모드는 디버깅을 위한 출력을 바로 볼 수 있기 때문에 스파크 프로그램을 처음 만들 때 유용하다.

반면 YARN 클러스터 모드는 전체 애플리케이션이 클러스터에서 실행되기 때문에 운영 잡에 적합하다. 나중에 감사를 위해 드라이버 프로그램을 포함한 로그를 파일로 보관한다. YARN은 애플리케이션 마스터에 문제가 생기면 해당 애플리케이션을 다시 시도한다(7.2.2절 '애플리케이션 마스터 실패' 참조).

YARN 클라이언트 모드

YARN 클라이언트 모드에서는 드라이버 프로그램이 새로운 SparkContext 인스턴스를 생성할 때 YARN과 연결된다([그림 19-3]의 1단계). SparkContext는 YARN 애플리케이션을 YARN 리소스 매니저에 제출하고(2단계), 클러스터의 노드 매니저에서 YARN 컨테이너를 시작하고 스파크 ExecutorLauncher 애플리케이션 마스터를 실행한다(3단계). ExecutorLauncher 잡은 YARN 컨테이너에서 익스큐터를 시작하고, 필요한 자원을 리소스 매니저에 요청한다(4단계). 그다음에 할당받은 컨테이너에서 ExecutorBackend 프로세스를 구동한다(5단계).

그림 19-3 YARN 클라이언트 모드에서 스파크 익스큐터를 구동하는 방법

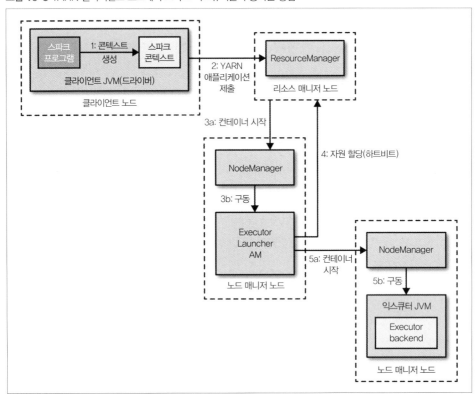

각 익스큐터가 시작되면 반대로 SparkContext와 연결하고 자신을 등록한다. 이렇게 하면 SparkContext가 태스크를 실행할 수 있는 가용 익스큐터 수와 위치에 대한 정보를 알 수 있기 때문에 태스크 배치 결정에 이를 활용할 수 있다(19.5.3절 '태스크 스케줄링' 참조).

실행될 익스큐터 수를 spark-shell, spark-submit, pyspark 명령어를 실행할 때 옵션으로 지정(기본은 2개)할 수 있다. 또한 각 익스큐터가 사용할 코어 수(기본은 1개)와 메모리 용량

(기본은 1,024MB)을 함께 설정할 수 있다. 다음은 YARN에서 익스큐터 4개(각 익스큐터는 코어 1개와 2GB의 메모리를 사용)로 spark-shell을 실행하는 예제다.

```
% spark-shell --master yarn-client \
  --num-executors 4 \
  --executor-cores 1 \
  --executor-memory 2g
```

YARN 리소스 매니저의 주소는 (단독 클러스터 매니저나 메소스 클러스터 매니저를 사용할 때와는 달리) 마스터 URL에 지정되어 있지 않고 HADOOP_CONF_DIR 환경변수로 지정된 디렉터리에 있는 하둡 환경 설정에서 가져온다.

YARN 클러스터 모드

YARN 클러스터 모드에서 사용자의 드라이버 프로그램은 YARN 애플리케이션 마스터 프로세스의 내부에서 실행된다. 아래와 같이 spark-submit 명령어를 실행할 때 마스터 URL로 yarn-cluster를 지정한다.

```
% spark-submit --master yarn-cluster ...
```

--num-executors 및 애플리케이션 JAR나 파이썬 파일과 같은 다른 모든 매개변수는 YARN 클라이언트 모드와 동일하다. 자세한 사용 방법은 spark-submit --help 명령어를 실행하면 확인할 수 있다.

spark-submit 클라이언트는 YARN 애플리케이션을 구동하지만([그림 19-4] 1단계) 사용자 코드는 실행하지 않는다. 애플리케이션 마스터가 드라이버 프로그램을 시작하고(3b단계) 그다음에 익스큐터에 자원을 할당하는(4단계) 것을 제외하면 나머지 프로세스는 클라이언트 모드와 동일하다.

그림 19-4 YARN 클러스터 모드에서 스파크 익스큐터를 구동하는 방법

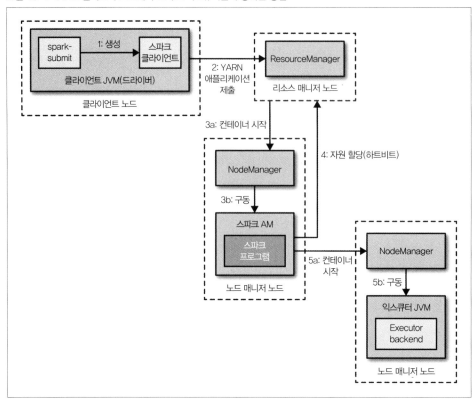

두 개의 YARN 모드에서 익스큐터는 데이터 지역성 정보가 없는 상태에서 익스큐터를 구동한다. 따라서 스파크 잡이 접근할 파일을 관리하는 데이터노드에 함께 배치되지 않는다. 대화형 세션에서는 해당 세션을 시작하기 전에 어떤 데이터셋에 접근할지 미리 알 수 없기 때문에 이러한 방식을 허용할 수밖에 없다. 하지만 운영 잡에는 적합한 방식이 아니므로 스파크는 YARN 클러스터에서 실행될 때 데이터 지역성을 높이기 위해 배치 정책에 대한 정보를 미리 알려주는 방식을 추가로 제공한다.

SparkContext 생성자는 InputFormatInfo 헬퍼 클래스를 이용하여 입력 포맷과 경로로부터 계산한 선호 위치를 두 번째 인수로 취할 수 있다. 예를 들어 텍스트 파일은 TextInputFormat을 사용한다.

```
val preferredLocations = InputFormatInfo.computePreferredLocations(
    Seq(new InputFormatInfo(new Configuration(), classOf[TextInputFormat],
    inputPath)))
val sc = new SparkContext(conf, preferredLocations)
```

이렇게 얻은 선호 위치는 애플리케이션 마스터가 리소스 매니저에 자원 할당 요청을 할 때 사용된다(4단계).[14]

19.7 참고 도서

이 장은 스파크의 기본만을 다루었다. 자세한 내용은 홀든 카로[Holden Karau], 앤디 콘빈스키[Andy Konwinski], 패트릭 웬델[Patrick Wendell], 마테이 자하리아[Matei Zaharia]의 『러닝 스파크』(제이펍, 2015)[15]를 참고하기 바란다. 또한 아파치 스파크 웹사이트에서 최신 스파크 릴리즈에 대한 문서를 볼 수 있다.

---

14 이 글을 쓰는 시점의 최신 버전인 스파크 1.2.0에서 선호 위치 API는 안정적이지 않다. 따라서 나중에 변경될 예정이다.
15 『Learning Spark』(O'Reilly, 2014)

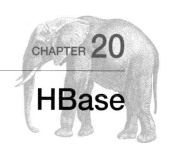

CHAPTER 20

HBase

조나단 그레이 |Jonathan Gray

마이클 스택 |Michael Stack

20.1 HBase 개요

HBase는 HDFS 기반으로 구현한 컬럼 기반 분산 데이터베이스^{distributed column-oriented database}다. HBase는 대규모 데이터셋에서 실시간으로 읽고 쓰는 랜덤 액세스가 필요할 때 사용할 수 있는 하둡 애플리케이션이다.

데이터베이스의 저장과 검색에 관한 무수한 전략과 구현 방식이 존재하지만, 관계형 데이터베이스와 같은 대부분의 솔루션은 대규모 확장성과 분산을 염두에 두고 개발된 것이 아니다. 많은 벤더에서 단일 노드의 한계를 뛰어넘는 데이터베이스로 발전시키기 위해 복제와 분할 기능을 제공하지만, 이러한 부가 기능은 나중에 고려된 것이며 설치와 유지보수도 매우 어렵다. 또한 RDBMS의 일부 기능에 심각한 문제를 초래하기도 한다. 예를 들어 확장된 RDBMS에서 조인, 복합 쿼리, 트리거, 뷰, 외부키 제약을 실행하면 엄청난 비용이 발생하거나 전혀 작동하지 않을 수도 있다.

HBase는 완전히 다른 방향에서 확장성 문제에 접근했다. 단지 노드만 추가하면 선형으로 확장할 수 있는 기반부터 구축했다. HBase는 관계형 구조가 아니며 SQL을 지원하지 않지만[1] 특정

---

1 17.4.3절 'SQL-on-Hadoop 대안'에서 언급한 아파치 포닉스(Apache Phoenix) 프로젝트와 HBase를 기반으로 만든 트랜잭션 SQL 데이터베이스인 트라포디온(Trafodion)(https://wiki.trafodion.org/)을 참고하라.

영역에서는 RDBMS가 할 수 없는 문제를 해결해준다. HBase를 이용하면 상용 하드웨어로 구성된 클러스터에서 대용량의 산재된 테이블을 관리할 수 있다.

HBase의 대표적인 활용 사례는 수집된 웹페이지와 그 속성(언어, MIME 형식 등)을 가진 **웹테이블**webtable이다. 웹테이블의 키는 웹페이지의 URL이다. 웹테이블은 매우 크며, 로우의 수가 수십억에 달하는 경우도 있다. 통계치를 얻고 검증된 MIME 형식을 위해 새로운 컬럼을 추가하고 검색 엔진을 위한 색인을 구축하기 위해 텍스트를 파싱하는 등 웹테이블을 대상으로 일괄 분석이나 파싱을 수행하는 맵리듀스 잡이 지속적으로 수행된다. 동시에 다양한 속도로 동작하는 크롤러가 무작위로 웹테이블에 접근하고 임의의 행을 갱신한다. 또한 사용자가 웹사이트의 캐시된 페이지를 클릭하면 실시간으로 임의의 웹페이지도 보여준다.

20.1.1 배경

HBase 프로젝트는 2006년 말 파워셋Powerset 회사의 채드 월터스Chad Walters와 짐 캘러맨Jim Kellerman이 시작했다. HBase는 그 당시에 발표된 구글의 빅테이블[2]을 모델로 하여 만들었다. 2007년 2월 마이크 카파렐라Mike Cafarella는 대부분의 기능이 작동하는 시스템의 초기 코드를 배포하였으며, 짐 캘러맨이 이어서 발전시켰다.

2007년 10월 HBase의 첫 배포판이 하둡 0.15.0 버전에 포함되어 출시되었다. 그리고 2010년 5월 HBase는 하둡의 서브프로젝트에서 졸업하여 아파치 최고 수준의 프로젝트가 되었다. 오늘날 HBase는 광범위한 산업 분야에서 상용으로 활용되는 성숙한 기술이다.

20.2 개념

이 절에서는 HBase의 핵심 개념을 간략하게 살펴볼 것이다. 대충 읽어보기만 해도 이어지는 내용을 이해하는 데 도움이 될 것이다.

---

[2] 페이 장(Fay Chang) 공저 「빅테이블: 구조화된 데이터용 분산 저장 시스템(Bigtable: A Distributed Storage System for Structured Data)」(http://research.google.com/archive/bigtable.html) 2006년 11월

20.2.1 데이터 모델 둘러보기

애플리케이션은 테이블에 데이터를 저장한다. 테이블은 로우와 컬럼으로 이루어져 있다. 테이블의 셀(로우와 컬럼의 교차점)은 버전별로 관리된다. 버전은 셀이 생성되거나 갱신될 때마다 HBase가 자동으로 할당하는 타임스탬프다. 셀의 내용은 바이트 배열이다. [그림 20-1]에서 사진을 저장하는 HBase 테이블의 예를 볼 수 있다.

그림 20-1 사진을 저장하는 테이블을 도식화한 HBase 데이터 모델

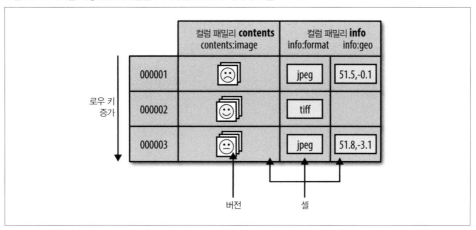

또한 테이블 로우 키도 바이트 배열이므로, 이론적으로 문자열부터 long 형의 바이너리 표현, 심지어 직렬화된 데이터 구조까지 어떠한 것도 로우 키로 사용할 수 있다. 테이블의 로우는 테이블의 주 키$^{primary key}$인 로우 키로 정렬된다. 정렬은 바이트 순서다. 모든 테이블은 주 키를 통해 접근할 수 있다.[3]

로우의 컬럼들은 **컬럼 패밀리**$^{column family}$로 그룹지어진다. 모든 컬럼 패밀리의 멤버는 공통 접두사를 가지는데, 예를 들어 info:format과 info:geo 컬럼은 모두 info 컬럼 패밀리의 멤버며, 반면 contents:image는 contents 컬럼 패밀리에 속한다. 컬럼 패밀리의 접두사는 **출력 가능한** 문자로 이루어져야 한다. 끝부분의 식별값, 즉 컬럼 패밀리 **식별값**은 임의의 바이트로 만들 수 있다. 컬럼 패밀리와 식별값은 항상 콜론 문자(:)로 나뉜다.

---

3 HBase는 테이블의 다른 컬럼에 대한 인덱스(2차 인덱스 또는 **보조 인덱스**라고도 한다)를 지원하지 않는다. 그러나 2차 인덱스가 제공하는 쿼리의 형태를 지원하는 여러 전략이 있는데, 이들은 저장 공간, 처리 부하, 쿼리 실행 시간 사이에 서로 다른 트레이드오프 관계가 존재한다. 자세한 사항은 HBase 레퍼런스(http://hbase.apache.org/book.html)를 참고하라.

테이블의 컬럼 패밀리는 테이블 스키마를 정의할 때 미리 지정되어야 하지만, 새로운 컬럼 패밀리 멤버는 언제든지 추가할 수 있다. 예를 들어 컬럼 패밀리 info가 테이블에 이미 존재한다면 클라이언트는 새로운 컬럼 info:camera와 저장할 값을 업데이트 동작으로 넣을 수 있다.

물리적으로 모든 컬럼 패밀리 멤버는 파일시스템에 함께 저장된다. 그래서 앞서 HBase를 컬럼 기반 저장소로 설명했지만 사실 컬럼 **패밀리** 기반 저장소로 기술하는 것이 더 정확할 것이다. 튜닝과 저장소 명세는 컬럼 패밀리 수준에서 이루어지기 때문에 모든 컬럼 패밀리 멤버는 동일한 접근 패턴과 비슷한 크기를 갖는 것이 낫다. 사진 테이블에서 이미지 데이터는 보통 크기 때문에(메가바이트) 이보다 더 작은 크기(킬로바이트)의 메타데이터와 다른(분리된) 컬럼 패밀리에 저장된다.

요약하면 HBase 테이블은 RDBMS와 유사하지만, 셀은 버전별로 관리되고, 로우는 정렬되며, 컬럼이 속할 컬럼 패밀리가 미리 존재하는 한 언제든지 클라이언트는 컬럼을 추가할 수 있다.

리전

HBase는 테이블을 자동으로 **리전**^{region} 단위로 수평 분할한다. 각 리전은 테이블의 로우의 부분집합으로 구성된다. 리전은 자신이 속한 테이블, 첫 번째 로우(포함), 마지막 로우(제외)로 정의된다. 초기에 테이블은 단일 리전만 존재하지만, 리전이 점차적으로 커지면서 설정된 임계 크기를 넘어서면 하나의 로우를 경계로 대략 동일한 크기의 새로운 리전 두 개로 분할된다. 처음 분할될 때까지 모든 로딩은 초기 리전을 호스팅하는 단일 서버에서 일어난다. 테이블이 커지면서 리전의 개수도 증가한다. 리전은 HBase 클러스터에 분산되는 단위다. 이런 식으로 하나의 서버에겐 너무 큰 테이블도 서버 클러스터에서 다뤄질 수 있으며, 각 서버는 테이블의 전체 리전의 일부분을 호스팅한다. 이것이 바로 테이블의 데이터 로드를 분산시키는 방식이다. 가동되고 있는 정렬된 리전 집합은 테이블의 전체 내용을 나눠서 보관한다.

락킹

로우 업데이트는 로우 수준 트랜잭션에 포함된 로우 컬럼의 개수와 상관없이 원자적^{atomic}이다. 이로 인해 락킹^{locking} 모델은 단순하다.

20.2.2 구현

HDFS와 YARN이 클라이언트, 워커^worker, 관리 마스터^coordinating master (HDFS의 **네임노드**와 **데이터노드**, YARN의 **리소스 매니저**와 **노드 매니저**)로 이루어진 것처럼, HBase도 하나 이상의 **리전서버** 워커로 구성된 클러스터를 조율하는 HBase **마스터** 노드로 이루어진다([그림 20-2] 참조). HBase 마스터는 최초 설치를 부트스트랩핑[4]하는 역할을 수행하고, 등록된 리전서버에 리전을 할당하며, 실패한 리전서버를 복구할 책임을 가진다. 마스터 노드는 가볍게 시작된다. 리전서버는 0개 이상의 리전을 다루며 클라이언트의 읽기/쓰기 요청을 처리한다. 또한 리전 스플릿을 관리하고, 새로운 자식 리전을 HBase 마스터에 알려줌으로써 마스터가 부모 리전과의 연결을 끊고 대신 자식을 할당하게 한다.

그림 20-2 HBase 클러스터 멤버

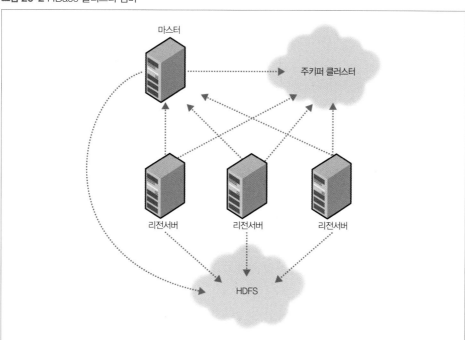

HBase는 주키퍼(21장 참조)에 의존하며, 기본적으로 클러스터 상태를 지휘하는 주키퍼 인스턴스를 자체 관리하지만, 이미 존재하는 주키퍼 클러스터를 대신 이용하도록 설정할 수 있다.

---

4 옮긴이_ 운영체제 또는 시스템을 초기화하거나 준비 상태로 만드는 일련의 작업

주키퍼 앙상블^{ensemble}은 hbase:meta 카탈로그 테이블의 위치, 현재 클러스터 마스터의 주소와 같은 아주 중요한 값을 가진다. 주키퍼는 중간에 리전을 할당할 때 참여하는 서버들 간의 충돌을 중재한다. 주키퍼는 할당 트랜잭션 상태를 관리하므로 고장나서 제외된 서버가 내버린 리전을 알아서 복구할 수 있다. 적어도 HBase 클러스터에 클라이언트 연결을 시작할 때 클라이언트는 주키퍼 앙상블의 위치를 전달받아야 한다. 그 후 클라이언트는 서버 위치와 같은 클러스터 속성을 알기 위해 주키퍼의 계층도를 탐색한다.

리전서버 워커 노드는 HBase conf/regionservers 파일에 나열되어 있는데, 이것은 하둡 etc/hadoop/slaves 파일에서 데이터노드와 노드 매니저를 나열한 것과 비슷하다. 시작과 종료 스크립트는 하둡과 유사하며 원격 명령을 실행하기 위해 동일한 SSH 기반 메커니즘을 사용한다. HBase conf/hbase-site.xml과 conf/hbase-env.sh에 클러스터의 사이트 환경 설정을 하는데, 이는 하둡 부모 프로젝트(10장 참조)의 환경 설정과 동일한 형태를 가진다.

> **NOTE_** 서비스나 타입에서 공통점이 발견되면 일반적으로 HBase는 부모 하둡 구현을 직접 사용하거나 서브클래스를 구현한다. 만약 이것이 불가능하다면 HBase는 가능한 하둡 모델을 따른다. 예를 들어 HBase는 하둡 환경 설정 시스템을 사용하므로 환경 설정 파일이 동일한 형태를 가진다. 이는 사용자 입장에서 보면 익숙한 하둡 지식을 HBase 탐색에 활용할 수 있다는 것을 의미한다. HBase가 자신만의 특수한 기능을 추가할 때는 이 규칙을 따르지 않는다.

HBase는 하둡 파일시스템 API를 통해 데이터를 저장한다. HBase를 사용하는 대부분의 사람은 저장을 위해 HDFS 위에서 HBase를 실행하며, 다른 곳을 지정하지 않는다면 HBase는 기본적으로 로컬 파일시스템에 기록한다. HBase를 처음 설치하고 테스트할 때는 로컬 파일시스템도 좋지만, 나중에는 HBase에서 사용할 HDFS 클러스터를 지정하는 HBase의 환경 설정 작업을 가장 먼저 하게 된다.

HBase 실전 운용

내부적으로 HBase는 hbase:meta로 명명된 특별한 카탈로그 테이블을 가지며 이것은 클러스터에 존재하는 모든 사용자 공간^{user-space} 리전의 현재 목록, 상태, 위치를 관리한다. hbase:meta의 요소는 리전명을 키로 가지며, 리전명은 리전이 속한 테이블의 이름, 리전의 시작 로우, 생성 시간, 마지막으로 이 모든 것의 MD5 해시값(즉, 해시 테이블명, 시작 로우, 생성 타임스탬프)으로 구성된다. TestTable 테이블 내의 시작 로우가 xyz인 리전의 이름은 다음과 같다.

```
TestTable,xyz,1279729913622.1b6e176fb8d8aa88fd4ab6bc80247ece.
```

쉼표로 테이블명, 시작 로우, 타임스탬프를 구분한다. MD5 해시값은 처음과 끝이 점으로 둘러싸여 있다.

이전에 언급한 대로 로우 키는 정렬되어 있으므로 특정 로우를 관리하는 리전을 찾으려면 요청 로우 키보다 작거나 같은 키 중에서 가장 큰 요소를 찾으면 된다. 리전 상태가 전환(분할, 비활성, 활성, 삭제, 리전 로드 밸런서나 리전서버 강제 종료로 인해 재배포)되면 카탈로그 테이블을 갱신해서 클러스터의 모든 리전의 상태를 최신 값으로 유지한다.

새로운 클라이언트는 주키퍼 클러스터에 먼저 접속하여 hbase:meta의 위치를 알게 된다. 그러고 나서 적절한 hbase:meta 리전을 검색해서 사용자 공간 리전을 관리하는 서버와 위치를 알아낸다. 이후 해당 리전서버와 직접 소통한다.

로우 동작마다 세 번의 왕복 통신이 이루어지는 부담을 줄이기 위해 클라이언트는 hbase:meta를 조회하는 동안에 알게 된 모든 것을 캐시한다. 위치와 사용자 공간 리전의 시작과 종료 로우를 캐시함으로써 hbase:meta 테이블로 다시 돌아갈 필요 없이 리전이 어떤 서버에 있는지 직접 알아낼 수 있다. 클라이언트는 장애가 있기 전까지 작업하면서 캐시된 요소를 계속 사용한다. 장애가 발생하면(즉, 리전이 이동하면) 클라이언트는 새로운 위치를 알기 위해 hbase:meta 테이블에 다시 문의한다. 문의할 hbase:meta 리전이 이동되었다면 이번에는 주키퍼와 상담한다.

쓰기 요청이 리전서버에 도착하면 먼저 커밋 로그에 추가되고 다음에 메모리 내의 **멤스토어** memstore에 추가된다. 멤스토어가 가득차면 내용물을 파일시스템에 플러시한다.

커밋 로그는 HDFS에 저장되므로 리전서버에 장애가 발생하더라도 가용하다. 마스터는 리전서버가 더 이상 접근 불가함을 알게 되면(보통 주키퍼 내의 서버의 znode가 만료되었기 때문에) 죽은 리전서버의 커밋 로그를 리전 단위로 분할한다. 재할당 과정에서 죽은 리전서버에 있던 리전은 비즈니스 재개 전에 아직 저장되지 않은 막 분할된 편집 파일을 골라 재생하여 실패하기 직전의 최신 상태로 만든다.

읽기 요청에서는 먼저 리전의 멤스토어에 접촉한다. 멤스토어만 읽고 적합한 버전을 찾는다면 쿼리는 여기서 완료된다. 그렇지 않으면 최근 플러시 파일부터 오래된 순으로 쿼리를 만족하는 적합한 버전을 발견하거나 더 이상 플러시 파일이 없을 때까지 탐색한다.

백그라운드 프로세스는 저장된 파일의 개수가 임계치를 넘어서면 하나의 파일로 압축하는데, 읽을 파일의 개수가 적을수록 성능이 더욱 좋아지기 때문이다. 압축 도중에 프로세스는 설정된 최대 버전을 넘는 것은 정리하고 삭제되었거나 만료된 셀은 제거한다. 리전서버에서 실행 중인 별도의 프로세스에서 플러시 파일 크기를 감시하고, 이 크기가 설정된 최댓값을 넘어서면 리전을 나눈다.

20.3 설치

아파치 다운로드 미러Apache Download Mirror[5]에서 안정된 배포판을 내려받아 로컬 파일시스템에 압축을 푼다. 예를 들면 아래와 같다.

```
% tar xzf hbase-x.y.z.tar.gz
```

하둡처럼, 시스템 내 자바 설치 경로를 먼저 HBase에게 알려주어야 한다. 적합한 자바 설치 경로를 가리키는 JAVA_HOME 환경변수가 존재하면 그대로 사용하며 추가 설정은 필요 없다. 그렇지 않으면 HBase의 conf/hbase-env.sh 파일에 JAVA_HOME 변수를 지정해서 HBase가 사용할 자바 설치 경로를 설정할 수 있다(부록 A 예제 참고).

편의상 HBase 바이너리 디렉터리를 명령행 경로에 추가한다. 예를 들면 아래와 같다.

```
% export HBASE_HOME=~/sw/hbase-x.y.z
% export PATH=$PATH:$HBASE_HOME/bin
```

HBase 옵션 목록을 보려면 다음처럼 입력한다.

```
% hbase
Options:
  --config DIR    사용할 환경 설정 경로. 기본값: ./conf
  --hosts HOSTS   'regionservers' 파일 내의 목록을 오버라이드
```

---

5 http://www.apache.org/dyn/closer.cgi/hbase/

명령어:
어떤 명령어는 인자를 취함. 인자 없이 또는 -h를 넘겨 사용법을 확인한다.

shell	HBase 쉘 실행
hbck	hbase 'fsck' 툴 실행
hlog	Write-ahead-log 분석기
hfile	저장된 파일 분석기
zkcli	주키퍼 쉘 실행
upgrade	hbase 업그레이드
master	HBase HMaster 노드 실행
regionserver	HBase HRegionServer 노드 실행
zookeeper	Zookeeper 서버 실행
rest	HBase REST 서버 실행
thrift	HBase Thrift 서버 실행
thrift2	HBase Thrift2 서버 실행
clean	HBaes 정리 스크립트 실행
classpath	hbase CLASSPATH 출력
mapredcp	맵리듀스가 요구하는 CLASSPATH 항목 출력
pe	PerformanceEvaluation 실행
ltt	LoadTestTool 실행
version	버전 출력
CLASSNAME	CLASSNAME에 지정한 클래스 실행

20.3.1 테스트 드라이브

저장소로 로컬 파일시스템의 임시 디렉터리를 사용하는 HBase의 독립 standalone 인스턴스를 시작하려면 다음처럼 입력한다.

```
% start-hbase.sh
```

기본적으로 HBase는 /${java.io.tmpdir}/hbase-${user.name}에 기록한다. ${java.io.tmpdir}는 보통 /tmp를 가리키지만, HBase가 더욱 안정적인 공간을 사용하려면 hbase-site.xml에 hbase.tmp.dir를 설정해야 한다. 독립 방식에서 HBase 마스터, 리전서버, ZooKeeper 인스턴스는 모두 동일한 JVM에서 실행된다.

HBase 인스턴스를 관리하려면 다음과 같이 HBase 쉘을 시작한다.

```
% hbase shell
HBase 쉘; 지원하는 명령어 목록을 보려면 'help<RETURN>'을 입력
HBase 쉘을 벗어나려면 'exit<RETURN>'을 입력
Version 0.98.7-hadoop2, r800c23e2207aa3f9bddb7e9514d8340bcfb89277, Wed Oct 8
15:58:11 PDT 2014

hbase(main):001:0>
```

이것은 몇몇 HBase 특수 명령어가 추가된 JRuby IRB 인터프리터를 띄운다. help를 입력하고 리턴키를 누르면 카테고리별로 그룹지어진 쉘 명령어 목록을 볼 수 있다. 카테고리별로 도움말을 얻기 위해 help "명령_그룹"을 입력하거나 특정 명령어의 도움말과 사용예를 보기 위해 help "명령어"를 입력한다. 빠른 학습을 하려면 주요 도움 화면의 끝을 보라.

이제 간단한 테이블을 생성하고 데이터를 조금 넣은 다음 지워보자.

테이블을 생성하려면 테이블의 이름을 지정하고 스키마를 정의해야 한다. 테이블의 스키마는 테이블 속성과 테이블의 컬럼 패밀리 목록으로 구성된다. 컬럼 패밀리는 스키마 정의 시점에 자신의 속성을 차례대로 설정한다. 컬럼 패밀리 속성의 예로는 컬럼 패밀리 내용물을 파일시스템에 압축해야 하는지와 셀에서 간직할 버전의 개수가 있다. 스키마는 추후에 쉘의 disable 명령어를 이용해서 테이블을 오프라이닝^{offlining}(사용 중지)하고 alter를 이용해서 필요한 변경을 한 다음 enable로 테이블을 온라인으로 돌려놓으면 수정된다.

테이블과 컬럼 패밀리 속성의 기본값을 사용해서 data라는 단일 컬럼 패밀리로 test라는 테이블을 생성하려면 다음과 같이 입력한다.

```
hbase(main):001:0> create 'test', 'data'
0 row(s) in 0.9810 seconds
```

TIP 이전 명령어가 성공적으로 완료되지 않고 쉘이 에러와 스택 트레이스를 보여주었다면 설치가 실패한 것이다. HBase 로그 디렉터리(로그 디렉터리의 기본 위치는 ${HBASE_HOME}/logs) 아래의 마스터 로그를 통해 어디서 잘못되었는지 단서를 확인하라.

스키마를 정의할 때 테이블과 컬럼 패밀리 속성을 추가하는 예제를 보려면 help로 도움말을 출력해보라.

새로운 테이블이 성공적으로 생성되었는지 입증하려면 list 명령어를 실행한다. 이것은 사용자 공간의 모든 테이블을 출력할 것이다.

```
hbase(main):002:0> list
TABLE
test
1 row(s) in 0.0260 seconds
```

data 컬럼 패밀리의 세 개의 다른 로우와 컬럼에 데이터를 입력한 후, 첫 번째 로우를 얻어오고, 테이블 내용을 나열하려면 다음과 같이 하면 된다.

```
hbase(main):003:0> put 'test', 'row1', 'data:1', 'value1'
hbase(main):004:0> put 'test', 'row2', 'data:2', 'value2'
hbase(main):005:0> put 'test', 'row3', 'data:3', 'value3'
hbase(main):006:0> get 'test', 'row1'
COLUMN                     CELL
 data:1                    timestamp=1414927084811, value=value1
1 row(s) in 0.0240 seconds
hbase(main):007:0> scan 'test'
ROW                        COLUMN+CELL
 row1                      column=data:1, timestamp=1414927084811, value=value1
 row2                      column=data:2, timestamp=1414927125174, value=value2
 row3                      column=data:3, timestamp=1414927131931, value=value3
3 row(s) in 0.0240 seconds
```

스키마 변경 없이 세 개의 새로운 컬럼을 추가했음을 주목하자.

테이블을 없애려면 삭제하기 전에 비활성화시켜야 한다.

```
hbase(main):009:0> disable 'test'
0 row(s) in 5.8420 seconds
hbase(main):010:0> drop 'test'
0 row(s) in 5.2560 seconds
hbase(main):011:0> list
TABLE
0 row(s) in 0.0200 seconds
```

다음을 실행해서 HBase 인스턴스를 정지시킨다.

```
% stop-hbase.sh
```

분산 HBase 클러스터를 구축하고 구동 중인 HDFS를 가리키는 방법을 배우려면 HBase 문서의 환경 설정 절[6]을 참고하라.

20.4 클라이언트

HBase 클러스터와 상호작용할 수 있는 다양한 클라이언트가 있다.

20.4.1 자바

HBase는 하둡과 마찬가지로 자바로 구현되었다. [예제 20-1]은 앞 절에서 쉘로 수행한 작업을 자바로 다시 작성한 것이다.

예제 20-1 기본 테이블 관리와 액세스

```java
public class ExampleClient {

  public static void main(String[] args) throws IOException {
    Configuration config = HBaseConfiguration.create();
    // 테이블 생성
    HBaseAdmin admin = new HBaseAdmin(config);
    try {
      TableName tableName = TableName.valueOf("test");
      HTableDescriptor htd = new HTableDescriptor(tableName);
      HColumnDescriptor hcd = new HColumnDescriptor("data");
      htd.addFamily(hcd);
      admin.createTable(htd);
      HTableDescriptor[] tables = admin.listTables();
      if (tables.length != 1 &&
          Bytes.equals(tableName.getName(), tables[0].getTableName().getName())) {
        throw new IOException("Failed create of table");
      }
```

---

6 http://hbase.apache.org/book/configuration.html

```
// 테이블에 put(쓰기), get(읽기), scan(스캔) 연산을 실행
HTable table = new HTable(config, tableName);
try {
  for (int i = 1; i <= 3; i++) {
    byte[] row = Bytes.toBytes("row" + i);
    Put put = new Put(row);
    byte[] columnFamily = Bytes.toBytes("data");
    byte[] qualifier = Bytes.toBytes(String.valueOf(i));
    byte[] value = Bytes.toBytes("value" + i);
    put.add(columnFamily, qualifier, value);
    table.put(put);
  }
  Get get = new Get(Bytes.toBytes("row1"));
  Result result = table.get(get);
  System.out.println("Get: " + result);
  Scan scan = new Scan();
  ResultScanner scanner = table.getScanner(scan);
  try {
    for (Result scannerResult : scanner) {
      System.out.println("Scan: " + scannerResult);
    }
  } finally {
    scanner.close();
  }
  // 테이블을 비활성화한 후 삭제
  admin.disableTable(tableName);
  admin.deleteTable(tableName);
} finally {
  table.close();
}
} finally {
  admin.close();
}
}
}
```

이 클래스에는 main( ) 메서드만 있다. 간략히 하기 위해 패키지명과 임포트 문장은 생략했다. 대부분의 HBase 클래스는 org.apache.hadoop.hbase와 org.apache.hadoop.hbase.client 패키지에 존재한다.

우리는 먼저 HBaseConfiguration 클래스에 Configuration 객체를 생성하라고 요청한다. 그러면 프로그램의 클래스패스에 있는 hbase-site.xml과 hbase-default.xml에서 HBase 환

경 설정을 읽은 후 Configuration 객체를 반환한다. 이렇게 얻은 Configuration은 나중에 HBaseAdmin과 HTable 인스턴스를 생성할 때 사용된다. HBaseAdmin은 특히 테이블을 추가하거나 삭제하는 등 HBase 클러스터를 관리하는 데 사용되며, HTable은 특정 테이블에 접근하기 위해 사용된다. Configuration 인스턴스는 코드가 동작할 클러스터에서 이러한 클래스를 참조한다.

NOTE_ HBase 1.0부터 더욱 깔끔하고 직관적인 새로운 클라이언트 API가 나왔다. HBaseAdmin과 HTable 생성자는 사라졌으며 클라이언트는 이러한 예전 클래스의 명시적인 참조를 만드는 것을 권장하지 않는다. 이제 클라이언트는 새로운 ConnectionFactory 클래스를 이용해서 Connection 객체를 생성해야 하고, Admin 또는 Table 인스턴스를 반환하기 위해 각각 getAdmin() 또는 getTable()을 적절하게 호출해야 한다. 과거에 접속 관리는 사용자에게 감춰진 상태였지만, 이제는 클라이언트의 책임으로 바뀌었다. 이 책의 웹사이트를 살펴보면 새로운 API를 사용해서 이번 장에 나온 예제를 변경한 코드를 볼 수 있다.

테이블을 생성하려면 먼저 HBaseAdmin 인스턴스를 생성하고 data라는 단일 컬럼 패밀리가 있는 test 테이블의 생성을 요청해야 한다. 이 예제에서 테이블 스키마는 기본 형태다. 만약 테이블 스키마를 변경하고 싶다면 HTableDescriptor와 HColumnDescriptor의 메서드를 사용하면 된다. 다음으로 테이블이 실제로 생성되었는지 코드를 작성해서 검증하고 그렇지 않으면 예외를 던진다.

테이블 작업을 위해서는 HTable 인스턴스가 필요한데, 이는 Configuration 인스턴스와 해당 테이블명을 전달하여 생성할 수 있다. 테이블에 데이터를 넣으려면 반복문 안에 Put 객체를 생성하면 된다. 각 Put은 value$n$ 값을 가지는 단일 셀을 row$n$ 로우의 data:n 컬럼에 넣는다. 여기서 n은 1부터 3까지다. 컬럼명은 컬럼 패밀리명과 컬럼 패밀리 식별자 두 개로 지정한다. HBase가 요구하는 식별자와 값을 바이트 배열로 변환하기 위해서는 HBase의 Bytes 유틸리티 클래스(org.apache.hadoop.hbase.util 패키지에 존재)를 이용하여 코드를 작성하면 된다.

다음으로 Get 객체를 생성해서 우리가 추가한 첫 번째 로우를 반환하고 출력한다. 그리고 Scan 객체를 이용해서 테이블 전체를 스캔하여 찾고자 하는 값을 출력한다.

프로그램의 끝에서 먼저 테이블을 비활성화한(disableTable) 후 삭제(deleteTable)하는 방식으로 테이블을 없앴다(테이블을 제거하기 전에 먼저 비활성화시켜야 함을 상기하자).

스캐너

HBase 스캐너는 전통적인 데이터베이스의 커서 또는 자바의 반복자(사용한 이후에 닫아주어야 한다는 점은 다름)와 유사하다. 스캐너는 로우를 차례대로 반환한다. 사용자는 Table 객체에서 getScanner()에 설정된 Scan 객체를 매개변수로 전달하여 호출함으로써 스캐너를 얻는다. Scan 인스턴스에 스캔의 시작과 종료 로우, 로우 결과로 반환될 로우의 컬럼, 서버 측에서 수행될 필터를 전달할 수 있다. getScanner()를 호출할 때 반환되는 ResultScanner 인터페이스는 다음과 같다.

```
public interface ResultScanner extends Closeable, Iterable<Result> {
  public Result next() throws IOException;
  public Result[] next(int nbRows) throws IOException;
  public void close();
}
```

스캐너를 이용하면 다음 로우의 결과나 로우의 개수를 얻을 수 있다. 스캐너는 보이지 않게 한 번에 100개의 로우를 배치로 가져와서 클라이언트에 넘겨주고 배치가 모두 소진된 이후에만 서버에서 다음 배치를 가져온다. 한 번에 가져와서 캐시할 로우의 개수는 hbase.client.scanner. caching 구성 옵션으로 지정할 수 있다. 또는 Scan 인스턴스 자체의 setCaching() 메서드로 캐시할 로우의 개수를 지정할 수도 있다.

캐싱값이 높으면 스캔 속도가 빨라지지만 클라이언트의 메모리 사용량은 증가한다. 또한 캐싱값을 너무 높게 설정해서 클라이언트에서 배치를 처리하는 데 드는 시간이 스캐너 타임아웃을 초과하는 상황은 무조건 피해야 한다. 스캐너 타임아웃이 만료되기 전에 클라이언트가 서버에 다시 연락하지 못하면 서버는 서버 측 스캐너가 소비한 자원을 계속 회수하려 할 것이다. 스캐너 타임아웃의 기본값은 60초며 hbase.client.scanner.timeout.period 속성을 설정하여 변경할 수 있다. 스캐너 타임아웃이 만료되면 클라이언트는 UnknownScannerException 오류를 보게 될 것이다.

프로그램을 컴파일하는 가장 간단한 방법은 책의 예제 코드와 함께 제공되는 메이븐 POM을 사용하는 것이다. 그다음에 프로그램을 실행할 클래스명을 지정한 hbase 명령어를 사용하면 된다. 다음은 실행 방법과 결과를 보여준다.

```
% mvn package
% export HBASE_CLASSPATH=hbase-examples.jar
% hbase ExampleClient
```

```
Get: keyvalues={row1/data:1/1414932826551/Put/vlen=6/mvcc=0}
Scan: keyvalues={row1/data:1/1414932826551/Put/vlen=6/mvcc=0}
Scan: keyvalues={row2/data:2/1414932826564/Put/vlen=6/mvcc=0}
Scan: keyvalues={row3/data:3/1414932826566/Put/vlen=6/mvcc=0}
```

출력의 각 행은 toString( ) 메서드로 Result의 내용을 표현한 HBase 로우다. 필드는 순서대로 로우명, 컬럼명, 셀 타임스탬프, 셀 형식, 값의 바이트 배열 길이(vlen), 내부 HBase 필드(mvcc)며, 각 필드는 슬래시 문자로 구분했다. getValue( ) 메서드로 Result 객체의 값을 얻는 방법은 뒤에서 살펴볼 것이다.

20.4.2 맵리듀스

org.apache.hadoop.hbase.mapreduce 패키지의 HBase 클래스와 유틸리티는 HBase를 맵리듀스 잡의 소스 및 싱크로 이용할 때 유용하다. TableInputFormat 클래스는 리전 경계를 분할하여 맵이 작업할 단일 리전을 전달받게 해준다. TableOutputFormat은 리듀스의 결과를 HBase에 쓴다.

[예제 20-2]의 SimpleRowCounter 클래스(HBase mapreduce 패키지에 있는 RowCounter의 단순 버전)는 TableInputFormat을 이용해서 로우의 개수를 세는 맵 태스크를 실행한다.

예제 20-2 HBase 테이블의 로우 개수를 세는 MapReduce 애플리케이션

```java
public class SimpleRowCounter extends Configured implements Tool {

  static class RowCounterMapper extends TableMapper<ImmutableBytesWritable, Result> {
    public static enum Counters { ROWS }

    @Override
    public void map(ImmutableBytesWritable row, Result value, Context context) {
      context.getCounter(Counters.ROWS).increment(1);
    }
  }

  @Override
  public int run(String[] args) throws Exception {
    if (args.length != 1) {
      System.err.println("Usage: SimpleRowCounter <tablename>");
```

```
        return -1;
    }
    String tableName = args[0];
    Scan scan = new Scan();
    scan.setFilter(new FirstKeyOnlyFilter());

    Job job = new Job(getConf(), getClass().getSimpleName());
    job.setJarByClass(getClass());
    TableMapReduceUtil.initTableMapperJob(tableName, scan,
        RowCounterMapper.class, ImmutableBytesWritable.class, Result.class, job);
    job.setNumReduceTasks(0);
    job.setOutputFormatClass(NullOutputFormat.class);
    return job.waitForCompletion(true) ? 0 : 1;
    }

    public static void main(String[] args) throws Exception {
        int exitCode = ToolRunner.run(HBaseConfiguration.create(),
            new SimpleRowCounter(), args);
        System.exit(exitCode);
    }
}
```

내부 클래스인 RowCounterMapper는 HBase TableMapper 추상 클래스(TableInputFormat 을 통해 전달받은 맵 입력 형식을 설정하는 특수한 org.apache.hadoop.mapreduce.Mapper) 의 서브클래스다. 입력키는 ImmutableBytesWritable 객체(로우 키)며 값은 Result 객체(스 캔의 로우 결과)다. 이 잡은 단순히 새로운 로우가 나올 때마다 Counters.ROWS의 값을 1씩 증 가시키는 방식으로 로우의 개수를 세기 때문에 맵에서 오는 어떤 출력도 내보내지 않는다.

run() 메서드에서 스캔 객체를 생성하고 TableMapReduceUtil.initTableMapJob() 유틸리 티 메서드를 호출하여 잡에 스캔 객체를 설정한다. 이 유틸리티 메서드의 작업(사용할 맵 클래스 설정 등) 중 가장 중요한 것은 입력 포맷을 TableInputFormat으로 설정하는 것이다. 스캔의 필 터로 FirstKeyOnlyFilter 인스턴스를 설정하는 방법을 유념하라. 이 필터는 서버 측에서 실행 될 때 매퍼 내부에서 각 로우의 첫 번째 셀만 Result 객체에 담도록 서버에 지시한다. 이러한 방 법을 사용하면 매퍼는 나머지 셀 값을 무시하게 되므로 최적화가 가능하다.

TIP HBase 쉘에서 count "테이블명"을 입력하면 테이블의 로우 개수를 얻을 수 있다. 하지만 이 방식은 분산 처리가 아니므로 대용량 테이블은 맵리듀스 프로그램을 이용하는 것이 더 좋다.

20.4.3 REST와 쓰리프트

HBase는 REST와 쓰리프트 인터페이스를 제공한다. 이러한 인터페이스는 자바가 아닌 다른 언어로 작성된 애플리케이션에 적합하다. 자바 서버는 HBase 클러스터에 REST와 쓰리프트 애플리케이션 요청이 들어오거나 나가는 것을 중개해주는 HBase 클라이언트 인스턴스를 지원한다. 서비스 실행과 클라이언트 인터페이스에 관한 정보는 레퍼런스 가이드[7]에서 볼 수 있다.

20.5 온라인 쿼리 애플리케이션 구축

HDFS와 맵리듀스는 대용량 데이터셋의 배치 작업을 처리하는 강력한 도구지만 효율적으로 개별 레코드를 읽거나 쓰는 방법은 제공하지 않는다. 다음 예제에서는 이러한 빈틈을 채울 수 있는 도구로서 HBase를 살펴볼 것이다.

이전 장에서 설명한 날씨 데이터셋은 수만 개의 기상관측소에서 100년 이상 관측한 기록을 보관하고 있으며 데이터의 크기는 무한히 증가할 것이다. 우리는 사용자가 여러 기상관측소를 탐색하며 과거의 기온 관측값을 시간순으로 스캔할 수 있는 단순한 온라인 인터페이스(배치와는 상반된)를 구현하는 예제를 만들어볼 것이다. 여기서는 단순하게 명령행 자바 애플리케이션을 만들지만 동일한 기능을 하는 웹 애플리케이션을 구축할 때 이 기술을 사용해도 무방하다.

이 예제의 관측자료 수는 수십억 개에 달할 정도로 방대하며 전 세계의 모든 기상관측소로부터 기온값 갱신이 초당 백에서 천 개의 속도로 매우 빠르게 일어난다고 하자. 또한 온라인 애플리케이션은 요청을 받고 난 이후에 1초 내외로 최신 관측값을 보여주어야 하는 요구사항이 있다.

RDBMS는 첫 번째 요구사항인 데이터의 규모를 만족하지 못한다. 그리고 두 번째 요구사항인 응답 시간을 보면 HDFS는 적절하지 않다. 또한 맵리듀스 잡으로 전체 관측 데이터에 임의 접근이 가능한 초기 색인은 만들 수 있지만, 데이터가 변경되었을 때 이 색인을 갱신하는 것은 맵리듀스와 HDFS만으로는 힘들다. 따라서 HBase가 가장 유력한 후보 저장소가 된다.

20.5.1 스키마 설계

이 예제에는 두 개의 테이블이 있다.

---

[7] http://hbase.apache.org/book.html

- **stations**

  이 테이블은 기상관측소의 정보를 가지며 로우 키는 `stationid`다. 이 테이블에는 기상관측소 정보의 키-값 사전 역할을 하는 컬럼 패밀리 `info`가 있다. 여기에서 사전 키는 컬럼명인 `info:name`, `info:location`, `info:description`로 지정했다. 이 테이블은 정적이며 `info` 패밀리는 전형적인 RDBMS 테이블 설계와 거의 비슷하다.

- **observations**

  이 테이블은 관측 기온값을 가지며, 로우 키는 `stationid`와 역순 타임스탬프의 조합이다. 이 테이블에는 관측 기온값을 가진 유일한 컬럼인 `airtemp`를 포함하고 있는 컬럼 패밀리 `data`가 있다.

우리는 HBase의 읽기 성능을 최대화하기 위한 스키마를 선택했다. 로우와 컬럼은 사전 순으로 증가하게 저장했다. 2차 인덱스와 정규표현식 매칭을 위한 도구가 있지만 성능이 떨어지기 때문에 사용하지 않았다. 가장 효율적인 저장과 접근 방법을 선택하기 위해서는 데이터를 쿼리하는 가장 효율적인 방법을 이해하는 것이 가장 중요하다.

`stations` 테이블에서 `stationid`를 키로 선택한 것은 당연한 일이다. 왜냐하면 항상 아이디로 특정 기상관측소 정보에 접근하기 때문이다. 그러나 `observations` 테이블은 관측 타임스탬프를 끝에 추가한 복합 키를 사용한다. 이는 모든 관측값을 특정 기상관측소로 그룹짓고 타임스탬프 역순(`Long.MAX_VALUE - timestamp`)을 사용해서 바이너리로 저장함으로써 각 기상관측소의 최근 관측값이 먼저 오도록 정렬했다.

> **NOTE_** 기상관측소 아이디는 고정길이라는 점을 우리는 알고 있다. 하지만 길이가 다르면 로우 키가 제대로 정렬되게 앞에 0을 붙여야 한다. 그렇지 않고 바이트 순서만 고려하면 10이 2보다 앞에 위치하는 문제가 발생할 수 있다(02는 10보다 앞에 있다).
>
> 또한 키가 정수형이라면 숫자의 문자열 버전으로 저장하기보다는 바이너리 표현을 사용하는 것이 더 좋다(공간을 더 적게 차지한다).

쉘에서 테이블은 다음과 같이 정의한다.

```
hbase(main):001:0> create 'stations', {NAME => 'info'}
0 row(s) in 0.9600 seconds
hbase(main):002:0> create 'observations', {NAME => 'data'}
0 row(s) in 0.1770 seconds
```

> **넓은 테이블**
>
> HBase의 모든 접근은 주 키를 이용하므로 데이터 쿼리 방식에 따라 키를 설계해야 한다. 스키마를 설계할 때 한 가지 명심해야 할 사항은 HBase와 같은 컬럼 패밀리 기반 저장소[8]는 넓고 희박한 데이터를 가진 테이블을 관리하는 데 비용이 발생하지 않는다는 것이다.
>
> HBase에는 전통적인 데이터베이스의 조인 기능이 없다. 대신 두 번째 또는 세 번째 테이블을 가져와서 조인할 필요가 없도록 넓은 테이블을 만들면 된다. 즉, 특정 주 키와 관련된 모든 데이터를 포함한 넓은 로우를 만들 수 있다.

20.5.2 데이터 로드

기상관측소 수는 상대적으로 적으므로 쉽게 사용할 수 있는 인터페이스를 이용해서 정적 데이터를 간단히 입력할 수 있다. 이를 수행하는 자바 애플리케이션은 예제 코드에 포함되어 있으며 다음과 같이 실행한다.

```
% hbase HBaseStationImporter input/ncdc/metadata/stations-fixed-width.txt
```

그러나 로드할 관측값이 수십억 개 존재한다고 가정해보자. 이런 종류의 임포트는 보통 대단히 복잡하며 매우 오랜 시간이 걸리는 데이터베이스 작업이지만, 맵리듀스와 HBase의 분산 모델은 클러스터의 이점을 최대한 이용한다. 이제 우리는 원본 입력 데이터를 HDFS에 복사하고, 입력을 읽어 HBase에 쓸 수 있는 맵리듀스 잡을 실행할 것이다.

[예제 20-3]은 이전 장의 예제에서 사용한 동일한 입력 파일로부터 HBase에 관측값을 임포트하는 맵리듀스 잡의 예를 보여준다.

예제 20-3 HDFS의 기온 데이터를 HBase 테이블로 임포트하는 맵리듀스 애플리케이션

```java
public class HBaseTemperatureImporter extends Configured implements Tool {

    static class HBaseTemperatureMapper<K> extends Mapper<LongWritable, Text, K, Put> {
```

---

8 데니얼 아바디(Daniel J. Abadi)의 「넓고 희박한 데이터를 위한 컬럼 저장소(Column-Stores for Wide and Sparse Data)」(http://bit.ly/column-stores) 2007년 1월

```
    private NcdcRecordParser parser = new NcdcRecordParser();

    @Override
    public void map(LongWritable key, Text value, Context context) throws
        IOException, InterruptedException {
      parser.parse(value.toString());
      if (parser.isValidTemperature()) {
        byte[] rowKey = RowKeyConverter.makeObservationRowKey(parser.getStationId(),
            parser.getObservationDate().getTime());
        Put p = new Put(rowKey);
        p.add(HBaseTemperatureQuery.DATA_COLUMNFAMILY,
            HBaseTemperatureQuery.AIRTEMP_QUALIFIER,
            Bytes.toBytes(parser.getAirTemperature()));
        context.write(null, p);
      }
    }
  }

  @Override
  public int run(String[] args) throws Exception {
    if (args.length != 1) {
      System.err.println("Usage: HBaseTemperatureImporter <input>");
      return -1;
    }
    Job job = new Job(getConf(), getClass().getSimpleName());
    job.setJarByClass(getClass());
    FileInputFormat.addInputPath(job, new Path(args[0]));
    job.getConfiguration().set(TableOutputFormat.OUTPUT_TABLE, "observations");
    job.setMapperClass(HBaseTemperatureMapper.class);
    job.setNumReduceTasks(0);
    job.setOutputFormatClass(TableOutputFormat.class);
    return job.waitForCompletion(true) ? 0 : 1;
  }

  public static void main(String[] args) throws Exception {
    int exitCode = ToolRunner.run(HBaseConfiguration.create(),
        new HBaseTemperatureImporter(), args);
    System.exit(exitCode);
  }
}
```

HBaseTemperatureImporter는 6장의 MaxTemperatureMapper 클래스와 유사한 HBaseTemperatureMapper라는 내부 클래스를 가진다. 외부 클래스는 Tool의 구현체며 맵 단독 잡을 시

작하도록 구성한다. HBaseTemperatureMapper는 MaxTemperatureMapper와 같은 입력을 취하며 적합한 기온인지 확인하기 위해 동일한 방식으로 파싱한다(6장의 NcdcRecordParser를 사용). 그러나 MaxTemperatureMapper와 같이 적합한 기온을 출력 콘텍스트에 기록하는 대신 Put 객체를 생성하여 HBase 테이블 observations의 data:airtemp 컬럼에 추가한다(data 와 airtemp는 이후에 설명할 HBaseTemperatureQuery 클래스에서 임포트한 정적 상수를 사용한다).

각 관측값의 로우 키는 RowKeyConverter의 makeObservationRowKey() 메서드에서 기상관측소 아이디와 관측 시간으로 생성된다.

```java
public class RowKeyConverter {

  private static final int STATION_ID_LENGTH = 12;

  /**
   * @ <station_id> <reverse_order_timestamp> 포맷의 로우 키를 반환
   */
  public static byte[] makeObservationRowKey(String stationId,
      long observationTime) {
    byte[] row = new byte[STATION_ID_LENGTH + Bytes.SIZEOF_LONG];
    Bytes.putBytes(row, 0, Bytes.toBytes(stationId), 0, STATION_ID_LENGTH);
    long reverseOrderTimestamp = Long.MAX_VALUE - observationTime;
    Bytes.putLong(row, STATION_ID_LENGTH, reverseOrderTimestamp);
    return row;
  }
}
```

기상관측소 아이디는 고정길이 ASCII 문자열이라는 장점을 이용하여 변환 작업을 수행한다. 앞에 나온 예제와 같이 HBase의 Bytes 클래스를 사용해서 일반 자바 자료형을 바이트 배열로 변환한다. Bytes.SIZEOF_LONG 상수는 로우 키 바이트 배열에서 타임스탬프 부분의 길이를 계산하는 데 사용한다. putBytes()와 putLong() 메서드로 바이트 배열의 상대적인 오프셋 위치에 키의 기상관측소 아이디와 타임스탬프를 채운다.

잡이 HBase의 TableOutputFormat을 사용하도록 run() 메서드에 설정한다. 기록할 테이블은 잡 환경 설정의 TableOutputFormat.OUTPUT_TABLE 속성으로 지정해야 한다.

HTable 인스턴스를 생성하여 직접 관리하기보다는 TableOutputFormat을 사용하는 것이 더 쉽다. 그렇지 않으면 매퍼의 setup() 메서드를 직접 작성해야 한다. 또한 cleanup() 메서드에서 close() 호출도 필요하다. TableOutputFormat은 HTable의 자동 플러시 기능을 비활성화하므로 효율성을 높이기 위해 put() 요청은 버퍼에 저장된다.

예제 코드의 HBaseTemperatureDirectImporter 클래스는 맵리듀스 프로그램에서 HTable을 직접 사용하는 방법을 보여준다. 이 프로그램은 다음과 같이 실행한다.

```
% hbase HBaseTemperatureImporter input/ncdc/all
```

로드 분산

임포트가 테이블의 어디로 진행되는지 현상을 잘 살펴보면 모든 클라이언트가 로드를 모든 리전에 동등하게 분산시키기보다는 테이블 리전들 중 하나(따라서 단일 노드)로 보낸 후 차례로 다음으로 이동해 나간다는 것을 알 수 있다. 이것은 보통 정렬된 입력과 스플리터^{splitter}의 작동 방법 사이의 상호작용 때문이다. 만약 입력 전에 로우 키를 무작위로 두면 도움이 될 수도 있다. 예제에서는 stationid 값의 분포와 TextInputFormat의 분할 방법을 정의했으므로 효율적으로 분산되어 업로드될 것이다.

새로운 테이블은 단 하나의 리전만 가질 것이며, 모든 업데이트는 이 단일 리전이 분할되기 전까지 여기로 향하게 된다. 이것은 로우 키가 무작위로 분산되어 있을지라도 발생한다. 시동 시점의 이러한 현상은 모든 클러스터 멤버가 업로드에 참여할 수 있도록 리전이 분산될 때까지는 업로드가 느리게 수행되기 때문이다.

이러한 문제는 대량 로드를 이용해서 회피할 수 있다.

대량 로드

HBase는 HBase 대량 로드를 위해 맵리듀스에서 파일시스템으로 내부 데이터 포맷을 직접 기록할 수 있는 효율적인 기능을 가지고 있다. 이것을 이용하면 HBase 클라이언트 API를 통해 기록할 때보다 훨씬 빠른 속도로 HBase 인스턴스에 로드할 수 있다.

대량 로드는 두 단계 프로세스다. 첫 단계는 맵리듀스 잡을 이용해서 HFile을 HDFS 디렉터리에 기록하기 위해 HFileOutputFormat2를 사용한다. 로우는 정렬되어 쓰여져야 하므로 잡은 로우 키의 전체 정렬을 수행해야 한다(9.2.3절 '전체 정렬' 참조). HFileOutputFormat2의 configureIncrementalLoad() 메서드는 이를 위해 모든 필요한 환경 설정을 한다.

대량 로드의 두 번째 단계는 HDFS의 HFile을 기존의 HBase 테이블로 옮기는 것이다. 테이블은 이 과정 중에 살아 있을 수 있다. 예제 코드의 HBaseTemperatureBulkImporter 클래스는 대량 로드를 이용해서 관측 데이터를 로드한다.

20.5.3 온라인 쿼리

온라인 쿼리 애플리케이션을 구현하려면 직접 HBase 자바 API를 사용해야 한다. 여기서 사용자의 스키마와 저장 포맷 선택이 얼마나 중요한지 알 수 있다.

기상관측소 쿼리

가장 간단한 쿼리는 정적 기상관측소 정보를 얻어오는 것이다. 이것은 get() 기능으로 수행하는 단일 로우 검색이다. 이러한 유형의 쿼리는 전통적인 데이터베이스에서는 간단했지만, HBase는 추가적으로 제어권과 유연성을 제공한다. 키-값 사전(컬럼명은 키, 컬럼값은 값)으로 info 패밀리를 사용하면 HBaseStationQuery 코드는 다음과 같이 된다.

```java
static final byte[] INFO_COLUMNFAMILY = Bytes.toBytes("info");
static final byte[] NAME_QUALIFIER = Bytes.toBytes("name");
static final byte[] LOCATION_QUALIFIER = Bytes.toBytes("location");
static final byte[] DESCRIPTION_QUALIFIER = Bytes.toBytes("description");

public Map<String, String> getStationInfo(HTable table, String stationId)
    throws IOException {
  Get get = new Get(Bytes.toBytes(stationId));
  get.addFamily(INFO_COLUMNFAMILY);
  Result res = table.get(get);
  if (res == null) {
    return null;
  }
  Map<String, String> resultMap = new LinkedHashMap<String, String>();
```

```
    resultMap.put("name", getValue(res, INFO_COLUMNFAMILY, NAME_QUALIFIER));
    resultMap.put("location", getValue(res, INFO_COLUMNFAMILY,
        LOCATION_QUALIFIER));
    resultMap.put("description", getValue(res, INFO_COLUMNFAMILY,
        DESCRIPTION_QUALIFIER));
    return resultMap;
  }

  private static String getValue(Result res, byte[] cf, byte[] qualifier) {
    byte[] value = res.getValue(cf, qualifier);
    return value == null? "": Bytes.toString(value);
  }
```

이 예제에서 getStationInfo( )는 HTable 인스턴스와 기상관측소 아이디를 인자로 받는다. 기상관측소의 정보를 얻기 위해 지정된 컬럼 패밀리인 INFO_COLUMNFAMILY에서 기상관측소 ID 로 식별되는 모든 컬럼을 추출하기 위해 설정된 Get 인스턴스를 get( ) 메서드에 전달했다.

get( ) 결과는 Result에 담겨 반환된다. 이것은 하나의 로우를 가지며, 원하는 컬럼 셀을 지정하면 값을 얻을 수 있다. getStationInfo( ) 메서드는 이러한 Result를 String 키와 값의 Map 으로 변환한다.

우리는 이미 HBase를 사용할 때 유틸리티 함수가 왜 필요한지 알고 있다. 저수준 상호작용을 다루기 위해 HBase 위에서 점점 더 많은 추상화가 만들어지고 있지만, 이러한 추상화의 동작 방식과 저장소 선택이 초래하는 결과를 이해하는 것은 중요하다.

관계형 데이터베이스보다 HBase가 가지는 강점은 모든 컬럼을 미리 지정할 필요가 없다는 것 이다. 따라서 각 기상관측소가 수백 개의 선택 가능한 특성 중에서 지금은 세 개만 가지지만, 향후에 스키마 변경 없이 그들을 추가할 수 있다(애플리케이션의 읽기와 쓰기 코드는 물론 변경되어야 한다. 이 예제 코드처럼 각 값을 명시적으로 지정해서 얻기보다는 Result를 순환해야 한다).

다음은 기상관측소 쿼리 예제다.

```
% hbase HBaseStationQuery 011990-99999
name      SIHCCAJAVRI
location        (unknown)
description     (unknown)
```

관측값 쿼리

observations 테이블의 쿼리는 기상관측소 ID, 시작 시간, 반환할 최대 로우 개수 등의 인자를 취한다. 로우는 기상관측소마다 시간의 역순으로 저장되었기 때문에 쿼리는 시작 시간 이전의 관측값을 반환한다. [예제 20-4]의 getStationObservations() 메서드는 HBase 스캐너를 사용해서 테이블 로우를 반복한다. 이것은 NavigableMap<Long, Integer>를 반환하며 키는 타임스탬프고 값은 기온이다. 맵은 키의 오름차순으로 정렬되기 때문에 목록은 시간순으로 되어 있다.

예제 20-4 HBase 테이블에서 기상관측소 관측값의 로우를 가져오는 애플리케이션

```java
public class HBaseTemperatureQuery extends Configured implements Tool {
  static final byte[] DATA_COLUMNFAMILY = Bytes.toBytes("data");
  static final byte[] AIRTEMP_QUALIFIER = Bytes.toBytes("airtemp");

  public NavigableMap<Long, Integer> getStationObservations(HTable table,
      String stationId, long maxStamp, int maxCount) throws IOException {
    byte[] startRow = RowKeyConverter.makeObservationRowKey(stationId, maxStamp);
    NavigableMap<Long, Integer> resultMap = new TreeMap<Long, Integer>();
    Scan scan = new Scan(startRow);
    scan.addColumn(DATA_COLUMNFAMILY, AIRTEMP_QUALIFIER);
    ResultScanner scanner = table.getScanner(scan);
    try {
      Result res;
      int count = 0;
      while ((res = scanner.next()) != null && count++ < maxCount) {
        byte[] row = res.getRow();
        byte[] value = res.getValue(DATA_COLUMNFAMILY, AIRTEMP_QUALIFIER);
        Long stamp = Long.MAX_VALUE -
            Bytes.toLong(row, row.length - Bytes.SIZEOF_LONG, Bytes.SIZEOF_LONG);
        Integer temp = Bytes.toInt(value);
        resultMap.put(stamp, temp);
      }
    } finally {
      scanner.close();
    }
    return resultMap;
  }

  public int run(String[] args) throws IOException {
    if (args.length != 1) {
      System.err.println("Usage: HBaseTemperatureQuery <station_id>");
```

```
      return -1;
    }

    HTable table = new HTable(HBaseConfiguration.create(getConf()),
  "observations");
    try {
      NavigableMap<Long, Integer> observations =
          getStationObservations(table, args[0], Long.MAX_VALUE, 10).descendingMap();
      for (Map.Entry<Long, Integer> observation : observations.entrySet()) {
        // 일자, 시간, 기온을 출력한다.
        System.out.printf("%1$tF %1$tR\t%2$s\n", observation.getKey(),
            observation.getValue());
      }
      return 0;
    } finally {
      table.close();
    }
  }

  public static void main(String[] args) throws Exception {
    int exitCode = ToolRunner.run(HBaseConfiguration.create(),
        new HBaseTemperatureQuery(), args);
    System.exit(exitCode);
  }
}
```

run( ) 메서드가 최근 10개의 관측값을 요구하는 getStationObservations( )를 호출하면 내부적으로 descendingMap( )을 호출해서 관측값을 내림차순으로 돌려준다. 관측값은 다음과 같은 형식으로 콘솔에 출력된다(기온은 10배로 표시된다).

```
% hbase HBaseTemperatureQuery 011990-99999
1902-12-31 20:00    -106
1902-12-31 13:00    -83
1902-12-30 20:00    -78
1902-12-30 13:00    -100
1902-12-29 20:00    -128
1902-12-29 13:00    -111
1902-12-29 06:00    -111
1902-12-28 20:00    -117
1902-12-28 13:00    -61
1902-12-27 20:00    -22
```

타임스탬프를 시간의 역순으로 저장할 때의 장점은 대부분의 온라인 애플리케이션이 주로 원하는 최근 관측값을 얻을 수 있다는 것이다. 관측값이 실제 타임스탬프로 저장되어 있으면 주어진 오프셋과 한계치를 효율적으로 잘 활용해야 오래된 관측값을 얻을 수 있다. 시간순으로 저장되어 있을 때 가장 최근 관측값을 얻으려면 모든 로우를 가져와서 맨 뒤의 있는 값을 골라내야 한다. 따라서 시간의 역순으로 저장하여 처음 n개의 로우를 가져오고 스캐너를 종료하는 것이 훨씬 더 효율적이다(이러한 방식을 조기 종료[earlyout] 시나리오라고 한다).

> **NOTE_** HBase 0.98에서는 역스캔 기능이 추가되었기 때문에 시간순으로 관측값을 저장하고 지정된 시작 로우에서 역방향으로 스캔할 수 있다. 역방향 스캔은 정방향 스캔보다 조금 느리다. 역방향 스캔을 하려면 스캔을 시작하기 전에 Scan 객체에 setReversed(true)를 호출해야 한다.

20.6 HBase와 RDBMS의 비교

HBase와 다른 컬럼 기반 데이터베이스는 종종 전통적으로 유명한 관계형 데이터베이스인 RDBMS와 비교된다. 구현 방식과 목적이 크게 다르지만, 이러한 엄청난 차이점에도 동일한 문제를 해결할 수 있는 솔루션이라는 점에서 이 둘은 비교해볼 만하다.

이전에 언급했던 대로 HBase는 분산 및 컬럼 기반 데이터 저장 시스템이다. HBase는 하둡이 HDFS의 무작위 읽기와 쓰기를 제공하지 않는다는 점을 발견했으며 모든 방향의 확장성에 중점을 두어 밑바닥부터 설계되었다. 즉, 로우 개수가 길고(수억), 컬럼 개수가 넓으며(수백만), 수평적으로 분할 가능해서 수천 대의 상용 노드에 자동으로 복제할 수 있다. 테이블 스키마는 물리적 저장소를 반영해서 효율적인 데이터 구조 직렬화, 저장, 검색을 위한 시스템을 생성한다. 이러한 저장과 검색을 올바르게 활용하는 것은 애플리케이션 개발자의 몫이다.

엄격하게 말해서 RDBMS는 코드[Codd]의 12규칙[9]을 따르는 데이터베이스다. 전형적인 RDBMS는 고정된 스키마, ACID 특성의 로우 기반 데이터베이스, 복잡한 SQL 쿼리 엔진이다. 강한 일관성, 참조 무결성, 물리층의 추상화, SQL 언어로 복잡한 쿼리를 하는 것에 주안점을 두었다. 또한 쉽게 2차 인덱스를 생성할 수 있고, 복잡한 내부, 외부 조인을 수행하고, 여러 테이블, 로우, 컬럼을 카운트, 합계, 정렬, 그룹, 페이징할 수 있다.

---

9 http://en.wikipedia.org/wiki/Codd%27s_12_rules

대다수의 중소 규모의 애플리케이션 중에 용이성, 유연성, 성숙함, 강력한 기능을 가진 MySQL, PosgreSQL과 같은 오픈 소스 RDBMS 솔루션을 대체할 수 있는 것은 없다. 그러나 데이터셋 크기나 읽기/쓰기 병행성(또는 모두)을 고려해서 규모를 늘려야 할 때 RDBMS의 편리함은 막대한 성능 저하로 이어지며 태생적으로 분산은 어렵다는 것을 알게 될 것이다. RDBMS를 확장하면 대개 코드의 규칙을 어기고, ACID 제약을 느슨하게 하고, 전통적인 DBA의 지혜를 무용지물로 만들어 처음에 너무나 편리했던 관계형 데이터베이스의 이상적인 속성 대부분을 잃는다.

20.6.1 성공적인 서비스

여기서는 전형적인 RDBMS를 확장하는 방법을 이야기한다. 다음 리스트를 성공적으로 성장하는 서비스라고 가정하자.

- **초기 대중에게 출시**

  로컬 워크스테이션에서 잘 정의한 스키마를 가진 공유 및 원격으로 관리되는 MySQL 인스턴스로 이동한다.

- **서비스가 점점 더 유명해지면서 데이터베이스에 아주 많은 읽기 요청 발생**

  멤캐시드를 추가하여 잦은 쿼리를 캐시한다. 캐시된 데이터는 만료되므로 읽기는 더 이상 엄격한 ACID를 따르지 않는다.

- **서비스가 계속해서 인기를 더해가며 데이터베이스에 아주 많은 쓰기 요청 발생**

  16코어, 128GB 메모리, 15k RPM의 하드 드라이브를 가진 고성능 서버를 구매해서 MySQL을 수직 확장한다. 고비용이 발생한다.

- **새로운 기능은 쿼리의 복잡도를 증가시키며 이제 아주 많은 조인이 존재**

  조인을 줄이기 위해 데이터를 비정규화한다(DBA 학교에서 가르쳐준 것은 아니다!).

- **유명세는 서버에 엄청난 부하를 주어 굉장히 느려짐**

  서버 측 연산을 멈춘다.

- **일부 쿼리는 여전히 너무 느림**

  주기적으로 대부분의 복잡한 쿼리를 미리 실체화하고, 대부분의 조인을 중단하려 시도한다.

- **읽기는 문제없지만 쓰기는 점점 더 느려짐**

  2차 인덱스와 트리거를 내린다(인덱스는 없다?).

이 시점에서 확장성 문제를 해결할 수 있는 확실한 방법은 없다. 이젠 어떤 상황이든 수평적 확장을 시작해야 한다. 가장 큰 테이블에 어떠한 파티셔닝을 구축하거나 다중 마스터 기능을 가진 상용 솔루션을 살펴봐야 한다.

셀 수 없이 많은 애플리케이션, 비즈니스, 웹사이트는 대규모로 확장하고 장애를 대응할 수 있는 분산 데이터 시스템을 RDBMS 위에서 성공적으로 구축하면서 과거의 많은 전략을 사용하는 것으로 보인다. 하지만 이러한 RDBMS는 타협과 복잡성 때문에 기능성과 편리함을 희생한 더 이상 진정한 RDBMS가 아니다. 어떤 형태든 슬레이브 복제나 외부 캐싱은 이제 비정규화된 데이터의 일관성을 약화시킨다. 비효율적인 조인과 2차 인덱스 구조로 인해 거의 모든 쿼리는 주 키 검색을 해야 한다. 다중 쓰기 구축은 실질적으로 조인할 수 없다는 것을 의미하며 분산 트랜잭션은 끔찍하게 복잡해진다. 이제는 캐싱 때문에 완전히 분리된 클러스터를 관리하려면 상당히 복잡한 네트워크 위상이 필요하다. 이렇게 절충된 시스템을 만들어도 여전히 주 마스터 서버의 장애에 대해 걱정해야 하고, 몇 개월 내에 데이터가 10배 증가하고 부하가 10배 증가하는 상황에 대해 대책을 세워야 한다.

20.6.2 HBase

HBase는 다음과 같은 특성을 가진다.

- **실제 인덱스가 없음**

  로우는 순차적으로 저장되며 각 로우별 컬럼도 순차적으로 저장된다. 따라서 인덱스 확장과 같은 문제가 발생하지 않으며 입력 성능은 테이블의 크기와 무관하다.

- **자동 분할**

  테이블이 증가하면 자동으로 여러 리전으로 분할되고 가용한 모든 노드로 분산된다.

- **새로운 노드를 추가하여 자동으로 선형 확장**

  노드를 추가하고 이를 기존 클러스터에 붙이고 리전서버를 실행한다. 리전은 자동으로 균형을 맞추고 부하는 균등하게 분산될 것이다.

- **범용 하드웨어**

  클러스터는 50,000달러짜리가 아닌 1,000~5,000달러 정도의 범용 머신으로 구성된다. RDBMS는 I/O 성능이 중요하며 이러한 요구사항을 충족하는 하드웨어는 매우 비싸다.

- **내고장성**

  수많은 노드로 구성되었기 때문에 개별 노드는 상대적으로 큰 문제가 되지 않는다. 개별 노드의 장애에 대해 전혀 걱정할 필요가 없다.

- **배치 처리**

  맵리듀스와의 통합으로 데이터의 지역성을 준수하고 완전한 병렬성과 분산 작업을 지원한다.

데이터베이스에 대한 걱정(가용시간, 확장성 또는 속도) 때문에 밤을 지새우고 있다면 진지하게 RDBMS의 세상에서 HBase로 이동하는 것을 고려해보라. 잘 동작하던 시스템을 여기저기 파헤치고 돈을 퍼부어 변경한 솔루션보다는 처음부터 확장성을 고려한 솔루션을 활용하는 것이 더 낫다. HBase는 무료 소프트웨어며 하드웨어도 저렴하고 태생적으로 분산이 가능하다.

20.7 활용

이 절에서는 HBase 클러스터를 운영하면서 겪는 몇 가지 흔한 현상에 대해 논의한다.

20.7.1 HDFS

HBase에서 HDFS를 사용하는 방식은 맵리듀스 방식과 많이 다르다. 일반적으로 맵리듀스에서는 HDFS 파일을 열고 맵 태스크를 통해 스트림으로 내용을 전달한 후 닫는다. HBase에서는 클러스터가 시작할 때 데이터 파일을 열어서 계속 유지한다. 그래서 매번 접속할 때마다 파일을 여는 비용을 없앴다. 이로 인해 일반적으로 맵리듀스에서는 발생하지 않는 이슈를 HBase에서는 보게 되는 때도 있다.

- **파일 기술자의 고갈**

  클러스터 시작 후 파일을 열린 상태로 두기 때문에 시스템과 하둡에 부여된 한계에 도달하는 데 그다지 오래 걸리지 않는다. 예를 들어 세 개의 노드를 가진 클러스터가 있다고 하자. 각 노드는 데이터노드와 리전서버의 인스턴스를 실행하고 있으며, 100개의 리전과 10개의 컬럼 패밀리를 가진 테이블로 업로드 작업 중이다. 각 컬럼 패밀리는 평균적으로 두 개의 플러시 파일을 가진다. 산술적으로 계산하면 100×10×2 또는 2,000개의 파일이 특정 시점에 열려 있는 상태다. 여기에 현재 진행 중인 스캐너와 자바 라이브러리가 사용 중인 여러 디스크립터를 더한다. 각각의 열린 파일은 원격 네임노드 상에서 최소 하나의 파일 기술자를 점유한다.

  프로세스당 파일 기술자의 기본 제한은 1,024다. 파일시스템의 ulimit를 초과하면 로그에 'Too many open files'라는 불만스러운 메시지가 남지만, 보통 HBase가 알 수 없는 행동을 하는 것을 먼저 보게 될 것이다. 이러한 문제는 파일 기술자의 ulimit 개수를 늘리면 해결된다. 보통 10,240으로 설정한다. HBase 참조 가이드[10]에서 클러스터의 ulimit를 늘리는 방법을 찾을 수 있다.

- **데이터노드 스레드의 고갈**

  비슷하게 하둡 데이터노드는 동시에 실행할 수 있는 스레드 수의 제한이 있다. 하둡 1에서 이 설정의 기본값은 256(dfs.datanode.max.xcievers)이며, 이 때문에 HBase가 이상하게 동작할 수 있다. 하둡 2에서는 기본값을 4,096으로 늘렸기 때문에 최신 버전의 HBase에서는 이러한 문제가 발생할 가능성이 낮다(물론 하둡 2와 이후 버전에서 실행할 때). hdfs-site.xml의 dfs.datanode.max.transfer.threads(이 속성의 새로운 이름) 속성을 설정하면 변경할 수 있다.

20.7.2 UI

HBase는 마스터에 웹 서버를 구동시켜서 운영 중인 클러스터의 현재 상황을 보여준다. 기본적으로 60010 포트를 사용한다. 마스터 UI는 소프트웨어 버전, 클러스터 부하, 요청률, 클러스터 테이블 목록, 참여한 리전서버와 같은 기본 속성 목록을 보여준다. 마스터 UI에서 리전서버를 클릭하면 개별 리전서버에서 실행 중인 웹 서버로 이동한다. 리전 UI에서는 서버의 리전 목록과 기본 메트릭(자원 사용량이나 요청률 같은)을 보여준다.

20.7.3 메트릭

하둡은 주기적으로 중요한 정보를 **콘텍스트**로 보내주는 메트릭 시스템을 지원한다(11.2.2절 '메트릭과 JMX' 참조). 하둡 메트릭을 활성화하고, 갱글리아와 연동하거나 JMX를 이용해서 내보내면 클러스터의 현재 상황을 확인할 수 있다. HBase 자체도 메트릭(요청률, 중요한 수치, 사용된 자원)을 제공한다. 자세한 내용은 HBase conf 디렉터리에 있는 hadoop-metrics2-hbase.properties 파일을 참고하라.

20.7.4 카운터

스텀블업폰^{StumbleUpon}[11]의 서비스에 사용된 HBase의 첫 번째 기능은 stumbleupon.com의

---

10 http://hbase.apache.org/book.html
11 https://www.stumbleupon.com/

사용자 방문 횟수를 기록하는 것이었다. 방문 횟수는 이전에 MySQL에 기록했지만 누락이 빈번하고 값의 변화가 심했다. 또한 방문 횟수를 기록할 때 발생하는 부하로 인해 웹 설계자가 방문 횟수를 제한해야 했다. HTable의 incrementColumnValue( ) 메서드를 사용하면 방문 횟수의 초당 처리량을 수천 번 이상으로 증가시킬 수 있다.

20.8 참고 도서

이 장에서 HBase의 기능을 간략하게 살펴보았다. 자세한 정보는 HBase 프로젝트의 레퍼런스 가이드[12], 라스 조지^{Lars George}의 『HBase 완벽 가이드^{HBase: The Definitive Guide}』(오라일리, 2011), 닉 디미덕^{Nick Dimiduk}과 아만딥 쿠라나^{Amandeep Khurana}의 『HBase 인 액션^{HBase in Action}』[13](매닝, 2012)을 참고하기 바란다.

---

12 http://hbase.apache.org/book.html
13 http://www.manning.com/dimidukkhurana/

CHAPTER **21**

주키퍼

지금까지 이 책에서 대용량 데이터 처리를 배웠다. 이 장에서는 하둡의 분산 코디네이션^{Coordination} 서비스인 주키퍼^{ZooKeeper}를 이용해서 분산 애플리케이션을 구축하는 방법을 알아보겠다.

분산 애플리케이션을 작성하는 것은 매우 어려운 일이다. 가장 큰 이유는 부분 실패^{partial failure} 때문이다. 네트워크로 연결된 두 노드 사이에 메시지가 전송된 후 네트워크가 끊겼을 때 송신자는 수신자가 메시지를 수신했는지 여부를 모르게 된다. 네트워크가 끊기기 전에 잘 도착했을 수도 있고 그렇지 않을 수도 있다. 어쩌면 수신자 프로세스가 메시지는 제대로 받았지만 처리 도중에 죽었을 수도 있다. 어떤 일이 일어났는지 송신자가 알 수 있는 유일한 방법은 수신자에게 다시 연결해서 물어보는 것이다. 이것이 바로 부분 실패, 다시 말해 작업의 실패 여부조차 모르게 되는 상황이다.

분산 시스템에 있어서 부분 실패는 절대 피할 수 없기 때문에 주키퍼를 사용한다고 해도 부분 실패가 완전히 사라지는 것은 아니며 완벽히 감출 수도 없다.[1] 그러나 주키퍼는 부분 실패를 안전하게 처리할 수 있는 분산 애플리케이션을 구축하기 위한 도구를 제공한다.

주키퍼는 다음과 같은 특징이 있다.

---

1 이 내용은 짐 왈도(Jim Waldo) 공저 「분산 컴퓨팅에 대한 메모(A Note on Distributed Computing)」(http://www.eecs.harvard. edu/~waldo/Readings/waldo-94.pdf)(Sun Microsystems, November 1994)에서 주장한 것이다. 분산 프로그래밍은 본질적으로 로컬 프로그래밍과 다른데, 그 차이점은 단순히 덮고 넘어갈 수준이 아니다.

- **단순하다**

  주키퍼는 몇 개의 기본 기능을 핵심으로 제공하고 명령 및 통지와 같은 추상화 기능을 추가로 제공하는 간소화된 파일시스템이다.

- **제공하는 기능이 풍부하다**

  주키퍼 프리미티브primitive는 대규모 데이터 구조와 프로토콜의 코디네이션에 사용되는 풍부한 구성요소를 제공하고 있다. 코디네이션의 대표적인 예로는 분산 큐, 분산 락, 피어peer 그룹의 대표 선출과 같은 것이 있다.

- **고가용성을 제공한다**

  주키퍼는 다수의 머신에서 실행되며 고가용성을 보장하도록 설계되었기 때문에 애플리케이션은 주키퍼의 이러한 특성을 전적으로 신뢰하고 사용할 수 있다. 주키퍼는 시스템에서 발생할 수 있는 단일 장애점single points of failure(SPOF) 문제를 해결하는 데 도움을 주므로 신뢰성 높은 애플리케이션을 개발할 수 있다.

- **느슨하게 연결된 상호작용에 도움을 준다**

  주키퍼가 동작할 때 참여자들은 서로에 대해 몰라도 상관없다. 예를 들어 랑데부rendezvous 메커니즘으로 주키퍼를 사용하면 프로세스가 상대방의 존재(또는 네트워크의 세부사항)를 모르더라도 서로 발견하고 소통할 수 있다. 심지어 코디네이션에 포함된 참여자들이 동시에 존재할 필요도 없다. 하나의 프로세스가 종료되기 전에 또 다른 프로세스가 읽을 수 있도록 주키퍼에 메시지를 남길 수 있기 때문이다.

- **라이브러리다**

  주키퍼는 일반적인 코디네이션 패턴에 대한 구현체와 구현 방법을 공유 저장소에 오픈 소스로 제공한다. 각 프로그래머는 공통 프로토콜을 직접 개발(보통 제대로 개발하기 어렵다)해야 하는 부담에서 벗어날 수 있다. 오픈 소스 커뮤니티는 기존 라이브러리를 꾸준히 향상시켜 모든 사람에게 이익이 되도록 할 것이다.

또한 주키퍼는 성능이 뛰어나다. 주키퍼를 만든 야후에서 테스트해본 결과 수백 개의 클라이언트가 만들어내는 쓰기 위주의 작업 부하 벤치마크에서 초당 10,000개가 넘는 처리량을 보였다. 일반적인 사례인 읽기 위주의 작업 부하에서는 그보다 몇 배 높은 처리량을 보였다.[2]

21.1 주키퍼 설치와 실행

주키퍼를 처음 배울 때는 단일 머신에서 독립 모드로 실행하는 것이 좋다. 예를 들어 일단 단일 개발 머신에서 실행해보는 것이다. 주키퍼를 실행하려면 자바가 필요하므로 먼저 설치되어 있는지 확인해야 한다.

----

2 벤치마크의 자세한 결과는 패트릭 헌트(Patrick Hunt) 공저 「주키퍼: 인터넷 규모의 시스템을 위한 대기 시간 없는 코디네이션 (ZooKeeper: Wait-free coordination for Internetscale systems)」 논문(USENIX Annual Technology Conference, 2010) 에서 확인할 수 있다.

아파치 주키퍼 릴리스 페이지[3]에서 안정된 릴리스 버전을 내려받은 다음 적당한 위치에서 압축을 푼다.

```
% tar xzf zookeeper-x.y.z.tar.gz
```

주키퍼는 서비스를 실행하고 상호작용할 수 있는 몇 개의 실행 파일을 제공하는데, 실행 파일이 포함된 디렉터리를 다음과 같이 명령행 경로에 포함하면 사용하기 편하다.

```
% export ZOOKEEPER_HOME=~/sw/zookeeper-x.y.z
% export PATH=$PATH:$ZOOKEEPER_HOME/bin
```

주키퍼 서비스를 시작하기 전에 환경 설정 파일을 구성해야 한다. 이 파일은 보통 서브디렉터리 conf 내에 있는 zoo.cfg다(/etc/zookeeper 또는 환경변수 ZOOCFGDIR에 지정한 디렉터리에 둘 수 있다). 다음 예제를 보자.

```
tickTime=2000
dataDir=/Users/tom/zookeeper
clientPort=2181
```

이것은 표준 자바 속성 파일이고, 이 예제에 정의된 세 개의 속성은 주키퍼를 독립 모드로 실행할 때 필요한 최소한의 속성이다. 간략히 설명하면 tickTime은 주키퍼의 기본 시간 단위(밀리초)고, dataDir는 주키퍼가 영속적인 데이터를 저장할 로컬 파일시스템의 위치며, clientPort는 클라이언트의 연결을 기다리는 포트(일반적으로 2181)다. dataDir는 사용자 시스템 환경에 맞게 적절하게 변경해야 한다.

적절한 환경 설정을 정의했으면 이제 로컬 주키퍼 서비스를 실행할 준비가 되었다.

```
% zkServer.sh start
```

주키퍼 실행 여부를 확인하기 위해 nc를 사용하여(telnet 역시 동작함) 클라이언트 포트로 ruok 명령('Are you OK?')을 전송한다.

---

[3] http://zookeeper.apache.org

```
% echo ruok | nc localhost 2181
imok
```

imok은 주키퍼가 'I'm OK.'라고 응답한 것이다. [표 21-1]에서 '네 글자 단어'로 된 주키퍼 관리 명령어를 볼 수 있다.

표 21-1 주키퍼 명령어

분류	명령어	설명
서버 상태	ruok	서버가 에러가 아닌 상태로 실행 중이면 imok 출력
	conf	서버의 구성 정보 출력(zoo.cfg로부터)
	envi	주키퍼 버전, 자바 버전, 그 외의 시스템 속성 등의 서버 환경 정보 출력
	srvr	지연 시간, znode 개수, 서버 모드(독립 모드, 대표, 추종자) 등의 서버 통계 정보 출력
	stat	서버 통계 정보와 연결된 클라이언트 출력
	srst	서버 통계 정보 초기화
	isro	서버가 읽기 전용(ro) 모드인지(네트워크 분할 때문에) 읽기/쓰기(rw) 모드인지 출력
클라이언트 연결	dump	앙상블의 모든 세션과 임시 znode를 나열. 이 명령어는 대표(srvr 참조)와 반드시 연결해야 함
	cons	서버의 모든 클라이언트에 대한 연결 통계 정보를 나열
	crst	연결 통계 정보 리셋
감시	wchs	서버 감시에 대한 요약 정보 나열
	wchc	연결 단위로 서버의 모든 감시 나열(주의: 많은 수의 감시는 서버 성능에 지장을 줄 수 있음)
	wchp	znode 경로 단위로 서버의 모든 감시 나열(주의: 많은 수의 감시는 서버 성능에 지장을 줄 수 있음)
모니터링	mntr	갱글리아^{Ganglia}와 나기오스^{Nagios} 같은 모니터링 시스템에 적합한 자바 속성 포맷으로 서버 통계 정보 나열

mntr 명령어와 더불어 주키퍼는 JMX로 통계 정보를 제공한다. 자세한 사항은 주키퍼 문서[4]를 참고하기 바란다. 또한 주키퍼 배포판의 src/contrib 디렉터리에서 모니터링 도구와 사용법을 살펴볼 수 있다.

주키퍼 3.5.0 버전부터는 '네 글자 단어'와 동일한 정보를 제공하는 내장 웹서버가 포함되어 있다. 명령어 목록은 http://localhost:8080/commands에서 확인할 수 있다.

----

4 http://zookeeper.apache.org/

21.2 예제

클라이언트에 어떤 서비스를 제공하는 서버 그룹을 한번 상상해보자. 클라이언트는 서버 그룹에 포함된 서버 중 하나라도 찾아야 그 서비스를 이용할 수 있다. 여기서 문제의 핵심은 서버 그룹의 서버 목록을 관리하는 방법이다.

네트워크에 있는 한 대의 노드에만 멤버십 목록을 저장하는 것은 분명 문제가 된다. 특정 노드 하나의 실패가 전체 시스템의 장애를 유발하기 때문이다. 결국 멤버십 목록에 대한 고가용성이 필요하다. 일단 멤버십 목록을 안전하게 저장할 수 있다고 가정하자. 이렇게 해도 장애가 발생한 특정 서버를 멤버십 목록에서 제거해야 하는 문제가 남아 있다. 특정 프로세스는 장애 서버를 제거할 책임이 있다. 그런데 만약 그룹 멤버십에 속한 서버에서 실행되는 프로세스에 장애가 발생한다면 이제 아무도 장애 서버를 제거할 수 없게 된다!

여기서 설명하려는 것은 수동적인 분산 데이터 구조가 아니라 어떤 외부 이벤트가 발생했을 때 엔트리의 상태를 능동적으로 변경하는 기능이다. 주키퍼는 이러한 기능을 서비스로 제공한다. 이제부터 주키퍼를 이용하여 그룹 멤버십 애플리케이션을 구축하는 방법을 살펴보자.

21.2.1 주키퍼의 그룹 멤버십

주키퍼는 일종의 고가용성 파일시스템을 제공한다. 하지만 주키퍼에는 파일과 디렉터리가 없다. 대신 주키퍼는 파일과 디렉터리를 통합한 znode라 불리는 노드를 제공한다. znode는 데이터 컨테이너(파일에 해당)와 znode 컨테이너(디렉터리에 해당)의 역할을 둘 다 맡고 있다. znode는 루트(/) 노드를 시작으로 계층적인 네임스페이스를 형성한다. 따라서 멤버십 목록을 구축하는 기본적인 방법은 그룹 이름으로 부모 znode를 생성하고 그룹 멤버(서버) 이름으로 자식 znode를 생성하는 것이다. [그림 21-1]에서 znode의 이러한 계층 구조를 볼 수 있다.

그림 21-1 주키퍼 znode

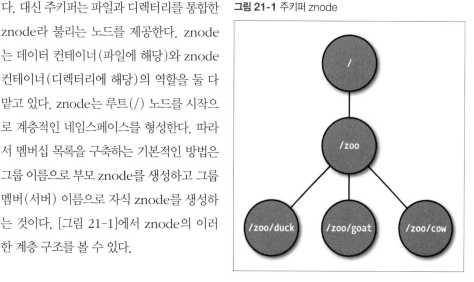

예제에서는 znode의 데이터를 저장하지 않지만, 실제 애플리케이션에서는 호스트명이나 IP 주소와 같은 멤버 정보가 각각의 znode에 저장된다.

21.2.2 그룹 생성

[예제 21-1]은 주키퍼의 자바 API로 /zoo 그룹에 해당하는 znode를 생성하는 프로그램을 작성한 것이다.

예제 21-1 주키퍼에 그룹 znode를 생성하는 프로그램

```
public class CreateGroup implements Watcher {

  private static final int SESSION_TIMEOUT = 5000;

  private ZooKeeper zk;
  private CountDownLatch connectedSignal = new CountDownLatch(1);

  public void connect(String hosts) throws IOException, InterruptedException {
    zk = new ZooKeeper(hosts, SESSION_TIMEOUT, this);
    connectedSignal.await();
  }

  @Override
  public void process(WatchedEvent event) { // Watcher 인터페이스
    if (event.getState() == KeeperState.SyncConnected) {
      connectedSignal.countDown();
    }
  }

  public void create(String groupName) throws KeeperException,
      InterruptedException {
    String path = "/" + groupName;
    String createdPath = zk.create(path, null/*data*/, Ids.OPEN_ACL_UNSAFE,
        CreateMode.PERSISTENT);
    System.out.println("Created " + createdPath);
  }

  public void close() throws InterruptedException {
    zk.close();
  }
```

```
public static void main(String[] args) throws Exception {
    CreateGroup createGroup = new CreateGroup();
    createGroup.connect(args[0]);
    createGroup.create(args[1]);
    createGroup.close();
  }
}
```

main() 메서드가 실행되면 CreateGroup 인스턴스를 생성하고 connect() 메서드를 호출한다. 이 메서드는 새로운 ZooKeeper 객체를 실체화하는데, 클라이언트 API의 핵심 클래스인 이 객체는 클라이언트와 주키퍼 서비스 간의 연결을 유지한다. 생성자는 세 개의 인자를 취하는데, 첫 번째는 주키퍼 서비스의 호스트 주소[5] (포트는 변경할 수 있으며 기본 포트는 2181)고, 두 번째는 밀리초 단위의 세션 타임아웃(5초로 설정, 뒤에서 자세히 다룬다)이다. 세 번째는 Watcher 객체의 인스턴스다. Watcher 객체는 주키퍼로부터 콜백 메서드를 전달받는데, 어떤 이벤트가 발생하면 이 메서드를 통해 알려준다. 여기서는 CreateGroup이라는 Watcher를 ZooKeeper 생성자에 넘겨준다.

주키퍼 인스턴스가 생성되면 주키퍼 서비스에 연결할 스레드를 시작한다. 생성자에 대한 호출은 즉시 반환되므로 주키퍼 객체를 사용하기 전에 연결 성공을 기다리는 것이 중요하다. 우리는 주키퍼 인스턴스가 준비될 때까지 대기하도록 자바의 CountDownLatch 클래스(java.util.concurrent 패키지에 포함됨)를 사용한다. 여기가 바로 Watcher가 들어오는 곳이다. Watcher 인터페이스는 단일 메서드를 가진다.

```
public void process(WatchedEvent event);
```

클라이언트가 주키퍼에 연결되면 Watcher는 연결되었다는 이벤트와 함께 process() 메서드의 호출을 받는다. 연결 이벤트(Watcher.Event.KeeperState라는 enum 타입 변수가 사용되며 그 값은 SyncConnected다)를 받으면 countDown() 메서드로 CountDownLatch에 있는 카운터를 감소시킨다. 카운터인 Latch가 생성될 때 가지는 초깃값은 1이며, 이 값은 모든 대기 스레드를 해제하기 전에 발생해야 하는 이벤트의 수를 의미한다. countDown() 메서드가 한 번 호출되면 카운터의 값은 0이 되고 이때 await() 메서드가 반환된다.

---

5 주키퍼 서비스의 복제를 위한 이 매개변수는 앙상블에 속한 콤마로 구분된 서버(호스트와 포트)의 목록이다.

이제 connect() 메서드가 반환되며, 그다음에는 CreateGroup에 있는 create() 메서드를 호출한다. 주키퍼 인스턴스의 create() 메서드로 새로운 주키퍼 znode를 생성한다. create() 메서드의 인자는 경로(문자열), znode의 내용(바이트 배열, 여기서는 null), 접근 제어 목록 access control list(줄여서 ACL, 여기서는 완전히 공개된 ACL을 사용하므로 모든 클라이언트가 이 znode를 읽고 쓸 수 있다), 그리고 생성될 znode의 특성이다.

znode는 임시적이거나 영속적일 수 있다. **임시** znode는 클라이언트가 명시적으로 연결을 끊었다든가 클라이언트가 어떤 이유로 인해 종료되어 연결이 해제되면 주키퍼 서비스가 삭제한다. 반면 **영속** znode는 클라이언트의 연결이 끊어져도 삭제되지 않는다. 우리는 그룹을 나타내는 znode가 그것을 생성한 프로그램보다 더 오래 존재하길 원하므로 영속 znode로 생성한다.

create() 메서드의 반환값은 주키퍼가 생성한 경로다. 우리는 경로가 성공적으로 생성되었다는 메시지와 함께 이 반환값을 출력한다. 나중에 순차 znode에 대해 알아볼 때 create()가 반환한 경로와 인자로 넘긴 경로가 어떻게 다른지 살펴볼 것이다.

프로그램의 동작을 살펴보기 위해 주키퍼를 로컬 컴퓨터에서 실행하고 다음과 같이 입력한다.

```
% export CLASSPATH=ch21-zk/target/classes/:$ZOOKEEPER_HOME/*:\
  $ZOOKEEPER_HOME/lib/*:$ZOOKEEPER_HOME/conf
% java CreateGroup localhost zoo
Created /zoo
```

21.2.3 그룹 가입

애플리케이션의 다음 부분은 멤버를 그룹에 등록하는 프로그램이다. 각 멤버는 프로그램을 각자 실행하여 그룹에 가입한다. 주키퍼 네임스페이스에 멤버를 나타내는 임시 znode를 생성하면 프로그램이 종료될 때 그룹에서 자동으로 제거될 것이다.

JoinGroup 프로그램은 이러한 구상을 구현한 것이며 [예제 21-1]에서 코드를 볼 수 있다. [예제 21-3]은 앞에 나온 기반 클래스를 조금 변경해서 주키퍼 인스턴스의 생성과 연결에 대한 로직을 구현한 ConnectionWatcher 클래스다.

예제 21-2 그룹에 가입하는 프로그램

```java
public class JoinGroup extends ConnectionWatcher {

  public void join(String groupName, String memberName) throws KeeperException,
      InterruptedException {
    String path = "/" + groupName + "/" + memberName;
    String createdPath = zk.create(path, null/*data*/, Ids.OPEN_ACL_UNSAFE,
        CreateMode.EPHEMERAL);
    System.out.println("Created " + createdPath);
  }

  public static void main(String[] args) throws Exception {
    JoinGroup joinGroup = new JoinGroup();
    joinGroup.connect(args[0]);
    joinGroup.join(args[1], args[2]);

    // 프로세스가 죽거나 스레드가 실패할 때까지 살아 있다.
    Thread.sleep(Long.MAX_VALUE);
  }
}
```

예제 21-3 주키퍼와의 연결 성공을 대기하는 헬퍼 클래스

```java
public class ConnectionWatcher implements Watcher {

  private static final int SESSION_TIMEOUT = 5000;

  protected ZooKeeper zk;
  private CountDownLatch connectedSignal = new CountDownLatch(1);

  public void connect(String hosts) throws IOException, InterruptedException {
    zk = new ZooKeeper(hosts, SESSION_TIMEOUT, this);
    connectedSignal.await();
  }

  @Override
  public void process(WatchedEvent event) {
    if (event.getState() == KeeperState.SyncConnected) {
      connectedSignal.countDown();
    }
  }
}
```

```
    public void close() throws InterruptedException {
      zk.close();
    }
  }
```

JoinGroup 코드는 CreateGroup과 유사하다. join( ) 메서드에서 그룹 znode의 자식으로 임시 znode를 생성한 후 프로세스가 강제 종료될 때까지 계속 일을 하는 것처럼 잠든다. 나중에 이 프로세스가 종료되면 주키퍼는 임시 znode를 자동으로 제거한다.

21.2.4 그룹 멤버 목록

이제 그룹의 멤버를 찾을 수 있는 프로그램이 필요하다. [예제 21-4]를 보자.

예제 21-4 그룹의 멤버를 출력하는 프로그램

```
public class ListGroup extends ConnectionWatcher {

  public void list(String groupName) throws KeeperException,
      InterruptedException {
    String path = "/" + groupName;

    try {
      List<String> children = zk.getChildren(path, false);
      if (children.isEmpty()) {
        System.out.printf("No members in group %s\n", groupName);
        System.exit(1);
      }
      for (String child : children) {
        System.out.println(child);
      }
    } catch (KeeperException.NoNodeException e) {
      System.out.printf("Group %s does not exist\n", groupName);
      System.exit(1);
    }
  }

  public static void main(String[] args) throws Exception {
    ListGroup listGroup = new ListGroup();
    listGroup.connect(args[0]);
```

```
        listGroup.list(args[1]);
        listGroup.close();
    }
}
```

list() 메서드에서 znode 경로와 감시 플래그를 인자로 getChildren()을 호출하여 znode 의 자식 경로 목록을 얻는다. 특정 znode에 감시를 설정하면 znode의 상태가 변할 때 등록 된 Watcher에 신호가 전달된다. 여기서는 사용하지 않았지만 자식 znode에 감시를 설정한 프 로그램을 작성하면 그룹 가입과 탈퇴를 시도하는 멤버가 있거나 그룹이 삭제될 때 통지를 받을 수 있다.

그룹의 znode가 존재하지 않으면 KeeperException.NoNodeException 예외가 발생한다.

ListGroup의 동작을 살펴보자. 예상대로 아직 아무런 멤버도 추가하지 않았으므로 zoo 그룹은 비어 있다.

```
% java ListGroup localhost zoo
No members in group zoo
```

이제 JoinGroup을 사용해서 멤버를 추가할 수 있다. 이 인스턴스는 스스로 종료할 수 없기 때문 에(sleep 함수 때문) 백그라운드 프로세스로 실행한다.

```
% java JoinGroup localhost zoo duck &
% java JoinGroup localhost zoo cow &
% java JoinGroup localhost zoo goat &
% goat_pid=$!
```

마지막 줄은 멤버 goat을 추가하고 실행 중인 자바 프로그램의 프로세스 아이디를 저장한다. 잠시 후 이 프로세스를 종료시키려면 반드시 프로세스 아이디를 기억해야 한다. 이제 멤버의 목 록을 확인해보자.

```
% java ListGroup localhost zoo
goat
duck
cow
```

멤버를 하나 제거하려면(여기서는 goat) 다음과 같이 프로세스를 직접 죽이면 된다.

```
% kill $goat_pid
```

몇 초가 지나면 해당 프로세스의 주키퍼 세션이 종료되고(앞에서 타임아웃을 5초로 설정했다) 따라서 관련 임시 znode도 제거되기 때문에 그룹 목록에서 사라지게 된다.

```
% java ListGroup localhost zoo
duck
cow
```

잠시 쉬며 여기에서 구현했던 것을 살펴보자. 이제 분산 시스템에 참여하는 노드 그룹의 목록을 구축하는 방법을 알았다. 노드는 서로 알 필요가 없다. 예를 들어 클라이언트가 어떤 작업을 수행하려고 멤버십 목록에 존재하는 노드를 사용할 때 그 노드는 클라이언트의 존재 여부를 인식할 필요가 없다.

마지막으로, 그룹 멤버십 목록이 노드와의 통신 과정에서 발생하는 네트워크 에러를 처리해주는 대안은 될 수 없다. 특정 노드가 그룹의 멤버라 해도 그 노드와의 통신은 실패할 수 있다. 따라서 이러한 통신 장애는 통상적인 방법(재시도하거나 그룹의 다른 멤버와 연결을 시도하는 등)으로 처리해야 한다.

주키퍼 명령행 도구

주키퍼는 주키퍼 네임스페이스와 상호작용할 수 있는 명령행 도구를 제공한다. /zoo znode 아래에 있는 znode를 나열하기 위해 다음과 같은 도구를 사용할 수 있다.

```
% zkCli.sh -server localhost ls /zoo
[cow, duck]
```

사용 방법을 알고 싶으면 인자 없이 그냥 실행하면 된다.

21.2.5 그룹 삭제

예제를 마치기 전에 그룹을 삭제하는 방법을 알아보자. ZooKeeper 클래스는 경로와 버전 번호를 인자로 받는 delete( ) 메서드를 제공한다. 주키퍼는 명시된 버전 번호가 삭제하려 하는 znode의 버전 번호와 같을 때만 해당 znode를 삭제한다. 이는 낙관적 잠금 메커니즘[optimistic locking mechanism]으로, 클라이언트가 znode를 수정할 때 발생하는 충돌을 감지할 수 있는 방법이다. 하지만 버전 번호와 상관없이 znode를 삭제하고 싶다면 버전 번호에 –1을 사용하여 버전 확인을 생략할 수 있다.

주키퍼는 재귀적으로 삭제할 수 없기 때문에 부모 znode를 삭제하기 전에 자식 znode를 먼저 삭제해야 한다. [예제 21-5]의 DeleteGroup 클래스는 그룹과 모든 멤버를 삭제한다.

예제 21-5 그룹과 모든 멤버를 삭제하는 프로그램

```java
public class DeleteGroup extends ConnectionWatcher {

  public void delete(String groupName) throws KeeperException,
      InterruptedException {
    String path = "/" + groupName;

    try {
      List<String> children = zk.getChildren(path, false);
      for (String child : children) {
        zk.delete(path + "/" + child, -1);
      }
      zk.delete(path, -1);
    } catch (KeeperException.NoNodeException e) {
      System.out.printf("Group %s does not exist\n", groupName);
      System.exit(1);
    }
  }

  public static void main(String[] args) throws Exception {
    DeleteGroup deleteGroup = new DeleteGroup();
    deleteGroup.connect(args[0]);
    deleteGroup.delete(args[1]);
    deleteGroup.close();
  }
}
```

이제 앞에서 생성했던 zoo 그룹을 삭제할 수 있다.

```
% java DeleteGroup localhost zoo
% java ListGroup localhost zoo
Group zoo does not exist
```

21.3 주키퍼 서비스

주키퍼는 고가용 및 고성능 코디네이션 서비스다. 이 절에서는 주키퍼가 제공하는 데이터 모델, 기능, 구현과 같은 서비스의 특성을 살펴보겠다.

21.3.1 데이터 모델

주키퍼는 znode로 불리는 노드를 계층적 트리 형태로 관리한다. 각 znode는 데이터를 저장하고 연관 ACL을 가진다. 주키퍼는 코디네이션 서비스(일반적으로 작은 데이터 파일을 사용한다)를 위해 설계되었으며 대용량의 데이터를 저장하는 용도로는 사용할 수 없다. 그러므로 znode에 저장할 수 있는 데이터의 크기는 1MB로 제한되어 있다.

데이터 접근은 원자성(성공 또는 실패)을 가진다. 클라이언트가 znode에 저장된 데이터를 읽을 때 데이터의 일부만 받을 수는 없으며 데이터 전체가 전달되지 않으면 읽기는 결국 실패할 것이다. 마찬가지로 쓰기도 znode와 관련된 모든 데이터를 갱신한다. 주키퍼는 쓰기를 성공과 실패로만 결정한다. 즉, 클라이언트가 데이터의 일부만 변경하고 저장하는 부분적 쓰기는 주키퍼에서 절대 있을 수 없다. 또한 주키퍼는 덧붙이기[append] 기능을 지원하지 않는다. 이러한 특징은 HDFS와는 대조적이다. HDFS는 스트리밍 데이터 접근이 가능한 대용량의 데이터 저장소로 설계되었기 때문에 덧붙이기 기능을 제공한다.

주키퍼의 각 znode는 경로로 참조된다. 경로는 슬래시(/)로 구분된 유니코드 문자열로 유닉스의 파일시스템 경로와 같다. 주키퍼는 상대 경로를 지원하지 않고 절대 경로만 지원하기 때문에 반드시 루트를 뜻하는 슬래시 문자로 시작해야 한다. 게다가 각 경로는 대표성을 갖춘 유일한 표기법으로 표현되므로 경로의 재해석은 필요 없다. 예를 들어 유닉스에서는 /a/b라는 경로를 가진 파일을 /a/./b로 표현해도 똑같은데, 여기서 '.'은 현재 디렉터리를 의미하기 때문이다. 그러나 주키퍼에서 '.'은 아무런 의미도 없기 때문에 실제로 경로를 표현하는 구성요소로는 사용할 수 없다(부모 디렉터리를 의미하는 '..'도 마찬가지다).

경로의 구성요소는 유니코드 문자로 이루어지며 일부 제약이 있다(제약사항은 주키퍼 레퍼런스 문서에서 볼 수 있다). 문자열 'zookeeper'는 예약어이므로 경로를 표현하는 구성요소로 사용할 수 없다. 특히 주키퍼는 용량 제한과 같은 관리 정보를 저장하기 위해 /zookeeper 서브트리를 사용한다.

경로는 URI가 아니다. 따라서 하둡 Path 클래스(java.net.URI 클래스도 마찬가지)가 아닌 java.lang.String 클래스의 자바 API로 표현된다.

znode는 분산 애플리케이션을 구현할 때 유용한 몇 가지 속성을 가지고 있다.

임시 znode

znode는 임시 또는 영속 타입 중 하나를 가진다. znode의 타입은 처음 생성될 때 결정되며 나중에 변경할 수 없다. 임시 znode는 이를 생성한 클라이언트의 세션이 종료되면 주키퍼가 자동으로 삭제한다. 이와 달리 영속 znode는 클라이언트의 세션에 묶여 있지 않다. 영속 znode는 세션의 종료 여부와 전혀 상관없으며, 클라이언트가 명시적으로 삭제해야 한다(znode를 생성한 클라이언트가 아니더라도 상관없다). 임시 znode는 어떠한 znode(임시든 영속이든)도 자식으로 가질 수 없다.

임시 노드는 단일 클라이언트 세션에 묶여 있지만 다른 클라이언트도 볼 수는 있다(물론 ACL 정책 때문에 보지 못할 수도 있다).

애플리케이션이 언제 분산 자원을 이용할 수 있는지 알아야 할 때 임시 znode를 사용하는 것은 매우 좋은 방법이다. 이 장의 앞에서 보았던 예제는 그룹 멤버십 서비스를 구현하기 위해 임시 znode를 사용했고, 그 결과 어떤 프로세스든 원할 때 그룹의 멤버를 찾을 수 있었다.

순차 번호

순차^{sequential} znode는 주키퍼가 znode 이름 뒤에 순차 번호를 부여한 것이다. 순차 플래그를 설정하고 znode를 생성하면 단조 증가 카운터(부모 znode가 관리)의 값이 znode 이름에 덧붙여진다.

예를 들어 만약 클라이언트가 '/a/b-'란 이름의 순차 znode 생성을 요청하면 생성된 znode의 이름은 '/a/b-3'이 된다.[6] 만약 나중에 '/a/b-'라는 이름으로 새로운 순차 znode를 생성하면 이전 카운터보다 더 큰 값을 가진, 예를 들면 '/a/b-5'와 같은 형식의 유일한 이름이 부여된다. 순차 znode의 실제 경로는 create( ) 호출의 반환값이며 클라이언트에 전달된다.

순차 번호는 분산 시스템에서 전체 이벤트를 정렬하거나 클라이언트가 순서를 알려고 할 때 사용할 수 있다. 21.4.3절 '락 서비스'에서 순차 znode를 사용하여 공유 락을 구현하는 방법을 배울 것이다.

감시

감시는 znode에 어떤 변화가 있을 때 클라이언트에 관련 이벤트를 통지하는 기능이다. 주키퍼 서비스에는 감시 기능을 설정하는 연산자와 이를 유발하는 트리거 연산자가 따로 있다. 예를 들어 클라이언트는 특정 znode에 exists 연산자를 호출하는 동시에 감시를 설정할 수 있다. 만일 해당 znode가 존재하지 않으면 exists 연산은 false를 반환할 것이다. 나중에 두 번째 클라이언트가 해당 znode를 생성하면 설정된 감시가 유발되면서 첫 번째 클라이언트에 해당 znode의 생성을 알려준다. 다음 절에서 이러한 트리거 연산자를 자세히 살펴볼 것이다.

Watcher는 단 한 번만 작동된다.[7] 여러 번 통지를 받기 위해서는 클라이언트가 해당 감시를 다시 등록해야 한다. 앞의 예제에서 znode의 존재 여부에 대한 통지를 클라이언트가 계속 받으려면(예를 들어 삭제될 때도 통지를 받을 수 있도록) 새로운 감시 설정을 위해 exits 연산자를 다시 호출해야 한다.

21.4.1절 '환경 설정 서비스'의 예제는 클러스터 전반에 걸쳐 환경 설정을 갱신하기 위한 감시 사용법을 보여준다.

21.3.2 연산

주키퍼에는 다음 [표 21-2]처럼 9개의 기본 연산이 있다.

---

6 일반적으로 순차 znode에 대한 경로 이름은 애플리케이션이 순차 번호를 쉽게 읽고 파싱할 수 있도록 대시(-)를 포함하는 것이 좋다.
7 재등록이 필요하지 않은 연결 이벤트에 대한 콜백은 제외

표 21-2 주키퍼 서비스의 연산

연산	설명
create	znode 생성(부모 znode가 이미 존재해야 함)
delete	znode 삭제(어떠한 자식 znode도 존재하지 않아야 함)
exists	znode가 존재하는지 확인하고 메타데이터를 반환함
getACL, setACL	znode의 ACL 설정을 얻거나 설정함
getChildren	znode의 자식 목록을 얻음
getData, setData	znode와 관계된 데이터를 얻거나 저장함
sync	znode 클라이언트 뷰와 주키퍼를 동기화시킴

주키퍼의 update 연산은 조건부다. delete와 setData 연산은 업데이트할 znode의 버전 숫자(exists 호출을 통해 알아낼 수 있음)를 지정해야 한다. 만약 버전 숫자가 일치하지 않으면 update 연산은 실패한다. update는 논블로킹이다. 따라서 업데이트에 실패한 클라이언트(또 다른 프로세스가 그 사이에 znode를 업데이트해서)는 다시 update를 시도할지 아니면 다른 행동을 취할지 결정할 수 있다. 이 모든 과정은 다른 어떤 프로세스의 진행을 블로킹하지 않고도 수행할 수 있다.

주키퍼는 파일시스템처럼 보이지만 간결함을 목적으로 일부 파일시스템 프리미티브를 제거했다. 주키퍼의 파일은 작고 그 전체를 쓰고 읽기 때문에 open, close, seek 연산을 제공할 필요가 없다.

> **CAUTION_** sync 연산은 POSIX 파일시스템에 있는 fsync()와는 다르다. 앞서 언급했던 것처럼 주키퍼의 쓰기는 원자적이다. 하나의 성공적인 쓰기는 전체 주키퍼 서버 중에서 과반수의 서버에 위치한 영속적인 저장소로 해당 쓰기가 완료되었음을 보장한다. 그러나 읽기는 주키퍼 서비스의 가장 최신 상태를 반영할 필요는 없고, 클라이언트가 자신이 최신 상태가 되도록 sync 연산을 활용할 수 있다. 이 주제는 21.3.4절 '일관성'에서 상세히 다룬다.

다중 갱신

또 다른 주키퍼 연산인 multi는 여러 개의 프리미티브 연산을 하나의 배치로 묶어서 전체 연산의 성공과 실패를 반환하는 방식이다. 따라서 배치에 포함된 어떤 프리미티브 연산은 성공했는데 어떤 연산은 실패했다는 것은 절대 있을 수 없다.

다중 갱신은 분산 환경에서 전역적으로 불변성을 유지해야 하는 구조체를 구축할 때 매우 유용하다. 무방향 그래프가 대표적인 예다. 그래프의 각 정점은 당연히 주키퍼의 znode가 되고 두 개의 정점 연결을 넣거나 빼려면 각 정점에 해당하는 znode를 갱신해야 한다. 각 znode는 연결된 다른 znode에 대한 레퍼런스를 가지기 때문이다. 만일 프리미티브 주키퍼 연산만 사용한다면 한 정점만 다른 정점으로 연결되고 반대는 비어 있는 불일치한 상태에서 클라이언트가 접근할 수 있다. 따라서 두 개의 znode에 대한 갱신을 multi 연산으로 묶으면 이 같은 양방향 갱신을 원자적으로 실행할 수 있다. 즉, 한 쌍의 정점이 불완전하게 연결되는 일은 결코 있을 수 없다.

API

주키퍼는 클라이언트를 위해 두 개의 핵심 언어인 자바와 C를 위한 바인딩을 제공한다. 또한 펄, 파이썬, REST 클라이언트를 위한 contrib 바인딩도 제공한다. 각 바인딩 과정에서 동기적 또는 비동기적 작업을 수행할 수 있다. 동기적 자바 API는 이미 살펴보았다. 다음은 exists 연산의 원형인데, 만약 znode가 존재하지 않으면 null을 반환하고, znode가 존재하면 znode의 메타데이터를 캡슐화한 Stat 객체를 반환한다.

```
public Stat exists(String path, Watcher watcher) throws KeeperException,
    InterruptedException
```

ZooKeeper 클래스와 대응하는 비동기 연산의 원형은 다음과 같다.

```
public void exists(String path, Watcher watcher, StatCallback cb, Object ctx)
```

자바 API의 모든 비동기 메서드는 void 반환 타입을 갖는다. 왜냐하면 연산의 결과가 콜백으로 전달되기 때문이다. 호출자는 콜백 구현을 전달하고 콜백 메서드는 주키퍼로부터 응답을 받을 때 호출된다. 여기서 콜백은 StatCallback 인터페이스고 다음과 같은 메서드를 가진다.

```
public void processResult(int rc, String path, Object ctx, Stat stat);
```

rc 인자는 KeeperException에 정의된 코드에 대응하는 반환 코드다. 0이 아닌 코드는 예외를 나타내고 이 상황에서는 stat 인자가 null이 될 것이다. path와 ctx 인자는 exists() 메서드에 전달된 것과 동일한데, 이 콜백이 어떤 요청에 대한 응답인지 파악하기 위해 사용할 수 있다. ctx 인자는 요청을 명확하게 파악하기 불충분한 문맥을 가진 경로일 때 클라이언트가 사용할 수 있는 임의의 객체다. 필요 없으면 null로 설정된다.

두 개의 C 공유 라이브러리가 있다. 단일 스레드 라이브러리인 zookeeper_st는 오로지 비동기 API만 제공하고, pthread 라이브러리를 사용할 수 없거나 불안정한 플랫폼을 위해 설계되었다. 대부분의 개발자는 다중스레드 라이브러리를 사용할 것이고 zookeeper_mt는 동기와 비동기 API 둘 다 제공한다. C API의 구현 및 사용법에 관해 자세히 알고자 하면 주키퍼 배포판의 src/c 디렉터리에 들어 있는 README 파일을 참고하길 바란다.

> ### 동기와 비동기 API 중 어떤 것을 사용해야 할까?
>
> 두 API 모두 같은 기능을 제공한다. 어느 것을 사용할지는 대개 방식의 문제다. 예를 들면 비동기 API는 이벤트 주도적인 프로그래밍 방식에 적합하다.
>
> 비동기 API를 이용해서 요청을 파이프라인(동시 다중 처리) 처리할 수 있다. 어떤 상황에서는 비동기 API를 사용하는 것이 더 나은 처리량을 보인다. 여러분이 커다란 znode 배치를 읽어서 독립적으로 처리한다고 상상해보자. 동기 API를 사용하면 각 읽기가 반환될 때까지 기다려야 한다. 반면에 비동기 API를 사용하면 모든 비동기 읽기 연산을 매우 빠르게 해치울 것이고, 각 응답이 도착하면 별도의 스레드에서 처리할 수 있을 것이다.

감시 트리거

읽기 연산인 exists, getChildren, getData에 감시를 설정할 수 있고, 설정된 감시는 쓰기 연산인 create, delete, setData에서 작동한다. ACL 연산은 감시의 대상이 아니다. 하나의 감시가 작동할 때 해당 감시 이벤트가 생성되고, 감시 이벤트의 타입은 해당 감시와 그 감시를 유발시킨 연산 모두와 관련 있다.

- exists 연산에 설정된 감시는 대상 znode가 생성, 삭제 또는 데이터가 업데이트될 때 작동한다.
- getData 연산에 설정된 감시는 대상 znode가 삭제되거나 데이터가 업데이트될 때 신호를 받는다. znode가 생성될 때는 작동하지 않는데, getData 연산이 성공하려면 znode가 이미 존재해야 하기 때문이다.
- getChildren 연산에 설정된 감시는 대상 znode의 자식이 생성되거나 삭제될 때, 또는 znode 자신이 삭제될 때 작동한다. znode 또는 그 자식이 삭제되었는지 아닌지는 감시 이벤트의 타입을 확인하면 알 수 있는데, NodeDeleted면 znode가, NodeChilrenChanged면 자식이 삭제되었음을 의미한다.

각 조합을 [표 21-3]에 정리했다.

표 21-3 감시 연산 기능과 해당 트리거

| 감시 생성 | 감시 트리거 | | | | |
	znode 생성	자식 생성	znode 삭제	자식 삭제	setData
exists	NodeCreated		NodeDeleted		NodeData Changed
getData			NodeDeleted		NodeData Changed
getChildren		NodeChildren Changed	NodeDeleted	NodeChildren Changed	

NodeCreated와 NodeDeleted 이벤트일 때 감시 이벤트는 관련 znode의 경로를 가진다. 그래서 어떤 노드가 생성 또는 삭제되었는지는 간단히 경로를 확인해서 알 수 있다. NodeChildren Changed 이벤트가 발생하면 어떤 자식이 변경되었는지 알아내기 위해 새로운 자식 목록을 얻어오는 getChildren을 다시 호출해야 한다. 유사하게 NodeDataChanged 이벤트가 발생했을 때 새로운 데이터를 확인하기 위해 getData를 호출해야 한다. 이 두 가지 모두 감시 이벤트를 받고 read 연산을 수행하는 사이에 znode의 상태가 변경될 수 있으므로 애플리케이션을 작성할 때는 이러한 점을 염두에 두어야 한다.

ACL

znode는 ACL 목록과 함께 생성되는데, ACL은 누가 특정 기능을 수행할 수 있는지 결정한다.

ACL은 인증 과정을 따르는데, 이는 클라이언트가 자신의 신분을 주키퍼에 확인받는 과정이다. 주키퍼가 제공하는 몇 가지 인증 체계가 있다.

- **digest**
  사용자 이름과 암호로 클라이언트를 인증한다.

- **sasl**
  커버로스를 사용해서 클라이언트를 인증한다.

- **ip**
  IP 주소로 클라이언트를 인증한다.

클라이언트는 주키퍼 세션을 맺은 후에 인증할 수도 있다. 인증은 선택사항이지만 znode의 ACL은 인증된 클라이언트만 접근하도록 할 수 있으므로, 이때에는 클라이언트가 znode에 접근하기 위해 자신을 인증해야 한다. 다음은 사용자 이름과 암호로 인증하는 digest 방식의 사용예다.

```
zk.addAuthInfo("digest", "tom:secret".getBytes());
```

ACL은 인증 방식, 인증할 ID, 권한의 조합으로 이루어진다. 예를 들어 우리가 IP 주소 10.0.0.1에 속한 클라이언트에 znode 읽기 권한을 주기 위해서는 그 znode의 ACL에 'ip 인증체계', '10.0.0.1의 ID', 'READ 권한'을 설정해주어야 한다. 자바에서 이러한 ACL 객체는 다음과 같이 생성한다.

```
new ACL(Perms.READ,
    new Id("ip", "10.0.0.1"));
```

전체 권한 집합을 [표 21-4]에 나타냈다. exists 연산은 ACL 권한을 다루지 않으므로 모든 클라이언트는 znode의 Stat을 알아보거나 znode의 존재 여부를 확인하기 위해 exists를 호출할 수 있다.

표 21-4 ACL 권한

ACL 권한	허용된 연산
CREATE	create (자식 znode)
READ	getChildren
	getData
WRITE	setData
DELETE	delete (자식 znode)
ADMIN	setACL

ZooDefs.Ids 클래스에는 미리 정의된 많은 ACL이 있다. 그중 OPEN_ACL_UNSAFE는 모든 클라이언트에 모든 권한을 주는 것이다(ADMIN 허가는 제외).

주키퍼는 장착형 인증 메커니즘을 가지고 있어서 필요하다면 서드파티 인증시스템과 연동할 수 있다.

21.3.3 구현

주키퍼 서비스는 두 가지 방식으로 운용할 수 있다. **독립 모드**에는 단일 주키퍼 서버가 존재하고 간단한 구조로 되어 있으므로 테스트 용도로 적합하다(유닛 테스트에 내장 가능). 그러나 고가용성이나 탄력성은 보장하지 않는다. 실제 서비스에서 주키퍼는 **앙상블**이라는 컴퓨터의 클러스터에서 **복제 모드**$^{replicated\ mode}$로 수행된다. 주키퍼는 복제를 통해 고가용성을 달성하는데, 앙상블 내에서 과반수의 컴퓨터가 운영 중인 동안에만 서비스를 제공할 수 있다. 예를 들면 5노드 앙상블에서는 두 대의 컴퓨터에 장애가 생기더라도 서비스는 여전히 동작한다. 과반수인 세 대가 남아 있기 때문이다. 그런데 6노드 앙상블에서도 컴퓨터 두 대의 장애까지만 허용된다는 사실을 유념해야 하는데, 세 대의 컴퓨터에서 장애가 발생하여 세 대가 남으면 과반수가 되지 않기 때문이다. 이러한 이유로 앙상블에는 일반적으로 홀수의 컴퓨터를 둔다.

개념적으로 주키퍼는 매우 간단하다. 단지 znode 트리에 대한 모든 수정이 앙상블의 과반수 노드에 복제되도록 보장하는 것이다. 만약 소수^{minority} 노드에 장애가 생기면 최소 한 대의 컴퓨터는 가장 최신 상태를 간직한 채 살아 있을 것이다. 결국 다른 남은 복제 노드가 점차적으로 이 최신 상태를 복제해갈 수 있다.

하지만 이러한 간단한 아이디어의 구현이 쉽지만은 않다. 주키퍼는 두 단계로 동작하는 Zab이라는 프로토콜을 사용하는데, 이것은 무한 반복될 수도 있기 때문이다.

- **단계 1: 대표 선출**

  앙상블 내의 서버들은 **대표**^{leader}라는 특별한 멤버를 선출하는 과정을 거친다. 나머지 다른 서버는 **추종자**^{follower}가 된다. 과반수(또는 **정족수**^{quorum}) 추종자의 상태가 대표와 동기화되면 즉시 이 단계가 끝난다.

- **단계 2: 원자적 브로드캐스트**

  모든 쓰기 요청은 대표에 전달^{forward}되고, 대표는 추종자에 업데이트를 브로드캐스트한다. 과반수 노드에서 변경을 저장하면 대표는 업데이트 연산을 커밋하고, 클라이언트는 업데이트가 성공했다는 응답을 받게 된다. 합의를 위한 프로토콜은 원자적으로 설계되었기 때문에 변경의 결과는 성공이나 실패 둘 중 하나다. 이것은 2단계 커밋$^{two\text{-}phase\ commit}$과 유사하다.

만약 대표에 문제가 발생하면 남은 서버는 새로운 대표를 선출하고 새로운 대표와 함께 이전처럼 계속해서 서비스한다. 만약 나중에 예전 대표가 복구되면 추종자로 시작한다. 대표 선출은 매우 빠르고, 대표를 한 번 선출하는 데 대략 200마이크로초 걸린다.[8] 따라서 대표를 선출하는 동안 성능이 눈에 띄게 저하되지는 않는다.

---

8 http://bit.ly/dist_coordination

앙상블의 모든 서버는 업데이트 사항을 자신의 znode 트리의 메모리 복사본에 기록하기 전에 디스크에 기록한다. 읽기는 모든 서버에 요청할 수 있고, 서버는 오로지 메모리에서 검색하기 때문에 속도가 매우 빠르다.

21.3.4 일관성

주키퍼 구현의 기본을 이해하면 서비스의 일관성 보장을 이해하는 데 도움이 된다. 앙상블 머신의 '대표'와 '추종자'라는 용어는 추종자가 대표보다 많은 갱신 작업에서 한 발 늦을 수 있다는 점을 적절하게 표현한 것이다. 이는 커밋되기 전에 변경이 완료된 서버가 앙상블 전체가 아니고 과반수만 만족하면 된다는 사실에서 기인한다. 주키퍼에게 맞는 좋은 모델은 대표를 따르는 주키퍼 서버, 즉 추종자 서버에 클라이언트가 연결되는 구조다. 클라이언트가 실제로 대표에 연결될 수도 있지만, 이를 임의로 지정할 수 없으며 실제로는 클라이언트는 자신이 어떤 서버에 연결되었는지도 알지 못한다.[12] [그림 21-2]를 보자.

---

9 레슬리 램포트(Leslie Lamport)의 「Paxos가 간단하게 만든다(Paxos Made Simple)」(http://bit.ly/simple-paxos)(ACM SIGACT 뉴스, 2001년 12월)

10 Zab은 벤자민 리드(Benjamin Reed), 플래비오 준쿼이라(Flavio Junqueira) 공저 「간단하게 전체 정렬된 브로드캐스트 프로토콜(A simple totally ordered broadcast protocol)」(제2회 대규모 분산 시스템과 미들웨어(Large-Scale Distributed Systems and Middleware) 워크숍 논문집, 2008년)에 설명되어 있다.

11 마이크 버로우스(Mike Burrows)의 「느슨히 결합된 분산 시스템을 위한 처비 락 서비스(The Chubby Lock Service for Loosely-Coupled Distributed Systems)」(http://research.google.com/archive/chubby.html) 2006년 11월

12 대표가 클라이언트 연결을 허용하지 않도록 주키퍼를 설정할 수 있다. 이때 유일하게 할 일은 업데이트를 코디네이션하는 것뿐이다. 이를 위해서는 leaderServes 속성을 no로 설정한다. 하지만 이 설정은 세 개 이상의 서버를 가진 앙상블에만 권장한다.

그림 21-2 읽기는 추종자가 처리하고, 쓰기는 대표가 커밋한다.

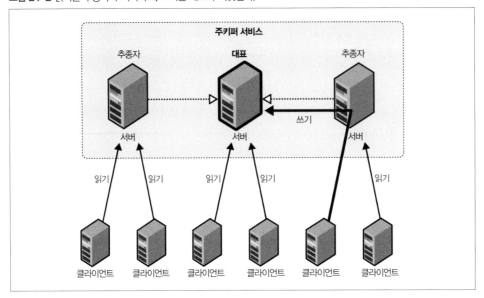

znode 트리에 수행된 모든 업데이트 연산은 zxid('Zookeeper transaction ID'를 의미)라 불리는 전체적으로 유일한 식별자를 부여받는다. 주키퍼에서 zxid인 z_1이 z_2보다 작다고 하면 업데이트 z_1이 업데이트 z_2 이전에 발생한 것이다(이는 분산 시스템 내에서 순서에 관한 유일한 체계다).

다음은 주키퍼 설계에서 보장하는 데이터 일관성 흐름에 대한 내용이다.

- **순차적 일관성**

  특정 클라이언트의 업데이트는 보낸 순서대로 적용된다. 이것은 어떤 클라이언트가 znode z의 값을 a로 업데이트하고, 그보다 늦게 들어온 동작에서 z의 값을 b로 업데이트하면, z의 값이 b로 변경된 후에는 클라이언트가 a 값을 결코 볼 수 없다는 것이다(단, z에 대해 다른 업데이트가 없다면).

- **원자성**

  업데이트는 성공 또는 실패 둘 중 하나다. 이는 업데이트가 실패하면 클라이언트는 그 결과를 결코 볼 수 없다는 것을 의미한다.

- **단일 시스템 이미지**

  클라이언트는 연결된 서버에 관계없이 같은 시스템을 바라본다. 이것은 클라이언트가 같은 세션에 있는 동안 새로운 서버에 연결되었을 때 이전 서버에서 보았던 것보다 더 오래된 상태를 보지 않는다는 것이다. 서버에 문제가 발생하고 클라이언트가 앙상블 내의 또 다른 서버에 연결을 시도할 때 실패한 서버를 이어받는 서버는 자신이 그 서버와 동일한 상태가 될 때까지 클라이언트의 연결을 받아들이지 않는다.

- **지속성**

  업데이트 연산이 성공하면 업데이트 내역은 저장되고 취소되지 않는다. 이는 서버 장애 후에도 업데이트 내역을 유지한다는 것을 의미한다.

- **적시성**

  클라이언트가 시스템을 볼 때 지연이 발생하더라도 수십 초 이상 오래된 정보를 보여주지는 않을 것이다. 이는 클라이언트가 매우 오래된 데이터를 보게 할 바엔 차라리 서버를 중단시켜서 강제로 클라이언트를 좀 더 최신 서버에 연결되도록 한다는 의미다.

성능상의 이유로 읽기는 주키퍼 서버의 메모리에서 이루어지고, 쓰기 순서를 전체 정렬하지는 않는다. 이러한 특성 때문에 주키퍼 밖의 메커니즘을 통해 통신하는 클라이언트가 일관되지 않은 주키퍼 상태를 보는 결과를 초래할 수 있다. 예를 들어 클라이언트 A가 znode z의 값을 a에서 a'로 업데이트하고, 다시 A가 B에게 z를 읽으라고 지시할 때, B가 읽는 z의 값이 a'가 아닌 a인 상황이다. 이것은 주키퍼가 보장하는 동작 방식과 완벽히 호환되는 상황이다(약속되지 않는 이러한 상황을 가리켜 '동시적으로 일치된 클라이언트 간 뷰'라고 함). 예상치 못한 이러한 상황을 막기 위해 B는 z의 값을 읽기 전에 z에 대해서 sync를 호출해야 한다. sync 연산은 B가 연결된 주키퍼 서버에 대표와 '동등한' 상태가 되라고 지시하는 것이다. 그러면 B가 z의 값을 읽을 때 A가 설정한 값을 얻을 것이다.

> **NOTE_** 약간 혼란스럽겠지만 sync 연산은 오로지 **비동기** 호출로만 사용한다. 호출된 결과의 반환을 기다릴 필요가 없는데 이는 sync가 완료되기 전에 또 다른 동작이 들어오더라도 sync가 완료된 후에 중간에 들어온 다른 동작이 수행되도록 주키퍼가 보장하기 때문이다.

21.3.5 세션

주키퍼 클라이언트는 앙상블의 서버 목록 설정을 가지고 있어야 한다. 시작할 때 목록의 서버 중 하나로 연결을 시도한다. 연결이 실패하면 또 다른 서버에서 시도하고, 그중 하나에 연결이 성공할 때까지 계속 시도한다. 만약 모든 서버가 이용할 수 없는 상태면 결국 실패한다.

일단 주키퍼 서버에 연결되면 서버는 클라이언트를 위한 새로운 세션을 생성한다. 세션은 타임아웃 값을 가지고 있는데, 타임아웃은 세션을 생성한 애플리케이션이 결정한다. 만약 서버가 타임아웃 기간 내에 응답을 받지 못하면 세션이 만료된다. 세션이 만료되면 다시 열리지 않으며 그 세션에 관계된 모든 임시 znode도 사라진다. 보통 세션은 오래 유지될 것이기 때문에 만료되는 것이 흔한 일은 아니지만 애플리케이션이 이 값을 다룰 수 있다는 것이 중요하다(21.4.2절 '탄력적인 주키퍼 애플리케이션' 참조).

클라이언트는 특정 시간 이상 세션이 일하지 않는 상태가 되면 그때마다 ping 요청(하트비트 heartbeat라고도 함)을 보내 세션이 살아있도록 유지한다(ping은 주키퍼 클라이언트 라이브러리에 의해 자동으로 보내지므로 세션 유지에 대해 따로 걱정할 필요는 없다). 이 시간은 서버 실패(읽기 타임아웃에 의해 판단됨)를 충분히 감지할 만큼 낮게 설정해서 세션 타이아웃 기간 내에 다른 서버로 다시 연결되도록 해야 한다.

장애가 발생했을 때 다른 주키퍼 서버로 이동하는 것은 주키퍼 클라이언트가 자동으로 처리한다. 그리고 다른 서버가 장애 서버로부터 인계받은 후에도 세션(그리고 관계된 임시 znode)이 여전히 유효한데, 이는 매우 중요한 기능이다.

장애를 극복하는 동안 애플리케이션은 서비스와의 연결이 끊겼고 다시 접속되었다는 통지를 받을 것이다. 클라이언트가 연결이 끊어진 동안은 감시 통지가 전달되지 않지만 성공적으로 다시 연결되면 제대로 전달될 것이다. 또한 클라이언트가 또 다른 서버로 재연결하는 동안 애플리케이션이 작업을 수행하면 실패할 것이다. 실제로 운영할 때 주키퍼 애플리케이션의 접속 손실 예외를 다루는 것이 얼마나 중요한지 말해주는 대목이다(21.4.2절 '탄력적인 주키퍼 애플리케이션' 참조).

시간

주키퍼에는 시간과 관련된 몇 개의 인자가 있다. **틱타임** tick time은 주키퍼 시간의 기본 단위고, 앙상블 내의 서버는 수행하는 동작에 대한 스케줄링을 위해 틱타임을 사용한다. 다른 설정들은 틱타임을 단위로 하여 정의되거나 적어도 틱타임의 제약을 받는다. 예를 들어 세션 타임아웃은 2틱보다 적지 않고 20틱보다 크지 않다. 만약 이 범위를 벗어나서 세션 타임아웃을 설정하려 한다면 범위 이내의 수치로 제한될 것이다.

일반적인 틱타임 설정은 2초(2,000밀리초)다. 따라서 허용되는 세션 타임아웃의 범위는 4초와 40초 사이다.

세션 타임아웃의 선택에 있어서 몇 가지 고려사항이 있다. 낮은 세션 타임아웃일 때는 서버 컴퓨터 장애를 좀 더 빨리 탐지할 수 있다. 그룹 멤버십 예제에서 세션 타임아웃은 장애가 있는 컴퓨터를 그룹으로부터 제거하는 데 걸리는 시간이다. 그러나 세션 타임아웃을 너무 낮게 설정하는 것을 조심하라. 네트워크가 바쁠 때는 패킷이 늦게 도착할 수 있으므로 부득이하게 세션이 만료될 수도 있다. 그러면 컴퓨터가 짧은 시간 간격으로 그룹을 떠나고 재가입하는 상황이 반복적으로 연출될 수도 있다.

좀 더 복잡한 임시 상태를 생성하는 애플리케이션은 더 긴 세션 타임아웃을 선호하는데, 이는 재생성하는 비용이 더 들기 때문이다. 몇몇 사례에서는 애플리케이션을 설계할 때 세션 타임아웃 기간 내에 세션을 재시작하여 세션 만료를 피하기도 한다(이것은 유지보수 또는 업그레이드를 수행할 때 바람직하다). 모든 세션은 서버로부터 유일한 아이디와 암호를 받는데, 연결이 형성되고 있는 동안 아이디와 암호가 주키퍼로 전달되면 세션을 회복할 수 있다(단, 세션이 만료되지 않았다면). 따라서 애플리케이션은 프로세스를 재시작하기 전에 안전한 저장소에 세션의 아이디와 암호를 저장하는 우아한graceful 중단을 할 수 있는데, 이를 통해 저장된 아이디와 암호를 다시 꺼내서 세션을 회복할 수 있다.

이것은 세션 만료를 피할 수 있도록 해주는 최적화된 기능으로 보아야 한다. 그렇다고 해서 세션 만료 관리에 대한 필요성이 없어지는 것은 아니다. 세션 만료는 여전히 발생할 수 있다. 서버가 예상치 못하게 실패하거나, 애플리케이션이 우아하게 중단되었지만 세션이 만료되기 전에 재시작하지 못하는 경우 등이 있을 수 있다. 이 외에도 어떤 이유로든 세션 만료가 발생할 수 있다.

일반적으로 주키퍼 앙상블의 크기가 늘어날수록 세션 타임아웃도 늘어나야 한다. 연결 타임아웃 기간, 읽기 타임아웃 기간, ping 대기 기간 모두 앙상블 내에서 서버 개수에 대한 함수로서 앙상블이 커지면 이 기간이 감소하도록 내부적으로 정의된다. 만약 빈번하게 연결 손실이 있다면 타임아웃을 증가시킨다. JMX를 사용해서 요청 응답 시간의 통계와 같은 주키퍼 지표를 모니터링할 수 있다.

21.3.6 상태

ZooKeeper 객체는 [그림 21-3]과 같이 생애 주기 내에서 다른 상태로 전이된다. 우리는 언제든지 getState() 메서드를 호출하여 그 상태를 질의할 수 있다.

```
public States getState()
```

States는 ZooKeeper 객체의 여러 가지 상태를 나타내는 enum 타입이다(enum이라는 이름과 달리 ZooKeeper 인스턴스는 한 번에 하나의 상태만을 가진다). 새로 생성된 ZooKeeper 인스턴스는 CONNECTING 상태에 있고, 주키퍼 서비스와의 연결을 시도한다. 일단 연결이 성립되고 나면 CONNECTED 상태가 된다.

그림 21-3 주키퍼 상태 변화

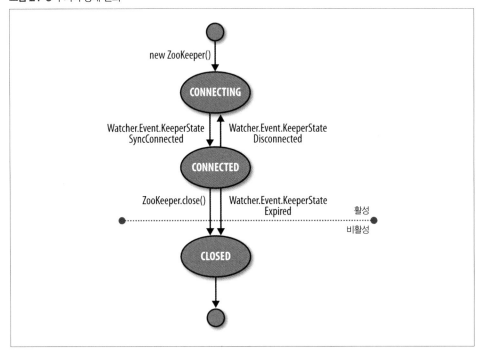

ZooKeeper 객체를 사용하는 클라이언트는 Watcher 객체를 등록해서 상태 전이에 대한 통지를 받는다. CONNECTED 상태가 되면 Watcher는 KeeperState 값이 SyncConnected인 Watched Event를 받는다.

> **NOTE_** 주키퍼 Watcher 객체는 두 가지 일을 한다. 주키퍼 상태 변화를 통지받는 데 사용될 수 있고(이번 절에서 설명하는 것처럼), znode의 변화를 통지받는 데 사용될 수 있다(21.3.2절의 '감시 트리거' 참조). 기본적으로 ZooKeeper 객체 생성자로 넘겨지는 Watcher는 상태 변화에 대해 사용되며, znode 변화에 대해서는 전용 Watcher 인스턴스를 전달해서 사용하거나(적절한 읽기 동작에 전달함) 기본 Watcher를 공유하는 방법을 사용할 수 있다. 공유하는 방법은 Watcher를 사용할지 결정하기 위해 불린 타입의 플래그 값을 취하는 읽기 연산을 사용하면 된다.

ZooKeeper 인스턴스는 주키퍼 서비스와의 연결을 끊고 재연결할 수 있는데, 이때 CONNECTED 상태에서 CONNECTING 상태로 전이된다. 만약 연결을 끊었다면 Watcher는 Disconnected 이벤트를 받는다. 이 상태 전이는 ZooKeeper 인스턴스가 스스로 시작하며, 연결이 끊어지면 자동으로 재연결을 시도한다.

ZooKeeper 인스턴스는 close( ) 메서드가 호출되거나 세션이 타임아웃되어 KeeperState의 값이 Expired로 변경되면 세 번째 상태인 CLOSED로 전이된다. CLOSED 상태가 되면 ZooKeeper 객체는 더 이상 살아 있는 것으로 간주되지 않으며(states의 isAlive( ) 메서드를 사용하여 테스트 가능) 다시 사용될 수 없다. 주키퍼 서비스로 재연결하려면 클라이언트가 새로운 ZooKeeper 인스턴스를 생성해야 한다.

21.4 주키퍼 애플리케이션 구현

지금까지 주키퍼를 깊이 있게 다루었다. 이제 유용한 애플리케이션을 만들어보자.

21.4.1 환경 설정 서비스

분산 애플리케이션에 필요한 가장 기본적인 서비스 중 하나는 환경 설정 서비스로, 공통의 설정 정보가 클러스터의 서버 사이에 공유될 수 있도록 하는 것이다. 가장 간단한 방법은 주키퍼가 환경 설정을 위한 고가용성 저장소로 동작하고, 참가 애플리케이션이 설정 파일을 가져가거나 업데이트할 수 있도록 하는 것이다. 주키퍼의 감시를 사용하면 능동적인 환경 설정 서비스를 구성할 수 있고, 원하는 클라이언트에 설정 변화를 통지할 수 있다.

이제 이와 같은 서비스를 만들어보자. 구현을 단순화하기 위해 두 가지 가설을 세웠다(작업량을 좀 더 줄일 수 있을 것이다). 첫째, 우리가 저장하고자 하는 설정 값은 오로지 문자열이며 키는 그냥 znode의 경로다. 그래서 각 키-값 쌍을 저장하기 위해 하나의 znode를 사용한다. 둘째, 업데이트 수행은 언제나 하나의 클라이언트에서만 한다. 무엇보다도 이 방식은 마스터(HDFS의 네임노드 같은 것)가 워커가 사용할 정보를 업데이트하는 구조에 잘 맞는다.

다음은 ActiveKeyValueStore 클래스의 코드다.

```
public class ActiveKeyValueStore extends ConnectionWatcher {

  private static final Charset CHARSET = Charset.forName("UTF-8");

  public void write(String path, String value) throws InterruptedException,
      KeeperException {
    Stat stat = zk.exists(path, false);
    if (stat == null) {
      zk.create(path, value.getBytes(CHARSET), Ids.OPEN_ACL_UNSAFE,
          CreateMode.PERSISTENT);
    } else {
      zk.setData(path, value.getBytes(CHARSET), -1);
    }
  }
}
```

write( ) 메서드를 요약하면 주어진 값을 가진 키를 주키퍼에 쓰는 것이다. 이 코드는 처음에
znode의 존재 여부를 exists 연산을 통해 확인한 후 적절한 연산을 수행하는 방식으로 새로
운 znode를 생성하는 것과 기존의 znode를 새로운 값으로 업데이트하는 것의 차이를 숨겼
다. 그 외 언급할 만한 것을 살펴보면 String 값을 byte 값으로 변환할 때 단순히 UTF-8 인코
딩으로 getBytes( ) 메서드를 호출해서 처리했다.

ActiveKeyValueStore를 사용하는 모습을 보기 위해 환경 설정 속성 값을 업데이트하는 Config
Updater라는 클래스를 고려해보자. [예제 21-6]은 이 클래스의 코드다.

예제 21-6 임의 시간에 주키퍼의 속성 값을 업데이트하는 애플리케이션

```
public class ConfigUpdater {

  public static final String PATH = "/config";

  private ActiveKeyValueStore store;
  private Random random = new Random();

  public ConfigUpdater(String hosts) throws IOException, InterruptedException {
    store = new ActiveKeyValueStore();
    store.connect(hosts);
  }

  public void run() throws InterruptedException, KeeperException {
```

```
      while (true) {
        String value = random.nextInt(100) + "";
        store.write(PATH, value);
        System.out.printf("Set %s to %s\n", PATH, value);
        TimeUnit.SECONDS.sleep(random.nextInt(10));
      }
    }

    public static void main(String[] args) throws Exception {
      ConfigUpdater configUpdater = new ConfigUpdater(args[0]);
      configUpdater.run();
    }
  }
```

간단한 프로그램이다. ConfigUpdater는 ActiveKeyValueStore를 가지며 이는 ConfigUpdater 의 생성자 안에서 주키퍼에 연결한다. run() 메서드는 영원히 루프를 돌면서 /config znode를 임으로 선정한 시간에 임의의 값으로 업데이트한다.

이제 /config에 설정된 속성을 읽어오는 방법을 알아보자. 우선 ActiveKeyValueStore에 read() 메서드를 추가했다.

```
  public String read(String path, Watcher watcher) throws InterruptedException,
      KeeperException {
    byte[] data = zk.getData(path, watcher, null/*stat*/);
    return new String(data, CHARSET);
  }
```

주키퍼의 getData() 메서드는 경로, Watcher 객체, Stat 객체를 인자로 취한다. getData() 에서 Stat 객체에 여러 값을 채우며 이를 통해 호출자에 정보를 전달한다. 이런 식으로 호출자 는 데이터와 znode의 메타데이터를 동시에 얻을 수 있지만 여기서는 메타데이터에 대해서는 관심이 없으므로 Stat을 null로 지정한다.

서비스의 소비자로서 ConfigWatcher([예제 21-7] 참조)는 ActiveKeyValueStore를 생성하 고 시작한 후 참조를 와처인 자신에게 보내기 위해 store의 read() 메서드를 호출한다(disp layConfig() 내부에서). 그러면 설정의 초깃값을 읽어서 보여준다.

```java
public class ConfigWatcher implements Watcher {

  private ActiveKeyValueStore store;

  public ConfigWatcher(String hosts) throws IOException, InterruptedException {
    store = new ActiveKeyValueStore();
    store.connect(hosts);
  }

  public void displayConfig() throws InterruptedException, KeeperException {
    String value = store.read(ConfigUpdater.PATH, this);
    System.out.printf("Read %s as %s\n", ConfigUpdater.PATH, value);
  }

  @Override
  public void process(WatchedEvent event) {
    if (event.getType() == EventType.NodeDataChanged) {
      try {
        displayConfig();
      } catch (InterruptedException e) {
        System.err.println("Interrupted. Exiting.");
        Thread.currentThread().interrupt();
      } catch (KeeperException e) {
        System.err.printf("KeeperException: %s. Exiting.\n", e);
      }
    }
  }

  public static void main(String[] args) throws Exception {
    ConfigWatcher configWatcher = new ConfigWatcher(args[0]);
    configWatcher.displayConfig();

    // 프로세스가 죽거나 스레드가 인터럽트될 때까지 활성 상태를 유지
    Thread.sleep(Long.MAX_VALUE);
  }
}
```

ConfigUpdater가 znode를 업데이트할 때 주키퍼는 Watcher에 EventType.NodeDataChanged 타입의 이벤트를 발생시킨다. 그러면 ConfigWatcher는 이 이벤트에 반응하여 process() 메서드를 호출하고, process() 메서드는 최신 버전의 환경 설정을 읽어 들이고 출력한다.

감시는 일회성 신호이기 때문에 우리는 매번 새로운 감시를 주키퍼에 알려주고 `ActiveKeyVal ueStore`의 `read()`를 호출한다. 이렇게 하면 이후부터 업데이트되는 것을 볼 수 있다. 그런데 우리는 모든 업데이트를 전달받을 것을 보장받지 못한다. 감시 이벤트의 수령과 다음 read 연산 사이에 znode가 매우 여러 번 업데이트될 수 있고, 클라이언트는 그 기간에 감시가 등록되어 있지 않아서 통지를 받지 못했을 수 있기 때문이다. 환경 설정 서비스에서는 클라이언트가 오직 이전 값보다 우선시되는 최신의 속성 값만 볼 것이기 때문에 문제되진 않는다. 하지만 일반적으로 그러한 잠재적인 한계점이 있다는 것은 알아야 한다.

코드를 실행해보자. 하나의 터미널 창에서 `ConfigUpdater`를 실행하자.

```
% java ConfigUpdater localhost
Set /config to 79
Set /config to 14
Set /config to 78
```

그리고 나서 즉시 또 다른 창에서 `ConfigWatcher`를 실행하자.

```
% java ConfigWatcher localhost
Read /config as 79
Read /config as 14
Read /config as 78
```

21.4.2 탄력적인 주키퍼 애플리케이션

분산 컴퓨팅[13]에서 '네트워크는 신뢰할 수 있다'라고 믿는 것은 가장 잘못된 생각이다. 그러한 생각 때문에 우리 프로그램은 지금까지 신뢰성 있는 네트워크를 가정했고, 실제 네트워크에서 실행했을 때는 다양한 상황에서 실패했다. 이제 실패하는 상황을 점검해보자. 그리고 프로그램이 이러한 실패 상황에서 탄력적으로 운용될 수 있도록 하려면 무엇을 수정해야 할지도 확인해보자.

자바 API를 사용한 모든 주키퍼 연산은 `throws` 절에 두 가지 타입의 예외 `InterruptedExcep tion`과 `KeeperException`을 선언한다.

----

13 http://bit.ly/dist_computing

InterruptedException

InterruptedException은 작업이 인터럽트되었을 때 던져진다. 블로킹 메서드의 취소를 위한 표준 자바 메커니즘이 있는데, 블로킹 메서드가 호출된 스레드 상에서 interrupt( )를 호출하는 것이다. 성공적으로 취소되면 InterruptedException이 발생한다. 주키퍼는 이 표준을 따르므로 이 방식으로 주키퍼 연산을 취소할 수 있다. 주키퍼를 사용하는 클래스나 라이브러리는 클라이언트가 작업을 취소할 수 있도록 InterruptedException을 일반적으로 전달한다.[14]

InterruptedException이 실패를 의미하는 것은 아니지만 작업이 취소된 것이므로 환경 설정 애플리케이션은 그 예외를 전달해서 애플리케이션을 종료하도록 하는 것이 적절하다.

KeeperException

KeeperException은 주키퍼 서버가 오류를 발생시킬 때 또는 서버와의 통신에 문제가 있을 때 던져진다. 각기 다른 오류 상황을 위해 KeeperException의 다양한 서브클래스를 제공한다. 예를 들어 KeeperException.NoNodeException은 KeeperException의 서브클래스로서, 존재하지 않는 znode에 대해 작업할 때 발생한다.

KeeperException의 모든 서브클래스는 오류의 종류에 대한 정보를 주고받을 수 있는 코드를 가지고 있다. 예를 들어 KeeperException.NoNodeException에 해당하는 코드는 KeeperException.Code.NONODE(enum 타입 값)다.

이때 KeeperException을 다루는 두 가지 방법이 있다. 하나는 KeeperException을 잡아서 어떤 처리 동작을 취해야 할지 결정하기 위해 그 코드를 검사하는 것이고, 다른 하나는 KeeperException의 서브클래스를 잡아서 각 catch 블록 내에서 적절한 동작을 취하는 것이다.

KeeperException은 크게 세 개의 범주로 나뉜다.

상태 예외. znode 트리에 적용할 수 없어서 작업이 실패할 때 상태 예외가 발생한다. 상태 예외는 보통 또 다른 프로세스가 동시에 znode를 변경하고 있을 때 일어난다. 예를 들어 버전 숫자로 setData 연산을 할 때 그 사이에 또 다른 프로세스가 znode를 먼저 업데이트하면 버전 숫자가 일치하지 않기 때문에 실패할 것이고 KeeperException.BadVersionException이 발생

---

14 좀 더 자세히 알고 싶으면 브라이언 고츠(Brian Goetz)의 훌륭한 기사인 「자바 이론과 실제: InterruptedException 다루기(Java theory and practice: Dealing with InterruptedException)」(http://www.ibm.com/developerworks/java/library/j-jtp05236.html)(IBM, 2006년 5월)를 참고하라.

한다. 프로그래머는 보통 이러한 유형의 충돌이 일어날 수 있음을 인식하고 있기 때문에 충돌을 잘 처리하도록 코드를 작성할 것이다.

어떤 상태 예외는 프로그램 내부의 오류를 나타낸다. KeeperException.NoChildrenForEphemeralsException이 그러한 예인데, 이는 임시 znode의 자식 znode를 생성하려 할 때 던져진다.

회복 가능한 예외. 회복 가능한 예외가 던져지면 애플리케이션은 동일한 주키퍼 세션 내에서 회복할 수 있다. 주키퍼로의 연결이 끊어지면 KeeperException.ConnectionLossException으로 회복 가능한 예외가 발생한다. 그러면 주키퍼는 재연결을 시도할 것이고, 대부분의 경우에는 재연결이 성공하여 세션이 유지된다.

그러나 주키퍼는 KeeperException.ConnectionLossException으로 실패한 작업이 적용되었는지 알려주지는 못한다. 이는 부분적인 실패의 한 예다(이 장의 처음에 소개했다). 이러한 불확실성을 다루어야 할 책임은 프로그래머에게 있으며, 취해야 할 동작은 애플리케이션에 따라 다르다.

이 시점에서 **멱등**^{idempotent}과 **비멱등**^{nonidempotent} 연산을 구분하는 것이 좋다. 멱등 연산은 한 번 이상 적용되더라도 같은 결과를 내는 것을 말하는데, read 요청이나 무조건적인 setData 등을 말한다. 멱등 연산은 쉽게 재시도할 수 있다.

비멱등 연산은 무차별로 재시도할 수 없는 것을 말하는데, 여러 번 적용된 결과가 한 번 적용된 것과 다르기 때문이다. 이때 프로그램은 znode 경로명이나 데이터 내의 정보를 인코딩해서 업데이트 여부를 판단하는 방법이 필요하다. 실패한 비멱등 연산을 다루는 방법에 대해서는 21.4.3절의 '회복 가능한 예외'에서 락 서비스의 구현을 살펴볼 때 논의한다.

회복 불가능한 예외. 몇 가지 사례에서 주키퍼 세션이 더 이상 유효하지 않을 수 있는데, 이를 회복 불가능한 예외라고 한다. 이는 타임아웃되었거나 세션이 닫혔거나(둘 다 KeeperException. SessionExpiredException 발생) 아니면 인증이 실패했기 때문일 수 있다(KeeperException. AuthFailedException 발생). 때론 세션에 관계된 모든 임시 노드가 사라질 수도 있는데, 그러면 주키퍼에 재연결하기 전에 애플리케이션 상태를 다시 구성해야 한다.

신뢰성 있는 환경 설정 서비스

ActiveKeyValueStore의 write( ) 메서드로 돌아가서, write( )가 exists를 호출한 다음에 create 또는 setData를 호출했던 것을 상기해보자.

```
public void write(String path, String value) throws InterruptedException,
    KeeperException {
  Stat stat = zk.exists(path, false);
  if (stat == null) {
    zk.create(path, value.getBytes(CHARSET), Ids.OPEN_ACL_UNSAFE,
        CreateMode.PERSISTENT);
  } else {
    zk.setData(path, value.getBytes(CHARSET), -1);
  }
}
```

이렇게 하면 write( ) 메서드는 멱등 연산이다. 그래서 무조건 재시도할 수 있다. 다음은 루프 내에서 재시도하도록 수정된 버전의 write( ) 메서드다. 재시도하는 최대 횟수를 MAX_RETRIES 로 설정하였고, 각 시도 사이에 RETRY_PERIOD_SECONDS만큼 슬립을 두었다.

```
public void write(String path, String value) throws InterruptedException,
    KeeperException {
  int retries = 0;
  while (true) {
    try {
      Stat stat = zk.exists(path, false);
      if (stat == null) {
        zk.create(path, value.getBytes(CHARSET), Ids.OPEN_ACL_UNSAFE,
            CreateMode.PERSISTENT);
      } else {
        zk.setData(path, value.getBytes(CHARSET), stat.getVersion());
      }
      return;
    } catch (KeeperException.SessionExpiredException e) {
      throw e;
    } catch (KeeperException e) {
      if (retries++ == MAX_RETRIES) {
        throw e;
      }
      // 슬립 후 다시 시도
      TimeUnit.SECONDS.sleep(RETRY_PERIOD_SECONDS);
    }
  }
}
```

위 코드에서 KeeperException.SessionExpiredException에 대해서는 재시도하지 않는데,

세션이 만료되면 ZooKeeper 객체는 CLOSED 상태가 되고, 이때는 결코 재연결할 수 없기 때문이다([그림 21-3] 참조). 우리는 단순히 예외를 다시 던지고,[15] 호출자에 새로운 ZooKeeper 인스턴스를 생성하도록 하여 전체 write( ) 메서드가 재시도되도록 한다. 새로운 인스턴스를 생성하는 간단한 방법은 만료된 세션을 복구하기 위해 새로운 ConfigUpdater(여기서는 Resilient ConfigUpdater로 이름을 변경했다)를 생성하는 것이다.

```java
public static void main(String[] args) throws Exception {
  while (true) {
    try {
      ResilientConfigUpdater configUpdater =
          new ResilientConfigUpdater(args[0]);
      configUpdater.run();
    } catch (KeeperException.SessionExpiredException e) {
      // 새로운 세션 시작
    } catch (KeeperException e) {
      // 이미 다시 시도했기 때문에 중지
      e.printStackTrace();
      break;
    }
  }
}
```

세션 만료를 처리하는 다른 방법은 Watcher(예제에서는 ConnectionWatcher)에서 Keeper State가 Expired 타입인 것을 찾아보고 새로운 연결을 만드는 것이다. 이 방법을 사용하면 KeeperException.SessionExpiredException 통지를 받더라도 그냥 write( ) 메서드에서 계속 재시도하면 된다. 결국에는 다시 연결될 것이기 때문이다. 만료된 세션을 복구하는 정확한 메커니즘에 상관없이 중요한 사실은 이것이 연결 손실에서 발생하는 다른 종류의 실패이므로 다른 방식으로 처리해야 한다는 것이다.

> **NOTE_** 사실 여기서 다루지 않은 또 다른 실패 유형이 있다. ZooKeeper 객체가 생성될 때는 주키퍼 서버로 연결을 시도한다. 만약 연결이 실패하거나 타임아웃되면 앙상블 내의 또 다른 서버로 시도한다. 만약 모든 서버로 시도한 다음에도 실패하면 IOException을 던진다. 모든 주키퍼 서버가 이용 불가할 가능성은 낮지만 어떤 애플리케이션은 주키퍼를 이용할 수 있을 때까지 루프 내에서 계속 그 연산을 다시 시도할지도 모른다.

----

15 또 다른 프로그래밍 방식은 KeeperException에 대한 단일 catch 블록을 작성하는 것과 코드가 KeeperException.Code. SESSIONEXPIRED 값을 가지는지 여부를 테스트하는 것이다. 둘 다 같은 결과를 내므로 어떤 것을 사용할지는 스타일의 문제다.

이것은 재시도 관리에 대한 하나의 전략일 뿐이다. 매번 특정 상수의 배수만큼 재시도가 늦춰지는 지수 백오프^{exponential backoff}를 사용하는 것과 같은 다양한 전략이 존재한다.

21.4.3 락 서비스

분산 락^{distributed lock}은 프로세스 집단에서 상호 배제하기 위한 메커니즘이다. 한순간에 오직 하나의 프로세스만 락을 소유한다. 분산 락은 규모가 큰 분산 시스템에서 대표 선출을 위해 사용할 수 있다. 분산 시스템에서 대표는 항상 락을 소유한 프로세스다.

> **NOTE_** 주키퍼의 대표 선출을 일반적인 대표 선출 서비스와 혼동하지 않아야 하며, 일반적인 대표 선출은 주키퍼 프리미티브(실제로 주키퍼에 구현되어 있다)로 구축할 수 있다. 주키퍼의 대표 선출은 공개적으로 노출되지 않고, 여기서 설명하려는 일반적인 대표 선출 서비스의 형태와 다르며, 마스터 프로세스의 동의가 필요한 분산 시스템에서 사용되도록 설계되었다.

주키퍼를 사용해서 분산 락을 구현하려면 락을 두고 경쟁하는 프로세스에 대해 순서를 부여하도록 순차 znode를 사용한다. 아이디어는 간단하다. 우선 락 znode를 지정하는데, 일반적으로 락되어 있는 개체를 설명할 때 /leader라고 한다. 그리고 나서 락을 얻으려는 클라이언트는 순차 임시 znode를 락 znode의 자식으로 생성한다. 언제든 가장 낮은 순번의 클라이언트는 락을 소유할 수 있다. 예를 들어 두 클라이언트가 동시에 /leader/lock-1과 /leader/lock-2에 znode를 생성한다면 /leader/lock-1을 생성한 클라이언트가 락을 소유한다. 그 클라이언트의 znode가 순번이 가장 낮기 때문이다. 주키퍼 서비스는 순번을 할당했기 때문에 순서의 중재자가 된다.

락은 간단히 /leader/lock-1 znode를 삭제해서 해제한다. 만약 클라이언트 프로세스가 죽는다면 임시 znode로 생성했기 때문에 자연히 삭제될 것이다. 그러면 /leader/lock-2를 생성한 클라이언트는 다음으로 가장 낮은 순번이기 때문에 락을 소유하게 된다. znode가 사라질 때 동작하는 감시를 생성해두면 락이 없어질 때 통보를 받을 수 있다.

다음은 락 획득에 대한 의사코드다.

1 임시 순차 znode를 락 znode 아래에 lock-이라는 이름으로 생성하고 순차 znode의 실제 경로명을 기억한다(create 연산의 반환값).

2 락 znode의 자식을 얻고 감시를 설정한다.

3 1에서 생성한 znode의 경로명이 2에서 반환한 자식 중에서 가장 낮은 번호면 락을 획득한다. 그리고 종료한다.

4 2에서 설정한 감시로부터 통지를 기다리고 2단계로 간다.

집단 효과

위 알고리즘이 올바르더라도 몇 가지 문제가 있다. 첫 번째 문제는 이 구현은 **집단 효과**^{herd effect}를 겪는다는 것이다. 수백 또는 수천의 클라이언트를 고려해보자. 그리고 모두가 락을 획득하려 한다고 하자. 각 클라이언트는 자식 집합의 변경 내역을 확인하기 위해 락 znode에 감시를 설정한다. 매순간 락이 해제되거나 또 다른 프로세스가 락 획득 프로세스를 시작할 것이고, 감시가 동작하여 모든 클라이언트가 통지를 받을 것이다. '집단 효과'란 오직 적은 수의 클라이언트만 진행할 수 있는 이벤트를 수많은 클라이언트가 똑같이 통지받는 것을 말한다. 여기서 오직 하나의 클라이언트만 성공적으로 락을 획득할 수 있지만 모든 클라이언트에 감시 이벤트를 보내고 관리하는 과정은 혼잡을 야기하여 주키퍼 서버에 압박을 준다.

집단 효과를 피하기 위해서는 통지 조건을 개선할 필요가 있다. 락 구현에서 주시해야 할 핵심사항은 클라이언트가 오직 **이전** 순번을 가진 자식 znode가 사라질 때만 통지받아야 한다는 것이다. 다른 자식 znode가 삭제되거나 생성될 때는 통지받으면 안 된다. 예제에서 클라이언트들이 znode /leader/lock-1, /leader/lock-2, /leader/lock-3을 생성했다면 /leader/lock-3을 소유한 클라이언트는 오직 /leader/lock-2가 사라질 때만 통지받아야 한다. /leader/lock-1이 사라질 때 또는 새로운 znode /leader/lock-4가 추가될 때는 통지받을 필요가 없다.

회복 가능한 예외

락 알고리즘이 안고 있는 또 다른 문제는 연결 손실로 인해 create 연산이 실패할 때를 처리하지 않는 것이다. 이때 이 연산이 성공했는지 실패했는지 알 수 없다는 것을 기억하라. 순차적인 znode를 생성하는 것은 비멱등 연산이므로 단순히 재시도할 수는 없다. 만약 처음에 create가 성공했다면 고아가 된 znode를 갖게 될 것이고, 그것은 결코 삭제되지 않을 것이다(적어도 클라이언트 세션이 끝날 때까지는). 운이 없다면 데드락을 낳을 것이다.

문제는 재연결한 후 클라이언트는 어떤 자식 znode를 생성했는지 알 수 없다는 것이다. 하지만 znode 이름에 식별자를 첨가해놓으면 연결이 끊길 때 락 노드의 어떤 자식이 이름에 그 식별자를 가졌는지 확인할 수 있다. 만약 어떤 자식이 그 식별자를 포함한다면 그것은 create 연산이 성공했다는 뜻이므로 또 다른 자식 znode를 생성하지 않는다. 어떠한 자식 노드도 이름에 그 식별자를 가지지 않는다면 클라이언트는 안전하게 새로운 순차 자식 znode를 생성할 수 있다.

클라이언트의 세션 식별자는 long 형의 정수다. 이는 주키퍼 서비스에서 유일한 값이기 때문에 연결 손실 이벤트에 대해 클라이언트를 식별하는 데 이상적이다. 세션 식별자는 주키퍼 자바 클래스의 getSessionId() 메서드를 호출해서 얻을 수 있다.

임시 순차 znode를 lock-⟨*sessionId*⟩- 형식의 이름으로 생성하고 주키퍼가 순번을 붙이면 이름은 lock-⟨*sessionId*⟩-⟨*sequenceNumber*⟩가 된다. 순번이 부모에게는 유일하지만 자식 이름에는 그렇지 않으므로 이 기법은 자식 znode가 생성 순서를 가지면서 그들의 생성자도 알 수 있도록 해준다.

회복 불가능한 예외

만약 클라이언트의 주키퍼 세션이 만료되면 클라이언트가 생성한 임시 znode가 삭제되면서 효과적으로 락을 포기한다(적어도 그 클라이언트의 락 획득을 위한 순번을 박탈한다). 락을 사용하는 애플리케이션은 자신이 더 이상 락을 소유하지 않음을 인식하고, 상태를 정리하고, 다시 시작해서 새로운 락 객체를 생성하고, 이를 획득하기 위한 시도를 해야 한다. 이 과정을 제어하는 것은 락 구현체가 아니라 애플리케이션임을 유념하자. 락 구현체에서는 애플리케이션이 그 상태를 어떻게 초기화해야 하는지 가늠할 수 없기 때문이다.

구현

다루어야 할 실패 유형이 너무 많기 때문에 분산 락을 정확히 구현하는 것은 조심스러운 문제다. 주키퍼는 클라이언트가 쉽게 사용할 수 있는 WriteLock이라는 자바 언어로 된 실 서비스가 가능한 락을 구현해놓았다.

21.4.4 더 많은 분산 데이터 구조와 프로토콜

주키퍼로 구현할 수 있는 많은 분산 데이터 구조와 프로토콜이 있는데, 배리어[barrier], 큐, 2단계 커밋[two-phase commit] 등이 있다. 흥미로운 점은 이것은 동기 프로토콜이지만 우리는 이를 비동기 주키퍼 프리미티브(통지와 같은 것)로 구축할 것이다.

주키퍼 웹사이트[16]는 그러한 몇 개의 데이터 구조와 프로토콜을 의사코드로 설명해놓았다. 주키퍼는 이러한 표준 사용법(락, 대표 선출, 큐 포함)을 구현한 일부 프로그램을 제공한다. 이것은 배포판의 recipes 디렉터리에서 찾을 수 있다.

아파치 큐레이터 프로젝트[17] 역시 단순한 주키퍼 클라이언트와 주키퍼 사용법의 확장셋을 제공한다.

북키퍼와 헤드윅

북키퍼^{BookKeeper}는 고가용성의 신뢰성 높은 로깅 서비스다. WAL$^{write-ahead\ logging}$을 제공하는 데 사용될 수 있는데, WAL은 저장소 시스템 안에 있는 데이터의 무결성을 보장하는 데 사용되는 일반적인 기술이다. WAL을 사용한 시스템에서 모든 쓰기 동작은 적용되기 전에 먼저 트랜잭션 로그에 기록된다. 이러한 절차를 통해 모든 쓰기 동작 이후에 데이터를 영구적인 저장소에 반드시 저장할 필요는 없다. 시스템 장애가 발생할 때 적용되지 않은 모든 쓰기 동작은 트랜잭션 로그를 재수행함으로써 최신의 상태로 회복될 수 있기 때문이다.

북키퍼 클라이언트는 **레저**^{ledger}라고 하는 로그를 생성하고, 레저에 추가된 각 레코드를 **레저 엔트리**$^{ledger\ entry}$라고 한다. 레저 엔트리는 간단하게 바이트 배열로 되어 있다. 레저는 **부키**^{bookie}가 관리하며, 부키는 레저 데이터를 복제하는 서버다. 레저 데이터는 주키퍼 내에 저장되지 않고 오직 메타데이터만 저장됨을 명심하자.

예전부터 트랜잭션 로그를 기록하는 노드가 실패할 때 WAL을 사용해서 견고한 시스템을 만드는 것이 어려웠다. 하지만 이것은 보통 트랜잭션 로그를 복제해서 해결했다. 예를 들어 HDFS 고가용성은 3.2.5절에서 설명한 대로 저널 노드 그룹을 사용해서 고가용한 에디트 로그를 제공한다. 북키퍼와 유사하지만, 이는 HDFS를 위한 전용 서비스며 조정 엔진으로 주키퍼를 사용하지 않는다.

헤드윅^{Hedwig}은 북키퍼를 활용하여 구축된 토픽 기반의 발행-구독 시스템이다. 주키퍼 덕분에 헤드윅은 예상보다 길어진 시간 동안 구독자가 오프라인 상태에 있더라도 메시지 전송이 보장되는 고가용성 서비스다.

---

16 http://zookeeper.apache.org/
17 https://github.com/Netflix/curator

북키퍼는 주키퍼 서브프로젝트고 http://zookeeper.apache.org/bookkeeper/에서 헤드윅뿐만 아니라 북키퍼 사용에 대한 더 많은 정보를 얻을 수 있다.

21.5 주키퍼 실 서비스

실 서비스 환경에서는 주키퍼를 복제 모드로 운영해야 한다. 여기서는 주키퍼 서버 앙상블을 운용할 때 고려해야 할 사항을 다룰 것이다. 그러나 이 절에서 모든 것을 다루지는 않으므로 자세한 설명은 주키퍼 관리자 가이드[18]를 참고하기 바란다. 그곳에서는 지원되는 플랫폼, 추천 하드웨어, 유지 절차, 동적 환경 재설정(앙상블 운영 서버 변경), 속성 설정에 대한 정보를 다룬다.

21.5.1 탄력성과 성능

주키퍼 서버는 장비와 네트워크 장애로부터의 영향을 최소화하도록 배치되어야 한다. 즉, 실 운영에서 서버를 랙, 전원 공급 장치, 스위치 전반에 고르게 배치해서 어떤 것이 장애가 발생하더라도 앙상블이 서버의 반수 이하로 내려가지 않도록 주의해야 한다.

낮은 지연(수 밀리초 수준) 서비스가 필수인 애플리케이션의 경우 앙상블의 모든 서버를 단일 데이터 센터 내에 배치하여 운영하는 것은 중요하다. 그러나 모든 상황에서 낮은 지연을 요구하는 것은 아니기 때문에 추가적인 탄력성을 위해 여러 데이터 센터로 서버를 분산(데이터 센터당 최소 두 개)하는 것이 타당하다. 이 범주에 속하는 애플리케이션의 예로는 대표 선출과 큰 단위의 분산 락킹이 있다. 두 가지 모두 상태 변화가 상대적으로 드물고, 데이터 센터 간 메시지 전송 오버헤드가 수십 밀리초 수준이기 때문에 전체 서비스에서 차지하는 영향이 미미하다.

주키퍼는 고가용성 시스템이다. 따라서 주키퍼의 기능은 반드시 적시에 수행될 수 있어야 한다. 결론적으로 주키퍼는 주키퍼 전용 서버에서 단독으로 동작해야 한다. 다른 애플리케이션과 자원 경쟁을 하면 주키퍼의 성능이 상당히 저하될 수밖에 없다.

트랜잭션 로그를 자신의 스냅숏과 다른 디스크 드라이브에 보관하도록 주키퍼를 설정하자. 기본적으로 둘 다 dataDir 속성에 명시된 디렉터리로 들어가지만, dataLogDir에 위치를 명시하

---

18 http://bit.ly/admin_guide

면 그곳에 트랜잭션 로그가 기록될 것이다. 자신의 전용 디바이스(단순히 파티션이 아님)가 있으면 주키퍼 서버가 디스크에 로그 엔트리를 작성하는 속도를 최대로 할 수 있으며 탐색 없이 순차적으로 이루어진다. 모든 쓰기 동작은 대표를 거치기 때문에 쓰기 처리량은 서버를 추가해도 증가하지 않는다. 그러므로 쓰기는 가능한 한 빠르게 이루어지는 것이 중요하다.

> **NOTE_** 주키퍼에는 **관찰자 노드**observer node라는 개념이 있으며, 투표에 참여하지 않는 추종자 노드다. 관찰자는 쓰기 요청 동안에는 합의를 위한 투표에 참여하지 않기 때문에 쓰기 속도를 희생하지 않고 주키퍼 클러스터의 읽기 성능을 향상시켜준다.[19] 관찰자는 보통 투표에 참여하는 추종자처럼 지연 시간에 영향을 주지 않고 주키퍼 클러스터가 데이터 센터를 확장할 수 있도록 돕는다. 이는 하나의 데이터 센터에는 투표에 참여하는 멤버 노드를 배치하고 다른 데이터 센터에는 관찰자 노드를 배치하는 방식으로 데이터 센터 간 확장을 할 수 있다는 뜻이다.

프로세스가 디스크로 스왑되면 성능은 반대로 떨어진다. 이 문제는 자바의 힙 메모리 크기를 그 컴퓨터에서 이용 가능한 물리적 메모리양보다 적게 설정해서 회피할 수 있다. 주키퍼 스크립트는 리눅스의 source 명령을 실행하여 환경 설정 디렉터리의 java.env 파일을 불러오는데, 그 파일의 JVMFLAGS 환경변수에 힙 메모리 크기를 명시할 수 있다(그 외 원하는 JVM 인자도 설정 가능).

21.5.2 환경 설정

앙상블의 각 서버는 숫자로 된 앙상블에서 유일한 식별자를 가지는데 1~255 사이의 범위여야 한다. 이 서버 번호는 dataDir 속성에 의해 지정된 디렉터리에 있는 myid라는 파일에 일반 텍스트로 저장된다.

각 서버 번호를 설정하는 것은 작업의 절반일 뿐이다. 우리는 모든 서버에 앙상블 내의 다른 서버의 모든 아이디와 네트워크 위치를 알려주어야 한다. 주키퍼 설정 파일은 각 서버를 한 행에 쓰며 형식은 다음과 같다.

```
server.n=hostname:port:port
```

---

19 헨리 로빈슨의 「관찰자: 주키퍼의 확장성 높이기(Observers: Making ZooKeeper Scale Even Further)」(http://bit.ly/scaling_zookeeper)(Cloudera, December 2009)에서 자세한 내용을 볼 수 있다.

n 값은 서버 번호로 대체된다. 두 개의 포트 설정이 있는데 첫 번째는 추종자가 대표에 연결할 때 사용되고, 두 번째는 대표 선출에 사용된다. 다음은 세 대의 복제 컴퓨터를 가진 주키퍼 앙상블에 대한 설정 예다.

```
tickTime=2000
dataDir=/disk1/zookeeper
dataLogDir=/disk2/zookeeper
clientPort=2181
initLimit=5
syncLimit=2
server.1=zookeeper1:2888:3888
server.2=zookeeper2:2888:3888
server.3=zookeeper3:2888:3888
```

서버는 세 개의 포트에 대해 리슨한다. 2181은 클라이언트 연결을 위해, 2888은 대표일 때 추종자 연결을 위해, 3888은 대표 선출 단계에서 다른 서버 연결을 위해 각각 사용된다. 주키퍼 서버가 시작되면 그것이 어떤 서버인지 결정하기 위해 myid 파일을 읽고 그런 다음 리슨해야 하는 포트를 결정하고 앙상블 내 다른 서버의 네트워크 주소를 알기 위해 환경 설정 파일을 읽어 들인다.

이 주키퍼 앙상블에 연결하는 클라이언트는 zookeeper1:2181,zookeeper2:2181,zookeeper3:2181을 ZooKeeper 객체 생성자의 호스트 문자열로 사용한다.

복제 모드에서는 두 개의 부가적인 속성 initLimit와 syncLimit가 필요하다. 둘 다 tickTime의 배수로 계산한다.

initLimit는 대표에 연결하고 동기화하려는 추종자에 허용된 시간의 양이다. 과반수의 추종자가 그 기간 내에 동기화하지 않으면 대표는 권한을 포기하고 또 다른 대표 선출에 참여한다. 이러한 일이 종종 발생하면(로그가 기록되어 있으므로 그러한 상황인지 알 수 있음) 너무 낮게 설정했다는 의미다.

syncLimit는 대표와 동기화하려는 추종자에 허용된 시간의 양이다. 추종자가 이 시간 내에 동기화하지 못하면 스스로 재시작한다. 이 추종자에 접속되었던 클라이언트는 다른 서버로 연결된다.

initLimit와 syncLimit는 주키퍼 서버의 클러스터를 운용하기 위해 필요한 최소한의 설정이다. 이 외에도 특별히 성능 개선을 위한 더 많은 설정 선택사항이 있으며, 주키퍼 관리자 가이드[20]에 잘 설명되어 있다.

21.6 참고 도서

주키퍼에 관한 자세한 내용은 플라비오 융퀘이라Flavio Junqueira와 벤자민 리드Benjamin Reed의『주키퍼』(O'Reilly, 2013)를 참고하기 바란다.

---

20 http://bit.ly/zookeeper_admin

Part **V**

사례 연구

5부는 흥미로운 방식으로 하둡을 사용한 사람들이 기고한 사례 연구 모음이다.

Part V

사례 연구

서너의 구조적 데이터

라이언 브러시[Ryan Brush]

미카 휘태커[Micah Whitacre]

헬스케어 정보 기술의 이슈는 기존의 프로세스를 자동화하는 것이다. 하지만 변화가 일어나고 있다. 품질을 높이고 비용을 제어하기 위해서는 지금보다 더 좋은 시스템이 필요하다. 이 장에서는 서너[Cerner]가 이러한 문제를 해결하기 위해 헬스케어 분야에 하둡 에코시스템을 어떻게 적용했는지 살펴보겠다.

22.1 CPU에서 시맨틱 통합까지

서너는 전자 의료 기록 분야에서 시작하여 최근 헬스케어 기술까지 오랜 전통을 가진 기업으로 유명하다. 기존과 다른 접근 방법이 필요한 새로운 문제 때문에 서너는 하둡에 관심을 가지게 되었다.

2009년 의료 기록의 검색 색인을 빠르게 만들 수 있는 기술이 필요했다. 하둡이 아닌 다른 아키텍처로는 이 문제를 쉽게 해결할 수 없었다. 문서에서 단어를 추출하고 다른 단어와의 관계를 해석하는 등 의료 문서를 처리하는 데 상당한 비용이 들기 때문에 검색 색인이 반드시 필요했다. 예를 들어 '심장질환'이라는 키워드를 입력하면 '심근경색'과 관련된 문서가 검색되어야 한다.

이러한 작업은 비용이 많이 든다. 대용량 문서 하나를 처리할 때 수 초가 걸리는데, 서너가 처리할 문서는 수백만 개가 넘었다. 간단히 말하면 엄청난 CPU 파워가 필요했기 때문에 비용 대비 효율이 높은 새로운 시스템이 요구되었다.

대용량 문서를 해석하기 위해 SEDA$^{\text{staged event-driven architecture}}$ 방식을 검토한 적도 있었다. 하지만 수백만 개의 문서를 빠른 시간 안에 처리하는 작업이 매우 빈번했는데 하둡은 이런 면에서 큰 장점이 있었다. 의료 문서에서 지식을 추출하는 로직은 매우 빨리 발전했고 세상에 빨리 전해야 할 의무가 있었다. 하둡은 이미 존재하는 데이터에 새로운 맵리듀스 잡을 개발하여 실행하면 그만이었다. 처리된 문서는 애플리케이션 질의를 제공하는 아파치 솔라^{Solr} 서버 클러스터로 로드했다.

이러한 성공은 다음 단계의 프로젝트로 도약할 수 있는 초석이 되었다. 이런 방식의 시스템과 데이터는 비용을 줄이고 전국민을 상대로 헬스케어 서비스를 제공하는 데 실증적인 근거가 될 수 있었다. 헬스케어 분야의 데이터는 시스템이나 조직에 따라 파편화되는 경향이 있기 때문에 가장 먼저 시도한 작업은 전체 데이터를 모으고 그것을 이해하는 것이었다.

데이터의 출처와 포맷도 많았지만 이를 해석하는 표준 데이터 모델도 많았기 때문에 시맨틱 통합$^{\text{semantic integration}}$이란 엄청난 문제에 직면하게 되었다. 데이터의 **크기**는 사실 큰 문제가 되지 않았다. 하둡은 이미 우리가 원하는 확장성을 제공하고 있었지만, 데이터의 정제, 관리, 변환과 같은 작업은 너무 복잡했다. 이러한 복잡성을 해결할 수 있는 고수준의 도구가 절실히 필요했다.

22.2 아파치 크런치의 도입

이질적인 데이터셋을 통합하고 분석하기 위해서는 다음과 같은 요구사항을 만족해야 한다.

- 수많은 처리 과정을 각 모듈로 분리하고 이를 정교한 파이프라인으로 결합해야 한다.
- 맵리듀스보다 고수준의 프로그래밍 모델이 필요하다.
- 수백 개의 필드가 있고 여러 단계의 중첩 구조로 된 복잡한 의료 레코드 구조를 처리할 수 있어야 한다.

우리는 피그, 하이브, 캐스케이딩 등 다양한 도구를 검토해보았다. 각각은 잘 작동했고 추가로 비정형 분석을 위해 하이브도 사용했다. 하지만 복잡한 데이터 구조를 유연하게 처리하기에는 모든 도구가 부적합했다. 그러던 중 우리는 조쉬 윌스$^{\text{Josh Wills}}$가 주도하는 크런치(18장 참조)

프로젝트를 알게 되었다. 크런치는 구글의 FlumeJava 시스템과 유사하다. 크런치는 단순한 자바 기반 프로그래밍 모델과 정적인 레코드 타입 검증 기능을 제공한다. 따라서 회사의 자바 개발자도 좋아하고 다루는 데이터에도 적합했다.

22.3 완전한 설계도의 제작

대규모의 헬스케어 시스템을 이해하고 관리할 때 중요한 점은 엄청난 양의 데이터를 정제하고 정규화하고 관계를 맺는 작업이 필요하다는 것이다. 이러한 형태의 데이터는 많은 출처에 널려 있기 때문에 이를 통합하는 작업은 매우 어렵고 오류도 많다. 병원, 의사 사무실, 처방실, 클리닉은 개인 의료 기록을 따로 보유하고 있으며, 그 데이터는 CCD[Continuity of Care Document], HL7[Health Level 7] (헬스케어 데이터 공유 포맷), CSV 파일과 같은 업계 표준 파일 포맷 또는 소프트웨어 의존 포맷[proprietary format] 으로 되어 있다.

우리의 첫 번째 과제는 이러한 데이터를 확보한 후 정제되고 통합된 형태로 변환하는 것이었다. 그다음에는 이 데이터를 이용하여 환자의 특별한 상태를 관리하고 헬스케어 운영에 필요한 정보를 측정하고 다양한 분석을 지원하는 것이다([그림 22-1] 참조).

그림 22-1 운영 데이터 흐름

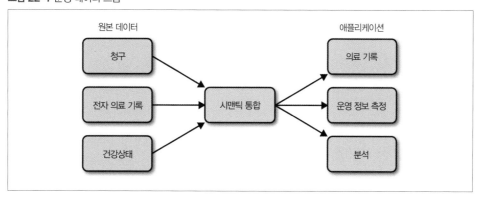

여기서 핵심 단계는 정제된 시맨틱 통합 기초를 세우는 작업으로, 이 사례 연구에서 가장 중점을 두는 부분이다. 먼저 데이터를 공통 구조로 정규화하는 것부터 시작한다. 이 시스템의 초기 버전은 다른 모델을 사용했으나, 지금은 에이브로를 이용하여 각 처리 과정 사이에 데이터를 저장하거나 공유하는 시스템으로 이전되었다. [예제 22-1]은 공통 구조를 보여주기 위한 간단한 에이브로 IDL이다.

예제 22-1 공통 자료형을 위한 에이브로 IDL

```
@namespace("com.cerner.example")
protocol PersonProtocol {

  record Demographics {
    string firstName;
    string lastName;
    string dob;
    ...
  }

  record LabResult {
    string personId;
    string labDate;
    int labId;
    int labTypeId;
    int value;
  }

  record Medication {
    string personId;
    string medicationId;
    string dose;
    string doseUnits;
    string frequency;
    ...
  }

  record Diagnosis {
    string personId;
    string diagnosisId;
    string date;
    ...
  }

  record Allergy {
    string personId;
    int allergyId;
    int substanceId;
```

```
      ...
  }

  /**
   * 단일 원본의 개인 의료 기록을 표현
   */
  record PersonRecord {
    string personId;
    Demographics demographics;
    array<LabResult> labResults;
    array<Allergy> allergies;
    array<Medication> medications;
    array<Diagnosis> diagnoses;
    ...
  }
}
```

이제 다양한 자료형을 가진 데이터는 분리된 데이터셋이 아닌 공통의 person 레코드에 모두 내포되었다. 완성된 레코드를 보면 알겠지만 이것이 바로 가장 일반적인 데이터 사용 패턴이다. 이렇게 하면 데이터셋의 조인 작업이 필요 없게 된다.

일련의 크런치 파이프라인을 사용하여 데이터를 PCollection<PersonRecord> 형태로 다루었다. 이렇게 하면 데이터 원본의 복잡성을 숨길 수 있고 원시 데이터와 상호작용하는 인터페이스를 단순화할 수 있고 기록 데이터를 정규화할 수 있다. 여기선 보이지 않지만 각 PersonRecord는 HDFS에 저장되어 있거나 HBase에 컬럼 패밀리와 퀄리파이어(한정자)로 펼쳐진 개별 데이터 항목에 저장되어 있을 것이다. [표 22-1]에서 데이터를 결합한 예를 볼 수 있다.

표 22-1 결합된 데이터

데이터 원천	개인 ID	개인 정보	데이터
의사 사무실	12345	Abraham Lincoln...	당뇨 진료, 진단 결과
병원	98765	Abe Lincoln...	독감 진단
처방실	98765	Abe Lincoln...	알레르기, 약
클리닉	76543	A. Lincoln...	진단 결과

사용자는 크런치 PCollection을 생성하는 'retriever' API를 이용하여 인증된 원천 집합에서 원하는 데이터를 쉽게 추출할 수 있다.

```
Set<String> sources = ...;
PCollection<PersonRecord> personRecords =
    RecordRetriever.getData(pipeline, sources);
```

이러한 방식으로 추출기를 사용하면 데이터가 저장된 물리적인 위치와 방법에 상관없이 데이터셋을 불러올 수 있다. 또한 쓰는 작업에도 이러한 방식을 사용하면 하둡의 데이터를 관리하기 위해 최근에 만들어진 Kite SDK[1]를 대체할 수 있다. PCollection<PersonRecord>로 추출된 각 항목은 단일 원본의 맥락에서 완전한 개인의 의료 기록을 나타내게 된다.

22.4 헬스케어 데이터 통합

원시 데이터에서 헬스케어와 관련된 문제의 답을 얻기 위해서는 수많은 단계의 처리 과정이 필요하다. 다수의 원본에서 한 개인의 데이터를 병합하는 사례를 한번 살펴보자.

한국과 달리 미국은 환자의 공통 식별자가 없다. 각 시스템에 저장된 개인의 이름이나 주소와 같은 인구 통계가 서로 다르기 때문에 잡음이 섞인 데이터를 조합해야 하며, 따라서 다양한 출처의 개인 데이터를 정확하게 통합하는 것은 매우 어렵다. 다양한 출처에 퍼져 있는 정보는 [표 22-2]와 같은 형태를 띤다.

표 22-2 다양한 출처로부터의 데이터

데이터 출처	개인 ID	이름	성	주소	성별
의사 사무실	12345	Abraham	Lincoln	1600 Pennsylvania Ave.	M
병원	98765	Abe	Lincoln	Washington, DC	M
병원	45678	Mary Todd	Lincoln	1600 Pennsylvania Ave.	F
클리닉	76543	A.	Lincoln	Springfield, IL	M

헬스케어 분야에서 이러한 문제는 EMPI^Enterprise Master Patient Index라 불리는 시스템으로 거의 해결한다. EMPI의 데이터는 다양한 시스템에서 유입되며 어떤 레코드가 동일인의 자료인지 판단해준다. 사람의 관계를 명시적으로 맺어주는 방법부터 공통성을 식별하는 고수준의 알고리즘까지 해결하는 방법은 매우 다양하다.

---
1 http://kitesdk.org/

일부는 외부 시스템에 있는 EMPI 정보를 불러오고 없으면 하둡에서 직접 계산해야 한다. 이러한 정보를 찾아낼 수 있는 핵심은 크런치 기반의 파이프라인을 사용하는 것이다. 다음과 같은 자료 구조의 PCollection<EMPIRecord>를 결과로 얻을 수 있다.

```
@namespace("com.cerner.example")
protocol EMPIProtocol {

  record PersonRecordId {
    string sourceId;
    string personId
  }

  /**
   * EMPI와 일치하는 레코드를 나타냄
   */
  record EMPIRecord {
    string empiId;
    array<PersonRecordId> personIds;
  }
}
```

이러한 구조의 데이터를 갖는 EMPI 정보를 얻을 수 있으면 PCollection<EMPIRecord>는 [표 22-3]과 같은 데이터를 갖게 될 것이다.

표 22-3 EMPI 데이터

EMPI 식별자	PersonRecordIds (<SourceId, PersonId>)
EMPI-1	<offc-135, 12345>
	<hspt-246, 98765>
	<clnc-791, 76543>
EMPI-2	<hspt-802, 45678>

준비된 PCollection<EMPIRecord>와 PCollection<PersonRecord>를 기반으로 한 곳에 있는 개인의 의료 기록을 그룹화하려면 해당 컬렉션은 반드시 공통 키를 가진 PTable로 변환되어야 한다. 이런 상황에서 첫 번째 값이 sourceId고 두 번째 값이 personId인 Pair<String, String>은 조인에 사용될 고유 키라는 것을 보장한다.

첫 번째 단계는 컬렉션의 각 EMPIRecord에서 공통키를 추출하는 것이다.

```
PCollection<EMPIRecord> empiRecords = ...;
PTable<Pair<String, String>, EMPIRecord> keyedEmpiRecords =
    empiRecords.parallelDo(
  new DoFn<EMPIRecord, Pair<Pair<String, String>, EMPIRecord>>() {
    @Override
    public void process(EMPIRecord input,
        Emitter<Pair<Pair<String, String>, EMPIRecord>> emitter) {
      for (PersonRecordId recordId: input.getPersonIds()) {
        emitter.emit(Pair.of(
            Pair.of(recordId.getSourceId(), recordId.getPersonId()), input));
      }
    }
  }, tableOf(pairs(strings(), strings()), records(EMPIRecord.class)
);
```

그다음에는 각 PersonRecord에서 동일한 키를 추출해야 한다.

```
PCollection<PersonRecord> personRecords = ...;
PTable<Pair<String, String>, PersonRecord> keyedPersonRecords = personRecords.by(
    new MapFn<PersonRecord, Pair<String, String>>() {
  @Override
  public Pair<String, String> map(PersonRecord input) {
    return Pair.of(input.getSourceId(), input.getPersonId());
  }
}, pairs(strings(), strings())));
```

두 개의 PTable 객체를 조인하면 PTable<Pair<String, String>, Pair<EMPIRecord, PersonRecord>>를 얻을 수 있다. 이 사례에서 키는 더 이상 의미가 없기 때문에 EMPI 식별자를 키로 변경했다.

```
PTable<String, PersonRecord> personRecordKeyedByEMPI = keyedPersonRecords
    .join(keyedEmpiRecords)
    .values()
    .by(new MapFn<Pair<PersonRecord, EMPIRecord>>() {
  @Override
  public String map(Pair<PersonRecord, EMPIRecord> input) {
    return input.second().getEmpiId();
  }
}, strings()));
```

마지막 단계에서 모든 데이터를 함께 결합하여 완전한 컬렉션을 만들기 위해 공통키를 기준으로 테이블을 그룹 짓는다.

```
PGroupedTable<String, PersonRecord> groupedPersonRecords =
    personRecordKeyedByEMPI.groupByKey();
```

PGroupedTable은 [표 22-4]와 같은 데이터를 갖게 될 것이다.

전체 처리 과정의 첫 단계는 원본 데이터를 통합하는 것이다. 다른 크런치 함수는 클라이언트의 다양한 요구를 만족하기 위한 후속 단계의 기반이 된다. 일반적인 사례에서 몇몇 문제는 통합된 PersonRecord의 내용을 불러와서 새로운 의료 정보를 생성하기 위한 규칙 기반 처리 모델에 넣으면 해결된다. 예를 들어 당뇨병을 중점적으로 치료받을지 결정하거나 개선할 수 있는 부분을 찾을 때 이러한 의료 기록을 살펴볼 것이다. 단순한 건강관리부터 관리하기 어려운 건강상태까지 다양한 요구사항을 만족하는 유사한 규칙 집합이 있다. 로직이 매우 복잡할 수도 있고 사례에 따라 편차가 심할 수도 있다. 하지만 이 모든 것은 크런치 파이프라인에 있는 함수로 처리할 수 있다.

표 22-4 EMPI 데이터 그룹

EMPI 식별자	Iterable⟨PersonRecord⟩
EMPI-1	```{```
	``` "personId": "12345",```
	``` "demographics": {```
	``` "firstName": "Abraham", "lastName": "Lincoln", ...```
	``` },```
	``` "labResults": [...]```
	```},```
	```{```
	``` "personId": "98765",```
	``` "demographics": {```
	``` "firstName": "Abe", "lastName": "Lincoln", ...```
	``` },```
	``` "diagnoses": [...]```
	```},```
	```{```
	``` "personId": "98765",```
	``` "demographics": {```
	``` "firstName": "Abe", "lastName": "Lincoln", ...```
	``` },```

EMPI 식별자	Iterable⟨PersonRecord⟩

```
                    "medications": [...]},
            {
              "personId": "76543",
              "demographics": {
                "firstName": "A.", "lastName": "Lincoln", ...
              }
              ...
            }

EMPI-2          {
              "personId": "45678",
              "demographics": {
                "firstName": "Mary Todd", "lastName": "Lincoln", ...
              }
              ...
            }
```

22.5 프레임워크를 뛰어넘는 결합성

여기서 언급한 패턴은 헬스케어 센터의 개인 정보와 관련된 특별한 적용 사례다. 하지만 이러한 데이터는 헬스케어의 운영과 시스템적 특성을 이해하는 기초가 되었을 뿐만 아니라 이를 변환하고 분석하는 새로운 수요도 창출해냈다.

크런치와 같은 라이브러리는 데이터와 처리 로직을 구조화할 때 큰 도움이 되기 때문에 새로운 요구사항에도 충분히 대응할 수 있다. 유일한 정적 데이터 처리 프레임워크 대신 모듈화된 함수와 데이터셋을 준비해두면 새로운 요구가 발생했을 때 이를 재사용할 수 있다. [그림 22-2]는 신선한 방법으로 여러 구성요소를 결합하는 방법을 보여준다. 여기서 사각형은 하나 이상의 크런치 DoFns다. 당뇨병을 진단하고 건강관리 프로그램을 추천하기 위해 환자의 의료 기록을 활용했으며, 운영 데이터와 통합하고 건강시스템을 분석하기 위해 이러한 구조적인 구성요소를 사용했다.

결합성은 새로운 문제를 점진적으로 풀어가는 방법이기 때문에 문제 해결이 쉬워진다. 새로운 유형의 문제에 대한 답을 얻기 위해 필요한 데이터 뷰를 새로 만들 때 기존 데이터셋과 변환 기능을 활용하여 새로운 버전의 데이터를 생성할 수 있다. 문제를 조금씩 이해할 때마다 점진적으로 데이터 뷰를 대체하거나 변경할 수 있다. 궁극적인 목표는 새로운 함수와 데이터셋을 재사용하고 새로운 요구사항에도 활용하는 것이다. 데이터를 이해하고자 하는 요구가 계속 늘어났기 때문에 데이터셋의 목록도 결국 증가하게 되었다.

그림 22-2 구조적인 데이터셋과 함수

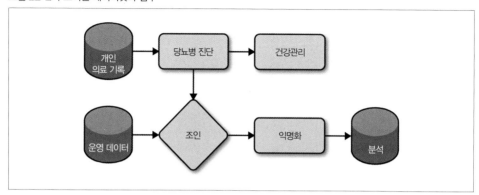

전체적인 처리과정은 오지^{Oozie}로 관리된다. 새로운 데이터가 들어올 때마다 잘 정의된 HDFS 디렉터리에 고유한 식별자를 가진 새로운 데이터셋이 생성된다. 오지 코디네이터는 그 디렉터리를 감시하고 있다가 새로운 데이터가 들어오면 후속 데이터셋을 생성하는 크런치 잡을 구동한다. 이어서 다른 코디네이터가 이 데이터셋을 처리할 것이다. 이 책을 쓰는 시점에는 유일성을 보장하기 위해 데이터셋과 변경은 UUID로 식별되었다. 하지만 최근에는 오지의 시간 단위 모델로 처리할 수 있도록 타임스탬프 기반의 파티션에 새로운 데이터를 배치하는 방식으로 바뀌었다.

22.6 발전 방향

우리는 시스템의 효율성을 높여서 그 가치를 극대화하기 위해 두 단계의 과정을 밟고 있다.

첫째, 하둡 에코시스템과 이를 지원하는 라이브러리와 관련된 실천 규범을 만들 것이다. 이 책에서 모범 사례를 몇 개 언급하긴 했지만 효율적인 구현을 위해서는 특별한 전문 지식이 필요하다. 우리는 명시적인 패턴을 만들고 많은 사용자가 접근할 수 있는 라이브러리를 사용하거나 구축하고 있다. 크런치 라이브러리에 포함된 다양한 조인과 처리 패턴을 사용하면 좋은 사례를 만들 수 있다.

둘째, 데이터셋 목록의 증가로 크런치가 제공하는 처리 특성을 보완할 수 있는 단순하고 규범적인 데이터 관리 시스템이 필요해졌다. 이러한 요구를 충족하기 위해 Kite SDK를 일부 도입했고 나중에는 더 많은 곳에 적용할 예정이다.

최종 목표는 지금까지 경험하지 못한 문제를 포함한 헬스케어 분야의 다양한 요구사항을 충족할 수 있는 안전하고 확장성 있는 데이터 목록을 만드는 것이다. 하둡은 데이터의 증가 및 처리에 대한 요구를 만족시켰으며, 수많은 사용자가 고수준의 라이브러리를 활용하여 다양한 문제를 해결하고 있다.

생물학의 데이터 과학:
소프트웨어로 생명 구하기

매트 매시^{Matt Massie}

맵리듀스 논문[1]이 OSDI'04에 나온 지 벌써 10년이 지났다는 사실이 믿기지 않는다. 맵리듀스 논문이 첨단 산업에 미친 영향은 과장해도 지나치지 않는다. 맵리듀스 패러다임은 비전문가도 분산 프로그래밍을 할 수 있고 일반 하드웨어로 구축된 클러스터에서 대규모 데이터를 처리할 수 있게 해주었다. 오픈 소스 커뮤니티는 아파치 하둡 및 스파크와 같은 오픈 소스 맵리듀스 기반 시스템을 만들어 데이터 과학자 및 엔지니어가 예전에는 상상도 못했던 규모의 문제를 규정하고 해결할 수 있도록 지원하고 있다.

첨단 산업이 맵리듀스 기반 시스템으로 발전하는 동안 생물학 분야는 2세대(또는 차세대) 시퀀싱 기술로 인해 스스로 변화하고 있었다([그림 23-1] 참조). 시퀀싱 머신은 인간 유전 물질의 완전한 집합인 게놈^{genome}을 구성하는 화학 기호 문자(A, C, T, G)를 해독하는 과학 기계다. 맵리듀스 논문이 발표된 2004년에 게놈의 염기서열을 얻으려면 약 2천만 달러가 들었고 수개월의 시간이 걸렸다. 하지만 오늘날에는 불과 수천 달러면 충분하고 단 며칠밖에 걸리지 않는다. 최초의 인간 게놈을 만드는 작업은 수십 년이 걸렸지만, 2014년에만 전 세계에서 228,000개의 게놈이 시퀀싱되었다.[2] 이 추정치는 2014년에 약 20페타바이트의 시퀀싱 데이터가 전 세계에서 만들어졌음을 의미한다.

----

1 http://research.google.com/archive/mapreduce.html

2 안토니오 레가라도(Antonio Regalado)의 「엠테크: 일루미나는 올해 228,000명의 인간 게놈이 시퀀싱될 것으로 예상한다(EmTech: Illumina Says 228,000 Human Genomes Will Be Sequenced This Year)」(2014년 9월 24일)를 참고하라.

그림 23-1 빅데이터 기술과 게놈 시퀀싱 비용의 연대표

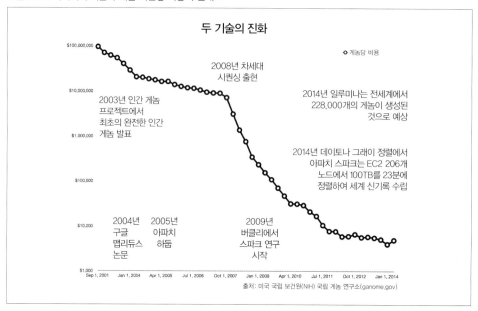

향후 몇 년 동안 시퀀싱 비용의 급감으로 게놈 데이터의 초고속 성장이 예상된다. DNA 데이터의 홍수로 인해 생물학 분야의 데이터 과학자들은 최신 게놈 소프트웨어를 이용하여 적시에 확장 가능한 방식으로 데이터를 처리하려고 매우 노력하고 있다. UC 버클리 대학의 컴퓨터 과학 분야 연구실인 AMPLab[3]은 독창적인 빅데이터 시스템과 애플리케이션을 개발하는 데 집중하고 있다. 예를 들어 아파치 스파크(19장 참조)는 AMPLab에서 성장한 시스템 중 하나다. 스파크는 최근 데이토나 그래이 정렬Daytona Gray Sort에서 100TB의 데이터를 불과 23분 만에 정렬하여 세계 기록을 갱신했다. 또한 세계 기록을 깨뜨린 데이터브릭스Databricks[4]의 팀은 1PB의 데이터를 4시간 이내에 정렬할 수 있다는 것도 입증했다.

오늘날 우리는 2014년에 수집된 모든 게놈을 수백 대의 머신에서 일 단위로 분석할 수 있는 기술을 보유하고 있다는 엄청난 가능성을 고려하라.

AMPLab은 기술적인 이유로 게놈 연구를 빅데이터 애플리케이션의 최적의 대상으로 선택했지만, 사실 더 중요한 이유는 인간애 때문이었다. 우리가 생물학 데이터를 적시에 처리할 수 있으면

3 https://amplab.cs.berkeley.edu/

4 http://databricks.com/

수많은 생명을 구할 수 있을 것이다. 이 장에서 다룰 사례 연구는 대규모 생물학 데이터셋을 분석하기 위해 오픈 소스 커뮤니티와 여러 협력사가 함께 개발하여 사용하고 있는 시스템에 초점을 둘 것이다.

23.1 DNA 구조

1953년 프랜시스 크릭^{Francis Crick}과 제임스 왓슨^{James D. Watson}이 로잘린드 프랭클린^{Rosalind Franklin}과 모리스 윌킨스^{Maurice Wilkins}가 수집한 실험 데이터를 사용하여 DNA 이중 나선 구조를 발견한 것은 20세기 최고의 과학적 발견 중 하나였다. 네이처에 실린 「핵산의 분자 구조: 디옥시리보스 핵산의 구조^{Molecular Structure of Nucleic Acids: A Structure for Deoxyribose Nucleic Acid}」란 제목의 논문에는 과학 분야에서 가장 심오하고 절제된 문장이 포함되어 있다.

> 우리가 급하게 상정한 '특정 쌍이 유전 물질에 대한 복사 메커니즘을 좌우한다'는 사실은 절대 감출 수 없다.

이 '특정 쌍'은 염기는 아데닌^{adenine}(A)과 티민^{thymine}(T)이 항상 함께 쌍을 이루고, 구아닌^{guanine}(G)과 시토신^{cytosine}(C)이 함께 쌍을 이룬다는 관찰에서 비롯되었다([그림 23-2] 참조). 이 결정론적 쌍은 '복사 메커니즘'을 가능하게 만들어준다. DNA 이중 나선이 풀리고 상보적 염기쌍^{complementary base pair}이 자리를 잡으면 원래 DNA 사슬의 완전한 사본이 2개 만들어진다.

그림 23-2 DNA 이중 나선 구조

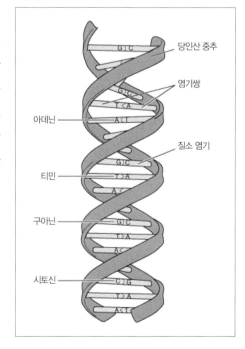

당인산 중추

염기쌍

아데닌

질소 염기

티민

구아닌

시토신

23.2 유전 암호: DNA 글자의 단백질 전환

단백질이 없으면 생명도 없다! DNA는 단백질을 제조하는 역할을 맡고 있다. 단백질은 특정 구조나 기능을 수행하기 위해 3차원 형태로 접혀 있는 아미노산의 사슬이다.[5] 아미노산은 총 20개가 있지만,[6] DNA 기호(A, C, T, G)는 4개만 있다. 이 기호를 조합한 단어인 **코돈**codon이라 불리는 단위에 의해 아미노산의 종류가 결정된다. 각 코돈은 3개의 염기로 구성된다(2개의 염기만 있으면 $4^2 = 16$개의 아미노산만 표현할 수 있기 때문).

1968년 하르 고빈드 코라나Har Gobind Khorana, 로버트 윌리엄 홀리Robert W. Holley, 마셜 니런버그Marshall Nirenberg는 아미노산을 서로 대응하는 64개의 코돈과 연결한 공로로 노벨 생리의학상을 수상했다. 각 코돈은 단일 아미노산을 지령하거나 시작점(START!) 및 끝점(STOP!)으로 지시된다([표 23-1] 참조). 코돈은 총 64개가 가능하고 아미노산은 20개만 있기 때문에 다수의 코돈이 일부 아미노산과 대응하게 된다.

표 23-1 코돈표

아미노산	코돈	아미노산	코돈
Alanine	GC{U,C,A,G}	Leucine	UU{A,G} or CU{U,C,A,G}
Arginine	CG{U,C,A,G} or AG{A,G}	Lysine	AA{A,G}
Asparagine	AA{U,C}	Methionine	AUG
Aspartic acid	GA{U,C}	Phenylalanine	UU{U,C}
Cysteine	UG{U,C}	Proline	CC{U,C,A,G}
Glutamic acid	GA{A,G}	Threonine	AC{U,C,A,G}
Glutamine	CA{A,G}	Serine	UC{U,C,A,G} or AG{U,C}
Glycine	GG{U,C,A,G}	Tryptophan	UGG
Histidine	CA{U,C}	Tyrosine	UA{U,C}
Isoleucine	AU{U,C,A}	Valine	GU{U,C,A,G}
START!	AUG	STOP!	UAA or UGA or UAG

지구상의 모든 유기체는 동일한 공통 조상으로부터 진화했기 때문에 변이가 거의 없는 동일한 유전 암호를 가지고 있다. 나무, 벌레, 곰팡이, 치타 등 모든 유기체의 UGG 코돈은 트립토판tryptophan

---

5 이 과정을 단백질 접힘(protein folding)이라고 한다. Folding@home(http://folding.stanford.edu/)은 연구자가 단백질 접힘 메커니즘을 결정할 수 있도록 유휴 CPU를 기부하는 프로젝트다.

6 이 표에는 없지만 다른 방식으로 지령되는 비표준 아미노산도 있다.

을 지령한다([표 23-1] 참조). 대자연^{Mother Nature}은 지난 수십억 년 동안 코드 재사용의 최고 실천자였다.

DNA는 아미노산의 합성에 직접적으로 사용되지는 않는다. 그 대신 **전사**^{transcription}라 불리는 과정에서 단백질 생성 코드인 DNA 염기서열을 복사하여 **메신저**^{messenger} **RNA**(mRNA)를 만든다. 그다음에 **번역**^{translation}이라 불리는 과정에서 이 mRNA는 단백질을 생성하기 위해 세포핵의 정보를 주의의 **세포질**^{cytoplasm}로 전달한다.

다음 예제를 보면 DNA 기호 중 T^{thymine}(티민)는 보이지 않고 새로운 기호인 U^{uracil}(유라실)가 보일 것이다. **전사** 과정에서는 T가 U로 대체된다.

```
$ echo "ATGGTGACTCCTACATGA" | sed 's/T/U/g' | fold -w 3
AUG
GUG
ACU
CCU
ACA
UGA
```

예제에 나온 코돈을 [표 23-1]의 코돈 표에서 하나씩 찾아보면 이러한 DNA 사슬이 메티오닌^{methionine}, 발린^{valine}, 트레오닌^{threonine}, 프롤린^{proline}, 트레오닌^{threonine}이 연결된 아미노산을 갖는 단백질로 번역된다는 사실을 알 수 있다. 이 예제는 인위적으로 만든 것이지만 우리를 **유일한 존재**로 있게 해주는 단백질을 DNA가 어떻게 생성하는지 논리적으로 잘 설명해준다. 과학이 시작점과 끝점을 포함한 DNA 언어를 우리가 이해할 수 있게 해준 것은 정말 놀라운 일이다.

23.3 DNA를 소스 코드처럼 생각하기

세포 수준에서 보면 우리 몸은 완전한 분산 시스템이다. 중앙은 없다. 동일한 코드, 즉 DNA를 실행하는 37.2조의 세포로 이루어진 클러스터와 같다.[7]

DNA를 소스 코드처럼 생각하고 싶으면 다음 내용을 고려하라.

....

7 에바 비안코니(Eva Bianconi) 공저 「인체의 세포 수 추정(An estimation of the number of cells in the human body)」(http://bit.ly/cell_estimate), 「인간 생물학 연보(Annals of Human Biology)」 2013년 11월/12월

- 소스는 A, C, T, G, 네 개의 문자로 구성된다.

- 소스에는 두 기여자인 어머니와 아버지가 있고 각각 32억 개의 글자를 기고한다. 실제로 국제 학술 및 연구 기관 연합체^{Genome Reference Consortium}(GRC)에서 제공하는 표준 게놈은 32억 문자의 ASCII 파일보다는 적다.**8**

- 소스는 서로 다른 부분을 가진 **염색체**^{chromosome}라 불리는 25개의 파일로 분리된다. 각 파일은 크기의 역순으로 번호가 매겨져 있다. 1번 염색체는 2억 5천만 글자, 22번 염색체는 5천만 글자로 되어 있다. 또한 X, Y 염색체와 미토콘드리아^{mitochondria} 염색체도 있다. 원래 **염색체**라는 용어는 얼룩은 졌지만 그것이 무엇인지 생물학자가 모를 때의 '착색된 것'을 의미한다.

- 소스는 앞에서 설명한 유전 암호를 이용하여 생물학 기계에서 한 번에 세 글자(즉, 코돈)씩 실행된다. 이는 종이 리본 대신 화학 기호를 읽는 튜링 머신^{Turing machine}과 크게 다르지 않다.

- 소스에는 **유전자**^{gene}라 불리는 약 20,000개의 기능이 있다. 각 기능이 실행되면 단백질을 생성한다. 소스에 있는 각 유전자의 위치를 **유전자자리**^{locus}라고 한다. 유전자는 염색체 상의 인접한 염기 위치의 특정 구간이라고 생각해도 된다. 예를 들어 유방암과 관련된 유전자인 BRCA1은 17번 염색체의 41,196,312에서 41,277,500 사이에 위치한다. 유전자는 '포인터'나 '주소'를 의미하지만 대립 유전자^{alleles}(일시적인)는 실제 내용이다. 모든 사람이 BRCA1 유전자를 보유하고 있지만 위험한 상황에 처하게 되는 대립 유전자는 모든 사람이 갖고 있는 것은 아니다.

- **하플로타입**^{haplotype}(단상형)은 일반적으로 함께 상속된 특정 기능(유전자)을 보유하고 있는 객체 지향 프로그래밍 언어의 객체와 유사하다.

- 소스는 하나는 어머니로부터 다른 하나는 아버지로부터 물려받은 **대립 유전자**라 불리는 두 개의 유전자 명세를 가지고 있다. 이 대립 유전자는 염색체 쌍의 동일한 위치에서 발견된다. 인체의 세포는 **2배체**^{diploid}로 유전자당 2개의 대립 유전자를 가지고 있지만, **3배체**^{triploid}, **4배체**^{tetraploid} 등을 가진 유기체도 있다. 양쪽의 대립 유전자가 실행되고 그 결과 단백질은 특정 **표현형**^{phenotype}을 만들기 위해 상호작용한다. 예를 들어 눈의 색소를 만들거나 분해하는 단백질은 특정 표현형이나 식별 형질(파란색 눈과 같은)을 유도한다. 두 부모로부터 물려받은 대립 유전자가 동일하다면 그 대립 유전자는 **동형 접합성**^{homozygous}을, 그렇지 않으면 **이형 접합성**^{heterozygous}을 가진다.

- '스닙'으로 발음되는 **단일 핵 다형성**^{single-nucleic polymorphism}(SNP)은 소스 코드에서 한 글자만 바꾼다(예를 들어 ACTG**G**ACTG에서 ACT**T**ACTG로 변경됨).

- **인델**^{indel}은 insert-delete의 줄임말로 표준 게놈에서 삽입되거나 빠진 부분을 의미한다. 예를 들어 표준 게놈은 CCTGACTG인데 네 글자가 삽입된 견본(CCTG**CCTA**ACTG)이 있으면 이를 인델이라고 한다.

- 전체 소스의 0.5%만 우리 삶을 유지하는 단백질로 번역된다. 소스의 이러한 부분을 **엑솜**^{exome}이라고 한다. 인간의 엑솜을 압축된 바이너리 파일로 저장하려면 수 기가바이트가 필요하다.

- 소스의 99.5%는 주석 및 의미 없는 단어로, **인트론**^{intron}의 역할을 맡는다. 인트론은 유전자를 키우거나 반복하는 것을 조절할 때 사용된다.**9** 전체 게놈을 압축된 바이너리 파일로 저장하려면 수백 기가바이트가 필요하다.

---

8 총 64억 개의 글자를 기대했겠지만, 여하튼 표준 게놈은 수십 명의 평균치를 절반으로 나눈 **반수체**(haploid)다.

9 DNA의 약 28%만 신생 RNA(nascent RNA)로 전사되고, RNA 이어맞추기(splicing)가 끝나면 RNA의 약 1.5%만 단백질을 위한 코드로 남게 된다. 진화론적 선택은 DNA 수준에서 발생하는데, DNA의 대부분은 0.5%에 불과한 다른 DNA를 지원하거나, DNA 진화에 더 이상 적응할 수 없어서 탈락된다. 일부 암은 DNA의 휴면 부위가 되살아나서 발병하는 것으로 보인다.

- 몸의 모든 세포는 동일한 소스를 가지고 있지만,[10] **DNA 메틸화**DNA methylation와 **히스톤 변경**histone modification과 같은 **후성유전**epigenetic 인자에 의해 선택적으로 주석처리 될 수 있다. 이는 `#ifdef RETINA` 또는 `#ifdef LIVER`와 같은 각 세포 유형별 `#ifdef` 문장과는 다르다. 후성유전 인자는 망막retina의 세포와 간liver의 세포가 서로 다르게 작동하는 원인이 된다.
- **변형 호출**variant calling 과정은 서로 다른 두 개의 DNA 소스에 diff를 실행하는 것과 비슷하다.

이러한 비유를 문자 그대로 받아들이면 안 된다. 그러나 게놈 분야의 용어에 익숙해지는 데 도움이 되었기를 바란다.

23.4 인간 게놈 프로젝트와 표준 게놈

1953년 왓슨과 클리크는 DNA 구조를 발견했고, 1965년 니런버그는 NIH 동료들의 도움으로 DNA 또는 mRNA를 단백질로 번역하는 규칙을 표현한 유전 암호를 해독했다. 과학자들은 수백만 개의 인간 단백질이 있다는 것을 알고 있었지만 인간 게놈에 대한 완전한 조사가 이루어지지 않았기 때문에 단백질 합성을 담당하는 유전자 전체를 이해할 수는 없었다. 예를 들어 단일 유전자에 의해 각 단백질이 만들어진다면 인간 게놈에는 수백만 개의 단백질 부호화 유전자가 존재할 것이다.

1990년 인간의 DNA를 구성하는 모든 화학 염기쌍을 결정하기 위해 인간 게놈 프로젝트Human Genome Project가 시작되었다. 2003년 4월 이 국제적인 협업 연구 프로그램은 38억 달러를 들여 최초의 인간 게놈을 발표했다.[11] 이 인간 게놈 프로젝트는 141:1의 투자수익률return on investment (ROI)에 해당하는 약 7,960억 달러의 경제적 효과를 창출했다.[12] 이 프로젝트는 약 20,500개의 유전자를 발견했는데, 이는 유전자와 단백질이 1:1로 대응한다는 가정 모델로 추정되는 수백만 개보다 훨씬 작은 수치다. 각 단백질은 유전자 조합으로 결합되고, 접힘 과정에서 번역 후 처리가 일어나거나 다른 메커니즘이 작용하기 때문이다.

이 최초의 인간 게놈이 만들어지기까지 10년이 넘게 걸렸다. 하지만 이때부터 다른 게놈의 후속 시퀀싱을 '부트스트래핑bootstrapping'하는 작업은 예전보다 훨씬 쉬워졌다. 과학자들이 최초의 게

---

10 10억 개의 DNA '글자'를 실제로 복사해보면 평균적으로 약 1개의 오류가 생긴다. 따라서 모든 세포가 **완전히** 동일한 것은 아니다.

11 왓슨과 클리크가 DNA의 3차원 구조를 발견한 후 정확히 50년이 지난 해다.

12 조나단 맥스 지틀린(Jonathan Max Gitlin)의 「인간 게놈 프로젝트의 경제적 효과 계산(Calculating the economic impact of the Human Genome Project)」(http://www.genome.gov/27544383) 2013년 6월

놈을 만들 때 그들은 암흑 속에서 일했다. 전체 게놈을 구축하는 일정 계획에 참고할 만한 정보는 하나도 없었다. 또한 처음부터 끝까지 전체 게놈을 읽을 수 있는 기술도 없었다. 대신 DNA 단편을 읽는 속도와 정확도를 향상시키거나 단편의 길이를 늘이는 기술은 많았다. 인간 게놈 프로젝트에 참여한 과학자들은 조각의 종류에 따라 다른 기술을 사용하여 여러 조각에 있는 유전자를 순서대로 배열해야 했다. 일단 완전한 인간 게놈이 만들어지면 그 이후의 인간 게놈은 훨씬 쉽게 만들 수 있는데, 그 이유는 두 번째를 만들 때 첫 번째 게놈을 참조할 수 있기 때문이다. 우리가 직소 퍼즐 상자에 있는 그림을 보고 퍼즐 조각의 위치를 대략적으로 알 수 있는 것과 유사하게, 두 번째 게놈의 단편과 일치하는 첫 번째 단편을 찾을 수 있다. 대부분의 염기 서열은 그대로 유지되고, 1000개의 유전자자리 중 한 곳에서만 **변이**가 일어난다.

인간 게놈 프로젝트가 완료된 직후 표준 게놈을 확정하기 위해 국제 학술 및 연구 기관 연합체인 GRC$^{Genome\ Reference\ Consortium}$[13]가 설립되었다. GRC는 새로운 게놈을 분석하는 데 도움을 주기 위해 일종의 일반 좌표계나 지도와 비슷한 인간 게놈의 새로운 표준을 발표했다. 가장 최근에 발표된 인간 표준 게놈은 2014년 2월에 나온 GRCh38이다. 이는 5년 전에 발표된 GRCh37을 대체했다.

23.5 DNA 시퀀싱과 얼라이닝

2세대 시퀀싱은 매우 빠르게 발전하고 있다. 수많은 하드웨어 공급업체가 생겨나고 새로운 시퀀싱 기법이 6개월 주기로 개발되고 있다. 이러한 모든 기술의 공통적인 특징은 수천 또는 수백만 개의 반응이 동시에 일어나는 대규모 병렬 기법을 사용한다는 것이다. 이중 가닥 DNA$^{double-}$ $^{stranded\ DNA}$는 가운데로 분리되고, 단일 가닥$^{single-strand}$은 여러 번 복제되고, 그 사본은 시퀀서^{sequencer}에 배치되는 리드^{read}라 불리는 서로 다른 길이를 가지는 작은 단편으로 무작위로 쪼개진다. 시퀀서는 이러한 리드에 있는 '글자'를 병렬로 매우 빠르게 읽은 후 각 리드(AGTTTCGGGATC 등)와 글자의 품질 추정치를 포함한 원시 ASCII 파일을 출력한다. 이 파일은 나중에 다운스트림 분석에 사용된다.

얼라이너^{aligner}라 불리는 소프트웨어는 각 리드를 읽고 표준 게놈에서 그 위치를 찾는다([그림

---

13 http://genomereference.org/

23-3] 참조).[14] 완전한 인간 게놈은 약 30억 개의 염기(A, C, T, G) 쌍으로 되어 있다.[15] 퍼즐 상자의 그림과 같은 역할을 하는 표준 게놈(GRCh38)은 인간 게놈의 전반적인 윤곽과 색을 제시한다. 각각의 짧은 리드는 최대한 가까운 곳에 배치되어야 하는 퍼즐 조각과 같다. 공통 지표로는 어떤 문자열을 다른 문자열로 변환하는 데 필요한 작업의 횟수를 수량화한 '편집 거리'가 있다. 동일한 문자열은 '편집 거리'가 0이고, 한 단어 인델의 편집 거리는 1이다. 인간의 게놈은 99.9%가 동일하기 때문에 대부분의 리드는 표준 게놈과 거의 같고 편집 거리도 매우 짧다. 좋은 얼라이너를 만들 때 가장 중요한 점은 특이한 리드를 처리하는 것이다.

그림 23-3 표준 게놈에 대한 리드 얼라이닝(위키피디아)

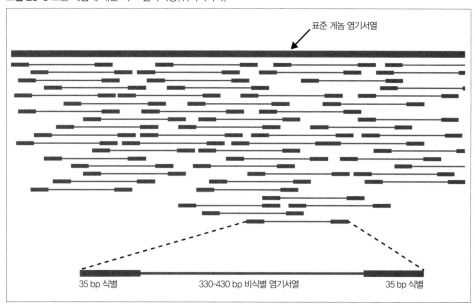

23.6 대규모 게놈 분석 플랫폼 ADAM

리드를 표준 게놈에 얼라이닝하는 작업은 임상 또는 연구에 유용한 보고서를 작성하는 데 필요

---

14 두 번째 접근 방법으로 **신생 조합 기법**(de novo assembly)이 있다. 이 기법은 표준 게놈과 매핑하는 방법 대신 각 리드를 그래프 데이터 구조에 배치하여 긴 시퀀스를 생성한다.

15 각 염기는 약 3.4옹스트롬(angstrom)이므로 단일 인간 세포의 DNA 길이는 2미터가 넘는다.

한 일련의 단계 중 첫 번째 단계에 불과하다. 처리 파이프라인의 초기 단계는 본격적인 분석에 들어가기 전에 데이터 중복과 표준화를 위한 ETL^extract-transform-load 파이프라인과 유사하다.

시퀀싱 과정에서는 게놈 DNA를 복제하므로 동일한 DNA 리드가 여러 번 생성될 수 있다. 따라서 이러한 중복은 반드시 표시해두어야 한다. 시퀀서는 읽은 각 DNA '글자'에 대한 품질 추정치도 제공하는데, 이는 특정 시퀀서 기계의 편향으로, 조정될 필요가 있다. 또한 얼라이너는 인델(삽입되거나 삭제된 염기서열)을 가진 리드를 잘못 배치하는 경우가 있기 때문에 표준 게놈에 다시 배치해야 한다. 현재 전처리 작업은 단일 머신에서 쉘 스크립트로 구동되는 전용 도구로 주로 수행된다. 이러한 도구를 이용하여 전체 게놈을 처리하려면 며칠이 걸린다. 전체 과정을 보면 각 단계에서는 다음 단계에서 읽을 파일을 새로 만든다. 이러한 과정은 디스크 위주의 작업으로, 범용 빅데이터 기술을 적용할 수 있는 이상적인 사례라고 할 수 있다. 빅데이터 기술인 ADAM은 동일한 전처리 작업을 2시간 이내에 처리할 수 있다.

ADAM은 페타바이트 규모의 전체 게놈 데이터를 초고속으로 처리하는 데 중점을 둔 게놈 분석 플랫폼이다. ADAM은 아파치 에이브로, 파케이, 스파크를 기반으로 개발되었다. 이 시스템을 사용하면 다음에 나오는 수많은 이익을 누릴 수 있다.

- 개발자는 분산 시스템의 오류에 대해 걱정할 필요가 없고 알고리즘에만 집중할 수 있다.
- **코드를 변경하지 않고** 단일 머신, 사내 클러스터, 클라우드, 어디에서나 작업을 실행할 수 있다.
- 일반적인 게놈 포맷을 압축하고 성능 향상을 위한 조건절 푸시다운^pushdown과 프로젝션^projection을 제공한다.
- 데이터 포맷을 직접 정의하고 발전시키는 민첩한 방법을 제공한다.
- 범용 하드웨어만 사용하여 쉽게 확장할 수 있도록 설계되었다.
- 표준 아파치 2.0 라이선스를 따른다.[16]

23.6.1 에이브로 인터페이스 정의 언어로 작성한 문학적 프로그래밍

SAM은 Sequence Alignment/Map의 약자다. SAM 명세[17]는 [표 23-2]에 정의된 필수 항목을 포함한다.

---

[16] 유감스럽게도 게놈과 관련된 유명한 소프트웨어 중 일부는 잘못 정의되거나 임의로 작성된 제한적인 라이선스를 갖고 있다. 오픈 소스 라이선스와 소스 코드를 제대로 정리해야 쉽게 결과를 재현하고 이해할 수 있다.

[17] http://samtools.github.io/hts-specs/SAMv1.pdf

표 23-2 SAM 포맷의 필수 항목

번호	컬럼명	자료형	정규표현식/범위	설명
1	QNAME	문자열	[!-?A-~]{1,255}	쿼리 템플릿 이름
2	FLAG	정수	$[0, 2^{16}-1]$	비트 플래그
3	RNAME	문자열	*|[!-()+-<>-~][!-~]*	표준 염기서열 이름
4	POS	정수	$[0,2^{31}-1]$	왼쪽이 1부터 시작하는 위치
5	MAPQ	정수	$[0,2^{8}-1]$	품질 특성
6	CIGAR	문자열	*|([0-9]+[MIDNSHPX=])+	CIGAR 문자열
7	RNEXT	문자열	*|=|[!-()+->< -~][!-~]*	NEXT(친구) 리드의 표준 염기서열 이름
8	PNEXT	정수	$[0,2^{31}-1]$	NEXT(친구) 리드의 위치
9	TLEN	정수	$[-2^{31}+1,2^{31}-1]$	템플릿 관측 길이
10	SEQ	문자열	*|[A-Za-z=.]+	염기서열의 단편
11	QUAL	문자열	[!-~]	프레드 기준 염기 QUALity+33의 ASCII

SAM 명세를 구현하려는 개발자는 이 영어 명세를 원하는 컴퓨터 언어로 변환해야 한다. 하지만 ADAM에서는 에이브로 IDL에 정의된 사양에 따라 문학적 프로그래밍[literate programming]을 사용해야 한다. 예를 들어 SAM의 필수 항목은 다음과 같은 간단한 에이브로 레코드로 쉽게 표현될 수 있다.

```
record AlignmentRecord {
    string qname;
    int flag;
    string rname;
    int pos;
    int mapq;
    string cigar;
    string rnext;
    int pnext;
    int tlen;
    string seq;
    string qual;
}
```

에이브로는 데이터를 읽고 쓰는 원시 자바(C++, 파이썬 등) 클래스를 자동으로 생성하고, 수많은 시스템과 쉽게 통합할 수 있는 표준 인터페이스(하둡의 InputFormat)를 제공한다. 에이브로는 또한 스키마를 쉽게 발전시킬 수 있도록 설계되었다. 사실 우리가 오늘날 사용하는 ADAM

스키마[18]는 구조적 변형, 유전자형, 유전자 변형 주석, 이형 효과 등과 같은 다양한 게놈 모형을 사용자가 좀 더 정교하게 표현할 수 있도록 진화했다.

UC 버클리는 효율적인 데이터 공유 및 책임을 통해 게놈 의학의 잠재력을 극대화하기 위한 목적으로 30개국 200개 이상의 조직으로 구성된 민관합작 비정부 기관인 세계 유전학 보건 연대 Global Alliance for Genomics & Health[19]의 회원이다. 이 연대는 문학적 프로그래밍 접근 방식을 채택했으며, 에이브로 IDL로 작성된 스키마[20]를 제공하고 있다. 에이브로를 사용하면 전 세계의 연구자들이 컴퓨터 언어나 디스크 포맷을 신경 쓰지 않고 논리적인 수준에서 데이터에 대해 이야기할 수 있다.

23.6.2 파케이를 이용한 컬럼 기반 접근

SAM과 BAM[21] 파일 포맷은 **행 기반**으로, 각 레코드의 데이터는 한 줄의 텍스트나 바이너리 레코드로 함께 저장된다. 행 기반 포맷과 컬럼 기반 포맷에 대한 자세한 내용은 5.4.3절 '기타 파일 포맷과 컬럼 기반 파일 포맷'을 참조하라. SAM 파일에서 말단-쌍 리드paired-end read는 다음과 같을 것이다.

```
read1 99 chrom1 7 30 8M2I4M1D3M = 37   39 TTAGATAAAGGATACTG *
read1 147 chrom1 37 30 9M        = 7 -39 CAGCGGCAT          * NM:i:1
```

일반적인 SAM/BAM 파일은 수백만 개의 행을 포함하고 있다. 시퀀서에서 떼어낸 DNA 리드마다 이러한 파일이 하나씩 만들어진다. 앞에 나온 텍스트 단편은 [표 23-3]에 표시된 뷰로 느슨하게 변환된다.

이 예제에서 read1으로 식별되는 리드는 표준 게놈의 1번 염색체chromosome1의 7번과 37번 위치에 매핑된다. 이를 '말단-쌍' 리드라고 하는데, 시퀀서가 단일 DNA 가닥의 양쪽 끝을 읽었기 때문이다. 비유하자면 길이가 150인 배열의 0..50과 150..100을 읽은 것과 같다.

---

18 http://bit.ly/bdg-formats
19 http://genomicsandhealth.org/
20 https://github.com/ga4gh/schemas
21 BAM은 SAM 포맷을 압축한 바이너리 버전이다.

표 23-3 SAM 단편의 논리적 뷰

표 23-3 SAM 단편의 논리적 뷰

이름	표준 게놈	위치	MapQ	CIGAR	시퀀스
read1	chromo some1	7	30	8M2I4M1D3M	TTAGA TAAAGGA TACTG
read1	chromo some1	37	30	9M	CAGCGG CAT

MapQ 점수는 이 염기서열이 표준 게놈과 정확히 매핑될 확률을 나타낸다. MapQ 점수 20, 30, 40은 각각 99%, 99.9% 및 99.99%의 정확도를 갖는다. MapQ 점수로 오류 확률을 계산하고 싶으면 수식 $10^{(-MapQ/10)}$을 사용하면 된다. 예를 들어 $10^{(-30/10)}$은 0.001의 확률을 가진다.

CIGAR는 DNA 염기서열에 있는 개별 뉴클레오티드가 표준 게놈과 어떻게 매핑되는지 설명한다.[22] 물론 이 서열은 표준 게놈과 매핑되는 DNA 염기서열이다.

SAM/BAM **행 기반** 디스크 포맷과 **컬럼 기반** 포맷은 게놈 분석에 일반적으로 사용하는 접근 방식이 명확히 다르다. 다음 사항을 고려하자.

- BRCA1이라 불리는 유방암과 관련된 특정 유전자에 대한 데이터를 찾기 위한 범위 질의 : '17번 염색체의 41,269,312에서 41,277,500까지의 모든 리드를 찾는다.'
- 잘못 매핑된 리드를 걸러내기 위한 간단한 필터 : 'MapQ가 10미만인 모든 리드를 찾는다.'
- **인델**로 불리는 삽입 또는 삭제가 있는 모든 리드 검색 : 'CIGAR 문자열에서 I 또는 D를 포함하는 모든 리드를 찾는다.'
- 고유한 k-mer의 개수 세기 : '모든 시퀀스를 읽은 후 문자열에서 길이가 k가 될 수 있는 모든 부분 문자열을 생성한다.'

파케이의 조건절 푸시다운 기능을 사용하면 분석을 위한 리드를 빠르게 걸러낼 수 있다(예를 들어 유전자를 찾거나 잘못 매핑된 리드를 무시한다). 프로젝션 기능을 사용하면 필요한 컬럼만 정교하게 실체화할 수 있다(예를 들어 k-mer 빈도를 세기 위해 서열 컬럼만 읽는다).

추가로 일부 필드는 기수성^{cardinality}이 낮기 때문에 RLE$^{run-length\ encoding}$와 같은 데이터 압축 기술을 적용할 수 있다. 예를 들어 인간은 단지 23쌍의 염색체를 가지며, 표준 게놈의 필드는 수십 개 정도의 고유한 값만 가질 것이다(예를 들어 1번 염색체, 17번 염색체 등). BAM 레코드

---

22 첫 번째 레코드의 CIGAR(Compact Idiosyncratic Gap Alignment Report) 문자열은 '8일치(8M), 2삽입(2I), 4일치(4M), 1삭제(1D), 3일치(3M)'로 번역된다.

를 파케이 파일에 저장하면 20%까지 압축할 수 있다. 파케이에서 PrintFooter 명령어를 사용하면 품질 점수를 RLE 및 비트축약bitpack으로 48%까지 압축할 수 있지만 여전히 전체 공간의 70%를 차지하게 된다. 파케이 2.0은 델타 인코딩을 사용하여 품질 점수를 지금보다 더 작은 파일로 압축할 수 있기 때문에 빨리 나오기를 기대하고 있다.

23.6.3 예제: 스파크와 ADAM을 이용한 k-mer 빈도 세기

이제 유전학의 '단어 세기'인 k-mer 빈도를 구해보자. k-mer라는 단어는 리드에서 길이가 k가 될 수 있는 모든 하위 서열을 나타낸다. 서열이 AGATCTGAAG인 리드에서 3-mer는 ['AGA', 'GAT', 'ATC', 'TCT', 'CTG', 'TGA', 'GAA', 'AAG']다. 여기서는 간단한 예제만 보겠지만, k-mer는 서열 집합을 위한 더브라윈De Bruijn 그래프와 같은 구조를 만들 때 매우 유용하다. 다음 예제는 리드에서 가능한 모든 21-mer를 생성하고, 빈도를 세고, 그 전체를 텍스트 파일에 저장한다.

이 예제는 스파크에서 sc라는 이름의 SparkContext를 이미 생성했다고 가정한다. 먼저 푸시다운 조건절predicate을 이용하여 품질이 떨어지는 리드를 제거하고 각 리드에서 sequence 필드를 프로젝션projection으로 실체화하여 스파크 RDD인 AlignmentRecord를 만든다.

```
// 분석을 위해 'inputPath'에서 RDD로 데이터를 불러온다.
val adamRecords: RDD[AlignmentRecord] = sc.adamLoad(args.inputPath,

    // 벤더 품질 값을 확인하여 품질이 떨어지는 레코드를 제거한다.
    predicate = Some(classOf[HighQualityReadsPredicate]),

    // 각 레코드를 단순히 '시퀀스'로 실체화한다.
    projection = Some(Projection(AlignmentRecordField.sequence)))
```

파케이는 컬럼 기반 저장 포맷이기 때문에 서열 컬럼만 빠르게 실체화하고 원하지 않는 필드는 금방 건너뛸 수 있다. 먼저 길이 k가 21인 슬라이딩 윈도우를 이용하여 각 서열을 처리하고, 빈도를 의미하는 값value인 1L을 내보낸다. 그다음에 키key인 k-mer 하위 서열을 기준으로 reduceByKey를 실행하여 입력 파일의 전체 빈도를 구한다.

```
// 빈도를 세기 위한 k-mers의 길이
val kmerLength = 21
```

```
// k-mers와 빈도를 위해 리드를 RDD 튜플로 변환
val kmers: RDD[(String, Long)] = adamRecords.flatMap(read => {
  read.getSequence
    .toString
    .sliding(kmerLength)
    .map(k => (k, 1L))
}).reduceByKey { case (a, b) => a + b}

// k-mers의 내용을 텍스트 파일인 'outputPath'에 출력
kmers.map { case (kmer, count) => s"$count,$kmer"}
  .saveAsTextFile(args.outputPath)
```

1000 게놈 프로젝트[1000 Genomes project][23]의 11번 염색체 샘플인 NA21144로 이 작업을 실행한 결과는 다음과 같다.

```
AAAAAAAAAAAAAAAAAAAAAAA,  124069
TTTTTTTTTTTTTTTTTTTTTTT,  120590
ACACACACACACACACACACACA,  41528
GTGTGTGTGTGTGTGTGTGTGT,  40905
CACACACACACACACACACACA,  40795
TGTGTGTGTGTGTGTGTGTGTG,  40329
TAATCCCAGCACTTTGGGAGGC,  32122
TGTAATCCCAGCACTTTGGGAG,  31206
CTGTAATCCCAGCACTTTGGGA,  30809
GCCTCCCAAAGTGCTGGGATTA,  30716
...
```

ADAM은 k-mer 빈도 세기를 비롯한 많은 기능을 제공한다. 앞에서 언급한 전처리 단계를 포함하여 중복 표시, 염기 품질 점수 재조정, 인델 재배열 등의 기능이 있다.

- VCF[Variant Call Format] 파일의 각 변형에 적용된 판독 깊이를 계산한다.
- 리드 데이터셋에서 k-mer/q-mer 빈도를 센다.
- GTF[Gene Transfer Format] 파일에서 유전자 주석을 불러들여 대응 유전자 모델을 출력한다.
- 리드 데이터셋에 있는 모든 리드에 대한 통계를 출력한다. 예를 들어 표준 게놈에 매핑된 비율, 중복 횟수, 교차 염색체와 매핑된 리드 등을 알 수 있다.
- 기존 변형 호출자를 시작한 후 리드를 **stdin**으로 보내고 **stdout**의 출력을 저장한다.
- 웹 브라우저에서 리드를 볼 수 있는 기본 게놈 브라우저를 제공한다.

---

23 가장 유명한 공개 데이터셋으로, http://www.1000genomes.org에서 얻을 수 있다.

가장 중요한 점은 ADAM은 오픈 소스고 확장성 있는 플랫폼이라는 것이다. 모든 자료는 메이븐[24](그룹 아이디 `org.bdgenomics`로 검색하면 됨)에 공개되어 있기 때문에 ADAM이 제공하는 모든 것을 개발자가 쉽게 활용할 수 있다. ADAM의 데이터는 에이브로와 파케이에 저장되어 있어서 SparkSQL, 임팔라, 아파치 피그, 아파치 하이브 등과 같은 시스템을 이용하여 분석할 수 있다. 또한 ADAM은 스칼라, 자바, 파이썬 등 수많은 언어를 지원한다.

2014년 파리에서 열린 스칼라 IO에서 앤디 페트렐라[Andy Petrella]와 자비어 톨도르[Xavier Tordoir]는 1000 게놈 데이터셋의 인구집단 총화[population stratification]를 위해 ADAM과 스파크 MLLib의 k-means를 함께 사용했다(인구집단 총화는 개개인의 게놈을 조상 그룹에 배열하는 과정이다). 그들은 ADAM과 스파크를 함께 사용하여 성능을 150배 향상시켰다.

23.7 개인맞춤광고에서 개인맞춤의학까지

ADAM은 대용량의 정렬된 리드를 빠르게 분석할 수 있도록 설계되었지만 리드 그 자체를 정렬하지는 않는다. 그 대신 ADAM은 별도의 표준 단문 얼라이너[short-reads aligner]를 사용한다. SNAP[Scalable Nucleotide Alignment Program][25]은 오픈 소스 개발자를 포함하여 마이크로소프트 리서치, UC 샌프란시스코, AMPLab 등이 참여한 협업 프로젝트로, 아파치 2.0 라이선스를 공유하고 있다. SNAP 얼라이너는 BWA-mem, Bowtie2, Novalign처럼 동급 최고 수준의 정확도를 가지며, 다른 얼라이너보다 3배에서 20배까지 빠르다. 속도가 빠르면 의사들이 병원균을 더 빨리 식별할 수 있기 때문에 큰 장점이 된다.

2013년 한 소년이 뇌염의 증상인 발열과 두통으로 4개월 동안 3번에 걸쳐 위스콘신 병원과 응급실을 찾았다. 그 소년은 혈액 검사, 뇌 촬영, 생체 검사 등을 매우 많이 했지만 정확한 진단을 받지 못한 채 결국 병원에 입원하게 되었다. 5주 후 그는 발작을 일으켰고 의학적 혼수상태에 빠지게 되었다. 암울한 상황에서 의사들은 소년의 척수액을 채취하여 찰스 치우[Charles Chiu]가 이끄는 UC 샌프란시스코의 임상 프로그램에 보냈다. 이곳은 분석을 위한 시퀀싱 전문 연구소다. 이 연구소는 SNAP의 속도와 정확도를 이용하여 인간 DNA를 빠르게 걸러낼 수 있었고, 리드

----

24 http://search.maven.org/
25 http://snap.cs.berkeley.edu/

의 나머지 0.02%에서 독성 감염균인 **렙토스피라 산타로사이**[Leptospira santarosai]를 식별할 수 있었다. 그들은 **샘플을 받은 지 불과 이틀 만에** 위스콘신 병원의 의사들에게 이 사실을 알릴 수 있었다. 그 소년은 열흘 동안 항생제 치료를 받은 후 혼수상태에서 깨어났고 2주 후 병원에서 퇴원했다.[26]

치우의 연구소에서 사용하고 있는 SURPI[Sequence-based Ultra-Rapid Pathogen Identification][27]라 불리는 시스템에 대해 궁금할 것이다. SURPI 소프트웨어는 자유로운 BSD 라이선스로 공개되었고, SURPI가 미리 설치된 아마존 EC2 가상 머신 이미지(AMI)도 제공한다. SURPI는 수많은 곳에서 박테리아 시퀀스 348,922개와 바이러스 시퀀스 1,193,607개를 수집했으며, 빠른 검색을 위해 개별 용량이 27GB인 SNAP 색인 데이터베이스 29곳에 이를 저장했다.

지금은 개인맞춤의학보다는 개인맞춤광고를 위한 데이터가 훨씬 더 많지만, 미래에는 달라질 것이다. 맞춤의학이 발전하면 사람들은 자신의 고유한 DNA 프로파일을 고려한 맞춤형 건강 서비스를 받을 수 있다. 시퀀싱 비용이 떨어지고 더 많은 사람이 자신의 게놈을 시퀀싱하여 통계적인 역량이 증가하면 질병의 근원이 되는 유전적 기제를 연구자들이 더 이해할 수 있고, 이러한 발견은 개인맞춤의료 모델에 접목되어 나중에 오는 환자들은 더 좋은 치료를 받을 수 있게 될 것이다.

23.8 참여하기

ADAM 프로젝트의 출발은 좋았지만 아직 실험 플랫폼 수준이기 때문에 더욱 발전해야 한다. ADAM 프로그래밍에 대한 자세한 내용을 알고 싶거나 코드 작성에 기여하고 싶으면 샌디 라이자[Sandy Ryza] 공저 『9가지 사례로 익히는 고급 스파크 분석[Advanced Analytics with Spark: Patterns for Learning from Data at Scale]』(한빛미디어, 2016년)을 참고하라. 이 책은 ADAM과 스파크로 게놈 데이터를 분석하는 장을 포함하고 있다. 이 프로젝트는 http://bdgenomics.org, IRC #adamdev, 트위터 @bigdatagenomics에서 확인할 수 있다.

----

26 마이클 윌슨(Michael Wilson) 공저 「차세대 시퀀싱에 의한 신경 뇌척수염의 상계 가능 진단(Actionable Diagnosis of Neuroleptospirosis by Next-Generation Sequencing)」(http://www.nejm.org/doi/pdf/10.1056/NEJMoa1401268) (뉴 잉글랜드 의학 저널, 2014년 6월)

27 http://chiulab.ucsf.edu/surpi/

캐스케이딩

크리스 K. 웬슬 Chris K. Wensel

캐스케이딩 Cascading 은 오픈 소스 자바 라이브러리로, 맵리듀스의 추상화 계층을 제공하는 API 다. 개발자는 캐스케이딩으로 하둡 클러스터에서 동작하는 복잡하고 중요한 데이터 처리 애플리케이션을 만들 수 있다.

캐스케이딩 프로젝트는 2007년 여름에 시작되었다. 2008년 1월에 첫 번째 버전 0.1이, 2009년 1월에 버전 1.0이 공개되었다. 프로젝트 웹 사이트[1]에서 바이너리, 소스 코드, 애드온 모듈을 내려받을 수 있다.

맵과 리듀스 연산은 강력한 프리미티브를 제공한다. 그러나 그들은 서로 다른 개발자들이 공유해야 하는 복잡하고 고도로 합성 가능한 코드를 작성할 때 세분화 수준을 잘못 선택할 가능성이 높다. 게다가 많은 개발자는 실제 문제에 맞닥뜨렸을 때 맵리듀스 관점에서 '사고'하는 것을 어려워한다.

첫 번째 문제를 해결하기 위해 캐스케이딩은 맵리듀스에서 사용되는 키와 값을 간단한 필드 이름과 데이터 튜플 모델로 대체했다. 여기서 튜플은 단순히 값의 목록이다. 두 번째 문제를 해결하기 위한 대안으로 캐스케이딩은 더 높은 수준의 추상화 개념인 함수(Function), 필터(Filter), 집계자(Aggregator), 버퍼(Buffer)를 도입하여 맵과 리듀스 연산에서 탈피했다.

---

1 http://www.cascading.org/

캐스케이딩 프로젝트의 초기 공개 릴리즈가 나올 무렵에 다른 대안들도 나타나기 시작했다. 그러나 캐스케이딩은 이러한 다른 대안들의 문제점을 보완하는 데 중점을 두었다. 이러한 대안 프레임워크가 만족시킨 사전 및 사후 조건, 기타 요구사항을 대부분 고려해서 개발되었다.

예를 들어 몇몇 다른 맵리듀스 도구는 애플리케이션을 실행하기 전에 사전 포맷, 필터 또는 하둡 분산 파일 시스템으로 데이터를 불러들이는 작업을 해야 한다. 즉, 프로그래밍 추상화 외에도 데이터를 준비하는 단계를 수행해야 한다. 그에 반해 캐스케이딩은 데이터를 준비하고 관리하는 방법을 프로그래밍 추상화의 내장 요소로 제공한다.

이 장에서는 캐스케이딩의 주요 개념을 소개하는 것으로 시작해서, 쉐어디스^{ShareThis}[2]의 인프라에서는 캐스케이딩을 어떻게 사용하고 있는지 전체적으로 살펴볼 것이다.

캐스케이딩 처리 모델의 자세한 사항을 알고 싶으면 프로젝트의 웹 사이트에서 캐스케이딩 사용자 안내서[3]를 보기 바란다.

24.1 필드, 튜플, 파이프

맵리듀스 모델은 입력 데이터를 맵 함수로, 맵 함수에서 리듀스 함수로, 그리고 리듀스 함수에서 출력 데이터로 보내기 위해 키와 값을 사용한다.

하지만 알다시피 실제 하둡 애플리케이션은 보통 하나 이상 연결된 맵리듀스 잡으로 구성된다. 맵리듀스로 구현한 기본적인 단어 수 세기 예제의 결과를 내림차순으로 정렬하려 한다면 두 번째 맵리듀스 잡이 필요하다.

요약하면 키와 값은 맵을 리듀스에 바인딩하고 리듀스를 그다음 맵에, 그리고 그다음 리듀스 등으로 계속 연결할 때 필요하다([그림 24-1] 참조). 즉, 입력 파일에서 키-값 쌍을 가져와서 일련의 맵과 리듀스 연산을 거쳐 마지막으로 출력 파일에 저장된다. 다수의 연결된 맵리듀스 애플리케이션을 구현하려면 키-값 데이터 스트림을 수정하기 위해 반복해서 사용되는 잘 정의된 일련의 키-값 조작을 면밀히 검토해야 한다.

----

2 http://www.sharethis.com/
3 http://www.cascading.org/documentation/

그림 24-1 맵리듀스에서 단어 수 세기와 정렬

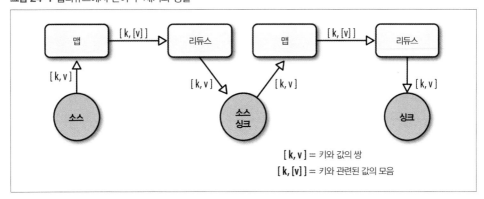

캐스케이딩은 키와 값을 사용하지 않고 상응하는 필드 이름이 있는 튜플로 대체하여 일련의 맵리듀스 연산을 단순화시켰다. 튜플과 필드 이름은 관계형 데이터베이스의 테이블과 컬럼 이름과 유사한 개념이다. 작업을 수행하는 동안 필드와 튜플 스트림은 파이프로 연결된 사용자 정의 연산을 거치면서 순서대로 처리된다([그림 24-2] 참조).

그림 24-2 필드와 튜플로 연결된 파이프

캐스케이딩에서 맵리듀스의 키와 값은 다음과 같이 변경되었다.

- **필드**

  필드는 문자형 이름(예를 들면 'first_name')이나 수치형 위치(예를 들면 세 번째와 마지막 위치를 각각 2와 −1로 표현) 중 하나 또는 둘의 조합으로 된 집합이다. 따라서 필드는 튜플에 있는 값의 이름을 정의할 때 사용되며, 원하는 튜플의 값을 조회할 수 있다. 튜플의 값을 조회하는 것은 SQL의 select 호출과 유사하다.

- **튜플**

  튜플은 단순한 java.lang.Comparable 객체의 배열이다. 튜플 하나는 데이터베이스의 한 행이나 레코드와 매우 유사하다.

그리고 맵과 리듀스 연산은 하나 이상의 파이프 인스턴스로 추상화된다([그림 24-3] 참조).

그림 **24-3** 파이프 종류

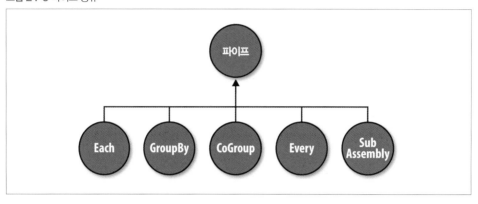

- **Each**

  Each 파이프는 한 번에 하나의 입력 튜플을 처리한다. 입력 튜플에 함수나 필터 연산을 적용할 수 있다.

- **GroupBy**

  GroupBy 파이프는 그룹 필드를 기준으로 튜플을 그룹화한다. 이것은 SQL의 GROUP BY 절과 유사하게 동작한다. 또한 여러 개의 입력 튜플 스트림이 같은 필드 이름을 공유하고 있다면 하나의 스트림으로 병합할 수 있다.

- **CoGroup**

  CoGroup 파이프는 여러 개의 튜플 스트림을 공통 필드 이름으로 조인하고, 또한 공통 그룹 필드를 기준으로 튜플을 그룹화한다. 둘 또는 그 이상의 튜플 스트림에 모든 표준 조인(내부, 외부 등)과 사용자 지정 조인을 사용할 수 있다.

- **Every**

  Every 파이프는 한 번에 하나의 튜플 그룹을 처리한다. 여기서 사용되는 그룹은 GroupBy나 CoGroup 파이프로 그룹화된 것이다. Every 파이프는 각 그룹에 집계자나 버퍼 연산을 적용할 수 있다.

- **SubAssembly**

  SubAssembly 파이프는 하나의 파이프 내부에 어셈블리 중첩을 허용한다. 또한 반복적인 중첩도 가능하다.

개발자는 이러한 모든 파이프를 함께 연결하여 파이프 어셈블리를 만들고, 각 어셈블리는 많은 입력 튜플 스트림(소스)과 많은 출력 스트림(싱크)을 가질 수 있다([그림 24-4] 참조).

그림 24-4 간단한 파이프 어셈블리

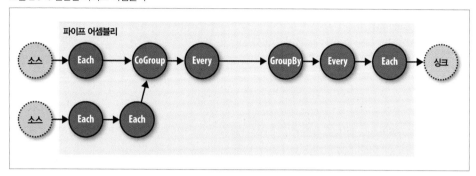

얼핏 보기에는 이러한 방식이 전통적인 맵리듀스 모델보다 더 복잡해보일 수 있다. 그리고 확실히 맵, 리듀스, 키, 값보다 더 많은 개념이 있다. 하지만 실제로는 서로 협력할 수 있는 개념이 많을수록 더 다양한 동작을 제공할 수 있다.

예를 들어 리듀서의 값을 '2차 정렬'하려는 개발자는 맵, 리듀스, '합성' 키(하나의 부모 키에 내포된 두 개의 키), 값, 파티셔너, '출력값 그룹화' 비교기, '출력키' 비교기 모두를 서로 다른 방식으로 조합해야 한다. 이러한 특성 때문에 차후의 애플리케이션에서 예전에 만든 코드를 다시 사용하는 것은 매우 어렵다.

캐스케이딩에서 이것은 다음과 같이 한 줄의 코드로 표현한다.

```
new GroupBy(<previous>, <grouping fields>, <secondary sorting fields>)
```

여기서 <previous>는 전 단계에서 온 파이프다.

24.2 연산

앞서 언급했듯이 캐스케이딩은 개별 튜플이나 튜플 그룹에 적용하는 대체 연산을 도입하여 맵리듀스에서 벗어났다([그림 24-5]).

- **함수**

  함수는 개별 입력 튜플에 동작하고, 모든 입력에 대해 0 또는 하나 이상의 출력 튜플을 반환한다. 함수는 Each 파이프에 의해 적용된다.

- **필터**

  필터는 특별한 종류의 함수로, 튜플 스트림에서 현재 입력 튜플의 제거 여부를 가리키는 불린값을 반환한다. 이런 목적을 위해 그냥 함수를 사용할 수도 있지만 필터는 이러한 경우에 좀 더 최적화되어 있다. 그리고 많은 필터는 AND, OR, XOR, NOT과 같은 '논리적' 필터로 그룹화할 수 있어서 복잡한 필터링 연산을 빠르게 수행할 수 있다.

- **집계자**

  집계자는 공통의 필드 값(예를 들면 동일한 'last-name' 값을 가진 모든 튜플)으로 그룹화된 튜플에 적용되는 연산이다. 일반적인 집계자로는 Sum, Count, Average, Max, Min 등이 있다.

- **버퍼**

  버퍼는 유일한 그룹의 모든 튜플에 걸쳐 '슬라이딩 윈도우 sliding window'처럼 동작하는 데 최적화되어 있다는 점을 제외하면 집계자와 비슷하다. 버퍼는 개발자가 순서가 있는 튜플 안에 누락된 값을 추가할 필요가 있을 때(누락된 날짜 혹은 기간과 같은)나 수행 평균 running average 을 생성할 때 유용하다. 보통 집계자는 튜플 그룹을 처리할 때 사용하는 연산으로 많은 집계자를 연결해서 함께 사용하면 매우 효율적이다. 하지만 가끔은 버퍼가 더 적합할 때도 있다.

그림 24-5 연산의 종류

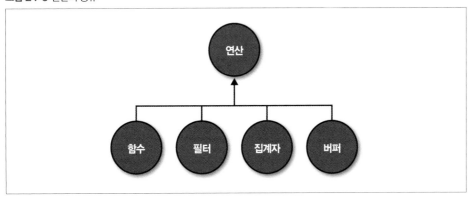

연산은 파이프 어셈블리가 생성되었을 때 파이프와 결합된다([그림 24-6] 참조).

그림 24-6 연산의 어셈블리

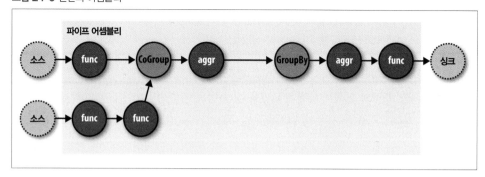

Each와 Every 파이프는 입력 튜플의 값을 자식 연산에 전달하기 전에 입력 튜플의 일부나 전체 값을 선택하는 간단한 메커니즘을 제공한다. 그리고 연산 결과를 원본 입력 튜플과 병합해서 출력 튜플을 생성하는 간단한 메커니즘이 있다. 간략히 설명하면 각각의 연산은 현재 입력 튜플의 전체 필드 집합이 아닌 인자로 사용되는 튜플 값과 필드만 고려하면 된다는 뜻이다. 자바 메서드를 재사용할 수 있는 것처럼 연산도 애플리케이션에서 재사용할 수 있다.

예를 들어 자바에서 concatenate(String first, String second)로 선언된 메서드는 concatenate(Person person)보다 더 추상적이다. 두 번째 concatenate( ) 메서드는 Person 객체에 대해 반드시 '알아야' 하지만 첫 번째 메서드는 데이터의 특성을 몰라도 된다. 캐스케이딩 연산은 이와 동일한 특성을 제공한다.

24.3 탭, 스킴, 플로

앞에서 본 다이어그램에서는 '소스'와 '싱크'를 많이 언급했다. 캐스케이딩에서 모든 데이터는 탭 인스턴스에서 읽거나 쓰고, 스킴 객체를 사용하여 튜플 인스턴스로 변환하거나 튜플 인스턴스에서 데이터로 변환한다.

- **탭**

  탭은 데이터 접근 방법과 위치를 담당한다. 예를 들어 데이터가 HDFS에 있는가 아니면 로컬 파일시스템에 있는가? Amazon S3에 있는가 아니면 HTTP에 있는가?

- **스킴**

  스킴은 원시 데이터를 읽고 그것을 하나의 튜플로 변환하거나 튜플을 원시 데이터에 쓰는 작업을 담당한다. 여기서 '원시' 데이터는 텍스트의 행, 하둡의 바이너리 시퀀스 파일 또는 어떤 독자적인 포맷일 수 있다.

탭은 파이프 어셈블리의 일부가 아니며 그래서 파이프의 한 종류도 아니라는 것을 주의하자. 하지만 탭은 클러스터에서 실행할 상태가 되었을 때 파이프 어셈블리와 연결된다. 파이프 어셈블리가 필요한 개수의 소스 및 싱크 탭 인스턴스와 연결되면 플로를 얻을 수 있다. 탭은 파이프 어셈블리가 요구하는 필드 이름을 내놓거나 저장한다. 즉, 만약 탭이 'line'이라는 필드 이름의 튜플을 내놓는다면(HDFS의 파일에서 데이터를 읽어) 파이프 어셈블리의 시작 부분 또한 'line' 값을 요구해야 한다. 그렇지 않으면 파이프 어셈블리와 탭을 연결한 프로세스는 오류를 내며 바로 실패할 것이다.

그래서 파이프 어셈블리는 실질적인 데이터 처리 정의부고, 그 자체는 '실행 불가능'하다. 파이프 어셈블리는 클러스터에서 동작하기 전에 소스와 싱크 탭 인스턴스와 반드시 연결되어야 한다. 이렇게 탭과 파이프 어셈블리를 분리한 점이 캐스케이딩을 강력하게 만들었다.

파이프 어셈블리를 자바 클래스로 생각하면 플로는 자바 객체 인스턴스다([그림 24-7] 참조). 즉, 동일한 파이프 어셈블리가 같은 애플리케이션의 새로운 플로로 여러 번 '인스턴스화'될 수 있고, 파이프 인스턴스 간의 간섭은 걱정하지 않아도 된다. 이러한 특성 때문에 파이프 어셈블리를 표준 자바 라이브러리처럼 생성하고 공유할 수 있다.

그림 24-7 플로

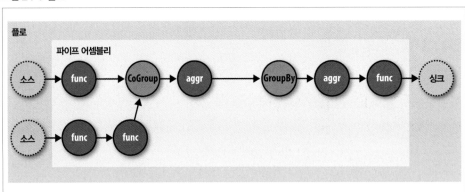

24.4 예제

지금까지 캐스케이딩이 무엇이고 어떻게 작동하는지 살펴보았다. 지금부터는 캐스케이딩으로 작성된 애플리케이션을 살펴보자. [예제 24-1]을 보자.

예제 24-1 단어 세기와 정렬

```
Scheme sourceScheme =
    new TextLine(new Fields("line")); ❶
Tap source =
    new Hfs(sourceScheme, inputPath); ❷

Scheme sinkScheme = new TextLine(); ❸
Tap sink =
    new Hfs(sinkScheme, outputPath, SinkMode.REPLACE); ❹

Pipe assembly = new Pipe("wordcount"); ❺

String regexString = "(?<!\\pL)(?=\\pL)[^ ]*(?<=\\pL)(?!\\pL)";
Function regex = new RegexGenerator(new Fields("word"), regexString);
assembly =
    new Each(assembly, new Fields("line"), regex); ❻

assembly =
    new GroupBy(assembly, new Fields("word")); ❼

Aggregator count = new Count(new Fields("count"));
assembly = new Every(assembly, count); ❽

assembly =
    new GroupBy(assembly, new Fields("count"), new Fields("word")); ❾

FlowConnector flowConnector = new FlowConnector();
Flow flow =
    flowConnector.connect("word-count", source, sink, assembly); ❿

flow.complete(); ⓫
```

❶ 간단한 텍스트 파일을 읽을 수 있는 새로운 스킴을 만들고, 필드 이름이 'line'인 각 행에 대한 새로운 튜플을 내놓는다. 'line' 필드는 Fields 인스턴스로 선언했다.

❸ 간단한 텍스트 파일을 쓸 수 있는 새로운 스킴을 생성하고, 임의 개수의 필드/값 튜플을 기다린다. 값이 하나 이상이면 출력 파일에서 탭으로 구분한다.

❷❹ 입력 파일과 출력 디렉터리를 각각 참조하는 소스와 싱크 탭 인스턴스를 생성한다. 싱크 탭은 파일이 존재하면 덮어쓴다.

❺ 파이프 어셈블리의 앞단을 만들고 'wordcount'라는 이름을 붙인다. 이 이름은 소스와 싱크 탭을 어셈블리에 바인딩하는 데 사용된다. 앞단과 뒷단이 여러 개면 유일한 이름으로 반드시 구분해야 한다.

❻ 'line' 필드를 파싱하여 각 단어를 위한 새로운 튜플로 변환하는 함수로 Each 파이프를 만든다.

❼ GroupBy 파이프를 만들어 'word' 필드의 유일한 값으로 그룹화한 새로운 튜플 그룹을 생성한다.

❽ 모든 유일한 단어 그룹에 있는 튜플의 개수를 세는 집계자로 Every 파이프를 만든다. 결과는 'count' 필드에 저장된다.

❾ GroupBy 파이프를 만들어 'count' 필드에 있는 유일한 값에 대한 새로운 튜플 그룹을 생성하고 'word' 필드의 값에 대해 2차 정렬을 수행한다. 결과로는 'count' 필드를 기준으로 오름차순으로 정렬된 'count'와 'word' 값의 목록이 만들어진다.

❿⓫ 플로를 만들어 파이프 어셈블리를 플로의 소스와 싱크에 연결한다. 그리고 플로를 클러스터에서 실행한다.

예제에서는 입력 문서에 있는 단어 수를 세고, 단어 수를 기준으로 오름차순^{ascending}으로 정렬했다. 'count' 값이 같은 단어가 있으면 다시 단어를 기준으로 알파벳 순서대로 정렬된다.

이 예제의 명백한 문제 중 하나는 대문자를 가진 단어가 있을 수 있다는 것이다. 예를 들어 'the'와 'The'처럼 문장의 맨 앞에 나오는 단어에서 이러한 현상이 주로 나타난다. 따라서 모든 단어를 소문자로 변환하는 새로운 연산을 추가로 고려해야 한다. 그리고 문서에서 단어를 파싱할 필요가 있는 향후의 모든 애플리케이션도 동일한 작업이 필요하다는 점을 고려해야 한다. 따라서 프로그램을 변경하는 대신 재사용할 수 있는 파이프인 SubAssembly를 하나 만들었다. 이러한 방식은 전통적인 애플리케이션에서 서브루틴을 만드는 방식과 비슷하다고 보면 된다([예제 24-2] 참조).

예제 24-2 SubAssembly 만들기

```
public class ParseWordsAssembly extends SubAssembly { ❶
  public ParseWordsAssembly(Pipe previous) {
    String regexString = "(?<!\\pL)(?=\\pL)[^ ]*(?<=\\pL)(?!\\pL)";
    Function regex = new RegexGenerator(new Fields("word"), regexString);
    previous = new Each(previous, new Fields("line"), regex);

    String exprString = "word.toLowerCase()";
    Function expression =
        new ExpressionFunction(new Fields("word"), exprString, String.class); ❷
    previous = new Each(previous, new Fields("word"), expression);
```

```
        setTails(previous); ❸
    }
}
```

❶ SubAssembly 클래스의 서브클래스를 만든다. SubAssembly 자체는 일종의 파이프다.

❷ 자바 표현 함수를 하나 생성하여 'word' 필드의 문자열 값에 대해 toLowerCase( )를 호출한다. 이때 'word'의 자바 자료형을 String이라고 반드시 알려주어야 한다(내부적으로 Janino[4]를 사용).

❸ SubAssembly의 슈퍼클래스에 SubAssembly 파이프의 말단의 위치를 알려주어야 한다.

먼저 'parse word' 파이프 어셈블리를 가진 SubAssembly 파이프를 생성한다. 이 파이프는 자바 클래스이기 때문에 'word'라는 이름의 필드가 들어오면 다른 어떤 애플리케이션에서도 재사용할 수 있다([예제 24-3] 참조). 이 함수를 더욱 일반화할 수 있는 방법도 있는데, 자세한 내용은 캐스케이딩 사용자 설명서[5]를 참고하길 바란다.

예제 24-3 SubAssembly로 단어 수 세기와 정렬의 확장

```
Scheme sourceScheme = new TextLine(new Fields("line"));
Tap source = new Hfs(sourceScheme, inputPath);

Scheme sinkScheme = new TextLine(new Fields("word", "count"));
Tap sink = new Hfs(sinkScheme, outputPath, SinkMode.REPLACE);

Pipe assembly = new Pipe("wordcount");

assembly =
    new ParseWordsAssembly(assembly); ❶

assembly = new GroupBy(assembly, new Fields("word"));

Aggregator count = new Count(new Fields("count"));
assembly = new Every(assembly, count);

assembly = new GroupBy(assembly, new Fields("count"), new Fields("word"));

FlowConnector flowConnector = new FlowConnector();
Flow flow = flowConnector.connect("word-count", source, sink, assembly);
```

---

4 http://www.janino.net/

5 http://www.cascading.org/documentation/

```
flow.complete();
```

❶ 이전 예제의 Each 파이프를 ParseWordsAssembly 파이프로 대체한다.

마지막으로, 새로운 SubAssembly로 이전 예제의 Every와 단어 파싱 함수를 대체한다. 이러한 중첩은 필요한 만큼 계속 깊어질 수 있다.

24.5 유연성

뒤로 돌아가서 이러한 새로운 모델이 우리에게 시사하는 바를 살펴보자. 아니면 무엇을 제거했는지라도 알아보자.

앞에서 살펴봤듯이 이제 더 이상 맵리듀스 잡, 매퍼와 리듀서 인터페이스 구현, 후행 맵리듀스 잡을 선행 맵리듀스 잡과 연결하거나 바인딩하는 방법을 고민하지 않아도 된다. 실행할 때 캐스케이딩 '플래너[planner]'는 파이프 어셈블리를 맵리듀스 잡으로 분리하고 잡 사이의 연결을 관리하는 최적의 방법을 찾아준다([그림 24-8]).

그림 24-8 플로를 연결된 맵리듀스 잡으로 변환하는 방법

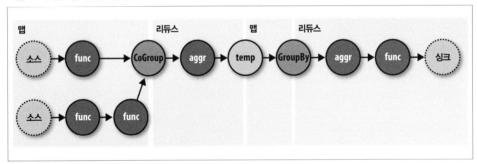

이러한 점 때문에 개발자는 독립적인 단위의 애플리케이션을 만들 수 있다. 처음에는 단순히 로그파일을 걸러내는 작은 애플리케이션으로 시작하겠지만, 나중에는 더 많은 필요한 기능을 넣은 애플리케이션을 반복해서 만들 수 있다.

캐스케이딩은 SQL 문장과 같은 구문이 아니라 API이기 때문에 더 유연하다. 먼저 개발자 자신이 가장 좋아하는 언어인 그루비[Groovy], 제이루비[JRuby], 자이썬[Jython], 스칼라[Scala] 등을 사용하여

도메인 특화 언어$^{domain-specific\ language}$(DSL)를 만들 수 있다(관련 예제는 프로젝트 사이트**6** 참고). 그다음에 개발자는 캐스케이딩의 다양한 부분을 확장할 수 있다. 예를 들면 임의의 쓰리프트나 JSON 객체를 읽고 쓰거나 이를 튜플 스트림을 통해 전달할 수도 있다.

24.6 쉐어디스에서의 하둡과 캐스케이딩

쉐어디스^{ShareThis}**7**는 온라인 콘텐츠를 쉽게 공유할 수는 공유 네트워크다. 쉐어디스는 웹 페이지 또는 브라우저의 플러그인 버튼 클릭만으로 사용자가 온라인 어디에서나 연락처와 네트워크에 원활하게 접근하고, 현재 페이지를 벗어나지 않고도 이메일, 인스턴트 메신저^{IM}, 페이스북, 디그^{Digg}, 모바일 문자 메시지 전송 서비스 등을 통해 콘텐츠를 공유하도록 해준다. 웹사이트의 발행인은 트래픽 유도, 바이럴 마케팅 실험, 온라인 콘텐츠 공유 현황 추적 등 서비스 전반에 걸친 공유 기능을 활용하는 데 쉐어디스 버튼을 사용한다. 또한 쉐어디스는 웹 페이지의 불필요한 항목을 줄여 소셜 미디어 서비스를 단순화시키고, 소셜 네트워크, 연계 그룹, 커뮤니티 모두에 콘텐츠를 배포하는 서비스를 제공한다.

쉐어디스 사용자는 온라인 위젯으로 페이지와 정보를 공유하기 때문에 쉐어디스 네트워크로 지속적인 이벤트 스트림이 유입된다. 이러한 이벤트를 먼저 필터링하고 처리한 후 에스터데이터^{AsterData}, 하이퍼테이블^{Hypertable}, 카타^{Katta}와 같은 다양한 백엔드 시스템$^{backend\ system}$으로 보낸다.

이벤트의 양은 어마어마하고 너무 커서 전통적인 시스템으로는 처리할 수 없다. 악의적인 시스템으로부터의 '주입 공격$^{injection\ attack}$', 브라우저의 버그, 위젯의 결함 때문에 데이터는 매우 부정확하거나 불완전할 수 있다. 이런 이유로 쉐어디스의 개발자는 전처리와 프런트엔드^{frontend}에서 백엔드 시스템까지의 조직적인 운영을 위해 하둡을 선택했다. 그리고 쉐어디스는 EC2$^{Elastic\ Computing\ Cloud}$에서 서버를 호스팅해주는 아마존 웹 서비스를 선택했다. 또한 EMR$^{Elastic\ MapReduce}$의 활용을 고려하여 S3$^{Simple\ Storage\ Service}$에서 제공하는 장기 저장소를 사용한다.

여기에서는 '로그 처리 파이프라인'에 중점을 둘 것이다([그림 24-9] 참조). 로그 처리 파이프

---

6 http://www.cascading.org/
7 http://www.sharethis.com/

라인은 S3 버킷^{bucket}에 저장된 데이터를 가져와서 처리한 후 그 결과를 다른 버킷에 저장한다. 데이터 처리 작업의 시작과 완료를 표시하는 이벤트를 제어하기 위해 SQS^{Simple Queue Service}를 사용했다. 다른 하향^{downstream} 프로세스는 에스터데이터에 로드할 데이터를 수집하고, 웹 크롤러에서 수집한 하이퍼테이블의 URL 목록을 가져오거나 카타에 필요한 루씬 색인을 만들기 위해 수집된 페이지 데이터를 가져온다. 쉐어디스 아키텍처의 중심이 하둡이라는 점을 잊으면 안된다. 하둡은 아키텍처 요소 사이의 데이터 처리와 이동을 조정하는 데 사용되는 핵심 구성요소다.

그림 24-9 쉐어디스 로그 처리 파이프라인

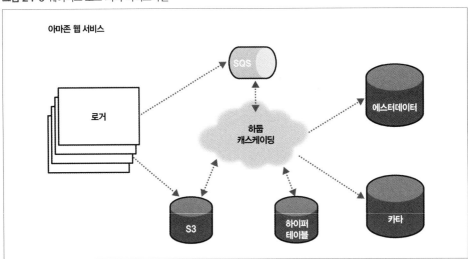

프런트엔드인 하둡으로 이벤트 로그 전체를 일련의 규칙에 따라 파싱하고 필터링하고 정제하고 조직화한 후 에스터데이터 클러스터에 로드하거나 다른 구성요소에서 활용한다. 에스터데이터는 클러스터 기반의 데이터웨어하우스로, 대용량 데이터셋을 지원하고 표준 SQL 구문으로 복잡한 비정형^{ad hoc} 쿼리를 수행한다. 쉐어디스는 수집된 데이터셋을 하둡 클러스터에서 정제하고 처리한 후 에스터데이터에 로드하여 비정형 분석과 보고서 작업을 수행한다. 에스터데이터에서 모든 작업을 할 수 있지만 데이터웨어하우스의 부하를 줄이기 위해서는 데이터 처리 파이프라인의 처음 단계에서 하둡을 사용하는 것이 더 적절하다.

개발 과정을 단순화하고, 아키텍처 구성요소 간의 데이터 조정 방식을 체계화하고, 개발자에게 익숙한 인터페이스를 구성요소에 제공하기 위해 핵심 데이터 처리 API로 캐스케이딩을 채택했다. 이런 방식은 저장된 데이터를 단순히 질의하는 데 주로 사용되는 전통적인 하둡의 활용 사례와는 크게 다르다. 캐스케이딩과 하둡을 함께 사용하면 완벽한 솔루션을 위한 더 좋고 단순한 구조를 제공할 수 있고, 처음부터 끝까지 해결되며, 따라서 사용자에게 큰 이익을 줄 수 있다.

개발자를 위해 캐스케이딩은 앞에서 했던 단순한 텍스트 파싱과 같은 단위 테스트(cascading. ClusterTestCase의 서브클래스를 생성)에서 시작하여 유지보수가 쉽고 논리적으로 구조화된 애플리케이션을 위해 더 많은 처리 규칙을 적용한 계층까지 단계적으로 제공하고 있다. 캐스케이딩은 두 가지 방식으로 이러한 구조화를 제공한다. 첫째, 독립 연산(함수, 필터 등)은 독립적으로 작성되고 검증된다. 둘째, 애플리케이션은 파싱 단계, 규칙 단계, 데이터를 저장하고 대조하는 단계 등 여러 단계로 분리된다. 여기서 모든 단계는 앞에서 언급한 기반 클래스인 SubAseembly를 통해 처리된다.

쉐어디스 로거에서 수집된 데이터는 날짜/타임스탬프, 공유 URL, 참조 URL, 약간의 메타데이터 등이 아파치 로그와 매우 유사하다. 데이터를 분석하기 위해서는 먼저 URL을 해체해야 한다(질의 문자열 데이터를 파싱하여 도메인 이름이나 기타 정보로 분리). 따라서 파싱 작업을 포함한 최상위 수준의 SubAssembly를 만들고, 파싱하기 복잡한 특정 필드를 처리하는 구문은 자식 어셈블리를 만들어 내부에 중첩했다.

규칙을 적용하는 것도 앞의 방식과 같다. 모든 튜플을 SubAssembly 규칙에 적용해보고 걸리는 규칙이 있으면 'bad'로 표시한다. 나중에 검토할 때 도움이 되도록 'bad' 태그와 함께 레코드가 잘못된 이유를 튜플에 추가했다.

마지막으로, 스플릿터^{splitter} SubAssembly를 만들어 두 가지 역할을 수행한다. 첫째, 튜플 스트림을 두 개로 나눈다. 하나는 'good' 데이터를 위한 스트림이고 다른 하나는 'bad' 데이터를 위한 스트림이다. 둘째, 스플릿터는 일정 간격(예를 들면 매시간)으로 데이터를 저장한다. 이를 위해서는 두 개의 연산이 필요하다. 첫 번째 연산은 스트림에 들어 있는 **타임스탬프** 값에서 간격^{interval}을 생성하는 것이고, 두 번째 연산은 '간격'과 'good/bad' 메타데이터로 디렉터리 경로를 생성하는 것이다(예를 들어 05/good/에서 '05'는 아침 5시, 'good'은 모든 규칙을 통과했다는 의미다). 여기서 만든 경로는 캐스케이딩의 TemplateTap이 사용한다. TemplateTap은 튜플의 값을 기준으로 서로 다른 경로에 튜플 스트림을 동적으로 출력할 수 있는 특별한 탭이다. 이 예제에서 TemplateTap은 'path' 값을 기준으로 최종 출력 경로를 생성했다.

개발자는 단위 테스트 도중에 캐스케이딩 어서션^{assertion}(검증/검사)을 적용하기 위해 네 번째

SubAssembly를 만들어야 한다. 이러한 어서션은 서브어셈블리가 규칙의 적용 및 파싱 작업을 제대로 처리했는지 다시 한 번 검증한다.

[예제 24-4]의 단위 테스트를 보면 스플릿터를 검증하는 코드가 없다. 이 책에는 없지만 다른 통합 테스트에는 반드시 추가되어야 한다.

예제 24-4 플로 단위 테스트

```java
public void testLogParsing() throws IOException {
    Hfs source = new Hfs(new TextLine(new Fields("line")), sampleData);
    Hfs sink =
        new Hfs(new TextLine(), outputPath + "/parser", SinkMode.REPLACE);

    Pipe pipe = new Pipe("parser");

    // 'line'을 탭으로 분할
    pipe = new Each(pipe, new Fields("line"), new RegexSplitter("\t"));

    pipe = new LogParser(pipe);

    pipe = new LogRules(pipe);
    // 어서션만 테스트
    pipe = new ParserAssertions(pipe);

    Flow flow = new FlowConnector().connect(source, sink, pipe);
    flow.complete(); // 테스트 플로 실행

    // 정규표현식과 매칭되는 98개의 튜플과 2개의 필드를 확인한다.
    // TextLine 스킴에서 튜플은 {"offset", "line"}이다.
    validateLength(flow, 98, 2, Pattern.compile("^[0-9]+(\\t[^\\t]*){19}$"));
}
```

캐스케이딩에 포함된 통합과 배포를 위한 많은 기능은 외부 시스템과의 통합을 쉽게 하고 더 많은 처리를 지원한다.

실무에서는 모든 서브어셈블리를 결합하고 연결하여 하나의 플로를 만든다. 이 예제에서는 소스와 싱크 탭을 사용하는 대신 트랩 탭으로 연결했다([그림 24-10] 참조). 어떤 연산을 실행할 때 원격의 매퍼와 리듀서 태스크에서 예외 오류가 발생하면 해당 플로는 실패하고 관리하고 있는 모든 맵리듀스 잡이 종료된다. 플로에 트랩을 두면 예외 오류가 발생하는 것을 탐지할 수 있고 오류를 발생시킨 데이터를 현재 트랩과 관련된 탭에 저장할 수 있다. 그러면 플로를 중단하지 않고도 다음 튜플을 처리할 수 있다. 가끔은 오류가 발생하면 플로를 중단해야 하는데 쉐어디스 개발자는 뒤로 돌아가서 '실패'한 데이터를 확인하고 운영 시스템이 계속 가동되는 환경에서 단위 테스트를 충분히 갱신할 수 있다는 사실을 알고 있었다. 처리 시간을 허비하는 것은 나쁜 레코드를 잃는 것보다 손해가 더 크다.

그림 24-10 쉐어디스의 로그 처리 플로

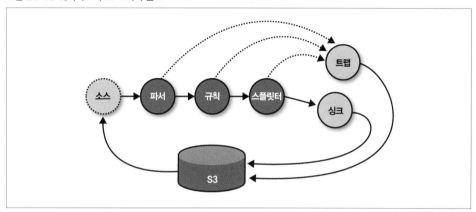

쉐어디스는 캐스케이딩의 이벤트 리스너를 이용하여 아마존 SQS와 통합했다. 플로가 종료되면 아마존 S3에서 데이터를 가져갈 수 있다는 메시지를 다른 시스템에 전송한다. 플로가 실패하면 다른 프로세스에 경고하기 위해 다른 메시지를 전송한다.

남은 하향 프로세스는 여러 독립 클러스터에서 로그 처리 파이프라인이 끝나는 지점을 파악한다. 로그 처리 파이프라인은 하루에 한 번 실행된다. 따라서 23시간 동안 아무런 작업을 하지 않는 100노드 규모의 클러스터를 계속 유지할 필요는 없다. 작업이 완료되면 클러스터를 해체하고 24시간 후에 다시 구성한다.

업무 요청이 있으면 나중에는 작은 클러스터에서 작업하는 간격을 6시간이나 1시간으로 줄일 수 있을 것이다. 또는 해당 구성요소를 맡고 있는 사업부서의 요청에 따라 서로 독립된 클러스터를 다른 시간 간격을 두고 가동하거나 중단할 수도 있다. 예를 들어 캐스케이딩을 기반으로 EMI와 쉐어디스가 개발한 웹 크롤러 툴킷인 Bixo를 사용하는 웹 크롤러 컴포넌트는 하이퍼테이블 클러스터와 함께 운영되는 작은 클러스터에서 지속적으로 가동될 수 있다. 이러한 주문형 모델은 예상되는 작업 부하의 유형에 따라 각 클러스터를 최적화할 수 있는 하둡에서 매우 잘 동작한다.

24.7 요약

하둡은 다양한 아키텍처 구성요소 간의 데이터 이동을 조정하고 처리할 수 있는 매우 강력한 플랫폼이다. 유일한 단점은 핵심 컴퓨팅 모델이 맵리듀스라는 것이다.

캐스케이딩의 목표는 개발자가 데이터 분산, 복제, 분산 프로세스 관리 및 유지와 같은 힘든 일은 모두 하둡에 맡기고, 맵리듀스 관점에서 사고할 필요성을 못 느끼도록 매우 논리적인 API로 강력한 애플리케이션을 신속하고 간단하게 만들 수 있도록 돕는 것이다.

캐스케이딩에 대해 자세히 알고 싶으면 온라인 커뮤니티에 가입하고 프로젝트 웹사이트[8]에 방문하여 예제 애플리케이션을 내려받아 살펴보기 바란다.

---

8 http://www.cascading.org/

아파치 하둡 설치하기

하둡을 시험용으로 컴퓨터 한 대에 설치하는 건 쉽다. 클러스터에 설치하는 방법은 10장을 참조하라.

여기에서는 아파치 소프트웨어 재단에서 배포하는 바이너리 타르볼을 사용해서 하둡 공통, HDFS, 맵리듀스, YARN을 설치하는 방법을 다룬다. 이 책에 포함된 다른 프로젝트에 대한 설치 방법은 해당 장의 도입부에 있다.

TIP 다른 방법으로는 하둡 서비스가 미리 설치되고 설정되어 있는 가상 머신(클라우데라의 퀵 스타트 가상 머신 Quick-Start VM 등)을 사용하는 것이다.

이제부터 설명할 설치 방법은 맥 OS X(운영 플랫폼보다는 개발 플랫폼에 적합)를 비롯한 유닉스 기반 시스템에 적합하다.

A.1 사전 준비 작업

먼저 하둡에 적합한 자바 버전이 설치되어 있는지 확인하라. 하둡 위키[1]에서 어떤 자바 버전이 적합한지 확인할 수 있다. 다음 명령을 실행해보면 자바가 제대로 설치되었는지 확인할 수 있다.

---

1 http://wiki.apache.org/hadoop/HadoopJavaVersions

```
% java -version
java version "1.7.0_25"
Java(TM) SE Runtime Environment (build 1.7.0_25-b15)
Java HotSpot(TM) 64-Bit Server VM (build 23.25-b01, mixed mode)
```

A.2 설치

먼저 어떤 사용자 계정으로 하둡을 실행할지 결정해야 한다. 하둡을 시작하거나 하둡 프로그램을 개발하기 위해서는 자신이 소유한 계정으로 단일 머신에서 하둡을 실행해야 한다.

아파치 하둡 배포 페이지[2]에서 압축된 타르볼 파일로 묶인 안정적인 배포판을 하나 내려받아 파일시스템의 특정 위치에서 압축을 푼다.

```
% tar xzf hadoop-x.y.z.tar.gz
```

하둡을 실행하기 전에 자바가 설치된 시스템 상의 위치를 하둡에 알려주어야 한다. 적합한 자바 설치 위치를 가리키는 환경변수인 JAVA_HOME이 있으면 가장 먼저 사용되고, 추가로 다른 것을 설정할 필요는 없다. 대부분 ~/.bash_profile이나 ~/.bashrc처럼 셸의 시작 파일에 설정한다. 그렇지 않다면 conf/hadoop-env.sh 파일에 JAVA_HOME 변수를 지정하는 방법으로 하둡이 사용하는 자바 설치 위치를 설정할 수 있다. 예를 들어 Mac에서는 아래와 같이 설정하면 된다(설치된 자바 버전을 가리킨다).

```
Export JAVA_HOME=/Library/Java/JavaVirtualMachines/jdk1.7.0_25.jdk/Contents/Home
```

편리하게 사용할 수 있도록 아래와 같이 하둡이 설치된 디렉터리(주로 HADOOP_HOME)를 지정하고, 사용자의 명령행 경로에 하둡 바이너리 디렉터리를 추가한다.

```
% export HADOOP_HOME=~/sw/hadoop-x.y.z
% export PATH=$PATH:$HADOOP_HOME/bin:$HADOOP_HOME/sbin
```

---

2 http://hadoop.apache.org/releases.html

하둡 데몬을 실행하는 스크립트는 sbin 디렉터리에 있다는 점을 명심하자. 따라서 하둡 데몬을 로컬 컴퓨터에서 실행하려면 이 디렉터리를 PATH에 추가해야 한다.

아래와 같이 입력해서 하둡이 실행되는지 확인해본다.

```
% hadoop version
Hadoop 2.5.1
Subversion https://git-wip-us.apache.org/repos/asf/hadoop.git -r 2e18d179e4a8065
b6a9f29cf2de9451891265cce
Compiled by jenkins on 2014-09-05T23:11Z
Compiled with protoc 2.5.0
From source with checksum 6424fcab95bfff8337780a181ad7c78
This command was run using /Users/tom/sw/hadoop-2.5.1/share/hadoop/common/hadoop
-common-2.5.1.jar
```

A.3 환경 설정

하둡의 각 구성요소에 대한 설정은 주로 XML 파일을 이용한다. 공통 속성은 core-site.xml에 있으며 HDFS, 맵리듀스, YARN과 관련된 속성은 hdfs-site.xml, mapred-site.xml, yarn-site.xml과 같이 속성과 관련된 명칭의 파일을 이용한다. 설정 파일은 모두 ect/hadoop의 서브디렉터리에 있다.

> NOTE_ 하둡이 설치된 위치의 서브디렉터리인 share/doc에 있는 core-default.xml, hdfs-default.xml, mapred-default.xml, yarn-default.xml을 열어보면 환경 설정 파일로 제어되는 모든 속성에 대한 기본 설정값을 확인할 수 있다.

하둡은 다음 세 가지 모드 중 하나로 동작한다.

- **독립(로컬) 모드**

  데몬이 실행되지 않고 모든 것이 단독 JVM 내에서 실행된다. 독립 모드는 시험과 디버깅을 쉽게 할 수 있기 때문에 개발 단계에서 맵리듀스 프로그램을 실행할 때 적합하다.

- **의사분산 모드**

  모든 하둡 데몬을 로컬 머신에서 실행한다. 따라서 작은 규모의 클러스터에서 실행하는 것과 같은 효과가 있다.

- **완전분산 모드**

  하둡 데몬을 여러 대의 머신으로 구성된 클러스터에서 실행한다. 설치 방법은 10장에서 다루었다.

하둡을 원하는 모드로 실행하기 위해서는 먼저 적합한 속성을 설정하고 그다음에 하둡 데몬을 시작하면 된다. [표 A-1]은 각 모드에 필요한 속성의 최소 설정이다. 독립 모드에서는 로컬 파일 시스템과 로컬 맵리듀스 잡 러너를 사용한다. 분산 모드에서는 HDFS와 YARN 데몬, 맵리듀스 (YARN을 사용하도록 설정된)를 사용한다.

표 A-1 각 모드의 주요 속성 설정

구성요소	속성	독립	의사분산	완전분산
공통	Fs.defaultFS	file:///(기본)	hdfs://localhost/	hdfs://namenode/
HDFS	dfs.replication	N/A	1	3(기본)
맵리듀스	mapreduce.framework.name	local(기본)	yarn	yarn
YARN	yarn.resourcemanager.hostname	N/A	localhost	resourcemanager
	yarn.nodemanager.aux-services	N/A	mapreduce_shuffle	mapreduce_suffle

환경 설정에 대한 자세한 내용은 10.3절 '하둡 환경 설정'을 참조하라.

A.3.1 독립 모드

기본 속성이 독립 모드에 맞춰져 있고 데몬을 실행하지 않기 때문에 독립 모드에서는 추가로 작업할 것이 없다.

A.3.2 의사분산 모드

의사분산 모드에서는 다음 내용이 담긴 환경 설정 파일을 만들어 etc/hadoop 디렉터리에 두어야 한다. 대안으로 etc/hadoop 디렉터리를 다른 위치에 복사한 후 -site.xml로 끝나는 환경 설정 파일을 두는 방법도 있다. 이렇게 하면 설치 파일과 환경 설정을 분리할 수 있는 장점이 있다. 이런 방식을 사용하기 위해서는 환경변수인 HADOOP_CONF_DIR을 다른 위치로 설정하거나

--config 옵션으로 데몬을 시작하면 된다.

```xml
<?xml version="1.0"?>
<!-- core-site.xml -->
<configuration>
  <property>
    <name>fs.defaultFS</name>
    <value>hdfs://localhost/</value>
  </property>
</configuration>

<?xml version="1.0"?>
<!-- hdfs-site.xml -->
<configuration>
  <property>
    <name>dfs.replication</name>
    <value>1</value>
  </property>
</configuration>

<?xml version="1.0"?>
<!-- mapred-site.xml -->
<configuration>
  <property>
    <name>mapreduce.framework.name</name>
    <value>yarn</value>
  </property>
</configuration>

<?xml version="1.0"?>
<!-- yarn-site.xml -->
<configuration>
  <property>
    <name>yarn.resourcemanager.hostname</name>
    <value>localhost</value>
  </property>
  <property>
    <name>yarn.nodemanager.aux-services</name>
    <value>mapreduce_shuffle</value>
  </property>
</configuration>
```

SSH 설정

의사분산 모드에서는 데몬을 실행해야 한다. 그러기 위해서는 먼저 SSH가 설치되어 있어야 한다. 하둡은 의사분산 모드와 완전분산 모드를 실제로 구분하지 않는다. 하둡은 단지 ssh를 이용하여 slaves 파일에 정의된 클러스터에 포함된 일련의 호스트에서 데몬 프로세스를 실행하기 때문이다. 의사분산 모드는 호스트가 localhost 하나뿐인 완전분산 모드의 특별한 사례다. 따라서 localhost에 SSH로 암호를 입력하지 않고 로그인할 수 있는지 반드시 확인해야 한다.

우선 SSH를 설치하고, SSH 서버를 실행한다. 우분투에서는 다음과 같이 하면 된다.

```
% sudo apt-get install ssh
```

> **NOTE_** 맥 OS X에서는 현재 사용자(또는 모든 사용자)에 대해 원격 로그인(시스템 환경 설정에서 공유 선택)이 활성화되어 있는지 확인해야 한다.

그다음에 암호를 입력하지 않아도 로그인할 수 있도록 다음과 같이 빈 암호를 가진 새로운 SSH 키를 생성한다.

```
% ssh-keygen -t rsa -P '' -f ~/.ssh/id_rsa
% cat ~/.ssh/id_rsa.pub >> ~/.ssh/authorized_keys
```

ssh-agent를 실행하고 있다면 ssh-add를 실행해야 한다. 접속할 수 있는지 확인해보자.

```
% ssh localhost
```

만일 성공했다면 이제부터는 암호를 입력하지 않아도 된다.

HDFS 파일시스템 포맷하기

HDFS를 사용하기 전에 먼저 파일시스템을 반드시 포맷해야 한다. 다음 명령을 실행한다.

```
% hdfs namenode -format
```

데몬의 시작과 중지

HDFS, YARN, 맵리듀스 데몬을 구동하려면 다음과 같이 입력하면 된다.

```
% start-dfs.sh
% start-yarn.sh
% mr-jobhistory-daemon.sh start historyserver
```

> NOTE_ 만약 환경 설정 파일을 기본 conf 디렉터리가 아닌 다른 곳에 두었다면 스크립트를 실행하기 전에 환경변수인 HADOOP_CONF_DIR를 설정하거나 --config 옵션으로 데몬 프로세스를 시작해야 한다.
>
> ```
> % start-dfs.sh --config path-to-config-directory
> % start-yarn.sh --config path-to-config-directory
> % mr-jobhistory-daemon.sh --config path-to-config-directory
>     start historyserver
> ```

로컬 컴퓨터에서 네임노드, 보조 네임노드, 데이터노드(HDFS), 리소스 매니저, 노드 매니저 (YARN), 히스토리 서버(맵리듀스)의 데몬 프로세스가 시작될 것이다. 데몬 프로세스가 성공적으로 시작되었는지 확인하기 위해서는 하둡 설치 경로의 logs 디렉터리(하둡 설치 디렉터리 아래)에 있는 로그파일을 열어보면 된다. 또는 웹 UI를 통해서도 확인할 수 있다. 네임노드는 http://localhost:50070/, 리소스 매니저는 http://localhost:8088/, 히스토리 서버는 http://localhost:19888/에서 확인할 수 있다. 그리고 자바의 jps 명령어를 사용하여 데몬이 동작하고 있는지 확인할 수 있다.

다음 명령어를 수행하여 데몬을 중지한다.

```
% mr-jobhistory-daemon.sh stop historyserver
% stop-yarn.sh
% stop-dfs.sh
```

사용자 디렉터리 생성

다음 명령을 수행하여 자신의 홈 디렉터리를 생성한다.

```
% hadoop fs -mkdir -p /user/$USER
```

A.3.3 완전분산 모드

클러스터의 머신을 설정하는 작업은 추가로 고려해야 할 점이 매우 많다. 자세한 내용은 10장에서 다루었다.

클라우데라 아파치 하둡 배포판

클라우데라 아파치 하둡 배포판^{Cloudera's Distribution Including Apache Hadoop}(CDH)은 통합된 아파치 하둡 기반 스택으로, 실제 운영 환경에 필요한 모든 구성요소를 포함하고 있으며 각 구성요소가 함께 잘 작동하도록 검증되고 묶여 있다. 클라우데라는 리눅스 패키지, 가상 머신 이미지, 타르볼 파일, 클라우드 기반의 CDH 실행 도구 등 다양한 형태의 배포판을 제공한다. CDH는 무료며, 아파치 2.0 라이선스로 배포되고, http://www.cloudera.com/cdh에서 내려받을 수 있다.

CDH 5는 다음 구성요소를 포함하고 있으며, 이 책에서도 대부분을 다루었다.

- **아파치 에이브로**

  언어 호환 데이터 직렬화 라이브러리. 풍부한 데이터 구조, 빠르고 간결한 바이너리 포맷, RPC 제공

- **아파치 크런치**

  맵리듀스 또는 스파크에서 실행되는 데이터 처리 파이프라인을 작성할 수 있는 고수준 자바 API

- **아파치 데이터푸(시험용)**

  대규모 분석을 위한 통계 UDF 라이브러리

- **아파치 플룸**

  안정성이 높고 설정이 가능한 스트리밍 데이터 수집

- **아파치 하둡**

  확장성이 높은 데이터 저장소(HDFS), 리소스 관리(YARN), 처리(맵리듀스)

- **아파치 HBase**

  임의의 읽기/쓰기 접근이 가능한 컬럼 기반 실시간 데이터베이스

- **아파치 하이브**

  대용량 데이터셋에 대한 SQL 유사 질의와 테이블

- **휴**

  하둡 데이터를 쉽게 다룰 수 있는 웹 UI

- **클라우데라 임팔라**

  HDFS 또는 HBase 기반의 낮은 지연 시간의 대화형 SQL 질의

- **카이트 SDK**

  하둡 기반의 애플리케이션을 구축할 때 필요한 API, 예제, 문서

- **아파치 머하웃**

  확장성이 높은 기계 학습 및 데이터 마이닝 알고리즘

- **아파치 오지**

  상호의존적인 하둡 잡을 위한 워크플로 스케줄러

- **아파치 파케이(시험용)**

  중첩 데이터를 위한 효율적인 컬럼 기반 저장 포맷

- **아파치 피그**

  대규모 데이터셋을 처리할 수 있는 데이터 플로 언어

- **클라우데라 서치**

  구글 스타일의 하둡 데이터 자유 구문 검색

- **아파치 센트리(시험용)**

  세분화된 규칙 기반의 하둡 사용자 접근 제어

- **아파치 스파크**

  스칼라, 자바, 파이썬으로 대규모 인메모리 데이터 처리가 가능한 클러스터 컴퓨팅 프레임워크

- **아파치 스쿱**

  구조화된 데이터 저장소(관계형 데이터베이스)와 하둡 간의 효율적인 데이터 전송

- **아파치 주키퍼**

  분산 애플리케이션을 위한 고가용성 코디네이션 서비스

클라우데라는 또한 CDH로 실행되는 하둡 클러스터를 배포하고 운영할 수 있는 **클라우데라 관리자**^{Cloudera Manager}를 제공한다.

CDH와 클라우데라 관리자는 http://www.cloudera.com/downloads에서 내려받을 수 있다.

NCDC 기상 데이터 준비

여기서는 원시 기상 데이터 파일을 하둡에서 쉽게 분석할 수 있는 형식으로 준비하는 전체 처리 과정을 다룬다. 하둡으로 처리할 데이터의 사본이 필요하면 이 책 관련 웹사이트[1]의 설명을 따르면 된다. 여기에서는 원시 기상 데이터 파일을 처리하는 방법을 설명한다.

원시 데이터는 bzip2로 압축된 타르볼 파일 묶음으로 제공된다. 연도별 관측치는 개별 파일로 저장되어 있다. 다음은 파일을 저장하고 있는 디렉터리를 조회한 일부 결과다.

```
1901.tar.bz2
1902.tar.bz2
1903.tar.bz2
...
2000.tar.bz2
```

각 타르볼 파일은 연도별로 각 기상관측소의 관측치를 저장한 gzip으로 압축된 파일을 포함하고 있다. 사실 압축된 파일을 타르볼로 묶고 다시 bzip2로 압축하는 것은 불필요한 작업이다. 다음을 보자.

```
% tar jxf 1901.tar.bz2
% ls 1901 | head
029070-99999-1901.gz
```

----

1 http://www.hadoopbook.com/

```
029500-99999-1901.gz
029600-99999-1901.gz
029720-99999-1901.gz
029810-99999-1901.gz
227070-99999-1901.gz
```

수만 개의 기상관측소가 있기 때문에 전체 데이터셋은 다수의 작은 파일로 구성되어 있다. 일반적으로 하둡에서는 작은 개수의 큰 파일이 더 처리하기 쉽고 효율적이다(8.2.1절의 '작은 파일과 CombineFileInputFormt' 참조). 그러므로 이 경우에는 압축을 푼 1년치 파일을 해당 연도의 파일 이름을 가진 파일 하나로 병합하는 것이 좋다. 이를 위해 병렬 처리 기능의 장점이 있는 맵리듀스 프로그램을 사용했다. 이 프로그램을 자세히 살펴보자.

이 프로그램은 단지 맵 함수만 있다. 맵에서는 콤바인 단계 없이 단순히 병렬로만 모든 파일을 처리하면 되기 때문에 리듀스 함수는 필요 없다. 이 처리 과정은 유닉스 스크립트를 사용할 것이기 때문에 맵리듀스에 스트리밍 인터페이스를 활용했다. [예제 C-1]을 살펴보자.

예제 C-1 원시 NCDC 데이터 파일을 처리하고 HDFS에 저장하는 배시 스크립트

```bash
#!/usr/bin/env bash

# NLineInputFormat은 키가 오프셋이고 값이 S3 URI인 한 줄의 행을 받는다.
read offset s3file

# S3의 파일을 추출해서 로컬 디스크에 저장한다.
echo "reporter:status:Retrieving $s3file" >&2
$HADOOP_HOME/bin/hadoop fs -get $s3file .

# 로컬 파일의 압축과 타르볼을 푼다.
target=`basename $s3file .tar.bz2`
mkdir -p $target
echo "reporter:status:Un-tarring $s3file to $target" >&2
tar jxf `basename $s3file` -C $target

# 각 관측소 파일의 압축을 풀고 하나의 파일로 연결한다.
echo "reporter:status:Un-gzipping $target" >&2
for file in $target/*/*
do
  gunzip -c $file >> $target.all
  echo "reporter:status:Processed $file" >&2
done
```

```
# 압축된 파일을 HDFS로 보낸다.
echo "reporter:status:Gzipping $target and putting in HDFS" >&2
gzip -c $target.all | $HADOOP_HOME/bin/hadoop fs -put - gz/$target.gz
```

처리할 모든 파일이 열거된 작은 텍스트 파일(ncdc_files.txt)을 입력으로 사용한다(S3에 있는 파일에서 작업을 시작하기 때문에 하둡이 이해할 수 있는 S3 URI로 참조한다). 예를 들면 아래와 같다.

```
s3n://hadoopbook/ncdc/raw/isd-1901.tar.bz2
s3n://hadoopbook/ncdc/raw/isd-1902.tar.bz2
...
s3n://hadoopbook/ncdc/raw/isd-2000.tar.bz2
```

입력 포맷으로 NLineInputFormat을 지정하면 각 매퍼는 처리할 파일을 포함하고 있는 한 줄의 입력을 받아들인다. 스크립트에 처리 과정이 설명되어 있지만 요약하면 bzip2 파일의 압축을 푼 후 1년치의 각 관측소 파일을 하나의 파일로 병합한다. 마지막으로 그 파일을 gzip으로 압축하고 HDFS에 복사한다. 표준 입력을 HDFS에 전송하도록 hadoop fs -put -을 사용하는 것에 주목하자.[2]

맵리듀스 상태 갱신을 해석할 수 있도록 reporter:status 접두사로 시작하는 상태 메시지를 표준 에러로 출력한다. 이 상태 메시지는 하둡이 지금 스크립트를 처리하고 있으며 중단되지 않았다는 것을 알려준다.

다음은 스트리밍 잡을 수행하는 스크립트다.

```
% hadoop jar $HADOOP_HOME/share/hadoop/tools/lib/hadoop-streaming-*.jar \
  -D mapred.reduce.tasks=0 \
  -D mapred.map.tasks.speculative.execution=false \
  -D mapred.task.timeout=12000000 \
  -input ncdc_files.txt \
  -inputformat org.apache.hadoop.mapred.lib.NLineInputFormat \
  -output output \
  -mapper load_ncdc_map.sh \
  -file load_ncdc_map.sh
```

---

2 옮긴이_ 로컬 시스템의 데이터를 하둡의 HDFS에 복사하는 put 명령어 사용 시 로컬 소스를 '-'로 설정하면 쉘의 표준 입력을 읽어서 HDFS에 복사한다.

오직 맵만 실행되는 잡이므로 리듀스 태스크 수를 0으로 설정했다. 또한 중복된 태스크가 동일한 파일을 쓰지 않도록 하기 위해 투기적 실행을 사용하지 않았다(7.4.3절의 '태스크의 부차적인 파일' 참조). 시간이 오래 걸리는 작업(예를 들면 파일의 압축을 풀거나 HDFS로 복사할 때나 진행 상태가 보고되지 않을 때)이 중단되지 않도록 타임아웃을 매우 높게 설정했다.

마지막으로, HDFS의 파일을 distcp로 복사하여 S3에 보관한다.

예전과 새로운 자바 맵리듀스 API

이 책 전체에서 사용한 자바 맵리듀스 API는 '새로운 API'라 불리며, 동일한 기능의 예전 API를 대체한다. 하둡은 예전 API와 새로운 API를 모두 제공하지만, 이 둘은 서로 호환되지 않는다. 예전 API를 사용하고 싶으면 물론 가능하다. 이 책에 나온 모든 맵리듀스 예제 코드는 이 책의 웹 사이트에 있는 예전 API(oldapi 패키지에 포함됨)로 실행할 수 있다.

두 API 사이에는 몇 가지 중요한 차이점이 있다.

- 새로운 API는 org.apache.hadoop.mapreduce 패키지와 그 서브패키지에 있다. 예전 API는 기존의 org.apache.hadoop.mapred 패키지에 그대로 있다.

- 새로운 API는 인터페이스보다는 쉽게 개선할 수 있는 추상 클래스를 선호한다. 즉, 오래된 클래스 구현체를 고치지 않고도 기본 구현체를 가진 메서드를 추상 클래스에 추가할 수 있다.[1] 예를 들어 예전 API의 Mapper와 Reducer 인터페이스는 새로운 API에서는 추상 클래스로 대체되었다.

- 새로운 API는 사용자 코드와 맵리듀스 시스템이 통신할 수 있는 **콘텍스트 객체**를 광범위하게 사용한다. 예를 들어 새로운 Context는 예전 API의 JobConf, OutputCollector, Reporter의 역할을 모두 통합한 것이다.

- 두 API는 키-값 레코드 쌍을 매퍼와 리듀서로 보낸다. 하지만 새로운 API는 매퍼와 리듀서에서 run( ) 메서드를 재정의하여 실행 흐름을 제어하는 기능을 추가로 제공한다. 예를 들어 레코드를 일괄로 실행하거나 모든 레코드를 처리하기 전에 실행을 종료시킬 수 있다. 예전 API를 보면, 매퍼에서는 MapRunnable를 작성하는 방법으로 가능했지만 리듀서에는 이런 기능이 없었다.

---

1 기술적으로 이러한 변화는 짐 데 리비에레스(Jim des Rivières)가 「자바 기반 API의 진화(Evolving Java-based APIs)」(http://bit.ly/adding_api_method)에서 설명한 것처럼 동일한 시그니처로 미리 정의된 메서드를 가진 구현체를 거의 확실히 파괴시킬 것이다. 실질적으로 이러한 파괴는 호환성 있는 변화로 간주된다.

- 새로운 API에서 잡의 제어는 Job 클래스로 수행된다. 예전 API의 JobClient는 더 이상 존재하지 않는다.

- 새로운 API에서는 환경 설정이 통합되었다. 예전 API는 환경 설정을 위해 하둡의 평범한 Configuration 객체(데몬 설정에 사용됨. 6.1절 '환경 설정 API' 참조)의 확장인 특별한 JobConf 객체를 사용했다. 새로운 API에서 잡 환경 설정은 Job의 일부 헬퍼 메서드를 경유하는 Configuration을 통해 수행된다.

- 출력 파일의 이름은 약간 다르게 표시된다. 예전 API에서 맵과 리듀스 출력 파일의 이름은 part-*nnnnn*이었지만, 새로운 API에서 맵 출력 파일의 이름은 part-m-*nnnnn*이고 리듀스 출력 파일의 이름은 part-r-*nnnnn*이다. 여기서 *nnnnn*은 부분 파일의 번호를 지정하는 정수로, 00000부터 시작한다.

- 새로운 API에서 사용자가 재정의하는 메서드는 java.lang.InterruptedException을 유발시켜 정의한다. 즉, 인터럽트를 처리하는 사용자 코드를 직접 작성할 수 있기 때문에 필요하다면 프레임워크를 통해 장기 실행 작업을 정상적인 방법으로 취소할 수 있다.[2]

- 새로운 API에서 reduce() 메서드는 java.lang.Iterator(예전 API) 대신 java.lang.Iterable로 값을 전달한다. 이러한 변경으로 자바 for-each 반복 구문에서 값을 반복하는 것이 더 쉬워졌다.

```
for (VALUEIN value : values) { ... }
```

> **CAUTION_** 하둡 버전 1에서 컴파일된 새로운 API를 사용하는 프로그램을 하둡 버전 2에서 사용하기 위해서는 다시 컴파일해야 한다. 하둡 버전 1의 인터페이스를 담당하는 새로운 맵리듀스 API의 일부 클래스가 하둡 버전 2에서는 변경되었기 때문이다. 그 증상으로는 다음과 같은 실행 시간 오류가 발생한다.
>
> ```
> java.lang.IncompatibleClassChangeError: Found interface
> org.apache.hadoop.mapreduce.TaskAttemptContext, but class was expected
> ```

[예제 D-1]은 2.3.2절 '자바 맵리듀스'에 나온 MaxTemperature 애플리케이션을 예전 API로 다시 작성한 것이다. 차이가 나는 부분은 굵게 표시했다.

> **CAUTION_** Mapper와 Reducer 클래스를 새로운 API로 변환할 때 map()과 reduce() 메서드의 시그니처를 반드시 새로운 형식으로 변경해야 한다. 새로운 **Mapper** 또는 **Reducer** 클래스로 확장하기 위해 클래스를 변경하는 작업은 컴파일 오류나 경고를 발생시키지 **않는다.** 이러한 클래스는 map()과 reduce() 메서드와 동일한 형식을 제공하기 때문이다. 하지만 매퍼와 리듀서 코드는 호출되지 않기 때문에 진단하기 어려운 오류를 발생시킬 가능성이 있다.
>
> map()과 reduce() 메서드에 **@Override** 주석을 추가하면 자바 컴파일러가 이러한 오류를 포착할 수 있다.

---

2 브라이언 게츠(Brian Goetz)는 「자바 이론과 실무: InterruptedException 다루기(Java theory and practice: Dealing with InterruptedException)」(http://bit.ly/interruptedexception)에서 이 기술을 자세히 설명했다.

```java
public class OldMaxTemperature {

    static class OldMaxTemperatureMapper extends MapReduceBase
        implements Mapper<LongWritable, Text, Text, IntWritable> {
      private static final int MISSING = 9999;

      @Override
      public void map(LongWritable key, Text value,
          OutputCollector<Text, IntWritable> output, Reporter reporter)
          throws IOException {

        String line = value.toString();
        String year = line.substring(15, 19);
        int airTemperature;
        if (line.charAt(87) == '+') { // parseInt 함수는 앞에 더하기(+) 기호가 있으면 안 된다.
          airTemperature = Integer.parseInt(line.substring(88, 92));
        } else {
          airTemperature = Integer.parseInt(line.substring(87, 92));
        }
        String quality = line.substring(92, 93);
        if (airTemperature != MISSING && quality.matches("[01459]")) {
          output.collect(new Text(year), new IntWritable(airTemperature));
        }
      }
    }

    static class OldMaxTemperatureReducer extends MapReduceBase
      implements Reducer<Text, IntWritable, Text, IntWritable> {

      @Override
      public void reduce(Text key, Iterator<IntWritable> values,
          OutputCollector<Text, IntWritable> output, Reporter reporter)
          throws IOException {
        int maxValue = Integer.MIN_VALUE;
        while (values.hasNext()) {
          maxValue = Math.max(maxValue, values.next().get());
        }
        output.collect(key, new IntWritable(maxValue));
      }
    }

    public static void main(String[] args) throws IOException {
```

```
    if (args.length != 2) {
      System.err.println("Usage: OldMaxTemperature <input path> <output path>");
      System.exit(-1);
    }

    JobConf conf = new JobConf(OldMaxTemperature.class);
    conf.setJobName("Max temperature");

    FileInputFormat.addInputPath(conf, new Path(args[0]));
    FileOutputFormat.setOutputPath(conf, new Path(args[1]));

    conf.setMapperClass(OldMaxTemperatureMapper.class);
    conf.setReducerClass(OldMaxTemperatureReducer.class);

    conf.setOutputKeyClass(Text.class);
    conf.setOutputValueClass(IntWritable.class);

    JobClient.runJob(conf);
  }
}
```

INDEX

INDEX

INDEX